凤凰文库
PHOENIX LIBRARY

凤凰出版传媒集团
PHOENIX PUBLISHING & MEDIA GROUP

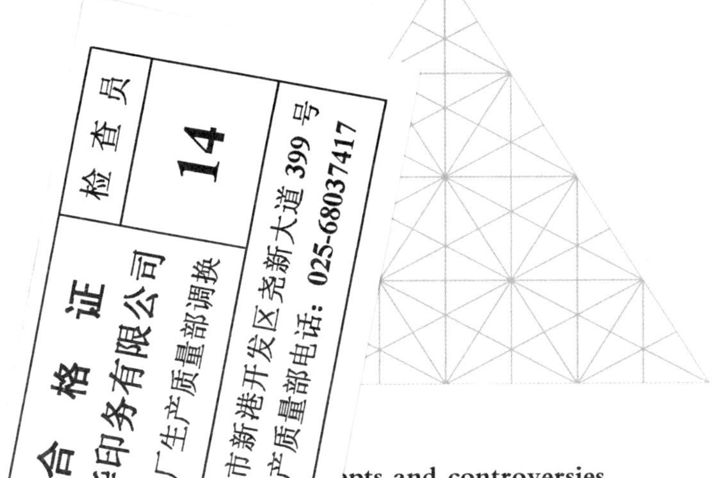

epts and controversies

[美] 哈瑞·穆迪　詹妮弗·萨瑟 著

陈玉洪　李筱媛 译

江苏人民出版社

图书在版编目(CIP)数据

老龄化/(美)哈瑞·穆迪,詹妮弗·萨瑟著;陈玉洪,李筱媛译
.--南京:江苏人民出版社,2018.5
(凤凰文库. 公共管理系列)
书名原文:Aging: Concepts and Controversies
ISBN 978-7-214-21421-8

Ⅰ.①老… Ⅱ.①哈…②陈…③李… Ⅲ.①人口老龄化-研究 Ⅳ.①C913.6

中国版本图书馆CIP数据核字(2017)第290719号

书　　名　老龄化

著　　者　[美]哈瑞·穆迪　詹妮弗·萨瑟
译　　者　陈玉洪　李筱媛
责任编辑　王　溪
责任校对　陈　颖
装帧设计　陈　婕
出版发行　江苏人民出版社
出版社地址　南京市湖南路1号A楼,邮编:210009
出版社网址　http://www.jspph.com
照　　排　江苏凤凰制版有限公司
印　　刷　江苏凤凰新华印务有限公司
开　　本　652毫米×960毫米　1/16
印　　张　45　插页4
字　　数　600千字
版　　次　2018年7月第1版　2018年7月第1次印刷
标准书号　ISBN 978-7-214-21421-8
定　　价　120.00元

(江苏人民出版社图书凡印装错误可向承印厂调换)

出版说明

要支撑起一个强大的现代化国家，除了经济、政治、社会、制度等力量之外，还需要先进的、强有力的文化力量。凤凰文库的出版宗旨是：忠实记载当代国内外尤其是中国改革开放以来的学术、思想和理论成果，促进中外文化的交流，为推动我国先进文化建设和中国特色社会主义建设，提供丰富的实践总结、珍贵的价值理念、有益的学术参考和创新的思想理论资源。

凤凰文库将致力于人类文化的高端和前沿，放眼世界，具有全球胸怀和国际视野。经济全球化的背后是不同文化的冲撞与交融，是不同思想的激荡与扬弃，是不同文明的竞争和共存。从历史进化的角度来看，交融、扬弃、共存是大趋势，一个民族、一个国家总是在坚持自我特质的同时，向其他民族、其他国家吸取异质文化的养分，从而与时俱进，发展壮大。文库将积极采撷当今世界优秀文化成果，成为中外文化交流的桥梁。

凤凰文库将致力于中国特色社会主义和现代化的建设，面向全国，具有时代精神和中国气派。中国工业化、城市化、市场化、国际化的背后是国民素质的现代化，是现代文明的培育，是先进文化的发展。在建设中国特色社会主义的伟大进程中，中华民族必将展示新的实践，产生新的经验，形成新的学术、思想和理论成果。文库将展现中国现代化的新实践和新总结，成为中国学术界、思想界和理论界创新平台。

凤凰文库的基本特征是：围绕建设中国特色社会主义，实现社会主义现代化这个中心，立足传播新知识，介绍新思潮，树立新观念，建设新学科，着力出版当代国内外社会科学、人文学科的最新成果，同时也注重推出以新的形式、新的观念呈现我国传统思想文化和历史的优秀作品，从而把引进吸收和自主创新结合起来，并促进传统优秀文化的现代转型。

凤凰文库努力实现知识学术传播和思想理论创新的融合，以若干主题系列的形式呈现，并且是一个开放式的结构。它将围绕马克思主义研究及其中国化、政治学、哲学、宗教、人文与社会、海外中国研究、当代思想前沿、教育理论、艺术理论等领域设计规划主题系列，并不断在内容上加以充实；同时，文库还将围绕社会科学、人文学科、科学文化领域的新问题、新动向，分批设计规划出新的主题系列，增强文库思想的活力和学术的丰富性。

从中国由农业文明向工业文明转型、由传统社会走向现代社会这样一个大视角出发，从中国现代化在世界现代化浪潮中的独特性出发，中国已经并将更加鲜明地表现自己特有的实践、经验和路径，形成独特的学术和创新的思想、理论，这是我们出版凤凰文库的信心之所在。因此，我们相信，在全国学术界、思想界、理论界的支持和参与下，在广大读者的帮助和关心下，凤凰文库一定会成为深为社会各界欢迎的大型丛书，在中国经济建设、政治建设、文化建设、社会建设中，实现凤凰出版人的历史责任和使命。

目　录

前　言

本书第八版的出版，恰逢美国社会的一个特殊时期：婴儿潮时期最早出生的一代人已经开始领取社会保障福利金了，而且，在未来若干年里，美国的人口老龄化进程将急剧加速。按照目前的人口发展趋势，2000年以后出生的成千上万美国人，应该能活着看到22世纪的曙光。阅读本书的学生将会在一生的大部分时间里，经历电子通讯、生物技术、基因技术等领域的巨大变革。近年来，全球金融行业的剧变凸显了我们一生中面临的选择和风险，引起了更多关于如何在21世纪老龄化社会中生活的争论。

论述有关老龄化的公共辩题及新的社会背景时，第八版采用了与旧版相同的独特方法——通过呈现老年学的主要内容和重要思想，激发读者的批判性思考，帮助读者在理解基本概念的基础上，更深入地思考老龄化研究领域的各种命题，而不是仅仅背诵一些事实。

进入21世纪后，老龄化现象席卷了包括北美在内的全世界。在这个历史潮流下，更深入地理解这一现象，关系到每个人的切身利益(Perkinson，2013)。所以，本书并不仅限于供老年学学者或养老机构工作人员阅读，更是把所有公民、所有受过教育的人作为目标读者，有意识地选择大家共同关心的论题。对于“老龄化是什么”这个问题，本书采取了一个广阔的视角。本书第一章就明确提出，老龄化并不是在某段固定时期发生的，而是从人出生就开始并贯穿其一生的过程。同时，本书自始至终坚持认为，人类的老龄化过程是可变的，它受到生物科学手段和医疗资源分配的显著影响。

作为个体、作为社会成员，我们的老龄化经历不止一种可能性，而是面临复杂而重要的选择。而要理解这个至关重要的问题，我们必须具备新思维。因此，本书的教学设计并不是罗列大量事实，也没有对老年人或者老龄化现象给出一个唯一“正确”的观点，而是围绕问题和争议有序展开。我们选择了一些补充阅读材料，以突出人们在同一问题上的矛盾和对立，促使教师和学生深入思考一些重要的问题。与大多数教材不同的是，本教材引导学生关注阅读材料原文，鼓励教师向学生提供思路，思考阅读材料中提出的见解。在某种程度上，我们的目标是实现老年学的自由教育（liberal education）。

我们的目的并不是对书中的争论给出唯一“正确”的答案。通过参与讨论，学生们会明白，必须借助背景事实，才能做出有根据的解读和判断，这正是三个“基本概念篇”的要旨，而本书的“争议”部分将紧紧围绕相应的基本概念篇展开。每篇中提供的资料和概念框架能够帮助学生理解相关争议，了解它们的缘起，并运用批判性思维，形成自己的观点。每篇争议开头的的绪论和后面的思考问题，能够帮助学生进一步将基本知识与阐释融会贯通。因此，不妨将本书视为有趣的情景教学资料，它推崇一种有别于罗列事实的教学方式。

本教材的一些细节也强化了这种教学方法。“**关注实践**”栏目说明了争议对公共服务事业的意义；“**着眼未来**”栏目让我们更加关注逐渐加快的社会变化并领会其背后的含义；“**全球视野**”和“**街谈巷议**”等内容提供了更多锻炼拓展性和批判性思维的机会。附录部分为老龄化方面的学期论文研究和撰写提供了指导，书中列出的网络资源也能促进读者对相关网络工具的了解。无论本书的读者今后是否从事相关专业工作，是否接触老龄化课程，我们的目的都是讨论当前乃至未来对人类至关重要的命题。我们反复讨论这些事关人类长期利益的问题,希望师生在关乎所有年龄段人群的问题上有新的发现。

第八版的新内容

新版沿袭了前几版独特的编写方法。

老龄化研究包括三个广阔的领域:生命历程(the life course)、社会经济趋势及医疗,三者之间存在着紧密的联系。前几版已经证明了这种联系是具有教学价值的,因此,第八版从编写方法上突出了三者之间的联系。同时,我们更新和增加了书中的图表,在恰当的地方增加了插图。第八版引用了最新的资料,以反映最新的数据和视角。另外,每一篇“争议”都包含了一个特别报道,突出世界范围内不同国家之间可以相比较的情况,这些报道证明了老龄化将日益成为一个具有国际意义的问题。我们在每个“基本概念篇”的开头,增加了“本篇要点”,书后附有术语表。为了帮助有志于从事老龄化研究及工作的学生,我们增加了“结论”部分,探讨新兴职业以及老年学的现状和发展趋势。本书的读者也可以参考放在网站上的本书附录,获得更多的最新资讯,深入探索各种问题。读者登录本书出版社网站 www. sagepub. com,便可以获取该附录。另外,使用本教材的教师可以免费获得一份电子版《老年学教学通讯》月刊。《通讯》为理解本书讨论的概念和争议提供了实时性的指导和资源,可以联系 hrmoody@yahoo. com 索取电子通讯。

附注

致教师

受密码保护的教师网站 www. sageput. com/moody8e 为教师提供了完备的资源,以支持和改善他们的授课。该网站提供的资源包括:

- 题库:包括选择题、判断正误题、简答题和问答题,题库的格式有 Word 文档和 Respondus 两种；

- 各章节的 PPT 课件，可以用于授课和复习。课件秉承了教材的特点，囊括主要表格和图片；
- 视频资源：补充每章的内容；
- 赛吉出版公司出版的期刊论文：精选社会学期刊论文，补充本书的内容；
- 网络资源：为读者提供网络资源链接，帮助教师对具体问题进行进一步的研究；
- 《老年学教学通讯》要点：为教学话题提供更多的资讯。

致学生

为了帮助学生充分理解本书的内容，促进他们的批判性思维，激发学习的主动性，我们在 www. sagepub. com/moody8e 以分章形式提供了开放性学习资源：

- 词语卡：复习每章的术语和概念；
- 小测试：包括选择题和正误判断题；
- 视频资源：补充每章的内容；
- 赛吉出版公司出版的期刊论文：精选社会学期刊论文，补充本书的内容；
- 网络资源：为读者提供网络资源链接，鼓励他们对具体问题进行进一步的研究。

致 谢

在编写本教材第八版的过程中，我得到了诸多使用过本教材的教授们的巨大帮助，他们就如何完善本书提出了许多真知灼见。在担任美国退休人员协会①学术事务主任期间，我有幸聆听了来自世界各地讲师们的课程，在此向他们表示感谢。还要感谢美国城市大学亨特学院布鲁克代尔健康老龄化和长寿中心②的同仁们，他们多年来一直帮助我提炼本书的观点。特别感谢罗斯·多布罗夫(Rose Dobrof)给予我的指导和启发。也感谢美国退休人员协会，感谢其政策和策略主任约翰·罗瑟(John Rother)与我分享他关于美国老龄化现象之未来的深刻见解。本书的合著者詹妮弗·萨瑟(Jennifer Sasser)教授对第八版的撰写起到了不可或缺的作用。特别感谢我的妻子伊丽莎白耐心地阅读书稿，并进行了富有创意的编辑。感谢我的孩子卡洛琳和罗杰，他们在我的生命中至关重要。

哈瑞·里克·穆迪

---

① American Association of Retired Persons.

② Brookdale Center for Healthy Aging and Longevity at Hunter College.

非常感谢里克・穆迪给予我参与编写本书的机会，他是我的良师益友。感谢我在玛丽赫斯特大学的学生和同事们，感谢玛丽伍兹(Mary's Woods)的老年朋友们，感谢老年—朋克项目(Gero-Punk Project)、玛丽赫斯特大学老年学协会及老年人—婴儿组织(Gero-Babes)，他们给了我很多的启发和帮助。特别感谢布丽塔・威尔森(Britta Wilson)，在她的大力支持下，我找到了许多第八版所需的新材料。感谢我的女儿伊泽贝尔，母亲苏西，感谢艾丽卡和西缅，没有你们的爱，我将何去何从？

詹妮弗・萨瑟

赛吉出版公司和作者对以下审稿人表示感谢：

弗雷斯诺城市学院　克利福德・加罗帕(Clifford Garoupa)

圣地亚哥州立大学　马里奥・盖瑞特(Mario Garrett)

阿尔贝图斯—马格纳斯学院　罗伯特・哈德(Robert Hard)

麻省大学　帕米拉・娜塔什(Pamela Nadash)

州立俾斯麦学院　文迪・庞克(Wendy Pank)

州立扬斯敦大学　丹尼尔・范・都森(Daniel J. Van Dussen)

序　言

众所周知，美国65岁以上的人口数量正在迅速增加，这一现象称为“美国的银发趋势”(Himes，2001)。美国老龄人口的数据十分惊人。自1870年以来，老年人数量增加了30倍，从那时的100万增加到2011年的4 140万，比加拿大的总人口还要多。近几十年来，65岁以上人口的增速是其余人口增速的两倍，而80岁以上人口是总人口中增速最快的群体(Hudson & Goodwin，2013)。

因此，美国的人口现状已经与以前大不相同了。1900年，美国人的平均预期寿命是47岁，而如今接近79岁。100年以前的美国，只有4%的人能够活到65岁以上，现在，这一数字猛增到了13.3%。这样的增速一直保持到了21世纪头十年。2011年，婴儿潮时期(1946年到1964年)出生的人已经开始进入老年人行列。美国人口普查局预测，到2030年，65岁以上的人口将会接近总人口的20%，且至少有40万人能够活到100岁以上，这样的老年人口增长率是史无前例的。几十年以后，1/5的美国人将符合社会保障和联邦医疗保险的条件，而目前这一数字仅为1/8。

我们通常会认为变老完全是个人的问题，但实际上，所有人都在变老，尽管这是一种隐喻性的说法。表面上，是人体组织在老化，而非人口在老龄化。然而，人的平均年龄在增加，65岁以上的人口比例也在上升，这种人口结构的变化就是**人口老龄化**(Clark, Burkhauser et al., 2004; Uhlenberg, 2009)。

导致人口老龄化的因素有两个,一是人们的寿命长了,老年人口比例上升;二是出生率下降,儿童人口比例下降。这两个趋势在20世纪都一直存在,并持续到了21世纪初,不过,后一个原因比前一个原因的影响更为显著。1900年,美国的人口是比较“年轻”的,儿童和青少年占总人口的40%。美国人口普查局的数据显示,到2010年,年轻人的比例下降到了历史最低点24%。相反,65岁以上的人口比例从1900年的4%增加到了2013年的13.5%,且将会持续增加。因而,在接下来的几十年里,美国人口的增长点将主要集中在中年人和老年人这两个群体。

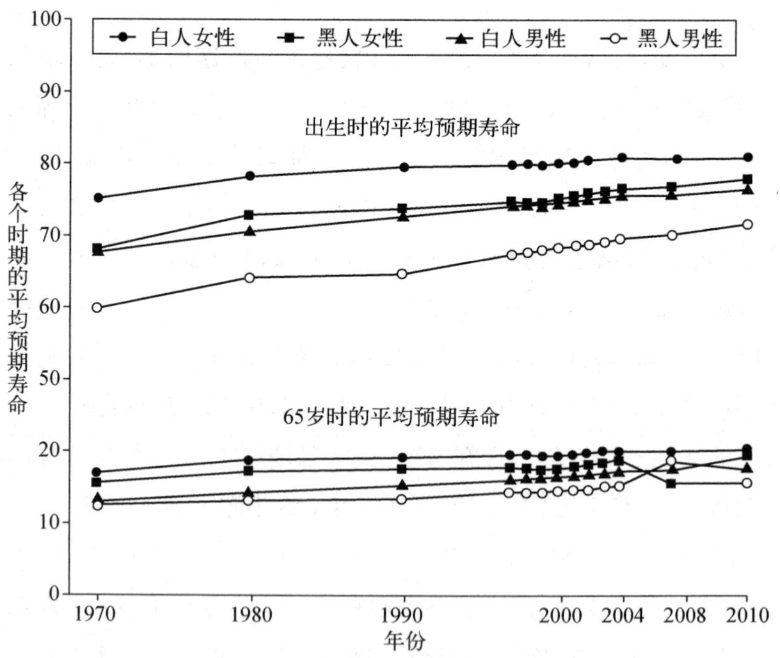

图1 出生时和65岁时的平均预期寿命(1970年—2010年,按种族和性别划分)

资料来源:疾病控制与预防中心;美国卫生与公共服务部2013年出版的报告《美国2012年卫生》(出版号2013-1232)。

注:1997年之前的预期寿命数据来源于人口普查数据的十年寿命表和人口普查3年间的死亡人数。从1997年起,年度寿命表是完整的,其制定方法与十年寿命表的制定方法相似。

美国并非唯一面临人口老龄化的国家(Bosworth & Burtless, 1998; Cherlin, 2010)。例如,日本目前的平均预期寿命是82岁,为全球最高,日本65岁以上的人口比例为21%。另外,在德国、意大利和日本,低出生率也导致了人口老龄化现象。佛罗里达州是典型的人口老龄化地区,20%的人口已超过了65岁。我们也许会问,世界各国什么时候会达到佛罗里达州的老龄化水平?答案是,意大利在2003年,日本在2005年,德国在2006年,都已经出现了类似的情况,法国和英国在2016年将会接近佛罗里达州,而全美将在2023年达到佛罗里达州的老龄化水平。

此外,老龄化问题还体现为年龄中位数(总人口按年龄大小分成两半,中间的年龄数值即年龄中位数)的上升。1820年,美国人的年龄中位数仅为17岁,1900年上升到了23岁,2013年则上升到了37岁。预计到2030年,美国人的年龄中位数将达到42岁。这种变化是衡量老龄化显著影响的参数之一。

显然,各国人口老龄化和个人老龄化的原因不尽相同,与人口趋势密切相关。首先,出生率下降导致了人口老龄化现象。由于儿童占总人口比例降低,人口的平均年龄便上升了。其次,平均预期寿命的增加——人们活得更长了,同样会引起人口老龄化现象。最后,老龄化进程也会在短期内受到同生群因素的影响。**同生群**指的是出生在某一段时期、经历了同一时期**历史事件**的人群。比如,20世纪30年代大萧条时期出生的人群数量较少,因此对人口平均年龄的影响非常小。相反,二战后婴儿潮时期出生的人群数量较大,因而大大地促进了美国人口的老龄化。

总之,出生率、死亡率和同生群等方面的趋势都会推动人口老龄化。更为复杂的情况是,这三种趋势会同时发生,美国过去的几十年中便是如此。粗心的观察者有时会认为,美国人口老龄化的主要原因是人们的寿命长了。实际上,这种看法并不十分准确,因为它没有考虑到人口因素的各种趋势,如出生、死亡和同生群趋势等。

人口统计报告能够揭示人口状况,但不能解释人口趋势变化的根本原因。因此,我们有必要追问:为什么会发生人口老龄化现象?老年人口比例的上升可以用**人口转变理论**(demographic transition theory)进行解释,人口转变理论将人口变化与工业化进程之间的联系作为研究对象。在前工业社会中,由于出生率和死亡率都很高,所以人口状况总体上是稳定的。工业化时代到来后,死亡率趋于下降,而出生率在一段时期内仍然居高不下,因此总人口增加了。然而,在某个时间点,至少在高度工业化的社会,出生率开始下降,与死亡率一致。一旦出生率正好被死亡率抵消,就会出现人口零增长的稳定状态(Chu, 1997),即人口既不增加,也不减少。

19 世纪,西方的工业革命带来了农业产量的增加、生活水平的提高以及人口数量的增长。久而久之,人口的年龄结构发生了变化,人口统计学家称之为人口转变。工业革命前,出生率高,死亡率也高;工业革命后,出生率低,死亡率也低。今天的美国、欧洲和日本都是这样的人口模式。可见,工业化社会的结果就是人口老龄化——人口年龄结构发生了本质的改变。

在大多数第三世界国家,如非洲、亚洲和拉丁美洲诸国,出生率和死亡率都远高于高度工业化的国家。第三世界国家和 1800 年的美国一样,人口结构呈金字塔形:新生儿多(出生率高),而老年人少(死亡率高)。而那些人口趋于零增长的国家则可表示为圆柱形:每一个同生群的数量几乎一样。

上文已经说明,老年人数量的增加只是人口老龄化的原因之一。有必要记住,导致人口总体老龄化更重要的因素是出生率的下降,而不是死亡率的下降。美国出生率下降的趋势,甚至可以追溯到 19 世纪早期,而人口老龄化进程的原因,可以追溯到更早的时候(Olshansky & Carnes, 2002)。为了全面呈现人口状况,我们有必要指出其他影响人口数量和结构的因素,如不同年龄段人口生存率的提高及外来移民(主要是年轻人)的影响。但是,有一个结论是毋庸置疑的:如今美国 65 岁以上人口比例的上升,是由美国社会中的固有因素所致。移民状况发生变化,且婴儿潮一代步入老年,使得老龄化成为一个将贯穿21世纪的长期趋势,是我们毕生都得面对的一个问题。

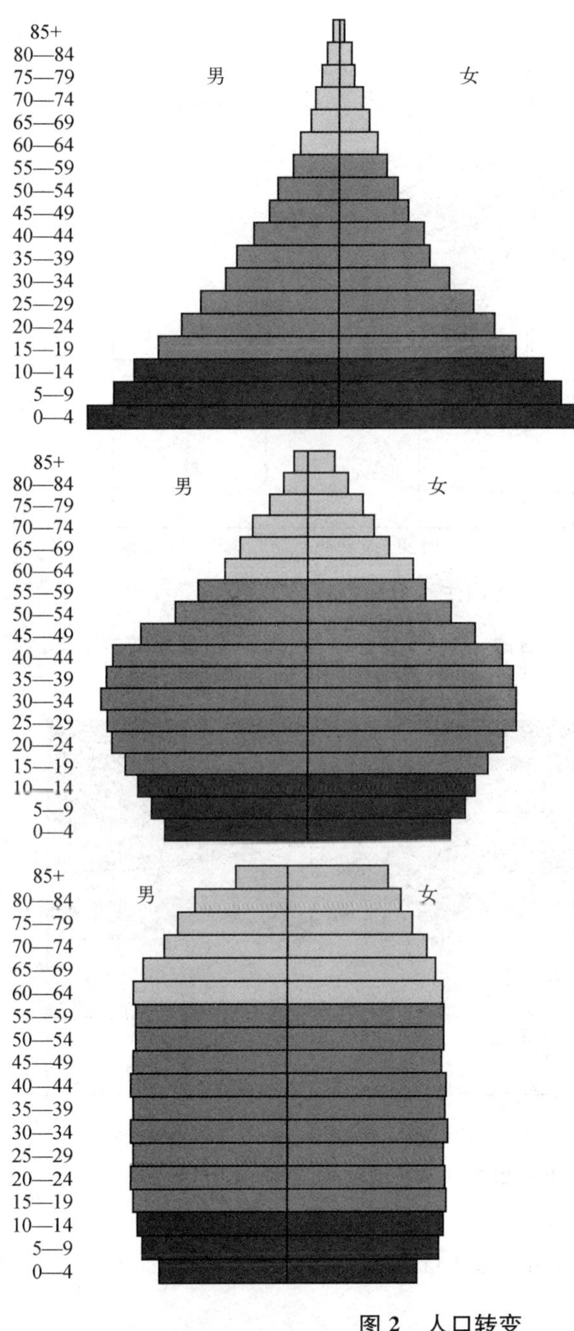

工业革命早期：每个年龄组（0—4 岁到 85 岁以上）的数量递减，劳动年龄人口（金字塔中间阴影部分）要养育数量庞大的儿童，而儿童可以帮助父母种植粮食和打柴等。

工业革命中期：金字塔最大的部分是劳动年龄人口。由于一些有利的因素（如低失业率），劳动年龄人口能够赡养老人，抚养后代。注意本图和下图的左右都是不对称的，这是因为女性的寿命一般比男性长。

工业革命晚期：金字塔形几乎变成了长方形，劳动年龄人口要赡养大量的老年人。

图 2　人口转变

资料来源：J. F. Barker，2004 年 6 月。

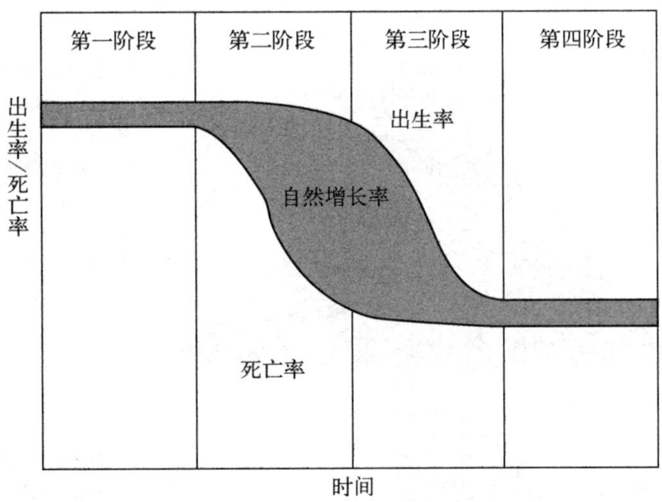

图 3　出生率和死亡率

资料来源:刘易斯堡学院约翰·伯德,D. R. 戈登和理查德·格罗斯曼撰写的网络教育课程讲义《人口趋势和人口金字塔》,此处引用征得了原作者的同意。

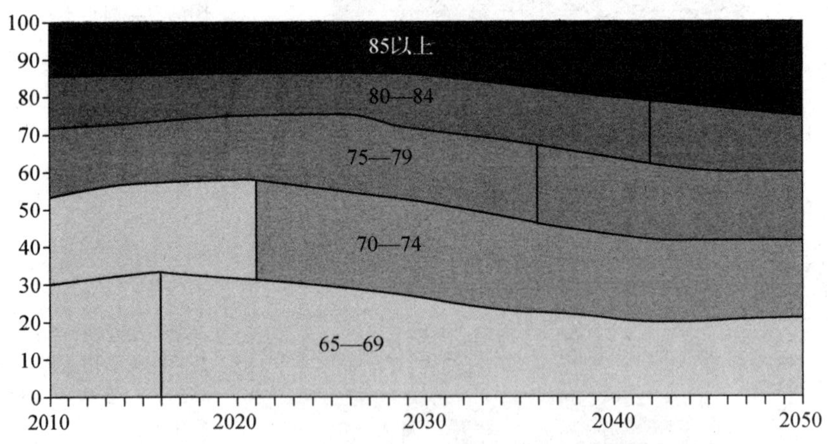

图 4　2010 年—2050 年美国老年人口分布预测

资料来源:美国人口普查局,2008 年。

注:图中竖线表示每一个年龄组中老年人口最多的年份。

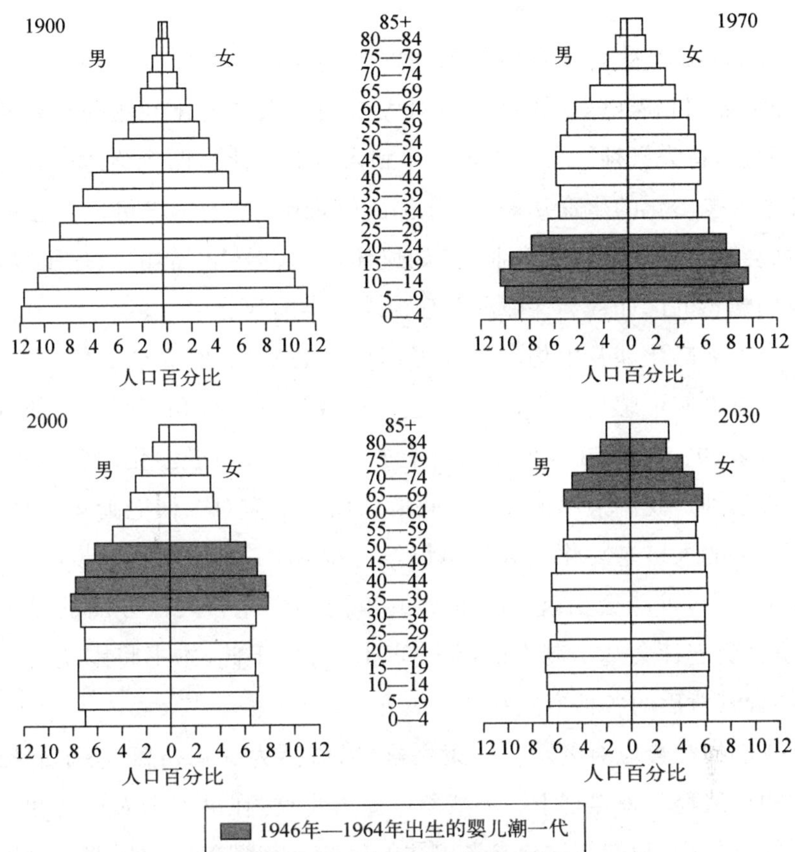

图 5　1900 年—2030 年剧烈变化的美国人口老龄化趋势

资料来源:美国人口普查局,改编自 Himes (2001)。

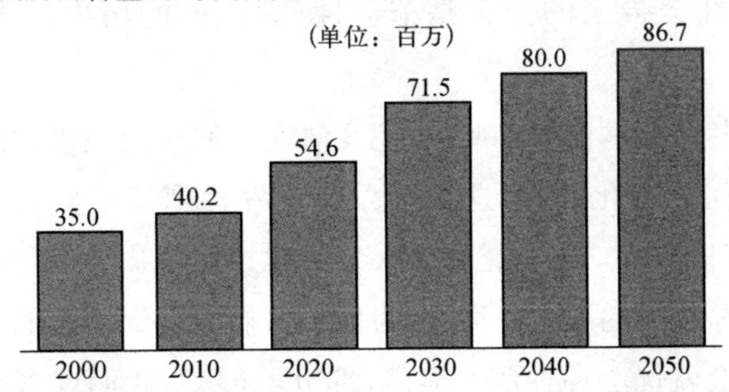

图 6　2000 年—2050 年美国 65 岁及以上老年人口实际增长量和预测增长量

资料来源:2000 年数据来源于美国人口普查局 2001 年数据,2010—2050 年数据来源于美国人口普查局 2004 年数据。

注:此处的人口指美国常住人口。

那么,美国社会究竟应如何应对老龄化问题呢?社会组织——政府、经济部门和家庭,应该如何应对大量的个人老龄化问题呢?要回答这些问题,首先必须区分个人老龄化和人口老龄化这两个概念。我们都熟知个人老龄化的生命历程,因此都能够理解,鉴于未来可以预见的变化,社会制定了种种政策和制度,如退休规划、慢性疾病的医疗干预,以及我们熟悉的诸如社会保障和医疗保险之类的政府项目。

个人老龄化涉及生物功能和工作角色的变化,但无论如何,个人老龄化都是真实可感且不可否认的,这一点我们在父母和家庭成员的身上看得很多,更不用说在我们自己身上了。然而,人口老龄化比较微妙,不容易观察到。我们采用很多社会政策和项目来应对个体老龄化,但应对逐渐到来的人口老龄化引起的争议,这方面的工作才刚刚起步,而在未来几十年中,可能会出现更为激烈的争论和变化。人口方面的显著变化,也会引起社会基本制度的巨大变动。有鉴于此,本书将围绕这些争议,结合其背后的各种事实和基本概念,展开论述。

我们的社会应对老龄化的策略,可以概括为一句格言:将军们根据以往的作战经验来谋划下一场战争。这就是说,在进行个人规划和社会规划的过程中,我们往往会参考以往的经验来规划未来的思路。世界上第一条铁路问世之时被戏称为“铁马”,但实际上铁路根本不是一匹马。铁路交通为社会带来的变化是革命性的,此前的历史上根本没有参照物。

人口老龄化问题同样如此,我们无法通过回顾历史来预测人口老龄化将会引起何种变化,因为这个现象在世界各国都是史无前例的。并且,我们不能混淆人口老龄化和个人老龄化这两个概念,毕竟,老龄化社会不同于寿命有限的个人。那么,为什么人们一想到未来的美国将是一个老龄化社会就忧心忡忡呢?显然,部分原因是,我们许多人抱有一种成见,认为老龄化就是衰老,这种成见从根本上说是一种偏见,或是过时的印象。因为我们的社会机构已经将老龄化视为一个问题,所以生活在社会中的我们往往只看到其弊端,看不到机遇。

我们要明白,过去解决问题的办法不一定适用于现在或未来的新挑战。比如,社会保障是必不可少的,它可以保护美国人免于晚年的贫困,但实际上其设计初衷并不是为了促进老年人的再就业和再生产。也许,未来我们有必要从新的角度考量退休和养老问题。同样,联邦医疗保险虽然开支昂贵,但非常重要,它可以保证老年人能够获得医疗服务,但其设计初衷同样不是为了解决需要上门服务的老年人的长期保健问题。因此,面对65岁以上老人数量的迅猛增长——从2011年的4 140千万将增加到2050年的8 850千万,美国社会必须考虑,哪些机构和哪些政策能够更好地满足这个不断增长的群体的需求。

社会老年学家玛蒂尔达·怀特·雷丽(Matilda White Riley)指出,老年学的一个缺陷是未能深入思考人口老龄化问题。老年学家们了解个人老龄化的程度,甚于了解整个生命过程的机会结构。机会结构指社会组织和社会结构的形式会影响个人取得某些成就或实现某些目标的机会和能力。举例说,从教育到工作,再到退休,社会组织和社会结构塑造了我们的人生轨迹。然而,这些人生转折似乎并没有让我们为未来的老龄化社会做好准备。实际上,我们在面对未来时,存在一种"文化上的滞后性"(Katz, 2005; Riley & Riley, 1994)。在21世纪,人们的退休年龄逐渐下降,从学校毕业的年龄逐渐上升。雷丽指出,按照目前的趋势,未来人们也许38岁才从大学毕业,之后很快面临退休。当然,这种情形尚未发生,但它确实说明了问题的严重性。

问题是,我们对于个人和社会之间的互动关系缺乏应有的了解。在20世纪,人类的平均预期寿命几乎增加了30岁。如今,退休生活占成年期的1/3强。与过去相比,65岁以上的老人健康状况更好,受教育程度更高。然而,机会结构未能将这些老龄化人口整合进教育和职场等社会机构,我们必须考虑为未来的老龄化社会设计一个蓝图。如今,日渐年老的我们的老龄化和老年生活的经历不同于我们的祖父辈,也不同于我们的子女。因此,在进入21世纪之际,参考以前的情况并没有什么用处。

我们面临的挑战在于要批判性地思考一些基本观念，调整预测，规划未来的思路。在老年学研究中进行批判性思考比其他领域更难，原因在于老龄化问题过于熟悉，且带有鲜明的个人性质。20 世纪已经发生了革命性的变化，但我们大多数人仍用老眼光看待老龄化和生命历程。与我们的常识性看法相反，历史和人文科学表明，老龄化的过程并非一成不变，而是不断变化的，可以做出解释的。

站在一种批判性的审慎立场，我们知道，不同的社会文化背景，不同的历史阶段对“人生阶段”的理解是不同的。甚至在我们生活的社会中，人们的老龄化经历也并非一模一样，而是因性别、民族和社会阶层不同，存在千差万别。从这个角度来讲，我们熟知的如退休等社会制度存在的历史还不到 100 年，如今正在被重新考量和设计。同时，在生物学领域，科学家们就老龄化问题展开了严肃的争论，探讨是否能够最大限度地延长人类的寿命。

总而言之，无论考察生物学、经济学、社会学、行为学以及公共政策之中的哪个领域，我们都能看到，尽管人们对老龄化毫不陌生，但并不能将其视为一成不变的生命过程。个人老龄化和人口老龄化具有社会和历史的结构，人们是可以对其进行阐释、争辩、讨论，甚至可以做出改变的。

如果我们意识到全人类寿命超过 65 岁的老人中如今有一半以上还活着，一定会大吃一惊。我们无法根据过去和现在的情况，去推断 21 世纪老龄化的状况，更不能将老龄化研究理解为一系列事实的大杂烩，仿佛了解了这些事实，就能够为将来做好准备，实际上，这种研究方法并不能帮助我们理解这些重要的变化。

我们最需要做的，是在更广阔的背景下考察个人老龄化和人口老龄化的各种因素。我们需要认识到，所有的事实和理论都是片面的权宜之计，都可以有不同的阐释，也可以进行修正。也正因为如此，本书中的老龄化研究以“争议”和“讨论”的形式展开，希望大家能够有机会思考并构建自己所期待的老年生活。

作者简介

哈瑞·穆迪:耶鲁大学硕士,哥伦比亚大学哲学博士。曾在哥伦比亚大学、亨特学院、纽约大学及加州大学圣克鲁兹分校教授哲学。他是纽约城市大学亨特学院布鲁克代尔健康老龄化和长寿中心共同创始人,并担任执行主任长达 25 年。担任过华盛顿特区美国老龄化理事会(National Council on Aging)政策中心主任,发表学术论文 100 余篇,专著多部,包括《富足的生活:老龄化社会中的人类发展政策》(1988)《老龄化社会伦理学》(1992)以及最近的《灵魂的五个阶段》(1997),最后一本著作研究了人类后半生的精神成长问题。哈瑞·穆迪是著名的成人教育专家,老人游学营(Elderhostel)董事会主席。他还活跃于生物医学伦理学领域,是《生物伦理学》通讯的编辑。穆迪博士退休前曾担任美国退休人员协会学术事务主任,目前是公民创投(Civic Ventures)的高级研究员。

詹妮弗·萨瑟:俄勒冈州玛丽赫斯特大学人文学院主任、副教授、老年学项目协调人。自 1997 年起在玛丽赫斯特大学任教,一直从事成人在校课程和网络课程的设计和教学工作,包括老年学方面的本科和研究生学历教育。萨瑟本科就读于俄勒冈州威拉姆特大学心理学和音乐专业,是该校的优秀毕业生。她是俄勒冈大学和俄勒冈州立大学人文科学双硕士,专业涉及成人发展和老龄化、女性研究及批判性社会理论和研究方法论等领域。在俄勒冈州立大学攻读博士学位期间,她担任研究生教学和研究助教,是第一位美国退休人员协会—安德鲁斯老年学研究生奖学金获得者。她的博士论文被收入《月经的故事:月经和当代美国社会中的女性身体政治》一书中(劳特里奇出版社,1996 年,与珍妮特·李博士合著)。在过去的 20 年中,詹妮弗致力于以下领域的研究:老年人的创造力,老年妇女的缘身性(embodiment),老年学批判理论以及转换型成人教学。2005 年起,詹妮弗先后担任俄勒冈老年学协会(Oregon Gerontological Association)理事和理事长(任期三年),2012 年获得老年学协会高等教育杰出教授奖。

译者的话

人口老龄化是 21 世纪人类社会共同面临的问题。本世纪初叶，西欧诸国和亚洲的中日韩等国纷纷进入老龄化时代。在美国的佛罗里达州，20%的人口已经超过 65 岁。目前，英国、法国、意大利、德国和日本等国已经达到了佛罗里达的老龄化水平，预计整个美国在下一个十年将全面“佛罗里达化”。

中国的老龄化问题亦十分突出。截至 2016 年底，我国 60 周岁及以上人口数量大约为 2.3 亿人，占总人口比例 16.7%，位居全球之首。预计到 2026 年，我国老年人口规模将达到约 3.1 亿人，约占世界老年人口总数量的 25.0%。人口老龄化反映了新中国建立以来，尤其是改革开放以来，人民生活质量的提高和人均预期寿命的增长。但老年人口的急剧膨胀对我们发展经济和提供服务构成了严峻的挑战。如何为数量庞大的老龄人口提供社会保障和医疗保险，应对老龄化引起的各种社会问题，是我们在整个 21 世纪都将面临的问题。

在这个背景下，出版一部老年学方面的著作，对于政府决策部门和公共服务机构，对于相关领域的从业者、研究者和学习者，对于社会中的普通人，都是格外有意义的。因为社会是由个体组成的，而每一个个体都正在老去，或即将老去。一部优秀的老年学著作，不仅有助于国家了解和借鉴别国的经验,汲取别国的教训,更好地应对老龄化问题,也有利于个人理解老年的意义,未雨绸缪地规划人生,在某种程度上实现成功老龄化,老有所为,老有所获。

《老龄化》一书正是这样一本优秀的老年学著作。这本巨著不仅从宏观上解释了老年学领域的基本概念,描绘了西方发达国家尤其是美国的老龄化及老年人服务工作的状况,介绍了这些国家老龄化过程中面临的重要议题和挑战,也从微观上呈现了人们在一系列具体问题上(如老年的意义、创造力与年龄、养老模式、老年人权益项目的根据、老年人产品市场)的争议,启发读者的批判性思考。尽管本书主要关注西方国家的情况,但它提出的问题涉及人类的共同利益。正如作者所言,"老龄化社会的未来将由我们所有人共同创造,因为未来的老人就是我们自己"。

本书作者哈瑞·穆迪是美国老年学研究和成人教育方面的专家,曾任教于哥伦比亚大学等多所知名院校,担任美国退休人员协会、学者之路等老龄化组织领袖,出版过多部老年学方面的著作。本书合作作者詹妮弗·萨瑟是俄勒冈州玛丽赫斯特大学人文学院主任、副教授、老年学项目协调人。她的研究领域涉及成人发展和老龄化、女性研究以及批判性社会理论和研究方法论等。二人在老龄化研究方面均颇有建树。

与现有的老龄化研究专著相比,本书具有一些突出的特点。首先是视角独特。作者从生命历程视角切入老龄化问题,指出老龄化并非老年才出现的现象,而是伴随我们一生的过程,只有将老年视为整个人生的一部分,视为前半生各阶段中各种因素的影响结果,才能完全理解老年的意义。因此,作者并未局限于讨论老年的有限特征,而是将研究框架扩展到整个生命历程,涵盖童年、青春期、成年及老年等全部阶段,考察年龄、社会地位、年龄组效应和历史之间复杂的互动关系,考察老龄化问题的社会经济语境、老化的生理机制、伦理经济、医疗、个人生命转折等问题。作者强调,老年和其他人生阶段是平等的,并无孰优孰劣之分,老年并不完全意味着衰退和失落,而是一段可以进行干预和改善的时期。因此,老年人应该努力超越落后的文化观念,看到并抓住自我成长的机遇，实现成功老龄化。而现代社会也应当摒弃年龄偏见，平等地对待老年和老年人，竭力为老年人创造教育、生产和休闲的机会。

其次，本书理念新颖，主张老年学的"自由教育"。首先，老龄化对于世界各国都是一个史无前例的现象，没有任何历史经验可供参考，因而人们在老龄化相关问题上的理解是开放的，也应该是开放的。其次，由于老龄化是一个复杂的过程，个体的老龄化经历不同，对特定问题的理解也不尽相同，并且文化、性别、民族和社会经济因素也会对个人的老龄化体验产生影响。因此，老龄化的相关问题大都没有唯一正确的答案，都是可以容纳争议的。应提倡一种批判性思维，重新思考老龄化与生命历程等概念，反思社会的老龄化制度，从而获得更为全面的认识。最后，老龄化并非一成不变的生命事实，个人老龄化和人口老龄化具有社会和历史的结构，是可以做出改变的，应当用发展的眼光看待老龄化问题。基于以上原因，本书并不强调事实的罗列，也并不急于对某个问题给出固定的答案，而是独辟蹊径，不仅以"基本概念篇"提供背景知识，而且围绕基本概念展开争议，提出重要的问题，引导学生阅读相关材料，思考阅读材料中提出的见解，理解相关争议，了解它们的缘起，并运用批判性思维，形成自己的观点。

另外，本书内容丰富。全书共包括三个基本概念篇，围绕基本概念篇，展开十二个争议。基本概念篇一及相关的三个争议内容涉及老年的意义、老化的生物学机制，以及智力和创造力与年龄的关系；基本概念篇二及相关的四个争议内容涉及老年人医疗、养老模式、老年人决策及自杀等问题；基本概念篇三可能是全书最为重要的内容，从社会和经济视角考察老龄化问题，相关的五个争议内容涵盖老年人权益项目的依据、充足性和公平性、未来预测及老年人产品市场。全书触及了老龄化领域最为重要的话题，并在每个话题上做了深入的探讨；除了历史的眼光，也有现实和未来的关切；既有各种理论和假说的梳理，又不乏评判性的阐释与评价；既展现百家争鸣，又成一家之言。除了主体内容，一些颇具特色的设计也丰富了本书的讨论，强化了"自由教育"的理念。阅读材料呈现了不同研究者在同一问题上的激烈争论，促使读者做批判性的思考；

“关注实践”说明了争议对公共服务事业的意义;“展望未来”促使读者更加关注逐渐加快的社会变化,并领会其背后的含义;“全球视野”和“街谈巷议”等内容提供了更多的拓展性和批判性思维的机会。附录部分为老龄化方面的学期论文研究和撰写提供了指导。

最后,原著文风冷静客观,朴素洗练,平易近人,可读性强。总之,无论从内容上,还是从风格上,《老龄化》一书都灌注了作者的心血,是一部值得一读的佳作,而且必将可以经受时间的考验,在老年学研究和教学领域持续显示出它的力量。原著每年再版(本书译自2015年第八版),成为西方多个国家相关社会机构及教育机构的参考资料,这本身就足以说明其经久不衰的学术价值和实践价值。

作为本书的译者,可以为社会做点有益的事情,我们感到非常荣幸,同时又惴惴不安,深恐能力有限,未能用通顺的语言准确传达原文的意思,损害了这样一部优秀的作品。的确,原著涉及生物学、经济学、社会学和心理学等领域,内容丰富,仅专业术语就是一项富有挑战的工作。书中涉及大量复杂的专业知识的表述,更是要求译者查找和研读相关的文献,并在必要时向专业人士请教,在准确理解的基础上进行有效的语言转换。另外,书中的选读材料涉及面广,文风驳杂,有些文章十分艰深,为译者制造了一道又一道的障碍。最后,这本书的厚度也对译者的时间和精力构成了考验。在接近两年的时间里,译者可谓废寝忘食,殚精竭虑,一遍又一遍地推敲、修改和润色,一路的艰辛,唯有亲身经历,才能体会。

感谢江苏人民出版社做了一件有利于社会的工作。相信这本书可以成为政府决策部门、老年人工作机构及老年学研究者的参考资料,可以成为高等院校相关专业的教材或参考书,也可以成为普通读者的读物,让每个人都可以有所启发。感谢王溪编辑和制版员施爱玲,本书的出版离不开他们辛勤而细致的工作。感谢给予过我们支持的老师、同事、学生和亲友!

陈玉洪　李筱媛

2018年1月2日

基本概念篇一

老龄化:生命历程的视角

生命历程的视角可以通过多代同堂的家庭得以直观的呈现:老龄化是一个渐进的过程,是我们所有人一生都在经历的过程,而不是老年才出现的现象。

学习目标

通过“基本概念篇一”的学习，实现下列目标：

1. 理解老龄化是持续一生的过程，它具有多种面貌，受到个人生活环境的影响；

2. 熟悉、理解和阐释老龄化问题的核心理论；

3. 了解决定老化的主要生物过程；

4. 理解社会结构和历史因素如何影响我们对年龄、老龄化和老年的理解。

一提到“老龄化”，我们脑海中往往会出现一个老人的形象，但其实老龄化的过程从生命早期就开始了。只有将老年视为整个人生的一部分，才能完全理解老年的意义，这种方法叫做**生命历程的视角**(Fuller-Iglesias, Smith, & Antonucci, 2009; Settersten, 2003)。

我们关于老年的理解在方向上就出错了。例如，努力想象一名大学生，再想象一位退休人员，一位老太婆和一位初为人父的男子，把这些形象记在脑中，然后考虑以下事实：

- 每年有50万名60岁以上的老人在大学里学习；
- 部队的退休年龄通常是40多岁或50多岁；
- 在一些市中心的平民区，不难遇到35岁的妇女，她们已经当上了祖母，而她们的女儿在少女时代就生了孩子；
- 二婚男子在40岁或50岁才当上父亲，这种事情已不罕见。

上述事实是否不符合你原来的想象，尤其是关于“应在什么样的年龄扮演什么样的角色”的想象？以上的例子说明，诸如“学生”、“退休人员”、“祖母”和“初为人父”等角色不一定和人们的实足年龄相匹配。今天，对老龄化问题的研究迫使我们重新审视关于老龄化的传统观念。对老年人而言，到底什么是正确的，什么是恰当的？在这个问题上，生物医学和老年人的社会行为都已经摈弃了传统的刻板印象。

尽管我们习惯于将老年视为人生的最后阶段，但不得不承认这个最后阶段是由漫长的一生经历塑造的。社会层次、教育背景和职业经历等生活条件，决定了个人在老年的生活状态，换言之，人生的最后阶段实际上是老年之前各个生命阶段的结果。这意味着，我们不再用宿命论的观点看待老年的生活质量以及老年的意义，相反，我们认为老年生活是一种关乎个人选择和社会政策的问题。因此，老年人是否感到满足，是否觉得生活有意义，这可能取决于他们自身的做法，也取决于社会机构如何帮助他们在老年生活中找到新的目标（Kohli，2007）。

最新的生物学研究表明，当我们所定义的“老年”来临时，人们并不会突然变老，因为老龄化是一个渐进的过程。在北美，人们在到达退休年龄后的很长时间内，仍然保持着年轻时的能力。我们对人类如何变老，为什么变老等问题的了解与日俱增，并希望能够让人们最后的时光和其他时期一样富有意义。

关注实践

究竟应当如何称呼老年人？

在《纽约时报》的《老年新说》一文中，作者朱迪斯·格雷汉姆（Judith Graham）提出一个问题：“诸位认为，我们应当用什么词称呼那些过了中年的人们？为什么？”她与本领域的几位专家做了几场非正式访谈，以了解他们的想法，她的发现揭示了这个问题的复杂性。用来描述“过了中年的人们”最多的字眼是“老年人”、“老人”、“长者”、“老者”等（Senior citizen，elderly，older adult，older person，elder）。对于这里的每一个词，专家们既有支持的理由，又有反对的理由。那么，步入老年的人们如何称呼自己？他们希望别人如何称呼自己？你老了又希望别人如何称呼你呢？在老龄化研究领域，这些都是十分重要的问题，我们研究和实践的关注点就是“那些过了中年的人们”。

资料来源:

Graham, Judith, "Elderly" No More, in "The New Old Age," *The New York Times* (April 19, 2012).

年龄鉴别

老龄化研究的核心概念之一是年龄本身的意义。一方面,年龄鉴别(Age Identification)一定程度上是对一个人实足年龄的认定,另一方面,它也是我们人生的社会和心理方面的重要维度。

从童年时起,我们就开始经历社会化的过程,开始理解"什么样的年龄做什么样的事",这一过程称为**年龄分化**(age differentiation)。我们认识到,儿童、青少年、成人和老年人扮演的角色和行为的表现方式是不一样的。**年龄分级**(age grading)指的是社会根据年龄赋予人们不同的角色(Streib & Bourg, 1984)。而**年龄分层理论**(age stratification)则强调,一个人在年龄结构中的位置会影响他的行为和态度。

一定程度上人们根据年龄进行自我定位。想一想,你何时开始将自己定位为成人,而不是孩子? 你是否突然之间对曾经迷恋的事物失去了兴趣,认为它们太幼稚了? 你是否认为,当你步入中年或老年时,你将会与现在的自己有所不同?

在"什么样的年龄做什么样的事"这一问题上,同一文化环境中的人们大体上抱有相同的预期。例如,在西方社会,13 岁结婚和 30 岁退休会被认为是"不合时宜"的,而 22 岁大学毕业,65 岁退休则是"正合适"。换句话说,在这个问题上,我们有共同的**社会时钟**(Helson, Mitchell, & Moane, 1984)。然而,人生事件的时间表又因为社会阶层和个人职业而有所不同。例如,医学院学生的职业时间表和民工就大相径庭。同时,年龄标准也会在时间长河中发生变化。例如,如今美国人一般在 25 岁到 30 岁之间结婚,但一个世纪以前,在这个年龄段才结婚就太晚了,尤其是对于女性而言。

对于“什么样的年龄做什么样的事”的理解，我们承袭了传统的价值观，这种传统可以追溯到古代(Falkner & de Luce, 1992)。在古罗马喜剧中，老年人常常因为行为不得体而遭到揶揄，老夫娶少妻会受到敌视，这类主题在中世纪文学中反复出现(Bertman, 1976)。

在如今的文化环境中，老年人应当如何生活才是恰当的？要回答这个问题，我们可以考察仪式和神话中的老人形象。在古代，说书人和吟游诗人传播了社会的年龄观念，但在当下的工业化社会中，这些观念常常是通过电视等媒体来传播和强化的。一般说来，电视上的人物都是年轻而漂亮的，现实生活中的老年人形象在电视上是见不到的(Davis & Davis, 1985; Peterson & Sautter, 2003)，电视对老年人的刻画往往脱离实际。就算广告商试图利用“银发市场”概念，他们也只会展现理想化的老年人形象：健康而充满活力。有时，我们似乎会竭力忘记人都必将老去这一事实。不过，一些分析人士发现，老年人会通过看电视的方式，将自己的日常生活与公众事务联系起来(Riggs, 1998)。

电子媒介拒绝刻板印象，具有一种更加微妙而广泛的潜在影响。电视占据了永久性的当下时间，其主要特点是新奇和快节奏的画面(Meyrowitz, 1985)，减弱了人们对生命历程的延续感，消解了老年的权威和意义(Moody, 1988)。传统文化往往非常重视老年人，将其视为连接祖先的历史链条，但当代电视文化和因特网一样，习惯对所有年龄段的人一视同仁(Gilleard & Higgs, 2000)，从而造成了“童年的消失”，也许也造成了“老年的消失”(Postman, 1982)。

老年人的神秘形象是过度简单化和臆想的结果，但这些形象有时也能揭示老年生活的本质。西方文化关于老年的观点常常是矛盾的。例如，一方面，在古希伯来宗教文学中，老年人受到尊敬，活到老是对品行正直的奖赏：《摩西十诫》中的第五条规定，孝敬父母才能长寿。但另一方面，人们又害怕年老体衰，被儿女抛弃(Isenberg, 2000)。《约伯记》甚至质疑老年人有智慧，并且认为恶人可以与善人拥有相同的寿命。

希腊人和罗马人关于老年的看法同样反映了深刻的矛盾。在西方文学第一部不朽之作《伊利亚特》中,作者荷马在歌颂年轻力壮的战士阿基里斯的同时,也赞扬了长者内斯特的智慧。在哲学界,柏拉图和亚里士多德在老龄化问题上意见相左。柏拉图认为,老年生活让人类得以脱离肉体,见到永恒的实在。而亚里士多德认为,中年是人生的顶峰,创造力达到最佳状态,而老年则是衰落期(Minois, 1989)。

在当代文化尤其是电影中,人们也在探讨同样的问题。关于老龄化的叙述,有追寻让人返老还童的不老泉(《茧》),有回归故里、精神自足的迟暮英雄(《野草莓》和《丰富之旅》[1]);也有战胜逆境(《为黛西小姐开车》和《世上最快的印第安摩托》),满怀激情、向往冒险(《涉外大饭店》)的老年人英雄形象。大众媒体塑造的这些老年人形象,深刻地影响着工业化社会中人们对老龄化问题的态度(Featherstone & Wernick, 1995)。

人生阶段

自文明萌芽以来,人类就认识到,从婴儿到老年的人生过程总体上在所有社会都没有区别,但不同社会却有不同的生命分期方式(Boyle & Morriss, 1987)。简而言之,生命历程可以分为两个阶段:童年和成年。但随着人类社会变得越来越复杂,人们的寿命越来越长,我们开始将人生细分为更多的阶段。

希腊人和罗马人的观念影响了我们对老龄化和生命历程的基本认识。古希腊最伟大的悲剧《俄狄浦斯王》,是索福克勒斯在年近 90 岁时写成的。在这个故事中,俄狄浦斯当上了国王,是因为解出了斯芬克斯之谜——什么东西早晨用四条腿走路,中午用两条腿走路,晚上用三条腿走路?谜底是:人。人童年时用两只手和两条腿爬行,成年后用两条腿行走,到了晚年,人借助拐杖行走,拐杖即所谓的“第三条腿”。古希腊

---

① 也有译作《邦蒂富尔之行》《前往邦蒂富尔》等。——译者注。

医学家希波克拉底将人生比作四季。古罗马医师盖伦和天文学家托勒密也提出了类似的观点，托勒密将人生分为七个阶段，这个学说对中世纪产生了巨大的影响。

到了中世纪，基督教文明将生命比作一场旅行或一次精神朝圣，从而提出了一种平衡的生命历程观——所有人生阶段没有孰优孰劣之分。既然自然的生命周期和四季轮回一样，那么个人的灵魂就自然被引向了来世的希望(Burrows, 1986)。在这个意义上，无论是一个周期还是一场旅行，生命的进程都获得了一种超验意义和整体性(Cole, 1992)。

宗教改革和文艺复兴来临后，西方关于生命历程的思考进入了现代阶段。这个时代的莎士比亚在戏剧中表述了“七个时期”的传统观念。

> 全世界是个舞台，
> 所有的男男女女不过是一些演员，
> 他们都有下场的时候，也都有上场的时候；
> 一个人的一生中扮演着好几个角色，
> 他的表现可以分为七个时期。

《皆大欢喜》，第二场，第七幕

在莎翁看来，人生的各个时期只是人类在社会舞台上扮演的不同“角色”，而丧失一切角色的老年则是最后一场戏。莎翁用戏剧的隐喻取代了自然周期和灵魂朝圣的观念。

在莎士比亚之后的一个时代里，绘画和雕塑开始以新的方式描绘人生阶段。传统的圆形人生观念让位于上楼梯和下楼梯的意象，中年成为生命力的巅峰，这一形象催生了“人生是一种职业”的观念——个人可以通过种种途径掌控余生，例如继续教育、良好的医疗保健以及前半生积累的财富。

16 世纪到 17 世纪，对人生时期的划分开始接近我们今天的观念，童年开始脱离成年和老年，成为一个独立的人生阶段(Aries, 1962)。到了

20 世纪，随着退休制度的建立，老年也成为一个鲜明的人生时期。一些社会学家认为，这种分期反映出主要社会机构（如学校和职场）已经历了社会化模式（Dannefer, 1984; Kohli, 2007）。换言之，退休被视为独立的人生时期，部分原因是社会需要为年轻人在职场中腾出位置。

如今，退休生活平均占成年期 1/4 甚至 1/3 的时间（Kohli, 1987）。因而，我们将老年人分为**年轻老年人**（65—74 岁）、**老年人**（75—84 岁）和**高龄老年人**（85 岁以上）。这样的区分方式对我们来说越来越重要了，但同时我们也更加困惑，老龄化和“什么年龄做什么事”的真正含义是什么？后文将逐步讨论老年人如何寻找新的自我表达方式，并为社会作贡献。

生命历程和老龄化

人生可以分为几个阶段？老年从何时开始？老年涉及哪些具体问题？将老龄化视为一种历史现象进行研究，揭示了人们在这些问题上各种不同的观点（Minois, 1989）。我们在《圣经》或莎翁和西塞罗等人的作品中读到与老龄化相关的内容时，也许会想当然地认为，“老年”就像出生和死亡一样，是一个一成不变的人生阶段，是自然过程的一部分。然而，在 21 世纪初期，我们清楚地看到，老龄化问题也许比以往的任何时代都还要模糊不清。也许，我们应该将老年视为人类从生到死这一整体过程的一部分，而不是截然独立的人生阶段。

人们越来越多地从生命历程的角度审视老龄化问题（Markson & Hollis-Sawyer, 2000; Mortimer & Shanahan, 2003）。换言之，我们将老年视为整个生命历程的一部分，视为前半生各阶段中各种因素综合影响的结果。在此，我们需要区分寿命和生命历程两个概念，前者指的是我们一生的长度，后者指的是时光流逝所反映的一个富有意义的模式。生命历程的视角丰富和拓展了老年学，我们不仅描述了老年的有限特征（主要与身体变化有关），更是将研究框架扩展到整个人生，涵盖了童年、青春期、成年及老年等全部阶段。并且，我们还考察年龄、社会地位、同生群效应和历史之间复杂的互动关系，考察老龄化问题产生的语境，以及个人的人生大事等生命转折的时间问题(Elder & Johnson, 2003; Riley & Riley, 1994)。我们采用**纵向研究的方法**来强化生命历程的视角。纵向研究是一种重要的研究方法，研究者运用这种方法，长期跟踪个人，观察、分析和总结研究对象身上所体现的发展变化。

生命历程视角的研究方法主张，只有理解一个人的一生，才能理解他的老年。随着生命历程的展开，人们经历了社会化过程，学会按照社会角色(如学生、父母、劳动者、退休人员等)的要求来行事。然而，由于这些结构性因素为人们的行为设置了界限，所以老龄化在不同的文化中有着不同的意义和经历。同时，老龄化也受到性别、社会经济地位和民族等因素的影响。另一方面，由于个人对年龄相关的角色具有不同的理解，他们也有一定的灵活选择的空间。

人生转折(Life transitions)

生命历程视角的研究方法常常考察人们一生中的标志性事件，即人生大事或称人生转折，如毕业、第一份工作、结婚和退休等。在某些方面，如今人们的人生转折的可预见性比以前更强。比如，以前的人生死无常，而现代人通常能活到老。可以说，在成年人的生活里，诸如配偶或父母去世，比从前更容易预见。

但另一方面，与以前相比，某些人生转折与年龄或人生阶段的关系减弱了。比如，20世纪五六十年代，大学毕业的正常年龄是21岁左右，而现在，大学毕业年龄可以是20岁到40岁的任何时间，甚至40岁以上。我们经常在新闻上看到白发苍苍的老人们身着方帽长袍。毕业时间可以是婚前，可以是生育年龄期内，也可以是生育年龄之后。然而，无论在什么年龄、什么情况下毕业，这一人生转折都标志着重要的角色变化。

标志着角色转变的特殊事件，如受诫礼、坚信礼、毕业典礼和婚礼等，被称为**过渡仪式**(Van Gennep, 1960)。这些仪式强化了人们对人生大事意义的共同认识。一些传统的过渡仪式如青少年的隔离仪式在现代社会中已经很少见了,但很多仪式还继续存在着,如老人的荣休宴、金婚礼及葬礼等。

那么,我们究竟应该如何理解人生转折的意义呢?人类生命历程成为科学研究的对象后,人们再也不将人生阶段视为宇宙秩序的一部分(Cole & Gadow, 1986; Katz, 1996)。相反,心理学家试图将生命历程解释成时间流逝在个人身上逐渐展开的自然进程,这样一来,便产生了一个新的研究领域——寿命发展心理学(life span development psychology)。著名发展心理学家埃里克·埃里克森将生命历程描述为一系列的心理任务,要求个人解决互相冲突的心理倾向(Erikson, 1963)。埃里克森认为,中年人面临着停滞和繁衍的冲突:一方面是旧习惯的束缚,另一方面是超越自我窠臼与繁衍后代的要求(Kotre, 1984)。在老年问题上,埃里克森认为,老年人处于自我整合和绝望的冲突之中:是接受自己的人生,还是因为时日无多而感到绝望呢?

与埃里克森的基本观念紧密相关的是,人们关注中年转折过程中的心理变化。人到中年时开始面对死亡的问题,青春时的梦想也会受到限制(Jacques, 1965)。心理学家丹尼尔·莱文森(Danie Levinson,1978)认为,典型的人生转折发生在30岁、40岁或50岁。这些年龄段的人们常常会重新评价自我,喜欢问:我从哪里来,要到哪里去?成年人的这种心理"过渡"或心理变化被新闻记者描述成一种普遍现象,但也有论者质疑其普遍性(Braun & Sweet, 1984)。中年就像老年,是一段因人而异的人生时期(Brim, Ryff, & Kessler, 2004)。

有些理论认为,老年是一个不断失去的时期,会导致人们被动适应、依赖甚至抑郁。然而,今天的很多理论家持一种较为乐观的看法,认为性格具有延续性和灵活适应性。大多数老年学家相信,老年人能够创造积极的东西,如个人意义。实证研究表明,我们总体上能够自如地应对各种人生转折,如退休、丧偶和老年健康问题。出现问题的时候,我们的处理方式经得起考验,能适应人生的转折。正因为我们具有适应能力,所以老年不一定是不快乐的。

不过，如果不借助过渡仪式和社会制度，我们在转折时期会出现很多行为问题和心理问题。例如，从青少年到成年的过渡，常常以结婚生子和就业等大事为标志(Hogan & Astone, 1986)。学校教育、工作指导和婚姻辅导能够帮助我们完成从青少年到成年的转折，但目前还没有任何社会机构可以帮助人们应对从中年到老年的转折。

并且，以往只有年轻人才有的问题，如今也摆在了老年人的面前(Chudakoff,1989)。那么对于老年人来说，什么样的行为方式才是恰当的？在这个问题上我们并没有统一的看法(Chudakoff, 1989)。丧偶的老年人应该怎样约会？老年人可以期望从他们即将退休的儿女身上得到什么帮助？当我们面对一位 70 岁的新婚人士或一位 60 岁的“孩子”时，我们突然意识到，在生命历程后期的人生转折中，根本没有什么固定的标准(Featherstone & Hepworth, 1993)。

老龄化的传统理论

现代化学说(Modernization Theory of Aging)

我们应当如何理解现代文化语境下互相矛盾的老年人形象呢？**现代化学说**是一种尝试解决这个问题的重要学说(Cockerham, 1997)。它认为，当人类进入现代化社会，老年人的地位便开始下降。在狩猎和采集时代，老年人的地位非常低；在稳定的农业社会，老年人掌握着土地，因此地位大大上升；随着工业化的到来，现代社会开始轻视老年人。现代化学说认为，老年人的社会角色和地位与技术进步密切相关。城镇化和社会流动性等因素会导致家庭的分散，而技术革新则会导致人们轻视老年人的智慧和人生经验，于是，老年人便会失去社会地位和权力(Cowgill, 1986)。一些研究者发现，老年人地位的下降实际上与现代化的关键因素有着千丝万缕的关系(Clark, 1992—1993)。

当祖父母是一个重要的人生转折

现代化学说之所以能够引起老年人的共鸣，是因为它呼应了“黄金时代”的图景：在前工业社会，老年人是一个备受尊敬的群体（Stearns，1982）。这种理论是一种“失落世界”综合征（Laslett，1965/1971），但如果认为老年人在“美好的过去”受到善待，就大错特错了，因此，现代化学说也受到了广泛的批评（Haber，1983；Quadagno，1982）。如上文所言，从原始社会到中世纪的各个时期，老年人的形象和待遇是截然不同的，有时遭到抛弃，有时手握权柄。老年人的历史因种族、性别、身份、社会阶级和文化差异而有所不同。现代化重新塑造了老年的意义，而老年人的形象和实际情况并非完全一致，这一点已经得到了老龄化跨文化研究的证实（Holmes & Holmes，1995）。

街谈巷议

“传统社会更尊敬老年人。”

这种流行的传言是历史学家彼得·拉斯利特（Peter Laslett）40 年前在其经典著作《失落的世界》（1965/1971）中提出来的。这也难怪，《摩西十诫》中规定“要孝敬父母”，十条戒律中也只有这一条说，遵守戒律者能够获得回报。

在历史上,人们对老年人的态度一直是相互矛盾的:既嫌弃又内疚,既尊崇又压迫。这种矛盾的心理基础不难理解:成年人看到身体虚弱的老年人躺在自己跟前,怎能不感到内疚和害怕呢?对于那些毕其一生积累了权力和财富的老人,怎能不感到既爱又恨呢?我们今天依然抱有类似的矛盾态度。老年人群体从政府领取很多福利,有时被描述成对他人漠不关心的自私鬼。也许这种描述存在有失公允、不符合实际情况的成分。

工业化带来的一个重要变化是,生命历程越来越理性化和制度化,我们对童年、成年和老年三个人生阶段的区分更加严格(Bolles, 1981)。然而,大众媒介和文化价值观的迅速变化,开始削弱各人生阶段的特征。随着人均寿命越来越长,越来越多的人能够活到老年,老年人占总人口的比例也逐渐升高,老年人群体的力量急剧增长。但另一方面,老年人的成就遭到贬低,唯一的原因是,他们的成就太司空见惯了。最重要的是,由于生命历程的变化,老年这个概念已经失去了统一而清晰的定义,这将对21世纪的老龄化问题产生不可预见的影响。

那么,该如何构建社会老年学的老龄化理论呢?这个问题可以比照生物学中的老化问题:老化真是不可避免的吗(Olshansky & Carnes, 2002)?进化生物学面临的这个问题反映了一个悖论,即为什么人类会老化?从“适者生存”的观点来看,生物体一旦过了生育年龄,应该就没有理由长时间存在下去了,简而言之,老年是不应该存在的。但实际上,人类在过了适育年龄之后还可以活很长时间,人类也是地球上寿命最长的哺乳动物之一。

因此,老年的意义也是一个生物学问题。生物学家提出了各种理论来解释这个问题,如体细胞突变论、错误灾难论和自身免疫理论等。可是,没有哪一种理论给出了确定的结论,所有的理论都只是抛砖引玉,试图帮助我们更好地理解生物老化这一生物现象。同样,社会环境与老年意义的变化也使社会老年学领域出现了各种学说。和老化生物学的情况一样,关于哪一种社会老年学领域的老龄化理论是最好的,我们并没有达成共识。不过,有三种早期的理论值得我们深入探究,它们分别是脱离理论(disengagement theory)、活跃理论(activity theory)和持续理论(continuity theory)。这三种理论可以揭示一些根深蒂固的观念对老龄化理论的影响,也可以揭示这些理论本身与我们不断探讨的老龄化问题之间的关系。

脱离理论

脱离理论是一种最早的阐释老年人在现代社会中地位的综合性研究(Cumming & Henry, 1961)。脱离理论认为,老年是老年人和社会互相脱节(如退休)的时期。脱离过程是一种自然和正常的趋势,反映了生命的基本生物节奏。换言之,可以将脱离理解为一种“功能性”脱离,脱离既是社会的需要,也是个人的需要。脱离理论实际上与现代化理论紧密相关,它认为,随着社会的现代化程度的加深和效率的不断提高,老年人的地位会持续下降,因此,脱离是一种自然过程。

脱离理论是堪萨斯市成人生活研究项目(Kansas City Study of Adult Life)的成果,这项研究对中年到老年的转折进行了十年的纵向分析(Williams & Wirths, 1965)。脱离理论不仅以实证方式呈现了研究成果,而且阐释了事实背后的原因。不过,脱离理论遭到了老年学家的批评(Hochschild, 1975),一些人指出,这种理论产生于20世纪50年代,但如今的社会环境已经大不相同了。

虽然这种原创性理论已经不再广泛为人们所接受,但是“脱离”概念揭示了一些老年人的典型行为(如提前退休)。不过,越来越多老年人的行为已经不能被描述为“脱离”了,从全球角度来看,“脱离”并不是一种自然的或不可避免的行为模式。

另外,这一理论将“功能”等同于“有用”,将“脱离”理解为“功能性脱离”,这是有问题的。例如,强制退休对社会组织固然有用,但对个人却完全没用,因为个人出于经济上的需要,也许更喜欢弹性退休或继续工作。实际上,人们普遍反对强退制度,正因为如此,国会在1986年废止了这一制度。

脱离理论未能清楚地描述什么样的行为算是脱离。个人会退出一部分社会活动(如工作),增加其他活动(如家庭活动和休闲),但一般不会完全退出社会活动。尽管年龄大了会出现健康问题及体力和社交能力的弱化,但一些活得成功的老年人会以宽广的心胸看待生活中的变化,从而弥补这些损失,这种态度就是我们所说的"智慧"。堪萨斯市成人生活研究发现,随着老年的到来,人们会出现一种"内化"的倾向——越来越关注内心世界(Neugarten, 1964)。个体在中年时对外界活动和个人成就的兴趣已经达到了巅峰,当人们行将老去,这种兴趣会慢慢下降,转向对"自我超脱"的追求,他们似乎预见到了老年的角色丧失(Peck, 1968)。

从这个意义上讲,"脱离"不一定仅指个体的外部行为,也可能涉及内部的人生态度。另外,没有理由认为老年人一定会产生"脱离"的心理倾向。一些老年人不知道自己是应该保持活跃,还是应该放手。文学作品中最典型的例子是李尔王,他放弃了王位,却仍然对权力和名望恋恋不舍,结果,他给自己的家庭带来了巨大灾难。李尔王的例子说明,"脱离"的前提条件是,离职后必须对个人价值有全新的认识,在任何年龄,人和人之间重要区别之一是能否在某种程度上放手。在晚年,有的人喜欢脱离社会生活,而有的人则继续保持活跃,二者都是正常的。

活跃理论和持续理论

与脱离理论相对的是**活跃理论**。活跃理论认为人越活跃,满足感就越强。活跃理论假定,自我认识来源于我们扮演的社会角色和参加的社会活动,简而言之,行动决定了我们的生活状态。活跃理论认为,大多数老年人依然保持着年轻时的生活状态,因为他们的基本需求和价值观并没有发生改变。

持续理论(Continuity Theories)的观点与活跃理论相似,认为随着年龄的增大,人们更倾向于保持以前的习惯、个性和生活方式(Costa & McCrae, 1980)。按照活跃理论和持续理论的观点,老年人社会交往活动的减少与其说是因为社会需要老年人“脱离”以前的角色，倒不如说是因为老年人自身身体不好或患有残疾（Havighurst，Neugarten，& Tobin，1968）。

大量的研究似乎印证了活跃理论的观点。继续锻炼、参与社会活动和生产活动，促进了老年人的心理健康和生活满足感。但有些研究表明，非正式的活动，以及对社会活动的有效认知，更有利于促进主观上的幸福感。换句话说，我们的态度以及对社会活动的期待，比正式的参与更为重要（Longino & Kart，1982）。实际上，重要的是我们看待事物的方式，而不是外部的行为本身。运用现象学方法阐释老龄化问题的学者们亦强调这种观点。

活跃理论认为，如果因为退休和年龄限制导致老年人不能真正地参与社会活动，那么他们会寻找替代性角色或活动（Atchley，1985）。老年活动中心和长期护理机构倡导的很多社会活动，其出发点是这样一种观念：如果老年人积极参与社会活动，他们就不会出问题（Katz，2000）。这种“忙碌的伦理观”，以及对退休的拒斥态度，与活跃理论如出一辙，实际上，这种情绪似乎相当普遍（Ekerdt，1986）。例如，《时尚》（*Cosmopolitan*）杂志原编辑海伦·格利·布朗（Helen Gurley Brown）在教导老年妇女自救的《晚年的表演》一书中写道，“工作是我们的原动力，我们的生命，它使我们免于痛苦，并给了我们尊严”。马尔科姆·考利（Malcolm Cowley）在1980年出版的《80岁的眼光看世界》一书中，也表达了活跃理论的理想：“也许在有生之年，我们的生活会一直活跃下去，这便是我们最大的愿望”。

活跃的生活方式对刚刚步入老年的人们来说是可行的，但对迟暮之年的人来说就未必了，而且还存在个体差异，生物体本身的限制不会通过自觉的努力轻易地得到克服。活跃理论的理想与其说是适合老年的特殊事物或积极因素，倒不如说是对中年价值观的延续。不过，虽然我们近年来取得了一些进步，但老年人在积极参与社会活动方面还存有一些障碍。例如，由于65岁以上的男女比例严重失调，老龄妇女再嫁比老年男子再娶要困难得多。在劳动力市场,年龄歧视也成为老年人再就业的一道障碍。根据美国劳工部的定义,40 岁以上便可以称为"大龄劳动者"。因此,也许一种更加实际的做法是体面地度过下半生,而不妄想永葆青春。

每一种老龄化学说都有一定的局限性,都不能彻底地解释老年人不同的生活体验。很多理论似乎会不加批判地接受特定历史时期的价值观,比如将活跃或脱离视为老年的理想或标准。从年龄转折角度看老龄化问题的好处是,我们可以更加开放性地考察成年人的发展,如此一来,老年的意义就不是僵化的,老年人的选择就可以多样化,我们也就可以将社会自由与人们关于后半生发展的成见进行对比。

关于成年人最盛行的观点,其立论基础不是倡导一种积极的发展,而是坚持成年是一个不断衰退的过程。想一想生日贺卡传达的信息:老化是一种灾难,人一旦过了青年时期就开始走下坡路(Demos & Jache, 1981)。这种认为年长即衰退的消极看法,强调的是生物因素,引发了大众对老年人的偏见,即**年龄歧视**。我们应当正确理解社会阶层、生活经历、社会机构与政策等因素是如何影响人们的老龄化经历的。老龄化对某些人来说是一种消极的体验,但对另外一些人来说,老龄化则让他们有机会扮演有意义的新角色,参与新的社会活动。

社会阶层和人生经历

我们的人生道路取决于我们所处的社会阶层,而我们的社会阶层又与我们所受的教育息息相关。社会经济地位不仅预示着人们可以达到的教育程度,也预示着其他方面的情况,例如是否会晚育(30 岁以后才生孩子)。社会阶层持续影响着人们一生的健康状况(Hemingway et al., 1997)。

早年的人生经历会对我们的一生产生持续性的影响,社会财富积累的基本规律是"富者愈富,穷者愈穷"。例如,早早上大学,并得到一份好工作,这些将会在中年转化为不断增加的财富,如房产和养老金

(Henretta & Campbell,1976)。而生完孩子后才开始工作的妇女通常会面临职业的中断,晚年的收入也会随之减少。因此,老年人贫困的性别差异一部分是由年轻时的人生抉择所导致。

另外,时代也会对我们的生活产生深刻的影响。例如,大萧条等历史事件会使很多人的收入水平和地位急剧下降(Elder, 1974),那时正处于最佳工作年龄的同生群,经济情况就不如他们现在退休的儿女。学者们已经认识到了历史事件的影响,并开始用访谈和口述历史的研究方法探索社会因素对人们生活的影响(Cole & Knowles, 2001)。

不可预见的非常规事件(如离婚和失业)也会对我们的人生进程产生重大的影响。20 世纪 70 年代的一项纵向调查发现,大约 1/3 的人经历过非常规人生事件,导致收入急剧下降(Duncan, 1988)。研究还表明,诸如丧偶和失业等消极事件对个人退休后的经济状况也会产生深刻影响,如导致个体心理紧张,甚至会引发疾病(Holmes & Rahe, 1967)。然而,非常规事件对人生的影响并不是一个简单的过程,同一件坏事(如丧偶)对不同个体的影响是有差异的。一方面,这取决于当事人是否预料到了这些事情是否已经做好了心理准备。另一方面,这也取决于当事人拥有的个人资源和家庭资源,家庭和朋友的支持能够帮助老年人应对压力,保持尊严。

社会机构与政策

在现代社会,生命历程受到教育制度和职场状况的影响。19 世纪,由于公立学校的崛起,人们接受正规教育的时间得到了延长,而大多数工作也开始对学历有所要求。美国是一个自觉进行现代化的国家,并在现代化进程中处于领导地位(Achenbaum, 1978; Fischer, 1977)。20 世纪早期,人们开始将青春期视为一个独立的时期,将中年视为一个重要的人生阶段(Neugarten, 1968)。

工业革命在人口和经济领域引起了深远的变化,也让人们产生了"什么年龄做什么事"的文化观念(Hareven & Adams, 1982)。学校和社会保障管理局等行政机构通常喜欢按部就班，因此不难理解，随着官僚制度的崛起，社会开始强调要按照实足年龄来划分人生阶段。20 世纪，随着出生率的降低，现代化的生命历程开始得以确立。

如今，社会政策和社会机构依然按照人生转折来划分人生阶段，教育制度标志着青少年向成年的过渡，退休标志着中年向老年的过渡。

就像在学校一级一级地升学，退休过程似乎比中年时期的转折更加有序，因为就业政策和养老金制度清晰地规划了这一过程。然而，由于劳动力市场的波动以及强制退休制度的取消，当下的退休时间比以往难以确定。经济压力迫使一些人早早地退休，而一些人则被鼓励接受继续教育或做兼职工作。结果，以前十分清晰的“学生”、“退休人员”等概念变得日益模糊。

如果社会因素塑造了人生进程，我们就可以认为，老年的一些负面特征至少部分是由机构形态的变化所引起的。一个很好的例子是**习得性无助**（learned helplessness），即外部环境所强化的过度依赖和意志消沉（Seligman, 1975）。有人指出，老年人与社会脱离并非不可避免，脱离之所以发生，是由社会政策和老年人护理机构的相关做法造成的（Baltes & Baltes, 1986）。例如，养老院中的老人常常出现控制点（locus of control）下降的问题，不能自行控制饮食起居。一旦他们觉得自己受到了操纵，就会变得孤僻和沮丧，且不配合治疗。他们可能还会出现“过度无能”，因为生活环境带来的挑战超越了他们的能力，或反之——生活缺乏挑战，满足不了他们的需求。（Drossel & Fisher, 2006）。

如果不对这些老人进行干预，减少他们的依赖，那么随着自控能力的下降，他们通常会失去希望和自尊（Rodin, Timko, & Harris, 1985）。其实，这种螺旋式的下降趋势并非不可避免，我们可以调整造成依赖性的机构。心理学家以养老院中的老人为对象做了一个经典实验。他们给老人们提供一些机会来提高他们的控制点，比如让他们自行选择喜欢的活动、独自照看盆景等。结果，老人们的精神状态得到了极大改善，死亡率也明显下降了（Rodin & Langer, 1980）。

21 世纪的老龄化问题

在 21 世纪的今天,我们的人生进程再也不是人人相同。在社会各阶层,个体人生大事的时间变得越来越不确定。在较高的社会阶层,学历高的从业者可能 35 或 35 岁以上才生第一个孩子,而在某些社会阶层中,青春期妊娠率急剧升高,35 岁的女性很可能已经当祖母了。60 岁的老人退休后重新就业,也变得司空见惯了。以前做管理的也许会从事咨询业,退休前搞技术的现在可能从事小型电子产品维修工作。同时,我们的人生进程在很多方面都变得"去机构化",且更加碎片化、无序化和难以预测(Held, 1986; Hockey & James, 2003),很多人生大事都不再如我们设想的那样,呈现一个自然的、可以预见的状态。

尽管线性的生命规划缺乏灵活性,不能适应新的人口现状,但它毕竟提供了某种程度的保障。在后工业社会,我们越来越需要依靠自己,再也不能依靠婚姻和就业等社会制度来获得成年时期的保障,这也使得我们的老年变得难以预测。

在这个难以预测的时代,社会还没有理清"老龄化"的意义。乐观派认为,医学在不久的将来会把老龄带来的衰退不断推迟到越来越大的年纪。在科学技术领域,知识老化的周期是 5—10 年,因此,人生经验的作用比不上科技进步带来的影响。一方面,生物学有望推迟老龄化的到来,另一方面,年龄歧视等社会因素又会加深老龄化对个体的影响。

时间和生命历程

在对老龄化和生命历程的认识中,关于时间的预期是一个关键因素(Hendricks & Peters, 1986)。工业化创造了作息制度以提高工作效率,生命历程也同样被"安排"成不同的阶段。工厂和流水线对应着线性的生命规划,但那种组织形式已经不能适应时代的要求了。在后工业社会信息经济的环境中,生活节奏日益加快,灵活的生产模式需要更加灵活的生命规划。由于经济波动,我们一生需要换好几份工作,而每一个职业都充满不可预料的因素。处于任何年龄段的个人,都有可能不断重写生平,随着简历越积越长,重新定义自我身份变得越来越难。

能够说明当代趋势变化的另一个例子是受教育的时间变长了。知识爆炸和职业专业化强调学习的重要性,在就业市场里,不需要具备高级技能的工作变少了。后工业化经济越来越依赖"知识产业",而诸如计算机软件和生物工程之类的新兴领域也更青睐认知灵活的求职者。

强调认知灵活性的发展趋势对老龄化社会来说是个明显的考验。中老年工作者被认为不及年轻人有创造力,因此在迅速发展的劳动力市场可能处于劣势。例如,在媒体和广告业,40岁以上的从业者就已经被划入"老人"行列了。要想使退休具备经济上的可行性,我们就必须设计一些制度,让仍然具有生产能力的人们继续工作。将来,对下岗工人进行再培训很可能是必不可少的。这些趋势都突出了适应能力和终生学习的重要性。

养儿育女也显示了时代趋势的变化。据人口学家估计,20世纪30年代,妇女婚后90%的时间都花在抚养孩子上面(Gee, 1987)。到了50年代,这一比例降低到了40%,出现了观察家们所谓的"空巢现象"——子女长大后离开父母,与他们共同生活的时间变短了(Lowenthal & Chiriboga, 1972)。因为女性在家庭中扮演的角色和承担的责任之故,她们的老年生活通常比男性可变性较大(Rindfuss, Swicegood, & Rosenfeld, 1987)。另外,性别角色越来越受到文化因素的影响(Gullette, 2004)。

另一个变化是晚育。人们常常在父母年老时还是"成年孩子",没有生儿育女(Brubaker, 1985)。那么,五六十岁甚至年纪更大的"老小孩",其心理学和社会学意义是什么呢?我们提出这样的问题,本身就表明人类的生命历程已经发生改变,只是我们尚未完全意识到而已。

生命历程的伦理经济

生命历程的变化深刻影响着我们一生中的责任和预期。可以用“伦理经济”(moral economy)一词来描述我们的预期(Minkler & Estes, 1998)。“伦理经济”体现了我们对于“何为公平,何为正确”的预期:接受教育就能找到工作,老了能享受退休金,等等。可是,按照实足年龄来分配工作和休闲时间的旧的伦理经济的作用已经逐渐弱化,而我们尚未找到合适的制度来替代它。

为了克服旧生命观的局限,不妨大胆设想老年人可以为社会作出积极贡献,我们也有必要深入思考老年的意义。西塞罗在其经典文章《论老年》中客观地论述了老年的得失,他坚信心灵能够战胜肉体,因此,老年不仅意味着衰老和失去,它也是一个培养补偿性智慧的机会。实际上,西塞罗是最早提出“成功老龄化”理想的人,也是这一理想最有力的倡导者(Baltes & Baltes. 1990)。

尽管西塞罗对老年发表了富有智慧的见解,但我们不必对过去老年人的地位抱有不切实际的想法。过去的生活节奏比较慢,那些能活到老年的人们通常会想当然地认为不同世代的人拥有共同的价值观和生命体验。随着 21 世纪社会的飞速变化,我们很容易对那些“落伍”的老人们产生一种成见,认为他们缺乏创造力和智慧。

在这种环境下,给年轻人当老师、教练和顾问,为他们提供指导,也许是适合老年人的一种社会角色(Neikrug, 2000)。这是一种非常美妙的想法,能够促进代际关系,并让老人的创造力和智慧有用武之地。在埃里克森看来,这些是我们后半生必须培养的能力。不过,如果老年人想要给年轻人当导师,让他们接受自己的建议,就必须培养最新的技能和处世态度。

僵化过时的社会结构(如退休制度)已经不能适应个体多样化的老龄化经历了(Riley & Riley, 1994)。不能认为生命历程是一成不变的,不妨将老年视为一个可以进行干预和改善的时期,而不要认为老龄化就是衰退。我们可以鼓励老年人改变自己的生活方式和行为模式，促进现代社会从一个以年龄区分人群的社会过渡到一个对各个年龄段人群一视同仁的社会，使所有人都能够享受教育、工作和休闲的机会。

老化生物学

从生命历程的角度看老龄化，我们可以乐观地认为，老年人拥有各种可能性。如果老年人的活力得以延长，那么这种看法是有道理的。但是未来老龄化现象会进一步发生变化吗？电影《茧》(1985)讲述了一群老人得到一种圣水，得以返老还童，永葆青春。观众目睹了唐·阿米契和休姆·克罗宁等老演员重新焕发青春。诚然，《茧》是一部科幻片，但它反映了自古以来人类永恒的愿望——寻找不老泉(Olshansky & Carnes, 2002)。这种梦想有时表现为“寒带主题”，认为极地居民(如高加索人和秘鲁人)极为长寿。詹姆斯·希尔顿(James Hilton)的小说《消失的地平线》虚构了一个名叫“香格里拉”的地方，那里蕴藏着长寿的秘密，改编自小说的同名电影引起了轰动。

但是，研究者们尚未发现能够突破正常寿命的人群。科学家们竭力探究，但未能发现地球上有哪个地方的人能够活过人类的最高寿命——120岁左右。可见，生物学意义上的死亡是不可避免的，我们目前还未能克服衰老的生理局限。

老化生物学是科学界尚未攻破的巨大难题，科学家们不清楚为什么衰老和死亡是生命与生俱来的属性。从进化的角度讲，衰老提出了一个难题：既然生理衰老是一个损害生物体生存的过程，它为何不被自然选择淘汰掉呢(Hayflick, 1996)？研究老化过程的生物学家已经获取了大量的信息。以低等生物为对象的实验已经证明，操纵生存环境能够改变平均预期寿命和最高寿命。因此，科学家们已经开始探索一个问题：能否延长或逆转生物体衰老的过程？

关于寿命的新科学

正常的老化不是一种疾病，而是一系列渐进的、导致死亡率逐渐升高的变化。但并非所有年龄引起的变化都与死亡有关。例如，人老了头发会变白，但这种变化并不会降低个体生存的机会。相反，一些渐进式的变化会导致生物体结构功能能力的丧失。例如，血管逐渐老化后会失去弹性，这一现象称为动脉硬化。时间一长，血管堵塞、中风和心脏病的风险就会大大增加。

从生物学角度来说，老化似乎是分子、细胞、组织，乃至整个器官的变化引起的。那么如何揭示这些变化呢？最简单的方式是比较年轻生物体与年老生物体之间的差别，这种研究往往采用**横断面研究方法**，观察实足年龄不同的人们在相同时间点上的身体机能。研究的总体结论表明，尽管存在个体差异，但人的大多数生理功能从 30 岁起就开始衰退了。

完全采用横断面研究法，不一定是衡量老化过程中各种变化的最佳方法，一个原因是难以保证考虑了所有可能引起生物体变化的变量。因此，我们有时也采用纵向研究法，长期跟踪、测量同一群人身体机能的变化情况。当然，这种方法也有问题，例如，我们必须考虑外部环境的变化因素；另外，如果研究对象（如人类）的寿命长，那么这种方法的费用高，操作难度也大。不过，纵向研究的结果意义非常大。

这类研究的一个代表是全国老龄化研究所（National Institute on Aging）资助的巴尔的摩老化纵向研究（Baltimore Longitudinal Study of Aging）。这项研究的科学家们研究了 24 项重要的生理功能，即**生物指标**（Sprott & Roth, 1992），以确定衰老过程的特征（Shock, 1962）。最常用的生物指标包括心脏收缩压、听力和视力等，其他指标包括肾功能、泌尿功能和免疫系统等。随着年龄的增长，这些指标都会逐渐衰退（Warner, 2004），但是衰退的速度和数量存在个体差异。

这项研究记录了年龄引起的许多身体功能变化，其中一些是我们所熟悉的。例如,随着年龄增加,身高会下降,体重会增加,头发变得稀疏,皮肤开始长皱纹。另一个变化是肺活量下降。在老化过程中,呼吸功能和肾功能渐渐退化。这种衰退主要会导致**身体储备能力**(reserve capacity,身体从伤害或高负荷活动中恢复的能力)的下降。储备能力的减弱也许不会对日常生活活动产生明显的影响,比如,缺乏从事马拉松比赛的储备能力并不会影响大多数日常生活活动。

老化生物学研究的一项重要发现是,不能仅从实足年龄来测定一个人的功能能力或生物年龄。换言之,实足年龄相同的人,其**功能年龄**可能大不相同,后者可以通过生物指标测得(Anstey, Lord, & Smith, 1996)。

科学家们尚未确定导致功能能力逐渐下降的总体机制,不过,他们越来越相信,老化过程主要受到了有机生命体最基本层面的控制,扭转衰老过程的关键在于 DNA 线性分子,这是活细胞中包含的遗传基础。

每一个物种似乎都有一个最高寿命,或称**预期寿命**,它指的是该物种的某一成员能够存活的最长时间。而**平均预期寿命**指的是个人能够存活的平均年龄。换句话说,最高寿命大于平均预期寿命。也许是引起老化的生物过程之外的因素决定了最高寿命,实际上,决定最高寿命的因素比造成生命体机能衰退的因素要简单得多。目前看来,长寿似乎取决于基因。一些科学家认为,自然选择可促进长寿的基因(Olshansky & Carnes, 2002; Sacher, 1978)。换句话说,进化让我们达到了目前的寿命,而并不一定总是让我们出现衰老的迹象和症状。

1952 年,梅德沃(Medawar)提出了一种新的见解,认为每一个物种可能携带了一种有害的基因,其有害作用在繁殖后会开始发作。如果这些基因能够起到促进繁殖的积极作用,它们就能遗传给后代。这种"繁殖前有益而繁殖后有害"的作用称为**拮抗性多效**(antagonistic pleiotrophy)。例如,非洲常见的镰状细胞贫血症与抵抗疟疾的基因有关,天生患有镰状细胞贫血症的人群对疟疾的抵抗力较强,而且会把这种基因遗传给后代。这种理论有助于解释,为什么疾病和衰老是进化过程中自然选择的结果(Williams, 1957)。

进化和长寿之间的基因关系有待进一步探索,对生命早期有利(如延长繁殖能力)的基因会导致人们将有害的连锁基因遗传给后代,从而造成有害的影响(如短寿)。相反,决定最高寿命的基因可能与一些提前阻止退行性疾病的基因因素有关。因此,最理想的情况是,如果能够发现并干预长寿的基因,我们就能掌握减少老年机能障碍和退化的钥匙。

研究基因对老化和长寿影响的科学家们已经着手在许多研究方向展开新的探索。从进化的角度来看,人类没有活过三四十岁的明显理由,因为这段时间已经足够让人类完成繁殖了。在为了生存繁衍而进行的生物投入与维持繁殖后的器官及组织之间,似乎存在着某种平衡。

实际上,通过野生动物种群研究,我们发现老化现象是很少见的。例如,海葵似乎并没有随着实足年龄的增长而表现出生理功能的衰退。野生动物的存活曲线与人类相似,也就是说,大多数个体只能活到某个年龄范围,英年早逝和高寿者都是少数。这个创新性的观点表明,老化并不存在与生俱来的必然性,因此,增加我们的最高寿命并非不可能。

一种乐观的看法认为,老化带来的许多退化(包括患上一些本可以预防的疾病,如阿尔茨海默病)并非某种预设的、必然产生的结果,而是环境因素所导致的(Cutler, 1983)。然而,决定最高寿命的因素似乎主要是具体的基因遗传,而不是环境因素,那么,老化是生物过程的间接结果,是消极的,而最高寿命是进化的直接结果,是积极的。从这个角度来说,某一物种老化和最高寿命的概率都是可以变化的,并且变化的速度比较快。

接下来,我们会面临一些发人深省的问题:有没有可能通过直接干预和改变遗传密码,从而延迟老年病的发生,甚至推迟衰老的速度?随着我们生物知识的深化,人类的最高寿命能否提高到150岁、200岁甚至200岁以上?这些问题本身就表明我们已经远离了传统的生命历程观念，不再想当然地认为，生老病死是一个不可改变的自然历程（Aaron & Schwartz，2004；Pew Research Center，2013）。

身体老化的机制

有时，我们将老化理解成整个有机体的老化，但生理学研究表明，不同器官老化的速度是不一样的。例如，白细胞死亡十天后会长出新的细胞，而红细胞要120天后才会实现更新；生产血细胞的干细胞永远不会出现老化的迹象。脑细胞的寿命和身体一样长，一旦大脑充分形成后，神经元不会出现明显的细胞分裂，除非受到疾病的侵袭，否则它们大部分是完好无损的。然而，除了干细胞和脑细胞，身体的大部分细胞一直处于不断损坏和修复的过程，造成老化的机制有自然磨损、自由基作用以及免疫系统的退化。

自然磨损

生命体的有机过程是这样的：生命体中既有损耗机体结构的因素，如造成细胞死亡的因素，又有修复分子和细胞的功能，二者之间存在着某种微妙的平衡。生物体的结构和新陈代谢在很长时间内能够保持平衡，但是到了一定时间，这种平衡会被打破，损耗的速度高于修复的速度。而且，生物体的修复能力并不是无限的，维持修复机制需要付出某种代价。换句话说，长寿过程实际上包含着一些取舍。损耗不断积累，身体逐渐丧失修复能力。

就像身体的其他成分，细胞核中的DNA不断地损耗，又不断地更新，但不总是完全更新。在哺乳动物中，寿命较长的物种修复DNA的能力较强，但是在DNA不断自我复制的过程中，一些小错误或基因突变会逐渐改变有机体的遗传密码。

那么能不能下结论说，我们可以通过重新组合基因，从而控制衰老？也许可以，但操纵基因、延迟衰老也许并不能延长人类的寿命。假如，一位老人出现了动脉硬化的症状，我们可以“维修”他的DNA。我们也许可以延长一个人的生命，但我们还没有足够的能力延长他的子孙辈的寿命，他们老了以后，也需要“维修”DNA。问题在于，繁殖以后表达的有害基因突变无法从基因库中清除。实际上，也许我们应该为后代保留某种和衰老有关的突变基因，因为这些基因会对他们的早年产生积极作用。换句话说，促进生命早期健康和活力的生物过程，会对生命后期产生负面的影响。

自由基

与自然磨损一样，**自由基**也会造成身体老化。在参与新陈代谢的过程中，细胞会产生废物，其中就包括自由基，即带单电子的氧自由基。自由基会损害身体，因为它们很容易与蛋白质等生理结构相结合，使蛋白质产生惰性，不发挥正常功能，甚至生物体赖以转换能量的氧气也会成为一种破坏性的能量。

某些生理机制能够抵御自由基的副作用，但时间一长，一些功能能力的减退会对生物体造成损害，身体老化的许多过程都有自由基的作用(Armstrong et al., 1984)。类似的身体老化过程有**糖基化**，即葡萄糖在生物体内发生的最为普遍的化学反应。葡萄糖和氧气是所有生物体进行新陈代谢的基础，食物受热后，蛋白质和糖结合，变成焦糖色，这一过程称为焦糖化。这一化学反应会在人体中产生一种黏性物质，将人体细胞黏在一起，造成关节硬化、血管堵塞，甚至是糖尿病等病症。

那么，能不能扭转自由基和糖基化造成的老化迹象呢？也许可以，但是医疗干预不是那么简单的事情，至少，不是靠吃“抗衰老药物”就能够解决的。

免疫系统

免疫系统的退化是造成生物物理老化的另一个重要机制。免疫系统的作用是抵抗细菌、病毒和寄生虫的侵害，它会将各种各样的细胞，包括 T 细胞、B 细胞和佐细胞等,运送到身体的各个部位,从而完成免疫任务。这些细胞以非常复杂的方式相互作用,摧毁或中和抗原(引起免疫反应的外来生物体),它们也会清除坏死和变异的细胞,防止癌症。

在正常老化的过程中,免疫系统抵抗病原入侵和变异的能力逐渐下降,甚至会错误地攻击健康细胞。这种现象在青春期就开始发生,因为某种激素水平开始下降,免疫系统的成分特别是 T 细胞,就会逐渐丧失效能。

免疫系统的老化会导致个体体质越来越脆弱,它不再能够对小量的抗原作出最大程度的反应,一旦抗原少于某个数量,免疫系统甚至可能根本不能识别,还会对某些癌细胞产生惰性,于是,感染与年龄相关的癌症,如前列腺癌和结肠癌的患病几率就会增加。此外,老化的免疫系统攻击健康细胞的可能性也会增加,从而引起类风湿性关节炎等自身免疫性疾病。不过,身体老化的原因似乎不完全是自身免疫性疾病,遗传易感性也起了一定作用。但无论如何,免疫系统的逐渐退化会导致身体越来越容易受到各种疾病的侵扰,而每一种疾病都会损害整个生物体的功能,减弱生物体活力。

老化与心理功能

研究者们还探究了阻止身体老化的方式,希望某天能够找出某种方法让青春永驻。迷恋青春的美国人非常热衷于抵抗衰老和死亡的运动。“心态决定年龄”是一种乐观的观念,与自信的生活态度如出一辙。在乐观派看来,人们可以通过积极锻炼和参与社会活动,来抵消身体和心理的衰退。在这里,“用进废退”似乎是一条有效的原则,无论是“60 岁以后仍然有性生活”,还是终生学习,都体现了这条原则。

不难理解,“成功老龄化”成了许多老年学家推崇的理想。他们努力摈弃年龄偏见,同时批驳老龄化就意味着迅速变得老朽无能的观点(Rowe & Kahn, 1997)。反对成见当然是正确的,但不能用“成功老龄化”这种概念来否认我们晚年各项功能衰退的事实。成功老龄化这一主张的意义在于,它鼓励老年人尝试优化尚未丧失的功能,以弥补必然丧失的功能(Baltes & Baltes, 1990)。衡量成功老龄化的标准是,尽管面对衰老,但不失生活的满足感和幸福感,因此,成功老龄化实际上涉及了老化的心理层面,如自我认识、社会关系和认知过程等。

自我认识和社会关系

我们的自我认识包括多个维度,如个性、自尊、身体形象和社会角色等。随着年龄的增长,自我认识中改变最小的可能是个性。例如,外向的人喜欢与人打交道,他很可能从儿童到老年都是如此,而一个多疑的老年人很可能从年轻时就多疑。

自我认识的其他方面则是善变的,引起变化的主要因素与其说是心老了,不如说是人们的生活环境改变了。以身体形象为例,我们的头发会花白,皱纹越来越多,身体形象自然就会发生改变。随着我们逐渐获得成功——无论是人际关系方面的,职业方面的,还是学业方面的成功,我们的自尊也会持续发生变化。

老年期的社会关系变化可预见性最强。一方面,老年人的社会圈子会越来越小,退休后,他们的工作关系网将变小甚至消失。年纪越大,离死亡就越来越近,老年人会失去很多朋友和亲人。另一方面,如果老年人不再参与生产或融入社区生活,那么他们的社交网络将难以扩大。

社会角色

我们扮演的社会角色是自我观念的另一项内容,它随着年龄增长而变化。在成长的过程中,我们会不断告别以前的角色,如儿童、学生、职员、父母等,甚至可能告别配偶和朋友等角色。在这个过程中,无论是青少年还是刚刚退休的人员,我们都会问:“我是谁?”心理学家卡尔·荣格(Carl Jung)将人后半生的心理目标确定为“个人化”——放弃在年时期被迫承担的社会角色,追求本真的自我(Chinen, 1989)。

老年学家将晚年经历的这种转折称为角色丧失或角色中断。在早期的转折中，丧失的角色一般会被新的角色所取代，如我们告别原生家庭的“子女”角色后，会获得“父母”这一新角色。然而，到了老年，一些角色一旦丧失就可能永远丧失了，不会产生新的角色，如丧夫和退休便是如此。

从社会学的角度看，可以将老年视为一种没有角色的角色（Blau，1981）。按照这种定义，老龄化就自然而然成了一个“社会问题”。不过，换个角度看也是可以的。一些社会学家认为，老年是个人保持非正式角色的一个时期，这种角色是可以协商的，也是可以不断重新定义和建构的。换言之，主观感受到的年龄意义不一定取决于早期生活中塑造我们行为的外部角色，如配偶、职员、父母等。相反，如果我们不拘泥于传统意义上的角色，老年生活的自我发展可能会变成一件极度个人化的事情。从哲学的观点看，老年时期可以实现我们年轻时不敢奢望的“老年的自由”（Rosenmayr，1984）。

在各种生活境遇中，我们都可以创造意义，它的重要性受到了一些研究老龄化的学者的重视。例如，汉斯·托梅（Hans Thomae）在波恩老龄化纵向研究（Bonn Longitudinal Study of Aging）实证结果的基础之上，提出了**老龄化认知理论**，认为对个人行为影响最大的不是客观上的变化，而是个体对变化的主观认知。同样的人生事件（如退休），在甲看来是一种损失，但在乙看来可能是得到了某种解脱。认知、情感和动机等因素影响着我们对事件的具体看法，而主观的调整有赖于个体在人生的各种变化中作出平衡。学者们对老年人压力和压力应对方式所做的研究表明，老年人应对能力的个体差异是由认知和适应能力造成的。

卡罗尔·芮芙（Carol Ryff）认为，老龄化意义的主观体验与个人幸福密切相关。她提出了考察这个问题的几个心理维度，包括自我接受（其来源是对生活的审视），积极的人际关系，独立自主，对周围环境的掌控，生活信念，以及自我成长和发展意识。芮芙的总结从新的角度定义了“活跃”概念，将关注点由自我与世界关系的外部层面转向了内部层面。

不过,旧的脱离理论也得到了一些人的支持。如拉尔斯·托恩斯坦(Lars Tornstam)提出了“卓越老龄化”(gerotranscendence)概念,认为老年人可以通过克服自我中心和对死亡的恐惧,追求精神深度,从而深化对生命意义的理解。

认知功能

对老年生活阐释性意义的研究凸显了认知功能的重要性。流行的看法认为,随着年龄的增加,我们“一天中要死几百万个神经元”,但事实并非如此,大多数65岁以上的老年人并不存在记忆障碍和老年痴呆的问题,有一小部分(大约1/5)有轻度或中度智力障碍,这意味着,绝大多数老年人没有智力障碍。在广大老年人中,记忆障碍患者的数量极为有限。不过,一些思维能力确实会随着年龄的增长而发生衰退或变化,记忆、解决复杂问题的能力、注意力及语言加工等认知能力,会受到年龄或疾病引起的大脑变化的影响。

认知功能至关重要,因为它是受老化影响最大的心智功能。另外,认知是对日常生活活动能力影响最大的心智功能,如果有记忆障碍,就有可能会忘记吃药和关燃气灶。如果丧失判断力或患了强迫症,就可能在花钱和用人方面作出极端愚蠢的决定,而且,这类人可能会丧失认识自我心智缺陷的能力。

不过,大多数老年人的情况还是相当乐观的,尽管记忆力、反应能力、基本的信息加工能力和解决问题的能力会随正常老化而有所下降,但其他方面的认知功能似乎还比较稳定,甚至还有所提高,例如,老年人在人情世故方面拥有智慧和知识,而且,如果加以训练,他们能够有效提高解决问题的能力和培养记忆技巧等认知能力。

但也有必要考虑人生经历和生活环境的影响,例如,从未学过外语的老年人退休后如果想学习外语,他们就会比从小学过外语的人面临更大的困难。中年时从事木匠工作的人退休后解决几何问题的能力比护士强，因为木匠一直都在解决几何问题。

老年人也有适应能力，能够学习如何应对认知功能的退化。例如，旁人可以通过称为“心智互动”或“合作认知”的社交活动，帮助老年人改善退化的认知能力（Baltes & Staudinger，1996）。假定一位年轻人向两位年老的姐姐询问她们父母的情况，其中一位可能开口讲述她们的父母是如何相识的，但在谁介绍他们认识的事情上卡住了。这时，另一位姐姐可能会说：“我记得，是老家的一位朋友，叫什么名字来着？他经常给我们带奶油糖果。”“哦，我知道你说的是谁了，”先说话的姐姐说道，“是那个风琴手。”于是，另一位姐姐想起他的名字了：“对，卡塔诺先生！他住在妈妈家隔壁，和爸爸在同一个乐队。”这样的团队合作能够帮助老年人运用认知能力，效果比他们孤军奋战要好得多。也正因为如此，失去配偶、亲属、密友等关系网中的重要人物，会对老年人产生巨大影响。

另一种认知适应性称为选择性补偿优化（selective optimization with compensation），这实际上是成功老龄化的另一种说法。选择性补偿优化的意思是，老年人逐渐将他们努力保持的能力范围缩小到那些最为有用的能力中。例如，一位大一学生的专业是工程学，但他工作后可能会选择电器微芯片作为自己的主要领域，而不去关注水力学、发动机或工程学的其他分支。

补偿指当人们丧失功能性能力后，尝试用新的方法完成原本难以完成或不能完成的事务。选择性补偿优化的一个例子是钢琴家阿图尔·鲁宾斯坦（Arthur Robinstein）。随着年龄的增长，鲁宾斯坦开始只弹奏那些自己最熟悉的曲子，并且更经常地练习这些曲子（选择性优化），当他快弹到那些快节奏的片段时，他会提前降低速度，以保持快慢之间的差异（补偿）。

尽管，老年人（特别是高龄老人）的认知能力仍有许多问题有待研究，但毫无疑问，心灵羸弱的老年人这一刻板形象不仅毫无建设性，也不能全面地描述老年人的认知功能。老年人的确丧失了一些思维能力，但正常老化引起的退化是渐进的,且大多数情况下是可以弥补的。并且,老年人的认知能力常常会随着年龄增长有一些增益,他们生活经验丰富,懂得人情世故,并善于运用生活的教训,这些能力通常为年轻人所不具备。

小结

自从世界上有了老年人,我们对待老年的态度就一直是矛盾的,其心理基础不难理解。想到以后无助的老年生活,我们怎能不感到迷惘和恐惧?另一方面,我们又怎能不期待着有朝一日可以摆脱生活的重负?如今,我们对待老年的态度依然是矛盾的,不过,实际情况与大众观念截然不同。当下,“老年”这个概念很难定义,在刚刚退休步入老年之际,尽管已经离开了生产性角色,大多数老人依旧像以前一样活跃和能干。人体的衰老和死亡不可避免,但中老年人依然可以保持很多能力,这超出了我们普遍的认识。

工业化使得生命历程日益理性化和制度化,青少年、成年和老年阶段被更加严格地加以区分。然而,医疗技术的快速发展和文化价值观的急剧变化开始动摇这种泾渭分明的观念。随着寿命的增长,更多的人可以活到老年,老年人成了一个数量庞大、影响巨大的群体。如今,由于整个生命历程在不断变化,老年的意义开始变得模糊。

后工业化社会中老年的意义是什么?这个问题可以和老化生物学的另一个问题对照起来看:身体的老化为什么会发生?一旦过了繁殖年龄,生物体似乎就没有继续生存下去的必要了,简言之,老年是不应该存在的。但实际上,人类过了生育期还可以活很长时间,人类是地球上寿命最长的哺乳动物之一。我们面临的真正问题并不在于揭示为什么我们能够活这么久,也不是去探索如何延长寿命,而在于如何让现在老年人的生活和我们自己老后的生活更加有意义。

构建新的人生地图

我们可以将人生诸阶段想象成一个必须穿越的未知领域的"地图"。截至目前，这一领域的一些地区（如中年时期的转折）尚未完全"绘制"出来并为我们所认识，而一些区域（如青春期）尽管现在看来是熟悉的、可以预见的，但也是在上个世纪才被描绘和深入探索出来。过去，一些民族认为，一张地图描绘了稳定而持续的地理"空间"或社会"空间"，也可以描绘一个时代，这些民族很容易理解上述关于人生阶段的比喻。寿命发展心理学的流行理论，如埃里克森和莱文森的理论，反复提到我们熟知的人生阶段的理想，这种理想似乎反映了人类心理的一个普遍的基本事实——我们需要准确地把握人生。但现在又有人开始质疑这种理解生命历程的方式，也许，人生地图的比喻是错误的。

在21世纪的第二个十年，我们不再确定所有人的生命历程有一个共同的时间表。在社会各阶层，人生大事的时间点变得越来越不确定，也许，我们需要一张新的"人生地图"，来表征后工业社会中人口、经济和文化的新情况（Laslett, 1991）。

关于老龄化的意义众说纷纭，乐观派提出**疾病压缩理论**（compression of morbidity），认为我们将很快可以利用药物根治老年病并抵抗衰老。然而，经济似乎朝着与生物学相反的方向发展，一些人一辈子都在工作，积累金融资产。

要突破旧的生命地图的局限，我们必须更大胆地想象老年人能够作出积极的社会贡献，必须更加深入地思考老年的意义。如果没有新的理解，我们很可能会武断地认为老年人是没有创造力的，从而否定一种共同的认识——活到老年是有积极意义的。因此，激发老年人的创造潜力，将成为未来成功老龄化的重要内容之一（Adams-Price, 1998）。

创造力和智慧有赖于一生中认知能力的发展，我们的社会能否培养老年人的这种能力，取决于能否创造出富有想象力的政策和机构。21世纪老龄化社会面临的考验是，如何在一种重视变化、创新和灵活性的环境中培养老年人的各种能力。而这个考验正是关于老年意义的争论中至关重要的问题(Bateson，2010；Roszak，1998)。

推荐书目

Butler，R. N.，*The Longevity Revolution*：*The Benefits and Challenges of Living a Long Life*，New York：Public Affairs，2008.

Cutler，N. E.，Whitelaw，N. A.，and Beattie，B. L.，*American Perceptions of Aging in the 21st Century*：*A Myths and Realities of Aging Chartbook*，Washington，DC：National Council on Aging，2002.

Friedman，H. S.，and Martin，L. R.，*The Longevity Project*：*Surprising Discoveries for Health and Long Life From the Landmark Eight-Decade Study*，London：Hudson Street Press，2011.

Greenbaum，S. (Ed.)，*Longevity Rules*：*How to Age Well Into the Future*，Carmichael，CA：Eskaton，2010.

争议一　老年有意义吗?

如果长寿对于人类没有任何意义,那么我们肯定活不到七八十岁。因此,老年不应该是上半生可怜的附属物,而定有其独特的意义。

——卡尔·荣格

老年的意义

我们在对待老年人时体现出的大多数品质都是人类所独有的。例如,我们从未发现低等动物的后代会照顾它们年老的父母。相反,年幼的动物通常在成年后会离开父母,如幼鸟长大后会离开旧巢,去建造新巢。而会关心和尊重族群中年迈成员的,只有人类,会关心和铭记逝者的,也只有人类。对于人类与动物的这种差别,我们可能会问:为什么会这样呢?

答案是,人类生活在一个有共同意义的象征世界里,意义是关乎生死的问题。例如,人类在危机、战争等情况下的勇敢行为证明,人们愿意为了一些能够延续自我的事情牺牲生命,无论这种行为是出于家族荣誉、宗教信仰、爱国主义,或者别的什么(Kotre, 1984)。延续自我,即埃里克森所说的繁衍,不仅限于牺牲行为(Kotre,1984)。意识到超越个人生命本身的意义,是人类普遍具有的品质,也正是这种自我超越和追寻意义的过程造就了人类。

人类关注老化和死亡,回顾历史,展望未来,思考存在的意义。通过照顾长者、怀念逝者,我们表达了对生命意义的深刻理解。老年可能正是我们面对生命终极意义问题的时期。事实上,从 20 世纪开始,才有相当大比例的人口活到了老年,因此,在我们的时代,老年的意义成为一个重要问题,是非常自然之事。

老年有意义吗?这既是一个个人问题,又是老年学面临的一个新挑战。个人问题归根结底是一个价值问题:是什么让人生的最后一个阶段值得一活?这似乎是一个抽象的哲学问题,但实际上,我们从关于老年人临终决定的讨论中可以看出,对于每个人(无论是家人,还是专业护理人员)而言,老年的意义都是一个很实际的问题。

老年是否有意义,是我们考察老年人精神状态、理解老年人幸福的关键(Kaufman,1986)。如果老龄化威胁到人类长久以来所深信的价值观(例如渴望独立和掌控自己的生活,希望得到社会的尊重),那么社会和个人就会竭力回避甚至否认衰老。所以,拒绝衰老和抗拒死亡是我们社会的核心问题(Becker,1973)。

因此,我们至少需要审视三个问题:老年对社会有意义吗?个人在老年时期如何真正过得有意义?作为本书的读者,你能想象自己老了以后是什么样子,你认为什么东西对自己是有意义的?这些问题是互相联系的,并且都对老年学构成了挑战。关键问题是,我们是否有一种老龄化理论可以解释老年阶段的种种现象,包括老年在各个生命阶段所具有的不同含义?要思考这些问题,我们可以先观察休闲和宗教两个领域,对比活跃和脱离的价值,从而为老年人如何找到生活意义提供新的思路和视角。

老年休闲生活

老年生活的一个特征是,工作不再是一件强制性的事情。休闲可

休闲不仅仅是我们在“空闲时间”所做的事情,也体现了我们多方面的生活质量。

能代替工作成为寻找生活意义的新途径。我们可以把休闲视为退休后增多的“自由时间”。但更进一步讲,休闲也可以定义为“为休闲而休闲的活动”,即休闲本身就是一种目的。休闲不仅仅是我们在“空闲时间”所做的事情,它也体现了我们多方面的生活质量,并不同于有偿工作、家务等实用性活动。亚里士多德将休闲描述为一个领域,人类在满足了日常生活所需后,在此领域中获得发展自身的自由。

休闲是否可以取代工作在老年生活中所扮演的角色?它是否真的可以成为一个自给自足的意义之源?这些问题的答案取决于休闲时个体的主观体验。休闲本身可能是一种目的,但它们自身并不完整,有时需要发展。例如,我们在搞体育,搞音乐,参加政治或公民活动,或者读书时,活动的顺序体现了一种目的性的发展模式。相比之下,其他一些普通的休闲活动(如看电视)占用了老年人大量的时间,但这些活动往往是消极的、没有挑战性的。休闲活动必须有助于个人成长,才具备深层次的意义(McGuire,Boyd & Tedrick,2004)。

随着年龄的增长,人们通常会继续从事早期生活中的活动,但总体参与水平趋于下降。谈到“老年人”活动,人们往往想到沙狐球、宾果[①]和唱老歌等，这其实是一种错误的偏见，我们不能以年龄作为唯一的标准，来判断老年人参加何种休闲活动。因为老年人并非人人一样，个体差异、性别、身份、教育水平以及社会经济地位等因素都会对老年生活产生重要影响。

改变休闲模式

人一生中的休闲模式是如何变化的？一般说来，65 岁以上的人仍然像中年时一样，继续与同一群人参加同样的活动。虽然由于年龄原因，老年人会有选择性地退出一些社会活动，但积极地参与活动仍然是老年人获得满足感和积极意义的关键。同样，参与智力活动和政治活动有助于保护老年人的认知能力(Kareholt et al., 2010)。

决定老年人如何支配时间的是社会结构，而不是年龄本身。对老年人时间支配情况的调查显示，老年人在有偿工作、家务、个人护理和休闲上花费时间的比例各不相同。导致差异的主要原因是工作时间减少，而不是衰老。65 岁以上仍然坚持工作的人，其时间安排类似于年轻人。退休解放了人们的时间——男性每周平均多出了 25 小时的空闲时间，而女性多出了 18 小时。除了家务，这些多出来的时间大部分都被花在了看电视、听广播和读报纸上面(Robinson，1997)。

一些休闲活动会随着年龄的增长而减少，而一些活动则保持不变。研究表明，随着年龄的增长，开辟新的休闲活动的人数越来越少(Iso，Jackson & Dunn，1994)。此外，某些活动的参与率明显下降。例如，38%的中年人会去看电影，而 65 岁以上看电影的人数下降到了 17%；室

---

① 沙狐球(shuffleboard)：又译沙壶球，是一种休闲体育运动，可能起源于英王亨利八世的宫廷，为悠闲的贵族所喜爱。现代沙狐球的基本玩法是，比赛双方轮流将沙狐球(沉重的圆盘)滑向长桌的另一端，沙狐球停留在标有分数的格子中，便计相应的得分。宾果(bingo)：一种风靡美国的游戏，靠运气取胜，通常在游戏厅里举行。游戏中使用的宾果卡为五行五列，行和列中的数字对应五个字母 b-i-n-g-o，由游戏主持人(或庄家)随机叫号，游戏参与者在自己的宾果卡上标出叫到的数字，五个数字连成一条直线(可以是垂直分布、水平分布或对角线分布)，即获胜。——译者注。

内健身的参与率也下降了,75 岁以上去旅行的人数也明显减少。户外园艺之类活动的参与率下降程度不高,看电视、观看体育比赛和闲谈等活动,没有显示出任何因年龄增长而减少的迹象,而做礼拜和社区活动的参与率与年轻时持平。年龄会导致某些活动的参与度降低,或因体力跟不上,或因缺乏参与渠道。到了高龄,人们依然对室内活动(如阅读,与熟人交往等)保持强烈的兴趣。然而我们必须记住,在这个方面,老年人中的不同亚群体表现出明显不同的特点。例如,“年轻老年人”(young-old)通常可以归入“老年人中的活跃派”,这一群体对广告商和营销人员的吸引力与日俱增(Furlong,2007)。

老年休闲模式对老龄化社会的经济有重要影响。50 岁以上的美国人为商界提供了一个巨大且不断增长的市场,他们占有了国民可支配收入总量的一半以上,占消费者需求总量的 40%。老年消费者是高度异质性的,因家庭地位、民族、教育、地域和社会阶层等因素而各不相同。不过,“银发市场”仍可以按年龄分层,如年轻老年人比老老年人(old-old)更有可能对旅行感兴趣。老年休闲经常作为消费品或地位的象征被广泛宣传,在个人丧失了其他角色后,休闲成为肯定其身份的一种手段,是生活现象界的一个重要维度(Hendricks & Cutler,1990)。因此,休闲活动是个体意义的重要组成部分,也是社会经济交易共同视野的一部分,而社会经济交易影响了整个生命历程中休闲的意义。

阐释休闲模式

对老年活动模式的研究有助于我们理解老龄化的各种理论,如活跃理论、脱离理论和持续理论。加拿大老龄化纵向研究(The Canadian Longitudinal Study of Aging)发现,正如持续理论所预测的,大多数 45—85 岁的安大略居民会选择参加自己熟悉的活动,并保持稳定的活动模式(Singleton, Forbes, & Agwani, 1993)。这项研究还发现,教育和收入是影响很大的两个因素,如果退休人员拥有更多的资源和选择,他们就可能会较为频繁地改变自己的活动模式。

我们还发现了一些脱离理论的印证,但它并不能囊括所有的情况,也不是一种规律。换句话说,脱离并非一种普遍的模式,而是高度选择性的结果,可以说明选择性优化补偿(Baltes & Baltes,1990)。只要有参与途径,人们会一直从事他们认为有价值、有意义的休闲活动。如果身体受到损伤,造成障碍,大多数人也会做出调整,优化他们仍然拥有的资源,也就是说,大多数人不会完全脱离有意义的活动。

休闲活动参与率下降还有其他方面的原因。对于部分收入有限的老年人而言,旅行或文化活动可能超出了他们的经济承受能力,这说明社会不平衡在个人的生命历程中会不断积累,继而对老年生活产生影响(Ferraro & Shippee,2009)。但是,收入有限的人可以选择不花钱的活动,例如与他人交往。老年人活动还受到其他因素的限制,如视力等健康状况的下降,这会限制老年人夜间行车、健身或从事体育活动。而在那些依旧健康的人中,缺乏伴侣也会限制休闲活动。此外,正如我们所预期的,高龄老年人(oldest-old)休闲活动参与度下降程度最为严重。

宗教和灵修

2012年盖洛普民意调查(Gallup poll)数据显示,美国58%的成年人认为宗教在自己的生活中很重要;59%的成年人隶属于基督教堂或犹太教会堂,30%的成年人每周都去教堂做礼拜。有趣的是,2012年皮尤研究中心(Pew Research Center)的宗教与公共生活项目发现,90%的老年人表示自己有宗教信仰,而18—29岁的成年人中,只有67%认为自己有宗教信仰,这表明不同同生群之间存在明显差异。一方面,因为老年总是伴随着死亡,老年人自然而然对宗教的兴趣与日俱增。另一方面,老年持续理论提醒我们,随着年龄增长,人们越来越倾向于保持早期的生活方式和信仰模式。

但宗教比参与民意调查要复杂，它也不单单是做礼拜。要理解宗教的作用，我们需要区分正式的宗教行为与主观宗教态度，后者可以称作内在的灵修态度。在许多层面上，宗教和灵修持续在老年人的生活中发挥着重要作用，帮助他们找到生命的意义（Atchley, 2009）。

参与宗教活动

一些研究者将老年人参与宗教活动的模式称为“多维脱离”（multidimensional disengagement）。意思是，随着年龄的增长，人们可能退出一些活动（例如不再去教堂），但会增加一些个人化的宗教实践，如研究《圣经》或观看宗教节目，收听宗教电台。研究发现，“每天祷告一次”或“每天祷告几次”的人数从55岁起开始稳定增长，75岁以后达到最高水平。相反，实证研究显示，75岁以上老人上教堂的频率有所下降，这也许反映出高龄老年人身体虚弱和体力不足的事实。老年人似乎脱离了组织性宗教角色，但他们会通过加强非组织性宗教活动如个人祷告、冥想等形式的精神修行，来进行弥补。

最近，一份关于所有年龄段成年人宗教信仰状况的个人报告揭示：48%的人为新教徒，22%为天主教徒，2%为犹太教徒。有趣的是，“无宗教信仰人士”的比例较往常有所增加。这组数据符合长期以来的规律——随着年龄增长，美国人的宗教信仰模式仍然与年轻人相似：65%的年轻人认为自己是新教徒，25%认为自己是天主教徒，3%认为自己是犹太教徒（皮尤研究中心，2012）。老年妇女信教比例往往比男性高，宗教活动参与度也更高。总体而言，30%的老年人每周至少参加一次宗教活动，参与度往往与个人调整措施呈正相关。如果从生命历程的角度来考察人们参与教堂活动的问题，我们会发现家庭结构具有重要影响：有子女的人经常参加教会活动，但过了中年，参与度会下降。

尽管人们的宗教信仰模式存在一些差异，但显然，老年人参与教会活动比参与其他其他社会组织的程度高。在主流的新教教堂、天主教堂和犹太教堂中,很大一部分教徒都50多岁了,65岁以上的老人数量是30岁以下年轻人的两倍。但是,如果认为年龄越大宗教信仰就越虔诚,这就错了。今天的老年人似乎更加笃信宗信,但造成这种状况的原因可能更多是同生群效应或世代效应,而不是年龄。例如,老一辈人可能曾经上过主日学校,或一直参与宗教活动,终身的宗教认同导致他们笃信宗教。最近的民意调查表明,随着婴儿潮一代人(1946年到1964年出生的人)步入老年,这种状况可能会逐渐发生改变。例如,“无宗教信仰人士”的比例一直在增加,如今的年轻人比其他同生群在同龄时不信教的可能性更大(皮尤研究中心,2012年)。

教会和宗教在老年人的生活中发挥着许多作用,它们通过制定正规的宗教计划和教牧关怀方案、赞助或提供社会服务等方式,为老年人谋利,老人们从教会赞助的各种义务劳动中获得满足感。但具有讽刺意味的是,宗教组织经常强调为年轻人服务或围绕他们开展活动。面向老年人的《圣经》研习班,代际辅助计划和新志愿者活动等创新计划可能会改变未来的图景。一些成功的国家方案(如信仰行动计划和美国牧羊人中心)让我们看到,宗教组织其实是一个尚未充分开发的巨大资源,可以帮助老年人找到深层次的生命意义(Atchley,2009)。

宗教参与和福祉

宗教和灵修对老年人有什么益处?这是研究者一直感兴趣的课题。横断面研究发现,老年人的幸福感与宗教信仰呈正相关(MacKinlay & McFadden,2004)。与那些认为宗教信仰可有可无的人相比,虔信者的生活满意度更高。即使考虑到年龄、婚姻、教育和健康状况等变量,二者之间的关系也成立。

但是,这种相关性的意义可能没有表面上那么大。我们怎样定义或衡量“宗教性”对人们生活的意义呢?另一个难点是衡量参与宗教活动对功能性健康状态(functional health status)的作用的标准存在一定程度的混乱。参与宗教活动真的可以促进身体健康吗？

实证研究表明，宗教可以帮助老年人应对压力。例如，杜克纵向研究（Duke Longitudinal Studies）发现，当面临强大的生活压力，如丧亲和慢性疾病等，以宗教为应对机制的老年人比其他老年人表现出较高的自我调节能力。在杜克研究中，近一半的受访者声称，宗教的教义或行为帮助他们应对生活中的困难。在信仰宗教的老年人中，不同的压力应对策略反映了脱离或活跃的不同模式，他们中更多人依靠个人化的宗教信仰和宗教行为（如对上帝的自觉信仰和自行祷告），较少依赖教会活动和宗教性社交活动。

老年人的幸福指数与宗教活动和灵修实践的参与度密切相关。

研究者认为宗教对老年人的益处是多种多样的：

- 减少老年病带来的压力；
- 为他们的生活赋予秩序感和意义；
- 提供与宗教团体相关的社交网络；
- 加强个体心理素质，如自尊心。

街谈巷议

“宗教对健康有利。”

毋庸置疑,参加教会活动的人更长寿,但没有人知道为什么。一些研究表明,做义工、搞艺术、终身学习,甚至养宠物也能让人长寿,宗教可能与长寿没有直接关系,也许跟别人相约一起打保龄球也可以取得同样的效果。上述相关性并非内在的因果关系。

灵修和追寻人生意义

我们步入老年后,宗教习惯像其他行为一样保持稳定,但信仰会随着年龄的增长而产生新的意义。有一个研究小组发现,在宗教信仰发生明显变化的人群中,40%的人说这种变化是在他们50岁后出现的。研究人员据此得出结论,宗教信仰的变化不限于青年时代,在整个生命历程中的任何时候都有可能发生(Koenig,1994)。

个体对人生意义的追寻通常会深化他们对宗教信仰的理解。詹姆斯·福勒(James Fowler,1981)提出了一种“信仰阶段”的理论框架,描述人们如何从遵循圣人和神秘主义导师的教导,突破简单直白的宗教观念,从而以普遍性的视角看待自我和自我生活。福勒以达格·哈马舍尔德、亚伯拉罕·赫歇尔、托马斯·默顿和圣雄甘地等名人为例,阐述了信仰的最高境界。

关注生命历程的神学家们认为,衰老并不是一个需要我们去解决的问题,而是个人得以存在的条件,它为个人成长(有人称之为“精神之旅”)提供机会(Bianchi,1982),“精神之旅”能够促使人们去审视衰老问题(Tornstam,1997)。埃里克森的发展理论认为,老年人在自我完整性(ego integrity)和绝望心理之间苦苦挣扎,而信仰可以有效改善自我完整性,它意味着接受生活和世界,这种态度是心理健康的体现。卜来泽(Blazer,1991)强调宗教对心理健康的重要性,提出了心理健康的六个维度:自我决定的智慧,自我超越,从衰老中发现意义,接受生命的整体性,精神复苏和坦然对待死亡。这些目标都不容易达到,但仍有一些老年人能够实现这一完整的精神之旅,这表明我们可以通过努力实现老年生活的深层次意义。

全球视野

亚洲宗教对生命意义的探索

印度、中国和日本的伟大文明都注重探索老年生活的意义,它们的传统宗教描绘了积极老龄化的情形。

印度教的人生阶段概念

根据传统的印度教教义,精神自由是生命的终极目标,可以通过内省和冥想来实现。老年作为整个生命历程的一部分,受到了古印度文化的重视。印度教文化将生命分为四个主要阶段:第一阶段是门徒训练(discipleship),拜入大师门下学习;第二阶段是成家立业,成为一家之主(householder);第三阶段是成为森林居民(forest dweller),潜心研习宗教圣典;第四阶段是弃世(renunciation),成为遁世者,可以去当他人的导师,以实现超脱。

中国宗教

中国儒家思想认为,百善孝为先。孝的内容包括爱护身体,行正义之道,对长者和大自然充满感激之情。中国的另一个传统宗教是道教,道教强调养生之道,甚至认为,只要人类遵循自然之道,就能够长生不老。道教实现了宗教与中医的结合,强调体内各种元素和能量之间的适当平衡。

日本甲斐

日语单词"ikigai"(甲斐)可以译为"生命价值之源"或"人生意义",其含义包括对孩子的奉献及各种需求的满足,如个人成长、自由和自我价值的实现。从这个意义上讲,"甲斐"的概念类似于当代心理学家亚伯拉罕·马斯洛所说的"需求层次"。"甲斐"的高尚理想并没有被吸收进日本传统美德,但已被日本卫生部、劳动和福利部纳入了国民卫生促进计划,以鼓励80岁以上老人继续保持活跃。

资料来源:

Fukui, F., "On Perennial Youth and Longevity: A Taoist View on Health of the Elderly," *Journal of Religion and Aging* (1988), 4(3-4): 119-126.

Nakanishi, N., "'Ikigai' in Older Japanese People," *Age and Ageing* (1999), 28(3): 323-324.

Tilak, S., *Religion and Aging in the Indian Tradition*, Albany: State University of New York Press, 1989.

老年学与老年的意义

老年学是人文学科的一个分支,致力于描述老年人的生活状况,阐释老龄化的意义。老年学有时从外向内考察"意义"。也许我们最好先回答一个问题:在老年人的观念中,是什么为他们的生活赋予了意义?当研究者采访一个老年活动中心的老人时,近90%的受访者认为自己的生活是有意义的(Burbank,1992)。他们认为,生活的意义首先来自人际交往(57%),其次是为他人服务(12%),接下来是宗教和休闲活动。另一项研究表明,对老年人幸福破坏性最大的是丧失生活目标和无所事事,而不是贫困或健康状况不佳。老人们的回答说明,人们可以通过各种途径寻找生活的目标或意义,如工作、休闲、帮儿女带孩子和构建亲密关系等。受访者还说,除非生病或抑郁,否则他们"并不觉得自己老了"(Thompson,1993),这恐怕就是人们所说的"不老的自我"吧(Baars, 2012; Kaufman, 1986)!

研究这些口头回答和行为模式具有很强的启发性,但无助于我们深入理解老年的意义。涉及生活满意度的问卷调查提供的信息十分有限(Windle & Woods,2004),而社会的价值观和哲学假设必然会在我们的话语中自然而然地显现。

人们普遍认为,老年学的目标应该是通过小组活动、社会参与和角色赋予等形式,促进老年人的社会融合(Rosow,1967)。“生产性老龄化”、代际计划(productive aging, intergenerational programs)等老龄化策略都体现了上述观点。“年龄一体化社会”的理想全面阐述了这一目标(Riley & Riley,1994)。社会融合通过工作、休闲和宗教活动,让人们在一生中任何阶段都一直参与某些活动,老年活动中心和养老院的员工通常都持这种观点。但是,如果我们将老年人的角色丧失视为突破常规角色、发展自我的机会,那么参与群体活动的必要性会下降,其他价值目标的重要性则会上升。

我们可以鼓励老年人积极维护社会关系和参加团体活动,但出发点应是个人发展,而不是迎合社会规范和社会活动。个人发展的例子有:旨在鼓励自我表现的创意艺术节目,以及包含个人祷告和冥想的宗教静修,宗教静修似乎有利于激发老年人内在化和个性化的潜力。当然,人们在个人沉思和社会活动两者哪一个更重要的问题上颇有争议,要解决“老年是否有意义,是否为个体生命提供了其他人生阶段难以得到的机会”等争议,关键在于回答上述问题。因此,老年学有必要进一步探索老年的意义之源(Cole & Gadow,1986)。

21世纪老龄化的意义

生命历程的视角认为“生命诸阶段”是一种社会建构,反映了宏观的社会结构性条件。随着条件的改变,我们对人生诸阶段意义的理解也会发生改变,我们的年龄标准放松了,在“什么年龄做什么事”这个问题上,我们也更宽容了。在当今世界,退休人员可以回到大学学习,女人或许在40岁时才生第一胎。把教育或工作严格地与实足年龄挂钩已经没有意义。事实上,老龄化社会一个很受欢迎的策略,就是在教育、工作或休闲等方面,给所有年龄段的人以更多灵活选择的空间,而不是像过去那样,将各种活动与青年、中年或老年生硬地挂钩。

目前尚不清楚,在后工业化社会老年的意义将如何变化。一方面,美国的老人们在经济收入、健康水平和政治权力等方面都取得了进步。另一方面,随着生命阶段观念的演变,各阶段的边界日益变得模糊,“老年”的形象开始让位于更多无关年龄的生命历程形象(Neugarten, 1983)。实际上,对于许多人生目标而言,实足年龄本身已经丧失了重要性和预测价值。

这种趋势是否意味着老年这一独特的人生阶段,不再具有任何特别的意义了?在这里,我们必须再次区分社会赋予老年的意义和个人在自己生活中发现的意义。在后现代文化中,越来越难以将任何特殊的意义赋予老年。但如果老年没有什么特别的意义,我们不禁要问,这是否意味着老年的个人意义是一成不变的,是前半生意义的延续呢(Moody & Carroll, 1997)?或者,一生的成长是否意味着不断克服旧习惯,一味地改变我们对生活意义来源的理解?显然,这些问题很难回答,值得我们深思。

保持活跃,还是反思人生?

前面的讨论初步考察了老龄化的两个经典理论:脱离理论和活跃理论。我们看到,两种学说不谋而合地触及了由来已久的价值观,但其具体主张却背道而驰。在探索老年是否有意义时,我们反复回顾两个基本的选择:是将中年价值延续到老年,还是发掘一些老年所独有的、崭新的或特殊的生命价值呢?

西蒙·德·波伏娃(Simone de Beauvoir)表达了一位哲学家的观点,她反对“老年是一段宁静或脱离社会的时期”的传统观念,认为无论是老年还是其他人生阶段,只有代表新目标的持续活动才会给我们的生活带来意义。约翰·罗和罗伯特·卡恩(John Rowe, Robert Kahn)持相似的观点,他们提出的“成功老龄化”学说认为,储备能力下降后,我们可以调整自我,维护人生的意义。罗和卡恩认为,“成功”的意义,就是通过能力优化继续参与生命活动。

埃里克・埃里克森、琼・埃里克森(Joan Erikson)和海伦・基芙妮克(Helen Kivnick)合写了一篇文章,为老年人参与社会活动背书,但他们是从另一个角度进行阐述的。埃里克森认为,生命的每个阶段都有其特殊的目标和心理任务,老年与其他阶段不同,它的目标是人生的圆满。埃里克森认为,老年人通过关心子孙后代,发现了生活意义。从佛罗里达・斯科特-麦克斯韦尔(Florida Scott-Maxwell)的个人日记中,我们发现了与卡尔・荣格一脉相承的观点:老年是进入内心、深入反思的时期。她丰富的反思历程证明,即使外部活动发生中断,人们仍然可以找到深刻的意义(Berman,1986)。

具有讽刺意味的是,现代化使人们的老年时光比历史上任何时期都长,但后现代文化的独特立场却反对赋予老年任何特殊意义或目的。现代化是否削弱了老年人的影响力?这是一个值得讨论的问题。老年人福利占公共支出的比例表明,实际情况往往恰恰相反,但毫无疑问的是,现代化已经动摇了以共同意义为基础的"生命阶段"的传统观念(Gruman,1978)。结果,老年的意义呈现出开放性和不确定性的特点,对新观念和相反看法的开放态度,有人欢喜有人忧。但可以肯定的是,老龄化社会的未来将由我们所有人共同创造,因为未来的老人就是我们自己。

关注实践

回忆和人生回顾

随着年龄增长,人们常常回忆往日的美好时光,我们喜欢一边怀念过去,一边为过去的遗憾而感慨。一种关于回忆的成见认为,老年人只对过去感兴趣,甚至将怀旧等同于逃避主义和心理障碍。但实际上,老年人的回忆行为是一种正常的人生回顾,罗伯特・巴特勒(Robert Butler,1963)将人生回顾定义为:因为意识到死之将至而产生的一种自然甚至是普遍的心理过程。他写道:

> 人生回顾的特点是:逐渐勾起以往经验的意识,特别是重新

想起未解决的问题,现在可以对这些问题进行重新审视和整理了…… 如果未解决的问题和担忧被成功整合,就可以为个人生活赋予新的意义。(Butler, 1974, p. 534)

巴特勒的观点与埃里克森不谋而合。埃里克森认为,老年的心理任务是实现自我的完整性,即重新整合个人生活的方方面面。埃里克森和巴特勒的心理学理论起点都是:寻求老年的意义是至关重要的。但事实是否能够印证他们的理论?晚年的回忆到底有多重要呢?

一些研究表明,与其他年龄段的人相比,老年人实际上不会花太多的时间做白日梦似地回忆过去(Gambria,1977),所以认为人生回顾是一个普遍行为的看法可能是错误的。但无论其频率如何,回忆都可能具有适应性价值,也就是说,它可以促进老年人的精神健康。关于回忆的一项早期研究发现,喜欢回忆过去的人患抑郁症的可能性较小(McMahon & Rhudick,1967)。一些研究人生回顾的心理学家认为,回顾可能是一种心理防御机制,帮助人们调整关于过去不幸的回忆。在这个意义上,回忆可以定义为老年人的适应性特征(Coleman, 1974),是值得提倡的(Brennan & Steinberg,1983—1984)。

回忆和人生回顾似乎有助于一些老年人强化自我形象。通过回顾过去,老年人可以提升自尊心,加强与同龄人的团结。正如老龄化交换理论预测的那样,我们不妨将老年人与年轻人的互动理解为一种实现老年人影响力与地位最大化的方式。一旦活跃成为首选,老年人便可能淡化回忆,更多地讨论当前或未来的事情。相反,假设脱离成为首选,老年人可能会重视过去的成就。

一些老年学家提出,回忆和人生回顾对于不再活跃的老年人具有非常重要的价值(Haight,1991)。因此,一些养老院和老年活动中心提倡采用回忆小组的形式,开展对老年人的治疗。自传写作辅导也是一种老年教育的基本方法(Birren & Deutschman,1991),精神自传辅导小组(Spiritual autobiography groups)在宗教集会中发挥了类似的作用。

所有这些方法对于从事老年人相关工作的人来说都是有用的，但提倡将回忆作为一种实践形式，不能绕过一个基本问题：回忆和回顾人生是老年人获得生活意义的最佳方式吗？要回答这个问题，不能纯粹从科学角度出发，而应当适当依赖基本的价值观和生活哲学。例如，按照波伏娃的观点，保持活跃和着眼未来是寻找老年意义的最佳策略，因此，她不赞成人们回忆过去，除非回忆能改善世界。相反，心理学家卡尔·荣格看到了内向性（inwardness）的巨大价值，在他看来，老年的目的或意义不一定是积极参与社会活动，而是更充分地了解和接受自己。如果回顾人生可以促成这一目标，那么荣格就会加以提倡，例如，佛罗里达·斯科特-麦克斯韦尔就是在荣格的建议下着手写自传的。

那么，老年人的回忆和回顾人生对其他年龄段的人有意义吗？显然，老年的特别之处在于，它是生命的最后阶段，老年人意识到了生命有限，时日无多（Kastenbaum，1983）。此外，随着社会变化越来越快，老年人不能再想当然地认为自己的价值观会被其他同生群所认可。二战一代和60后，不但彼此之间存在很大的不同，而且他们与60年代以后出生的X一代也不一样。无论其主观上的时间取向如何，老年人都被认为是属于“过去”的，甚至他们自己也这么认为，或许年轻人觉得回忆只是适合老人的东西。

事实上，不只是老年人会回顾人生，具有自传意识，成人在任何一个人生转折期都会如此。例如，在失业或发生重大变故时，人们会重新评估自我。生命历程的视角帮助我们理解主客观时间取向之间的联系，用更宽广的角度来看待回顾人生这一行为。不只是老年人会追问人生的意义，每当人们意识到生命的有限性，便会追问人生的意义。也正因为如此，《圣经·诗篇》里有一句祷告词说，企盼上帝帮助芸芸众生“细数我们的日子”，无论在什么年龄，都要珍惜每一刻。

阅读材料　一

论老之将至①

波伏娃

人生只有两种轨迹:要么英年早逝,要么渐渐变老。正如歌德所说:“衰老会突然袭击我们。”每个人都是唯一的、独特的主体,当人类共同的命运变成个体自己的命运——疾病缠身,关系破裂或承受丧亲之痛,我们常常不知所措。我记得自己第一次病倒时的震惊,我自言自语道:“他们抬着的担架上的这个女人就是我。”然而,我们很容易接受偶然事件,将其视为我们阅历的一部分,因为它们影响着我们,使我们变成独一无二的个体。但老年是所有人共同的命运,而当我们步入老年,往往会变得无所适从,“为什么,这是怎么回事?”阿拉贡写道:“这就是生活,我老了。”……我们年轻时,很少考虑自己的年龄,认为这个概念与我们无干,因为它意味着回顾和总结过去。但事实上,我们正大步走向未来,不知不觉晃过一天又一天,一年又一年。老年特别令人难以想象,我们一直把它看作一个外来物种,“我能变成另一个人,同时仍然做我自己吗?”……

因此,“未来”的真正含义会在中年到生命终点的这段时期发生改变,65岁比45岁可不仅仅是大了20岁而已。我们宽广无限的未来——我们常常认为未来是无限的,已经开始让位于有限的未来。以前,我们在人生的地平线上看不到界标,但现在,我们终于看到了。夏多布里昂(Chateaubriand)回忆过去时说:“过去我心怀梦想,青春就横亘在眼前,我可以向自己探寻的未知领域一步步迈进。但现在每走一步,都绕不开老年的界石。”

有限的未来和封冻的过去,是老年人必须面对的现实,他们常常

① Simone de Beauvoir, *The Coming of Age*. Andre Deutsch, 1972.

因此倍感无力。他们所有的计划要么已经得偿所愿,要么已经化为泡影;他们的生命已经终结,没有了用武之地,生活变得漫无目的……

一种先入之见认为老年应该是一段宁静的岁月。显然,我们应当摈弃这种看法。从古典时代起,成年人竭力以乐观的眼光看待人类的处境,将一些外在的美德强加给不同年龄段,如童年是天真的,晚年是宁静的。他们刻意将死亡看作是撕裂人生的种种冲突得到终结的一个时刻。更重要的是,这是一个省事的幻想:尽管所有的疾病和不幸会压垮老人,但我们仍然认为他们是幸福的,他们能够决定自己的命运……

为什么老人应该比在壮年或幼年时更好呢?当所有的东西——健康、记忆、财产、地位和权威,统统都被夺走了,你就难以继续为人。老年人挣扎着生活,有其可怜或可笑的一面,他的伪装、他的吝啬、他的欺骗都会招来厌恶和奚落。但实际上,这是一种令人感动的挣扎,他们拒绝活得卑微,拒绝成为一只可怜虫,拒绝如年轻人所愿,成为无用之人,他们希望保留一丝尊严,这是一种英勇的行为……

老年也可能带来智力的解放——将我们从谬见中解放出来。随着老年的到来,人的思维变得澄明了,而这一过程常常伴随着痛苦的醒悟。童年和青年时代,生活是持续上升的,如果生活一帆风顺——或是职业进阶,或是抚养孩子,幸福有了依靠,或是生活水平得到提高,那么上进的欲望可能持续到中年。继而,人会突然发现,自己的人生已经到头,等待他的只有坟墓,他已经抵达了人生的顶峰,大起之后就是大落。叶芝说:"生活就是未雨绸缪。"人老了就知道自己已经不能未雨绸缪了,追求任何目标都成了痴心妄想。我们本来以为自己的人生剧本有一个结局,但现在事实确凿无疑:这一结局已经化为乌有。同时,老年是"无用的激情",这一点昭然若揭。叔本华说,这样的领悟会让我们丧失生活的意志,"那些使人生充满魅力、激发我们活力的幻想,已经烟消云散。我们活到60岁,才能完全理解《传道书》第一章的内容……"

如果一切都是浮云,那么除了等待死亡,的确无事可做。但承认人生本身没有目的,并不意味着不可以将人生付诸某种目的之中。世间存在有益于人类的事业,人与人之间也有情谊,若是真诚相待,定能心灵相通。一旦摈除幻象,这些既不陌生也不神秘的关系,以及这些事业,都将得以永存。纵然幼稚的名利幻象已经消失,我们也可以通过写作继续与他人沟通。一个神奇的悖论是,人老了之后,常常对他已做得极其完美的工作的价值产生怀疑。伦勃朗、米开朗基罗,威尔第和莫奈概莫如是,也许怀疑本身有助于完善工作。老龄化常常是一个充满巧合的问题,年龄的增长带来技术的精通和生活的自由,但也引起怀疑和挑战的心态……

如果没有目标的指引,自由和澄明的思维就毫无用处,相反,如果一个人日程满满,自由和澄明的思维就会产生莫大的价值。对于一个老人来说,最大的财富,甚至比健康都宝贵的财富,就是每天依然安排得满满当当,忙碌着,发挥着余热,避免无所事事,不至于成为行尸走肉。这样,他生活的时代仍然属于他,他不再像许多老人那样,要么防着别人,要么与人为恶……

如果不希望老年生活成为上半生可怜的翻版,只有一个办法,就是继续追求赋予我们存在意义的目标——为他人,为组织奉献自己,投入政治或某种社会事业、智力工作或创造性工作中。尽管道德家不以为然,但我们坚持认为,人老了仍然应该有足够的激情,以防止自我封闭。只要一个人通过爱、友谊、正义感和同情去感染他人的生命,那么他的生命就是有价值的,他就有足够的理由去行动,去发声。人们经常得到建议说,要为晚年做好“打算”,但如果“打算”仅仅意味着存钱、寻找养老的地方,培养爱好,那么当老的那一天真的来临,我们并不会如臆想的那样比年轻时候过得更好。对待晚年,要轻思考,重坚定而公正的生活,这样,即使所有的幻想都破灭,对生活的热情都消失了,我们仍然可以坚持自己的道路。

阅读材料　二

老而不怠①

埃里克·埃里克森　琼·埃里克森　海伦·基芙妮克

老年人既有优势又有劣势。与婴儿不同，老人储备了历史知识和讲故事的能力。那些健康而长寿的长辈是时间的收集者和记忆的保存者，他们有大把的时间，并明智地、创造性地利用时间，与后辈为伴，为他们讲故事，而有朝一日，后辈将继承他们的衣钵。讲故事，并把故事讲好，这是一种世代相传的能力，一代人通过讲故事将共同的集体身份传递给下一代人，传递给未来。信任是人类永恒的价值观和美德，是公认的所有关系的基础，希望是所有社区生存、繁衍、从幼年成长到老年的另一个基础。老年问题，就是老年人如何通过已经积累的信任和能力，去适应和接纳不可避免的身体退化，这也许也是人一生要面对的问题。

经过多年的磨合，老年人应该了解并信任自己的感官、身体机能，以及长期以来积累的关于周遭世界的认识，而且，他们也应当清楚什么情况下不能信之任之，而是有必要以开放的心态听取专业人士权威而客观的意见。不过与自己的身体和他人亲密合作之后，自己的判断才是关键的。老年人的能力尚未走到终点，未来依然可以创造奇迹。

老年人当然知道自己的优势，应该一直努力从现实条件出发，充分利用和发挥自身优势，而不应低估开发潜在能力的可能性。另外，参加必要且有用的工作，对于老年人自身及其与社区的关系都大有裨益。

随着年龄的增长，老人不可避免地一直失去一些东西，如亲朋挚友和普通朋友，年轻时拥有越多的亲密关系，年老时失去的也就越多。回忆是适应的一种途径，但巧妙地建立新关系，是一种更为有益的适应性能力。到了

① *Vital Involvement in Old Age: The Experience of Old Age in Our Time* by Erik H. Erikson, Joan M. Erikson, and Helen Q. Kivnick. Copyright 1986 by Joan M. Erikson, Erik H. Erikson, and Helen Q. Kivnick. Used by permission of W. W. Norton & Company, Inc.

老年,必然要放弃很多东西,如老朋友、旧角色、以前的有意义的工作,甚至放弃前半生积累的财富,因为这些东西会阻碍我们实现精神回归和自由,而要适应决定生命最后阶段的未知挑战,这种回归和自由是必不可少的。

彼此信任,相互依赖,给予别人帮助,同时也接受别人的帮助,老俄狄浦斯知道老年人有时需要三条腿才能走路。荣耀是你的资本,但不能成为你的手杖。

身体衰弱时,依赖别人也是正确的,我们别无选择时,只能信任别人的同情,并一直对一些看护人的尽职尽责感到惊讶和欣慰。

然而,丰富的阅历有时只是让我们明白自己有多么的无知。要承认我们像童年一样"一无所知",并保持一颗调皮的好奇心。成长是一场有趣的冒险,当然也充满了惊奇。

在这里,我们想起印度教哲学关于人生最后一个阶段的描述,即弃世——放弃此在。母猫用嘴叼起小猫,小猫则完全放松身体,变得十分柔软,无限地信任母亲的仁慈,这是小猫的本能反应,而我们人类至少需要一生的实践才能做到这一点。全世界的宗教传统反映了这些问题,并努力探究其内容与形式。

老人在社会中扮演的潜在角色

我们社会面临的一个考验是,如何使大量健康的老人融入社会秩序,从而有效地发挥他们的能力。我们有责任去构想,庞大的老年群体将对我们的社会产生怎样的影响,因为健康的老人谋求甚至要求更多地参与社会活动。他们积累的智慧是得到普遍认可和尊重的,如果予以承认并给予表达的空间,他们可能会对我们的社会秩序产生重要影响。因此,我们提出以下主张:

本质上,老人是环保人士。因为有丰富的生活经历和宽阔的视野,老年人明白需要保护大自然,因此,他们更加激烈地反对在开放的滨水区修建筑物,在肥沃的田野上铺设道路,砍伐古树,污染清澈的溪流和湖泊。他们眷恋从前美好的环境,而作为后辈的我们应当重视他们的记忆，倾听他们的声音。

随着年龄的增长，男性和女性在许多性别倾向上的差异逐渐变小，但这绝不意味着他们丧失了性冲动和对异性的兴趣，男性似乎变得更能接受相互依赖的关系，而女性早就习惯如此。许多老年妇女变得更有活力，开始积极参与那些一直由男人主导的事务。有些妇女因为比自己的伴侣长寿，开始担当起新的角色，许多年轻妇女也做出了新的转变，成为职场女性。事实上，这些女性有能力兼顾工作和家庭，如果她们的伴侣懂得分担家务是婚姻契约的重要内容，尤其如此。

我们的受访者考虑问题时，表现出综合权衡的能力，这是老年人智慧的另一个特点。他们很适合担当各种争端的仲裁人，阅历丰富的人往往富有远见，能够做出清晰的判断。

老年人有丰富的阅历，见证了人类破坏环境和侵略他人的行为。他们经历过战争年代，看到过和平协定的瓦解，知道暴力会滋生仇恨，会破坏地球上生命之间的和谐关系。他们还知道，如今我们的破坏力变得更加强大，以至于暴力不再是解决人类冲突的有效途径。

理想情况下，现代社会中的长者都应该十分宽容且理解他者（包括“外国人”和“外国的行事方式”），他们可以成为“世界各国互相理解”这一理念的倡导者，反对国际关系中常见的侮辱、贬低他国以及互相猜忌的行为。

我们还可以想象老年人中存在一个庞大而成熟的群体，他们远离了职场中的竞争和压力，能够热情饱满地投入各种艺术活动，这将为平凡的生活带来不平凡的生机和艺术气息。目前成年人中只有一小部分人有时间和金钱去参与或欣赏艺术表演。要想让人们广泛参与到艺术活动中，唯一的办法就是在感官刺激的体验中鼓励儿童培养想象力的种子。长者们努力打开了这些新的经验之门，并推动艺术进入教育系统。艺术提供了一种共同语言，儿童学习这种语言，有利于促进世界各国之间的交流。

新兴的老人群体的发展需要不断改善各种设施，为从少到老各个年龄段的人提供良好的教育和卫生服务,运转百年的生物体需要从小就得到精心培养和训练。教育不仅要培养人们应对早年和中年的生活任务的能力,也要教会人们如何应对晚年的事务。要从事生产性工作,要理解和爱护感官及整个身体,教育都是必不可少的。必须创造条件推动人们去参与有利于丰富人生的活动。事实上,如果人们普遍认同了生命周期的发展原则,他们就会为自己的生活制定现实可行的计划,特别是为漫长的老年生活做好准备。

通过调查"年龄"和"人生阶段"等传统主题,我们开始了"共同反思"(joint reflections)。关于老年在整个人生经历中的所占的长度和扮演的角色,我们的理解发生了很多变化,"共同反思"这个词应能梳理这些变化。如前所述,现代统计学预测,在不久的将来,大多数而不仅仅是少数老年人的预期寿命将会增加。这将导致我们生命周期的观念发生剧烈的变化,以至于我们开始怀疑,是否应该按照这一发展趋势重新审视之前对生命阶段做出的划分。事实上,我们已经面临这样的问题——老年得到了显著的延长是否意味着,生命周期的第九个发展阶段也应相应地延长,因为这个阶段有其独特的经验,也许包括对死亡的预感。然而,一个决定性的事实在所有早期阶段是一直不变的:早期阶段很大程度上由生物发展和进化所引发,而这种发展对生物体及其心理社会结构是不可或缺的。这也意味着,一旦每个阶段走到了尽头,就必须把统治权交给下一个阶段。因此,成人前生命阶段发展年龄是不变的,尽管在既定的历史背景和时间视角下,所有阶段的相互关系在某种程度上取决于新的个性和心理社会身份。

同样,必须强调,每个阶段一旦得到确定,就会与所有人生阶段的命运交织在一起。例如,繁衍(generativity)在老年阶段之前就早早发生了,由此导致了繁衍与死亡形象的鲜明对比。人们关心下一代,并在弥留之际预先体验生命的结束。

必须在生命各个阶段的体验中建立心理社会认同。无论人的预期寿命多长,都必须承认自己身上体现了全人类的存在身份。这种临终

"安排"使我们相信,我们的天职是繁衍后代,要和后辈们分担彼此的责任。如果我们最终退出家庭和代际活动,就必须尽一切可能与其他老年群体结为一体,本着团结互助的精神,学习与对方交谈,倾听彼此的声音。

阅读材料　三

成功老龄化①

约翰·罗　罗伯特·卡恩

棒球界的传奇人物,坚不可摧的投球手,美国黑人萨奇·佩吉(Satchel Paige),不仅因为打快球,也因为回答问题的敏捷而出名。他17岁开始当投球手,此后的很多年里只能参加黑人棒球联赛。佩吉出生在世纪之交,当种族障碍有所缓解后,他已经是投球手中的老兵了。几十年过去了,他继续做着投球手。在这个过程中,佩吉故意隐瞒了自己的年龄,因为年龄是体育记者越来越喜欢炒作的话题。一次,一个记者直截了当地问他:"你多大了?"佩吉给了一个很经典的回答:"如果你连自己多大了都不知道,你怎么会长这么大的?"这个问题以及佩吉的回答,不仅与佩吉的个人经历密切相关,也与社会对老龄化的定义、期待及成功老龄化问题密不可分。至少在身体层面上,佩吉的确实现了成功老龄化。但他不敢说出自己的真实年龄,这反映了社会对老年人能力的怀疑。"成功老龄化"到底是什么意思?美国人难道认为衰老本身是一件坏事吗?即使随着年龄的增长,情况不断好转,或者由坏变好,他们也这么认为吗?"成功"到底意味着什么?

是成功老龄化,还是模仿年轻时的生活?

现代社会,特别是美国社会,似乎认为年龄渐长是一件应该被否认

① John Wallis Rowe, Robert L. Kahn, *Successful Aging*, edited by John Wallis Rowe and Robert L. Kahn (pp. 36-37, 48-49, 51-52).

或隐瞒的事情。女性曾经为了追求时尚穿着紧身衣等束缚性衣物,如今她们从中得到了解放,这是一件幸事。但是,一个庞大的、不断推陈出新的化妆品产业竭力说服中老年妇女——以及越来越多的男人——如果她们把白发染成金色或红色,在脱发的地方织假发,并遮盖或去除皱纹,她们就会生活得更加幸福。

化妆品广告片上一律都是外表年轻的人,摄影师和化妆师联手向受众传递青春的信息;化妆品和电脑处理技术做不到的,也可以通过整容手术做到……所有这些信息向大众传递了一个错误的导向,即成功老龄化的最终形式就是永不变老。心理学家可能会说,否认衰老的根本原因是一种深层次的心理:人不愿承认自己终有一死。

我们认为,成功老龄化的基础不是寻求长生不老。萧伯纳 90 多岁时,有人问他能否给年轻人一些忠告,他说:“别妄想万寿无疆,你不会成功的!”心理学家卡罗尔·瑞芙在一篇见地深刻的文章中指出:“庞塞·德莱昂①不明白这一点。”

简而言之,顾名思义,成功老龄化就是要好好地老去,这与长生不老的妄念完全不同。避免疾病和残疾,保持身心健康以及持续参与生活,是成功老龄化的三个要素,它们对人的一生非常重要,但在老年期的意义与其他人生阶段有所不同……

有人称老年为“无角色的角色”,老年人不再有清晰的生活预期,不知道该到哪里寻找成功老龄化的资源。

在其他人生阶段,生活预期是明确的。儿童应该上学,四肢健全的成年人应该去上班或积极地找工作,父母要照顾小孩……这些社会期待虽然没有哪一样完全得到了完美的执行,但它们却是真实可感的,其中的大多数还有法律做后盾。

完成养儿育女任务,结束工作生涯后的生活与上述期待模式及其组

① 庞塞·德莱昂:(Ponce de León, 1474—1521),西班牙航海家,毕生都在寻找不老泉。——译者注。

织形式形成了鲜明对比。人们对老年人几乎没有什么期待，年轻人给他们的口头建议是“放轻松”，其实就是劝诫老人什么都不用做，或自行找点乐子，其隐含信息是：爱干什么就干什么，别妨碍我们。

事实上，许多老年人的生活状态并非如此……他们认识了新朋友，虽然不再从事有偿劳动，但他们积极参加有益的志愿者活动，定期进行某种运动，并享受更多的休闲。不过，也有很多老人这方面做得少，没有实现成功老龄化。

阅读材料　四

丈量生命①

佛罗里达·斯科特-麦克斯韦尔

本以为安静的晚年却让我困惑。古稀之年还算有趣而平静，但耄耋之年却反而不平和。随着年龄的增长，我变得愈加急躁。我很吃惊，自己竟会大声怒吼，言辞激烈。就在几年前，我还享受着宁静岁月，现在却总是为外界和人们的总体素质所烦恼，我总想去纠正一切，仿佛负有某种使命。我一定要冷静，我太虚弱，不能沉溺于道德狂热之中。

聚会、娱乐、责任并没有确保老人远离生活的烦恼，我们容易受自我情绪的影响，它十分强大，根本无法回避。我们应该避免麻烦，最重要的是，要避免做无用功。有些事情太过沉重，但也正是这些事情吸引着我们。能有效保护我们的做法是投入并享受简单的当下生活。我们应当在自己的小小世界里休憩，这或许无趣且过于逼仄，但一样可以心情愉悦。独处时的我仿佛最真实，最有生命力……

老年真的是一段心有余而力不足的时期，面对自己的积习却无能为力。我经常自言自语，“看看你，努力了一辈子”，却仍有那些早已自知却难以克服的毛病，好吧，就当它们是与生俱来的吧。即使很多毛病已有改观，

① Florida Scott-Maxwell. *The Measure of My Days*. Alfred A. Knopf, 1968.

但改变不大,我没办法命令或者控制心中的喧嚣。或许是我过于紧张?这不是年纪的影响,年纪只是生命的界限罢了。生活让我改变了许多,提升了许多,但实际上又似乎未能真正改变多少。我无法拼写,我过于苛刻,以自我为中心,并且感情脆弱,我不再单纯,为了明哲保身,变得世故。我明白自己的缺点,不在意它们,它们比我强大,它们就是我,我就是它们……

新的一天开始了,我将安安静静地生活,看看天空和墙上的灯光。大概没什么人会来吧。除了自己,我对任何人都没有责任。然而这想法并不对,我应对所有关心我的人负责任,这不是问题,也不是负担。为了大家好,我必须轻轻松松地过日子,谢天谢地,还扛得住,或许我会一直这样,直到生命尽头。那么每天我必须完成的第一要务,就是"要好好的",但这种承诺不就是我们每时每刻互相赠予的礼物吗?

我们的另外一个秘密是,尽管外表邋遢,一副窘迫模样,我们内心依然燃烧着不可言喻的狂野生命之火,愤懑的内心在沉默中呼号:"我已经度过了我的一生,不是吗?还要我怎样?"难道必须故作姿态,硬说年纪不算什么,以此勉励他人吗?这其中的确存有一股傲气,我们意识到自己到达了一个从未来过的地方,并且没有退路。

我用了一生时间成为我自己,现在我老了,有时觉得自己似乎不存在了,世间没有我的容身之所了。我记得在孕期的最后几个月里,孩子似乎占据了我的整个身体,我的力气,我的呼吸。于是我不断怀疑我的责任就是我的劲敌,怀疑我的生命不是自己的。难道生命就是怀孕吗?果真如此,那么死亡就是新生。

复活节。我进入一种难得的心境,似乎一切变得非常简单,我坚信生活的目标和出路就是接受上帝。这虽遥不可及,却必不可少,也一清二楚。接受不可想象的伟大上帝,驱散了自我的渺小感,我不知所求,但我所在之处,神秘就是确定。

在生命的漫长岁月里,我很少有时间去想象与上帝对话。他只说了一句:"我一直在召唤你,你却没有来。"而我很自然地回答:"以前我来不了,后来发现自己已无处可去。"

我不知道，无法改变是一种悲哀还是一种慰藉。在这个时代，改造旧我永远都不嫌早，提升自我永远都不迟。我确信，老年的释然将会计入我们的功劳簿。

用一生的时间来改善外表是极为不明智的，整洁就够了，我们可以如一个谦恭而又警觉的幽灵一般活着。你不需要计划假日，因为没有假期一说，你已经过了行动和做决定的时候。实际上，老年人几乎是自由人，如果自由是虚无的代名词，那么虚无也可能是一种财富，虚无能够提升灵魂。当人们老了，只有灵魂为伴，有时你能感到灵魂在呼喊，你却从不过问。双眼干涸的你，任凭沉重的热泪滴洒在心头。无事可做，只能屏息等待的你，聆听空虚，有时它是那么温柔。你与岁月对坐，静默无声，无言相对。

我不想写下这些话，但它依然存在于老人们的心中。我们想知道自己还能活多少岁，还能忍受多少腐朽，我们不断对自己低语："到时候了吗？我还必须活多久？"似乎老年比死亡更可怕，"还要忍受多久的空虚？必须衰退到何种境地？"有些人想死去，好得到解脱；有些人心甘情愿接受死亡，但还想活几年。我感受到死亡的肃穆与延续生命的可能性，死亡就像一位朋友，能让我们从这无尽的腐朽中解脱出来。等待死亡，厌恶自己的模样，这个过程让我们筋疲力尽。

这些想法伴随一生，其实我们知道什么是荣耀，什么是耻辱。人必有一死，但是在这之前，在终点前的无尽岁月中，可以用功绩为自己谋得一片栖身之地。我们走向未来，却终究不能回答自己的问题。

但我们也发现，虽然自己老了，但更加活跃，而不是可能活跃，尽力而为或勉力为之。我们的普遍问题是对生活是否还抱有热情，已至耄耋之年的各位同仁，我们该如何承受这么长的人生，我们该何去何从？

不要不假思索地说，"我虚度了此生"，没人能把生活过得完全充实。我们每个人未曾经历的生活一定是人类的未来。当我们真的老了，虚弱不堪，缺乏活力，对无意义的人类活动感到厌倦，甚至不屑一顾，我们也将深入挖掘，发现一个愉悦生活的新源泉。

现在来到了一个新的地方,我对它一无所知,只听说老年是多么无聊,人们对它不感兴趣。往前走,再往前走,人们会来到一个更广阔的地方,那个可以解脱的地方,这时,我们会说:

“似乎老年是一种我们需要的失败,一种溃退,但这又不完全正确。我们中有不计其数默默无闻的人,经历了溃败和沧桑,却依然满怀勇气,深信尽管老了,但我们依然拥有许多东西。年龄以外的一部分东西也是由年龄所创造的,所以有得也有失。即使失败了,我们也赢得了这场战争之外的某些东西。

长寿使我感觉更接近真理,但我无法诉诸语言,我到底该如何表达?我表达不了,但是我很想,很想告诉人们,告诉那些即将变老的人,那些害怕变老的人——晚年是一个发现的时刻。如果他们问:“发现什么呢?”我只能回答:“我们必须发现自我,否则,晚年就不是一次发现。”我想说:“如果在生命的终点,你发现了自我,这也足够了。瞧吧,你终将会发现自我的。”

展望未来

自觉老龄化

近年来,公众对灵修话题,尤其是与老年发展相关的灵修话题的兴趣日益增长。这种兴趣的表现形式多种多样:或对外国的新时代现象(New Age phenomena)感兴趣,或对犹太教和基督教神秘主义教义的复兴感兴趣。

最新的一些研究表明,神秘体验成了一个热门话题,且对老龄化社会有广泛的影响。例如,杰弗瑞·莱文(Jeffrey Levin,1993)利用超感官知觉、唯灵论和神秘体验的文献研究各年龄段的特点。莱文从代表性横截面人口调查的数据中发现,1973年到1988年之间,复合神秘主义(composite mysticism)的数值随同生群递增;个人主观宗教行为与整体神秘体验呈正相关,但组织性的宗教信仰与后者呈负相关,这表明,追求灵修成长的人们可能在星期天去教堂以外的地方寻求神秘体验。莱文的研究结果说明,很大比例的美国老年人已经开始使用冥想之类的替代疗法,并将其作为自己健康实践的一部分,这一现象在美国已经不足为奇(McMahan & Lutz, 2004)。

与欧洲相比,历史上的美国更多以宗教为导向,而如今灵修的复兴已超越了主流宗教,个人的精神成长成为了新口号。在这种趋势下兴起的"自觉老龄化"(conscious aging)理念是一件迷人的新事物,其前提假设是:晚年生活可以成为一段积极的精神成长期。犹太复兴运动先驱扎尔曼·沙克特-沙路米(Zalman Schachter-Shalomi)与哈佛大学心理学教授、精神导师拉姆·达斯(Ram Dass)成为全国自觉老龄化运动的领袖。全面保健、人生回顾和神秘主义宗教是自觉老龄化的重要元素(Schachter-Shalomi & Miller,1995)。

自觉老龄化最早的代表性举措之一是1974年在加利福尼亚发起的名为"长者自我实现和成长探索"(Senior Actualization and Growth Explorations)的自助项目,其宗旨是推动老年人健康活动。在这个项目中,每周一次的小组活动采用人文方法和超个人心理学方法促进老年人的健康,包括冥想、引导式讨论、瑜伽、按摩、释梦和旨在加强营养与全面保健的锻炼。项目创立者盖·罗丝(Gay Luce)受到启发,与71岁的母亲分享了自己对冥想和生物反馈技术的热情。视觉训练、冥想和放松练习可以帮助参与者直面对死亡的恐惧,并一步步走向自我发现。

自觉老龄化的一个主要方法是个人冥想(Goleman,1988),可以运用瑜伽、禅宗的形式,也可以借鉴东方静观祈祷的原理。实际上,静观祈祷在基督教也有着悠久的历史。作为一种精神训练,冥想认为我们是可以超越显意识或自我的深度存在。这种观点也被易雍学家艾伦·知念(Allan Chinen)用于精神分析,知念首开先河,用童话故事解释人的后半生(Chinen,1989)。自觉老龄化有效结合了宗教和心理学,使二者相得益彰。

自觉老龄化摈弃了有关适应性和个性发展的传统观点。人文心理学创始人亚伯拉罕·马斯洛是自觉老龄化理念最早的倡导者之一,他认为,大多数人只发挥了自己一小部分的潜力,这一小部分潜力体现在他所说的“高峰体验”上。在人生的高峰期,我们有机会实现自我,成为更加完美的人。马斯洛认为,大多数完成自我实现的人都是成年人——中老年人。

主流心理学基本上并不十分关注人类高层次的潜力,故认为老年是“衰退和衰落”(decline-and-fall)。这种观点遭到了研究者们的批评,他们看到了老年人的智慧(Baltes,1993)。生命历程发展心理学家在这个问题上走得更远,他们认为成年期的思想成熟包含了一个“超越”的维度(Miller & CookGreuter,1994),即超个人心理领域(Walsh & Vaughan, 1993)。超个人心理包括以下元素:训练注意力、调节情感、提炼意识、超然物外以及整合自我以获得智慧。

自觉老龄化视角可能有助于我们理解医疗、代际关系和成人教育等老龄化问题。例如,过去20年的研究记录了冥想对身心健康的明显益处,冥想过程早已为医学研究者及心理学研究者所熟知,他们将其称为“自体训练”(autogenic training)或自我诱导式下脑中枢调节。20多年前,哈佛大学医学院的赫伯特·本森博士(Herbert Benson)发表了有关“放松反应”的开创性文章,从中枢神经系统方面解释了瑜伽和禅宗训练对意识的影响。后来,对大脑的生物反馈和α波的大量研究证实了研究意识的可行性。

心理学家罗伯特·卡斯滕鲍姆(Robert Kastenbaum)提出了“**习惯化**”一说,认为老龄化在本质上是一个因习惯而对生活逐渐麻木和机械化的过程。一些有趣的实验证实了可以采取一些策略来干预和克服这种习惯化,例如,冥想是一个逐渐增强注意力的过程,可以克服旧的刺激—反应模式中的习惯化倾向。

自觉老龄化致力于建立新的认识世界的认知结构和方法。亚瑟·

戴克曼(Arthur Deikman,1966/1990)阐述了如何通过冥想练习(如瑜伽或禅宗)实现去习惯化。戴克曼做了一个冥想实验,受试者反馈说,他们的感觉体验变得生动而明晰。戴克曼的研究和同类实验表明,有意识的注意和冥想可以改变大脑对感觉输入的选择。

这些发现对老龄化社会是有意义的。例如,在老年人群体中进行的对照研究表明,冥想—放松有助于减少焦虑和抑郁,其益处高于传统的认知行为策略(DeBerry, Davis, & Reinhard, 1989)。另一项由全国精神健康研究所(National Institute of Mental Health)资助的研究考察了超验冥想的作用,探索它是否具有除放松以外的益处。这项研究证实了培养"静心"对学习、认知灵活性和整体心理健康具有明显作用,在实验结束后的多年里,受试者身上依然体现着这些积极的影响(Alexander, Chandler, Langer, Newman, & Davies, 1989)。

自觉老龄化正试图将研究和实践的启发应用到不断增长的老年人群体中。21世纪的美国已经进入老龄化社会,由于人们对促进健康、生产性老龄化和终身学习等问题的广泛关注,自觉老龄化将持续成为一个重要话题,对未来也许是一种有趣的预测。

供写作、思考和讨论的问题

1. 一些评论家认为,脱离理论准确地描述了20世纪50年代老年人的行为方式,但不可认为脱离是一种普遍模式。这些评论家称,活跃理论和持续理论可能更客观地描述了如今老年人的实际生活状况。如果这些评论家的观点是正确的,那么是否可以说,任何老龄化理论都只描述了某一历史时期老龄化的具体情况?如果是这样,应该怎样发展一种不限于特定历史时期或地点的普遍性老龄化理论?

2. 美国社会一般很强调成功或成就,这是否意味着可以将"成功老龄化”作为研究美国人老龄化模式的合理方法?成功老龄化的目标具体包括哪些方面?

3. 心理学家卡尔·荣格认为,老年生活的心理目标是个人化,这一目标在具体实践中意味着什么?这一观点有什么不足吗?如果采纳荣格的观点,我们该如何评价那些保持年轻时生活状态的老人?又该如何看待那些退休或丧偶之后生活发生巨大变化的老人?

4. 假设你现在80岁,发现自己可能时日无多了。你的孙子孙女请你发表对人生意义,尤其是最后几年生命意义的体会,请将你80岁的看法与以前的看法做一下比较。

5. 假设你是一家教会养老院的活动主任,这家养老院致力于提高居民的生活质量。请你为院长编写一份备忘录,谈谈为了提高养老院的老人对养老院生活意义的认识,你将开展哪些活动。

6. 人生的“意义”到底是一个纯粹的私人问题,还是一个具有普遍社会意义的问题?讨论人生意义是有助于我们理解老年人的行为,还是使问题变得更加复杂?在思考这个问题的同时,请你考虑本书中提到的其他问题,如辅助自杀、工作与休闲以及为延长寿命而进行的医疗资源分配等。另外,对老年生活意义的认识会如何影响人们对这些问题的看法?

7. 登录“宗教、老龄化和老年”网站 http://www.trinity.edu/~mkearl/ger-relg.html。如果有一位记者要写一篇题为《宗教和老年》的文章,你看了网站内容后,会给他提什么样的建议?

8. 仔细思考拉尔斯·托恩斯坦提出的“卓越老化”(gerotranscendence)学说,试试用最简单的日常语言,给那些对老年学一无所知,且不十分支持宗教的亲戚朋友们解释什么是“卓越老化”。

推荐书目

Atchley, R., *Spirituality and Aging*, Baltimore: Johns Hopkins University Press, 2009.

Bateson, M. C., *Composing a Further Life: The Age of Active Wisdom*, New York: Knopf, 2010.

Frankl, V., *Man's Search for Meaning: An Introduction to Logo Therapy* (I. Lasch, Trans.), New York: Pocket Books, 1973.

Haight, B. K., and Haight, B. S., *The Handbook of Structured Life Review*, Baltimore: Health Professions Press, 2007.

Kimble, M. A., McFadden, S. H., Ellor, J. W., and Seeber, J. J. (Eds.), *Aging, Spirituality and Religion: A Handbook*, Minneapolis, MN: Fortress, 2003.

Richmond, L., *Aging as a Spiritual Practice: A Contemplative Guide to Growing Older and Wiser*, New York: Gotham Books, 2012.

学生学习网站 www. sagepub. com/moody8e

- Flash cards(词语卡)
- Web quizzes(小测试)
- Chapter outlines(章节大纲)
- SAGE journal articles(赛吉出版公司出版的期刊论文)
- Web resources(网络资源)
- Video and audio resources(音像资源)

争议二　为什么我们的身体会变老?

奥利弗·温德尔·霍姆斯(Oliver Wendell Holmes)在《奇妙的单马车》一诗中,使用经久耐用的单马车作为长寿和死亡的意象,令人印象深刻:

你可曾听过奇妙的单马车,
它的建造天衣无缝,
奔驰百年直至一天……

我们知道,这辆奇妙的"单马车"是精心制造的,每个零件都以同样的速度"老化",直到整架车在瞬间分崩离析,所有零件才停止运转。在神奇的马车来到世间100年后,村里的牧师驾着它走上街头:

当牧师上车环顾四周,
你认为他发现了什么?
破旧的马车被废置在山丘,
一如它曾驶向磨坊和大地!
当然,如果你不是蠢人,你会看见,
它是如何在瞬间分崩离析,
就在那一瞬,没有任何预兆,
好似气泡破裂那一秒。

奇妙的单马车是一个完美的形象，表达了人们对老龄化的乐观期待：健康并长寿地活着，直到死亡突然降临，整个过程中身体机能并未衰退。单马车的形象也暗示了生命皆有“到期日”，但寿命的限制从何而来？是否可能将寿命延长到已知范围之外？拥有最高寿命且仍然存活的生物个体，是在加利福尼亚发现的一株狐尾松，它已经活了 4 500 多年，目前还没有任何死亡的迹象。

人类的最高寿命是 120 岁左右。事实上我们还没有任何有效记录证明，有谁的寿命远远超过 120 年。有人说，人类可以活到 150 岁甚至更长，这一说法得到了《国家询问报》(*National Enquirer*)，甚至是哈佛大学医学院一位科学家的采信。但即便如此，也没有什么有效证据证明人可以活那么长。事实正好相反，在我们掌握的 20 世纪成千上万的官方出生记录中，以前未发现任何活到 120 岁以上的案例。直到 1995 年，一名叫做珍妮·路易丝·卡门的法国女士活到了官方认证的 122 岁(Robine, 1998)，卡门女士竟然记得小时候亲眼见过文森特·梵高！

一些科学家认为，最高寿命的观点仅仅是基于经验观察。随着未来生物领域的突破，有朝一日我们可能超过这一极限吗？事实上，乐观派会反问：为何我们只满足于单马车的说法呢？

表面上看，延长人类寿命的想法听起来不错，但是否可行呢？延长寿命真得能让我们活得更好吗？《纽约客》的一幅漫画中，一名中年男子在酒吧里对同伴抱怨：“你看，延长寿命的问题就在于，延长的全是老了之后的寿命。”(Mankoff, 1994)另一幅漫画描绘了两位养老院里的老人坐在轮椅上谈心：“你看，要是我们当初不戒烟，现在就不用遭这份罪了！”

这些漫画指出了一个事实：生理老化的影响往往在活到最高寿命前早早就显露出来了。一些人认为应该用药进行干预，甚至减缓老化速度，以便越来越多的人能够健康地活到死。到那时，身体会一下子“分崩离析”，就像神奇的单马车那样(Avorn, 1986)。这个理念就是我们前面提到的疾病压缩理论，其提出者和倡导者是詹姆斯·弗里斯(James Fries,1988)。

疾病压缩假设期望更多的人可以推迟慢性病的发病年龄（Brooks，1996）。换句话说，我们希望度过一个健康的老年，将疾病压缩在生命最后的短短几年或几个月内，然后迎接快速的衰老和死亡。然而有时事与愿违，我们可能成功地推迟了心脏病、癌症或中风导致的死亡，但如果我们活得很长，患上了其他疾病，又该怎么办呢？同样的预防措施可能会产生副作用，增加老年痴呆、糖尿病、髋部骨折和关节炎等慢性病的患病率（Roush，1996）。许多观察家担心，随着高寿人群的扩大，疾病压缩面临的挑战将会越来越大。一项疾病研究发现，在老年的某一个时间点，生存曲线逐渐趋于直角，也就是说，死亡变得越来越集中了（Nusselder & Mackenbach，1996），但有的研究的发现正好相反（Kaplan，1991）。此外，越来越多的证据表明，在寿命和拥有健康晚年方面存在社会不平衡现象。在有关疾病压缩理论的讨论中，性别、民族与社会经济地位等因素相互关联，必须予以考虑（Olshansky et al.，2012）。

这里有必要区分预期寿命和最高寿命这两个概念（life expectancy，maximum life span）。预期寿命，即从出生时的预期生命，已经增加了，但显然，人类能够活的最长时间即最高寿命并没有变化，根据我们的了解，没有人能够活过 120 岁。目前我们还不知道决定最高寿命和衰老的原因。生物学证据认为，最高寿命是由基因决定的，因此每个物种的最高寿命都是固定的。另一个有关预期寿命和老龄化的重要观点是“无残疾”或“活跃的”预期寿命，指的是 65 岁以后，没有因残疾或慢性病造成的严重功能性障碍的情况下，个人能够拥有的预期寿命（Cherlin，2010；World Health Organization，2002）。

因为寿命是有限的，所以疾病压缩理论（compression of morbidity）显得非常诱人：推迟机能障碍将提高生活质量，延长预期寿命，并减少医疗成本（Butler，1995）。疾病压缩策略会使预期寿命更加接近最高寿命的假设上界。65 岁老人期望的不仅仅是活到 85 岁，而是成为百岁老人，并且健健康康地活到生命尽头。

预期寿命的积极增长将会给我们的社会带来巨大的影响。判断疾病压缩理论是否可行，需要我们深入研究自然老化的过程，我们需要知道，老化生物学中哪些东西是已知的，哪些东西是有待发现的。

生物老化进程

自然老化可以定义为一种受时间影响的基本生物变化过程，尽管它本身不是一种疾病，但它包含了功能丧失、疾病易感性和死亡风险。衡量死亡可能性的一个指标是死亡率。当代人每增长八岁，死亡率翻一番，这种趋势被称为**贡培兹法则**(Gompertz law，Kowald，2002)。换句话说，38 岁的人的死亡率是 30 岁的两倍，46 岁则是 30 岁的四倍，以此类推。另外，假定年龄相同，两性之间存在明显的差异：男性的死亡率是女性的两倍。尽管男女老化的速度是一样的，但男性在生理上要比女性更脆弱，这正好与我们文化中的刻板印象相反。然而，在慢性病、残疾和“活跃预期寿命”等方面，男性比女性具有优势，这一点后文详述。

对不同物种生物体的研究表明，老化具有普遍性，但老化的原因却错综复杂。例如，体重和新陈代谢相似的动物，老化速度大不相同(Olshansky & Carnes，2002)。表 1 显示了一些常见动物物种之间最高寿命的差异。

总的说来，一个物种老化的速度和该物种死亡率翻番所需时间是相关的。人类死亡率翻倍所需时间是 8 年，果蝇是十天，老鼠则是三个月。大致而言，老鼠老化的速度是人类的 25 倍。

那么，是什么原因导致了不同物种老化速度和寿命方面的明显差异呢？比较解剖学(对不同物种身体结构的研究)在这个问题上给了我们一些启发。例如，在哺乳动物等脊椎动物中，相对大脑容积(relative brain size)的大小和寿命的长短呈正相关。与寿命相关的其他因素还有终生新陈代谢活动、体型、体温和能量消耗速度等。例如，体型极小的蜂鸟有着快速的心率和高速的能量代谢，其寿命也较短，似乎比其他物种更快地消耗全部的生命能量或动作电位(Sacher，1978)。

生物学家已经发现,寿命与体型、相对大脑容积和新陈代谢强度之间存在十分有趣的关系。例如,花栗鼠的最高寿命只有 8 年,而大象能达到 78 年。这些事实印证了一种更为普遍接受的学说——生命速率论(rate-of-living concept),即新陈代谢和预期寿命紧密相关。体型较小的生物体通常每个体重单位的新陈代谢更快,寿命更短。如寿命短的老鼠和寿命长的大象体温相近,但老鼠每个体重单位产生的热量更多。与老鼠的情况完全相反的是动作缓慢的海龟,比起较为活跃的哺乳动物,海龟的寿命更长。另一个神奇的事实是,无论体重大小,哺乳动物一生中的心跳数大致相同。然而,尽管生命速率论发现了种种引人注目的关联性,它仍遭到了生物学家们的抛弃,其主张"生物老化在某种程度上对物种的福祉是有必要的"也未能幸免(Austad, 1997)。

表 1　一些物种的最高寿命

物种	最高寿命(年)
龟	177
人类	120
非洲象	78
马	62
金雕	50
大猩猩	37
狗	34
美洲野牛	26
家猫	21
袋鼠	16
家兔	12
家鼠	3
果蝇	25 天

资料来源:Walford (1983),《大英百科全书》网络版,教育网站"你知道吗?"("Did You Know?")。

与其他哺乳类动物相比，人类的寿命最长，每个体重单位一生中平均消耗的热量也更多，是其他大多数哺乳动物的4倍。实际上，人类的平均预期寿命和最高寿命都是其他灵长类动物的两倍。

我们可以将黑猩猩和人类做一番比较。人类的最高寿命大约是110—120年，黑猩猩是将近40年。但是当我们对比研究这两个物种的DNA时，会发现其相似度高达98%以上。这表明，基因机制中可能只有相对有限的部分影响了老化速度。计算显示，如果十万个基因决定一个细胞，那么改变老化速度或许只需要对基因序列做几百次修改即可。

科学家判断，人类最高寿命出现大幅增长的时间并不长——大约是在过去十万年间。这个进步的速度表明可能仅有极小部分基因序列（少于基因序列的1%）参与了这一进程。假设只有一小部分的基因机制决定着老化，那么我们或许有望通过干预延缓衰老过程（Finch，1990）。

老化生物学理论

有关老化和最高寿命的各种事实，使得许多生物学家相信生理上的老化可能只有一个基本原因。他们努力探寻，提出了各种理论，以解释时间所引起的身体变化，即生理上的老化。生物学家佐雷斯·梅德维德夫（Zhores Medvedev，1972）列举了300多个老化生物学理论。目前，还没有任何一个理论能够完全解释细胞和身体系统的复杂过程，但是在"为什么我们会变老"这一问题上，这些研究给了我们一些新的启示。

老化学说大致分成以下两类（Finch & Kirkwood，2000）：

- 偶然性学说。此种学说将老化视为外部事件导致的结果。外部事件包括日积月累的、损坏细胞和身体系统的偶然性消极因素，如基因突变和自然磨损对生物体造成的损伤。
- 必然性学说。此种学说将老化视为内部必然性导致的结果，比如天生的遗传程序一定是朝着衰老和死亡发展的。

两种学说都面临一个问题：能否通过干预，弥补老化身体的损伤或修改遗传程序?哪种干预手段最为有效,取决于哪种理论能最充分地解释老龄化事实(Ludwig, 1991)。

自然磨损理论

自然磨损理论认为,老化是偶然事件所导致。人体就像所有多细胞生物体一样,会不断地磨损和修复,每天有成千上万个细胞死亡,又被替换,于是受损的部分得到修复。身体各部分就好像一辆旧车的零件,在日复一日的使用中被磨损,所以自然磨损理论貌似有理。

自然磨损理论能很好地解释一些老化现象。例如,随着时间的推移,髋关节、手关节和膝关节会受到磨损。骨关节炎是一个典型案例,患病后关节处的软骨会退化和损伤。另一个案例是白内障,其病因是退化导致视力的丧失。此外,我们一生中心脏要跳动几十亿次,随着年龄的增长,血管弹性会逐渐减弱,正常血压会上升,运动能力会下降。

自然磨损理论可以追溯到亚里士多德,其阐释者是现代生物老年学之父奥古斯特·魏斯曼(August Weismann,1834—1914)。他将人体细胞分为两类:一种是生殖细胞,如精子和卵子细胞,它们拥有繁殖能力,实现了某种意义上的“永生”。另一种是体细胞,除了生殖细胞之外,身体其余的细胞都属于体细胞,它们会死亡。魏斯曼(1889)在他著名的演讲《论寿命》中论证,衰老是因为体细胞不能自我更新,所以生物体免不了遭受磨损。

我们所看到的衰老是累积磨损的统计结果。想想饭店里的玻璃杯,它们的数量曲线与人类人口曲线十分相似。随着时间的推移,完好无损的玻璃杯越来越少,直到最后一个不剩。玻璃杯的“预期寿命”或存活曲线随时间呈线性变化,但每个玻璃杯的结局却具有偶然性。没有什么东西规定某个玻璃杯会在某个固定时刻破损。玻璃杯本来就是易碎品,所以正常损耗是不可避免的。在特定年份(如1880年)出生的人,会像“玻璃杯”那样,“偶然地”挨个消失,直到一个不剩。

一些现代老化生物学理论完善了磨损学说。例如，**体细胞突变老化理论**(somatic mutation theory of aging)认为，如果细胞受到辐射，会发生突变或基因的改变(Szilard，1959)。体细胞突变理论似乎表明，癌症患病率会随着年龄的增长升高，然而在日本广岛核爆炸的幸存者身上，癌症患病率的确增高了，但老化进程并没有加快。

即使不存在突变，随着时间的流逝，由于DNA的动态变化，细胞也很有可能丧失功能。根据错误累积老化理论(error accumulation theory)或称错误突变理论(error catastrophe theory)，衰老的递减变化根本原因是偶然性变化导致遗传密码退化(Medvedev，1972)。这一过程与复印机的情况类似，小错误一次又一次地不断累积，最终导致复印件难以辨认。同样，错误突变理论认为，受损蛋白通过酶表达紊乱，最终导致我们所认识的衰老。

废物累积理论(accumulative waste theory)指出，细胞内堆积的代谢废物等有害物质会逐渐累积，妨碍细胞的新陈代谢，最终导致死亡。尽管废物确实会累积，但鲜有证据证明它对生物体有害。长寿的关键在于细胞保持了修复受损DNA的能力。事实上，DNA修复能力与不同物种的新陈代谢率及寿命息息相关。一些研究表明，如果DNA的受损程度超过了可修复范围，很可能导致与年龄相关的疾病，如癌症。

自身免疫理论

免疫系统是身体防卫外源入侵物(如病菌)入侵的一道防线，负责生产抗体来抗击有害入侵物，保护并维持身体的健康。众所周知，免疫系统在青春期后开始衰退，随年龄增长而出现的抵抗力下降同免疫系统的衰退直接相关。**自身免疫老化理论**(autoimmune theory of aging)认为，免疫系统最终会出现缺陷，无法分清自身组织和外来组织，并可能攻击自身身体，引起类风湿性关节炎等自身免疫性疾病(Kay & Makinodan，1981)。

生物钟老化理论

生物钟老化理论(aging-clock theory of aging)认为,老化是我们体内程序的一部分,就像时钟一样,从我们在母亲体内时,就开始滴答作响。生物钟老化的典型例子之一是始于青春期而终于更年期的月经现象。生物钟老化理论是程式化老化学说(programmed aging)的一个分支,该理论认为,老化是生老病死自然周期中的一环。

生物钟老化理论的另一个分支强调神经系统和内分泌系统的作用,认为老化是由腺体(如下丘脑、胸腺、脑垂体)计时的。腺体犹如交响乐团指挥或起搏器,管理着生理变化的顺序。一部分人支持该理论,他们观察发现,脱氢表雄酮(DHEA)在年龄较小的人身上比重较大。补充脱氢表雄酮可以延长小白鼠的寿命。

生物钟老化理论促使人们研究下丘脑、胸腺和脑垂体分泌的激素的作用(Lamberts, van den Beld, & van der Lely, 1997),包括现在能通过基因工程进行批量生产的生长激素。在实验中,注射了生长激素的志愿者摆脱了松弛的组织,恢复了肌肉,暂时逆转了衰老的一些表现。还有一些研究者致力于研究可能有利于调节身体“生物钟”的松果腺分泌激素。

显然,激素和内分泌系统在老化进程中发挥着重要作用。激素控制着动植物的生长、进化和繁殖。例如,生物学家发现了“终身一胎”现象,最有代表性的是太平洋鲑鱼,它游到上游产卵,随即死亡。一年生植物也具有这一特性:番茄植株开花、结果,然后在秋天随树叶一起凋亡。

然而,我们发现人类的生物进程与其他生物截然不同。在更年期,由于负责生产雌性激素的卵巢丧失了一些细胞,激素的分泌情况会发生深刻变化。由于雌性哺乳动物出生时拥有的卵细胞数量有限,所以更年期成了一种与年龄相关的“预先编程”生命事件。更年期本身并不是一种疾病,只是正常的老化现象,但是它与衰老引起的健康问题关系紧密:雌性激素的减少会减缓骨盐代谢,导致骨骼结构变得疏松,即所谓的骨质疏松症。而疏松的骨头很容易骨折,从而会削弱老年人独立生活的能力。

交联学说(Cross-linkage theory)

身体结缔组织,如皮肤和眼球晶状体,会随着岁月流逝而丧失弹性,从而引起皱纹和白内障。这种变化归因于一种名叫胶原蛋白的物质,这种天然蛋白质存在于皮肤、骨骼和肌腱里。**交联学说**认为,上述变化是因为胶原蛋白中交联化合物不断累积,导致胶原蛋白逐渐变得僵硬。正如废物累积理论所言,有害分子的堆积最终会损害细胞功能。同时,有些交联物可能是自由基引起的,几种老化学说对此均有提及。

自由基

自由基是一种不稳定的有机分子,是细胞中氧气代谢的副产品(Armstrong, Sohal, Cutler, & Slater, 1984)。自由基和其他细胞结构发生接触时,极易导致化学反应,形成毒性,并产生生物异常的分子,最终可能引起突变,损伤细胞膜,或交联物损伤。

自由基损伤会引起许多老年综合征,如阿尔茨海默病、帕金森综合征、癌症、中风、心脏病和关节炎等。**自由基老化理论**(free-radical theory of aging)认为,自由基造成的损伤最终引起了老化迹象。

该理论的一个重要主张是:身体本身会产生抗氧化物来抵抗自由基。抗氧化物"吞噬"或摧毁自由基,从而防止细胞结构损伤,实际上,许多哺乳动物的寿命与抗氧化物有关。

自由基理论使部分人相信摄入维生素E等抗氧化物可以延缓衰老。我们可以用基因工程技术批量生产抗氧化物,而且也可以从日常食物中获取抗氧化物。维生素A、C、E,还有不为人熟知的酶,都有抗氧化的作用。但最新的动物研究表明,抗氧化物延缓衰老的作用微乎其微。

细胞理论

细胞生物学的一项重要发现是:正常的身体细胞复制和维持功能的潜力是有限的,这种潜力似乎是与生俱来的,被预先设定在基因序列里。**细胞老化理论**(cellular theory of aging)认为,老化归根结底是因为细胞分裂能力逐步减弱,而减弱的原因或许是遗传物质耗尽。细胞的这种局限可能影响了物种的最高寿命(Stanley, Pye, & MacGregor, 1975)。

当代老化生物学的一个重要里程碑是发现了实验室培养的细胞的寿命是固定的。1961 年,莱昂纳德·海弗利克(Leonard Hayflick)研究小组发现,实验室培养的正常人体细胞只能进行次数有限的细胞分裂,分裂的最大值被称为海弗利克极限(Hayflick limit)。海弗利克还发现,从胎儿组织中取得细胞大约能复制 100 次,但从一位古稀老人身上取得的细胞,分裂 20—30 次就已到达了“老化”的边界。

年龄大的生物体细胞分裂的次数远远少于年龄小的生物体细胞。在复制阶段某个时间点上被冰冻的正常人类细胞,解冻后似乎还“记得”它被冰冻时所处的复制水平。此外,供体动物的正常细胞被移植后,不能在新宿主身上无限期地存活。

实验室里的细胞分裂情况有助于我们深入思考一个耐人寻味的问题:人体是否能永生?答案是肯定的,但这里面有一个圈套——我们必须要患上癌症才能永生。经典案例是名为“海拉”的细胞,这个永生的组织来自于癌症晚期的年轻女子海瑞塔·拉克斯(海拉)。海拉于 1951 年在巴尔的摩去世(Skloot, 2010)。她去世前,科学家从她体内取出了一些癌细胞并进行培养,实际上就是注入一个含有细胞营养物质的玻璃实验皿中。科学家们惊奇地发现,海拉的细胞能够不断增殖,直到现在,这些细胞仍未停止生长。可以说,海瑞塔·拉克斯的细胞在实验皿上实现了永生。

相反,正常的细胞分化后专一性更强,同时永生能力也会下降。与其说海弗利克极限指的是活细胞的固有极限,倒不如说是分化初期的细胞(比如胚胎形态中的细胞)的极限。当细胞到达极限值,基因程序会关闭分裂功能,如果基因程序停止工作,那么细胞就会失控地增加或发生癌变。海弗利克极限没有阻止所有细胞的分裂,毕竟精子和卵细胞能够不断分裂,但海弗利克极限为"老化为何导致癌症患病率的上升和免疫系统的衰退"这一问题提供了思路。

通过观察试管中的细胞来研究老化,也引发了一些新的问题。例如,细胞培养基并不包含细胞正常情况下所需的所有养分和激素;体内细胞分化为不同的组织和器官,维持平衡,这一过程和试管中细胞的复制情况截然不同。

从根本上说,细胞老化理论将老化视为直接编入生物体基因里的某种程序。根据这种观点,身体的老化就像胚胎或年轻生命体长大成熟一样,是一个自然的过程,一年生植物、太平洋鲑鱼便是如此。那么,这种程序理论是否适用于更高等级的生物,如哺乳动物特别是人类呢?或许可以,但效果不会像在那些繁殖后迅速老化的生物身上那样明显。

能够证明细胞老化理论的最有趣的一点是,科学家发现染色体末梢有细小的凸起——端粒(telomeres)。端粒随着细胞的分裂变得越来越短,它似乎是一个生物钟,标记细胞分裂的特有年龄。目前人们正在研究细胞老化与整个生物体老化之间的关系(Bodnar et al., 1998)。

老化是不可避免的吗?

生物老化进程可能并非由固定的遗传程序造成的,而可能是多种生物体特征正常发展间接造成的复杂后果。换句话说,身体可能并没有预设好让头发变白、长皱纹或者丧失新陈代谢功能,这些老化的迹象可能只是肉眼可以看到的生物体活动的副作用。

用旧汽车做个类比。假设一个特别的汽车"物种"被设计为烧油时有固定的温度和燃烧率,以适应加速、巡航和油耗等需要,但是,当这辆车以这种方式行驶时,会不可避免地产生副产品,即废气。随着时间推移,这些副产品会堵塞气缸,降低效能,损坏功能,最终使整个机器报废。

人体就像“汽车”,正常的新陈代谢消耗氧气的过程会产生有害的副产品,即已被证明有毒的自由基。这就形成了一种平衡:氧气是生命所必需的,但长期来说又对健康有害。尽管人体这台“汽车”的设计初衷并非累积有毒废物导致死亡,但如果不产生有害的副产品,这辆汽车就无法以最佳状态运行。

现在假设可以找到某种特殊的燃料添加剂,来清除有毒废物,那我们能得到一辆“永远不死”的汽车吗?可能不会。改变汽车的燃油并不能防止事故的发生,任何一种燃料添加剂也都不能阻止弹簧和减震器生锈或磨损。

汽车的类比有其缺陷,因为人体和工业品不同,至少在某些时候,生物体具有自我修复和自我再生的能力。人类具有意识,可以自由选择怎样度过自己的一生。尽管如此,如果我们想弄清楚怎样改变甚至是阻止生物老化,必须首先明白为什么自我修复能力赶不上磨损率。简而言之,就是要弄明白为什么老化和死亡是普遍现象。

街谈巷议

“抗衰老药物正在突飞猛进。”

事实上,人类在抗衰老药物方面并没有取得任何进展。除限制热量摄入方法(节食)外,目前仍未找到任何干预手段,以延缓老化进程,人们甚至开始怀疑热量限制手段的有效性(Mattisonet al., 2012)。健康食品店的草药产品完全处于无监管状态,许多产品都存在风险。包括抗氧化药物在内的所有抗衰老药物,都无法证明具有延缓衰老的作用。

延长寿命的方法

大多数老化学说将自然老化描述为一个无法避免的进程，就像我们必定会患上的一种疾病。有的学说认为生物体受制于偶然事件，有的学说认为受制于生物钟。但无论老化是偶然还是必然，似乎大多数学说都会得出“老化是不可避免”的悲观结论。

生物老化是不可避免的，但合理饮食和积极锻炼能促进健康老龄化。

但老化并非一种疾病；更准确地说，它是一个变化过程，其中一些变化会使我们容易患病。衰老进程并非仅仅受制于一个生物钟，而是受制于许多不同的“钟”，每个“钟”都有不同的日程安排，以平行模式各自运行着。

老化生物学理论对老龄化社会具有重要意义。疾病压缩理论认为人类的寿命有限，在70岁到100岁之间上下浮动，大约是85岁。有上千个人活到了100岁以上，但人类的最高寿命是122岁左右。如今，老年生物学的基础研究开始挑战固定最高寿命的说法，挑战“老化不可避免”的观点。我们已找到两种延长物种最高寿命的方式：一种是通过日常饮食进行环境干预，另一种是遗传学方法。

街谈巷议

“老化不是一种疾病。”

大多数老年学家认为老化不是一种疾病，但越来越多的生物学家驳斥这一观点，并开始在实验室中认真地研究如何延缓衰老。换句话说，他们把老化看做一种可治愈的疾病。当然，没有人曾给“疾病”下过准确的定义，所以要证明孰对孰错确实困难重重(Moody & Hayflick, 2003)。

环境干预

在过去 60 多年里，科学家们只知道一种限制食物摄入量的环境干预手段，这种方法能延长哺乳动物的寿命。饮食限制能延长实验室动物的寿命，将它们的最高寿命增加了 40%，并减少了与老化相关的疾病。

早在上个世纪 30 年代，科学家们就发现了在小白鼠断奶后限制其食量，可以延长它们的寿命。即使是在小白鼠中年时才开始限制热量，也能取得相似的效果。如果啮齿动物的日常饮食比正常情况减少 40% 的热量，只要营养充足，它们就能活得更长。限制了热量摄入后，与年龄有关的退化减少了，随年龄增长出现的如肾脏问题、自身免疫综合征等疾病的患病率也降低了(Bronson & Lipman, 1991)。小白鼠的身体状况直到漫长生命的后期才出现退化。通过限制饮食，平均预期寿命和最高寿命都增长了 30%。显而易见，小白鼠老化的速度放缓了。

为何限制饮食对延长寿命有着如此显著且确凿的作用呢? 寿命增加并不是因为减少了饮食中某种成分的摄入，而是因为减少了摄入的总热量。一种解释是，热量的减少降低了新陈代谢，即食物转化成能量的速度(Demetrius, 2004)，随着热量减少，基本生物钟运行的速度也放缓了。但我们不确定这个解释是否正确，因为热量限制还与许多不同的生物老化机制相协调，包括 DNA、自由基和强大的免疫系统。在啮齿动物身上的实验结果已经一清二楚，实验也逐渐证明，限制热量的措施在灵长类动物身上同样有效(Couzin, 1998)。然而,近年来的多项研究得出了截然相反的结果,如控制恒河猴的热量摄入并不能“提高其存活率”(Mattison et al., 2012)。

就人类而言,限制热量意味着每天只能摄入 1 400 卡路里,在理论上这可以增加 30 年的寿命。为了达到这一目标,老化生物学研究执牛耳者罗伊・沃尔福德(Roy Walford,1986)提出了高低饮食一说,“高”指的是营养价值高,“低”指的是热量低。

低温生物学也提出了类似的方法,低温生物学是对低温下的生物体开展的研究。降低体内温度可以延长果蝇和一些脊椎动物的寿命,例如,英格兰的刺蜥的寿命是它生活在阳光明媚的佛罗里达州的表亲的两倍。在鱼身上的实验也表明,保持较低温度可以延长其后半段的生命,因为低温可以大幅减少对 DNA 的破坏。然而我们还不清楚低温生物学理论是否适用于恒温动物,如人类。其实热量限制似乎只能小幅度降低体温,被限制热量摄入的小白鼠的平均体温降低了,但其体温也受生物节律的影响。

热量限制措施或多或少能保护基因不受环境的损伤,或许还能增强免疫系统功能,甚至减少癌症的发病率。减少热量摄入的实验结果印证了间接调节基因表达可以控制老化进程的观点。研究人员正着手探索热量限制对延长人类寿命的意义,或许对其他物种的研究结果能够说明什么问题,但热量限制和人类寿命之间的关系可能并非那么一目了然。

遗传学方法

尽管基因和环境因素都会影响个体寿命,但许多证据指出,基因在决定每个物种寿命方面起到了主要作用。我们通常认为基因是一种确定的、无法改变的因素,但有些基因研究已经表明,通过遗传学方法提高最高寿命是大有可为的。

例如,科学家已经开展了对面包霉、果蝇、老鼠和线虫的研究。基因操控都被证明可以用来修改这些物种的最高寿命。比如,一些线虫在基因突变后寿命有了大幅增长,由于遗传差异,不同种系的老鼠的平均预期寿命和最高寿命存在极大的差异,科学家通过人工筛选育种技术延长了果蝇的平均预期寿命和最高寿命。

近来,一些基因实验在延长寿命上取得了惊人的突破。人口遗传学学家迈克尔·罗斯(Michael Rose)运用人工筛选育种手段繁殖的果蝇寿命长达 50 天,是果蝇正常平均寿命 25 天的两倍,相当于人类活到了 240 岁。罗斯在实验室中模拟提高进化的速度,结果,果蝇连续数代都遗传了有利于延长青年期和寿命的基因(Rose, 1994)。

行为遗传学家托马斯·约翰逊(Thomas Johnson)进行了更深入的研究。他在蛔虫的 10 000 个基因中改变了其中一个名为"时钟一号"的基因,从而使蛔虫三周的寿命增加了一倍(Johnson, 1990)。然而,最近的研究表明,在一些果蝇群体中,死亡风险随着年龄增长呈下降趋势,这一发现挑战了以往关于最高寿命的看法(Barinaga, 1992)。人工育种和直接的基因操控取得的显著成就都说明,基因改变可能已经通过自然选择迅速地发生了。

虽然不知道这些发现是否适用于人类,但我们可以得出一些关于老化遗传学的结论。例如,至少在前面提到的几项动物研究中,与控制抗氧化酶和修复 DNA 损伤机制有关的基因,都是几个老化生物学理论的核心课题。此外,由于基因改变而受益的物种,只有一小部分基因决定了长寿。因此,这些结果可能适用于高等动物。

遗传学应用的新领域已经清晰可见。科学家们已经发现了一种方法能使皮肤细胞的寿命增长一倍,即通过关闭控制某种蛋白的基因,使其不再引起衰老特征。类似的基因工程技术被运用到了番茄身上,让它们易于储存,在运输途中不会腐烂。这种技术的关键在于"死亡基因",它们决定着细胞分裂的次数。这种干预手段可以用来解决在细胞层面对衰老起关键作用的海弗利克极限,即使不能影响最高寿命,也可能在未来广泛用来治疗与年龄相关的疾病,如帕金森综合征、阿尔茨海默病及癌症(Anderson, 1992; Freeman, Whartenby, & Abraham, 1992)。

最近几年开始的人类基因组计划(Human Genome Project)已经勾

勒出人类染色体上整个基因序列的全图，基因工程可以依靠这个序列图，从多方面大大改变我们所认识的老化过程，甚至改变我们对人类最高寿命的看法(Watson，1992)。不过这样的设想目前还难以实现。

全球视野

长寿蓝区(blue zones)①

说到意大利，我们通常会想起比萨或古都罗马，但如果说到长寿之乡，就要数撒丁岛了。人口统计学家证实，撒丁岛的山坡地带是一个典型的蓝区，即长寿之乡。事实上，撒丁岛上百岁老人的比例是意大利其余地区的两倍以上。那么我们会问：为什么那里的人们可以活这么长？生活方式和基因可能都发挥了作用，但具体是什么作用呢？与世隔绝的山地居民撒丁岛人可能是青铜时代该地居民的后代，他们以地中海式饮食和注重家庭的传统生活方式而闻名。因此，老年学学家们十分好奇，是什么使撒丁岛成为一个如此引人注目的长寿之乡？

一位日本老太太背着孙子

我们，可以在地球另一端的冲绳找到某些答案。冲绳是最长寿国家日本的一个小岛，冲绳人的平均预期寿命高达82岁，大部分老人都没有残障，心脏病、癌症和老年痴呆症的患病率均比美国低。我们又会问：这是为什么呢？一些观察家指出了日语词ikigai，意思是“生活的意义”。冲绳的传统饮食主要有蔬菜、豆腐和少量鱼肉，这也是长寿的一个原因。而且在

① 即长寿地区、长寿之乡。——译者注。

冲绳,家庭、朋友、邻居之间有着紧密的社会纽带。老年学家曾证实,这种社会网络对长寿的影响力相当于每天少抽一包烟。

全世界的蓝区是研究长寿的天然实验室,这些地区的实际经验可以引导人们过上更健康、更幸福、更有归属感的晚年生活。

资料来源:

Buettner, Dan, "The Secrets of Long Life" (cover story), National Geographic (November 2005), 208(5): 2-27.

是压缩疾病,还是延长疾病?

目前,生物学尚未成功解开老化的秘密,医学自然也不能提供任何技术或手段来延长人类的最高寿命。限制热量和遗传学方法已经对低等生物起了作用,但人类是一种更为复杂的生物,针对人类的研究需要在这一点上提供总结性证据。为了延长预期寿命,促进健康的老化,我们可能需要确定哪些基因会导致早年或老年表达的有害变异。一种类似的方法可能是,确定哪些环境因素(如饮食、阳光、吸烟等)对生老病死有累积性影响。促进人类健康或许能成功推迟慢性病的到来,从而实现"单马车"的构想。

这些领域的进步取决于弄清"为什么我们会变老"。在《为什么我们能活这么长》一文中,莱昂纳德·海弗利克强调了一些老化生物学的基本事实,这些事实与我们对压缩疾病或延长寿命的希望紧密相关。

在《为什么我们能活这么长》后面的几篇选文中,我们会读到有关疾病压缩理论的不同观点。詹姆斯·弗里斯和劳伦斯·克拉波(Laurence Crapo)持比较乐观的态度。他们认为提高预期寿命会压缩疾病,人们活得更长,直到生命尽头才会患病。二人提倡成功老龄化,在减少生理疾病、心理疾病和社交问题的同时,实现预期寿命的最大化。在一定程度上,他们对老龄化的乐观态度是自相矛盾的,因为该学说的基础是假设最高寿命是固定的,所以一些生物学家对这种看法不以为然。我们发现有些疾病确实已被推迟,心脏病和中风死亡率的下降,反映了人们在生活习惯、日常饮食、高血压检查等方面已经取得了进步,这些事实可以支持弗里斯和克拉波的观点。

但并不是所有人都同意弗里斯和克拉波对发病率和死亡率证据的阐释。弗里斯认为我们已经实现了疾病压缩,且最高寿命是固定的,研究者和人口统计学家对此不以为然。文森特·摩尔(Vincent Mor)发现,尽管工业化社会的发病率和功能性退化看似降低了,但因为人口老龄化之故,被慢性病和残障折磨的老年人口比以往任何一个时候都要多。至于抑郁症和感官障碍之类的毛病,和预期寿命的提高毫无关系。我们仍然会患上这些疾病,会受到恐惧困扰,担忧寿命变长仅仅意味着病痛的延长(Olshansky, Carnes, & Cassel, 1990; Verbrugge, Lepkowski, & Imanaka, 1989)。

展望21世纪,我们可能会揣测未来医学、生物学等科学是否能突破目前的局限。马蒂·帕克和马茨·托尔斯隆德(Marti G. Parker, Mats Thorslund)认为,在追踪老年人疾病压缩和健康状况变化的过程中,我们需要思考这些趋势对如何提供服务和资源的意义。生物学家奥布雷·德·格雷(Aubrey de Grey)不同意大多数老年学家的看法,他认为老化是一种可以被"治愈"的疾病。相反,杰伊·奥尔申斯基(Jay Olshansky)则提醒我们,"治愈衰老"只是一种幻想,只能哄骗那些妄想长生不老的人。奥尔申斯基支持老化生物学研究,但不相信近期就能实现最高寿命的延长。

这场关于"为什么我们会变老"的争论表明,科学"事实"并不像我们所想象的那样简单。事实的意义取决于我们运用的理论、阐释的方式,以及个体自身对老年生活的希望,因此,意义会受到各方争论和构建的多重影响。有关老年疾病和生存的不同观点,正引领我们运用新思维去看待老年人群体的疾病和死亡问题。关于疾病压缩理论的争论起源于生物学,但它影响着老龄化社会的医疗经济学,也影响着个体的老年生活经历。如果未来医疗技术成功延长了寿命,我们又会有怎样的期待呢?我们应该如何重视改善和维持健康,而不是老来治病?无论我们持什么样的观点,都不能忽视疾病压缩理论,它提醒我们,生物学研究对老龄化社会的未来是多么的重要。

关注实践

改善健康

现在我们有办法掌控自己的寿命了吗?"抗衰老"产品的消费市场日益增长,每个报刊亭都能找到相关的杂志。但延寿产品声称的效果大多是没有科学依据的。例如,褪黑色素、抗氧化物、生长激素和脱氢表雄酮都被宣扬为抗衰老方面取得的重大突破,但并没有足够证据证明它们确实可以起到所吹嘘的作用。目前也没有任何证据能够证明某一种饮食方案、激素注射、维生素或矿物质补品可以延缓衰老(Butler et al., 2002)。不过,老化生物学有可能在 21 世纪实现突破,为我们提供延缓衰老的有效方案。

我们展望延缓衰老进程或延长最高寿命时,会发现许多问题。人们真的希望把寿命变成原来的三倍吗?他们愿意 150 年都做同一份工作,和同一个伴侣生活吗?如果人们能活几百年,而不是几十年,社会将是什么样子(Post & Binstock, 2004)?

目前,这些问题仍属于科幻小说探索的范围,但许多干预手段已被用来改善健康和延长寿命,使人们从中受益(Haber, 1999)。例如,心血管疾病的死亡率在过去 20 年间下降了一半,主要原因是人们减少了吸烟之类的高风险行为。饮食结构和锻炼模式的改变也可以延长成年人的预期寿命。

如何抵御衰老影响的秘密实际上人尽皆知(Brody, 2001)。寿命减少的主要原因是生活方式,如喝酒、抽烟、缺乏锻炼及不合理饮食等(Arking, 1991)。南加利福尼亚大学知名运动生理学家赫伯特·

德·弗里斯博士(Herbert de Vries)认为,经常锻炼可以使多数人的预期寿命得到大幅增长。众多的美国人已经开始戒烟,转向低脂肪、高纤维饮食。有些人走得更远,他们通过增加饮食中抗氧化的胡萝卜素的摄入量,将自由基对细胞的伤害程度降到最低(Walford, 1986)。

关于改善健康和延缓衰老的话题在“乐观派”和“悲观派”中引起了一场熟悉的争论。海弗利克认为,即便可以通过限制热量延长老鼠的生命,但它也只是活到了固定的自然寿命,最终,依然是遗传程序起了决定性的作用。而节食之类的环境干预起到的作用实际上微乎其微。如果海弗利克是正确的,那么沃尔福德(1986)寻找青春之泉就是做无用功,就像庞塞·德莱昂一样。

乐观派持完全不同的观点。他们设想,到21世纪,由于人们实行合理饮食,并加强锻炼,人类平均寿命会从76岁稳步上升至80多岁。在下个世纪早期,通过激素替换和基因工程技术,最高寿命可能超过如今的120岁。乐观派认为,生活方式的改善和新兴科技双管齐下,可以延缓甚至逆转衰老,从而延长青春和最高寿命(Hall, 2003)。

延年益寿的方法已成为流行文化的一部分。如今饮食结构和锻炼方式的改变,减少吸烟量以及各种各样改善健康的活动,比20年前更为普遍。随着婴儿潮一代人逐渐步入中年,这些活动很可能会被广为传播,对长寿起到积极影响。

在展望未来时,我们应保持一丝怀疑的态度,也应关注那些如今已被证明切实可行的方法。健康的改善必须以科学为依据,而不能靠主观揣度,或仅仅是出于对衰老和死亡的恐惧,更不能只寄希望于未来。

改善健康看似一个明显的理想趋势,但也引发了一些个人与社会责任方面的问题(美国疾病控制与预防中心,2003)。我们应该怎样对待社会中那些无法改掉或不愿改掉不健康生活方式和行为的群体?从根本上说,有害行为只是一个自由选择的问题吗?个人行为是否应当考虑环境和社会因素？老年医疗保险费用的大部分都花在了治疗慢性病上，如果采取“保健乃是个人事务”的伦理标准，我们支持公共医疗基金的意愿是否会降低？健康促进运动是否应考虑收入、教育和医疗享有权等方面的不平衡？既然那些“糟糕选择”（如抽烟、暴饮暴食、缺乏锻炼、酗酒）的后果在几十年后才能显现出来，我们如何能够动员人们支持健康促进运动呢？无论是社会还是个人，未来都无法回避这些问题。

街谈巷议

“喝红酒能延长寿命。”

许多人相信这种说法是因为看了电视节目《60 分钟》。实验研究表明，红酒和葡萄中含有的一种叫做白藜芦醇的物质可以延长老鼠的寿命（Bauer，2006）。但是，为了实现那么一丁点假设的延寿效果，必须喝远远超过人类酒量的红酒。而且关于白藜芦醇是否真的能延年益寿的研究还在继续，但酒鬼们可是又找到了一个喝酒的借口。

阅读材料　五

为什么我们能活这么长[①]

莱纳得·海弗利克

以下观点的前提是：一个物种的生存取决于性成熟成员的数量，及其是否能够孕育出足够的后代来保证物种繁衍。为了达到这一基本目标，在有益变异的引导下，自然选择制定了所有生物的生理和生存策略。

---

① “Why Do We Live as Long as We Do?” from *How and Why We Age* by Leonard Hayflick, PhD. Copyright 1994 by Cell Associates, Inc. Foreword copyright 1994 by Robert N. Butler, MD. Reprinted by permission of Leonard Hayflick, PhD.

如前所述，确保一种动物或人类活到性成熟期的最佳策略，就是给它提供超过主要器官最低需求的能量。这样一来，即便重要系统在性成熟之前就出现了损伤或病变，该动物还是有极大可能活到足以繁衍后代的年龄，并将优秀的生理能力传给子孙。这一普遍策略以多种方式进化，服务不同的生命形式，对所有物种的生存都至关重要。只有将精力和目标都放在成功地繁衍上，才能确保基因延绵不绝。而种系的延续推动着自然选择，动物个体长寿与否反倒排在了第二位。

在进化中，动物培养出了生理储备的能力，储备量大于最低所需，使其可以达到性成熟，然后养育后代直至其独立。一旦这个基本目标达成了，它们剩余的生理储备量就会进入“滑行阶段”，直至生命尽头。这一时期受基因的间接影响，在“滑行阶段”动物靠剩余的能量活动。这种能量和机能的生理储备更新的速度难以与损耗速度相协调，所以造成了分子紊乱即熵的增加。早期分子有序状态下发生的偶然变化或错误，导致了正常的生理损耗，这就是我们所说的年龄变化，这些变化使动物或人类在进行捕食、发生意外或身患疾病时更为脆弱。(Holiday, 2004)

那么成功繁殖和养育后代后发生的事情对物种生存无关紧要吗?当然，接下来发生的事情就是衰老和死亡。野生动物不会经历衰老，因为它们当中很少有活到衰老期的。可以将整个情况比作一只廉价手表在过了质保期后仍滴答作响，手表的质保期相当于动物达到性成熟、完成养育后代任务的时期。质保期过后，手表不会立即“死亡”，如果给一块廉价表安装一个在过了质保期那天即自动毁灭的机制，代价将高得离谱。同理，如果要使动物的生理系统准确地在后代独立那天停止工作，耗费的能量也将过于庞大。手表质保期过后、动物繁殖期过后都将面临衰老，这不可逆转地导致手表故障和动物死亡。

从这个角度讲，基因年轻时运行良好，后来就变成了破坏者。性成熟前的生存正是把基因的消极影响推迟到性成熟后，当这些曾经有益的基因最终变为有害时，它们决定着老化的情况。

到目前为止，我们基本都是从“为什么我们会变老”的角度来思考老化问题,许多生物老年学家都曾做过实验,试图解答这一问题。但遗憾的是,迄今为止并未产生令人瞩目的结果,只是发现了在个体细胞中也发生了年龄变化,我们对衰老根本原因的了解并没有比一个世纪以前多多少。我们的了解大多是描述性的:确实比以前知晓了更多的事实,但对其原因依旧知之甚少。老年生物学家描述了从分子到整个动物体老化过程中的种种变化,但这些描述性观察基本无助于我们理解老化的基本进程。

因此,乔治·萨切尔(George Sacher)认为我们搞错了研究方向,与其问"为什么我们会变老",倒不如问"为什么我们能活这么长"。通过探索这个问题,我们可以调整思路,设计出可以获得更多基本信息的实验。我认为这是一个实用的新方法,也希望更多的生物老年学家通过对这个问题的探究,理解之所以要探索这个问题的微妙而重要的原因。

为什么我们能活这么长?这一问题隐含的信息是:我们的寿命已经有所增加并能够进一步增加。似乎确实如此,人类寿命比远古时期已经增加了。既然我们的寿命增加了,老化进程的起点很可能就在新的时间框架内发生改变。基于这个原因,我们可以得出结论:老化进程具有可塑性,如果能弄明白它是如何发生的,或许我们就可以去干预它……

我认为,我们并未充分了解老化进程及寿命的决定性因素,因此也尚无可能显著地操控我们的寿命。然而有必要思考一个更重要的问题:我们是否真的想去操控这一进程?停止或延缓老化,或者说延长寿命,其后果可能远远不是大多数生物医学上的突破可以相提并论的。事实上,所有其他的生物医学目标都有着无可争议的积极价值。但干预老化或控制寿命究竟是好是坏,尚不清楚。正如前面所指出的,如果消灭了疾病等所有致死因素,就可以刻意将人类预期寿命延长到100岁左右。我担忧如果各种致死因素被消灭了,平均预期寿命延长到了100岁,结果也可能是:虽然人免于疾病,但功能上的衰弱无法避免,我们仍然是必将衰老的老人……

事实上,所有生物医学研究都有一个隐含的目标:消灭所有形式的疾病。我们应该追问:如果成功了,会有什么后果呢?答案似乎是:预期寿命将会延长,但我们最终会因为老化导致的各种系统的衰竭而走向死亡。

阅读材料 六

活力与衰老①
——直角曲线的含义

詹姆斯·弗里斯 劳伦斯·克拉波

我们为什么会衰老？为什么会死亡？我们怎样才能活得更长？怎样才能葆有青春？生命、衰老以及死亡的问题是人类思想中的根本问题。几百年来，人类一直在思索这些问题的答案。我们的时代倚重科学方法——收集证据、观察、和实验，甚于倚重哲学玄思。然而，哲学的思考和科学的理论也许会相互影响、相得益彰。哥白尼的日心说，牛顿的宇宙秩序说，爱因斯坦关于物质、能量以及空间时间之间关系的理论，以及达尔文的进化论，这些科学理论都影响着我们关于"我们是谁、我们身在何处、我们何以在此、生命的意义是什么"等问题的认识。同样，对健康和老化的研究，也会促使人们从新的哲学视角来审视这些有关生死的古老问题。

新的科学发现的意义，往往长期不能被人们广泛认识到。科学知识是在相对封闭的科学界逐渐发展起来的，科学工作者有时更关注基本科学理论本身，而不是其社会意义……

对人类衰老的研究也是如此。科学家在很大程度上接手了古老的哲学问题，致力于探索影响人类生命力和造成人类死亡的生物机制。作为一门独立的学科，老化研究是比较新的，它并不局限于某一门科学。医学、心理学、分子生物学、社会学、人类学、精算学等领域都对老化问题进行了独立的观察，这些独立研究领域产生的思想有明显的一致性。本文旨在梳理这些思想，总结关于人类老化的科学理论，从而阐释生命历程的本质和意义、衰老及死亡等根本问题。

---

① *Vitality and Aging*: *Implications of the Rectangular Curve* by James F. Fries and Lawrence Crapo. New York: W. H. Freeman, 1981. Reprinted by permission of the authors.

不全面的范式

从历史上看,科学的发展常常受到一些思想体系(范式)的限制,这些范式虽然在一段时间内是有效的,但后来却越来越不适合解释新的观察结果。在老化研究中,当代范式常常被称为医学模式。医学模式把健康定义为“没有疾病”,并且致力于通过认识疾病和根除疾病来促进健康。这种生命与健康的模式虽然有效,却遮盖了一个更宽广的视角。医学模式中的四个主流看法已被证明是有局限性的。当然,目前没有几个学者真正相信这样的看法,但它们在很大程度上界定了老化进程的当代观点。

这四个假设似乎暗示了以下结论:如果人类的寿命一直在提高,那么我们的科学目标就是实现长生不老;如果是疾病导致了死亡,那么我们的目标就是消除疾病;如果疾病能通过医疗手段医治,那么我们的策略就是去寻找完美的药物或手术方法。至于老化,医学模式认为我们应该做一些基础研究,以理解控制老化进程的遗传、神经和荷尔蒙等机制,并探索如何修改它们。

从历史角度看,这些假设、目标和策略都是有用的,仍然值得研究并寄予希望。但它们肯定是有缺陷的,而且如果照搬照抄,我们就会被误导。人类寿命并非一直在增长,至少在过去 10 万年间,它是固定不变的。寿命不断增长这一流行的误解之所以产生,是由于平均预期寿命的提高。寿命似乎在生物学上是一个固定常数。我们必须弄明白三个术语:最高可能寿命(maximum life potential)指一个物种中最长寿成员的寿命,人类最高可能寿命是 115 岁。寿命(life span)是人们在没有疾病和意外的情况下能活到的平均年龄,这一数值约为 85 岁,几百年来几乎没有变化。平均预期寿命(life expectancy)是按照当前疾病和意外导致的死亡率,人们有望活到的平均年龄。美国人的平均预期寿命是 78 岁,这个数字一直在增长。

死亡并不一定是由疾病或事故造成的。即使消除了所有疾病和创伤,死亡也不可避免,寿命比当前长不了多少。即使没有英年早逝的现象,我们仍然不能避免自然死亡的命运。

医疗手段并不是解决当前国民健康问题的最佳方式。目前对人类健康的威胁主要来自一些重大慢性疾病，如动脉硬化、癌症、肺气肿、糖尿病、骨质疏松症和肝硬化。这些疾病值得进一步研究，也有可能取得更大的进展。但充分的证据表明，个人健康习惯是导致上述疾病的主要因素。目前，要改善人类健康状况，预防可能比治疗更为有效。

老化似乎并不受中枢神经系统或基因直接控制，而是发生在细胞和器官内部，老化很可能是生物机制的一个基本特征。老化或者说衰老，是一个细胞和组织功能退化的累积性过程，这个过程在早年就已经开始。老化很可能是由易出错的、类似于物种进化的生物进程导致。

所以，关于老化的主流观点都是不全面的。随着新科学信息的增多，我们有必要对这些观点进行修正和拓展。许多新发现不能用旧有的范式来解释，且仍缺乏一个恰当的范式解释它们，这表明我们现在有必要进行综合性研究。

不全面的假设

1. 人类的寿命一直在增长。
2. 死亡是疾病造成的结果。
3. 药物医治疾病最为有效。
4. 老化受大脑和基因控制。

相反的主张

我们关于健康和老化的观念已经发生了变化，这反映在我们的社会习俗和生活方式上。一个主流思想体系发生变化常常伴随着激荡，当前卫生领域方面的激荡表现为一系列运动。医疗界越来越承认医学预防手段的重要性，并提倡大规模筛查之类的技术性策略。以前，预防医学隶属于公共卫生学院，现在医学院也开设了预防医学系。诚然，这些发展并不完全是成功的（如大规模筛查结果不尽如人意，一些预防医学系也发展得不好），但是它们见证了卫生创新领域的风起云涌。

公众已要求作为消费者积极参与选择，并获得更为准确的信息，来帮助自己进行选择，于是卫生领域的一种自我保健运动应运而生，它代表着一股相当强大的社会力量。这个运动的好处是鼓励人们对医疗服务进行选择性消费，从听从专业人士向自主治疗转变。自我保健运动的弊端是，它站在一个与专业治疗相对立的立场，试图用不正规的民间疗法替代专业治疗。

近年来,个人生活方式也发生了更为明显的变化。慢跑运动者组织成千上万人进行徒步比赛,鸡尾酒会上人们热衷于谈论每周跑了多少公里。越来越多的人激进地反对吸烟,越来越少的人对吸烟的危害置若罔闻。这种自发性的社会变化很有可能对公共卫生产生建设性影响,而我们也欢迎这样的变化。

在专业医学领域,新的趋势也显而易见。人们更加关注慢性病人的治疗结果,越来越不关注如何纠正实验室里发现的微不足道的反常情况,因为它们并不会对病人造成实际影响。人们有时提倡研究福利成本,以期解决医保费用增长过快问题。许多观察家已经指出,正统医学方法的回报越来越少。人们越来越强调生活质量,而不是寿命的长短。

近年来,两个新的研究领域得到了重视——慢性疾病和人类老化。研究人员逐渐认识到,老化和慢性疾病是我们目前的健康问题中的核心问题。有关衰老和慢性疾病的研究是跨学科研究,它针对的是长期结果,呼吁预防性策略,致力于揭示心理因素的作用,并提倡将改善生活方式作为主要的健康策略。研究老化和老年病的学生拥有独特的机会,去协调不全面的旧范式和新话题。

一个新三段论

利用关于老化和慢性疾病的新知识,我们在此尝试提出一种模式来调和互相矛盾的主张,并提出新的研究策略和健康策略。在我们的理论框架下,可以做出一些与传统预期大相径庭的预测。

这些曲线是正确的,它们在同一年龄最大值上相交,表明观察期内人类的最高寿命是固定不变的。

图 6-1 显示了具体的数据,数据引出的结论令人吃惊。高龄老年人数量将不再增加,依赖他人生活的老年人比例将会降低,年富力强的成年时期将会延长。人们对重病护理的需求将会减少,医疗费用也将会减少,在一个几乎没有疾病困扰的社会里,生活质量将会大幅改善。

成年生活也许可以大致分为两个时期,尽管二者的界限并不明晰。第一个时期是一个独立而又充满活力的时期。第二个是正常老去、能力衰退、不能自理、疾病缠身的时期。后一个时期正是问题所在,许多人都害怕这个时期,甚于害怕死亡本身。我们提出的新的三段论并不能给我们延长预期寿命的希望,但却预示着我们的活力期会延长,能力衰退期会缩短。

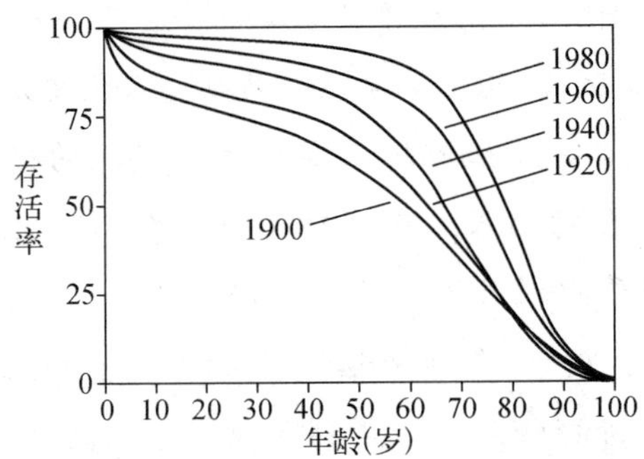

图 6-1　人类存活曲线(1900 年,1920 年,1940 年,1960 年,1980 年)

数据来源:美国卫生统计局。

语义学问题

> **新三段论**
> 1. 人类平均寿命是固定的。
> 2. 出现虚弱状况的年龄将会提前。
> 3. 因此衰弱期将会缩短。

细微的语义差别会掩盖问题的实质,而关注点的细微调整有助于我们更充分地理解一个新的视角。因此,我们需要澄清几个常常用来描述健康、医疗和老化的词汇,包括治愈(cure)、预防(prevention)、慢性病(chronic)、夭折(premature death)和自然死亡(natural death)。本文不采用这些词的通常意义。治愈一般指治愈疾病而非治疗感染。但我们时代的重大疾病是不可治愈的,因此我们避免使用这个词。预防一词比较合适,但其意义模糊,而且有时具有误导性。对于老化过程中的慢性病,我们倾向于使用延迟一词,因为预防慢性病实际上是困难的,甚至是不可能的。通常意义上的慢性病指持续很长时间的疾病,用来区分容易治疗的疾病(如天花)和最好使用延迟方法处理的疾病(如肺气肿)。“慢性病”一词不具体,也不准确,因为这种重要的区分不能仅仅依据疾病持续时间的长短,持续时间长的疾病不一定是慢性病,有些是可以治愈的,如类风湿性关节炎和溃疡性结肠炎。因此,本文中的慢性病一词仅指那些几乎所有人都会患的疾病,它们在成年早期就发病,会导致难以发现的器官功能丧失,并且是不可逆的。慢性病(动脉粥样硬化、肺气肿、癌症、糖尿病、骨关节炎和肝硬化等)是目前发达国家的主要疾病。我们还重新定义了夭折,它指非正常情况下的死亡,而自然死亡指个体自然寿命结束时的死亡状态。

直角曲线

动物的存活曲线呈现出一个随着驯养或照料质量提高而直角化的趋势。野生动物活到老的概率很小,生活在危险环境中的史前人类可能也是如此。在野蛮环境里,意外死亡或暴力致死的比例高于自然死亡。大多数野生动物物种的新生儿死亡率非常高,死亡的主要因素是意外事故或食肉动物袭击,每一天都危机重重。

相比之下,圈养动物的存活曲线开始表现出较明显的直角化趋势。它们远离了意外事故和食肉动物的威胁,于是动物繁殖后的生命即该物种的寿命,开始占主导地位。图 6-2 显示了萨切尔(Sacher,1997)后面的研究者对这一现象在理论上的计算。直角化模式已在许多动物身上得到了验证,包括狗、马、鸟、仓鼠、老鼠和苍蝇……

图 6-3 是根据 1960 年肖克(Shock)发现的数据稍作修改而来。人们将肖克数据称为“老年学领域最常引用的数据”。该数据表明,许多重要的生理功能随年龄增长而衰退,而且衰退的趋势近乎直线下降。有必要强调,这些数据是来自健康的人类受试者,在他们身上没有发现会影响测试功能的任何疾病。因此,我们观察到的生理衰退确实与疾病无关。

图 6-3 实际上过度简化了复杂的数据……实际的线条并不是那么直,而且一些数据已受到质疑。但该图的意义在于,它表明器官功能随年龄呈现渐进的、近乎直线的衰退。

正常的、健康的生物体储存的器官能量超过临时功能所需。在处于休息状态时,我们的储备能力是基本需要的 4 到 10 倍。在运动状态下,心脏可能输出休息状态时6倍以上的能量。即使在5/6的功能单位遭到破坏的情况下，肾脏仍能充分地代谢废物。即使切除整片肺叶，甚至部分切除另一片肺叶，肺部手术也能成功。在某些情况下，3/4的肝脏被切除后，生命仍然可以继续维持。

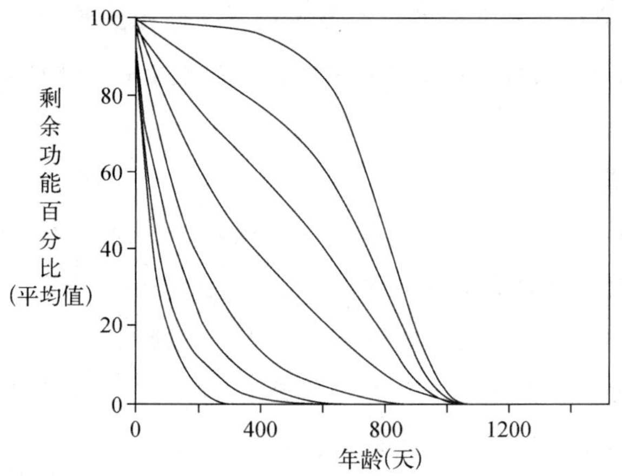

图6-2 野生动物圈养后，理论上的存活曲线变得直角化

资料来源：经原作者同意，改编自 G. A. Sacher, "Life Table Modification and Life Prolongation," in C. E. Finch and L. Hayflick, eds., *Handbook of Aging*, Van Nostrand Reinhold, 1977.

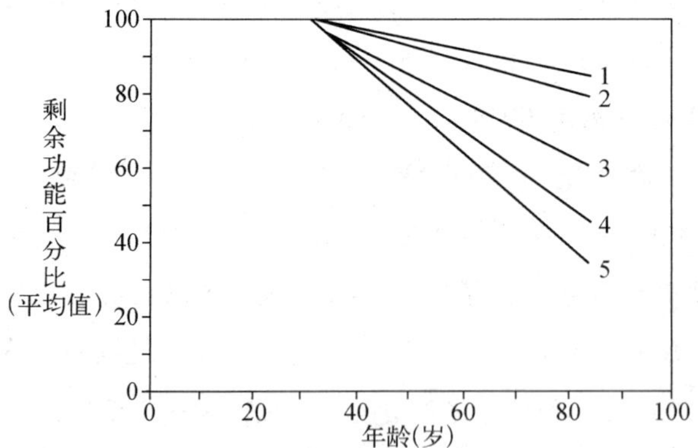

图6-3 器官功能随年龄增长而出现的直线衰退

资料来源：卫生统计局，改编自：N. Shock, "Discussion on Mortality and Measurement of Aging." in B. L. Strehler, S. D. Ebert, H. B. Glass, and N. W. Shock, eds., *The Biology of Aging: A Symposium*. Copyright © 1960, American Institute of Biological Seiences. 此处引用征得了原作者同意。

然而,许多器官的储备能力随年龄增长而衰减。器官储备能力的逐渐丧失很难被注意到,因为只有在受到某种特殊压力的情况下,我们才会用到那些剩余的器官功能。肖克等人认为器官功能的衰退趋势可以用一条直线来表示。

自稳态(homeostasis)和器官储备能力

人体堪比一个非常了不起的零件组合体,零件在不同层次的组织里运行,分子、细胞和组织系统完美地整合在一起,维持着生命。19世纪著名生理学家克劳德·贝尔纳(Claude Bernard)强调,这些零件所起的作用是:不论外环境如何变化,它们都会维持一个稳定的内环境。贝尔纳把生命看作一个外部威胁和有机体维持内部环境能力之间的冲突。

沃尔特·坎农(Cannon,1932)将身体机能在精确的范围内的调节称为自稳态。生命体受着各种破坏性因素的威胁,尽管它会出现紊乱,却仍能稳定其内部环境。用坎农的话说,这叫"身体的智慧"。杜博斯(Dubos,1965)指出,这种"智慧"并非不会出错,自稳态只是个理想概念,调节机制也并不总能使机能恢复到正常状态,而且它们的方向有时会出现错误。杜博斯把疾病看做一种"不充分反应的表现",而健康指的是这样一种状态:生物体能够做出适应性的反应,并且恢复原来的完整性。

随着器官储备能力减弱,身体维持自稳态的能力也会不可避免地衰退。图6-3显示了肺部、肾脏、心脏和神经机能的衰退。机能减退的情况,不仅所有个体是不一样的,而且所有器官也不尽相同。例如,神经传导功能比呼吸功能衰退得慢,而且,肝脏等器官及肠道衬细胞和骨髓红细胞,似乎有随年龄增长放缓衰退的迹象。

然而重要的是,身体对紊乱做出反应的能力会随着年龄增长而衰减。随着器官储备功能的衰退,能够恢复紊乱的保护层会变得越来越小。年轻人也许能挺过一次重伤或细菌性肺炎,而老年人则可能会死于胯骨骨折或流感。如果不能维持自稳态,生命就会结束。图6-3中的机能衰退直线清楚地显示出寿命是有限的。一旦器官功能衰退到不足以维持生命的程度,死亡就不可避免了……

直角曲线的意义

直角曲线是一个重要概念,其意义影响我们每个人的生命。直角曲线不是绝对意义上的直角,将来也不会是。这一曲线的形状不断发生改变,是生物因素和环境因素共同导致的。许多生物学现象反映了所谓的常态分布,即我们所熟悉的钟形曲线或称高斯曲线。如果某个动物群体得到很好的照顾,且生活在疾病相对较少的环境中,那么我们会发现它们的死亡年龄分布在平均死亡年龄线两侧。沿着平均死亡年龄线向两侧移动,个体数量出现的频率逐渐减小。理论上人类死亡年龄曲线的分布如图 6-4 所示。这一简化的钟形曲线展示了没有疾病和暴力的理想社会的状态:人类的平均年龄为 85 岁,标准差为 4 岁。钟形存活曲线的陡然下降可以等同于直角曲线的陡然下降。在图 6-5 中,曲线的开始部分比较平缓,反映了婴儿死亡率较低。有几个因素使婴儿死亡率不可能完全消除,因此曲线的前段并不是完全的水平线。夭折现象的原因包括新生儿缺陷、早产儿疾病及暴力等。医学的进步可以减少,但不可能完全消除新生儿缺陷和早产儿疾病。暴力死亡的可能性似乎也很难改变,而且实际上导致了更多婴儿夭折。

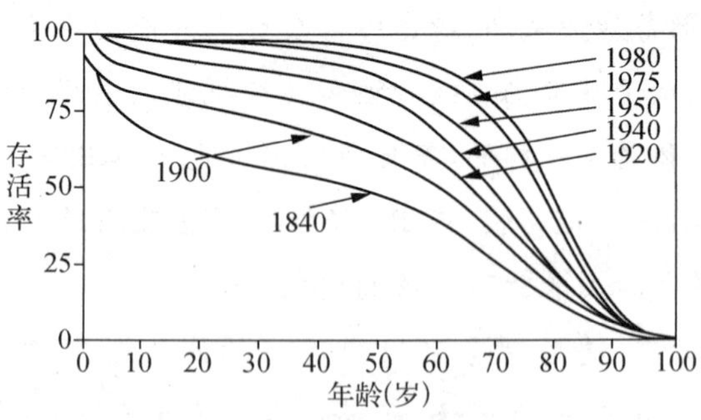

图 6-4　美国序贯存活率

资料来源:卫生统计局。

于是,在一开始直角曲线因夭折而出现了短暂的陡然下降,在中年时下降速度十分缓慢,而当人们接近理想高斯曲线显示的死亡年龄时,出现了曲线陡然下降。最后,即 90 岁后,死亡分布趋于正常化,曲线的尾巴变得比较平缓……

因此,公众仍远未意识到人类死亡的两个深刻的特点——早产儿疾病的消除和代表自然死亡的陡然下降的趋势。

这些数据许多年前就存在了。关于人类存活曲线直角化趋势,最早的可靠论述是 20 世纪 20 年代人们所做的预测,后来,许多从事国民卫生数据相关工作的统计学家和精算师也注意到这一曲线的直角化趋势。而且许多人认为,这反映了一个物种寿命的自然局限。

如果一个社会认为预期寿命每年都会增长,人会随着年老而日渐虚弱,这样的社会一定会有麻烦。一个如图 6－5 模式运转的社会(比如我国),是一个不断消除疾病,使个人能充分地、活跃地活到天年,经历短暂衰弱期,最后死去的社会。死亡模式巨大的变化会导致同样巨大的社会变化。

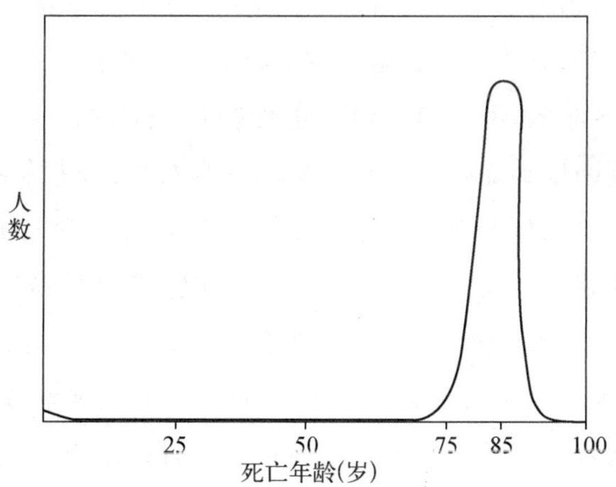

图 6－5　无夭折情况下的理想死亡曲线

资料来源:卫生统计局。

参考文献

Cannon, W. B., *The Wisdom of the Body*, New York: Norton, 1932.

Dubos, R., *Man Adapting*, New Haven, CT: Yale University Press, 1965.

Sacher, G. A., "Life Table Modification and Life Prolongation," in J. Birren and C. Finch, eds., *Handbook of the Biology of Aging*, New York: Van Nostrand Reinhold, 1977, pp. 582 - 638.

阅读材料　七

疾病压缩假设①
——研究综述及未来展望

文森特·摩尔

国内外研究证据表明，弗里斯提出的疾病压缩假设的有效性已得到广泛认可。教育的逐代进步、适应性技术的增长以及促进生活质量的医疗手段的发展，都大大促进了工业化社会中老年人的独立。但是，这种趋势是否能持续，取决于肥胖症对下一代老年人的影响。

过去 20 多年间，老年学家们一直在争论，老年死亡率的逐步降低和长寿老人数量的增加会带来什么影响。一些人指出，寿命的延长必定导致老年人口功能性依赖期的延长，也有人提出，寿命的延长不一定意味着老年人将在病痛和残障中度过增加的时间。[1] 疾病压缩假设认为，更完善的医疗服务、积极的生活方式和更有效的预防措施将使我们保持健康，即使在增加的寿命里也如此。又有研究者[2] 成功量化了"活跃预期寿命"，为复杂的人口统计学技术应用搭建了良好的平台，使其可以用来检验之前的假设，即当死亡率降低，患病和功能障碍的时间也不会增长，甚

① "The Compression of Morbidity Hypothesis: A Review of Research and Prospects for the Future" by Vincent Mor, PhD, in *Journal of the American Geriatrics Society*, 53(9), pp. 308 - 309. Copyright 2005 by the American Geriatrics Society.

至会有所缩减……

为了更好地理解围绕疾病压缩假设展开的争论,我们需要澄清几个要点。首先,有证据表明,不同疾病对死亡率、住院治疗、功能障碍和残疾存在不同的影响,但发病和残疾两种概念的互换使用忽视了这一点。[9]例如,尽管医疗水平的提高在一定程度上降低了心血管疾病的死亡率,但是更多的人被查出患有早期疾病。因为疾病早期检查的实行,慢性病越来越流行,只是尚未转化成残疾或机能损伤[10,11]……

为了弄明白是什么导致了老年人机能衰退率的降低,我们得关注新一代老年人经历的改变:教育进步、居住环境得到改善(例如无障碍建筑、电梯),设施便利,并且机能改善医疗手段获得了进步。[14]第一,在上个世纪90年代的发达国家,75岁的老人很少会被困在台阶上。他们更可能拥有小汽车,住在无障碍建筑式的住宅里。第二,这些老人还可以将社会福利支票直接存入银行,用微波炉来热饭,通过电话订购各类日用品。第三,新的外科技术已经可以基本根除白内障,也能更换关节炎导致的有功能障碍的髋部和膝盖,心脏病的医疗维护条件也有了提高,这些能明显地保持老人们的正常身体功能和自主生活能力。这些重大领域的科技创新对老年人身体功能产生的相对贡献尚不为人知,[6,15]但是这些作用以及工业化社会中老人们身上发生的其他重要变化,显然已经提升了他们的生活水平和功能性自主能力[11]。

尽管如此,我们也不能高兴得太早,以至于忽视了全世界工业化国家即将面临的老年人口爆炸性增长。我们必须清楚,即使机能衰退率在过去几十年中下降了几个百分点,但未来30年老年人口规模的扩大,意味着仍将有一大批老人身患残障或深受众多慢性病的困扰,他们甚至无法独立生活,并且,他们的数量之多前所未有,远远超过了多数国家的社会管理能力。通过降低死亡率和发病率,健康的预期寿命(也称"活跃的预期寿命")得到了增加,但疾病的流行程度也在不断扩大,因此老年人在步入高龄和疾病缠身的阶段时,必须保持功能独立性。[11]

尤其在美国，中年肥胖症的流行也改变着人们对功能性疾病患病率可以被压缩的乐观看法。[6,15,16]近年来的证据表明，中年肥胖症成为越来越普遍的现象，肥胖导致人们丧失独立生活的能力，甚至难以正常生活或几乎无法继续承担社会角色。这些事实都提醒着人们，我们在降低机能衰退方面取得的成果很可能又会被我们自己毁了。[12,17-19]

这些发现突出了积极的生活方式和良好的健康习惯的重要性，例如高龄人群仍应保持功能独立性并避免肥胖。尽管科技、建筑环境和医疗保健的发展可能会大幅改善"最好的"一代的身体情况和生活质量，但除非婴儿潮一代人彻底改掉生活陋习，否则未来的研究者可能要耗尽心力去解释同生群效应，即为何降低机能损伤的效果会打折扣。

参考文献

1. Fries J. Aging, natural death and the compression of morbidity. *N Engl J Med* 1980;303:130 - 133.

2. Katz S, Branch LG, Branson MU, et al. Active life expectancy. *N Engl J Med* 1983;309:1218 - 1224.

3. Manton KG, Carder J, Stallard E. Chronic disability trends in elderly United States populations: 1982—1994. *Proc Natl Acad Sci USA* 1997;94:2593 - 2598.

4. Manton KG, Stallard E, Corder L. Changes in the age dependence of mortality and disability: Cohort and other determinants. *Demography* 1997; 34: 135 - 157.

5. Manton KG, Gu X. Changes in the prevalence of chronic disability in the United States black and nonblack population above age 65 from 1982 to 1999. *Proc Natl Acad Sci USA* 2001;98:6354 - 6359.

6. Cutler D. Declining disability among the elderly. *Health Aff* 2001; 20: 11 - 27.

7. Freedman VA, Martin LG, Schoeni RF. Recent trends in disability and functioning among older adults in the United States: A systematic review. *JAMA*

2002;288:3137 - 3146.

8. Hubert HB, Bloch DA, Oehlert JW, et al. Lifestyle habits and compression of morbidity. *J Gerontol A Biol Sci Med Sci* 2002;57(6):M347 - M351.

9. Verbrugge LM, Patrick DL. Seven chronic conditions: Their impact on US adults' activity levels and use of medical services. *Am J Public Health* 1995;85:173 - 182.

10. Freedman VA, Martin LG. Contribution of chronic conditions to aggregate change in old-age functioning. *Am J Public Health* 2000;90:1755 - 1760.

11. Crimmins EM, Saito Y. Trends in healthy life expectancy in the United States, 1970—1990: Gender, racial, and educational differences. *Soc Sci Med* 2001;52:1629 - 1641.

12. Crimmins EM, Saito Y. Change in the prevalence of diseases among older Americans: 1984—1994. *J Dem Rsrch* .

13. Vita AJ, Terry RB, Hubert HP, et al. Aging, health risks, and cumulative disability. *N Engl J Med* 1998;338:1035 - 1041.

14. Cutler DM. The reduction in disability among the elderly. *Proc Natl Acad Sci USA* 2003;98:6546 - 6547.

15. Freedman VA, Martin MG, Schoeni RF. Recent trends in disability and functioning among older adults in the United States. *JAMA* 2002;288:3137 - 3146.

16. Fries J. Measuring and monitoring success in compressing morbidity. *Ann Intern Med* 2003;139:455 - 459.

17. Lakdawalla DV, Bhattacharya J, Goldman DP. Are the young becoming more disabled? *Health Aff* 2004;23:168 - 176.

18. Peeters A, Barendregt JJ, Willekens P, et al. Obesity in adulthood and its consequences for life expectancy: A life-table analysis. *Ann Intern Med* 2003;138:24 - 32.

19. Sturm R, Ringel J, Andreyeva T. Increasing obesity rates and disability trends. *Health Aff* 2004;23:199 - 205.

阅读材料　八

老年人群的健康趋势:两极分化①

马蒂·帕克　马茨·托尔斯隆德

高龄老人在总人口中增长最快。在过去十年里,由于医疗护理和长期护理开支的不断攀升,高龄老人的健康趋势引起了人们的高度重视。许多研究提出了"疾病压缩"理论,暗示未来老年人对护理的需求将不会符合人口预测。此类研究大多采用以残疾为基础的健康指标,但残疾是一个取决于语境的概念。我们对一些健康趋势的调查做了进一步的研究,重点关注其使用的健康指标。研究结果表明,尽管残疾指标表明人类已经取得了某些进步,但同时慢性病与功能性障碍却在不断增加,而这些健康问题也需要护理资源。换言之,虽然残疾得到了压缩,但其他健康问题随之扩大。因此,当讨论老年人群的健康趋势及他们的医疗需求时,只考虑总体患病率是远远不够的。随着时间流逝,不同指标反映的趋势不尽相同,我们倡议在讨论中提炼话题,有效区分不同的健康因素。另外,不同的健康因素对老年人群所需的护理资源数量和种类也存在不同的影响。如果当下残疾的积极趋势依旧延续,未来老年人对社会服务和长期护理的需求也许会背离人口预测。疾病和功能障碍的新趋势表明,老年人群需要同等甚至更多的医疗护理、康复治疗以及辅助技术一类补偿性干预等资源。

20世纪后,人类在老龄化工作方面取得了不可思议的发展,因为生活条件的改善,医疗水平的进步,使得传染病得到了更好的控制,不仅婴儿死亡率有所下降,老年人群体的死亡率也在逐步下降。20世纪后半叶,心血管疾病开始取代传染性疾病,成为人类生命的头号杀手。尽管如此,人类

---

① "Health Trends in the Elderly Population: Getting Better and Getting Worse" by M. G. Parker and M. Thorslund in *The Gerontologist*, 47(2), 150-158. Copyright 2007 by The Gerontological Society of America.

的存活率依旧得到了极大的提高,甚至那些在过去被认为极有可能死去的老年人,现在似乎也能活得更久了(Crimmins & Saito, 2000; Rosén & Haglund, 2005)……

医疗护理、社会服务以及长期护理的附带成本,导致健康问题的发生率随年龄而急剧增长,当我们估算未来人们对护理资源的需求时,应当特别关注高龄老年人群体。当平均预期寿命被延长,我们需要关注的一个重要话题是:在延长的寿命期内,老年人是健康而自主地生活,还是疾病缠身、需要看护?

考虑到死亡率与发病率之间复杂的互动关系,在此我们提出这样一个问题:研究者如何才能最客观地衡量老年人的健康状况,从而有效反映老年人对护理的真实需求?不同的人口调查使用的方法不一样,由于这些方法都与健康有关,所以统称为健康指标。在对高龄老人群体进行调查时,所使用的健康指标需覆盖整个健康问题。代表性样本既要包括身体健康且能生活自理的人群,也应包括卧床不起且严重依赖社会服务与医疗服务的人群。因此,想要构建避免地板效应和天花板效应的健康指标,并非易事。衡量健康问题最常使用的指标是疾病,它通常反映出病人对医疗护理的需求度。但倘若没有临床资料证明该疾病的严重性,疾病就不能反映病人对最为昂贵的医疗服务即长期护理的真实需求。例如,有些人说自己患有心脏病或帕金森综合征,但其实他们完全可以生活自理或住进福利机构。于是大多数调查以功能丧失或残疾作为衡量健康的标准。如何定义这些基本概念?人口调查中哪些内容才应该是最佳的健康或功能指标?人们在这些问题上没有达成共识……

高龄老人疾病压缩学说对探讨未来资源需求的相关问题持乐观看法,从而引起了社会的广泛关注。疾病压缩理论认为,尽管人口正在老龄化,但未来的老年人群体对护理资源的需求将低于如今的老年人。不过,在讨论中我们有必要记住,即使最乐观的预测,也认为未来老年人群体对护理资源的需求势必会增加……

常用健康指标

总体健康自评

此种方法要求受试者自行依据3到5分的量表对自身的总体健康状况进行打分。健康自评反映的是受试个体对自身健康的总体认识，顾名思义，它可能反映了对每个个体最有意义的健康维度……

自我汇报的具体健康项目

许多调查项目会向受访者询问具体的健康问题，比如病情或症状。在访谈中，涉及病情的问题经常明确要求调查对象接受诊断、知晓并记住诊断结果，并在访谈中进行如实汇报……

功能障碍

许多调查涉及具体的功能性活动项目（如走路，从椅子上起身，举重物，看和听）。

移动能力对独立生活至关重要，因此成为人们最常研究的功能项目……

残疾

研究老年人群体健康趋势时经常使用的一个指标是残疾。由于残疾与社会服务需求之间关系紧密，以它为衡量健康的标准极其有效。大多数情况下，研究人员会以某种主要的日常生活活动（如自己穿衣、上厕所、吃饭、洗澡等），加上次要工具性日常生活活动（如打扫房间、做饭、购物等），对残疾进行双重衡量……

功能测试

有几项调查纳入了一些简单的功能测试。功能测试提供的数据更客观，且不易受测试对象主观理解或期望的影响，也不易受客观环境因素的影响。

反面证据

表8-1反映的是前文提到的指标趋势，是对过去20年中老年群体健康趋势研究的概述。健康自评趋势的研究结果以及自评功能的测试结果均呈现上升和下降等多种不同的发展趋势，涉及具体疾病和症状呈大幅上

升趋势。日常生活活动障碍如重度残疾的结果也多种多样,尽管有许多证据表明相关趋势有上升或者无变化。工具性日常生活活动障碍(如中度残疾)的结果均为上升,但我们仍未发现有研究证明工具性日常生活活动障碍的发病率有所上升。

表 8-1 由各种健康指标得出的老年群体健康趋势

指 标	趋 势
健康状况的自我评价	结果多种多样
具体健康项目:疾病与症状(自我评价,开销,医学杂志)	发病率上升
身体功能的自我评价	结果多种多样
日常活动的自我评价	结果多种多样,大多数有所改善
工具性日常活动的自我评价	提高或无变化
功能性能力测试	发病率上升或无变化

讨论

通过梳理全球范围内关于老年群体健康趋势的研究,我们可以清楚地看到,研究者们得出的结论各不相同,甚至互相矛盾。可以看到,由于人口模式与死亡率的差异,不同国家老年人健康发展趋势不尽相同。

疾病流行程度变化的原因

我们可以将一些流行变化的原因解释为报告方面的变化,尤其是对症状和疾病的报告。大多数人口研究以调查对象或其代理人提供的自身健康报告为基础。实际上,除了调查对象本人的病理状况外,其他许多因素也会对报告产生影响。

在医疗界,老年人群体越来越能够主动发现一些健康问题,如抑郁症和高血压,这就导致老年人更为频繁地问医就诊,与前几年相比,如今的医生们更乐意向患者们说明诊断结果。总体来说,现在的社会大众比以前更愿意接受和讨论某些健康问题,如抑郁症和大小便失禁等。因此,现在的调查对象也更加愿意说出自身的健康问题。

然而,似乎也有大量的数据表明,老年群体疾病的流行程度在逐步上升……

研究人员该如何解释健康问题流行度(受试者报告记录的病情、症状以及被测试的功能性能力)的上升呢?大多数人口研究者关注某一特定时期内疾病的发病率,这一点可以理解。随着死亡率的下降,更多的人——甚至是那些患病在身的人——都可以存活下来。值得特别注意的是,即便是患有中风和心肌梗塞的高龄老人的存活率也得到了提高(Rosén & Haglund, 2005),许多这样的老人可以存活下来,但往往患有慢性疾病……

尽管各项研究的结果存在较大分歧,但总体趋势似乎表明,一方面老年人群体的自理能力比以前强,但另一方面也报告了更多病情与健康问题(Crimmins,2004; Parker,2005; Spillman,2004)。可见,残疾程度的下降似乎并不是因为病情或症状的减少。

结论

健康趋势历时性研究能够让我们更好地了解可能与健康相关的一些背景因素,专家们亦可依据高龄老人群体的健康趋势,预测未来人们对资源的需求。但是,大多数预估未来资源需求的研究都没有具体指出到底人们需要何种资源。毋庸置疑,涉及未来人们的需求资源总量时,那些只以残疾为衡量标准的研究得出的结论具有一定的误导性。老年人护理包括各种各样的服务,既有高度专业化的医疗护理和长期护理设施,也包含简单却必要的上门服务,资源的成本与能力,也会发生相应的变化。因此,若要使健康趋势研究能够在规划未来的资源分配中发挥作用,研究人员必须单独审视不同的健康要素,这就必然要求研究者们努力构建并有效使用多种衡量指标。

由于发病率的概念模糊不清,我们对健康趋势的讨论与研究也就无法具体而微。现有的研究结果已证实,在某一特定时间内,老年人群体的健康要素会呈现出不同的发展态势,各要素之间的相互关系也会发生转变。

一方面,症状、疾病与功能性障碍的状况在不断增加,另一方面,残疾被压缩了,至少被延迟了。

功能性障碍意味着需要康复治疗与补偿性疗法,但老年人残疾群体往往需要社会服务和长期护理。总而言之,以残疾作为衡量标准的健康趋势研究未能全面反映老年群体健康的总体趋势。此外,暗示未来老年人群体对护理资源的需求可能会下降的观点既危险又具有欺骗性。综上所述,想要充分而有效地研究高龄老人群体的健康趋势,研究人员必须使用多种健康衡量指标。

参考文献

Centers for Disease Control and Prevention. (1999). *Achievements in public health*, 1900—1999: Control of infectious diseases. MMWR, 48(29), 621 - 629.

Crimmins, E. M. (2004). Trends in the health of the elderly. *Annual Review of Public Health*, 25, 79 - 98.

Crimmins, E. M., & Saito, Y. (2000). Change in the prevalence of diseases among older Americans: 1984—1994. *Demographic Research*, 3(9), 1 - 20.

Freedman, V. A., Crimmins, E., Schoemi, R. F., Spillman, B. C., Aykan, H., Kramarow, E., et al. (2004). Resolving inconsistencies in trends in old—age disability: Report from a technical working group. *Demography*, 41, 417 - 441.

Freedman, V. A., Martin, L. G., & Schoemi, R. F. (2002). Recent trends in disability and functioning among older adults in the United States: A systematic review. *Journal of the American Medical Association*, 288, 3137 - 3146.

Idler, E. L., & Benyamini, Y. (1997, March). Self—rated health and mortality: A review of 27 community studies. *Journal of Health and Behavior*, 38, 21 - 37.

Manton, K. G., Stallard, E., & Corder, L. S. (1998). The dynamics of dimensions of age-related disability 1982 to 1994 in the U. S. elderly population. *Journal of Gerontology: Biological Sciences*, 53A, B59 - B70.

Parker, M. G., Abacic, K., & Thorsland, M. (2005). Health changes among Swedish oldest old: Prevalence rates from 1992 and 2002 show increasing health problems. *Journal of Gerontology: Medical Sciences*, 60A, 1351 - 1355.

Rosén, M., & Haglund, B. (2005). From healthy survivors to sick survivors: Implications for the 21st century. *Scandinavian Journal of Public Health*, 33(2), 151 - 155.

Spillman, B. C. (2004). Changes in elderly disability rates and the implications for health care utilization and cost. *Milbank Quarterly*, 82, 157 - 194.

阅读材料　九

我们可以活到 1 000 岁[①]

奥布雷·德·格雷

衰老是发生在人身上的一种生理现象。未来某个时期,医学将越来越发达,我们也无疑会用如今对待疾病的有效方式来对付衰老。

在我看来,我们离这一天已经很近了,因为有"掌控可忽略衰老策略"(Strategies for Engineered Negligible Senescence)之类的项目来预防和治疗衰老。

这并非无稽之谈——"掌控可忽略衰老策略"制定了详细的计划,修复我们分子和细胞日积月累的损伤。

> **反面观点**
>
> 老年学还完全无法兑现大幅延长寿命的承诺,它还差得很远。
>
> ——S. 杰伊·奥尔申斯基

每一种实现这一目标的办法要么已经处于初级阶段(临床试验),要么只需将现有技术整合一番便大功告成了。

这意味着,在接下来的 10 年中,该项目的所有内容都应能在老鼠身上研究清楚,然后再用 10 年时间在人身上全面开展。

我们在年老时接受这些治疗,就不会再体弱多病,依赖他人,更不会被诸多的老年病击垮。

---

① "We Will Be Able to Live to 1,000" by Dr. Aubrey de Grey is reprinted with permission from BBC News at http://www.bbcnews.co.uk.

当然,我们还是会死——比如过马路不小心、被蛇咬、患新型感冒等等,但肯定不是以现在这种拖拖拉拉的方式死亡。

如今的人们能等到这一天吗?或许能。由于这些疗法修复的是累积性损伤,所以能应用到现已遭受这种损伤的中老年人身上。

但这很复杂,因为衰老本身很复杂。共有七种类型的分子和细胞损伤最终能对我们产生危害——包括细胞不能再生和染色体突变。

每种损伤都有可能通过现有的或已取得积极进展的技术进行修复。

"年轻而不虚弱"

> 救命和延长生命之间没有区别,因为二者都让人们有机会获得更长寿命。
>
> ——奥布雷·德·格雷

如今人们的寿命范围很窄(65 到 90 多岁),而今后寿命会比现在有更大变化,因为人们不会随时间推移而变得虚弱。

平均寿命将达到几千岁。当然这些数字只是猜测,但其根据是如今年轻人的死亡率趋势。

如果你是一位居住在富有、无暴力社区的青少年,有足够安全意识,那么明年你死亡的概率不足 1/1 000。也就是说,如果你一直这样保持下去,那么活到 1 000 岁以上的概率是 50%。

而且要记住,这 1 000 岁没有哪一天是在体弱多病、依赖他人的情况下度过的——无论是身体上还是精神上,你都会很年轻,除非有一天你没躲过迎面驶来的大货车。

我们应该治疗衰老吗?

治疗衰老可以从很多方面改变社会。有些人对此很是担心,认为我们应该坦然面对衰老。

我觉得这种看法很糟糕——这意味着我们应当拒绝生存的权利。

选择活着还是死亡的权利是最基本的人权,所以尽可能给予他人这一机会,是我们最基本的义务。

挽救生命和延长生命并没有区别，因为在两种情况下，我们都让人们有机会得到更长的寿命。指摘我们不应治疗衰老，是一种年龄歧视，这等于说，老年人不应该获得医疗服务。

扮演上帝?

人们还说，如果活到1 000岁，我们会生活得极其无聊。但我认为，我们将有足够资源提高自己的能力，活出完满的人生。

今天，受过良好教育且有时间发挥自身作用的人绝不会感到无聊，他们想象不出自己哪一天会无所事事。

最后还有人担心，我们这样做是在扮演上帝的角色，违背了自然规律。但如果安于天命，也同样是不符合自然规律的。

自从发明了火和车轮，我们就一直在展现自己的才能，展现与生俱来的完善自我、改善环境的渴望。

如果我们决意要永远面对体弱多病、依赖他人这种糟糕的事，那么就从根本上否定了人的本质。

如果改变世界等于扮演上帝，那么这也只不过是上帝依他的形象创造我们的一种方式罢了。

阅读材料　十

切勿崇拜永生①

杰伊·奥尔申斯基

1700多年前，中国著名的炼丹术士葛洪成了那个时代的先知，使升仙这门古老而令人痴迷的迷信死灰复燃，让人们相信自己可以长生不老。

---

① "Don't Fall for the Cult of Immortality" by Dr. S. Jay Olshansky is reprinted with permission from BBC News at http://www.bbcnews.co.uk.

> **反面观点**
>
> 我认为第一个活到 1 000 岁的人现在可能已经 60 岁了。
>
> ——奥布雷·德·格雷

葛洪认为,动物可以从一个物种变成另一个物种(进化论的雏形),铅可以变成金(炼金术的雏形),凡人可以通过饮食而长生不老。葛洪提倡的饮食,与如今流行的限制热量摄入而延年益寿的方法似有异曲同工之处。

在葛洪看来,"人必有一死"、"无法永生"的普遍态度既傲慢又教条。

葛洪于公元 343 年去世,时年 60 岁。这在他那个年代已是高寿,但他显然没有升仙。

13 世纪著名的哲学家、科学家罗杰·培根(Roger Bacon)也同样相信,生命没有固定期限,人们可以通过"远古的神秘之道"(Secret Arts of The Past)实现长生不老。我们姑且将他的理论称为 SATP。

> 古代所有追求长生不老的人都有什么共同点?他们都死了。
>
> ——S. 杰伊·奥尔申斯基

在培根看来,因为人类一步步趋于堕落且生活方式不健康,故其寿命的衰落自从上古元老那时就开始了。要再次获得永生或至少延长生命,只需采用 SATP——一是要保持克制的生活方式,二是要服石,例如金子、珍珠和珊瑚——它们被认为可以吸收体内的湿气,是一种与衰老和死亡有关的强大物质。

培根 1292 年在牛津去世,享年 78 岁,在他那个时代也是高寿。但 SATP 显然还没有在他身上显灵。

长生不老令人向往。古印度人、公元二世纪的希腊医学家盖伦(Galen)和 11 世纪的阿拉伯哲人、医学家阿维森纳(Avicenna)均对此深信不疑。

亚历山大大帝曾踏遍世界寻找长生不老之术,胡安·庞塞·德莱昂在寻找青春之泉的过程中发现了佛罗里达。长生不老的故事在文学中也屡见不鲜,例如詹姆斯·希尔顿(James Hilton)在《消失的地平线》一书中描写的香格里拉,以及电影《夺宝奇兵》对圣杯的追寻等。

古代追求长生不老的人都有什么共同点？——他们都死了。

长生不老的先知

我在2001年组织了一场关于人类寿命的科学会议，此后又开展了一次BBC广播访谈活动。当时坐在我旁边的是一位年轻科学家。当有人向他提问“我们什么时候才能治愈衰老？”时，这位科学家显然没有多少历史概念。

他不假思索地回答称，只要付出足够努力，投入足够经济资源，接下来的5到10年就会实现首个重大突破。

我猜测，但凡历史上所有先知被问及这样的问题，答案总是相同的。

最近，我在技术大亨雷・库兹维勒(Ray Kurzweil)和特里・格罗斯曼(Terry Grossman)合著的《神奇之旅》(Fantastic Voyage)一书中读到了通往未来的“科学之桥”这一假说，当代长生不老的概念再一次诱惑着我们。

他们大言不惭地宣称，大幅延长寿命的科学近在咫尺，我们只需要活到那时，便可享受永生。

库兹维勒等人的用心就是编织长生不老的诱惑，用我们迫不及待想听到的、已经流传了上千年的故事引诱我们——活出一个没有虚弱、没有病痛、没有依赖的人生，在身体和精神上永远保持年轻。

毫无疑问，先知们死了，但这种诱惑还在。

“虚假承诺”

公允地说，研究老化的科学在近几十年来突飞猛进，老年学家最终将想出办法来避免或至少延缓长寿带来的不适。有些人认为这种不适会消失，但只要是耳聪目明的人就会发现，这种不适实际上变得越来越多。

没有必要再承诺我们能活上百年甚至是上千年，这不过是夸大其词。

事实是，即便立下了耳熟能详的宏图大志，老年学也根本无法完全兑现大幅延长寿命的承诺。

现在要做的不是夸大其词,也不是给予虚假的承诺,而是要通过科学手段增进身体健康和心智功能。

如果我们恰好活得更久,那就要认为自己是赚到了。

展望未来

“我和电子人约会了!”

时间:2030年。托尼回到宿舍,他很是困惑,想和室友谈谈。

托尼说:“你知道吗,我真的很喜欢她。我的意思是,我已经爱上她了,但是现在我不知如何是好……”托尼的声音越来越小。

室友问他:“是什么问题?”

“唉,你还记得一直和我约会的那个女孩吗?就是辛提亚,我发现她的年龄比我想象的要大得多。”

室友问道:“大多少?”

“肯尼迪遇刺那年她10岁,也就是说,辛西娅现在已经77岁了,比我大了整整55岁!太不可思议了!”

托尼的室友惊呆了。他见过辛西娅,觉得她最多也就30来岁。托尼喜欢和比自己稍微大点的女士相处,但是他和室友都没想到辛迪亚竟然比托尼大那么多。

室友吃惊地说道:“我不相信!她怎么可能那么老!”

“她脸上做过植皮和整形手术,所以没有皱纹。头发也是染过的,所以没有白头发。她身上的其他地方……我不知道怎么说,都是换过的。太奇怪了,她的躯体仿佛是假的,是个电子人。

“首先,她做了隆胸手术,这也没什么稀罕,但她体内的器官都是人造的:心脏瓣膜是塑料的,肝脏是移植来的,髋关节也换了,还用了很多人造骨骼。多年来她一直服用雌性激素和抗衰老激素,这就是她不显老的原因。

"辛迪亚从不谈论上世纪发生的事情，现在我终于知道原因了。万万没想到她出生在20世纪50年代。昨晚她跟我坦白了一切。我回到家才猛然意识到，自己一直在和一个电子人约会!"

我们常常会看到很多科幻小说都有"嫁给火星人"之类的标题。《星际迷航》系列电影中有一部《第一类接触》，其中塑造了一位叫做博格的女主角。《星际迷航》的粉丝们都知道博格这样的外星人都是半人半机器。和托尼一样，皮卡德船长也恋上了一个电子人，他感到非常茫然。他们遇到的事情是在预示未来吗?

电子人并非不可能(Gray, 1995)。事实上，现代生命伦理学据说起源于1967年。在那一年，路易斯·华盛坎斯基(Louis Washkansky)接受了克里斯蒂安·巴纳德(Christiaan Barnard)的心脏移植术。器官移植一直都是现代医学的标准手术。

移植软骨和眼角膜这类器官比较容易。只要有适当的保护措施，输血是很安全的。现代医学在皮肤移植、骨髓移植和肾脏移植方面都已经取得成功，最近几年心肝肺移植也取得了成就。单株抗体可以抑制移植器官的排斥反应，为我们移植病变器官或衰老器官开启了广阔的空间。

同时，生物医学家们正在研发能够成功植入人体的人造组织和器官。生物工程技术已经能够制造很多人造器官了：

- 皮肤：实验室已经成功培育出人造皮肤组织。如今，生物科技公司正批量生产用于治疗皮肤烧伤的人造皮肤。
- 软骨：磨损频率最高的软骨是最易老化的器官之一。外科医生已经可以使用实验室培育出的人造软骨治疗关节损伤。
- 骨骼：髋关节置换一直是老年医学的主要手术，伊丽莎白·泰勒也做过这个手术。如今生物科技公司在销售用人造物质制成的骨骼替代品。这些公司致力于研发能使肌体用人造骨骼替代生物组织的技术。

此外,还出现了更多令人耳目一新的创新项目:

- 乳房组织再生:硅胶被广泛用于植胸手术中,但是术后影响却广受争议。组织工程学家正在研究新技术,来刺激女性身体重新长出新的乳腺组织。如今,整形手术极受欢迎。组织工程学和整形手术今后会变得越来越重要。
- 人工视觉系统:在《星际迷航》中,乔迪(乐娃·布尔顿扮演)代表的新生代能够通过眼睛上佩戴的人工视觉装置来观察事物。今天老年人很可能受到视力损伤甚至失明的威胁,但未来的电子设备或许可以弥补视力缺陷。
- 心脏瓣膜:心脑血管疾病是美国老年人头号致死因素。研究人员长期致力于"全植入性心脏"的研究。我们已经将猪的心脏瓣膜成功植入人体。科学家已经知道如何在实验室中利用血管细胞培育出心脏瓣膜,实验阶段培育出的瓣膜在实验羊的体内能正常地工作。未来,成千上万的病人将能够使用人工培育的心脏瓣膜。
- 膀胱:小便失禁是老年人的一大困扰,应对它是养老院的一项主要工作。科学家们正在研究在实验室生产成型的软骨,使其具备瓣膜的功能,来保证尿液按照正常方向流动。
- 胰腺:晚期糖尿病是威胁老年人的最严重的疾病之一,其并发症包括失明、瘫痪和心脏衰竭。糖尿病的病因是基本脏器功能衰竭,胰腺分泌的胰岛素不足以代谢体内糖分。生物工程师正在研究猪胰岛细胞植入技术,使这些细胞能够为糖尿病患者提供胰岛素,而不需要注射胰岛素。
- 大脑:20世纪50年代科幻电影中最引人注目的当属多诺万脑袋。我们不知道科学能否通过组织培养制造出那样的大脑,但是刺激神经生长的药物现在已经处于研发阶段,如今的技术水平很快就可以通过植入细胞或引入生长因子来修复中枢神经损伤。

目前为止,《星际迷航》中的电子人只是存在于科幻小说中,但是生物工程学家在器官移植和人造器官方面的进步是千真万确的,而且还有更多的构想即将成为现实。布鲁斯·斯特林(Bruce Sterling)小说《神圣之火》(1996)中的女主人公是个94岁的有钱人,她通过在体内注入新遗传物质获得细胞再生。这个新的生物体构造的基础是“设计者基因”,它完全不同于辛西娅的器官置换。21世纪的生物工程科学将不断进步,不断改变我们对衰老的认识。

供写作、思考和讨论的问题

1. 老化本身是不是一种疾病?是或不是的论据各有哪些?选择一个立场,然后列出一些要点,反驳对立观点。

2. 詹姆斯·弗里斯和劳伦斯·克拉波提出的“自然死亡”究竟是什么意思?自然死亡和自然寿命的关系是什么?能把自然寿命理解为最高寿命吗?

3. 瑞典的数据出乎意料——高龄老年人(85岁以上)的死亡率一直在下降。一些科学数据表明,不断延长预期寿命是有可能的。这些发现听起来似乎都是好消息。我们有什么理由认为这些发现是坏消息吗?弗里斯和克拉波会如何回应这些说法?

4. 人类基因组计划已经勾勒出了人类染色体上整个基因序列的全图。参考各种老化理论,谈谈这些关于基因的新知识会如何改变我们对生物老化机理的理解?这些知识有何种社会意义和伦理意义?

5. 假设基因技术在老化领域取得了巨大突破,2030年的美国会是什么样子?试写一幕科幻小说场景并加以描述,一定要说明你期待基因技术在哪一年取得重大突破,并说明这些发现和发明可能带来的社会影响。

6. 支持或反对疾病压缩假说最好的科学证据分别有哪些?请访问

网站:www. ncbi. nlm. nih. gov/pmc/articles/PMC20133,在这里你能发现老年人患残疾的趋势。这个网站遗漏了哪些问题(比如不同的社会究竟会如何定义"残疾")?

推荐书目

Austad, S. N., *Why We Age: What Science IsDiscovering About the Body's Journey ThroughLife*, New York: Wiley, 1997.

Hayflick, L., *How and Why We Age*, New York:Ballantine Books, 1994.

Masoror, E. J., *Challenges of Biological Aging*, New York: Springer, 1999.

Ricklefs, R. E., and Finch, C. E., *Aging: A NaturalHistory*, New York: Scientific American Library,1995.

Williams, T. F., Sprott, R., and Warner, H., "Biologyof Aging," *Generations* (Fall 1992), 16(4)[entire issue].

学生学习网站 www. sagepub. com/moody8e

- Flash cards(词语卡)
- Web quizzes(小测试)
- Chapter outlines(章节大纲)
- SAGE journal articles(赛吉出版公司出版的期刊论文)
- Web resources(网络资源)
- Video and audio resources(音像资源)

争议三　智力和创造力会随着年龄的增长而退化吗?

我们不应该停止探索，

我们所有的探索，

最终将回到我们的起点，

并第一次了解该处。

——T. S. 艾略特,《四首四重奏》

人们普遍认为智力和创造力会随着年龄的增长而退化。爱因斯坦年仅26岁时就公开发表了具有重大突破性的文章,对量子理论做出了重大贡献,因此获得了诺贝尔奖。后来,爱因斯坦说:"如果一个人没能在30岁前为科学做出重大贡献,那他将永远不可能了。"爱因斯坦说得对吗?

年龄和智力问题对那些担心在快节奏的社会中落伍的人来说十分重要,对整个社会来说也很重要。法国人口统计学家阿尔弗雷德·索维(Alfred Sauvy,1976)担心,老龄化社会将产生"大量在老宅里回忆过去的老人"(Wattenberg,1987, p. 65)。

我们在序言中说到,在接下来的几十年间,美国美国人口将会老龄化。在劳动力市场被迫采用新方法以提高竞争力的历史性时期,劳动力也会趋向老龄化。老年人能有效发挥他们的创造力和主动性吗?他们会抵制新观念吗？科学家的平均年龄呈上升趋势，美国人的独创性和科学创造力会出现什么情况（Stephan & Levin，1922）？在那些在老龄化的美国看到“退化幽灵”的人们看来，这些问题很令人头疼。

事实上，这些担忧并非空穴来风。例如，人们普遍认为，老年人学习新事物需要花费更长的时间，事实也证明这种观点是正确的。与年轻人相比，老年人学习新事物的进度较缓慢。但这种情况一部分是由缺乏训练、学习风格和学习动机等方面的差异所致。此外，也许是因为神经系统的“硬件”受到了限制，反应力也会随着年龄的增长而下降。但实足年龄本身并不能充分解释学习能力的差异（Merriam，Cafrarella，& Baumgartner，2007）。无论如何，动作迟缓和反应力下降通常不会影响日常能力。比如说，短期记忆可能会减弱，但对日常生活并没有什么严重影响。

除了认为老年人创造力较低，人们还普遍认为老年人整体上生活很无趣。然而，杜克老龄化纵向研究发现，将近90%的受试者表示，在过去的一周里从未感到过无聊（Palmore，1981）。还有另一种成见认为老年人不能适应变化。但想想大多数人在老年时面对的巨大挑战，如退休、丧偶和慢性疾病等，我们便知道这种观点是错误的。

关于年龄、智力和创造力的争论对美国的未来至关重要。许多老年医学专家一方面关注自己日益增长的年龄，另一方面也关注这个日新月异的社会，他们会尝试预测：当老之将至，人们的认知能力尤其是创造力会发生变化，那么未来会发生什么呢？他们在研究中面临大量的实际障碍，其中最基本的是如何对“创造力”下一个公允的定义。其他类型的认知功能，尤其是智力和记忆力，比较容易描述，尽管这些概念的定义也存在一定的争议。

认知功能

创造力和智力——尤其是**流体智力**（fluid intelligence）——关系紧密。

流体智力指用来应对新任务的智力,或应对突发问题时提出创造性解决方案的能力。有人认为流体智力的关键是发散性思维,即解决问题过程中想出不同办法的能力。

另一种智力叫做**晶体智力**(crystallized intelligence),它反映了一个人积累的经验和社会化的作用(Horn,1982)。流体智力是一种抽象创造能力,而晶体智力是个人在日常生活中培养的实际能力,简单说就是智慧。智慧从古到今都有一些相似的元素。苏格拉底时代的哲学家认为,智慧是一种平衡的态度:要知道我们有所不知,但也不要因怀疑而裹足不前(Meacham,1990)。智慧的另一关键特征是,它能够超越偏见和个人需求,因为这些东西都极有可能歪曲我们对已知世界的看法(Orwoll & Perlmutter,1990)。智慧不仅仅包含认知能力的发展,还要求个体持有达观的态度,以摆脱自我中心主义,这就是我们所说的超越自我(Peck,1968)。

如果老年人有一定的达观态度,就有可能获得智慧。当然,迄今为止尚未有人认为,智慧是随年龄而发生的普遍或必然的结果。除了活到一定的年纪,获得智慧还需要一些其他的东西,不过至于究竟然需要哪些东西,心理学家还尚未达成一致意见。

一些心理学家猜测,创造力和智慧之间存在一种取舍,即随着年龄的增长,创造力和智慧此消彼长。这意味着,智慧和创造力呈负相关。但有一些心理学家则认为,智慧、智力与创造性的认知发展过程是基本一致的,只不过对不同的人而言用途不同而已。也许,智者深度观察世界,却能够容忍含糊不清,因为他们知道做出可靠的判断是非常困难的。相反,富有创造力的人们往往会努力摆脱现有的条件,进而创造新事物。

当代西方社会经常将创造力和新颖画等号,其实这两者并不一定完全相同。在一些东方国家——如印度、中国和日本——老年常常被视为精神探索和艺术创作的绝佳时期。尽管老年人脱离了社会,但也为个人成长和创作创造了机会,因而是一种平衡。中国古语有言:“居庙堂之高则忧其民，处江湖之远则忧其君。”人退休之后，可以冥想，也可以画山水画。印度教中有关生命阶段的教义表明，老年是精神洞察力和智慧达到顶峰的时期。

如果一个富有创造力的艺术家垂垂老矣，有了一定的智慧，并将其应用到创作中，会怎样呢？我们注意到，一些富有创造力的艺术家在老年会继续保持高产状态，他们可以为这个问题提供一些答案。一个最好的例子是荷兰画家伦勃朗，他的创作风格随年龄增长而不断改变，创作角度不断升华。老伦勃朗的画法更为松散（looser brushwork），更加关注笔下人物的内心世界。另一个例子是印象派画家莫奈，70 多岁后的他深居简出，坚持画他那著名的《睡莲》。马蒂斯老了之后体弱多病，被迫放弃绘画，转向锤炼色彩剪贴的技法，将一生的艺术经验升华成简单而富有表现力的图案。老年艺术家仿佛能够抛弃那些纯粹的技法，开始追求艺术本真的东西。歌德和威廉·巴特勒·叶芝等诗人身上都体现了一种“后期风格”的新发展。这些例子都表明，许多伟大的富有创造力的人在老年实现了创作风格的改变或深化，这主要应归功于他们所积累的智慧。

伦勃朗·哈尔曼松·凡·莱因自画像，17 世纪

老年创造力的来源是复杂的，原因是多样的。例如，高产者都有过成功和失败的经历，他们之所以比低产者获得了更多的成功，一定程度上是因为经历了更多的失败。创造力不一定随着年老而退化，并不存这样的规律。老年人富有创造力，这是毋庸置疑的，但老年创造力并不具有普遍性，而是难以预料的。例如，众所周知的大器晚成者(如画家摩西奶奶),到达事业巅峰要比别人晚很多。我们对老年人创造力的探究表明,创造潜能方面的个体差异要远远超过年龄的影响(Simonton,1998)。最后,我们还应该看到,拥有非凡创造力的老人比比皆是,如作曲家威尔第,舞蹈编辑玛莎·葛兰姆(Martha Graham)等。其实日常生活中也有许多创造力很强的聪明人,这些所谓的普通人同样表现出了创新性的思维和行为方式。

典型老化模式

创造力本身很难描述或测试,但在人类智力测试方面,心理学家有着丰富的经验。**韦氏成人智力表**(Wechsler Adult Intelligence Scale)是目前影响力最大的综合智力测试方法,包括言语和操作两方面的测试。言语测试关注掌握的知识,包括理解、算术和词汇,操作部分包括方块图案和图画排列等项目。随着年龄增长,人们在该测试中的言语部分得分稳定,而操作部分得分则有下降的趋势(Sattler,1982)。两个部分表现的鲜明差异是一种普遍现象,被称为**典型老化模式**。

一些专家提醒人们,不要过分相信典型老化模式。他们质疑智商测试,也就是说,质疑老年人"真实"智力水平测试的有效性。他们认为,测试结果并不能和真实的智力划等号。这种争议似曾相识:人们同样质疑 SAT 考试,因为少数裔在考试中得分较差。批评者认为,智力是一项多层面的复杂能力,并非可以通过智力测试进行测量(Gardner,1985)。

有确凿证据表明,年龄和智力之间存在着某种复杂的关系。在一项关于年轻人和老年人基本记忆力的测试中,受试者被要求识别一张将单词和地点进行匹配的心理测试图。年均 70 岁老人花费的时间是年均 20 岁年轻人的 3—4 倍,并且错误较多。然而,当我们测试世代相传的知识时,情况却截然不同。老年人在语言技能方面表现良好,而且知道如何处理人生的起起落落。例如,面对一种假想的两难情景,老年人的表现要远远优于年轻人。因此,我们如何才能设计出一种测量老年人智力水平的行之有效的方法呢?

老年人智力测试

人们对有效性问题的兴趣,或者说对"真实"智力水平测试的兴趣,一直激励着心理学家去探索一个问题:随着年龄的增长,人类的认知是否会有积极的发展?这场旷日持久的争论至少证明了,传统智力测试方法忽视了成年人在处理日常事务方面的智慧。因此一些心理学家致力于开拓新方法,比如与年龄相关的智力测试。

对智慧或创造力与年龄之间关系的测试力求探寻一些难以捕捉的东西。日常智力涉及多方面的能力,包括逻辑思维和信息加工等。日常智力(有时称为"常识")包括务实能力或社交判断,不仅仅是抽象的推理(Cornelius,1990)。日常智力包括解决日常问题的能力(Cornkius & Caspi,1987)或生活规划的技巧。我们所说的智慧非常明显地体现了这些能力,老年人的智慧存有一些明显而互相关联的特征:面对不确定问题时深思熟虑的能力、发现问题的能力(不同于解决已知问题)、对人生的整体思考以及直觉能力……这些素质明显是很难测试的。

保尔·巴尔特斯(Paul Baltes)也许是目前智慧研究领域首屈一指的心理学家。他设计了一种衡量智慧的心理学测试,其中针对成年人的问题通常是这样的:"一个14岁的女孩怀孕了,她应该怎么想,怎么办?一般人怎么想,怎么办?"在这项测试中,巴尔特斯并没有期待具体的解决方案,而是测试人们在处理这类难题时的智慧。并非所有的老年人都有智慧,但在巴尔特斯(1992)的"智慧测验"中,最好的答案一半以上来自60岁以上的老人。

巴尔特斯继而给智慧下了一个定义:来源于经验,能够有效处理实用问题的专业知识系统(Baltes & Staudinger, 1996)。这一定义与常识性的看法大同小异,即智慧是一种对生活中不确定性问题进行明智判断的能力。按照这种定义,我们就能理解为什么智慧有可能会随着年龄的增长而增长,原因显然在于流体智力和晶体智力之间的区别:前者的运作机制是信息加工,而后者是长期经验积累培育出来的实用能力。

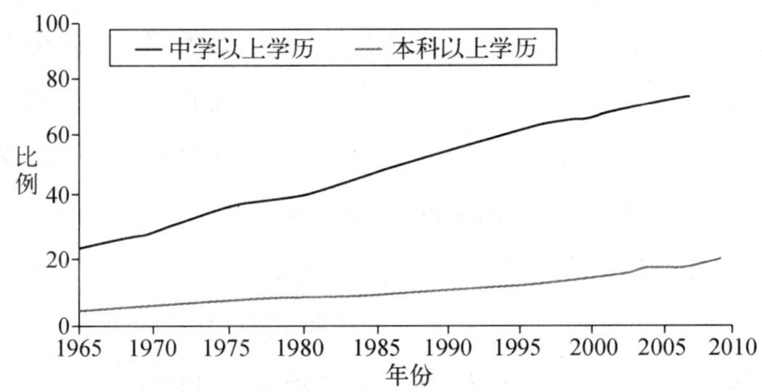

图 7　65 岁及以上老年人口的教育成就,1965—2010 年

资料来源:Federal Interagency Forum on Aging-Related Statistics, *Older Americans 2012: Key Indicators of Well-Being*, Washington, DC: US. Government Printing Office, June 2012。

对老年人智力的研究已经从简单地探讨增长还是退化,过渡到对老年人潜能和局限性的复杂评估。人类的流体智力类似于计算机的认知机制——信息加工,它会随着年龄的增长而衰退。相反,实用性的认知能力——事实性知识和解决问题的能力——会随着年龄的增长而增长,弥补信息加工能力的不足。我们可以认为,随着年龄的增长,人体的硬件会退化,软件会加强(Baltes, 1993)。

年龄和认知功能关系研究

人们用各种方法测试认知能力与衰老之间的关系。横断面研究方法考察某一个时间点上年轻人和老年人的情况,而纵向研究方法长期跟踪观察具体研究对象(见基本概念篇一)。在创造力和年龄问题上持乐观态度的研究者指出,横断面智力研究可以揭示不同同生群的特征,以及人生经历导致而非年龄导致的认知差异(Dixon,Backman,Nilsson,2004)。

例如,参加智商测试的年轻人往往对考试更为熟悉,因为他们不久前在学校有过考试经历。这个群体对考试的焦虑远没有老年人严重(Whitbourne,1976)。此外,许多老年人都有内化的年龄偏见,认为随着年龄增长,智力,尤其是记忆力,必然会下降。老年人一般比年轻人更谨慎,因此在智商测试中不喜欢猜答案(Birkill & Schaie)。最后,当下的老年人群体一般不像青年人那样接受过正规的学校教育,不过,最近的人口普查数据显示,未来的老年人同生群教育程度会有所提高(见图 7 和图 8)。

由于横断面研究有高估实足年龄影响的倾向,所以纵向研究凸显了自身的意义。关于智力和老龄化关系最全面的发现来自西雅图纵向研究(Seattle Longitudinal Study),这项研究调查了 25 岁到 81 岁之间的研究对象在 20 年间的变化情况(Schaie,1996)。研究表明,平均智力水平最显著的下降出现在 60 岁之后。平均数据掩盖了个体之间的巨大差异,但即便是在纵向研究中,也会出现典型老化模式。然而,研究结果挑战了"所有人的整体智力都会随着年龄增长而必然下降"的看法,更重要的是,可以通过训练和教育等手段干预、阻止甚至逆转智力的下降(Boron et al, 2007)。这些研究表明,老年人智力下降绝非不可避免,也绝非不可逆转。

实际上,纵向研究表明,老年人在智力测试中的表现在稳步提升,这也许反映了他们的教育程度在逐步提高。此外,有 60%—85%受试者的得分并没有随时间的迁移而发生变化,一些具体能力甚至有所提高。西雅图纵向研究中 80 岁以上的受试者,只有 30%—40%老人的分数出现了下降。

这些研究说明,人们的智力很少会随年龄的增长出现全面的下降,也表明人们可以扬长避短,优化自己的认知功能。也许最重要的是,即

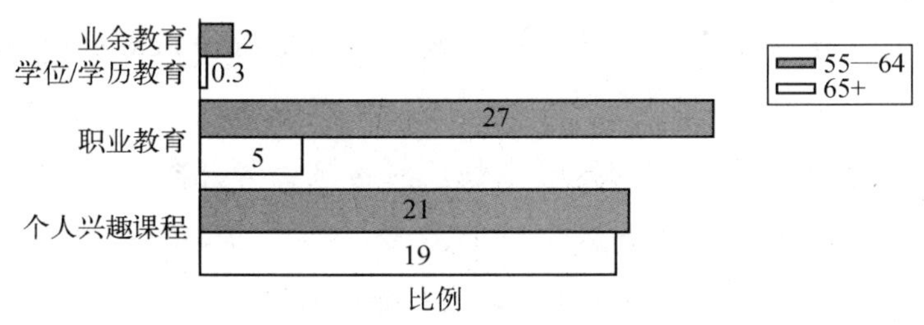

图 8　2005 年老年人接受教育的情况

资料来源：美国教育部、全国教育数据中心，2007 年。

便到了八九十岁，人们依然能够对熟悉的日常问题应对自如。但无论是横断面研究还是纵向研究，都出现了典型老化模式，70 岁以上的受试者认知功能出现了一致的衰退。

与普通认知功能研究不同，创造力研究操作难度更大，难点仍然在于创造力的具体定义。

通过各种不同的测试，横断面研究和纵向研究都证明了发散性思维的确会随着年龄的增长而衰退，可不能简单地归因于反应速度的下降（McCrae, Arenberg, & Costa，1987），研究中对创造力的测试方式并不完善。在创造力和衰老关系的经典研究中，哈维·莱曼采用了一种依靠公众共识的方法。首先，他确定了公众对“具有非凡创造力的智力产品”已达成共识，例如莫扎特的交响曲、牛顿的万有引力理论或爱迪生发明的电器。莱曼发现公认的创造力变化曲线与流体智力的变化曲线完全一致：二者同时在 30 岁之后到达顶峰，之后每隔 10 年依次递减。

韦恩·丹尼斯（Wayne Dennis1966）不同意莱曼的研究，他对比了不同数据后发现，40—50 岁才是大多数人最富有创造力的时期。但是丹尼斯采用的是定量研究方法（如出版物的数量）而不是定性研究方法（如出版物的影响力），因此，丹尼斯的结论实际上并不能推翻莱曼的研究结果。

科学家创造力的研究者发现,科学家的创造力在40岁早期达到顶峰,50岁之后开始缓慢下降,这晚于莱曼所说的30岁(Cole,1979;Diamond,1986)。针对数学家进行的创造力纵向研究表明,年轻时成果丰富的数学家年纪大了也会继续发表成果,至少整个中年时期是这样。这些研究的一个重要问题是,不同的专业或领域(如理科和文科)是否存在创造力风格的区别,专业创造力是否能够作为一种可以不加区分、用同一种方法研究的对象。

上述证据表明,年龄的增长并不一定意味着认知功能的丧失,不过智力测试的结果确确实实下降了。心理学家推测其中的原因,提出了一个有力的说法:随着年龄增长,速度的下降对智力测试的结果有一定的负面影响,但他们尚未清楚具体原因(Salthouse,1985a)。老化实际上伴随着**认知储备能力**(任何年龄都存在的学习潜能)的明显下降,对训练中反应时间的研究也表明,信息加工的速度会随着年龄而下降。例如,上了年纪的人达到最佳状态需要的反应时间多于年轻人(Salthouse,1985b),在记忆训练中的表现也不能与年轻人相提并论(Baltes & Baltes,1990)。还有一些心理学家区分了持续性认知功能和易变认知功能(maintained and vulnerable cognitive function),再次强调了储备能力的重要性(Kaufman, 2001)。

乐观派提出反对意见,认为虽然流体智力会随着年龄而下降,但晶体智力却趋于上升。此外,老年人认知能力的下降通常可以通过阅历得到弥补,这就是所谓的衰减补偿(decrement with compensation)。换言之,智慧和经验弥补了速度和流体智力的下降。例如,尽管老年打字员打字速度有所下降,但其效率却更高,因为他们可以通过提前阅读稿子来弥补较低的打字速度,这是一种务实能力,显示了他们知道如何提高打字效率(Salthouse,1984)。研究也表明,中年就已开始的休闲活动与老年的认知功能的联系可能呈正相关(Kareholt et al. 2010)。

认知稳定性的相关因素

随着年龄增长,智商测试得分出现下降,其原因到底是什么?其意义何在?关于这些问题的争论中出现了“现实派”和“乐观派”两个阵营。乐观派心理学家相信“暮年神话”,认为智商在老年不一定会下降(Baltes & Scnaie,1974)。但一些现实派心理学家却坚决否定了这一结论(Horn & Donaldson,1977),他们认为典型老化模式中流体智力的下降是可以被反复验证的事实,尽管我们不乐意,但不得不接受,尽管我们可能会发现一些例外,但个例并不能推翻老年人平均智商表现整体下降的事实。

另外,乐观派认为典型老化模式的原因并非实足年龄,而可能是老化过程中出现的越来越多的健康问题,尽管并非所有人都如此。研究表明,在智商测试中,即使健康状况只是稍微下降,测试结果也会表现出一致的差异。健康问题和残障往往使人无法继续工作,并因此减少学习机会,可见生物性变化(如健康问题)和社会性变化(如退休)都可能引起认知能力的改变,甚至有可能改变这些生物和社会因素,以至于典型老化模式不复成立。

适应或弥补认知功能下降的能力,可能与认知风格和性格有关。一些研究性格的心理学家认为,一般人有神经质性、外向性、经验开放性、尽责性等性格倾向,这些性格特征能够预示人们会如何适应不断变化的生活环境。令人吃惊的是,在这一理论看来,人的性格和性情在30岁之后基本不会发生变化(Costea & McCrae & Costa,1990)。纵向研究表明,人的性格在成年期相当稳定,即使出现健康问题,遭受经济上的打击,或者失去亲人,亦是如此(Costa, Metter, & McCrae, 1994)。不过,面对这种理论,我们仍然需要思考:性格的定义是什么?如何测定性格?

人一生的心理特征并不完全是个人的造化,行为方式往往能够反映社会环境及社会建构的人生转折（Schooler & Schaie，1987；Vaillant，2012）。例如，从事按部就班的或无聊工作的人退休后，认知能力可能会大大提高，而那些从事复杂工作的人，退休后则认知能力的衰退可能会加速。此外，生命历程中的转折同样会强化某些心理特征。例如，相较于认知方式僵化的人，态度灵活的中年人老后不容易出现心理功能的衰退（Schaie，1984）。

那么，人老后智力是下降还是保持稳定呢？在这个问题上随意概括的或绝对的说法，都应该遭到怀疑。老年人的训练实验已经证明，老年人智力下降的趋势是可以逆转的。在西雅图纵向研究中，研究者发现训练对40％智力下降的受试者有效。借助训练，他们在智力测试中的成绩，至少维持了他们刚参与这项研究时的水平（Cunningham & Torner，1990）。然而，批评者质疑，这些逆转到底是真正的逆转，还是训练的结果。

街谈巷议

"我们每天会损失100万个神经元。"

虽然年龄歧视者对这一说法津津乐道，但它已被神经系统学推翻，我们的神经元每天都在死亡，但也在重生。毋庸置疑，大脑随年龄增长而萎缩，但玛丽安·戴蒙德（Marian Diamond）等科学家的研究表明，即便到了晚年，大脑的神经依然具有可塑性。这就意味着，即使我们每天损失100万个神经元，那也需要数百年才会失去整个大脑。

尽管遭到种种批评，老年人心理研究证明，即便到了晚年，智力（即思考和学习新事物的能力）依然具有极强的可塑性和发展潜力。针对60—80岁健康人群的研究结果显示，智力训练是有益的，能提高老年人的智力，其益处不仅局限于年轻人。一系列研究表明，经过训练的老年人在短期记忆任务中表现更加娴熟，实际上，他们甚至可以成为记忆专家(Baltes & Baltes,1990)。其实一旦老年人受到刺激,接受智力挑战,他们学习和记忆的能力简直令人吃惊。

老年人的创造力

我们之前讨论过的研究表明,关于老化对创造力与智力影响的争论尚未尘埃落定,本篇后面的选读材料反映了这场争论中的主要观点。哈维·莱曼的选文提供了他关于公众共识研究的部分数据,介绍了他的主要结论。韦恩·丹尼斯坚决驳斥了莱曼"创造力随年龄而下降"的说法。劳拉·卡斯滕森与基恩·科恩(Laura Carstensen, Gene Cohen)以及贝嘉·莱维与艾伦·兰格(Becca Levy, Ellen Langer)的选文为老化与创造力的关系提供了较为平衡的新视角。

通过讨论智慧与老化的关系,我们知道自己对老年人的潜力知之甚少。直到20世纪,人类的寿命才第一次得到了大规模的提高,也是到了近几十年,大量的老年人才拥有了健康的身体,享受高水平的教育。因此,也许过去几十年里对老年人的研究,并不能为我们判断老年人今天和将来的潜能提供充分的依据。

乔治娅·奥吉弗(Georgia O'Keeffe),独树一帜的美国画家,作品有鲜明的美国特色。乔治娅在漫长的一生中坚持创作,直至去世。

我们所能做的,就是从取得了个人成就的历史人物身上汲取新的希望。例如,许多著名的艺术家在老年依然作出了杰出贡献。米开朗基罗在71岁时被任命为罗马圣伯多禄大教堂的首席建筑师,提香在80多岁时创作出最杰出的作品,毕加索坚持绘画直到

90多岁,玛莎·葛兰姆在80多岁时仍在从事编舞工作,杰西卡·坦迪在80岁时荣获奥斯卡奖…… 这些并非孤例。实际上,最近的研究也证明,创造力可以持续到晚年,一些人高层次的心理能力如创造力和智慧在晚年依然可以焕发生机(Lindauer, 2003)。

将来的老年人有更多的机会从事艺术训练和进行终身学习,因此他们在晚年也许能够以我们难以想象的方式应对创造力和智慧方面的挑战。曾经只有精英才能享受的老年,以后可能成为所有人成长的机会。正如艺术批评家阿南达·库马拉斯瓦米(Ananda Coomaraswamy)所言,艺术家并不是什么特殊人物,每个人都是独一无二的艺术家。从这些方面来讲,年龄与创造力之间关系的争论才刚刚开始。

关注实践

老年教育

教育越来越不再局限于青少年,而成了贯穿所有人一生的事情。老年教育的一大障碍是人们的偏见,认为老年人年龄大了,不再适合学习,老年人有时候是认可这种观点的。但我们已经看到,持续不断地参与学习有助于维持学习能力。

如今老年人学习的机会比以前要多得多(Findsen,2005)。除了正规的教育项目,针对老年人开设的非正式教育也非常多,老年游学营(又称学者之路)就是一个成功的案例。老年游学营开创于1975年,旨在为55岁以上的老年人提供夏日寄宿制大学课程。该项目开设无学分的通识教育(liberal arts)课程,已经在美国及海外70多个国家建立了1 000个游学营,吸引了20多万名老年参与者。老年游学营没有家庭作业,没有论文任务,也不给学分和成绩,但提供了低成本旅行的机会,也为那些想学习的老人提供了智力挑战。

针对不想外出旅行的老年人，大多数公立大学提供了免费学习课程。此外，一项美国社区大学调查显示，多达1/4的两年制学校都主动为老年人开设一些课程，涉及个人理财计划、健康和人生修养（如人文艺术、体育和营养学）以及当代公民与政治话题（Ventura-Merkel & Doucette，1993）。

另一种形式的老人教育是地方退休人员进修学院（Institute for Learning in Retirement），在这里，掌握特殊技能或知识的老年人相互为师。这种互助模式已经进入美国300多个社区，并得到老年游学营的资助。在北欧诸国、法国与西班牙等国家，老年人创立了附属于高等教育机构的“第三年龄大学”（Universities of the Third Age）。

我们相信，在不远的将来，老年教育将得到大力发展。一个原因是老年人同生群的教育水平会越来越高。最后学历是预测终身学习兴趣的最佳指标，1900年，65岁以上人口受教育程度的中位数是8年，但到了20世纪80年代，这个数字已经上升到了12年。1970年到2010年，取得高中学历的65岁以上人口比例从28%上升到79.5%，到了2010年，已有22.5%的老年人取得了学士及以上学位。过去，年轻人受教育的程度相对较高，但如今65岁以上的老年人接受正规教育的年限已经达到成年人的总体水平。

最近几十年，成人教育市场发展迅速，老年教育同样如此。例如，美国家庭教育调查（National Household Education Survey）的数据显示，过去一年内66—74岁老人参加过一次以上成人教育课程，比例从1991年的8.4%增加到了1999年的19.9%，增长了一倍多。调查还表明，2001年，66岁以上人口有22%在过去一年里参加过某种形式的正规成人教育。不仅参加成人教育的老年人数量在迅速增长，而且50岁以上接受高等教育、攻读学位的人口数量也在迅速增加（美国教育委员会，2008）。而受教育成年人数量的激增，应该会提高人们对终身学习的兴趣。

全球视野

第三年龄大学

第三年龄大学是退休人员进行终身学习的地方性互助组织,其构想发源于法国图卢兹大学,教学模式已经传播到欧洲等地区。20 世纪 80 年代,以互助为主要运作模式的第三年龄大学出现在英国。第三年龄大学现已出现在加拿大、新西兰和印度等国家。美国有一些相似的机构,如退休进修学院和奥舍老年大学(Osher Lifelong Learning Institutes)。

自建立之初,第三年龄大学便席卷全球,囊括了成千上万种有地方特色的教育项目。在英国的第三年龄大学模式中,学习小组由各阶层富有经验和专业技能的退休人员主持,由志愿者组织,且与地方高校可能存在松散的附属关系。小组主要关注通识问题,同时开展旅行和创意艺术等休闲活动。

在一定意义上,第三年龄大学似乎是文化爱好者的俱乐部,但也有人认为它为老年教育作出了卓越的贡献,尤其是"学习生活经验"的理念,摈弃了将教学作为技能培养和信息转化途径的填鸭式教学方法。英国著名历史学家彼德·拉斯利特(Peter Laslett)晚年成为一位第三年龄教育运动的领导者,他在《人生新地图:第三年龄的崛起》(1991)一书中阐释了上述观点。

资料来源:

Midwinter, E., *Mutual Aid University: A Self-Help Approach to Educating Older People*, Rouledge, 1984; Moody, H. R.,"Structure and Agency in Late-life Learning ",in E. Tulle(ed.),*Old Age and Agency*, Nova,2004.

阅读材料　十一

年龄与成就①

哈维・莱曼

人类在什么年龄最富有创造力？在哪个年龄段最有可能做出最杰出的成就？1921年，哥伦比亚大学罗伯特・伍德沃斯教授(Robert S. Woodworth)在《心理学：精神生活研究》一书中提出："老年人很少能够突破旧习惯的局限，很难创造出什么不朽的作品，无论是艺术作品还是实用型作品，甚至中年人亦如此。似乎20至40岁才是最佳的创作时期"(p. 519)……

假定方法与结论本身一样重要，那么让我们来看看，采用归纳法研究人一生中最有创造力的年龄会有什么发现呢？首先在化学领域，让我们尝试回答一个问题：化学家在某个年龄的创造力是否比其他年龄更强？

在《化学简明史》一书中，利物浦大学希尔迪奇教授(T. P. Hilditch)列举了数百位化学家的名字以及他们为化学作出突出贡献的确切日期。

根据希尔迪奇教授提供的数据，我们可以确定世界上最著名的化学家是在什么年龄作出了最突出的理论贡献和试验贡献。图11－1为调查结果的一个样本……

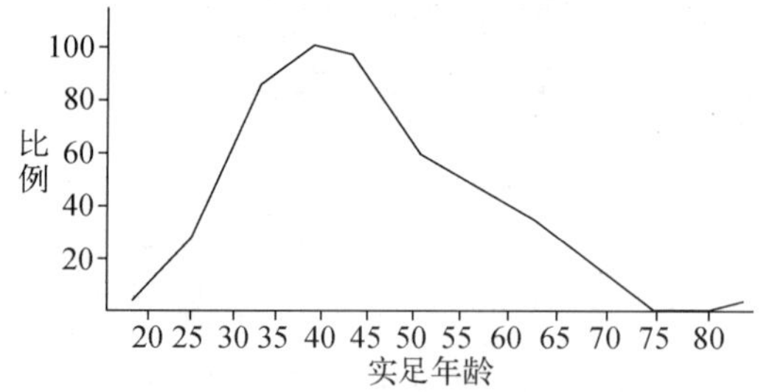

图11－1　化学家每五年的平均贡献

注：以244位已故化学家的993项重大贡献为依据。

① Harvey Lehman, *Age and Achievement* Princeton, NJ: Princeton University Press, 1953.

图 11－1 以每五年为一个阶段，显示了 244 位已故化学家作出 993 项重大贡献时的年龄。在研究图 11－1 时，我们应该记住其中有一个 5 年的间隔期，充分考虑到了大量的年轻化学家。

图 11－2 展示的是 402 位著名发明家作出 554 项重大发明的实足年龄。当我们把图 11－2 给感兴趣的朋友或同事看时，有几位不假思索地问到："爱迪生呢?"人们都知道，托马斯·爱迪生在整个一生中都是一位极其活跃的发明家，然而，图 11－3 表明爱迪生最富创造力的年龄是 35 岁。此外，在 33 岁到 36 岁的 4 年间，爱迪生取得了 312 项美国专利，占了他 60 多年中所取得的美国专利总和的 1/4 强(28%)。

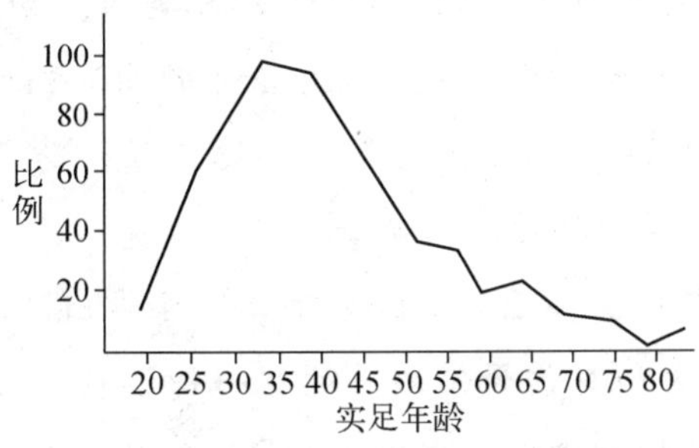

图 11－2　发明家一生中每五年的平均实用发明数量

注:以 402 位已故发明家的 554 项发明为依据。

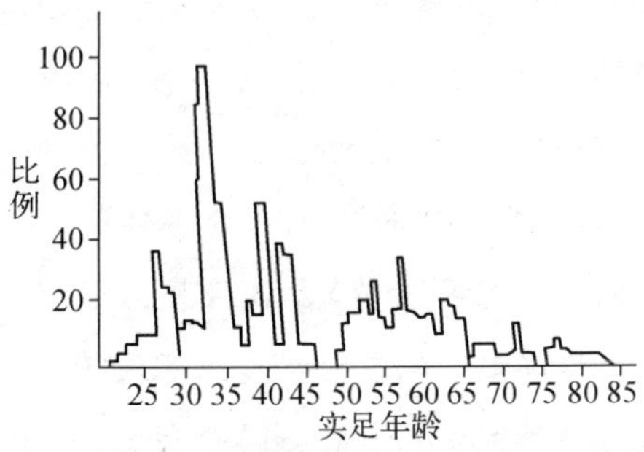

图 11－3　在美国取得专利的年龄

注:共计 1086 项专利。

年龄—成就曲线有很多影响因素:(1) 成就类型,(2) 成就的优秀程度,(3) 采用的测量方法。也许可以打个比方来解释第三种因素,我们可以用一条年龄曲线描述几个年龄组内参与跳高的个体平均水平,每一个年龄层次总是有些人完成得好,有些人完成得差。因此我们在每个年龄层次都能测得大量数据,根据这些数据,可以画出每个年龄组成员能跳到的平均高度的年龄曲线。

要比较这些年龄组的成绩,我们也可以采用许多其他的方法。因此,我们可以确定每个年龄组内能跳六英尺的人的比例和能跳五英尺的比例,利用这些数据,我们就可以画出一条表示能够跳六英尺的人数比例曲线,一条跳五英尺的人数比例曲线,以此类推。如果画出了大量的曲线,很容易看出,与表示跳两英尺能力差异的曲线相比,跳六英尺的能力年龄差异曲线上升得晚,下降得早而迅速。显而易见,较好的跳高成绩比较差的成绩出现的年龄范围要小。

如果我们考虑到实际表现,上述情形有可能出现在运动、数学、发明、科学、象棋、作曲和写作等领域。对每一种活动来说,极其优秀的表现很有可能出现在相对狭窄的年龄范围内,表现杰出程度越高,年龄曲线在到达顶峰后下降就越快。对雕塑、油画和蚀刻的研究也表明,这些领域内杰出成就的出现确实存在最理想的年龄……

此外,天才在晚年的作品有可能会远远强于普通人在巅峰时期创造的作品。因此,在研究创造力年龄差异的同时,将高龄天才的成就与普通人作比较,并不是一种行之有效的方法。如果想要弄清楚天才是在何时创作出最好的作品,就需要比较他们自身年轻和老年时期的作品。

雕塑。研究者们竭力想弄清楚,古希腊著名雕塑家是在什么年龄创作出他们各自最杰出作品的,不过迄今为止还没有什么结果。图 11-4 引自洛拉多·塔夫特(Lorado Taft)《美国雕塑史》一书,这本书列举了美国最著名雕塑家的最佳作品。塔夫特考察了 63 位已故雕刻家 262 项雕刻作品出现的年龄范围,这里应该不存在年龄偏见。图 11-4 以 5 年为一个时间段,显示了艺术家完成这些作品的平均年龄。

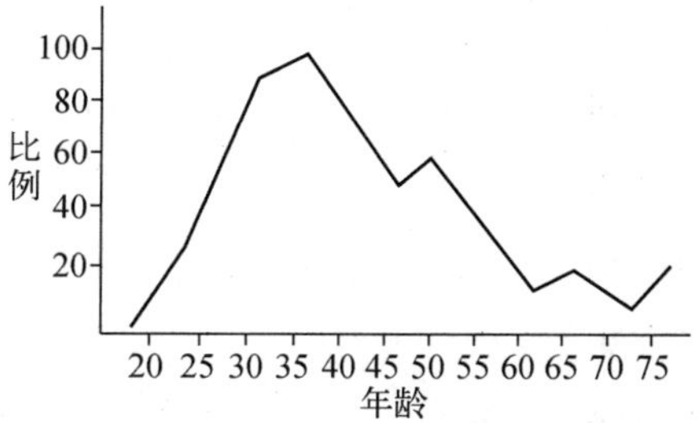

图 11－4　著名雕塑作品创作年龄

注:以 63 位雕刻家的 262 项作品为依据。

我们用数据分布和图表的形式,描述了杰出思想家们作出(或者首次发表)里程碑式贡献的最常见年龄,以及领导人们获得重要领导职位的最常见年龄……

在这个调查中,科学家和数学家最杰出的成果得到了各个专业领域专家的认可。诸如油画、教育、哲学和文学等领域,专家们通过研究已出版作品达成了一定的共识。下表列出了各个领域的重大成果最大平均产出率出现的年龄范围。

物理、数学与发明:

1. 化学,26—30
2. 数学,30—34
3. 物理,30—34
4. 电子学,30—34
5. 实用发明,30—34
6. 外科技术,30—39
7. 地质学,35—39
8. 天文学,35—39

生物学:

9. 植物学,30—34

10. 医学典籍,30—34
11. 遗传学,30—39
12. 昆虫学,30—39
13. 心理学,30—39
14. 细菌学,35—39
15. 生理学,35—39
16. 病理学,35—39
17. 医疗发现,35—39

就大多数种类的音乐来说,一流成果的最大平均产出率很可能出现在30多岁。

18. 乐器选择,25—29
19. 独唱,30—34
20. 交响乐,30—34
21. 室内乐,35—39
22. 管弦乐,35—39
23. 歌剧,35—39
24. 康塔塔,40—44
25. 轻歌剧和音乐喜剧,40—44

为了对文学创造力进行研究,我们调查了55部著名的英国文学史专著,因为我们认为,经常被这55位文学史家引用的作品,要比那些不常被引用的作品更为出色。同理,我们通过102部参考资料确定了最受欢迎的短篇小说,通过55个"最佳图书"的书单确定"最伟大的书"。如下面的列表所示,最大平均产出率下不朽作品基本出自45岁以下作家之手。同样清楚的是,大多数种类诗歌的最高平均产出率年龄要比散文作品(短篇小说除外)早10至15年。

26. 德国著名抒情诗和歌谣,22—26

27. 颂歌,24—28
28. 挽歌,25—29
29. 田园诗,25—29
30. 叙事诗,25—29
31. 十四行诗,26—31
32. 抒情诗,26—31
33. 讽刺诗,30—34
34. 短篇小说,30—34
35. 宗教诗(赞美诗),32—36
36. 喜剧,32—36
37. 悲剧,34—38
38. “影响力最大的书”,35—39
39. 女作家创作的赞美诗,36—38
40. 小说,40—44
41. “最好的书”,40—44
42. 畅销书,40—44
43. 各类散文作品,41—45

尽管最重要的哲学书的最大平均产出率出现在35至39岁之间,但所有书的产出年龄范围是22至80岁。如果只计数量而忽略质量,30至70岁的产出率几乎是稳定不变的。

许多科学伟人和人文巨匠在25岁之前便完成了第一份重要作品,一般而言,起步早的人比起起步晚的人贡献更大,产出更多……

人们就大多原创文字作品概括出了以下结论。在任意一个创造性工作领域内:(1) 同一人的高质量作品比普通作品的最大产出率出现的年龄早。(2) 一流作品的最大产出率通常在中年时趋于稳定,即使老年出现衰退,速度也十分缓慢。(3) 高质量作品比一般作品出现产量下降的年龄更早,下降速度更快。

下表第一列表示美国大学校长大多在50至54岁之间任职,其余条目同理。

62. 美国大学校长，50—54

63. 杜鲁门之前的美国总统，55—59

64. 1875年—1900年美国驻外大使，60—64

65. 1925年的美国参议员，60—64

66. 1925年—1945年美国陆军负责人，60—64

67. 1900年—1925年美国最高法院法官，70—74

68. 1900年—1940年美国众议院发言人，70—74

69. 教皇，82—92

通过对一流运动员年龄数据的分析，我们发现他们运动巅峰期的年龄与脑力劳动者的差别比人们普遍认为的要小，后面的比较可以解释这一现象。

70. 职业足球运动员，22—26

71. 职业拳击手，25—26

72. 职业冰球手，27—28

73. 职业棒球手，27—28

74. 职业网球运动员，25—29

75. 赛车手，26—30

76. 一流象棋手，29—33

77. 职业高尔夫运动员，31—36

78. 世界台球记录打破者，31—36

79. 射击运动获奖者，31—36

80. 重要保龄球锦标赛获奖者，31—36

比较同一领域7组前些年与7组近年来的运动冠军，我们会发现，近年来的运动冠军比前些年的年龄大。思想家、领导人和运动员颠峰期年龄的变化表明，巅峰期年龄并非完全取决于基因状况。

仅仅是人类寿命的增长，并不能大幅度改变巅峰期年龄分布状况。不管是长寿的小组还是短寿的小组，巅峰期年龄都是30多岁。

巅峰期出现在年轻时的原因

现在我们还不能解释为什么创造力曲线会在成年早期迅速上升，达到峰值后缓慢下降。毋庸置疑，导致这些复杂情况的因素有很多，没有哪一种因素是充要条件。但在这里列出 16 种影响因素是有意义的，可以启发我们进行进一步的研究。这 16 种因素如下：

1. 40 岁之前，人的体力、精力和抗疲劳能力都会开始出现衰退，这种衰退的影响可能远远超过老年之前智力领域发生的正常变化。

2. 人老了之后，感官能力和运动精确度也会逐渐衰退。例如，视听能力受损会在很多方面妨碍老年人的生活，随着年龄增长，手写也变得愈加困难。

3. 重病和身体虚弱等健康问题对老年人创造力产生更为严重的不利影响。

4. 腺状变化会持续人的一生。也许对激素的研究有朝一日能够在一定程度上解释这些变化，尤其是为何创造力高峰期会出现在早年。

5. 在某些案例中，婚姻不幸和性生活不和谐的情况会随着年龄增大而愈加严重，这可能会影响创造性工作。

6. 由于孩子、伴侣或亲属的死亡，老年人比年轻人更可能不再关注创造力。

7. 与年轻人相比，老年人更容易被现实生活问题所困扰，例如谋生和发展。

8. 如果专注工作，有时不利条件反而会促成成功、升职、声望和责任感。

9. 在某些案例中，有些年轻人的初衷并不是探索未知事物或创造新事物，而是为了出名，当他们获得声誉、被人认可之后，就不再一如既往地努力工作了。

10. 出名过于容易、名气过大、少年得志可能导致骄傲自满，让人们沉溺于过去的辉煌之中，而无法完成他们最杰出的创造性工作。

11. 一些老年人可能因为得不到认可，或遭受毁灭性的批评，变得心灰意冷。

12. 由于负迁移的影响，老年人通常比年轻人固执，即使是因博学而固执，依然可能阻碍创造性思想。

13. 可能是受上述因素影响，一些老年人的创作动机降低，导致智力兴趣和好奇心的衰退。

14. 年轻人往往比老年人受过更好的正规教育，成长的世界和文化环境给他们的刺激更多，他们不太可能忘记所学的知识。

15. 在一些案例中，无可救药的精神病会埋没一颗原本聪明的头脑，而精神病在人生后半段的发病率更高。

16. 在一些极端案例中，个体的正常创造力可能会被酗酒、吸毒之类的恶习所耗尽。

这些数据会导致什么结论呢？无论创造力增长或衰退的原因是什么，有一点清晰可见：天才在整个成年期不可能一直保持良好的工作状态。非凡的创造力通常会在30多岁迅速上升到峰值，继而逐渐下降。人一旦到达巅峰，就会面临正负迁移老年悖论的困扰，并且老年人可能比年轻人有更多的正负迁移。由于正迁移之故，老年人通常更有智慧，学识更渊博，这些都是宝贵的资产。但如果现实情况需要新视角、新技术甚至是新词汇，老年人就会显得保守和僵化。为了学习新知识，他们不得不忘记旧知识，否则，学习新知识的难度就更大。但当遇到需要旧知识的现实情况时，老年人相对年轻人的优势又会再次凸显出来。

阅读材料　十二

年龄与成就：对莱曼的质疑①

韦恩·丹尼斯

莱曼最近出版的《年龄与成就》②一书似乎表明，在很多领域，鲜有重

① "Age and Achievement: A Critique" by Wayne Dennis, *Journal of Gerontology*, 2(3): 331－333, 1956. Copyright 1956 The Gerontological Society of America. Reprinted by permission.

② Lehman, H. C.: *Age and Achievement*, Princeton University Press, 1953.

要的创造性工作是由45岁或50岁以上的人完成的。虽然这一概括不能涵盖所有的创造力领域,但却代表着莱曼最有代表性的发现。

诗歌、艺术、科学等创造性领域一流作品的创作,是否会随着年龄增长而显著下降?这是一个至关重要的问题。倘若莱曼的结论是正确的,那么许多领域富有创造力的工作者们应该可以计划提前领退休金了。如果莱曼的结论是错误的,就应该立即消除其不良影响——认为人类早衰的看法必定会引起不良后果。显然,年龄与成就的关系,是一个必须十分谨慎地下结论的话题。

本文认为,莱曼的图表反映的许多创造性成就发生显著下降,应该归因于其他因素而不是年龄,莱曼的数据反映的创造力随年龄下降的趋势,只是一个假象。

首先我们应该注意,莱曼所做的研究数量丰富而内容庞杂,很难简明扼要地评判它们。我们可以说,莱曼的主要工作是以5年或10年为一个阶段,确定人们完成重要的创造性工作最常见的年龄范围。一般来说,这种研究首先应该确定在某一领域,哪些成就是重要成就。为了避免掺杂个人偏见,莱曼总是采用他人列出的书单,以确定人们完成这些作品的实足年龄。他用这种方法分析了许多创造性的领域,包括数学、化学、抒情诗和戏剧等,《年龄与成就》的前六章都用来呈现他的分析结果。

几乎每一章的图表都表明,一流成果的产出在创造者成年早期就到达巅峰,然后逐步下降。各领域创造力达到巅峰的年龄各不相同,就抒情诗、民谣和颂歌而言,巅峰年龄是22至26岁,小说、哲学和各种散文创作是40至45岁,但其他很多领域的巅峰期是30至39岁。

这些曲线的许多方面都值得关注,但我们应主要关注在峰值之后出现的下降,正如莱曼所示,大多数案例中的下降情况都很明显。例如,40至45岁的化学家人均重要贡献仅仅是他们30至35岁时的一半,60至65岁的产出率仅仅是他们巅峰期的20%。其他图表也给出了其他领域的相似数据,例如艺术领域也出现了明显的下降,45至50岁高品质管弦乐的产量仅仅是10年前的10%,而55至60岁的产量仅仅是巅峰时期的20%。

逐条考察,我们会产生一种印象:创造力的衰退是不可避免的。如果只关注这些图表的表面,我们一定会断言,大多数创造性工作中一流作品的产量在30岁之后都会出现明显的下降趋势。

但难道我们只应看这些图表的表面数值吗?让我们来深入思考这个问题。

莱曼数据研究中的一个主要方法论缺陷是,在大多数案例中,一个图表包含了不同寿命的人的信息。表格通常显示所有年满30的人的数据,但是满40岁的数据只有一部分,而满50岁的数据就更少了。为了弥补不同年龄研究对象数量的不足,莱曼关注每一时期健在的个人的重大贡献平均数,我们应该认识到,这种数据处理方法在一定程度上会导致莱曼所发现的产出率出现误差。

我们应该看到,莱曼研究对象中的每个人只需作出一项重要贡献,便可被选入。在莱曼调查的大多数杰出贡献中,每个主体都做了一项或为数不多的几项贡献,人均贡献仅仅是两三项。此外,其中超过70岁人的人均贡献数仅仅比寿命较短的人稍高。

寿命较短者必须在年轻时作出一项重大贡献,才能被选入,符合莱曼条件的长寿者也一定作出了一项重大贡献,但时间早晚都可以。换句话说,为了得到一定的声望,寿命较短的人必须在短短的几年内拼尽全力,而长寿者则可以悠然自得地实现目标,因此使用不同寿命人的数据,就会得出“年轻时产出率比年老时高”的结论。

对此莱曼说:“已充分考虑到了不同年龄段健在的个人数量是不相等的。”但对我们来说,莱曼并没有考虑到,短寿者的贡献是在年轻时做出的,而长寿者的贡献早晚都可以。在记录不同时期的数据时,20多岁和30多岁都各得到了短寿者的分数,但人的老年,例如60多岁,就没有了短寿者的信息,70多岁的人的信息也只有一部分。当不同寿命的人的数据被放到同一张表格,早年的分量必然比老年多。如果要增加老年人的分量,就应当选入一个在老年作出过重大贡献的人,而莱曼却选了寿命较短、只在早年作过突出贡献的人。这虽是一个很微妙的因素,却对正确评估莱曼的数据十分关键。

莱曼在倒数第二章中提供了一张非常有意思的表格,描述了多个学科的1 540项重大贡献,莱曼将不同寿命的人的数据区别对待。照此看来,上述批评并不适用于这张表格。

表格显示,在所有年龄组中,30—40岁小组的人是最富有创造力的,但30多岁与40多岁之间的差距并不明显,最大差异在于40多岁去世的那些人,在这个年龄组中,健康问题可能会导致创造力衰退。对长寿群体来说,40多岁时的下降趋势并不比30多岁明显。目前,已发现的50—60岁小组下降程度,尚未达到长寿和短寿的区别。换言之,这张表格显示,其他表格中采用不同寿命的人的数据,有可能夸大了年龄引起衰退的作用。即使数据描述的是寿命相同的人,我们仍然可以发现年龄引起的衰退。

关于年龄引起的衰退,这张表格非常重要,而莱曼在前几章中讨论那些明显的衰退时,居然对这张表只字未提,这让人不禁疑窦丛生,甚至书的结论篇也没有充分地反映他的发现。基于这些原因,我们很有必要强调这张表格的重要性。

我们认为,莱曼发现的衰退很大程度上是方法论缺陷导致的结论。莱曼在前几章中报道的产出率峰值可能是由于取样错误或设置年龄段不恰当造成的,设置的年龄段一定会扩大取样错误的影响。

莱曼提供的许多(并不是全部)曲线都是基于很少量的信息。图14的数据来源是区区52条信息,图16是30条,图51是53条,图53是67条,图56是40条。这些信息根据年龄段进行分组,每5年为一段,从20岁到70岁以及70岁以上,样本少,又被分成了10个甚至更多的年龄段。可想而知,尽管没有真实的年龄差异,取样错误依然可能频繁地导致一些年龄段出现峰值。这一事实很重要,因为任何数据整体中的最高年龄分值都被当做了峰值,借此来测量峰值出现后的衰退,因而峰值被夸大,于是必然导致所发现的衰退被夸大。

由于莱曼没有严格依据固定的年龄分段方法，而是为了确定特定的"巅峰期"和反映某些数据的特征，随意改变年龄段，从而进一步夸大了巅峰期之后的衰退。正如最后一章所示，不同活动巅峰期的年龄段如下：22—26，24—28，25—29，26—31，30—34，32—36 等等。为了探究"最大产出率的巅峰期"，如果调查结果与新数据相抵触，人们就有理由修改年龄段，但莱曼并没有这样做。因此，取样的随机误差对"巅峰期"的影响程度是未知的。

上述争议是属于数学上的或者数据上的，下面的争议属于另一种性质，但在我们看来同样具有说服力。

一件作品是否算得上"重大贡献"，莱曼的依据是"最佳图书"、"最佳歌剧"等书单。也许我们难以找到更合适的标准，但从年龄差异研究的角度看，我们不得不认为这些标准存在一定的缺陷。人物传记、文学艺术史和最佳图书名单很可能存在系统性的错误，即偏好人们的早期作品，而轻视他们的晚期作品。莱曼的调查中就存在这种偏见，例如，艺术史家会更倾向于提及画家的第一件重要作品而不是最后一件重要作品。同理，一位科学史家也会更倾向于提及年轻人的开拓性研究，而不是介绍他后来孜孜不倦地探索、发展和证明这一开创性研究的过程。

鉴于此，我们不能忽略个人偏好对新作品评价的影响。我们都有这样的印象：批评家和历史学家都会觉得，评估新作品要比评估老作品困难得多，因此，他们可能会对新作品避而不谈。莱曼的许多调查对象都出生在 1800 年之后，当他收集、整理和分析参考资料时，那些人的晚期作品就顺理成章地成为了新作品。而文艺史家和编者不愿意评价新作品，这就自然而然地减少了研究对象晚期重要作品的数量。

我们也应该关注到，因为评价标准在人的一生中会发生变化，所以很难对一个人早期和晚期比较优秀的作品作出公允的评价。例如，1880 年，达尔文 71 岁了，那时生物学的状况与他发表《物种起源》的 1959 年截然不同。实际上,这种变化在很大程度上是由于达尔文本人的工作所致,因此比较进化论出版前后他对生物学的贡献毫无意义。当然,这一论断并不限于生物界,评判标准的变化涉及了所有领域。

近年来大多数领域极富创造力的创作者的数量迅速增加,使得作品质量的评判标准进一步复杂化。1900 年,美国最棒的心理学家大约只需要成为 100 个心理学家中最棒的那一个。但在今天,如果有人要证明自己是最棒的心理学家,可能就必须在 13000 位心理学家中脱颖而出。如果 1900 年的心理学家还健在,他的竞争对手就从当时的 99 个增加到如今的 12 999 个左右。

总之,我们提出几个论据,质疑了"优秀作品的产出会随着年龄增长而下降"这一观点。虽没有穷尽所有的论据,但我们仍有理由怀疑莱曼曲线证明的创造力随年龄下降的论断。也许创造性作品的质量确实会随着年龄增长而下降,但目前的数据并不能充分地证明这一点。

阅读材料　十三

活到老还是活得长[①]

劳拉・卡斯滕森

心理学与长寿

同生物学和社会科学一样,心理学在衰老问题的研究上主要关注衰退(decline)问题,而且已经得出了结论:在加工信息的过程中,衰退的大脑工作速度慢、差错率高,不擅长以新颖的方式来思考问题,记忆力也变得很差,尤其是工作记忆(处理信息时记忆大量信息的能力),会随着年龄的增大而下降……

这些变化发生在人们二三十岁时,并且在整个成年期都会保持一定

① "Growing Old or Living Long: Take Your Pick" by L. Carstensen in *Issues in Science and Technology*, 23(2), 41 - 50. Copyright 2007 Issues in Science and Technology. Excerpted with permission of National Academy of Sciences, University of Texas at Dallas.

的衰退速度。衰退几乎发生在每个人的身上，与性别、种族和教育背景无关，原因很可能要归结为因衰老而降低的神经传导效率。

尽管我们的认知加工能力会发生变化，但是大部分关于衰老的主观体验是积极的。从实验及客观标准来看，绝大多数老年人能够保持活力，参与家庭和社区活动。大多数 90 岁以上的老人都够生活自理。研究表明，在某些专业领域，在极高年龄之前，年龄引发的衰退是非常细微的。

更有趣也更重要的是，越来越多的证据表明，即使在语言和记忆之类的基础项目中，人的能力在一定条件下也能够得到提升。1992 年保尔·巴尔特斯和莱茵霍尔德·克利格尔(Paul Baltes，Reinhold Kliegl)发表的一项成果证明，练习会使记忆力会得到十分明显的改善。他们招募了一些年轻人和老年人参加一项关于记忆训练的研究，然后测试受试者的基线表现(baseline performance)。不出所料，年轻人的记忆力表现远高于老年人。初测结束后，受试者参与了一系列记忆训练，如记忆术。巴尔特斯和克利格尔发现，训练对老年人的记忆水平有很大的促进作用。接受了几场训练后，老年人的记忆能力便和年轻人基本相当。当然，经过训练后的年轻人记忆能力也得到了提高，尽管在训练过程中的任何时间点上，老年人的记忆水平并不能超过同时接受训练的年轻人，但是可以达到未经训练的年轻人的记忆水平。这一事实的确证明了记忆力是可以提高的。

近年来，科学家们已经开始着手研究影响记忆表现的社会因素。塔米·拉哈(Tammy Rahhal)等人分析说，因为在文化中存在一种普遍的观念，认为记忆力随着年龄增长而衰退，因此一些记忆力测试或许会诱导老年人表现出记忆缺陷。他们分别把年轻人和老年人放在两种不同的实验环境下，然后对结果进行比较。第一次的实验指导语说明记忆力是学习的关键，反复对受试者强调，要记住单子上的内容，“记忆力”是关键；第二次的实验指导语基本一样，但不同的是，它强调学习能力而不是记忆力——受试者要尽力去“学习”那些内容。这次实验同样观察到了明显不同的效果:如果我们强调记忆力的重要性,老年人与年轻人会有差距,但如果我们强调学习能力的重要性,便不存在与年龄相关的差距……

因此,尽管有大量证据表明认知能力会随年龄增加而下降,但衰老并不等于衰退,这个过程比我们所认为的更加微妙。在其他领域,即使发生了衰退,也有越来越多的证据表明,可以通过某些较为容易的方法提高表现。这对心理学提出了考验——确定哪些条件有助于维持学习能力,用最好的方式整合已经吸收的信息,最终扬长避短,提高认知和行为功能。

我的研究小组多年来一直致力于衰老相关问题的研究。我们思考动机的改变是否会影响人们在认知任务上的表现,于是开始研究社会情感选择理论(socioemotional selectivity theory)——一种关于动机的寿命理论。

动机的重要性

社会情感选择理论刚诞生时,被用来解释老龄化文献中一个明显的悖论:尽管老年人丧失了很多东西,但他们的情感状态并不差于地位相当的年轻人。老年人对社会关系的满意度比年轻人高,对自己与孩子及年轻亲戚的关系,尤其如此。芙蕾达·布兰查德—菲尔兹(Fredda Blanchard-Fields)等人发现,老年人比年轻人更善于解决棘手的人际关系问题。许多社会科学家把这种发现称为"老龄化悖论"。在丧失了关键能力的情况下,为什么老龄化反而带来了更强的幸福感?

年轻时,时间是无限的,人们获取信息的动机十分强烈。他们竭力扩大视野,增长知识,建立新的人际关系,贪婪地积累信息。因为未来漫长而不确定,目前看似无用的信息或许以后会变得极为重要。

相反,人到了晚年,时光有限,人们的动机便开始转向情感的满足,更愿意投资有把握的东西,巩固现有的人际关系,品味生活。在这样的条件下,老年人不再注重囤积信息,转而将个人资源投入在情感的调节上。

情感选择理论的一个重要主张是,决定人们目标偏好的原因并非年龄，而是人们对未来时间的展望(perceived time horizons)。我们的团队进行了大量研究，采用各种方法，考察了这一假设。我们假设老年人重视情感目标，甚于重视信息目标。但如果在实验中操控对时间的展望，这种偏好就会发生系统性的改变。在研究中我们发现，如果缩短年轻人的时间展望，他们会表现出与老年人相似的偏好，反之，如果拉长老年人的时间展望，他们的偏好又会与年轻人相似。当遭遇自然事件，如个体疾病、流行病、政治动荡和恐怖主义等，人们会感到时间有限，于是会出现类似的变化。这一点至关重要。在这些情况下，年轻人与老年人的偏好相似。也就是说，当感到生命脆弱时，年轻人和老年人都更倾向于追求情感体验和情感目标……

人脑不像电脑，不会不偏不倚地处理信息。相反，动机让我们关注重要的事物，注意到与目标相关的信息，忽视不相关的信息。假设我们上街找朋友或找某种鸟，在两种情况下，同一条路上看到的东西是不一样的——找鸟时我们看不到身边的朋友，找朋友时看不到鸟。

在初期的研究中，我和我的学生方海琳(Helene Fung)认为，因为老年人更注重情感目标，所以更能够记住情感信息，而不是与情感无关的信息。这是一个重要的实验观点，因为标准的心理学方法是避免在记忆测试中加入情绪刺激，以最大限度地减少它对“纯”认知过程的干扰。我们认为这种方法可能无意中妨碍了老年人的表现。大量关于记忆和采信(persuasion)的文献表明，人们比较容易记住和采信与他们目标相关的信息。因此我们认为，与其向老年人推销增长知识和拓宽视野的信息，不如推销满足他们情感需求的信息……

我们的一项研究表明，与年轻人相比，老年人更能记住情感性的口号和打着这些口号的产品……

积极效应

初步研究结果表明，老年人对情感信息的记忆能力要远高于对其他信息的记忆能力。

社会心理学的大量文献表明,年轻人更善于记住消极信息,然而这些文献毫无例外都是根据年轻人的数据作出的判断。很多人认为,形成印象和做决定时,消极信息比积极信息更有参考价值。但亟待解决的问题是,人们长期以来认为代表“人”的那些偏好,是不是年轻人的真正偏好?

于是我们做了一个实验,让年轻人、中年人和老年人在电脑上看积极的、消极的和中性的图片,然后测试他们的记忆情况。我们发现了一个与年龄相关的趋势:受试者记住的积极信息与消极信息之比,与年龄大小呈正相关。年轻人记住的积极信息与消极信息相当,中年人对积极信息表现出少量的但却很重要的偏好。而老年人对积极信息的偏好非常惊人,他们回忆起的积极信息几乎是消极信息或中性信息的两倍。

因此,我们开始觉得,注意力和记忆力都有助于情绪的调节。也就是说,关注积极记忆和积极图片让人们感觉愉快……

总而言之,年轻人对积极信息和消极信息的偏好程度相当,或者更偏好消极信息,中年人似乎开始转向积极信息,而老年人明显偏好记住和关注积极信息。尽管我们需要做纵向研究以弄清长时间的变化情况,但横断面对比研究表明,积极效应贯穿整个成年期。一系列实验任务已经证明了这种积极效应,甚至可以评估认知处理中最弱的方面,如工作记忆。我们认为,从理论上说,这种趋势反映了成年人目标的转变:年轻时偏好收集信息,为将来做准备,老了后偏好调节情感体验,活在当下。

我们认为,一般而言,关注积极信息有益于人类福祉,但是在某些情况下,长期关注积极事物会降低人的适应性。

人类需求是一切科学的出发点。如果我们敢于接受人口老龄化的挑战,系统性地利用科学技术改善中老年人生活质量,那么更加长寿的人类将在社会、物理和生物科学等领域实现突破,从而提高我们每一个人生阶段的生活质量。长寿科学将揭示如何改善终身学习,并阻止认知能力因年龄增长而退化。

阅读材料　十四

衰老大脑的正能量——成熟的心智①

基恩·科恩

“去上山。”

“去放牧。”

“已至暮年。”

“退休吧。”

这番话反映出某种成见,认为衰老是一种无法避免的负面体验,“成功老龄化”最多只是延缓身体和大脑的衰老,纯属无稽之谈。只有经历了几十年的学习,我们才能在老年获得智慧和人生领悟等生命最珍贵的礼物。衰老可以是一个充满积极体验的过程,“成功老龄化”意味着彰显和利用积极强大的潜力去成长,去爱,去感知幸福。

当然,衰老也会带来挑战和失去。女演员贝特·戴维斯(Bette Davis)有一句妙语:“胆小鬼才会变老。”人的眼睛会花,耳朵会聋,朋友会去世或者残疾,这都不假,但也并不是全部真相。古往今来,西方社会的科学和文化都只关注衰老的消极面,而忽略了积极面。现在是时候开启一个更美好、更真实和更奋发向上的范式了。这并不是盲目乐观,反而正是清醒地面对现实。在面对衰老这一痛苦事实的同时,我们也应赞美其为人们带来的好处、享受和回报。

最新研究发现,否认或淡化衰老的积极潜力会妨碍人们充分施展天赋、才智和情感,只有当我们以积极态度看待衰老,这种成长才会得到滋养。此类研究鼓舞人心,举足轻重,但要完全实现这一转变,我们还有很长的路要走,我希望本书能有力地推动这一变化。

---

① *The Mature Mind*: *The Positive Power of the Aging Brain* by Gene D. Cohen (pp. 3–4, 35, 38, 95, 134, 182). Copyright 2006 by Gene D. Cohen. Reprinted by permission of Basic Books, a member of Perseus Books Group.

新科学,新视野

值得高兴的是,近期关于大脑和心智的研究对积极老龄化的概念提供了有力支撑。20 世纪大部分有关衰老的研究都着重于增进老化身体的健康状况,人的寿命和整体健康确实得到了大幅提高。21 世纪初扩大了衰老的研究范围,特别强调改善衰老大脑的健康状况,许多新研究开始推翻“老狗学不了新把戏”的论断。事实上,老人不仅学得好,甚至在许多智力任务中比年轻人表现得还要好。

研究得出了一个重大发现,即大脑比我们过去想象的要更加灵活,适应性更强。它不仅保留了脑细胞之间构建新联系、形成新记忆的能力,还能催生全新的脑细胞。我们还发现,老年人的大脑与年轻人的大脑加工信息的方式完全不同。年轻人惯用一侧大脑完成的任务,老年人可以同时使用两侧来完成。许多科学研究也证实了“用进废退”这一格言。如肌肉越锻炼越强壮一样,大脑也越用越强。

其实并非只有大脑比我们想象得要更有潜力,个性、创造性和心理“自我”的发展也贯穿我们的一生。这是显而易见的,但几十年来,研究人类行为的科学家们并不能就此达成共识。事实上,直到 20 世纪末,对人类后半生心理发展的研究才引发了科学关注,但关注结果往往有失偏颇。比如,弗洛伊德虽然对心理学理论产生了深远影响,却如此评价老年人:“原则上大约在 50 岁时,老年人会丧失处事的灵活性,他们是不能被教化的。”颇具讽刺意味的是,弗洛伊德是在 1907 年 51 岁的时候说的这番话,而其最伟大的作品则是在 65 岁写成,其开创性精神分析理论的蓝本——《俄狄浦斯王》,也是希腊剧作家索福克勒斯在 71 岁时才完成的。

在衰老方面,弗洛伊德并不是唯一一位判断失误的先驱。让·皮亚杰为认知发展作出了卓绝贡献,但他对智力发展的描述也不过止步于所谓的“正常运转”,即抽象思维在青少年时期便已发育成熟。在皮亚杰看来,人在年轻时就已停止发展,随后开始慢慢退步。

发展性智力

本书引入了“发展性智力”(developmental intelligence)的新概念，我认为这是衰老大脑/头脑的最大长处。发展性智力是指个体所表现出的特有的神经、情感、智力和心理能力的发展程度，也指这些元素在成熟大脑中进行最佳组合的过程。更确切地说，发展性智力反映了认知、情商、判断力、社会技能、生活经验和个体意识不断趋于成熟的协同增效过程。某种程度上，我们都具备发展性智力，而且和所有类型的智力一样，我们也能积极促进它的增长。随着人的不断成熟，发展性智力表现为智慧、判断力、观念和眼界的进一步深化。到了高级阶段，发展性智力则具备了相对主义思维(认为知识是相对的，不是绝对的)、二元思维(发现和解决对立观点中的矛盾)以及系统性思维(区分轻重缓急的能力)这三种思维和推理模式，它们形成于皮亚杰所说的“正常运转”之后，因此被称为“后正常运转”。

这三种思维之所以“高级”，是因为它们不是年轻时自然而然形成的。我们总希望自己的答案非黑即白，非错即对，甚而一概拒绝。要拥有更灵活和微妙的思维，还得靠时间、经验与努力去接受未知，认识到答案往往是相对的，更审慎地去评判反对意见，不妄下定论……这才是发展性智力的真正含义。

与社会误解相反的是，创造力绝不是年轻人独有的，它在任何年龄都能开花结果。事实上，到了老年阶段它反倒开得更加持久繁盛，因为老人有更多的知识和经验。

所谓心智就是大脑在发挥作用。心智常被描述为在大脑这个“硬件”上运转的“软件”，这个比喻明显过于简单。大脑远比任何电脑芯片都更有延展性和灵活性。心智看似虚无，却能有力影响大脑，进而影响身体。实际上，心智和大脑就是一枚硬币的两面。

你也许听说过如下几个关于大脑的“事实”：

- 大脑不能生成新的脑细胞。
- 老年人学习起来不如年轻人。

- 神经元连接在一生中是相对固定的。
- 智力取决于神经元的数量和运转速度。

我们将看到,所有这些“事实”都是错的。这是个好消息。大脑远比我们想象的要灵活,更有适应性,也更有能力。过去二十年的研究提出了大脑的四个重要属性,为我们积极看待人类后半生的潜力奠定了基础。

- 作为对经验和学习的反馈,大脑一直在不断重塑自己。
- 人一生中会产生新的脑细胞。
- 大脑的情感回路(emotional circuitry)会随年龄增长变得更成熟和平衡。
- 老年人可以更均衡地使用左脑和右脑。

需要说明的是,并不是说大脑可以完全不受年龄的影响。和身体其他部分一样,大脑也是由细胞构成的,也会随着年龄增长而“衰退”。大脑的某些功能确实会伴随年龄而衰退,比如解决复杂数学问题的原始速度会下降,反应时间会变长,短时记忆的存储效率会降低。但这些“消极面”绝不是衰老大脑的全部特征,更不是最重要的方面。不幸的是,由于大部分大脑研究都着眼于年龄带来的问题,衰老的消极影响被理所当然地强化,积极意义随之被轻视了。在许多任务中,老年人健康的大脑通常和年轻人的大脑表现一样好,甚至更好。

发展性智力可定义为认知、情商、判断力、社会能力、生活经验和意识的成熟及其整合与协同增效的过程。随着年龄增长,发展性智力的每一个组成部分以及协同过程都渐趋成熟。因此,许多老年人在高级知识层面仍然表现得很好,展现出只有老人才有的睿智。

我在一开始便强调,衰老无疑伴随着许多问题,它们已被目前研究广泛关注,且通常存在于整体智力上层结构的各个组成部分之中。很少有研究同时兼顾衰老的优劣。例如,老年人经常忘词,有更多“话到嘴边说不出”的经历。但与此同时,他们的词汇量却在持续增长。如果我们仅关注个别功能(例如记忆或数学能力的某些方面),就会忽略大局,看不到这些功能如何变得更加协调，如何增进了人的整体表现，而这才是发展性智力的核心所在。

要拥有相对主义思维、二元对立思维和系统性思维，需要时间学习和积累经验。现有认识为人生问题提供了令人欣慰却模棱两可的解答，要对此发起挑战确实困难重重。毕竟相比“答案是……”，有时我们很难说出“不知道”。但接受未知，承认答案往往是相对的，不妄下判断，谨慎评判反对意见，这才是后正常思维和发展性智力所应采取的方式。在某种程度上，“智慧”就是“发展性智力”的同义词，就是发展性智力展现自己的过程。

智慧和后正常思维

什么是智慧，它是如何发展的？智慧的标准定义是“充分利用现有知识”。这一相当功利的解释表明，智慧既需要特定知识，也需要广泛了解运用知识的语境。这一定义并不全然令人满意。对大多数人而言，智慧意味着为个体提供长期而非短期的良性支持。许多人认为，睿智的见解和行为往往植根于个体的过往经验或历史当中，且往往能在未来带来收获。简言之，睿智的言行既有过往，又有未来。智慧通常被认为是受到了理智、直觉、心灵和精神等多种智力形式的启发。它在本质上是发展性智力的体现，是对思维技巧、情商、判断力、社会能力和生活经验等进行的成熟整合。

社会智力、记忆力和智慧的结合只有在年龄增长过程中才会日趋成熟。衰老的大脑比大部分人想象的更有潜力，并且在永不止步地发展。即使到了晚年，我们融入社会和维系人际关系的能力也依旧强劲，这也是身体和精神健康的重要源泉。

只要愿意，我们老了依然能够学习、成长、去爱，去体验巨大的幸福。我们无需向困难妥协，也无须接受人们对衰老的成见。

阅读材料　十五

衰老和创造力①

贝嘉·莱维　艾伦·兰格

“巅峰后衰退模式”(Peak and Decline Model)认为，成年人的创造力会一直增长到30岁末期，随后开始衰退。“寿命发展模式”(Life Span Developmental Model)则认为，创造力既不会增长也不会衰退，而是在人生不同阶段表现不同而已。首先，我们将确定创造力的定义，再讨论增进创造力的条件，最后概述两种模式，论证为何目前有关创造力的研究实际上支持了第二种模式。

本文将创造力定义为超越传统思维，想出对他人有意义的新思路、新办法和新形式的能力。它存在于个体内部或个体之间的连续体上。也就是说，创造力不仅会随着个体的长期发展而有所变化，还会因为个性和个体与环境互动方式的不同而有差异。

当人渐渐衰老，创造力的本质和程度都有所差别。玩耍的儿童非常有创造力，因为他们还未被社会规则束缚和禁锢，可以轻易把想象力运用到周围环境当中。

那些在晚年仍然保持创造力的人已经固化了许多社会陈规。所以和孩子们不同，他们必须刻意排斥这些陈规。或许在完成某学科相关培训后，人会变得更有创造力，因为此时他已经对排斥和改变的原则有所了解。

1. 对新观念保持开放态度

对新观念保持开放态度是促进创造力的一大特点，这既包括对周围环境提出质疑，也包括对不确定性表示容忍。从本质而言，不确定性引发选择，选择使人变得自觉，从而为创造力铺平了道路。确定性则使个体相信，他们已经无所不知，从而变得自满。这种状态会阻碍人们探索

① “Aging and Creativity” by B. Levy and E. Langer in M. Runco & S. Pritzker (Eds.), Encyclopedia of creativity. Copyright 1999. Reprinted by permission of Elsevier.

未知目标和创造新事物的动机。

2. 坚定和专注

个体对新观点保持开放态度，将对创造性想法大有裨益。而在另一方面，为了把创造力付诸实践——无论是完成优雅的数学等式还是震撼人心的雕塑作品——个体仍需保持专注，无比坚定地珍惜时间。

米哈利·齐克森提米哈尔利(Mihaly Scikszentimihalyi)研究了91位拥有突出创造力的人士(几乎所有人都超过了60岁)后发现，大部分人都表现出了某种专心致志和惜时如金的品质，例如爱因斯坦为了不被打扰，坚持让妻子把饭送到办公室。

3. 有利于创造力的环境

社会期待和社会机构是促进创造力的第三种渠道，这表明个体要身处恰当环境，才能进行创造。

一种刻板印象认为，人年纪一大，就会不断衰退，创造潜力不断下降。贝嘉·莱维和艾伦·兰格的研究表明，年老即意味着时日不多的这种陈见会削弱老年人的记忆表现与自我效能感。一项调查研究发现，许多老年艺术家都对自身能力产生了怀疑，这或许会导致其缺乏动机，在创造性活动中困难重重。

巅峰后衰退模式

“巅峰后衰退模式”符合老年伴随着衰退和丧失的普遍认识。这一由马丁·林道尔(Martin Lindauer)命名的模式认为，创造力在成年初期不断提升，在30岁左右走向衰退。这意味着，创造力在整个生命周期具有稳定结构，任何变化都会被认为是由创造力的数量而非质量引发的。因此，在这一传统下进行的研究使创造力成为一种持续于整个生命周期的运行机制。支撑这一模式的研究主要有两种。

第一种使创造力机制化的方式是心理测试。这类测试起初是以纸笔形式进行的，近些年来心理学家又研发了计算机测试程序。创造力心理测试的设计初衷是检验发散性思维，即产生诸多不同联想的能力，例如尽可能多地列举一块砖的用途。发散性思维不同于智商,智商以融合性思维为基础,是找到唯一正确答案的能力。

第二种使创造力机制化的方式是生产力手段。这些手段背后的逻辑是用创造性产品的数量来衡量创造力。

“巅峰后衰退模式”的假设在许多决策和政策中可见一斑。比如全球最高数学荣誉奖菲尔兹奖(Fields Award)的颁奖委员会就决定,只考虑40岁以下的数学家。而许多从事创造性工作的学者在学术机构供职时,也被强制在60岁晚期退休。弗洛伊德认为,心理分析师不应为年龄超过50岁的病人提供治疗,因为他们既缺乏个人洞见,也没有能力作出有意义的改变。然而,他在发表这番言论时已经50多岁,而他所认为的最伟大戏剧《俄狄浦斯王》也是索福克勒斯在89岁时写成。显然,他的观点与这些事实背道而驰。

1. 对“巅峰后衰”退模式的批判:心理测试

这一模式存在许多问题,我们将一分为二地利用心理测试和生产力数据对这一理论进行驳斥。就心理测试而言,那些证实衰退趋势的研究往往是横断面研究,未考虑同生群因素,比如相比年轻人,老年人接受的正规教育较少。于是我们可以说,在发散性思维测试中显现的衰退趋势并不是由创造力导致的,而是把受教育水平和年龄混为一谈。其次,虽然这些测试非常可靠,却缺乏有效性。也就是说,通常在社会看来具有很高创造力的人,在创造力测试中的得分却不高。相反,在创造力测试中得高分的人,并未在现实生活的其他方面展现出较高创造力。

年轻人也许更容易对一个问题提供多种解答,或者说这一年龄段的人理应这样。研究表明,伴随着衰老,个体会根据自身经验对不同看法进行比较和整合,以一种更成熟的方式择优行事。因此,那些将老年人和年轻人心理测试成绩作比较的研究可能只是在比较两种截然不同的内容,而非创造力。

2. 对“巅峰后衰退”模式的批判:生产力测试

虽然此类研究记录了杰出创造性人士生产力(productivity)的下降,

避免了心理测试研究引发的有效性之争,但也有自身的问题。首先,生产力并不等同于质量,虽然莎士比亚和贝多芬等人既多产又有创造力,但二者无法等同。

其次,生产力的衰退可由多种原因导致,并非和创造力的质量有关。对创造主体来说,这些原因既可能是自身的,也可能是外界的。一方面,随着个体衰老,收入和社会关系通常会萎缩,这会削弱其产出创意作品的能力。另一方面,事业的推进通常伴随着专业性事务的增加,如从事委员会工作、进行教学和公开讲座等。因此在一个领域获得成功后,最初的热情和动机有所消退也是平常之事。

引起我们对艺术家创造力进行关注的是其早期作品。艺术家进入一个领域时,公众会把他们的作品拿来同他人比较,很容易发现其艺术的特别之处。在获得最初关注之后,艺术家要在风格上进行巨大转变才能再次让观众产生兴趣。久而久之,艺术家晚期的作品就会总是被拿来和早期作品相比较。个体内部的这种比较往往发生在艺术家事业的末期,使得年轻人不懂得欣赏年长艺术家的作品。倘若很难看出早期和晚期作品的区别,他们也就无法注意到艺术家微妙的成长历程。

3. 西蒙顿的创造性生涯模式

迪恩·K. 西蒙顿(Dean K. Simonton)提出的模式认为,年龄并不能预测一个人的创造性生产力。相反,他所采用的预测指标分别存在于创造性生涯的早期,产生创造性想法的过程,将想法付诸实践的过程,以及创造阶段。在数学这种概念范围确切的领域里,创造力会在到达巅峰后快速衰落,但在历史等存在纷繁复杂理念的领域,创造性生产力会在到达巅峰后较晚衰退。西蒙顿认为,创造力巅峰之所以有时限,是因为创造性生涯往往较为短暂,一个想法从出现到被加工成创意产品的过程,往往没有太多搁延,于是创造性潜力很早被消耗了。

西蒙顿模式认为,相较同辈,事业起步较晚的人迎来巅峰的时间也较晚。如果个体有办法通过应对新问题、采纳新介质或新学科,以再次启动职业生涯,他们便会经历多次事业巅峰。

生命历程发展模式

与"巅峰后衰退模式"不同,"生命历程发展模式"假设创造力并不等同于生产力。它认为认知过程贯穿个体的生命阶段和体验,创造力也随这种发展而变化。支撑这一模式的研究趋向于将创造力机制化,将其定义为在社会看来新鲜而有意义的产品。例如在绘画领域,研究人员通过统计主要艺术史著作对艺术作品的引用量,来发掘最有创意的艺术家。

一种特别有用的办法是追踪在人生不同时期探索同一主题的艺术家,他们既是实验组又是对照组。例如,米开朗基罗在22岁和99岁分别塑造了圣母哀子像,弗朗西斯·培根也创作了一系列描绘呐喊的画作,他在35岁时创作了第一幅画,同类型的创作一直持续到79岁。正如基恩·科恩所言,培根直到最后一幅画才认为自己贴切地表达了呐喊。

1. 创造力为何在老年发生变化

首先,本部分将讨论为何创造力在老年发生变化,然后审视创造力变化的方式。包括心理动力学理论在内的不少老年发展理论都尝试解释个体自身创造力的进化过程。例如,埃里克·埃里克森和琼·埃里克森认为,老年是一段心理动态发展时期,能够改变老年人创造力的质量。个体在尝试解决过去人生阶段的冲突时,会经历巨大变化,这同样也适用于新冲突的化解,此时的老人尽管会因死亡即将到来等问题而陷入绝望,却仍努力保持明智。

有些人认为,当大限将至,个体会想方设法在世上留下永恒印记,而这会促成创造力的爆发,即所谓的"歇山之作"。

老年的认知变化也会使创造力的风格发生转变。使用意象的能力等与创造力有联系的认知特性看似不会发生变化,但并非所有认知能力都如此。例如,虽然流体智力(解决问题的抽象能力)会衰退,晶体智力(通过经验汲取知识的能力)却会有所增进,例如词汇量。

此外,生理功能的变化也会开创新视野,推动创造力。保尔·巴尔特斯和玛格丽特·巴尔特斯(Margaret Baltes)提出的“补偿式优化”理论(Optimization with Compensation)认为，面临生理或认知能力衰退的老年人必须想办法通过改变风格来进行补偿。例如，当德加(Degas)的视力开始下降时，他把绘画介质从油画转变成更有触感的蜡笔和油画棒，物理学家汉斯·贝特(Hans Bethe)称，虽然他在晚年犯的错误更多，但对错误更加警觉。

2. 创造力如何在老年发生变化

艺术史学家已经发现了一种老年风格的创造力也即“晚期风格”(Altersstil)，包括对戏剧有更深入的感受，对人性有更深刻的洞察力；艺术手法更靠直觉而非有意为之，笔触更加轻松自由，表现形式更不拘泥于实体形态，空间更为紧凑，人物在画面中都紧挨在一起，淡化场景和背景细节，多以死亡为主题，强调团结与融合等主题。

霍华德·加德纳(Howard Gardner)研究了扭转本世纪社会走向的7位创意人士，描述了其晚年创造力风格的转变。爱因斯坦晚年将关注点从理论公式转移到了公共决策上。弗洛伊德从对医疗案例的研究转向了有关文明和文化的宏大理念。在人生晚期，玛莎·葛兰姆也做出了巨大转变。年轻时她为自己编排舞蹈，在73岁时，她重返舞台，执导自己的歌舞团，并开始在全国巡回演讲，向大众讲授她对现代舞的看法。

创造力对老年人健康和寿命的影响

我们已经探讨过衰老对创造力的影响。有不少研究表明，创造力也会反过来对衰老和寿命产生影响。例如，林道尔发现，许多伟大的艺术家都比普通大众活得久。另一项在瑞典开展的覆盖了1.2万多人的研究通过统计观看话剧和音乐会以及参观博物馆和艺术馆的人数发现，更多地参与创意活动(间接创造力)的人寿命更长，积极参与文化活动的人比不关注文化的人活得更久。

展望未来

信息化社会的老年学习

日期:2025 年 5 月 1 日,华盛顿特区。美联社

今天,玛莎·杰斐逊(Martha Jefferson)总统在白宫老龄化会议上会见了三万名代表。与此同时,她还专门在会议网站上宣布“美国老年人月”正式启动。

杰斐逊总统表示,白宫老龄化会议是首次全面代表大会,参会代表是过去的十倍之多,远远超过华盛顿任何一家酒店的接待能力。事实上,参会“代表”并未见面,而是在网络上举行了“会议”,第三代互联网“网络系统”的高速光纤通信使这一切成为可能。

杰斐逊总统还特别强调,本次参会的 1 000 多位老年人通过第三代或前两代互联网进行了远程学习,取得了高级学位。她表示,如今 55 岁以上的学生是美国高等教育中数量上升最快的群体。

老年人学习使用新的计算机技术,向老年人无法学习新事物的刻板印象发起挑战。

这一愿景是否能实现,取决于计算机通信新技术什么时候被老年人接受并广泛使用。技术飞速进步,信息化社会推动老年学习的迹象已在 21 世纪初期凸显出来。如今,许多老年人会对使用电脑感到焦虑,但实际上“技术恐惧症”只是人们的一种刻板印象,这种焦虑是可以克服的。

研究表明，计算机通信能帮助老年人获得独立。例如，一项研究调查了佛罗里达州一个社区中55到95岁的女性，该组受试者此前从未有使用计算机的经历。起初，研究人员为这些女性提供了简化版电子邮件和文本编辑系统。系统升级后，开始为其提供新闻、天气、电影评论、健康信息和娱乐新闻等内容。后续调研显示，受试者轻而易举地学会了使用该系统，并将其视为社交的一种手段（Czaja et al.，1993）。

"网络空间老年人"运动的发起者是SeniorNet，一家1986年成立于旧金山，向老年人传授计算机使用技巧的非赢利性组织（Furlong & Lipson，1996）。它已经迅速成长为一家会员机构，在全美有70多个学习中心，为1.5万名个人会员提供支持和培训。SeniorNet还出版了自己的教材，每年召开年会，有自己的在线网络。由老年志愿者管理运营的"SeniorNet学习中心"在社区中心、老年活动中心、中学、大学校园、图书馆和医保机构随处可见。此外，SeniorNet还在"美国在线"（America Online）上提供课程、研讨论坛、在线聊天和文件下载等服务。

SeniorNet并不是唯一一家为老年人提供服务的互联网机构。位于克利夫兰的Free-Net也已在全国获得认可，它将整个城市"互联"起来，使所有群体的信息渠道最大化，增进了老年人和残疾人士的参与。例如，克利夫兰当地的阿尔兹海默病患者支持组织就融入了Free-Net，将"高科技"与"高接触"式服务相结合。这样一来，互联网"虚拟社区"就变成了一种深化面对面互助网络的手段。

在信息化社会进行终身学习的关键是将老年人看作新技术的主动使用者，而非被动接收者（Czaja & Barr，1989年）。具备双向互动特性的电视能排解老年人的孤独感和与世隔绝感。例如，宾夕法尼亚州开发的双向电视阅读系统就是由老年人自主编程、运营和提供赞助的。加州的"娱乐世界"（Leisure World）退休社区也早已有自己的有线电视台及当地节目。利用新技术开展的互动和主导式活动能增进知识、技巧和适应能力,这一高科技/高接触的世界为未来的老年人提供了美好生活的新希望。

供写作、思考和讨论的问题

1. 哈维·莱曼所采集的不同领域创造力巅峰时期的数据,均来自于过去的富有创造力的人士。由于近几十年来人类健康和寿命都得到了显著提升,我们是否有理由认为,莱曼的结论已经不再适用于如今的老年人?韦恩·丹尼斯是否成功驳斥了莱曼认为年龄增长会导致创造力下降的理论?

2. 莱曼认为,在评价老年人创造力时,我们应当衡量老年人创造的"杰作"或实现"突破"的数量。在你看来,这一标准能准确评判老年创造力吗?是否有更妥当的标准,或更准确的创造力的定义呢?

3. 路易斯·巴克拉德(Louise Bachelard)是一位著名画家,在晚年风格大变。她于最近去世,享年78年。假如你要为她写一篇长篇计告,请结合你学到的衰老心理方面的知识,在讣告中描述其创造力如何随年龄增长而发生了变化。

4. 保尔·巴尔特斯研究小组将智慧定义为技能的累积,但这一定义并未提及智慧人士所展现出的性格或道德品质。威利·萨顿(Willie Sutton)这种臭名昭著的银行抢劫犯凭借长期经验,展现了对犯罪的娴熟判断,他也能被称为"有智慧"吗?

5. 请举例描述一位在你看来在普通或特殊领域展现出智慧特征的老人,并向一位陌生人解释,为什么他应当听从这位睿智老人的建议。

6. 请根据我们所学到的有关老年人智商与认知的知识,为老年人设计课程或教育项目。我们应该如何组织学习活动?这类老年人教育项目与当今学校或大学的课程有什么区别吗?

7. 请浏览如下三个网站:Road Scholar(Edlerhostel)(www.

roadschoar. org), Third Age (www. thirdage. com), Senior Net (www. seniornet. org),看看它们在定义老年人的恰当行为方面,有哪些共同之处?它们忽略了哪些对老年成功生活至关重要的问题?

推荐书目

American Council on Education, *Mapping News Directions: Higher Education for Older Adults*, Washington, DC: Author, 2008.

Cohen, G., *The Creative Age: Awakening Human Potential in the Second Half of Life*, New York: Harper Paperbacks, 2001.

Hall, S. S., Wisdom: *From Philosophy to Neuroscience*, New York: Vintage, 2011.

Simonton, D. K., *Genius, Creativity, and Leadership: Historiometric Inquiries*, Cambridge, MA: Harvard University Press, 1984.

Sternberg, R. (ed.), *The Nature of Creativity: Contemporary Psychological Perspectives*, New York: Cambridge University Press, 1988.

学生学习网站 www. sagepub. com/moody8e

- Flash cards(词语卡)
- Web quizzes(小测试)
- Chapter outlines(章节大纲)
- SAGE journal articles(赛吉出版公司出版的期刊论文)
- Web resources(网络资源)
- Video and audio resources(音像资源)

基本概念篇二

老龄化、医疗护理与社会

学习目标

通过基本概念篇二的学习，实现下列目标：

1. 对影响老年生活的正常衰老和慢性疾病有深入了解。
2. 了解美国医疗保健和长期护理体系的主要特点。
3. 了解老龄化社会中医疗护理政策所面临的重大价值困境。

500 年前，西班牙探险家胡安·庞塞·德莱昂开启了前往新世界的历程。民间传说认为他是为了寻找长生不老药，但无论出于何种目的，他最终并没有找到长生不老药。不过，他发现了现在的佛罗里达，一个如今有着最多老年人口的州。许多发现最终都以意想不到的面貌呈现出来。当我们思索当下的医疗进步，也会得到意想不到的发现。例如，正如我们在争议二中所探讨的，现在人们的寿命更长，但生命延长到高龄就绝对没有坏处吗？还是说现今的长寿反倒成了老弱病态的延伸呢？接下来的医疗进步是否只会让事态变得更糟？近三个世纪以前，乔纳森·斯威夫特(Jonathan Swift)在讽刺小说《格列佛游记》(*Gulliver's Travels*, 1726)中，就提出了这一问题。

长寿的挑战

史多宝的例子

斯威夫特描述了一场去往虚构国度拉格奈格的旅程，主人公莱谬尔·格列佛遇到了一群叫“史多宝”(Struldbrugs)的怪人，他们永世不会死亡。结果，无限生命并没有让史多宝们过上应有的幸福生活。他们虽然长寿，却并不健康。他们的存在阴沉地伴随着永无休止的衰退。斯威夫特是这样描述的：

> 他们是我生平所见到的最受屈辱的人……除了极度衰老的人

所有的一般缺陷外，他们还有别的一些可怕的地方；这种可怕的程度是与他们的年岁成正比的，简直无法形容……

患的老毛病既不加重也不减轻，一直就这么拖下去。谈话时连一般食物的名称、人们的姓名都忘掉了，即使是自己的至亲好友也记不起来……其中最不悲惨的是年老糊涂，丧失了记忆的人。①

在描述史多宝时，斯威夫特提出了至今仍让人兴趣浓厚的问题：

所以问题不在于一个人愿不愿意永葆青春，永远健康幸福，而在于他在老年所带来的种种常见的不利条件下，如何来安排他那永恒的生命。②

斯威夫特无疑有些夸张了。有关衰老的那些虚构的或真实的缺点掩盖了它的积极面。我们现在能看到许多老年人保持旺盛精力，自给自足，他们即便到了晚年也仍旧健康向上，充满活力。我们也能看到一些老年人面对严重健康挑战，仍旧努力适应、保持乐观。不过斯威夫特的观点还是引发了我们对自身价值的深入探讨。本章将审视人在衰老过程中所面临的一些重大挑战。首先是应对身体衰老所带来的挑战。那些让人们活得更久的医疗进步也许看起来大有裨益，但多活几年并不一定意味着不会体弱多病、身患残疾。衰老的同时保住在社会上的重要地位则是第二大挑战。老年人常常被固化为社会边缘群体，虽然在近期一项全国性调研中，大部分参与问卷调查者对人口中越来越多的老年人持乐观态度（皮尤研究中心，2013）。即便如此，随着美国平均人口年龄稳步上升，老龄人口将从独立自主转变为要靠人照顾，这都是我们面临的问题。最后，个体的衰老是在整个社会都向人

①② [英]乔纳森·斯威夫特：《格列佛游记》，杨昊成译，译林出版社 1995 年版，第 186 页、第 185 页、第 184 页。

口老龄化过渡的语境下发生的。我们思考和应对这些考验的方式将对个体和社会产生影响。

生物医学的进步

有人相信,生物学会帮助我们摆脱这些挑战。他们认为,生物医学研究者能够研发出延迟老年虚弱期的技术,从而应对长寿的挑战。实际上,他们希望推迟疾病的发作,让它最终以非常短暂的形式出现,避免老年人对他人的长期依赖,这一点我们在争议二讲到"疾病压缩"时就已经探讨过。还有生物学家认为,我们能够从本质上改变造成衰老的生理机制,发现永葆青春的源泉(de Grey & Rae, 2008)。无论通过延迟疾病,还是实实在在地阻止生理衰老,乐观的科学人士都相信,"史多宝"问题将最终迎刃而解。

实行医疗配给制

并非所有人都持这种乐观态度。有人认为,这需要做出艰难抉择,并认为技术创新并不会让我们免于做这样的选择。他们相信,意识到生命的局限,而不是希冀用技术来解决衰老的问题,这对我们更为有利。本着这种精神,伦理学家丹尼尔·卡拉汉(Daniel Callahan)(后文详述)反对使用高科技医疗手段延长高龄老人生命。他认为,根据年龄对医保实行定量配给可以更好地利用资源,建议在老人已经活出了完整人生,生命周期自然行将终结时,放弃那些延长生命的治疗手段。

提供长期护理

如果越来越多的人活到高龄,将会有越来越多身体虚弱的老人患慢性疾病,需要在家中或陪护机构接受长期护理。"长期护理"指由于慢性病而丧失了自理能力的人所需要的护理和社会服务。预计将有越来越多的老年人受到慢性病困扰,丧失独立生活的能力。有鉴于此,未来长期护理的情况更加令人忧虑。护理费用应该由谁来承担,各方意见不一,但为长寿买单已经成为当下社会面临的一项严峻考验。

自决死亡

大部分美国人并不十分接受延迟虚弱期或医疗配给的做法。但如今的确有越来越多的人觉得，生命的衰退和生命质量的下降足以构成自绝的理由。持这种想法的人往往拒绝被社会设置种种限制，反倒认为老年的生死抉择应掌握在个体手中，认为法律应当公开承认个体终止治疗的决定权，医疗服务也应当对此积极予以支持。

对于史多宝的困境，我们已经有了四种办法：期待出现医学突破、作出削减成本的艰难抉择、提供长期护理、允许个体结束自己的生命。这些都是今后在老年人面临长期虚弱和依赖他人的状况时，可以采取的解决办法。这些选择并不相互排斥，但每个选择都对我们的价值观提出了拷问：老年人的价值就低于年轻人吗？我们应该去何处寻求护理老年人的资源呢？无论是好是坏，针对衰老生理机制做出的科学突破会给社会带来意想不到的后果吗？

这些问题并没有简单的答案，它们都是本书将探讨的一些主要论战的焦点。长寿的生理机制、医疗的经济问题以及死亡的权利都相互交织在一起。通过了解有关生物学、经济、死亡和死亡过程的重要事实，我们可以更好地解决这些关键问题所引发的争论。

街谈巷议

“我们的寿命更长了。”

人们常说，我们的寿命比以前长得多，但果真如此吗？对那些65岁的人来说，自20世纪中期以来预期寿命的提升幅度还不足四年(Friedman & Martin, 2011)。这虽然算得上进步，但还不至于令人吃惊。虽然出生时的预期寿命在20世纪提高了30岁(从49岁到79岁)，成为历史上幅度最大的一次增长。但人口红利大多是生命早期公共卫生干预的结果，而并非是因为医学上的突破让我们活到了65岁以上。

正常老化

从广义层面而言，也许有人会说老化从出生时就开始了，但我们通常还是将老化认定为成熟后的变化。老年学家通常使用**正常老化(normal aging)**这一术语来描述每个物种都有的不可逆的生长过程。老化可以定义为一系列以时间为基础、不断积累、稳步推进、生而有之的有害变化，这些变化在生殖成熟期开始展现出来，最终以死亡为结束(Arking, 1998)。初级老化可以描述这些随着时间推进，不受任何特殊身体疾病或创伤影响而发生的变化，而次级老化则可以描述那些由于疾病等外力所导致的残疾(Blumenthal, 2003)。

正常老化的理念之所以重要，是因为医疗专家们看到的主要是病人，很容易形成关于老年人的消极印象。一种常见的刻板印象把老年人描述成体弱多病的样子。然而事实上，大部分65岁以上的人都足够健康，能够参与大部分**日常生活活动**，比如泡澡、穿衣和做饭等。大部分生活在**非机构环境**(noninstitutional settings)中的老年人都报告称，他们在完成这些规律性日常活动时，并未受到明显的限制(全国老龄化理事会, 2013)。然而，受到限制的可能性会随着年龄而上升(老龄化管理局, 2012)。

长寿和疾病

为促进健康所采取的举措，例如改善饮食和运动等，都能降低疾病的发病率，从而提高寿命。这些举措也可能会减少老年病，但不是绝对的。很显然，发病率的下降不一定意味着死亡率的下降。一项针对60岁及以上老年人的全国性调查显示，虽然有60%的受调查者认为自己过去一年的健康状态“正常”，却有65%的人有至少两种慢性疾病(全国老龄化理事会,2013)。发病率今后是否能降低，目前尚无定论。比如，一位有着强大心脑血管系统却患有痴呆的老人，能够在认知功能严重受损的状态下生活多年，令人不禁想到史多宝。仅仅通过促进健康来延缓疾病或许并不现实，也不妥当。而且，寿命的延长并不能改变最高寿命，也即史多宝们所渴望的“自然死亡”。

美国当代的医疗实践的出发点是治愈疾病，而非促进健康的策略，这一情况引发了困境。这一人尽皆知的策略使我们战胜了许多致命疾病，比如天花和小儿麻痹，也因此让大部分人得以活到老年。从 20 世纪 60 年代开始，心脑血管疾病导致的整体死亡率每十年都在持续下降，尽管不同性别和种族的死亡率有所不同（全国心肺与血液研究院，2012）。全国健康数据中心的数据显示，这些干预手段的净效应是将美国的平均人口寿命从 1900 年的 47 岁提高到了 79 岁，堪称史上之最。

街谈巷议

“预防疾病和促进健康是为医疗省钱的好办法。”

这听起来令人向往，实际上也许并非如此。路易斯·罗素（Louise Russell）教授早在 20 多年前的重大经济学研究项目“预防比治疗更好吗？”（Is Prevention Better Than Cure）中得出了我们的这一结论。无党派国会预算办公室在 2009 年证实了这一结论，他们发现，促进健康的举措实际上并不能为医疗改革省钱。预防疾病的提法听起来不错，却并非更经济。

科学家们已经对衰老的生理机制展开了基础性研究，以避免史多宝问题——避免出现大量体弱多病、生活无法自理、生命被延长到绝望境地的老年人。但是，我们真的需要了解衰老的生理机制，才能应对这一考验吗？难道我们不能把研究重点放在消灭那些妨碍人们活到最高寿命的“致命疾病”上吗？如果最普遍的老年病（例如最为致命的中风、心脏病和癌症）能够被消灭，那我们不是都能活到 100 岁吗？不幸的是，答案是否定的。即便治愈了这些疾病，我们也只能平均多活十多年，接着便会有其他疾病置我们于死地。

如果我们能够消灭所有疾病会怎样呢?那样就会获得永生吗?答案也是否定的。时间和巧合总以种种意外为我们酿成恶果。即便我们把精力放在应对人类生理潜在的脆弱性上,也只能改变预期寿命,而无法延长寿命。更糟糕的是,我们或许会制造出更多长寿的"史多宝"。未来死亡率的下降很可能不会对平均预期寿命产生多大影响,却会制造出大量的重病老年人。于是批判人士开始担心,接下来会出现史多宝现象:病态的蔓延。

在悲观主义者看来,这一趋势在所难免,因为医疗技术正使得那些身患绝症、被残疾所困的病人有更多存活下来的希望,阿尔兹海默病患者就是一个典型例子。然而这一病症基本的深化过程并未改变,此类病人的寿命将被延长,奥尔申斯基(Olshansky)和卡恩斯(Carnes)(2002)将此称为**"人为制造的时间"**(manufactured time)。病态蔓延的第二个原因在于,随着老化产生的非致命性疾病扮演着愈发重要的角色,如关节炎和中风等(Olshansky et al., 1991)。

乐观主义者则持不同观点。肯尼思·曼通(Kenneth Manton)研究小组(2006)对《全国长期护理调研》的数据进行分析后发现,1984到1989年,老年人慢性病的发病率大幅下降。在这期间,残疾老人的比例**下降**了,这表明医疗有所改善,生活方式也有所调整。例如,65岁以上高血压患者的数量从1982年的46%下降到了1989年的39%。而美国肺气肿患者的比例也从8.9%下降到了6.4%。该研究团队的结论是:接下来几代老年人的收入和教育水平不断提高,他们的健康状况在未来还会大有进步。就消极面而言,他们提出了一些需要特别注意的情况,例如骨骼肌病症(如关节炎)和老年痴呆症。然而,最近对疾病的研究则表明,事态有可能正在往相反方向发展:过去20年中,寿命和发病率都有所增长(Crimmins & Beltran-Sanchez, 2010)。随着我们步入21世纪,这些趋势将以何种面貌展现,还有待观察。

基础研究或许能为普通老年病找到答案。但除了治疗特殊疾病以外，研究人员也在试图通过干预手段来延缓或逆转衰老。至此，对衰老生理机制的研究将产生何种影响，是我们所面临的一大问题。我们究竟是打算将平均寿命提高到最高寿命的上限——比如接近120岁？还是打算提高这一上限本身——比如提高到150岁或200岁？或者，无论一个人要活多久，我们的关注点都是将其生命完善到极致？无论怎样，成功的抗衰老干预手段都会对人类社会产生巨大影响，如果最近的研究结果能提供借鉴，那么事实是许多美国人都不对生命的极端延长持乐观态度（皮尤研究中心，2013）。在这些研究领域产生实际结果之前，社会将面对更多长寿个体造成的后果，其中之一便是，在残疾和疾病面前，我们将更加脆弱。

老化流行病学

虽然老化本身不是一种疾病，但随着年龄增长，人更容易生病。老年易病现象是**老年病学**（geriatrics）的一大主题，老年病学是一门专门研究衰老的医学。目前对老年的主要疾病已经有了深入了解，而这门学问对衰老、医疗保健和社会等问题的讨论也至关重要（Blumenthal，1983）。

我们在理解社会中的疾病时，最重要的是**流行病学**（epidemiology）这一学科。它起初是对流行病进行科学研究的学科，如今则被普遍理解为通过数据手段对人口中疾病分布情况进行研究的学科。老化流行病学的一个基本目标是了解老年人最容易患哪些疾病，并对其影响进行评估（White et al.，1986）。图9列举的流行病学数据反映了一些主要慢性致死病在老年人中的发病情况。

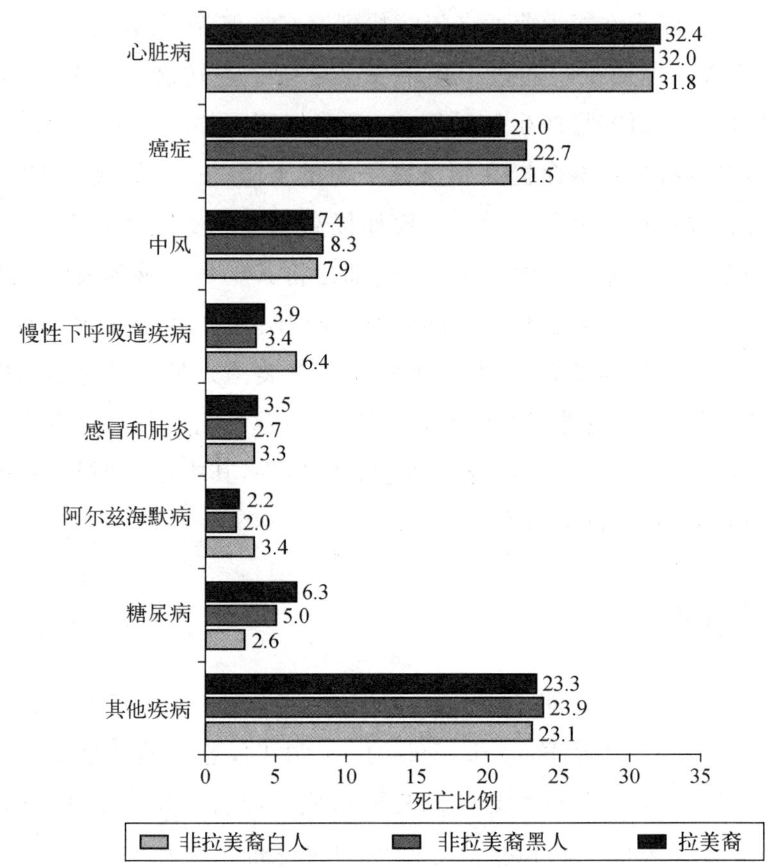

图 9　造成美国 65 岁以上成年人死亡最多的慢性病

资料来源：疾病控制与预防中心、全国卫生数据中心、全国关键数据系统，2006 年。

主要老年疾病

有些疾病是典型的老年病(Blumenthal, 1983)。例如，如今 65 岁以上的人有 1/3 死于三种疾病：心脏病、癌症和中风。心脏病和中风导致的死亡率在近几十年里有所下降，但仍然是造成死亡的主因。如果心脏病不再致死，并排除其他主要疾病致死的可能，65 岁老年人的平均寿命将延长 7 年。虽然阿尔兹海默病通常在关键数据中不被单独列为致死疾病，却仍是 2007 年导致 65 岁以上人口死亡的第五大疾病（疾病控制与预防中心，2011）。

除了致死疾病外，我们还需考虑引起长期困扰的**慢性病**（chronic conditions），无论其是否引发死亡。相较年轻人，老年人更容易患慢性病。65 岁以上人群患慢性病的概率是 46%，65 岁以下人群的概率仅为 12%。目前，美国 65 岁及以上的老年人有 80%患有一种慢性病，50%至少患有两种慢性病（疾病控制与预防中心，2007）。图 10 反映了个别慢性病在 65 岁以上人群中的流行程度。

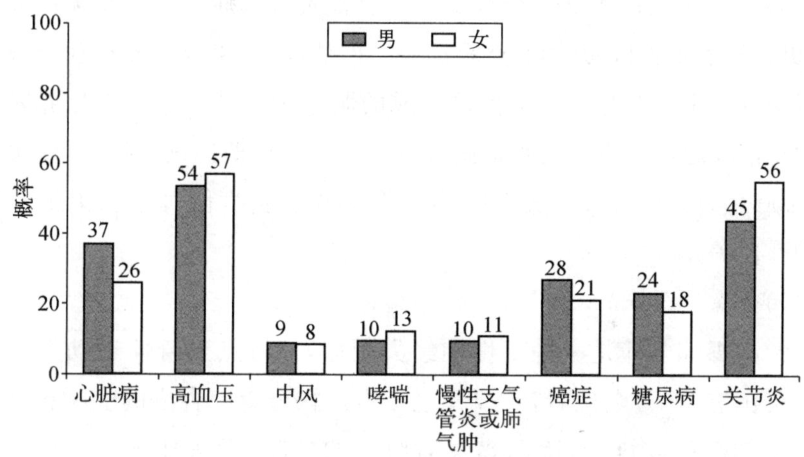

图 10　2000 年—2010 年慢性病在 65 岁及以上人群中的流行程度（按性别）

资料来源：疾病预防与控制中心、全国卫生数据中心、全国健康采访调研，2012 年。

注：数据仅适用于非接受护理的人群；同一个体可能患有多种病症。

关节炎

关节炎是老年最常见的一种慢性病，65 岁以上的人几乎有一半患有关节炎。关节炎是一种关节炎症，通常称为“风湿病”，也是美国一大致残疾病。关节炎的症状包括关节疼痛和肌肉红肿。和癌症一样，关节炎实际上是 100 多种有细微差别的症状的统称。类风湿性关节炎可以在任何年龄发病，而骨关节炎往往在老年发作，并随着关节磨损导致的退化而愈发严重。

70 岁以上的人几乎都有不同类型的关节病，但不同病症对日常生活活动产生的影响却有天壤之别，但大部分患者都拥有积极而满足的生活。关节炎的病因尚不清楚，也无法根治，为减轻症状而采取的治疗却非常有效，廉价的止痛药便可奏效。然而在非常严重的情况下，髋关节置换等关节手术可能花费高昂（Moskowitz & Haug，1985）。

骨质疏松症

骨质疏松症是一种因骨组织退化或消失而导致力量丧失与骨折的病症。患者多为女性（发病率是男性的 4 倍），且在停经女性中尤为普遍。65 岁以上的白人女性约有 1/4 会患骨质疏松症。受骨质疏松症影响，更容易发生骨折，并引起严重后果。据估计，每年骨质疏松症导致的骨折病例有 150 万起。多由摔倒造成的髋骨骨折是老年人进疗养院的最常见情况之一。康复的骨折病人有一半需要长期护理。据估计，美国有 1200 多万人患有骨质疏松症，该病导致的骨折病例每年总花费为 70 到 100 亿美元。

帕金森综合症

帕金森综合症是一种变性神经失调症，其特点是身体运动失去控制。美国有 50 万名患者，主要是老年人。帕金森综合症的症状包括头部和手部颤抖或抖动，逐渐丧失对肌肉的控制，无法独立行走。帕金森综合症是一种与年龄有关的综合征，中年后发病率逐步上升。出于不明原因，老年痴呆症和抑郁症在帕金森综合症患者中非常普遍。帕金森综合症看似是由大脑细胞多巴胺分泌不足所致，但没有治疗手段可以显著缓解病情。左旋多巴一类的药物则能够减轻症状（Phawa & Lyons，2013）。

癌症

近期研究主要关注衰老及身体免疫系统的变化。青春期后，人体免疫力开始下降，到了一定年龄便会出现自身免疫功能紊乱，关节炎和癌症发病率上升。事实上，癌症也是一种老年多发病，有一半癌症发生在 65 岁以上的老人身上。年龄越大，患恶性病的概率也越大，癌症因此成了如今 65 岁以上美国人的第二大死因，有 22%的老年人死于癌症（疾病控制与预防中心，2007)。

各种癌症看似与年龄有关，但实际上也可能是因为长期暴露于致癌化学品或致癌物(如石棉或烟草)。成功的医疗介入可以让老年癌症患者活得更久，因此癌症也变成了一种慢性病。被诊断患有慢性或可控性癌症的病人可以活很多年，因而增加了长期医疗护理的成本。对于不可治愈的癌症病人，这一手段可能只是延长了濒死状态，不仅引发了关于终止治疗的伦理问题，也引发了延长生命的成本问题。

心脑血管疾病

包括中风和心脏病在内的心脑血管疾病一直是 65 岁以上人口的主要致死病(Kaiser, Morley, & Coe, 1997)。心脏病的死亡率是 32%，而中风的死亡率是 8%(疾病控制与预防中心，2007)。过去 20 年间，心脏病死亡率下降了近 30%，老年人的心脑血管状况也有很大的个体差异。生理学研究表明，在日常正常活动范围内，80 岁健康老人的心脏可以像 20 岁时一样发挥功能。然而不幸的是，70 岁的老年男性有 2/3 都有明显的冠心病症状，因此死亡率居高不下。心脏病造成了巨大的经济负担，疾病控制与预防中心(2011)的数据表明，2010 年的心脏病治疗费用超过 4440 亿美元。

中风是指由于供血突然紊乱而导致的大脑神经缺陷。中风通常会造成某种程度的瘫痪，尤其是偏瘫，也可能造成语言等能力的下降甚至昏迷或死亡。1/3 的中风会致人当场死亡，1/3 的中风会造成永久性残疾。

痴呆症和阿尔兹海默病

痴呆症是一种器质性精神障碍，主要表现为逐渐丧失思考和记忆能力。它并不是正常衰老的特征，而是特殊疾病的结果。痴呆症的特点是头脑混乱，记忆受损，症状包括无目的地游走和丢东西等。老年痴呆症的病因有很多，但阿尔兹海默病是主因(Katzman & Bick, 2000)。阿尔兹海默病患者可以维持社交技巧，在某种程度上掩饰自己的病症。阿尔兹海默病往往难以诊断，且孤立于其他认知缺陷，例如由一系列影响大脑的小中风导致的多发梗塞性痴呆。

阿尔兹海默型老年痴呆症是不可逆老年痴呆症的主要病因，有2/3的痴呆症属于这一类型。65 岁以上阿尔兹海默病患者的比例每十年就有大幅上升，每五年翻一番。65 岁以上的人中，有 1/12 的人都会得阿尔兹海默病，而 80 岁以上的患者比例竟高达 1/3，至少某些社区的研究结果如此。目前，有 200 万到 400 万的美国人可能受这一疾病的困扰。一半的养老院病人都患有不同形式的痴呆症，往往是阿尔兹海默病。

阿尔兹海默病是一种脑细胞遭到破坏导致的病症，特点是脑细胞出现斑块和结节。脑功能失调会历经不同阶段，从微弱的记忆丧失，发展到严重的认知能力受损，最终大脑极度混乱，个体丧失自理能力和其他日常生活活动能力（Reisberg，1983）。在疾病后期，还可能出现大小便失禁、语言能力丧失、无法行走等症状。阿尔兹海默病的确诊非常困难，通常只有在进行尸检后才能确定患者生前是否有阿尔兹海默病。不过简短智能测验（Folstein Mini-Mental State Exam）这样的大脑状态检查可以评估该疾病造成的认知功能丧失情况（Folstein，Folstein，& McHugh，1975）。

阿尔兹海默病不可逆转，但其发展进程往往可以预知。待发展到严重阶段，在患者家中对其进行料理几乎是不可能的。通常结果是将患者转入有条件的养老院，对其进行长期料理。即便患者的生活质量严重下降，却仍然可以运用现代医疗技术来医治其生理疾病，例如肺炎或肾衰竭，从而延长病人生命，造成高昂开销。

值得一提的是，在医疗配给论战中，对阿尔兹海默病患者进行急性医疗介入实际比长期护理花费要少（Cassel，Rudberg，& Olshansky，1992）。全国老龄化研究所（National Institute on Aging）预测，除非发现阿尔兹海默病的治疗方法，否则患病人数将高达 1400 万，每年仅护理花费就高达上百亿美元。

阿尔兹海默病似乎是老年最常见的疾病之一，基因因素明显对此有影响，发病也较早。21 号染色体和 14 号染色体上的基因尤其会导致阿尔兹海默病在早期发病，而 19 号染色体上的另一个基因则可能导致晚期发病。阿尔兹海默病患者的亲属一生中发病的概率大约为 20%，比其他群体患病风险高出两到三倍。如果阿尔兹海默病只是一种单纯的遗传病，那么双胞胎肯定都会患病。然而事实并非如此。这就证明环境因素对阿尔兹海默病的表达也一定有所影响。经典的“修女研究”(Nun Study)表明，有明显阿尔兹海默病生理标记的人可能完全不会表现出患病症状(Snowden，2002)。因此有经神病学家指出，难以将阿尔兹海默病与大脑衰老的其他过程区分开来(Whitehouse & George，2008)。

虽然阿尔兹海默病是一大问题，但不应夸大其在老年人中的普遍性。大部分 65 岁以上的人都**没有**记忆缺陷或痴呆症，所有 65 岁以上的人中，大约 1/5 有轻微或中等程度的精神损伤。这意味着，大部分老年人根本没有大脑疾病。即便是记忆缺陷也很少发生在普通老年人群体身上，老年人的学习和成长能力不可小觑。

对老年疾病的回应

为消灭癌症和中风等疾病所进行的介入虽然可以提高预期寿命，但并不能延长个体的最高寿命。此外，治疗高危疾病并不能防止其他导致慢性残疾的非致命性疾病。老龄化、医疗和社会三者之间的一个重大问题在于，我们的医疗体系是否有能力应对数量不断攀升的老龄化人口。许多批评人士对此表示否定。美国医学界往往忽视了护理和应对不治之症(如帕金森综合症和阿尔兹海默病)患者的广阔维度。这种倾向尤其值得老年病学给予关注。

在大多数发达国家，尤其是美国，临床医学几乎把重点全部放在了毫不相干的病因及其治疗上。有机体本身的致病原因(即老化和易感性)并没有得到充分的理解，也没有引起关注。这里的矛盾在于，活着的老年人越来越多，已经成为社会很大的一个群体，而无论癌症还是阿尔兹海默病，这些致命性疾病都与老化息息相关。

若对老化生物学原理有了突破性了解，这一问题是否就能迎刃而解呢？我们有理由对此表示怀疑。比如，DNA修复是一种用来应对生理性老化的常用机制，无论它多么完善，都无法对诸多年龄导致的变化产生影响。老龄阶段的许多生理变化都是身体机能的老化，包括骨头脱钙、关节软骨尿酸结垢和血管胆固醇堆积。老年病学或许可以探索应对策略，在细胞组织层面控制病因，引入能增进临床治疗的康复手段。问题在于，如今许多大型医疗技术（如肾脏移植和心脏搭桥手术）对于延缓老化都无济于事。我们可以让病人活着不死，但在增进其生命质量方面却无能为力。

考察老年流行病学后便会发现，“史多宝”问题将在未来变成现实。成功医治某些形式的癌症或心脏病虽能提高寿命，却会让为数众多的人生活在中风、关节炎和骨质疏松症中。老年病学可以采取的务实方案是找到恰当的介入手段，缓解老年性疾病给个体和社会造成的负担。

医学技术的进步和促进健康的措施能够让平均寿命接近最高寿命的理论上限。但这样一来，我们是否无意中加剧了史多宝问题呢？那些支持以年龄为根据进行医疗配给的人，希望砍掉维持高龄患者生命的昂贵医疗费用，重新将这些资源分配给其他医疗手段，治疗与年龄相关的疾病，提高生命质量。问题的关键在于，长期护理的费用就一定低于其他形式的治疗费用吗？要解决这一问题，就有必要讨论医疗经济学。

医疗经济学

史多宝现象在美国对公众造成了一大重要后果——高龄人群的医疗开销在不断攀升。2013年，老年人占总人口的13%。除此之外，每个老年人的总医疗开销也不断上涨，比每个儿童的医疗开销高出五倍以上。这种上涨趋势是在医疗总支出不断上涨的大背景下产生的。如今，

通过促进健康的活动，如锻炼身体，平均寿命或许能接近最高寿命的理论上限。

医疗在国民生产总值中所占份额是 1965 年首次实行联邦医疗保险时的两倍。联邦医疗保险仍然是老龄化医疗经济学的核心问题（医疗保险支付咨询委员会，2004）。疾病控制与预防中心（2007）和凯撒家庭基金会（Kaiser Family Foundation，2012）提供的数据显示，联邦医疗保险过去 30 年间的开销从 1980 年的 370 亿美元上涨到了 2012 年近 5 360 亿美元。

美国在 1980 年仅将 9%的国民生产总值投入到了医疗当中，2012 年这一数字则超过了 21%（预算与政策优先中心，2013）。医疗如今是联邦预算中第二大项目，20%的预算都投入了医疗。医疗支出的上升速度比整体通货膨胀的速度还快，未来将成为隐患。出于对医疗成本和医疗享有权等因素的考虑，美国在 2010 年出台了《患者保护与平价医疗法案》（Affordable Care Act）（Jacobs & Skocpol，2012）。

报销制度

联邦医疗保险是为5 000万老年人和各年龄段残疾人支付医疗费用的一大联邦政府项目(凯撒家庭基金会,2012)。联邦医疗保险有严格的限制:不报销第一天入院费用,也不报销助听器、眼镜和牙齿保健等项目。(参见图11,查看老年人感觉障碍发病情况。)除了出院后一段有限时期外,联邦医疗保险不报销长期护理。然而,由于2003年出台了《联邦医疗保险现代化法案》(Medicare Modernization Act),联邦医疗保险现在也涵盖了处方药的报销。像大多数保险计划一样,联邦医疗保险也包括自费额和共同负担额两部分,但仅覆盖了80%的医生费用。联邦医疗保险运行的主要依据是年龄,它和医疗补助计划(Medicaid)的不同之处在于,后者是由州政府与联邦政府共同出资的医疗项目,适用于贫困线以下的人口,并且对养老院护理给予大笔报销。

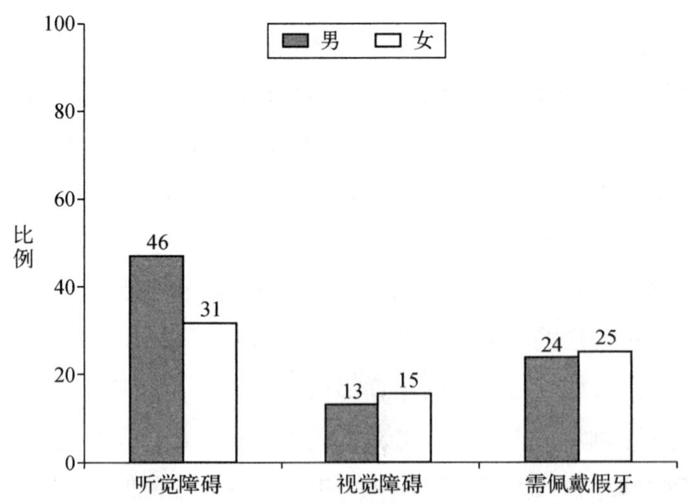

图11 2010年65岁及以上人群患听觉或视觉障碍的比例(按性别)

资料来源:疾病控制与预防中心、全国卫生数据中心、国民健康访问调查,2012年。

注:该比例仅涉及非接受护理的人群;同一个体可能患有多种慢性病症。

联邦医疗保险是在1965年作为《社会保障法》(Social Security Act)的一部分内容开始实行的。在联邦医疗保险实行之前,65岁以上的人有一半都没有医疗保险,而如今几乎人人都有。30多年当中,联邦医疗保险的覆盖人口发生了很大变化。1965年至今,平均预期寿命从70岁上升到了79岁,65岁以上人口在全美人口中的比例从9%上升到了13%。联邦医疗保险对老年人的健康产生了重大影响:自1965年起,死于心脏病的美国人数量减少了1/2,死于中风的美国人数量减少了2/3,成绩斐然。

同社会保障一样,联邦医疗保险的资金来源是从工人工资中缴扣的税款,此外还有政府拨款和受益人缴纳的保费。不同之处在于,社会保障的问题已经累积了几十年,对未来影响深重,而联邦医疗保险则面临着短期资金问题。总体而言,联邦医疗保险支出比生活成本的上涨速度高许多,为政策制定者造成了严峻的成本控制问题。

联邦医疗保险由两个完全不同的项目组成:第一部分是入院医疗保险;第二部分是涵盖了非入院护理费用的补充医疗保险,基本上包括了医生的服务费和有限的上门服务与门诊服务费用。联邦医疗保险第一部分的资金来源依据是《社会保障法》,要求工资超过一定数额的工人都必须以税收形式缴纳保险金。第二部分则由联邦医疗保险受益者缴纳。如果年收入不超过8.5万美元,每月通过社会保障账户扣缴96.40美元的保费,便可报销80%的医生收费。收入超过这一标准的个人若想申请保险,需缴纳更高保费,且不排除保费进一步上涨的可能(参见 http://questions.medicare.gov)。图12显示了联邦医疗保险的资金去向。

1965年联邦医疗保险首次施行后,开支是30多亿美元,如今则超过了5 360亿美元(凯撒家庭基金会,2012)。这些花费有近2/3都流向了医院,因为医院采用了尖端高科技治疗。如果引入以年龄为依据的医疗配给体系,它可能会被涵盖在联邦医疗保险之下,并且属于医院报销的大头。

虽然联邦医疗保险的开支在急剧攀升,它仍然只能报销老年人**自费**

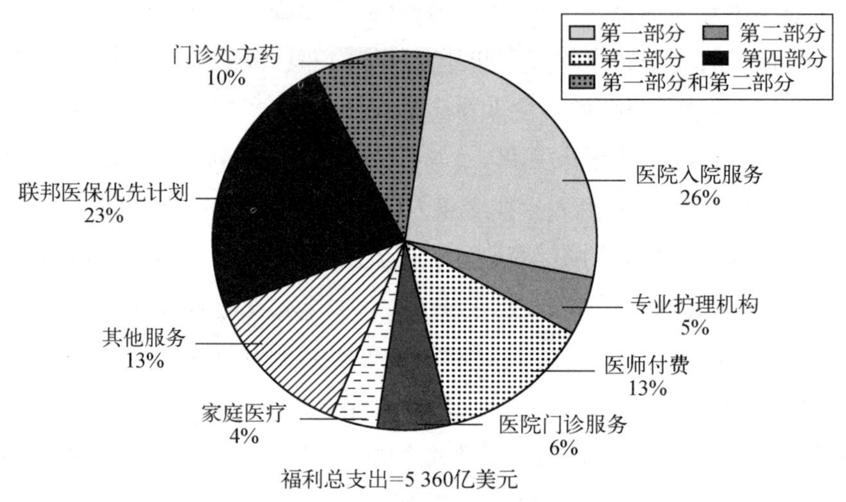

图 12　2012 年老年人联邦医疗保险资金去向

资料来源：国会预算办公室、医保基准，2013 年 2 月。

注：不包含行政开支、医保药物福利及医保优先项目执行开支。不包含低收入补贴开支及特殊服务费非报销项目。

医疗费用(out-of-pocket medical expenses)的一半：大约与 1965 年联邦医疗保险实行之初的比例相当。部分原因在于，联邦医疗保险第二部分报销了 80%的医生"合理收费"。事实上，实际报销数额或许并不能反映某一地区的差异。实际操作过程中，过去许多医生的收费都会超过联邦医疗保险官方允许的数额，差价则由病人自负。但这种做法现在变了。1993 年以来，参与联邦医疗保险的医生都受到法律限制，收费不得超过联邦医疗保险报销上限的 15%。之所以通过这条法律，是因为仅有不到一半的医生愿意以全款形式接受联邦医疗保险报销，因为报销数额太低。由于联邦医疗保险仅支付一部分医生费用，还有约 30%的联邦医疗保险受益人同时参与了私人保险公司提供的**医疗补助保险**(Medigap insurance)，来补充超出的医疗费用。

目前联邦医疗保险和医疗补助计划的经验让我们有理由担心，如果政府保险项目出于节约成本的原因而砍掉医生诊疗费用报销，结局将会怎样？美国医疗协会(American Medical Association)的官员们反对政府对医生收费施加限制，他们的理由是，这种限制实际上让医疗变成了一种配给。

1983 年之后也出现过类似的担忧，当时国会通过法律对接受联邦医疗保险报销的医院进行了收费限制。1983 年，国会对联邦医疗保险第一部分产生的高昂入院费用作出回应，出台了**预期支付制度**（prospective payment system），医院在接待联邦医疗保险病人时，实行新的报销方式。在预期支付制度下，无论病人入院时间有多久，需要接受哪种服务，只要诊断结果与某类病况相吻合，医院就只能获得与这种病况相对应的固定报销金额。过去十年间，这项新的预期支付制度使入院成本大大降低到了以前的水平之下。但评批人士认为，这项制度增加了门诊成本，成本被转嫁到“尚未痊愈就匆匆出院”的病人身上（见图 13）。

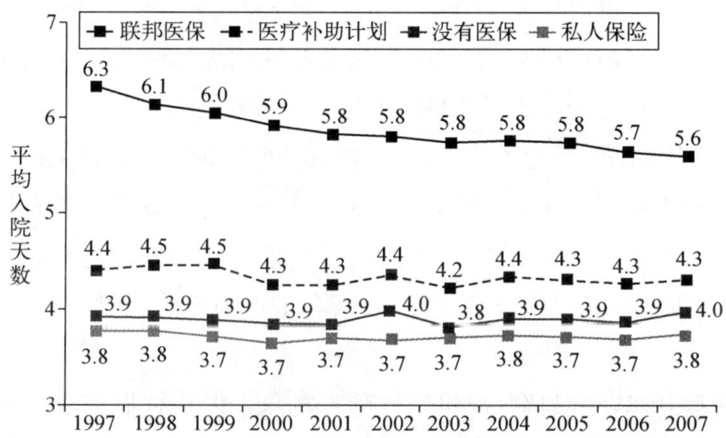

图 13　短期入院：1997—2007 年所有类型付款人的入院和出院情况

资料来源：医疗研究与质量局，交货、组织和市场中心，医疗费用与利用项目，全国门诊病例，1997—2007 年。

注：本表所涉对象为入院平均时间不超过 30 天的非联邦医院所有类型病人的住院时间。

预期支付制度规定了上百种诊断类别或**诊断相关组**（diagnosis-related groups），以此决定医院护理病人所能得到的报销数额。实际上，这一制度会刺激医院削减成本——只要在治疗上行得通，就会尽快让病人出院。虽然这一制度引发了许多抗议和担忧，诊断相关组制度业已成为美国医院的常态。

上世纪80年代，很多人都害怕甚至批判称，这些控制成本的手段会使医院“抛弃病人”，使病人护理普遍恶化。实际上这种恶化并未出现，而1983年通过的这条法律的确实现了预期效果，将联邦医疗保险第一部分的支出降到了可控范围内。虽然这有效控制了医院治疗成本，但到了80年代，联邦医疗保险第二部分的医生支出却增加了两倍，而门诊支出（如家庭保健支出）则在近年急剧上升。

由于诊断相关组制度获得了成功，国会进一步采取措施来控制联邦医疗保险第二部分的成本。1989年，国会通过了另一条法案，修订了不同门类医生的报销方案。新法律在全国联邦医疗保险项目中引入了所谓的“资源相对价值量表”（Resource-Based Relative Value Scale）。这一量表意味着，以内科医师、老年病专家和家庭护理医师为代表的医疗从业者将获得更多报酬，而以外科医生为代表的专业医师报酬有所下降。

这一报销制度是为了进一步鼓励疾病预防、促进健康和生命质量等医疗策略，而不是一味强调用昂贵技术来延长生命。那些花更多时间陪护病人，却不采用“高科技”手段的医生将获得更多报酬。这一新举措的目的是提供一种能反映技能、时间投入和工作强度的、更加平等的付款制度。

虽然目前有关联邦医疗保险个别细节的讨论还在进行，但它的确成功得到了广大公众的强烈支持，成为普罗大众都能受益的疾病保险项目。另一方面，是否应当让联邦医疗保险变成长期护理、精神疾病治疗或早期疾病防治的普惠性公众项目，这一争议却未达成共识，而这从长远角度看来也并非没有益处。联邦医疗保险并不报销定期牙齿检查。由于精神疾病的治疗成本低，而且如今的老年人更加排斥正规医疗服务，老年人精神健康服务的花费仅是年轻人的一半。

虽然联邦医疗保险近期做出了改变，预防护理和促进健康这两项目标仍未得到重视。批评这种“歧视”的人认为，联邦医疗保险大部分钱都花在了心脏病和白内障这种急性病上。昂贵的心脏搭桥手术费用可以通过联邦医疗保险得到全款报销，而检验是否患有高血压或推荐采取预防性饮食与治疗的诊疗费却得不到报销。联邦医疗保险反映出，该项目的重点仍是保障非老龄化人群的健康，其对技术的重视在某种程度上令人费解。有悖常识的是，20 世纪死亡率的下降并非得益于医学技术的进步，相反主要是通过社会干预实现的——比如改善卫生和饮食、促进公共健康等。或许努力让人们过上更健康的生活，就能有效控制老龄化群体的医疗保健支出。

联邦政府还资助关于改善生活方式的健康效果方面的研究（疾病预防与控制中心，2007 年），资助医疗技术的研发。事实上，生物医学的科研开支已经从二战后的 300 万美元提高到了如今的 260 多亿美元（Moses et al., 2005）。私人领域的研发投资往往会使成本下降，相反，医学技术的进步实际上使医保成本变得更高。每一种新技术的出现都延长了生命，高龄人士与重病患者的数量也就变多了。

展望未来

不断攀升的医疗支出是老年人和社会其他群体面临的一项重大问题。例如，联邦医疗保险项目的受托人表示，联邦医疗保险支出在国民生产总值中的比例将从不足 3%上升到 2075 年的 13%以上。生物医学技术是有助于解决这一问题，还是会让它变得更糟？

当前的趋势已经引起了关注。首先，在医疗产业中，新技术能够催生新服务，但也会造成开支上涨。其次，即便根据通货膨胀进行了调整，医疗成本的涨速也比通货膨胀要快。再者，美国的人口老龄化也会增加这笔支出，因为疾病和残疾的发病率在老年人中更高。65 岁以上人口的医疗开支是 65 岁以下人口的四倍。就医疗总体支出而言，65 岁以上人口虽然只占全部人口数量的 13%，其开支如今却占了全部医疗开支的 1/3 以上。

老龄化人口的医疗消费水平今后将上涨到何种程度，目前还难以估量。我们过去大大低估了这笔开支。1965 年，决策者将补充医疗保险的支出囊括在了联邦医疗保险之下。然而仅仅五年之后,该项目的成本就翻了五倍。1967 到 1975 年间,联邦医疗保险项目两部分的使用情况从每千人有 367 人受保,发展到每千人有 528 人受保。近年来,联邦医疗保险支出的上涨速度已经是通货膨胀的三倍之多。

支出巨大且不断上涨,未来老龄化人口的前景已经引发了广泛关注,这一点不足为奇。根据美国人口普查局的人口预测,高龄人口(85 岁以上)的联邦医疗保险支出到 2040 年将上升六倍。我们将在后文看到,这一趋势已经在未来是否实行医疗配给的问题上引发了激烈争论(Hoffman, 2012)。

长期护理

临终重大决定往往能引起公众对医疗经济学讨论的关注。关注的重心已经从医院重症监护室转移到了需要长期护理的病人身上。需要长期护理的病人可能生活在不同环境之下,比如住在养老院与辅助生活机构,或是独居。无论在社区还是护理机构中,患有严重慢性疾病的人通常都需要在他人帮助下开展日常生活活动,而这种支持性服务花费高昂。

我们该如何提供这些服务呢?这个问题不能拖到未来。无论在家中还是在护理机构,越来越多患有慢性疾病的、身体虚弱的老年人已经处于需要长期护理的状态。与其希望老人早些过世,或是幻想着能找到永葆青春的生物医学之源,不如现实地面对在家中或护理机构进行长期护理的费用问题。这一费用究竟应该由谁来负担,各方意见不一。

假设有乔治·沃尔顿(George Walton)和玛莎·沃尔顿(Martha Walton)这对夫妻。他们从来没想过自己能活到 80 多岁,因此很庆幸能如此长寿,还能在美国米德尔敦的家中自主生活。不过自从乔治中风之后,打理房子就变得愈发困难了。玛莎开始觉得力不从心,她患上了关节炎,行动不如以前灵活。他们雇不起家政,打算谋求别的居住方式,但乔治担心自己的状况会不断恶化，最终被送到养老院。他们在想，接下来该怎么办呢？

老年人居住问题

无论乔治和玛莎·沃尔顿是否知道**长期护理**这一概念，他们实际上已经在和长期护理问题作斗争。乔治和玛莎喜欢住在自己家，不想去独立的居住机构。他们面临的情况非常典型，这表明长期护理服务和老年人居住问题之间并没有明确区分开来。老年人居住问题常被理解为一项实体事务，也就是说，人们认为这是为老年人护理机构提供资金或援助。现在人们愈发注意到，在规划老年人居住问题时，还要考虑到社会和环境因素（Newcomer, Lawton, & Byerts, 1986）。

如今，美国约有 90%的老年人居住在传统住宅中，其中大多是独立住房或公寓。65 岁以上的人仅有 5%住在养老院里，还有 5%住在提供集体设施或服务的居住机构中。就高龄人士（85 岁以上）而言，也仅有 1/4 住在特殊性或辅助性居住机构当中。然而老年人的医疗保健无疑也要考虑居住因素。

在 21 世纪初期人口不断老化的美国，居住问题可能会增加对低成本住房和配套服务的需求。由于联邦政府划拨给老年住宅的资金不断缩水，为老年人打造廉价住房已成为一大考验。家庭保健和成人日间护理等社区式服务，会因服务商出于成本压力寻求其他手段取代昂贵的医疗机构（比如养老院），变得愈发重要。

养老院是指为老年人或残疾人士提供某种程度的护理服务的居住机构（Johnson & Grant, 1986）。在美国，此类机构约有 2/3 是私营的、以商业形式运作的赢利性机构。另外 1/3 大部分是公益性或非赢利性的，个别由市政府经营。很有必要区分这些机构哪些是有资质的、提供医疗保健的护理机构（比如医院），哪些是为老年人或残疾人士提供日常个人护理服务的机构。**病中护理机构**是为需要较少程度帮助的病人提供健康护理的机构，而**病后护理机构**则是在病人出院后短期恢复阶段为其提供护理的机构。

与此同时,解决老年人居住问题的新办法也引发了更多关注。如今,人们正在讨论从公私两个领域提供计划性老年人居住,其中包含很多选择:自然形成的退休社区;以休闲为导向的持续护理退休社区;寄宿式疗养院;成人日间护理服务共有住宅、协助生活(assisted living)和居民医疗保健等。美国退休人员协会的调研显示,有90的老年人都倾向于待在家里,“老得其所”。我们希望未来会出现新的居住办法和调整措施,让老人们如愿以偿(Cisneros, Dyer-Chamberlain, & Hickie, 2012)。

那么乔治和玛莎会考虑采纳哪种“新居住方案”呢?放在过去,他们可能会考虑进养老院。**养老院**通常是由教会、兄弟会组织或热心人士出资赞助的,旨在为贫困或无自理能力的老年人提供帮助。这些居住场所现在越来越少了,但从商业基础上发展起来的退休社区却深受富裕老年人的欢迎(Hunt, 1983)。

一种近期发展迅速的新型居住场所尤值一提,这就是**持续护理退休社区**(continuing-care retirement community)(Sherwood et al., 1997)。这种居住场所与医疗保健相结合,为难以独立生活的人士提供某种程度的社会扶持。持续护理退休社区最初被称为“生活护理社区”,在不同程度上结合了医疗与居住、膳食、社会扶持及人身安全,为居民们提供了“老得其所”的机会。在一套全面的保险合同下,持续护理退休社区将这些服务进行结合,已经具备管理型护理的雏形。

分析人士相信,由于持续护理退休社区拥有完善的保障,还整合了居住和长期护理需求,形成了老年人医疗的完美模式(Somers & Spears, 1992; U. S. Government Accountability Office, 2010)。但也有缺陷:持续护理退休社区的花费通常都不低,乔治和玛莎很可能没有申请资格。生活护理社区的一个明显特征在于,居民们做好了在那里度过余生的打算,他们要缴纳高昂的入住费(可能高达10万美元),以便在年老体衰时得到照料。

如果持续护理退休社区是一种昂贵的居住选择，那相对低廉而普遍的**入住式护理机构和寄宿式护理院**（domiciliary care facilities and board-and-care homes）就很有必要做一番介绍了（Morgan, Eckert, & Lyon, 1995）。这一类型的疗养院主要为不需要养老院重症监护、但需要日常生活活动援助的老年人和残疾人士提供监护或个人护理服务。

此外还有**生活协助机构**（assisted-living facilities），它们为居民及其家人提供了家一般的环境，以及有限的个人护理与协助（Zimmerman et al., 2001）。协助生活的氛围能够在最大程度上增进老人的自主权、独立性和个人隐私，其综合特性涵盖了完整的护理范围：既可以提供基本的日常生活活动帮助，也可以让老人享有完整的护理服务。生活协助机构比养老院的受欢迎程度大得多。由于医院迫于压力要尽早让病人出院，养老院又变成了重症病人的居住场所，生活协助机构正迅速发展起来（Golant & Hyde, 2008）。

生活协助机构的一大优势在于，相较独立退休社区，其提供商希望联手打造包括成人日间护理、送餐上门或其他社会服务的全方位服务网络。生活协助服务的费用目前大部分由个人承担，但保险和公共财政或许未来会有所推进。2010 年，全美约有 7.35 万人居住在 3.1 万家这样的机构中，这是一个快速成长的产业。不过，有关生活协助机构的一些问题尚未得到解答：老人生病或健康严重受损时该怎么办？相对于成熟的养老机构，国家对生活协助机构的管理还不完善（Mollica, 2000）。

联邦政府通过**第 202 节和第 8 节居住计划**（Section 202 and Section 8 housing programs）为低收入老年人提供租房补贴。但居住计划通常只关注“实体”住房，未考虑老年人对社会支持的需求，而随着年龄增长，他们实际上需要更多社会支持。这些需求通过**集体住房**（congregate housing）得到了较好的解决：集体住房为独立生活的边缘化老年人提供膳食、家政和支持服务（Chellis, Seagle, & Seagle, 1982）。同样，**共享**

住房(shared housing)也引起了关注,作为一种选择,这种居住方式指在集体住宅中共享公共区域,或指房东把闲余房间租给他人使用的情况(Streib, Folts, & Hilker, 1984)。还有一种选择是老年人共同居住(Durrett, 2009)。这些包括补贴住房在内的选择大多是针对低收入老年人的。

然而,经济情况尚可的中产阶级或富裕群体会考虑休闲型退休社区。这种社区与持续护理退休社区等协助生活项目不同,它们缺乏社会支持服务的正规化网络。居民们大部分都要“靠自己”,很独立地生活。休闲型社区的最大特点是以娱乐活动为中心:无论在形象上还是在现实中,其服务对象都是健康、年轻化、希望享受休闲生活的老年人群体。

未来的一个问题是,在人口开始“老龄化”、对深度支持服务的需求愈发高涨时,这些社区能否保持自己的休闲本色(Folts & Streib, 1994)。另一个问题在于,将老年人和年轻人住宅隔离开来,这在社会上是否行得通?我们将在后一个章节对此进行讨论。

所有这些选择都很重要,但它们可能不会对乔治和玛莎有多大帮助,这对夫妻只想待在家里。增进老年人居住质量的措施目前还是以政府或私人市场领域主导的计划住房为主。然而,数量庞大的美国老年人还是选择了非计划住房,通常是留守在自己家,或曾经住过的社区,就像乔治和玛莎一样。

老年人长期护理

随着人口中越来越多的人步入晚年,所有发达工业国家都面临着长期护理需求爆炸式增长的问题(Feder, Komisar, & Niefeld, 2000)。老年人因慢性病而感到行动不便的天数是普通人的两倍。这些病症中最严重的是关节炎、风湿病和心脏病。但在65岁以上的人中,这些疾病产生的影响截然不同。除了住在养老院的人外,年轻老年人(65—74岁)仅有一小部分(5.7%)称自己需要在家务、穿衣和购物等日常生活活动上得到帮助。相比之下，高龄老年人（85 岁以上）需要帮助的人数比例跃升到了 40%（见图 14）。

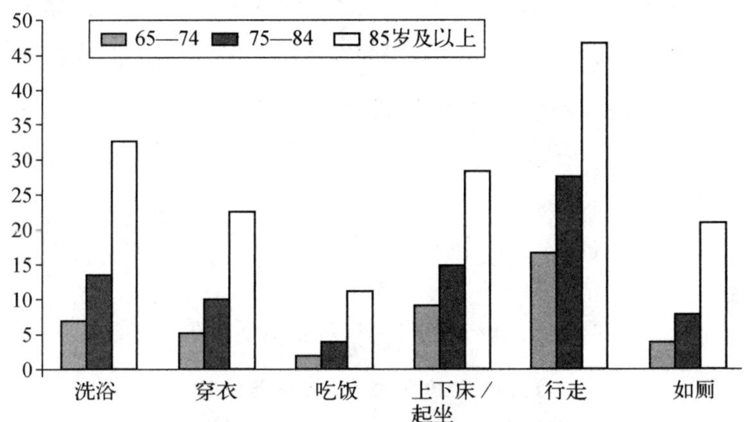

图 14　不同年龄群体日常生活活动受限人数比例

资料来源：老龄化管理局，2011 年。

长期护理与急性医疗保健本质不同。急性医疗适用于由单一病因导致的、可以通过医疗介入进行治疗的病症。而需要长期护理的慢性病症往往持续时间长，病因也多种多样。此类障碍的例子是阿尔兹海默病等老年痴呆，以及导致终生残疾的中风。结果是病人无法再从事日常生活活动（Katz，1963；Fuzeki & Banzer，2013）。

这具体意味着什么？我们再来假设乔治·沃尔顿目前已经到了这一阶段。一系列小中风对他造成了严重影响，病情已经恶化到了需要人帮忙洗澡甚至喂饭的地步。玛莎已经尽了全力，但他们的孩子卡罗尔和罗伯特劝他们说，目前最好的办法是把乔治送到当地的米德尔顿养老院，他在那里可以得到 24 小时护理。乔治和玛莎不敢那样做，他们根本不喜欢这个主意。

鉴于乔治·沃尔顿的病情已经恶化，他很可能迟早要到专业护理机构中去。从图 15 可以看出，2011 年有 130 万美国老年人住在养老院，比同期所有住院人数都多，但这一数字不到老年人口的 5%。如今，疗养院人口的增长,部分是医疗技术进步和长寿革命成功的结果。但这也同样反映出,美国社会并未提供廉价可行的方案(即以家庭或社区为基础的长期护理)来替代养老院。养老院里的很多人都没必要住在那里,如果能享受到恰当的服务,还是能住在社区里的。按照现状来看,养老院入住比例可能会从10%跃升到40%。

- 居住人数:735 000
- 女性:74%
- 男性:26%
- 年龄分布:65—74:9%;75—84:7%;85+:54%
- 需要协助从事三种以上日常生活活动的人:38%

图15　2010年生活协助服务数据

资料来源:http://www.ahcancal.org/ncal/resources/Pages/ResidentProfile.aspx (2010)。

为什么乔治和玛莎如此害怕进养老院?他们的担忧有道理吗?养老院被称为**全景敞式机构**,这个词也可以用来形容监狱、精神病院和寄宿学校等机构,即那种把人当作"关禁对象"而非个体来对待的机构(Goffman, 1961)。养老院的日常管理体制经过了精心组织和安排,因此老人们可能会丧失对环境的控制感,很容易变得抑郁。

针对此类机构展开的审慎观察性研究让人们对养老院的批判有理可循。古布列姆(Gugrium, 1975)的研究最为经典,此外也有新闻报道揭露了某些机构令人发指的恶劣环境。ProPublica和美国公共电视台《前线》系列最近共同披露了生活协助机构玩忽职守的现象(Thompson & Jones, 2013)。也有可靠的研究表明,这些低劣养老院造成了旨在提供优质长期护理的公共政策屡屡失败的恶果(Baker, 2007)。鉴于这些事实,也就很容易理解,为什么许多老年人都害怕住养老院(Baker, 2007)。

尽管如此,我们还是要记住,像学校或医院一样,长期护理机构的质量也千差万别。对于那些真正需要专业护理的老年人来说,"养老院都不好”的成见毫无裨益，尤其会伤害尽职尽责的养老院员工，同时也会让那些努力为长辈们做出明智决定的家庭陷入负罪感和焦虑之中。政府监管力求让养老院比过去大有进步，对其不断加以完善（Kane & Kane，1987）。还有一种常见的误解是，进了养老院，就等于后半生都在那里判了终身监禁。实际上，待在养老院的时间因人而异，有些人只是短期入院，约2/3的养老院病人入院时间不超过3个月。

老年人进养老院的几率有多大呢？所有65岁以上的人中，仅有5%一直住在养老院。换句话说，认为大多数老年人或许多老年人都住在养老院的看法是不对的。5%这个小数字也容易让人们低估养老院对高龄老人的重要性。事实上，去世之前需要进养老院的人数比例要大得多：65岁及以上的人有40%都需要。5%这个数字仅指某一时间段养老院的人数比例。要注意这两个数据的不同：一是某一时间段有5%的人入院，二是在生命历程中40%的人需要入院。这一差异表明，数据的呈现方式非常不一样，反映了人们对进养老院这一问题所抱有的横向片面观点和纵向长期观点。

老年人亚群体对慢性护理的需求也千差万别。65—74岁的人进养老院的概率很低，仅为1%；而85岁以上的人概率就飚升到20%。精神障碍、慢性残疾、高龄，以及在医院或其他保健机构有入院史等因素，都是增大进养老院概率的特殊风险因素。

功能性评估

专业长期护理评估是确定人们需要哪种帮助的关键一步，扮演着“把关”的角色。医生或护士等老年学专业人士为老年人的生理、精神和社会条件进行全面衡量时，会使用**多维功能评估**（multidimensional functional assessment）了。这一测试远非身体检查那么简单，它涵盖了对日常生活活动以及身体和精神健康的检查。这些活动中最重要的是进食、如厕、上下床或起坐、穿衣及洗澡等（Fuzeki & Banzer，2013）。全面的功能性评估也关注社会和经济资源，客观环境甚至是护理人员所承受的压力等因素。在确定老年人需要哪种服务时，这些因素都发挥着作用（见表 2）。

表 2　被护理人员的几大功能性问题

功能性问题	前几周汇报过此类问题的比例(%)
1. 独立完成自理任务	75
2. 服用药物	75
3. 管理金钱或理财	72
4. 独处	70
5. 洗浴	69
6. 做饭	68
7. 完成家务	67
8. 穿衣	65
9. 打扮	55
10. 灵活移动	55
11. 打电话	52
12. 自控	48
13. 如厕	45
14. 转移位置	43
15. 用餐	37
16. 有方向感	14
功能性问题中位数	9

资料来源：加州护理人员资源中心统一评估数据库（2001）。

如果评估测试不及格，就意味着要进养老院吗？并非如此。对评估的解读重在功能——弄清某个生理障碍实际能如何影响购物、做家务、个人理财及做饭等日常任务。全面的功能性评估至关重要，因为假设某人患有轻微记忆障碍，或仅有有限的移动能力，只要周围环境安全，有邻居或家人定期来帮忙，那么他或许还是有能力怡然自得地住在公寓里。同理，身体评估要检查的不仅仅是生理器官系统，同样也要评估所服用的药物，以及感觉障碍对日常生活活动的影响。

老年学专家已经开发出了执行功能性评估的特殊工具与问卷（Gresham & Labi，1984；Kane & Kane，2000）。“美国老年人资源及服务”（Older Americans Resources and Services）问卷就是一个典型例子，它是目前美国使用最广的评估工具之一（杜克大学老龄化和人类发展研究中心，1978）。美国老年人资源及服务问卷就精神状态、自我状态评估、社会关系及家庭帮助等话题收集信息。该工具第二部分评估生理治疗、做饭、就业培训和交通等一系列服务，仔细评估日常生活活动。专家们可以确定客户所需帮助的类型（例如，如果某人容易摔跤，就为其提供助步器，如果不能自己做饭，就为其提供主妇式的家庭健康帮手，以及保证其居家安全的其他帮助）。

护理连续体

如今，65 岁的人平均可以再活 19.2 年（老龄化管理局，2012）。在这些年中，任何一个人的健康状态和服务需求都会发生变化，所以对长期护理的规定也要随时间推移反映这种变化。为什么长期护理服务不考虑这些变化呢？**护理连续体**（continuum of care）就是根据个人需求变化来提供从轻度护理到重度护理、从家庭护理到机构护理等不同选择的一种理念（Brickner et al.，1987）。

护理连续体这种理想模式表达了尽可能晚地将老年人投入养老院的诉求——养老院往往最贵、服务强度也最大。护理连续体的目的是把人们留在家里，或者独立生活，或是住在障碍最少的地方。如果我们认真思考护理连续体这一理念，会发现它意味着花更多钱来加强社区式长期护理服务的可行性，拓宽房屋改造等办法的选择范围，这样老年人就能老得其所了。不过，这一目标可以实现个体独立和自我控制最大化，公共开支最小化。促进护理连续体的目的包括增加选择和节约成本，但在美国大多数社区，还是很难找到完整的护理连续体。这其中有许多漏洞需要填补，长期护理服务体系仍然支离破碎，令人费解（Binstock, Cluff, & Mering, 1996）。

医疗保健固然重要，但我们不应忘记，对乔治和玛莎这样的人而言，社会关怀和社会交往也很重要。如果乔治进了养老院，剩下玛莎一人独自生活，该怎么办呢？谁来照顾她，考虑她的需求？如果乔治和玛莎足够幸运，美国米德尔顿会像个别社区一样提供一整套服务来帮助他们。表 3 所展示的正规化上门服务扮演着重要角色，让身体虚弱的老年人能够尽可能长久地待在家里（Quinn et al., 1982）。在整个护理连续体中，最令人兴奋的创新之处是长期护理的"文化改变"，从伊甸园模式（Eden Alternative）到绿色住宅计划（Green House Project），应有尽有，二者都受到医学博士比尔·托马斯（Bill Thomas）的启发（Jurkowski, 2013）。

表 3　护理连续体的支持体系

老年活动中心和集体住房	老年活动中心提供了社交和娱乐机会。老年人可在社区固定场所（例如老年活动中心和教堂）领取午饭。
电话问候	通常由同龄志愿者每天在早起后打电话进行问候，如果电话无人接听，则上门查看情况。
友情拜访	志愿者上门拜访，与足不出户的身体虚弱的老年人交谈，或为其念书念报。
例行服务或勤杂工	上门服务人员为老年人完成剪草坪或扫雪等户外事务，或提供小型维修与维护。
管家	上门服务人员提供轻度家务（清扫、洗碗、吸尘、洗衣和做饭等）及帮助购买食物。服务在家完成，但不能和客户有身体接触。
个人护理	上门服务人员为老年人提供有训练但非专业化的工作，例如帮助沐浴和穿衣打扮等。服务人员与客户有身体接触，但不提供医疗护理服务。
家庭医疗保健	由受过训练的专业人士提供服务，例如注册护士或持照实践护士；为客户提供药物管理、血压测量、更衣等服务。

续表

送餐上门	受《美国老年人法》支持的上门送餐服务。
精神健康服务	提供咨询、精神理疗和心理辅导服务。从业人员需是精神病专家、心理学家、护士或社会工作者。
门诊医疗	入院之前通过治疗过程提供一系列包括身体检查和诊断性监测在内的服务。
成人日间护理	由专业人士或专业辅助人士为需要照顾的老人提供监护，减轻亲属护理人员的负担。
寄宿式护理	居住安置，提供餐食、房间打扫和服药提醒。
中期护理养老院	入住(24 小时以内)看管和护理服务的机构。
专业护理机构	入住注册护士提供 24 小时服务的疗养院。
住院治疗	以病人身份入住急性护理机构。

资料来源：Krain(1995)。

所有这些正规支持体系都为身体虚弱而孤独的老年人提供了某种程度的陪伴、监护和具体服务，同时也能支持由家人、朋友和邻居组成的社交网络——维护患者尊严和健康的、非正式的扶持关系。老年病学专家记载了这些自然支持体系在提供社会关怀方面起到的关键作用，及其对老年人生活发挥的巨大作用(Antonucci, Birditt, & Akiyama, 2009; Cantor, 1980)。

如果乔治·沃尔顿不需要 24 小时陪护，那么除了进养老院，他还有其他选择。比如，不妨为他提供日间护理服务，同时让他住在家里，这在本质上便是一周五天的成人日间护理策略。客户们白天来到社区护理机构，接受医疗和社会服务，晚上便回到家里。

另一种选择是家庭医疗保健，家庭保健助手上门提供康复训练或如厕等健康服务，帮助行动不便的病人上下床(Portnow, 1987)。另外，为病人配药，发挥专业护理职能的上门护士也扮演着关键角色。家庭健康服务近几年迅速发展，已经成为机构化护理的一种替代性选择，形成了一种保证病人快速出院的途径。

这种社区式长期护理有时比寄宿式养老院花费更多，因为其中包含住房成本。最重要的是它为病人提供了保持相对独立的机会。加拿大和英国等国的经验表明，日间成人护理等社区式长期护理服务将在美国发挥比过去更大的作用(Kane & Kane，1987)。

长期护理开支：美国式困境

长期护理的成本预计会在 21 世纪迅猛增长(见图 16)。过去十年间，养老院护理费用的年增长率一直在 12%以上，现在的开支超过了 400 亿美元，并且居高不下。很少有人担负得起养老院的全部长期护理费用。通常，医疗补助计划承担了部分费用。长期护理费用的未来增长趋势表明，私人保险(自费)和医疗补助计划将继续成为养老院的最大付款来源(O'Brien & Elias，2004)。

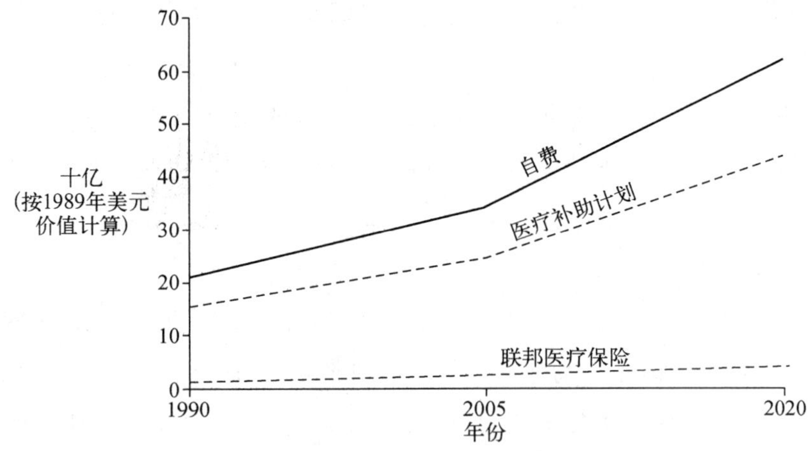

图 16　1990 年—2020 年 65 岁及以上老年人的养老院支出趋势(按付款来源)

资料来源：Brookings/ICF，"Long Term Care Financing Model". Washington，DC，1990.

支持家庭护理等社区式护理的人相信，待在家中的成本要比进养老院的成本低，一如乔治和玛莎所愿。然而，家庭护理并不一定比机构化护理便宜。家庭护理的成本并没有计入住房的实际价值或免费家庭护理的价值。而且，我们是否应当付钱让护理人员来做通常只有家人才愿意做的事？人们在这个问题上存在着严重分歧。

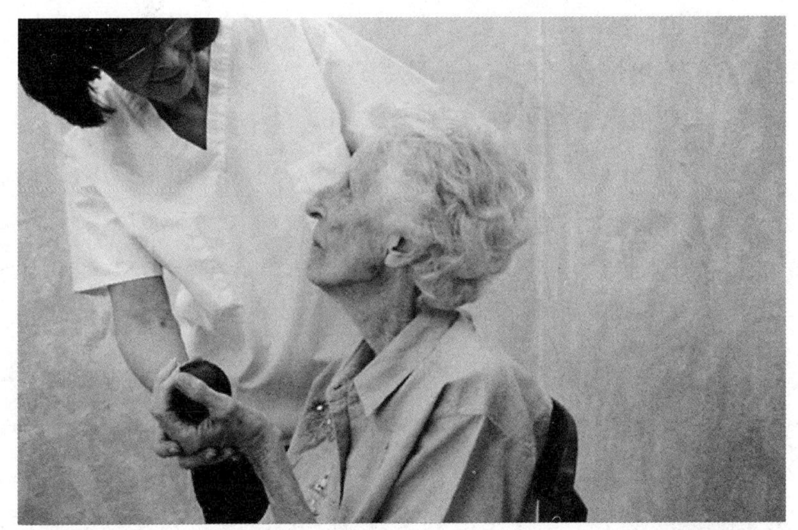

家庭护理+理疗服务是护理连续体的一个例子。为老年人在家中提供恰当的服务，可以推迟他们进疗养机构的时间。

医疗补助计划为养老院护理付款的经验表明，有些身体虚弱的老年人最终可能将在养老院度过余生，因为机构化护理（而非家庭式护理或社区式护理）是美国体制下唯一一种由政府买单的长期护理形式。一旦有老年人倡议加大对长期护理的投入时，就出现了谁来为此买单的问题（Rivlin & Wiener，1988）。

应该由家庭自己买单，还是应该由政府来承担扩大后的长期护理费用？长期护理的费用问题仍是美国面临的一大困境。

自决死亡

我们的社会目前还没有打算明确以年龄为根据实行医疗配给，我们也似乎不愿面对为长期护理买单的公共政策问题。但做决定是迟早的事，因此要考虑最后一个选择——自决死亡。现代生物医学技术不仅让更多人活到高龄,同时也迫使护理人员对是否终结病人性命作出明确抉择。结果,人们对所谓的死亡权持续展开争论,涉及放弃维持生命的治疗和协助自杀等种种选择(Glick, 1992; Rosenfeld, 2004)。2005 年,有关死亡权的争议聚焦到了年轻女性特丽·夏沃(Terri Schiavo)身上。但在现实中,争议更多涉及老年人临终护理。

如今,医疗成本不断上升,高龄老人的数量不断增加,这场论战又出现了新形式。未来,终止治疗的决定会不可避免地与控制成本的压力纠缠在一起。与其说个体宣称自己有"死亡的权利",倒不如说医疗机构或政策制定者会建议某些人有"死的义务",应当终止那些耗尽了稀缺资源的"无效"治疗。

这种推测并非无中生有。海尔格·宛格利(Helga Wanglie)的故事就是一例。这位老人在 86 岁时摔断了髋骨,被送进养老院。由于各种复杂病症,宛格利女士最终带上呼吸机,出现脑损伤。医院员工认为,鉴于其治疗状况和高龄原因,宛格利女士不应再继续维持生命。然而,她的家人还是坚持维持治疗,于是这一案子最终走上法庭,结果家人胜诉。在其他许多案例中,医疗机构则持不同态度,即便病人家属要求终止药物治疗,医院仍固执己见,继续治疗。

经济考虑与终止治疗纠结在一起的另一案例是"大颈格雷斯广场有限公司对埃尔鲍姆一案(*Grace Plaza of Great Neck, Inc., v. Elbaum*, 1993)"。本案中,基恩·埃尔鲍姆(Jean Elbaum)夫人长期处于植物人状态(昏迷),靠导食管维持着生命。埃尔鲍姆夫人明确表示不希望这样活着,但养老院拒绝遵照家人意愿。该机构不仅继续提供治疗,还因其家人拒绝支付护理费而将他们告上法庭。

美国近几十年中关于死亡权的讨论始终在法律和道德的范畴内进行,全部注意力都放在个人权利和决定,而非资源分配上。然而埃尔鲍姆和宛格利的例子均以不同方式表明,临终决定现在已经和谁来承担费用、医疗机构是否应对"无效医疗护理"继续投入资源等问题纠缠在了一起。

无效医疗的问题涉及价值冲突，也取决于不同治疗手段。一项研究调查了可为老年人停止的几种治疗手段，探索了其中的差异(美国技术评估办公室[Office of Technology Assessment]，1987)。抗生素、呼吸器、心肺复苏和肾透析都是不同形式的医疗技术。病人决定采用的介入手段或许会和其他手段产生冲突。同理，家庭治疗也可能和养老院治疗及医院治疗有所不同。这一情况会严重影响护理人员的处事方式和家人的期待。或许死亡权争议的最重大新进展在于问题的重心的转变：美国医疗制度能否设计出既尊重病人意愿，又能化解临终决定不确定性的医疗实践和治疗方式。

另外一个问题是，仅因为生命质量低下，就为抑郁或体弱病人终止维持生命的治疗，是否符合其最大利益？病人的最大利益可能会，也可能不会与家庭利益或医疗机构的利益产生冲突，所以这一问题就变得颇具争议。如果病人主观认为不再健康，想要结束生命，老年保健专家应尊重其决定，还是应当帮其预防自杀呢？

经济考虑与临终决定纠结在一起时，大多数人都感到不适；而且医疗不断面临的控制成本的压力会让这两个问题更难区分开来。1990年，国会通过了《病人自主权利法》(Patient Self-Determination Act)，支持病人权利。但分析人士很快发现，这条法律的实际目的是通过终结不必要的治疗来降低医疗费用。近期一项研究发现，限定临终护理选择的提前指示实际目的是降低成本，至少在临终护理成本最高的地区是这样(Nicholas et al.，2011)。由于经济考虑与死亡权相互纠缠，我们不禁会想，或许暗中进行的医疗配给会让老年人更难维护自身权利，因为拒绝治疗总比接受治疗要便宜。

对医疗成本和自决的争论伴随着临终决定的希望与恐惧。前文提到的奥利弗·温德尔·霍姆斯的诗句表达了我们的希望，那架“奇妙的单马车”或四轮马车跑了一百年零一天，继而猝然倒下。换言之，我们共同的期望是活得长久，在腐朽之前猝然“倒下”。而前文中提到的斯威夫特塑造的史多宝的可怕形象则象征着我们的恐惧，放到现在，他们很可能处于老年痴呆的状态,或被插上了导食管。自决死亡似乎能使越来越多的美国老年人摆脱希望与恐惧的挣扎。

晚年自杀

自决死亡有许多含义,既包括终止治疗,也包括积极安乐死或称协助自杀。那些希望在临终时自决一死的人认为,他们能够做出终结生命的理智决定(比如拒绝进一步治疗,但求一死)。这至少是支持病人死亡权的法庭判决的前提。

然而临终决定总是理智的吗?如果不,那么是否意味着临终决定不应由个人掌控呢?这一问题很难回答。如果不考虑精神健康因素,尤其是导致晚年自杀的抑郁症,就不可能充分地理解老年人临终决定引发的争论。自杀如今是老年人死亡的主因,总人口每10万人中就有12人自杀,而2010年统计显示,在75岁以上的人中,每10万人就有16.3人自杀,比总人口自杀率将近高出了50%(参见图17另一组数据)。

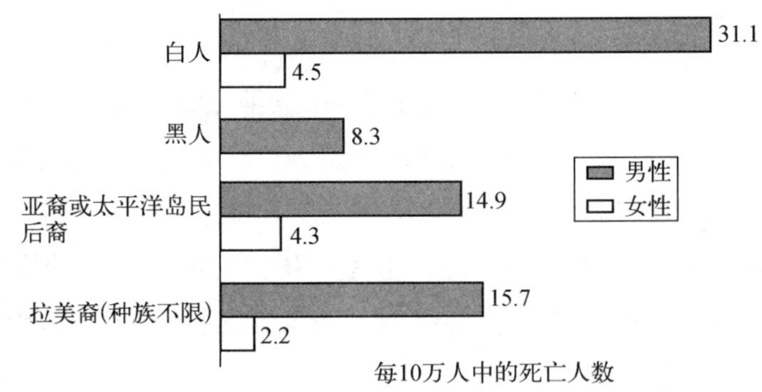

图17 2005—2009年65岁及以上老年人自杀死亡率(按种族与性别)

资料来源:疾病预防与控制中心、全国伤害预防与控制中心、暴力预防署,2013。http://www.cdc.gov/nchs/data/hus/2012/035.pdf。

我们应该如何理解老年人自杀及其成因呢?著名社会学家埃米尔·杜克海姆(Emile Durkheim)最先研究了自杀问题,他划分了几种类型的自杀。他将为集体利益或社会利益自我献生的自杀称为“利他性自杀”(Durkheim, 1897/1951),在战场上放弃生命以保全同志的士兵是这种自我牺牲的典范。这种模式也可以描述面临经济匮乏的前工业社会中老年人的自愿死亡行为,也适用于如今那些担心成为家庭负担而自决一死的老年人。

杜克海姆还描述了一种所谓的“失范性自杀”(anomic suicide),这个词是他根据“失范”这一社会学术语创造的。失范性自杀的个体感觉毫无希望可言,丧失了活着的意义。这种情况与老年人的社会地位有关。如今,退休后失去职业角色,配偶离世,或丧失其他社会地位时,老年人会感觉丧失了角色。罗索(Rosow, 1974)将当代社会中的老年状态描述为“**没有角色的角色**”,即一种没有明确目标或行为规范的状态(同时参见 Blau, 1981)。杜克海姆所描述的第二种自杀是“利己性自杀”,此类个体或许没有紧密融入社会(如比近亲后死的高龄老人)。在这种情况下,人们终结自己的生命也是完全理智的。

美国等发达工业国家的自杀率会随年龄而上升,在 65 岁后达到峰值,这是一条规律。对自杀率的估算常带有不确定性,因为每 100 起自杀案例中,仅有一例成功。然而对老年人来说,80%扬言要自杀的人都会付诸行动。此外,就患病老年人而言,也没有办法推测他们究竟是通过不配合治疗,还是以其他自弃形式,实现了自杀。

如图 18 所示,老年人亚群体的自杀率截然不同。在少数族裔中,黑人自杀率仅是白人平均自杀率的 60%,而且和白人不同,其自杀率不会随着年龄而上升。就所有年龄组而言,男性较女性更容易自杀,且年龄越长,性别差异就越明显。例如,2007 年的数据显示,85 岁以上白人的自杀率是每 10 万人中有 45.42 人,而晚年自杀的人有 84%是男性。

晚年自杀前期通常会出现一些典型状况,比如产生孤独感、与社会隔绝、经济资源减少、出现疾病或残疾等,更重要的是出现抑郁(McIntosh et al., 1994)。抑郁症是老年人的一大公共健康隐患,需要临

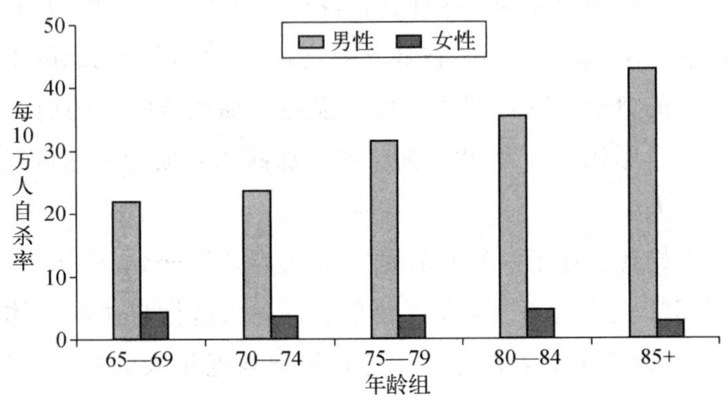

图 18　65 岁及以上老年人的自杀率，2007

资料来源：美国自杀学协会(2009)。

床医生和老年病工作者严肃对待。早发现早治疗是预防自杀的关键措施。

就防止晚年抑郁和自杀而言，保持心态平衡很重要。总的来说，老年人并非不开心。实际上，大部分老年人都拥有健康的精神状态和积极的态度。2013 年开展的"美国老龄化调查"(United States of Aging Survey)发现，60 岁以上的人有 86％对晚年拥有高品质生活感到"很自信"或"比较自信"(全国老龄化理事会，2013)。在面对压力时，老年人也经常表现出惊人的适应力，能积极应对晚年丧亲之痛或慢性疾病等。适应能力反映了个体应对环境要求和维护主观健康的能力。但当压力超过应对能力时，心理治疗等精神健康介入手段就发挥着重要作用，使人在晚年维持理性地做出临终决定的能力(Butler & Lewis, 1993)。

临终选择要考虑我们的死亡及垂死过程本身。格拉泽和斯特劳斯(Glaser and Strauss, 1965)描述了个体健康从良好状态逐步恶化到死亡的**垂死轨迹**。在其颇具影响力的《论死亡及垂死》一书中，伊丽莎白·库伯勒—罗斯(Elisabeth Kubler-Ross)(1969)提出了垂死阶段理论，认为垂死病人逐步从拒绝死亡过渡到接受死亡的阶段。在临终决定方面，处于拒绝阶段或抑郁状态的老年人或许会就终止治疗做出"理性"决定，这一点似乎很明确。因此,仅从字面上理解病人的“口头选择”似乎不是很明智。另一方面,如果临床医生知道老年病人正处于生命衰竭时期,死亡行将到来,那么他们就不会那么积极采取极端治疗了。

小结

如今,老龄化和医疗保健的整体情况错综复杂。一方面,乐观人士希望“压缩疾病”,延缓疾病,让健康状态持续到晚年;另一方面,又有许多患有身体和精神疾病的人步入老年,做出治疗和延长生命的决定已是在所难免。

根本问题在于,当代老年医学仍主要关注症状:医疗保健仅在人生病后发挥作用。用这种方式缓解症状代价昂贵,令人沮丧。医疗专业人士创造出无比复杂而精密的铁肺治疗脊髓灰质炎,而不是寻找疫苗来预防疾病,同理,用“铁肺”办法来治疗老年病注定昂贵且令人沮丧。

包括老年保健在内的美国医疗体系花费了大笔资金治疗心脏病和白内障等急性病。从这一角度来讲,联邦医疗保险仅反映了基本人口的医疗所重视的疾病治疗。心脏搭桥这种昂贵的手术费用可以在联邦医疗保险下得到全款报销,而诊断是否患有高血压,或提供预防性膳食建议的身体检查却不能。这种对技术的倚重在某种程度上令人费解。与常识性看法不同,20 世纪初期婴儿和中年人死亡率大幅下降的原因并不是医学技术,而主要是社会干预的结果——比如促进卫生、完善饮食、推行公共卫生举措等。

作为一种广泛适用于身体疾病的公共保险项目,联邦医疗保险需要强大的公众支持,而它却未能调动大众共识,建立起适用于长期护理、精神健康治疗或早期诊断等活动的,能带来长远益处的公共项目。联邦医疗保险也不报销定期身体检查或牙齿保健。预防保健或增进健康的举措也同样没有得到重视。

调整工作重点非常困难,而医疗和老龄化问题依然十分棘手。对老化的基本生理机制的研究将继续下去，并有可能实现重大的医学突破，从而改变人们晚年的健康和疾病状况。随着医疗成本不断攀升，我们将被迫做出艰难的抉择，甚至有可能采取医疗配给制度（Mechanic，1985）。美国不太可能公开实行以年龄为依据的配给制度，但为了控制成本，可能会实行某些形式的"后门配给"。我们可能会进一步使临终决定自由化，但我们无从得知，有多少老年人及其家人会故意终结其生命，也无从得知，这样的决定会产生什么社会后果。有关老龄化、医疗和社会的争论无疑将贯穿整个21世纪。

争议四　应该为老年人实行医疗配给吗?

凡天下事都有季节之分,凡天下势都有时机可言。

出生总有时,死亡总有时……

——《传道书》3:1-2

我们为老年人医疗花了许多钱,这已不是什么秘密:美国65岁以上的人如今占据全国医疗开销的1/3,仅2011年的联邦医疗保险开支就超过了5578亿美元,即便联邦医疗保险的支出自2012年起开始放缓。虽然联邦医疗保险仅覆盖了所有医疗开支的一半,老年人医疗开支增速已在近几年超过了整体经济的增速。与许多人的认识不同,联邦医疗保险并未覆盖长期护理或许多慢性疾病的报销。

美国人口不断老化,增大开支似乎无可避免。这么多钱从哪里来呢?我们真的能为老龄人口担负这么多医疗开销吗,或者说,我们正在步入21世纪的医疗危机,就像20世纪末预想的那样(Wolfe,1993)?几年前,这些问题还无从想象。但如今,越来越多的人开始有了这样的疑问,有人甚至鼓动我们砍掉昂贵的高龄医疗服务。在2010年对《患者保护与平价医疗法案》的全国大讨论中,反对者称,这项新医疗新法案最终将导致"配给化",然而这种说法毫无依据(Jacobs & Skocpol,2010)。老年人尤其担心联邦医疗保险的这种变化会导致医疗配给化,即"杀了奶奶来为非法移民买单"①。

按照年龄进行医疗配给让大多数美国人感到困惑。花大笔钱延长老年人的生命是公正或明智的吗,我们该如何思考这个问题呢?延长生命固然可取,但并不便宜。随着成本上升,昂贵医疗技术不断取得新进展,延长生命对医疗从业人员已经不再是问题。这种决定很快转化成经济和社会公正的问题:谁将获得昂贵的医疗资源?

要回答这些问题并不容易。现有的答案既令人不安也充满争议。最具争议的观点是,我们某天或许很快就会对超过某一年龄的人实行医疗配给。事实上,我们还会告诉老年人,"你已经活得够长了"。哲学家丹尼尔·卡拉汉(Daniel Callahan)提出了某种带有《传道书》情结的观点——即人"出生总有时,死亡总有时"——总之,人们应当接受这种"自然的"生命循环。

卡拉汉在其著作《设限》(*Setting Limits*, 1987)中严肃提出了按年龄实行医疗配给的观点,引发了巨大争议。卡拉汉至今仍然支持以年龄为根据实行医疗配给(Callahan, 2012),并非他一人持此种观点。有人赞同将年龄作为合理因素来分配稀缺资源,也有诺曼·丹尼尔斯(Norman Daniels,2013)等哲学家呼吁以年龄为依据实行医疗配给。卡拉汉认为,以年龄为手段限制医疗享有权在所难免,他还提到已经实行配给制度的欧洲国家,包括英格兰、瑞士和一些斯堪的纳维亚国家,来佐证自己的观点。

卡拉汉的问题基本在于:美国人能为医疗进步担负多大代价?为了让老龄人口活得更长久,我们愿意花多少钱?年轻一代应该准备为老年群体的医疗花多少钱?

---

① 这一说法出现在奥巴马医疗体制改革期间,很多老年退休工人担心,联邦医疗保险会削减其福利,把省下的钱用于补贴全国1 200多万非法移民的医保。原文为"Kill Grandma to pay for Pedro", Pedro是常见西语人名,指代拉美移民。——译者注。

医疗配给的先例

医疗配给论战有一大实际问题:有国家这样做过吗?美国有多大可能依据年龄实行配给?证据表明,医疗资源配给制已经在全世界许多国家施行很长时间了(Breyer, Kliemt, & Thiele, 2002; Dineen, 2011)。以下是一些先例。

肾透析在英国被拒

在英国,某个年龄以上人群的肾透析费用得不到报销,这个年龄通常是55岁(Aaron & Schwartz, 1984)。英国卫生局的医生们通常不会把病人转诊到提供透析治疗的诊所去,结果导致病人死亡。CT扫描、导食管、髋关节置换手术和癌症化疗的费用则比美国低。总之,英国的医疗部门可以采用许多手段,包括阻止人们享受医疗、拖延服务、降低质量甚至直接拒绝病人(Harrison & Hunter, 1994)。

英国的初级保健医师被迫扮演体制看门人的角色,拒绝为病人提供救生护理或实行年龄限制。有官员辩解称,这一政策的依据是,在资源有限的情况下,用资金来提高生命质量更可行(例如,为老年人提供充足的家庭医疗)。

加拿大看病排队

在加拿大,医疗是由国家医疗保险体系提供的。许多人认为,这一计划放在美国也行之有效。但加拿大的医疗体系也存有争议(Marmor, 1995)。该体系下,几乎没人会因为担负不起费用而被剥夺医疗服务。不过,某些护理可能要等很长一段时间才能获得,除非是为了挽救生命的手术。实际上,排队制度已经替代了分配某些医疗服务的市场体制(Naylor, 1991)。

西雅图的生死抉择

20世纪60年代，肾透析首次被引入，当时西雅图没有足够的透析机来满足所有病人需求。一段时期内，医院设立了特殊委员会来决定谁能接受透析。委员会苦苦挣扎于生死抉择之中，反复考虑病情、年龄、医疗方案匹配度和社会贡献等因素。此类委员会的决定广受批判，最终肾透析被囊括为医保报销项目，配给治疗退出历史。

俄勒冈的配给计划

俄勒冈州立法部门通过立法，使该州医疗补助计划下的医疗问题通过电脑排序规则生效。根据这一排序体系，资金和服务并不依据个人案例进行配给，而是以民主方式达成共识。俄勒冈州的这项新配给制度最终获得联邦政府批准。但也有人反对称，这项计划对残疾人存在歧视(Oberlander, Marmor, & Jacobs, 2011)。

这些例子表明，公众很难就稀缺医疗资源配给的时机和方式达成共识。只有在出现了明确而无可避免的资源短缺时，配给政策才会得到落实，器官移植就是很好的例子。但如果问题仅在于资金不足，医疗配给就尤其会受到公众批判。有证据表明，英国等欧洲国家都在以年龄实行配给。然而实际上并没有哪个国家公开承认或力挺这种做法。

按年龄实行医疗配给的合理性

按年龄实行医疗配给在美国行得通吗？舆论调查表明，美国人对医疗的高昂开支感到担忧，但不太认同这是由于老年人过度使用医疗资源所导致的。大部分美国公众似乎愿意为身患重病的弥留之际的老年人停止医疗救治，也有少部分人同意仅以年龄为依据实行医疗配给(Hoffman, 2012; Zweibel, Cassel, & Karrison, 1993)。

我们对英国一部分人进行了按年龄实行医疗配给的问卷调研,得到了一些有趣的发现。他们被问的问题是:如果两个病人年龄不同,仅有一人能得到救治,谁应当继续得到治疗?选择5岁孩子和70岁老人接受治疗的比例是84∶1,选择35岁年轻人和60岁老人接受治疗的比例是14∶1(Leweis & Charny, 1989)。总之,虽然表面上拒绝按年龄实行医疗配给,但人们还是会选择年轻人而非老人接受治疗(Kuder & Roeder, 1995; Winkelhage & Diederich, 2012)。

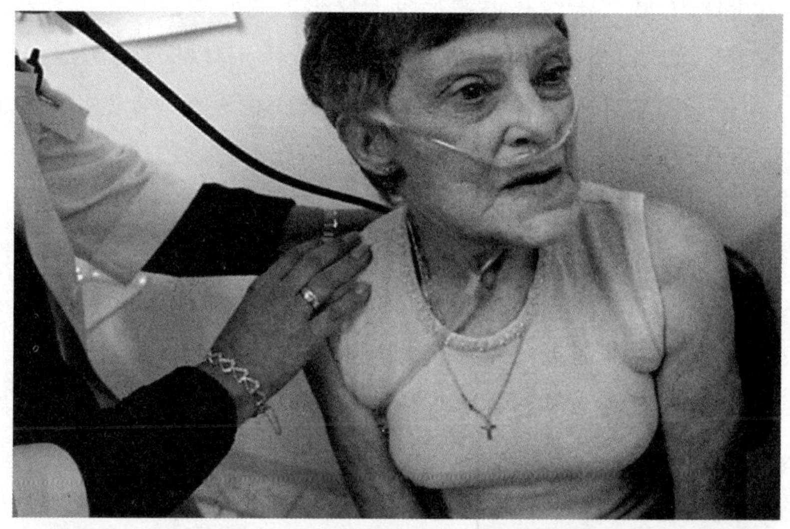

这位没有医疗保险的女性正在佛罗里达州霍姆斯特德"开门医疗中心"(Open Door Health Center)接受体检。开门医疗中心是专门帮助无医保贫困人群的免费诊所(Kuder & Roeder, 1995; Winkelhage & Diederich, 2012)。

除了依据年龄外,还有许多办法实行医疗配给,其中包括根据支付能力、预期临床效果、排队(即先到先得),以及社会生产力或社会价值原则。卡拉汉认为,年龄才是最好的判断标准,因为我们每个人都有80到85岁的"自然"生命周期。人们完成了这一自然生命周期,就该"挪出位子",把好处让给别人。

按年龄实行医疗配给有其合理性:管理相对高效。从功利主义角度看,老年人的经济生产力低,从效率角度看,医疗在老年人身上产生的效益和挽救的生命年限比年轻人少。或许最重要的是,理论上所有人都处在生命历程的某个阶段①。

按年龄实行医疗配给也有不合理之处。一个主要的论点是,老年人是一个高度异质性的群体,年龄本身并不能准确地预测治疗结果。一旦我们能解释疾病或功能性状态错综复杂的成因,年龄这种解释性变量就不复存在了。

政治图谱两极的人都对以年龄为依据的医疗配给进行了批判。保守派人士认为,政府配给在道德上令人反感。他们倾向于市场路线,让消费者根据个人需求购买保险(例如类似于个人退休账户的医疗存款账户)。而另一方的自由人士则认为,我们应当彻底消灭医疗的逐利动机,不应走市场化路线。他们希望以平等原则实行医疗,或许可以采用欧洲福利国家的模式。

长远看来(见图19),美国的医疗开支份额将从2012年的16%上升到2016年的20%。联邦医疗保险目前仅覆盖了美国不到15%的人口,这一数字将在2025年上升到20%,此后会继续上升(见图20和21)。在所有因素中,死亡率对联邦医疗保险未来的影响最大,因为死亡率决定着联邦医疗保险的使用人数,其寿命则决定了医疗开支的数额。把适保年龄推后能够挽救联邦医疗保险吗?显然不能。即便我们把适保年龄从65岁提高到70岁——可谓大幅提升——也只能为联邦医疗保险节约不到15%的开支。如果联邦医疗保险面临财政问题,就要做出更长远的调整(McKusick, 1999)。

有人设法寻求其他策略,比如资产审查、以收入为根据的保费制度,以及为联邦医疗保险寻求税收以外的其他资金来源。经济学家尤威·莱因哈特(Uwe Reinhardt)等人认为,为了提高体制效率,确实需要某种形式的配给,但没必要以年龄为根据。

---

① 即做与年龄相符的事情。——译者注。

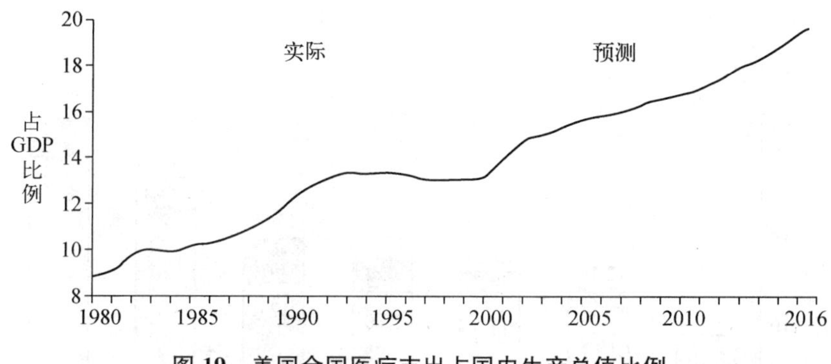

图 19　美国全国医疗支出占国内生产总值比例

资料来源:联邦医疗保险与医疗补助计划服务中心、精算师办公室、全国卫生数据组织。

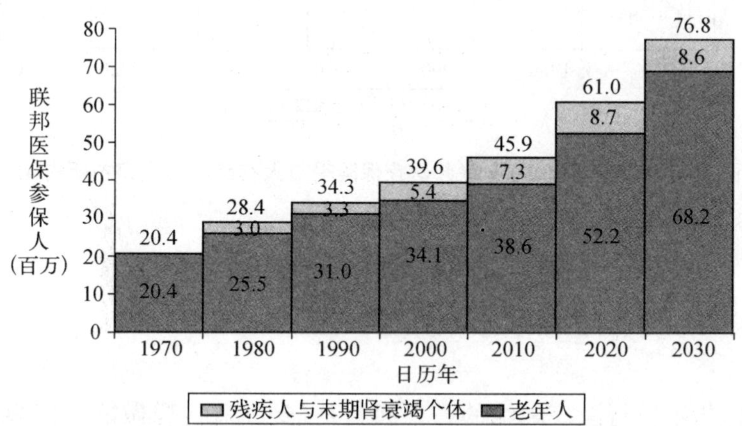

图 20　1970 年—2030 年联邦医疗保险受益人数

资料来源:联邦医疗保险与医疗补助计划服务中心、精算师办公室。

不过还有另外一种"后门配给"(backdoor rationing)策略,即暗中或采用间接手段限制医疗体系准入,这通常是医疗准入不平等导致的(Dilworth-Anderson, Piere, & Hilliard, 2012; Kapp, 2002)。例如,如果诊断相关组的报销规则要求病人离院回家治疗,就会出现后门配给。面对报销限制,员工们会走筛查程序,拒绝提供服务。这种"把关式"做法在出院规划和老年人病例管理的操作中屡见不鲜。事实上,许多地方之所以实行病例管理,就是为了提高效率,控制成本(Capitman, 1988)。

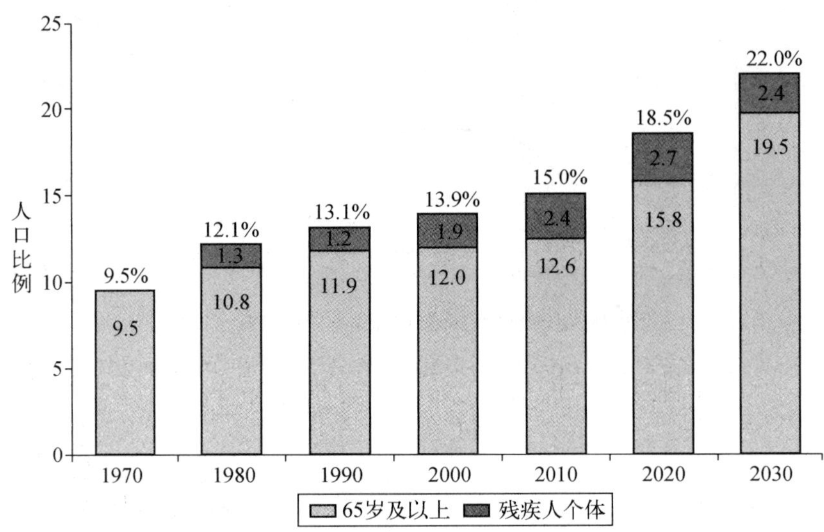

图21　1970年—2030年联邦医疗保险受益人在美国总人口中所占比例

资料来源:社会保障管理局、精算师办公室。

作为节约成本计划的配给制度

依年龄实行医疗配给的一个问题是,要弄清这样做能节省多少钱。入院老年人的大部分医疗花销都不属于"高科技"护理。有很大一部分钱用于支付处方药、养老院护理和家庭保健服务。后两类服务的花费(也即老年人长期护理)随着越来越多的人步入老年而急速上涨。卡拉汉支持为长期护理而非高科技医疗投入资金。

然而医疗成本快速增长的主因并不是长寿。除此之外还有许多因素:服务强度增大,利用率提高,引进医疗新技术,护理人员工资上涨,总体物价上涨,以及包括无效治疗在内的医疗诈骗、浪费和滥用等。控制成本的策略有很多,最常见的办法是**管理型护理**(managed care),即将保险和医疗机构纳入同一网络来控制成本。20世纪90年代,尽管管理型护理并不受欢迎,但它在控制医疗成本方面确实产生了实际影响。然而，这些方法能让我们负担得起老龄化社会的医疗成本吗？悲观人士认为，通过取消不必要护理服务来控制成本，只能暂时缓解问题，因为我们已经通过管理型护理节约了大部分成本。将来，人口老龄化和技术创新会让医疗配给势在必行(Schwartz, 1987)。

技术是驱动医疗成本长期上升的主要原因。医疗技术让艾滋病、心脏病和癌症等致命疾病的治疗费用变得昂贵，仅归罪于老龄化未免有失偏颇。甚至极端地讲，如果一年内停止对病危老年人提供所有高成本医疗介入，其对美国整体医疗开支的影响也微乎其微。

卡拉汉的提议如果得以全面施行，每年会节省 50 亿美元，对于每年一万亿美元的医疗预算而言，并不算太多(Binstock, 1994)。

卡拉汉认为，对老年人使用高科技护理是不合理的浪费，有人对这种说法提出了质疑。例如，冠状动脉旁路移植术和血管成形术对老年人心脏病大有裨益。研究显示，老年人在接受深度入院治疗之后能完全康复，这说明年龄本身并不是预测高危病人存活时间或生命质量的标准(Burke, 1993)。

也有人坚称医疗配给毫无必要(Relman, 1990)。他们指出，目前的医疗体系浪费严重，效率低下。例如，分析人士将我国的数据与其他国家对比后发现，美国所有的心脏旁路手术有一半都没有必要。联邦政府会计总署 1991 年进行的研究显示，目前的医疗体系让服务提供者有机可乘，肆无忌惮地以高昂费用诈骗保险公司。现有数据表明，美国每年因医疗诈骗造成的损失是 800 亿美元。

人们晚年的医疗开支确实有所增长，这一点毫无疑问，但 65 岁以上人群的医疗开支却千差万别。例如，联邦医疗保险仅把 25%的钱花在了最病重的人身上。我们是面临收益递减吗？在所有工业化国家，医疗开支都随着年龄而增长，到了高龄特别是 85 岁以上，医疗开支便开始飞涨(Sheiner, 2009)。然而卡拉汉并不赞同削减养老院老年人的医疗开销，虽然此类个体每年的开支超过了 5 万美元。

支撑卡拉汉论点的是一种司空见惯的刻板印象——身体虚弱的老

年人直到去世都接受着高科技治疗。卡拉汉担心，如果同样的资源能够用来增进其他老年人或其他年龄段人群的生活质量，那么延长这些病人的生命就是一种浪费。过度治疗的现象固然存在，部分原因是医疗报销对人们形成了激励，而人们也想“尽一切可能”获得治疗，这也情有可原。然而，随着老年人病情不断恶化，过度治疗实际上减少了。对于生活质量低下的病人——比如晚期痴呆症患者，治疗就没有那么极端了。针对75岁以上心脏病人进行的研究发现，他们接受溶血治疗的几率比65岁以下人群要小12倍，而进行冠状动脉诊断的几率则要小8倍（Rosenthal & Fortinsky, 1994）。总而言之，病入膏肓的老年人很少接受昂贵的高科技治疗，相反，他们接受的是支持性护理。

街谈巷议

“医保费用之所以这么高，
是因为我们把大部分钱花在了老年人去世那年。”

这句话可谓是“去世年谬论”，因为它将重症治疗与不合理地延长临终患者的生命混为一谈。实际上，要知道哪一年是病人的“去世之年”并不容易。回顾数据，我们会发现，联邦医疗保险仅把约25%的钱花在了病情最重的人，即“去世之年的人”身上。这是我们都熟悉的“二八定律”的一种解释：20%的客户带来了80%的收入。濒死之人被不合理地延续生命，这种情况固然存在，但同样也有许多人没有得到足够治疗。只有在病人去世之后，我们才能知道他“生命的最后一年”是怎样度过的。为了进行比较，全国医疗管理研究所基金会（National Institute for Health Care Management Foundation）2011年研究发现，5%的美国人口几乎占医疗总开支的一半，再次证明了病情最严重的病人花费最多。与刻板印象不同，80岁以上老人花在昂贵重症监护上的费用实际下降了。

卡拉汉提出的按年龄实行医疗配给的建议假设,老年人在去世之年的护理花费高昂,因为他们会采用维持生命的高科技治疗。然而在1976到1988年间,联邦医疗保险受益人在生命最后一个月的理性开销一直未变。这就表明,数量不断增多的病危老年人并未接受昂贵的高科技护理。2010年,病人去世前最后两个月的医疗总开支是550亿美元。这些数据似乎印证了卡拉汉的观点,但事实是,病危病人并不是联邦医疗保险大额开支的主体。相反,高花费受益人往往活了下来。已故人士的联邦医疗保险开支实际则随年龄增长反而**下降**了。这些事实表明,若要出台政策限制临终患者去世之年的开支,就要同时限制还有存活可能的医保受益人的开支,否则政策将很难推行下去(Garber, MaCurdy, & McClellan, 1998)。

或许通过主动避免为拖延生命而采取的毫无必要的护理或治疗,我们就能避免医疗配给化。但问题在于,难以预测病人还能活多久,也难以定义怎样才算"不必要的护理"。去世之年的医疗开支大约是终身医疗开支的18%,占联邦医疗保险总预算近30%。过去20年,虽然医疗技术有了创新,这上述比例始终未变(Hogan et al., 2013)。麻烦在于,我们直到生命结束后,才知道"去世之年"花费了多少钱——也就是说,只有事后才知道。对临终医疗的临床研究证实了医生们长期以来都承认的事实:医学没有任何可行的办法来确定,哪些人是因为没有得到所需治疗而死的。针对联邦医疗保险开支进行的一项严谨的研究发现,造成最高费用的1%的受益人大部分都活了下来,而造成最高费用的5%的受益人有2/3活了下来。即便那些支持按年龄实行医疗配给的人,也没有预测死期的强大能力。

去世之年的医疗开支有许多未解之谜(老龄化研究联盟,[Alliance for Aging Research]1997)。一项针对去世之年的研究发现,接受昂贵高科技治疗的老年人,往往是功能健全的、65岁到79岁之间的人。而那些功能衰弱的病人在去世之年主要接受支持性护理。换句话说,即便死亡时间很难预测,即便没有明确的配给标准,目前高昂的医疗服务，很可能是根据病人年龄和功能状态进行配给的结果。而且，高科技并不是造成高昂开支的唯一因素。没有接受高科技医疗的病入膏肓的老年人也会造成高昂开支。总而言之，造成老年人临终高昂开支的最大因素并非滥用高科技。批评人士称，行之有效的办法是将全国医疗体系与缜密的成本控制手段相结合，以保证所有阶段而非临终阶段的人都能得到合理治疗，而非过度治疗。近年来，已经出台了相关措施，以更经济的方式提供医疗服务。其中包括在私人产业备受青睐的新型管理型护理，此外还有社区型健康服务项目通常采用的病例管理。这两种方法都可以对个人需求进行认证和评估，以决定对其提供的护理量。

促成配给的因素

对医疗分配进行更有效管理，就能解决老龄化社会的资源获取和分配问题吗？我们对未来几十年内老龄化人口的健康状态和需求进行了预测，以期找出答案。比如，减少吸烟等健康举措有哪些影响？医学突破会影响我们对衰老生理机制或特定疾病成因的理解吗？

让医疗配给合理化的一大因素是**经济学**，也可将其定义为“关于稀缺的科学”。只有出现稀缺，即“迫在眉睫时”，人们才会认真考虑配给的问题。过去，有些社会剥夺了老年人的资源，有时甚至剥夺了他们的生命，来为年轻人让路。人们经常提及的一个例子是阿留申(爱斯基摩)部落，他们遇到饥荒时会被迫将老年人拖拽到浮冰上冻死，以保证族群里的其他人有足够食物。同样，在二战期间的列宁格勒，为了让儿童活下来，包括老年人在内的成千上万的人被活活饿死。

随着经济好转，这种在生死攸关之际实行配给的情况已经十分罕见。如今，医疗技术能挽救并延长重症病人和老年人的生命，又出现了另一种稀缺现象。甚至在技术廉价的年代，中风和阿尔兹海默病等慢性病的治疗也代价高昂。虽然医疗技术延长了慢性病患者的生命，但医疗开支却在持续增长。

图22显示,85岁及以上人群的实际开支和预测开支都有大幅增长。85岁以上人群也称为“高龄人群”,他们的健康问题最多,医保花销也最大。果真如卡拉汉所言,按年龄实行医疗配给,那么这一群体很可能将被拒绝护理。

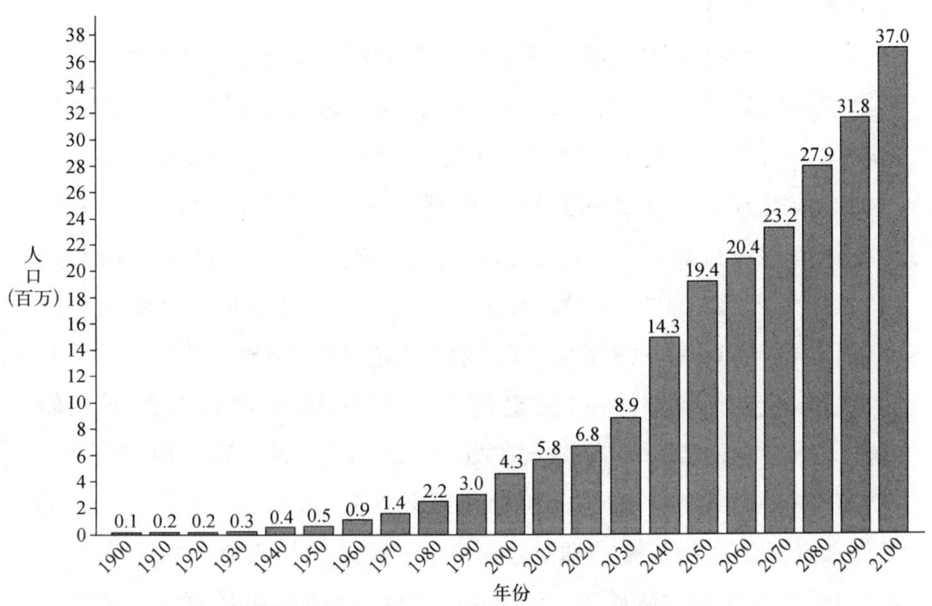

图22　1900—2100年85岁及以上人群实际开支和预测开支增长情况

资料来源:美国人口普查局(2001)。

成本与年龄

卡拉汉担心,随着医疗进步,延长生命的技术会违背收益递减规律。为了实现有限收益,我们最终将花费更多,导致生活质量下降,无法满足其他社会需求。但这种对技术成本的推测正确吗?某些延长生命的技术实际非常廉价,比如青霉素。然而,如果让病人在养老院这种低技术环境中活着并接受护理,那么花费就高了——一年至少5万至6万美金。如果我们真想削减由老年人数量上涨导致的花费，为什么不索性终止延长生命的廉价技术呢？如果仅从经济层面看待医疗和老龄化问题，就很难忽视节约成本或提升效率的标准（Avron, 1984）。然而一旦采纳了这些标准，不是会贬低老年人的生命价值吗？卡拉汉认为，社会有愧于老年人，应为其支付一小笔体面的医疗费用，至少要持续到某一年龄。

老年人的医疗成本居高不下只是问题的一方面。但成本本身并不是卡拉汉的全部关注点，因为他赞成为年轻人支付某些昂贵的医疗费用。卡拉汉只想让我们考虑实足年龄这一基本原则。最终，卡拉汉像本章开篇引用的《传道书》诗行所言，认为人类生命无非遵循着自然节奏或自然循环：生也有时，死也有时。卡拉汉认为，这种“自然”生命周期传统上是70岁，在此后的10年或更多时间里就应当考虑实现医疗的目标。他坚信，无论将自然生命周期定义在多少岁，我们都应尽全力让人们活过完整的生命周期，此后便什么都不该做了——不应再将稀缺资源投入在高龄人士身上，而应当让他们死亡。

有些人甚至呼吁推行“廉价死亡的义务”。如果为生命质量下降的老年人维持生命所带来的益处，小于省下资源为他人服务所带来的益处，那么早些让死亡降临对大家都好。这种团结性和利他主义精神在某些情况下是合理的，但也不尽然。例如，英国国家医疗服务体系（British National Health Services）实行的配给政策相比美国就更加合理，因为英国医疗体系是封闭的，它在地方集中预算下为全体公民提供医疗。拒绝为某位病人提供治疗，就意味着这笔费用将用于其他人的治疗。

卡拉汉的目标看似公平，甚至是理想的。他想保证老年人和其他人一样，都能享受医疗，并帮助每个人避免过早死亡。他提议更好地平衡护理和治疗，尤其要完善长期护理和家庭护理，以便对医疗体系进行改革。他坚持认为，只有实现了这些目标，才能在联邦医疗保险体制下以年龄为依据终止延长生命的技术（Callahan, 1994）。

然而,卡拉汉的批评者认为,按年龄实行医疗配给实际上只会影响依赖政府医保项目的人——即担负不起私人医疗的老年人。因此,提出医疗配给实际巩固了为社会最贫困人士减少花费的思维——这绝不是公平的办法。按年龄实行医疗配给只会让经济决定资源的问题更加严重,甚至永远得不到解决。

卡拉汉等支持此政策的人则反驳称,隐形配给实际上已经发生在了4 000万没有医疗保险的美国人身上。他们相信,明确实施配给政策会迫使每个人来面对业已生效的隐形配给,这种诚实做法对大家都公平。的确,俄勒冈正是出于这种考虑,对医疗补助计划实行了配给。但如果公众听说医疗要按年龄实行配给,会发生什么后果呢?2009 年《患者保护与平价医疗法案》出台后的结果再明显不过。当时,副总统候选人莎拉·佩林(Sarah Palin)宣称,该法案将通过配给引入"死刑"(Palin, 2009)。然而很显然,对"配给"的一切讨论都是火上浇油,并没有带来曙光。究竟该如何定义"配给",也是众说纷纭(Leonard, 2012; Meirick, 2013)。有关老龄化社会医疗资源配给的争议毫无疑问还将长期进行下去(Binstock, 2012)。

街谈巷议

"2010 年的医保法案引入了'死刑'和医疗配给制度。"

1/3 的美国人似乎相信这个说法,但《患者保护与平价医疗法案》丝毫没有这层意思。早期立法过程中,佐治亚州的一位共和党议员确实提出了一项修正案,允许联邦医疗保险病人与医生商议临终决定,但这项提案引发了许多争议。该法案并未削减联邦医疗保险,但确实放缓了未来联邦医疗保险开支的增速,故而将联邦医疗保险信托基金的有效时间延长了 7 到 19 年。

全球视野

英国以年龄为依据的医疗配给制

在其标志性著作《痛苦的处方》中，亨利·亚伦(Henry Aaron)和威廉·施瓦茨(William Schwartz)描述了英国按年龄实行的医疗配给制。他们发现，与美国相比，英国冠状动脉手术、X光检查、CT扫描、肾透析、髋关节置换手术和癌症化疗的费用要低得多。近年来情况有变化吗？

配给的形式有许多，从直接拒绝服务到排队制度，都是在限制资源。等待时间也非常关键。英国大报《卫报》(The Guardian)报道称，在英国国家医疗服务体系(National Health Service)推动下，英国急诊室正试着采取传统的英国式“排队”制度，实现急诊室4小时等候目标。长时间等待可能会对高龄患者造成严峻挑战。

其他以年龄为依据的配给形式则更为露骨。例如，50岁以上女性被鼓励定期进行乳房筛查，但到70岁就不会再收到提醒了。《英国医学杂志》(British Medical Journal)2006年发表文章记录了以年龄为依据针对癌症治疗服务、冠状动脉护理、血管疾病防护、精神健康服务和轻微中风管理进行的配给。另一项由英国倡仪组织Age Concern发表的研究显示，有一半的家庭医生都表示，如果家人进了国家医疗服务体系的护理机构，他们也会感到担心。许多医生都表示，他们非常清楚按年龄进行治疗配给的做法已然存在。Age Concern主席莎莉·格林格罗斯(Sally Greengross)表示：“这项调研通过足够证据表明，按年龄进行医疗配给的祸害之源是国家医疗服务体系。”面对以年龄实行配给的做法，即便官方组织都会堕落。2005年，英国国家医疗与诊治卓越研究院(British National Institute for Health and Clinical Excellence)调查了因节约成本引发的配给问题。其结论是，以性别、性倾向、吸烟与肥胖等后天因素来控制资源的做法毫无道理。该调查最终建议,如果年龄能预测益处和风险,年龄歧视就是妥当的。由此看来,这场争论还将持续下去。

资料来源:

Matthews, E., and Russell, E., *Rationing Medical Care on the Basis of Age: The Moral Dimensions*, Oxford, UK: Trust for Research and Policy Studies in Health Services, 2005。

代替配给的办法

医疗经济学家和医疗体系效率的关注者提出了许多方法来代替配给制度(Jones & Higgs, 1992)。一是根据健康结果研究测试出的效率,限制医疗措施。例如,普通病人身上行之有效的血管成形术若用在急性心脏病患者身上,并不会带来收益。联邦医疗保险对病人采用了许多医疗措施,效果如何仍未可知。英联邦基金(Commonwealth Fund)的一项研究预计,联邦医疗保险报销的所有医疗程序有 1/3 以上都是在模棱两可或毫无必要的情况下执行的。之所以采取某些医疗程序,是因为医生们非常熟悉这些程序及其报销过程,但不考虑是否适合病人。

其他替代配给的方法包括**成本效益分析**(cost-benefit analysis),即将治疗费用和病人存活后所能获得的全部效益进行比较,衡量病人今后的经济生产力。显然,成本效益分析不支持对老年人提供高成本治疗。另一种办法是**成本效率分析**(cost-effectiveness analysis),即分析哪种治疗效果最好,成本最小。不过,由于衡量标准不同,年轻人的生命还是会比老年人得到更多重视(Welch, 1991)。

医疗经济学的一个有趣方法叫**质量调整生命年**(quality-adjusted life years)。其理念是:10 年残疾生活的价值低于 10 年健康生活的价值(Nord, 1999);残疾越重的人生活质量越低。如果功能性分析决定某些人的质量调整生命年值很低,他们就不应获得医疗。但应该由谁来决定什么是"生活质量"呢？经济学家的办法是根据病人自己对事情的先后安排和喜好来建构一套指数，以进行比较。不过，质量调整生命年或许会导致老年人或慢性病患者得不到资源——这或许是针对老年人的一种年龄歧视（Tsuchiya，2000）。所有这些配给经济学的尝试性方法都引发了一个深刻而艰难的问题：人生价值是什么（Dranove，2003）？

安乐死与协助自杀

卡拉汉反对故意杀人或强迫医生协助想要终结生命的人。其配给提议只是停止治疗，而不是直接杀人，例如注射药物。其他批评人士却认为，卡拉汉的观点本质上自相矛盾。停止治疗势必会导致病人死亡，为什么这样做是合理的，而帮助主动终结生命的病人却不合理呢？

这样看来，卡拉汉是在呼吁为固定年龄以上的人实施非自愿死亡。但与此同时，他还反对个人自主选择，例如自愿安乐死或协助自杀。如果他支持高龄老人自愿退出治疗，其提议是否能获得更多进展（Battin，1987）？如果我们采纳自愿体系，而不是卡拉汉的强制体系，会造成怎样的社会影响？对医生和护士等健康专家可能产生什么影响？对老年人又会产生什么影响？

关于按年龄进行配给的争议

问题在继续，争议在发酵。卡拉汉本人再三强调按年龄配给医疗资源的初衷，又进一步呼吁对医疗实行全面改革。他已经表明，须对老年人实行医疗配给，同时也要做出其他艰难选择，形成一套对大家都公平的体系。他是否正确？人们的看法出现了严重分歧。

在接下来的阅读材料中，我们将看到这一争议沿着不同立场展开。彼得·乌贝尔（Peter Ubel）和卡拉汉一样采取强硬立场，坚称引入明确医疗配给制度的时机已经到来，但不一定要以年龄为依据。持反对意见的纳特·亨托夫(Nat Hentoff)则对卡拉汉进行了猛烈抨击，并质问：如果我们采纳卡拉汉的提议，社会将变成什么样子？霍华德·布罗迪(Howard Brody)则认为，美国对医疗配给是否道德的讨论，最终将变成避免医疗浪费是否道德的讨论。

丹尼尔·佩里(Daniel Perry)和罗伯特·巴特勒(Robert Butler)认为，应加大对生物医学研究的投入，保证不以昂贵手段延长老年人的病弱状态，而是让他们充满健康活力。

丹尼尔·卡拉汉对自己的提议十分认真，这一点令许多人感到震惊。批评人士认为其提议充斥着年龄歧视，十分危险。卡拉汉否认自己在煽动年龄歧视。相反，他的目的是保证老年人和其他所有人一样，能够享受全民医疗，因此也要帮助所有人实现最大生命，避免过早死亡。他坚信，为了实现这一目标，就要在医疗体系中更好地平衡护理和治疗。作为一种实际手段，他希望砍掉联邦医疗保险延长生命的技术性治疗费用，来完善长期护理。在卡拉汉看来，设定年龄限制固然令人悲痛，但我们已经尽力了。

丹尼尔·卡拉汉是残忍绝情，还是勇敢而颇具远见？在这个问题上，只能让公正的读者们依据其言行及批评人士的回应来加以评判了。

关注实践

管理型护理

如今，老年人医疗的一个重要特点是管理型护理的普及，例如联邦医疗保险健康维护组织(Medicare health maintenance organizations)。2002年，有500万联邦医疗保险受益人——联邦医疗保险参保人的12%——参与了管理型护理计划。为获得联邦医疗保险报销资质，管理型护理计划必须提供联邦医疗保险下的所有服务，深受老年人欢迎。美国越来越多的老年人正在接受管理型护理，但总体数量不大(Kongstvedt，2004)。

管理型护理已经成为美国医疗服务类型。1996 年由全国知名会计师事务所毕马威(KPMG)开展的一大规模调研发现,美国有近 75%通过雇主获得医疗保险的人都参与了某种类型的管理型护理,这一比例自 1988 年以来大幅提升了 29%。如今,大部分联邦医疗保险健康维护组织都提供某种类型的联邦医疗保险管理型护理计划。

个人如果将医保类型从传统联邦医疗保险付费式服务,转为管理型护理计划或联邦医疗保险联邦医保健康维护组织,既有好处也有坏处。从乐观层面看,管理型护理要求的文字材料较少。医生上门服务、医院收费和实验室化验都是全款报销,没有共付款项,也没有高额自付费项目。联邦医疗保险健康维护组织也有好处,比如提供低成本处方药或视力保健,使私人补充性医疗保险再无必要,而私人补充性医疗保险对于联邦医疗保险投保人来说非常普遍。最重要的是,管理型护理的整个理念是为了促进护理和服务的协调。最终,管理型护理的明确导向是提供预防医疗,比如身体检查和免疫等。以上均是管理型护理的积极面。

从弊端看来,管理型护理的缺点是设置了种种限制。人们注册时,必须先通过联邦医疗保险联邦医保健康维护组织网络获得医疗。病人不能自己选择医生、医院等服务机构。对老年人来说,无法选择自己熟悉的医生,对他们来说可能非常麻烦。对经常旅行的人来说,如果在服务区域外接受服务,报销数额就会受到限制。最重要的是,管理型护理计划仅对提前获批的服务提供报销。

联邦医疗保险受益人一直以来都可以在传统付费式医疗和联邦医疗保险健康维护组织间相互转换。90 世纪中期以来,管理型护理的提供商成功吸引了大批联邦医疗保险受益人投保。1999 年,这一当时被称为“联邦医疗保险附加选项”(Medicare Plus Choice)的项目,开始允许受益人从 8 种标准医疗类别中进行选择,其中包括联邦医保健康维护组织、付费式服务计划和服务商赞助机构等。管理型护理计划至今仍深受欢迎,因为它们没有自费项目,共付费用极低,几乎不需要填文字材料或索赔表。许多情况下,它都提供眼部或耳部检查,或者低成本处方药。

人们可以自愿参与联邦医疗保险联邦医保健康维护组织。如今身体健康的年轻老年人或许会觉得管理型护理很有吸引力,但随后可能会改变想法,被拒绝投保或医生选择面有限时,尤其如此。在管理型护理的新环境中,医患关系对老年人来说更加重要,经历了一辈子的传统付费式医疗,他们如今对医疗交际产生了期待(Putnam,1996)。老年消费者将进行自我教育,对健康营销的吸引力进行评估,以便选择最恰当的管理型护理机构(见图23)。

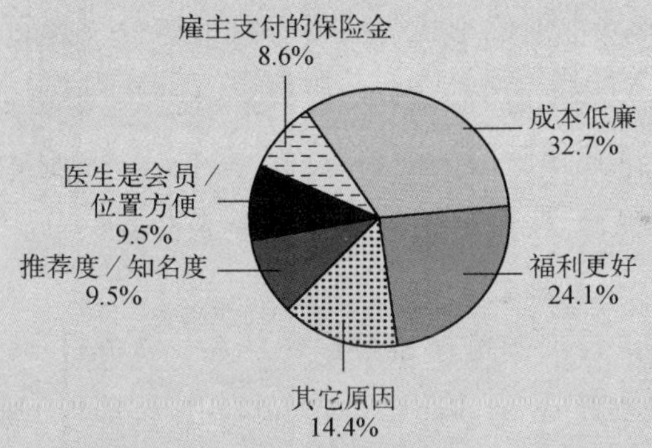

图23　2000年受益人参与联邦医疗保险健康维护组织的原因

资料来源:联邦医疗保险和医疗补助计划服务中心、研究发展和信息办公室:数据来自联邦医疗保险当前受益人调查(2000)。

注:调查对象不包括护理机构受益人。

鼓励更多美国老年人加入管理型护理机构是否会降低联邦医疗保险成本,人们在这一问题上仍在继续争论(Gold,2003)。批评人士担心,管理型护理只是“后门配给”的一种方式。然而调查表明,比起传统付费医疗计划中的病人,参与健康维护组织的老年患者实际上对自己的医保覆盖面更加满意(Margolis,1995)。

然而管理型护理的报销制度仍未避免暗中配给或“后门”配给问

题。在复杂的报销机制下，联邦政府根据每位病人的报销限额，为联邦医疗保险管理型护理计划提供固定款项，而不是支付实际服务费用。这种报销方法一般称为**按人头拨款**(capitation)。这就意味着，接受了按人头拨款的固定报销款后，管理型护理就开始负责每位受益人的全部医保费用。如果参保人一直健康无大病，那么这笔钱就属于管理型护理机构。而如果参保人生病，甚至治疗费用高达 10 万美金，那么这笔钱也要由该组织负担，这和任何保险计划的原理一样。为了获取利益，它们有足够理由以意想不到的方式进行后门配给。

例如，联邦医疗保险管理型护理计划会努力阻止为容易产生高额医疗费用的人参保。这种形式的后门配给可以通过营销手段间接实现，但拒绝让身体虚弱的老年人参保实际上违反了联邦法律。而且，参保时健康的人后来也有可能生病。另一种形式是通过拒绝为重病患者报销来削减成本。后门配给或许会站在“医疗必要性”的立场上拒绝为病人提供治疗——如果某项治疗不是必要的，病人也就没有报销资格了。

如果联邦医疗保险健康维护组织的参保人被拒绝报销怎么办?政府问责办公室(Government Accountability Office)研究表明，很少有人会在被拒绝报销后提起诉讼。一起诉讼可能会花费半年时间，这对于七八十岁的人来说，是一个不容小觑的时间成本。另一项联邦研究则表明，健康维护组织的受益人有1/4不知道自己被拒绝报销后，还有权利上诉。如果受益人上诉，获胜的概率是 40%，但他们往往不会走这个流程。上诉过程也无法解决医疗质量的问题。如果医疗配给变成了成百上千万老年人的次等护理，又该怎么办呢(见图 24)?

一个问题在于，护理质量并不容易衡量。研究人员利用数学软件 Mathematica 进行研究后发现，与传统联邦医疗保险报销体系下的实验控制组相比，参与健康维护组织的中风患者出院“速度更快，身体情况更差”(Brown et al., 1993)。健康维护组织通过让病人尽早出院的方式省钱,病人则面临着严重的问题,因为他们最终将待在家里,或被送到无法提供正规康复治疗的机构当中。

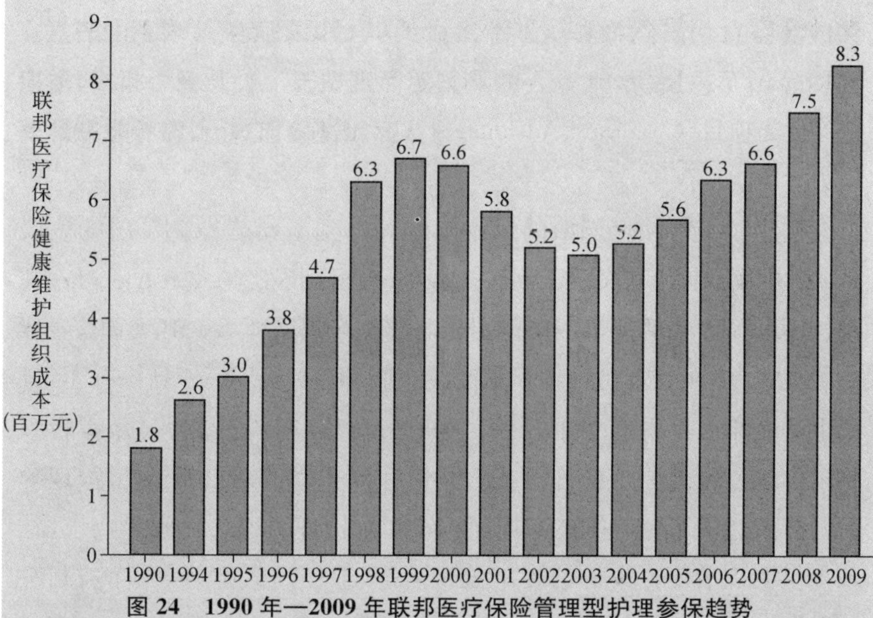

图 24　1990 年—2009 年联邦医疗保险管理型护理参保趋势

资料来源:联邦医疗保险和医疗补助保险服务中心、药物和健康计划选择中心:联邦医疗保险优先项目数据来自联邦医疗保险管理型护理合同 1990 年—2009 年总结报告;数据发展由研究发展与信息办公室提供。

注:每年的联邦医疗保险参保数据均来自当年 12 月,1996 年除外(8 月数据)。所有年份中,联邦医疗保险投保类型既有风险计划——包括联邦医保健康维护组织、首选提供商组织(PPOs)以及提供商赞助机构(PSOs)——也包括除医保预付费计划(HCPP)之外的成本计划。2004 年和 2005 年,联邦医疗保险投保类型还包含示范性 PPO。就所有年份而言,联邦医疗保险投保类型都不包含私人付费式医保(PFFS)和非 PPO 类型的示范性医保。2006 至 2009 年间,联邦医疗保险投保类型不包括区域性 PPO。

许多服务类型都可以被拒绝报销。例如,联邦医疗保险要求康复服务必须"稳定且有意义地增进病人健康"。联邦医疗保险健康维护组织或许会对此要求进行严格解读。病情没有足够进展的病人或许不能继续得到康复服务。在控诉联邦政府的"格里哈瓦尔诉沙拉拉(*Grijalva v. Shalala*, 1996)"这起经典案件中,一位健康维护组织的病人的律师表示,该保险计划屡次对特定类型的病情及其治疗过程的报销不足，这些情况包括肺炎和髋关节置换手术。有些管理型护理公司干脆彻底退出了联邦医疗保险，称联邦医疗保险资金越来越不足以支付赔保费用。然而，2003 年出台的《联邦医疗保险现代化法案》(Medicare Modernization Act)则规定管理型医疗可升级为“联邦医疗保险优先项目”(Medicare Advantage)，这对医疗消费者来说可能更具吸引力。

按年龄实行医疗配给的争议已经转移到了新阵地。目前的争议是：公司为了守住利润而限制医疗服务的做法还能多么无下限？管理型护理公司面临的终极威胁是退出联邦医疗保险体系。1999 年，会计总署报告称，在管理型护理提供商终止联邦医疗保险合同后，有 40 万以上的老年人不得不寻求新的医保计划。正义、权利、为公众实现福祉——这些伦理原则也许不能轻易适用于这些情况。管理型护理的后门配给造成了令人困惑的局面。管理型护理机构通过间接要求，在不提供明确治疗方案的前提下延误治疗，迫使病人上诉，从而控制医疗资源，在这种情况下，我们还应该用“配给”这个词吗？随着越来越多的老年人加入联邦医疗保险管理型护理计划，公众对如何把关管理型护理的讨论将会继续下去。

一对老夫妇在纽约“病人第一和拯救医疗联盟”(Keep Patients First, Save Our Health Care Coalition)赞助的游行中抗议削减联邦医疗保险预算。

阅读材料 十六

为什么要设限①

丹尼尔·卡拉汉

1986年10月,匹茨堡长老会大学附属医院的托马斯·明茨(Thomas Starzl)成功为一位76岁的女性患者实施了肝移植手术,让这位老人接受了最先进也最昂贵的医疗救治(此类手术通常花费20万美金)。不久之后,国会就将器官移植手术列为联邦医疗保险报销项目,保证老年人能够获得此类挽救生命的医疗服务。

这便是我们表面上赞美的医疗进步:这是医学技术的胜利,是业已成功的医保项目提供的新福利。然而与此同时也出现了一些情况:政府发起了以联邦医疗保险为重点的遏制成本的宣传。其原因并不难理解。

1980年,65岁以上的人——人口的11%——占用了美国医疗总开支的11%,数额为2194亿美元。到1986年,老年人医疗开支比例达到31%,数额为4 500亿美元。据推算,联邦医疗保险年开支将从1986年的7 500亿美元上涨到2000年的1 140亿美元,前提是美元不贬值。

面临不断上涨的老年人医疗成本,继续用昂贵新技术来延长生命,这合理吗?有什么办法可以控制成本,同时推动创新而昂贵的研究吗?这些问题已经迫在眉睫。在老年人参保人数和参保比例不断上升的情况下,联邦医疗保险成本正以空前速度上涨。美国人口数量上升最快的年龄组是85岁以上的老年人,每两年上升10%。据预测,到2040年,老年人将占总人口的21%,并花费医疗总开支的45%。该如何承担这笔高昂的费用呢?

另一强大的现实情况则与此背道而驰:联邦医疗保险和医疗补助计划已经完全无法满足老年人的实际全部需求。该体系最失败之处在于,

---

① "Why We Must Set Limits" by Daniel Callahan in *A Good Old Age? The Paradox of Setting Limits* (pp. 23 - 25), edited by P. Homer and M. Holstein. New York: Simon & Schuster, 1990. Copyright 1987 by Daniel Callahan. Reprinted by permission.

它无法提供体面的长期护理和家庭护理。少数族裔、单身人士及丧偶女性尤其处于劣势。既然如此，怎样才能在现有水平上对老年人提供护理，使医疗体系摆脱不足和不平等，同时发展昂贵新技术呢？

简单说来，鱼与熊掌不可兼得，更糟的是，即便试图两全其美，也毫无裨益。年轻人会承受沉重的经济负担，国家社会政策也将严重向医疗倾斜，这样想一想就足以令我们迟疑了。

超越经济：什么做法对老年人好？

然而，我的关注点已经超越了医疗成本危机。"我想要为更严肃的论点做个铺垫：即便资源相对充足，今后也有更好的花钱方式，而不是一味延长老年人的生命。这样的社会目标既不明智，也不符合老年人自身愿望，无论这对他们来说多么有吸引力…… 我们富裕，我们一味突破限制，最终蒙蔽了自己，看不到完满生命的真相，也看不清衰老和死亡在生命中的地位"(SL，53，116)。[1]

迫在眉睫的经济危机为我们提供了思考根本问题的重要机会。我们究竟想让医学如何应对衰老？其他民族的文化认为，人类应当接受衰老，这应是迎接死亡的一段时间。我们的文化则看似越来越不认同这一观点，我们更愿意将衰老看作一种疾病，要与其抗争并打败它。为什么我们的文化对衰老如此难以释怀呢？

首先让我来说说，"在一个美好的社会中，老年人应处于怎样的地位？这是一个集体性而非个人化的问题。缺乏集体感和相互责任感的文化从不考察这个问题。利益集团政治生活的诉求也制造了另一个障碍…… 我们总是在群体内部强调个人权利，从不承认其他群体的竞争性需求。不过最大的障碍还在于，我们完全没有能力通过公共话语有意义地探讨生命的苦难与衰老。我们仅仅将它们看作必须消灭的敌人：有了科学、有了社会项目、有了盲目乐观的精神、有了足够的精力和想象力，它们一定会被战胜。我们已经创造了这样一种生活，它仅把严肃的局限性问题，把人类生命妥当终结的问题，把邪恶和苦难的问题，交给了自我与宗教。这些问题因此永远是主观性的，或仅仅是关乎信仰的”(SL，220)。

在阻止死亡的宏伟大业中，医学已经抵达了老年人护理的最后一块疆域。当然，儿童和年轻人仍会死于不治之症，但濒死人群中数量最多的(70%)依然是65岁以上的人。要战胜死亡，就要从这里着手，做大量的工作。与死亡和衰老抗争的不只是医学。我们的文化一直在重新定义老年，并将其描述为一段解放的时期，而非一段衰退的时期。这时要展开新的旅程，要开启一段教育和自我发现之旅，要打网球和高尔夫，欣然享受并满怀感恩地迎接孙子孙女的探望。这无疑是一幅美好的画面，却同时让人们妄想着挥舞医学武器，向不堪一击的老年发起猛攻。

此类战争代价巨大，我们已经有所耳闻。无论花多少钱，终极问题都得不到解决：人们依旧会生老病死。更糟糕的是，如果认为老年只是中年的无尽延续，它便丧失了意义。

老年的意义与重要性

对老年人来说，实现意义的方式很多，然而在我看来，老年人对未来的特殊义务才是关键。“它不仅是老年人身上最被忽略的一点，也最有可能帮助我们理解其医疗问题。年轻人——包括儿童——大多只是恰当地花时间为未来角色做准备，发展适于自己的自我。成熟成年人有责任生育和抚养下一代，对当下社会进行管理。而老年人最应该做什么呢？其特殊角色是要做自己身前和身后的道德守卫者。正是守卫者这一不可或缺的角色使我相信，老年人的**基本**追求应是为年轻人和未来服务。他人建造了社会，将传承之道教给后人，而老人作为他人的后代，也同样有义务为自己的后人尽责。

“只有老人——那些历尽漫长一生眺望未来曙光，迎接其到来的人——才知道从过去走到现在，再走向未来的意义何在，这种认识弥足珍贵。要让年轻人蓬勃发展，老年人就应主动退居一边，直到生命行将结束，也要努力为后人留下一个充满希望和馈赠的世界。这将是他们接受衰老和死亡的最大动因。正是这种为迎接死亡而主动退出、为年轻人的利益而离开的矛盾结合,才在当代语境下提供了创造意义和重要性的可能性。正因为衰老有其目的,正因为它结合了自我身份和服务他人生命的重要职能——联结过去、现在与未来——生命才有了意义。他们或许对此毫无察觉,但若没有它便无法生活下去。正因为社会承认和鼓励老年人实现自己对年轻人的义务,让他们有了明确和重要的角色,那种有利于大众福祉,也**只有**他们才能扮演的角色,于是老年人才获得了生命的意义”(SL,43)。

要强调的是,虽然老年人有义务为年轻人服务,年轻人和社会也有责任帮助老年人。在设限之前,应先让政策和项目准备到位,让老年人活到“自然生命周期”,在此之后便应当用各种手段来缓解其疾苦。

“自然生命周期”和“可容忍的死亡”

前几辈人都接受“自然生命周期”这一观念——《圣经》中的70岁寿限即有此意。这一观点很值得思考,它为我们提供了有意义的、可实现的目标。现代医学和生物学表明,平均寿命根本不是自然事实,而是严格取决于每个州的医学知识和水平。这不只是单纯的数据事实:平均预期寿命在继续增长,没有尽头。

除此之外,“自然生命周期”之说也面临着其他强大阻碍。这一观念“还有诸多我们不愿接受的条件:(1) 生命有相对固定的阶段——由于我们可以在任何年龄阶段做任何想做的事,这种说法就是错的。生物学没有为我们提供无法改变的哲学或道德限制,但也没有提供任何明确指向。(2) 死亡会给生命设定‘绝对限制’——因为医学有能力不断推进生与死的界限,这一观念也就被推翻了。生命有着各种各样的机遇,而不是封闭的循环。(3) 老年必然是衰退,因此需要为其赋予特殊意义——要将其作为反对年龄歧视政治斗争的一部分加以否定,因为这种说法只会强化老年人异常、边缘化和令人沉重的群体形象。(4) 如果能够在‘完整的生命’问题上达成共识,‘我们的文明’就会变得更好——这是一种在政治上非常危险的看法,它更适合集权和集体主义文化,不适合道德和宗教多元主义与个人主义,必须加以否定”(SL,40－41)。

我想说的是,我们能够,也必须在对人类需求和可能性有深入了解的基础上,而非在医学技术的基础上,构建“自然生命周期”这一概念。我将“自然生命周期”定义为“总体上实现了生命的可能性,此后死亡虽然悲伤,却并不足以令人扼腕的状态”。

“这一定义的每一部分都需要阐释。我所说的‘总体上实现了生命的可能性’是什么意思呢?我的意思非常简单:此时生命赋予人类的大部分机会已经都实现了。生命为我们提供了许多机会,包括工作、爱情、养育后代和家庭、和他人共同生活、追求道德等高尚目标、感受美好、感受旅行、感受知识等。到了老年——我说的是65岁——我们大多数人都有机会体验过了这些美妙事物,或者说到了70岁晚期或80岁早期都还能有这种体会。并不是说到了这时候生命就停止了,而是说在这些年龄以后,生命为我们提供了新的机遇,我们或许会做自己从未做过却一直想做的事。这也并不是说,生命不会再为我们提供以前让我们感受种种美好的机会了,通常并非如此。然而我们在老年应当已经实现了对机会本身的拥有,有时甚至已经尽善尽美。悲哀的是,许多人没能抓住生命提供给他们的种种机会:他们从来没有找到真爱,没赚到足够的钱去旅行,没有通过教育获得足够知识,等等。然而,这时即便活得更久,也没有可能弥补这些遗憾了。这种生命模式,包括其缺憾,都没有可能在老年时期有大的改观,也更没有可能出现先前已经错失的全新机遇了”(SL,66－67)。

活得越久不等于活得越好。无论医学能让人们活多久,随时到来的死亡——无论是90岁、100岁还是110岁——都会挫败某些可能性,某些尚未实现的目标。一个孩子的夭折本可避免,却木已成舟,只会令人感到愤怒,人生壮年因不治之症而死也是一场悲剧。而寿终正寝却仅仅令人感到悲伤,因为它是生命的一部分,我将此称为“可容忍的死亡”。

“可容忍的死亡”这一概念有利于解释“自然生命周期”的概念,而这两个概念合在一起,就为医学奠定了应对老龄化的恰当目标。“我对‘可容忍的死亡’定义如下:生命周期某阶段个人的死亡事件,包括以下情形:① 生命的可能性总体上已经完成,② 其对应尽的道德义务已经完成,以及③ 其死亡不会令他人感到不可理喻或难以接受,或不会令他人对存在的有限性感到绝望及愤怒。要注意该定义最明显的特征:这是一种传记性的而非生物性的定义”(SL,66)。

计划的原则和优先事项

我们该如何设计一套计划,来限制公共权益项目下老年人的医疗成本,使其公平公正,富有人性,还能顾及其特殊需求和尊严?为了确定界限,让我来介绍三项原则:

> “1. 基于我们共同的社会义务,政府有责任帮人们活完自然生命周期,但此后没有义务通过医学手段为其延长生命。我所谓的延长生命的治疗,指的是可以预先阻止死亡的任何医疗介入手段、技术、程序或药物治疗,无论其是否能影响该致命疾病或生理进程。
>
> 2. 只要是为了完成或满足自然生命周期,政府就有义务发展、利用并负担相应类型或程度的延长生命的医学技术。问题不在于是否存在挽救生命的技术,而在于是否有义务使用这种技术。
>
> 3. 在自然生命周期之后,政府仅应提供缓解痛苦的必要手段,不应提供延长生命的技术”(SL, 137 - 38)。

那实际政策会是什么样呢?“完整的政策计划将包括一套详细指南,比如确定基本生物研究和医疗提供的优先事项并确定二者的主次。我无法对此进行详述,仅能勾勒出可能的轨迹——或者说得更明白些,描述一下梗概。如果我能条理清晰地将其表述出来,避免出现重大矛盾,也就能呈现某种有用的方向了”(SL, 141 - 42)。

在我看来,医疗政策的三个要素如下:“首先有必要弄清在老年人护理过程中误以道德为中心的原因所在,以及接下来几年中可能因其护理而产生高昂费用的原因所在。产生高昂费用的原因是持续不断的高科技医疗创新被不加节制地用于延长老年人生命；这种福利往往变成了一种诅咒……如果技术不能保证以廉价方式有效增进老年人的生命质量，无论其生命被延长到何种程度，也不应发展或采用这种技术。以高成本实现递增效益是不合理的。政府应直截了当地声明，联邦医疗保险将不会报销没有高疗效的技术，以阻止低效益技术的发展”(SL，142，143)。

“第二个要素是关注老年亚群体——特别是女性、贫困人士和少数族裔——也即那些未得到完善服务、应得到年轻人和广大社会更多帮助的人群……除非对医保体系进行彻底改革，(贫困及中产)老年人将不会有体面的安全感。批判人士叫嚣着要大刀阔斧推行的改革所花掉的钱，很可能将超过禁止医疗技术研发和使用省下来的钱。但它们将解决技术进步无法解决的问题，也同样会让老年人感到放心，让他们拥有晚年的安全感，让他们知道，健康恶化并不会在经济上毁掉他们，毁掉他们的自由，让他们不得不依靠子女生活(对双方皆无益)”(SL，142，147)。

“第三个要素是明确区分健康和福利需求的主次——例如重视护理、长期护理和预防——要实现我所提出的目标，就必须满足这些需求……除了避免早死之外，医学还能以何种合理方式保证老年人生命完整呢？老年人要尽可能地保持独立，无需过分忧虑健康恶化带来的经济负担或家庭负担，从生理和情感上寻求老年阶段的意义和重要性。医学只能尝试维系健康，使其实现这样的目标，但无法保证成功。只有行动灵活、头脑清醒、情绪稳定，才能促进目标的实现。慢性疾病、病痛和困苦是最主要的障碍，当然也是医疗研究和完善医疗供给的合理目标。研究重点应放在治疗随寿命增加而对晚年造成折磨的慢性病上。”(SL，142，149)。

安乐死和协助自杀

也许有人认为我支持安乐死和协助自杀。我的立场“恰恰相反：批准老年人安乐死和协助死亡不能为他们带来任何实际帮助，相反还会造成老年即丧失价值的危险信号……如果将安乐死和协助自杀合法化，许多现在备受束缚的老年人会不会踊跃抓住这一机遇呢？无论在美国还是别的国家，都没有足够证据表明他们会这样做。即便有，老年人大体上能从这一新局面中获得什么深远意义呢？他们可以将其解读为获得新自由的途径，但并不足以称之为社会让步。老年如果伴随着衰退、病痛和绝望，就没有任何意义可言。这几乎等于正式承认，社会必须放弃老年人。对年轻人而言，它会传递出一种信息，即我们不应忍受痛苦，老年人没有自己的社群，一个健康状况不良，没有希望和活力的人生，不值得活下去……

“社会该怎样评价老年人及其生命呢？如果有人认为老年人不应被拒绝，相反应得到尊重，他们和其他年龄群体一样，拥有有效的社会地位，有着多样的脾性和外貌，那么批准老年人对安乐死的特殊需求，就会使所有这些承诺全然落空。这也让老年即丧失了希望和未来、丧失了个人意义的观点变得合理。相反，如果我们相信老年也有其特殊价值，相信它——在得到正确的文化、经济和政治帮助的前提下——是一段充满意义的时光，那人们就不会把安乐死，当成解决老年问题的特殊办法，无论对个体还是对群体而言都是如此。从老年人利益出发批准安乐死，恰恰会传递出错误信号，直接否定了为老年赋予意义所作出的努力”(SL，194，196，197)。我们的社会应保证老年人更好地掌控自己的死亡过程，尤其应保证他们拥有不可剥夺的、拒绝用激进疗法延长生命的权利。

结论

我提议建立的体系并不会立即降低老年人医疗成本。但对老年的全新理解将由此开始，即承认生命最终趋于稳定，有其界限。老年人将不再单纯地相信，是资源短缺、经济体制或政治权力使其无法突破身体的限制。年轻人也将不再渴望到了老年还能永葆青春，好像年老只是标志着药物停止发挥作用。今后我们的社会将不会因为人们错误地相信老年人的尊严无可否定，就允许老年人的医疗开支无限制地增长。我们的社会也不允许大肆弥漫的自私观点来荼毒年轻人,让他们相信这样做会最终让自己受益。

我们要对衰老和死亡的过程有所了解,以履行对老年人、对未来的义务,承认局限的必要性,因年龄而非青春活力对老年人保持尊敬。以接纳老年人和消灭歧视之名,我们虚伪地以为只要有足够意愿和金钱,老年那不愉快的部分就会消解;以医疗进步之名,我们向死亡和衰退发起了不懈斗争,却不曾追问,这样的社会是否对所有人更有利。

"我在此提出的观点很可能不会立刻受到拥护,并让当前一代老年人感受到其效果。如果我的提议有什么好处,也要等 20 到 30 年才能体现出来。我主张的不是快速改变,而是开启长期对话,这或许能让人们改变观念,最重要的是改变对老年和死亡的期待"(SL,10)。

参考文献

1. Daniel Callahan, Setting Limits: Medical Goals in an Aging Society (New York: Simon & Schuster, 1987). References to this volume appear in text here with the notation"SL".

阅读材料　十七

给生命定价
——为什么应实行医疗配给?

彼得·乌贝尔①

在美国,人们经常就管理型护理机构的优缺点产生争论,讨论医疗是否应当成为盈利性产业。他们几乎从不讨论医疗配给的问题,即便提到医疗配给,也不过是为了控诉管理型护理机构和盈利性保险公司的滔天罪孽。很明显,针对管理型护理机构和美国医疗界猖獗的企业化现

① Peter A. Ubel, *Pricing Life: Why It's Time for Health Care Rationing* (pp. xvi - xix). Copyright 2000 Massachusetts Institute of Technology.

象,还有许多重要问题值得讨论。但这些争论都对医疗配给这一重要问题避而不谈。

并不是管理型护理机构创造了医疗配给,相反,是配给的需求创造了管理型护理。在美国,管理型护理机构之所以数量猛增,是因为人们认为它们可以遏制成本。欧洲、亚洲和北美其他地区的政府也在急切地控制医疗成本。在美国以外的国家,医疗配给的需求迫使政府想出了管理型护理以外的办法来遏制成本。在加拿大,患者要排队等好几个月做心脏搭桥手术,然而一旦出现了病情更危急的病人,还要被插队(Naylor, 1991)。的确,即使在美国,管理型护理机构也并不是唯一参与医疗配给的组织。传统付费式保险公司雇用了大批医疗费用使用审查员来让病人及早出院。各州政府也修改了医疗补助保险的适保标准。医院关闭了外伤中心,避免接收没有保险的病人。医疗配给无所不在。管理型护理则不然。

当然,人们常常针贬管理型护理机构多么贪婪,保险公司多么邪恶,政府官僚们多么无能,而不去讨论医疗配给的需求。毕竟,人人都认同管理型护理机构的存在,配给是否存在,是否应当存在,却无人认同。相反,对许多在乎医疗成本控制的人来说,配给是一种不合理的罪,它不应当存在。医生让这样的事发生是不道德的,而医生亲自**实行**配给就更加邪恶。

鉴于最近又有了遏制医疗成本的动向,“配给”这个词再次引发争议,或是被用来诋毁政敌或产业竞争对手,也就不足为奇了。“配给”已经成了不道德、不恰当甚至是贪婪的代名词。

因为配给非常不受人欢迎,大多数讨论集中在我们**是否**应当对医疗实行配给,而不是**如何**实行配给的问题上。在许多情况下,争论双方甚至对配给的定义都无法达成一致。

我希望人们相信,配给是有必要的。我知道这种观点不受欢迎,但我并不打算竞选当政客,所以只要妻子(她对我爱得盲目)和终身教职审查委员会成员(他们也不会看这本书)同意我的观点就好了。因此即便不受欢迎,我也担待得起。

鱼和熊掌不可兼得。我们没有能力让每个潜在受益人都得到全部医疗服务。让营养学家评价一下饮食状况,理疗师把腰上的问题治好,那么大部分人的健康都会有所好转。大部分住院病人和养老院病人都会从更高的医患比中受益。如果我们要二者兼顾,那么标准造影剂将不再标准,每个人都将使用新型的、更昂贵的造影剂。我们将只关心**有效性**分析——什么最有效果,就把什么提供给大家。但是我们提供给所有人的东西也是有限的,我们必须开始思考设限的问题。

面对不乐观的未来,我不仅要坚持主张医疗配给,而且我还认为,配给应当由护理医师执行,而我们最有用的配给工具(无论是护理层面还是政策层面)将是成本有效性分析。医师配给制固然有其道德问题……但基于成本有效性的护理层面配给还是应当发挥其关键作用。

成本有效性分析引发的道德问题值得广大民众进行讨论。

参考文献

Naylor, C. D., "A Different View of Queues in Ontario," *Health Affairs* (1991), 10(3): 111 - 128.

阅读材料　十八

魔笛手为老年人而回归

纳特 · 亨托夫①

我认为都柏林圣帕特里克大教堂那位擅长讽刺的主持牧师乔纳森 · 斯威夫特能欣赏丹尼尔 · 卡拉汉的《设限》——虽然其欣赏方式跟大家想的不太一样。大家也许还记得,斯威夫特在爱尔兰那个极其贫困和饥饿的年代,写下了《一个小小的建议》。他在文中写道,与其让穷人

① Nat Hentoff, "*The Pied Piper Returns for the Old Folks*", in *The Village Voice*, April 26, 1988. Reprinted by permission.

家的孩子继续成为父母和国家的负担，何不劝说穷人把孩子养大，在他们长得最肥美的时候把他们宰掉，卖到有钱人家里当晚餐呢？

还有什么比这更人道的事吗？——穷人家的孩子避免了贫困的一生，父母也可以免于饥荒，爱尔兰总体经济更加稳健。

因此我想，为了加剧美国老年人所面临的诡异和凶险处境，卡拉汉便写下了当代版的《一个小小的建议》。

然而我错了，他并不是在讽刺……

卡拉汉将"自然生命周期"视为向70岁晚期或80岁早期的告别。他没有具体到哪个年龄。所以千万别弄丢了你们的出生证。

如果人们坚持活过卡拉汉而不是上帝为他们规定好的寿命，政府就会站出来。国会将禁止为任何活过这一年龄的人提供体外循环心脏手术，或重症监护室延长治疗等一切可被联邦医疗保险报销的治疗。

而且，为了检验《设限》这本书的人性化指标，如果老年人被诊断为永久性植物人（有些医生会把这种诊断搞砸），卡拉汉计划会下令停止或拆除导食管（没人能确定永久性植物人是否能**感受到**被饿死的感觉，如果能，那就没有比这更恐怖的死亡方式了。）。

那些不依赖联邦医疗保险的老年人该怎么办呢？千百万贫困人口和中产阶级只能接受政府医疗，因为他们别无选择，但有钱老年人则不同。当然，他们根本不需要在乎丹尼尔·卡拉汉，他们可以像有钱人一贯的那样，享受任何程度的医疗。

因此，《设限》根本上是阶级歧视性质的。没有资源但需要某种护理的人，会比无须依赖政府和丹尼尔·卡拉汉的人死得更早。

卡拉汉向我们表明，一旦我们走上功利主义的下坡路，传统伦理规范也将日薄西山。正如美国天主教大主教们所宣扬的那样，医疗在"维护人类尊严上是不可或缺的"。主教们并没有说，尊严只属于那些花得起钱的人。他们知道，如果你已经84岁，联邦医疗保险只为你报销看病费用，却不报销延长寿命的医疗费用，那么你的"人类尊严"就会被打入地狱。

必须指出,丹尼尔·卡拉汉并不希望自己设计的自然死亡很快施行。首先,公众需要时间转变观念——长期看来这并不是太困难。据我了解,有些州在作出为病人——许多是老年人——拆除导食管的法庭判决后,已经引发了有规模的抗议。这些人并非处于绝症或病痛晚期,也并非是植物人(比如新泽西州的南希·艾伦·乔布斯)。

因此,凭着这种时代精神,我认为舆论最终将被卡拉汉的小小建议所战胜。不过他还有一个等待的理由,只有当社会保证为老年人报销体面的长期家庭护理或养老院护理,以及更好的药物、眼镜等必需品时,他才想让自己的计划生效。

即便如此,仍然存在严重的道德和宪法问题。如果我们把老年人送到养老院,又拒绝为其延长生命,我们的社会将变成怎样?

而如果医生们觉得单纯以年龄为依据来限制护理的做法令人憎恶,他们又该怎么办?正如以前一位深深忏悔的纳粹医生所言:“我只可以选择做医生或不做医生。”

另一方面,如果卡拉汉计划暂时还不实行,新型医生却可以接受训练,发下功利主义的誓言,而非希波克拉底的誓言(“我将永远铭记自己作为社会的一分子,将对它而非任何一个病人个体作出奉献。”)。一位大型教育机构的指导医生告诉我,越来越多的医生在老年人身上投入的时间和精力越来越少,其他地方也有类似情况发生。

与此同时,我从未听任何人在卡拉汉提议中读到或听到过《宪法第十四修正案》及其赋予所有人的“受法律平等保护”的权利。卡拉汉的计划是把一整个阶层的人划分出来——以年龄为依据——拒绝为他们提供任何延长生命的医疗保健。这虽然不像斯科特诉桑德福案①那么严重,但即便老年人还不至于要像黑人等少数族裔和女性一样受到宪法关注,也不能就这样入土为安吧?

---

① 美国最高法院于 1857 年判决的一起奴隶制案件,成为南北战争的关键起因之一。——译者注。

还是说他们就理应如此呢？我国更具影响力的杰出人物——如乔·卡利法诺(Joe Califano)、乔治·威尔(George Will)等生物伦理学家——都在宣告设限的到来。

你准备好了吗？

阅读材料　十九

从配给的伦理到避免浪费的伦理①

霍华德·布罗迪

生物伦理学一直在“稀缺资源分配”前提下解决控制成本的问题。既然已经打下了这枚钉子，生物伦理学便不断用分配正义的理论大锤对其进行敲打。然而在美国，伦理争议正从医疗配给转向避免浪费的问题。这一鲜被注意的变化有其重要的政策意义。

“配给”这个词虽然在政治上充斥着危险，伦理学家却敢于迈进政治家没有勇气涉足的领域。配给的伦理有两点考虑。首先，只有当资源稀缺，必须有人来决定分配时，配给才会发生。其次，进行配给已经无可避免。如果我们避免进行明确配给，最终也将实施不明确甚至是不公平的配给。

反对配给的主要伦理依据在于，无论医疗成本有多高，医生们对每位病人都应怀有绝对的忠诚。然而这一反对意见已经失败，因为当资源耗尽时，被剥夺治疗的病人都是大活人，而不是冷冰冰的数据。医生作为一个集体，也对这些病人抱有忠诚。因此无论通过质量调整生命年这样的准客观方法，还是增进社群民主参与这样的程序化方式，有关配给的伦理争议都转移到了稀缺资源公平分配的问题上。[1]

支持公平配给的伦理学家遭遇的反驳是，成本问题是由限费、欺诈

---

① “From an Ethics of Rationing to an Ethics of Waste Avoidance”, by Howard Brody, M. D., ph. D., *New England Journal of Medecine* (May 24, 2012), 366: 1949 - 1951.

和滥用导致的。他们用数据表明,浪费也即刻意诈骗造成的成本,在医疗总开销中所占比例不到10%。此外,消灭所有浪费现象仅能一次性节省开支,而驱动成本上涨的主要原因——技术进步和人口老龄化——将永远存在下去。

近期反映这一伦理争论的事实是,如果将医疗资源浪费定义成为病人提供无用医疗介入所产生的开支,那么美国的医疗浪费实际数额更高——至少是预算的30%。这一浪费正是成本上涨的主因。[2]

分析高剂量化疗和自体骨髓移植治疗晚期转移性乳腺癌的案例,我们对这一伦理重心的转移进行了研究。这些治疗最初能为病人提供大约10%的延长生命的机会,否则他们将很快死亡。20世纪90年代,保险商拒绝赔付高成本的生命末期治疗,彻底毁灭了公众对管理型护理的信任。目前数据显示,这种治疗带来实际益处的可能性为零,其唯一效果是让病人接下来的生活痛苦不堪。就这种情况而言,有关配给的伦理争议就被放置在了错误假设中。

在乳腺癌治疗的案例中,医疗浪费现象已经完全超出了刻意诈骗的范畴。我们以前忽略了美国在诊断性测试和无可衡量益处的治疗上花费了多少钱。[3]若仅将这笔浪费的钱重新分配,将扩大医保覆盖范围,为所有美国人提供有益治疗,同时从整体上放缓成本上涨的速度。[2]

于是伦理问题就转移到了避免浪费上。虽然无效医疗的概念有着棘手的发展历程,这一新伦理问题仍是无效性争论的一个分支。[4]我们曾以为,只有在医生捍卫职业操守,即便在病人和家属强烈要求下也拒绝提供无效治疗时,才会出现无效性问题。而我们现在认识到,无效性医疗介入不仅是在患者要求下才实施的,同时也是医生出于习惯,或个人经济利益,或在证据有缺陷的情况下实施的。因此,避免浪费的伦理就成了职业伦理道德的一部分。[5]

避免浪费引发的两大争议在于,首先,即便代价高昂,钱都被浪费在了无用的介入治疗上,我们更不应当剥夺对病人有益的医疗服务;其次,无效化验和治疗会造成伤害,对病人没有帮助的治疗会造成并发症,对病人没有帮助的诊断性化验会得出假阳性结果，引发更多化验和并发症。“不论任何情况，切勿伤害病人”已经成为消灭无用医疗的最充分理由。[3]

消灭浪费且无益的医疗介入已经形成了一种道德必然（正如近期美国内科学会基金会牵头开展的“明智选择”宣传所强调的那样），问题就转移到了实施过程上。在此，我相信，我们必须考虑证据的有限性。随机临床实验数据反映的只是人口平均水平，放在任何一个个体病人身上都不适用。消灭浪费现象的伦理体系必须涵盖强大的申诉流程，为病人忠于代言的医生们必须在特殊病人能够从某种治疗中受益（基于对他们最好的临床诊断），而普通病人不会受益的情况下，启动申诉流程。总体上看，很少有化验和治疗是有益的，大部分化验与治疗仅适用于一小部分病人，超出这一人群之外时就是浪费了。明智选择与医疗浪费之间的界限往往是模糊的。

伯威克（Berwick）和哈克巴特（Hackbarth）注意到了一个非常微妙的，但却会成为严肃政策关注的道德问题[2]：大幅削减医疗开支会严重扰乱这个 2.5 万亿的产业和美国的整体经济，因此必须详细规划和稳步实施。稳步实施的策略同时也在道德上更站得住脚，因为目前的实证性医疗还存在许多局限。鉴于我们有义务为病人发声，那么还是消灭那些被明确证明无用的介入手段为妙。此后我们方可在通过比较性效果研究发现了其他浪费源头时，理智而自信地将这一政策逐步推广开来。

最终，配给和避免浪费的伦理是相互补充而非相互竞争的。或许现在避免浪费能够省下足够的钱，来实现全民医疗和未来的成本控制。随着医疗技术的进步，特别是个性化基因组医学的进步，我们必将迎来无法为所有人提供潜在有效治疗的一天，迟早面临配给治疗的道德挑战，在全球医疗资源分配不均的情况下更是如此。

把重点放在避免浪费上固然是道德必然，却明显无法逾越政治障碍。现在已经有了“死亡评委小组”这样的煽动性言论，且一人的医疗开支成了另一人的收入，因此可以预见我们的论战将愈演愈烈。医学在这场论战中扮演的角色将为医师专业主义构成严重挑战。美国的医师们会迎头化解这场危机,承诺保护病人不受伤害,同时保证在不久的将来实现平价医疗吗?

参考文献

1. Fleck LM. *Just caring: health care rationing and democratic deliberation*. New York: Oxford University Press, 2006.

2. Berwick DM, Hackbarth AD. Eliminating waste in US health care. JAMA 2012; 307:1513 - 1516.

3. Welch WG, Schwartz L, Woloshin S. *Over-diagnosed: making people sick in the pursuit of health*. Boston: Beacon Press, 2011.

4. Troug RD, Brett AS, Frader J. The problem with futility. *N Engl J Med* 1992; 326: 1560 - 1564.

5. Brody H. Medicine's ethical responsibility for health care reform—the Top Five list. *N Engl J Med* 2010; 362: 283 - 285.

阅读材料　二十

不求活得久,但求延长"健康期"①

丹尼尔·佩里　罗伯特·巴特勒

政府可以为了省钱,停止老年人赖以维持生命的治疗,大多数美国人想到这一点都会本能地感到畏惧。他们的本能是正确的。

仅仅以年龄为依据来决定一个人能否享受医疗,这明显不公平,行不通,也没有必要。把医院成本上涨和由其他因素导致的医师成本上涨怪罪在老年人身上,或是要求美国老年人为政府和医疗产业买单,以此寻求一种更"人道"而有效的政策来遏制医保成本,这样做是不对的。

在联邦医疗保险进入第22年时,里根总统签署了影响最为广泛的

① Daniel Perry and Robert Butler, "*Aim Not Just for Longer Life, but Expanded 'Health Span'*" in *The Washington Post*, December 20, 1988. Reprinted by permission of the authors.

联邦医疗保险扩大法案，彰显了国家为老年人提供医疗的强大决心。这项新的大病医保项目将在五年内花费约310亿美元，而这一数目与提议保障美国人遏制长期护理成本所需花费而言，也是小巫见大巫，后者是国会和布什政府面临的主要医疗问题。

国会有关长期护理的争论逐步公之于众。有人站出来发言称，美国只要拒绝为特定年龄(比如65到75岁)以上的人提供拯救生命的医疗介入，就能省下数十亿美元。但还有更好的方式来控制老年人医疗成本：努力消灭老年疾病，它们已经在医疗和长期护理产业中耗费了数十亿元开支，导致生产力下降。

通过抗击与老年病——比如阿尔兹海默病、中风、类风湿、骨质疏松症等疾病——就能停止或减少病人对昂贵医疗手段的需求、漫长的住院时间和耗费金钱的长期护理。

所以为什么不认真开展科学研究，让健康的中年时代继续延长，将老年的衰退压缩到一小段时间中呢?

为什么不将联邦科研努力引向减少病苦、增进健康和老年人独立的科学与医疗发现上呢? 这是一个远比医疗配给好得多——也更实际——的目标。

然而，老化研究目前并不是美国政府重点投入的领域。大部分人都认为老化进程不可改变。因此，研究资金通常都流向了别的地方。

如果在婴儿潮一代人成为史上数量最大的联邦医疗保险群体之前，仍找不到延长健康寿命、延缓虚弱之年到来的有效办法，我们就完全有理由担忧不断攀升的医疗成本。

因为医疗科学没有能力治疗、预防或延缓许多与老龄有关的慢性疾病，美国人已经花费了数十亿美元。而国家对避免这些开销所进行的投资与数十亿治疗成本相比，简直微不足道。

65岁以上老年人每年的医疗开支是1 670亿美元，其中只有不到1%的资金被重新投入到降低慢性疾病和残疾医保成本的研究当中。对于即将迎来史上最大老龄人口爆炸的国家而言，这是个非常糟糕的投资策略。

修改医疗机制虽然省钱,但相比那些改变人们衰老过程的重大医疗和科学突破所能带来的好处而言,这些钱实在不算什么。

如果科学家找不到治疗阿尔兹海默病的办法,那么到下世纪中期,由于人口结构变化的缘故,阿尔兹海默病病人的数量将是现在的五倍。大小便失禁、记忆力丧失和行动不便是导致长期护理和老年人医疗成本高企的主要因素。如果此类老年病和其他病症的治疗没有进展,那么将有600万美国老年人住在养老院里,如今这一数字为100万。

不幸的是,阻止衰老本身是不可能的。然而,有些病症只会伴随着衰老而出现。这种病症许多都可以避免。中年时期遭遇关节炎或类风湿等慢性疾病的概率非常小。但从40岁开始,其风险每过五年就会翻番。到了80岁中期,老年人患痴呆症、行动不便、大小便失禁等老年性残疾病症的概率是1/3。

如果医疗能将衰退延缓五年,那么发病量和治疗成本会减少一半。目前老年免疫学和分子遗传学的新进展能够重新设定生物钟,预先阻止与年龄相关的衰退。

答案近在眼前。对现有技术稍微进行发展,就能缓解行动不便、骨质疏松症和大小便失禁。如果美国用于骨质疏松症研究的3 000万美元经费翻倍,那么到2010年,这种病症就将被消灭,不再成为重大健康问题,而它目前正摧残着75岁以上90%的女性。

研究如何延缓衰老将帮助我们降低医疗成本,同时增进美国老年人的健康。我们的目标不仅仅是延长寿命,而是延长“健康期”,同时减少慢性疾病引发的问题。

供写作、思考和讨论的问题

1. 卡拉汉建议当代美国文化将衰老理解为“一种疾病”,他说得对吗?将衰老视作一种“疾病”,我们可以发现其成因,甚至还能“治愈”它,这样说有道理吗?我们该如何定义疾病呢?按照卡拉汉的观点,如果抗衰老研究能够压缩老年病治疗开支，我们是否应该进行这样的研究？

2. 如今，红霉素一类的抗生素疗法很廉价。根据卡拉汉的观点，它们是否也不应提供给老年人，以防“延长生命”？还是说，不应为老年人提供昂贵的治疗呢？如果治疗疾病让人们活下来的费用并不高，但为他们提供护理的费用却很昂贵，该怎么办？

3. 我们怎么弄清“配给”是什么时候开始的？众所周知，二战期间，黄油、汽油和其他生活必需品都实行了配给。但批评人士表示，医疗配给实际上已经在美国实行了。资源配给有可能在公众不知情的情况下进行吗？假设你是一位记者，发现当地一家医院定期按病人年龄实行医疗配给。写一篇简报让公众关注此事。

4. 亨托夫认为，卡拉汉的提议是一种阶级歧视（歧视穷人），因为有钱人可以随心所欲购买任何医疗保险。这种说法有说服力吗？除此之外还有别的办法吗？亨托夫的观点如果站得住脚，是否有效驳斥了卡拉汉呢？

5. 亨托夫在文章结尾表示，卡拉汉的提议让一个阶层丧失了“受法律平等保护的权利”。他还引述了“斯科特诉桑德福”一案（1857），在这起案子中，美国最高法院实际上默许了奴隶制。那么按年龄实行医疗配给是否像奴隶制一样，也是一种歧视？年龄歧视与种族歧视有何异同？假设你是一名律师，要在美国最高法院反对按年龄实行医疗配给。请根据亨托夫的主要观点写一封“陈词”，用有力论证来说服大法官们。

6. 布罗迪认为，有关医疗配给的道德争论正在从配给转变为避免浪费的问题。他进一步认为，这种鲜受关注的转变有着重大的政策影响。探讨这些影响是什么，并提出可能产生的其他影响。

7. 批评人士称，数据显示，卡拉汉的提议如果只是对 75 岁以上的老人进行医疗配给，并不会省下多少钱。如果数据准确，你认为卡拉汉会把年龄限制降到 70 岁或 65 岁吗？为什么？

8. 管理型护理要依赖某种形式的“把关”来决定谁能得到服务。那么把关涉及了哪些道德困境？其他领域的把关者——例如大学录取招生官员或社会福利工作者——的工作给我们什么借鉴?假设你是一位把关者,正面临着可能无法为某位老年人提供其所需服务的情况。请给你的老板写一封备忘录,向他说明为什么应当为这位患者提供服务。

推荐书目

Aaron, H. J., and Schwartz, W. B., with M. Cox, *Can we Say No? The Challenge of rationing Health Care*, Washington, DC: The Brookings Institution, 2005.

Binstock, R. H., and Post, S. G. (Eds.), *Too Old for Health Care? Controversies in Medicine, Law, Economics and Ethics*, Baltimore: Johns Hopkins University Press, 1991.

Hackler, C. (Ed.), *Health Care for an Aging Population*, Albany: SUNY Press, 1994.

Hoffman, B., *Health Care for Some: Rights and Rationing in the United States Since* 1930, Chicago: University of Chicago Press, 2012.

Homer, P., and H., M. (Eds), *A Good Old Age? The Paradox of Setting Limits*, New York: Simon & Schuster, 1990.

学生学习网站 www. sagepub. com/moody8e

- Flash cards(词语卡)
- Web quizzes(小测试)
- Chapter outlines(章节大纲)
- SAGE journal articles(赛吉出版公司出版的期刊论文)
- Web resources(网络资源)
- Video and audio resources(音像资源)

争议五　应该实行家庭养老吗?

欧洲有一则民间故事,一位农民在一家人吃饭时,对老父亲很不耐烦,于是把他赶到小破屋里,逼他在木槽里吃饭。有一天,农民发现小儿子正在把弄木头。“你在干什么?”他问道。“我在给你做木槽,等你老了就在这里面吃饭!”儿子回答。从那以后,老父亲又回到了餐桌上。

甲壳虫乐队有一句经典歌词唱道:“朋友给我一点帮助,让我勉强维生。”然而实际上,大多数人到了高龄都会从亲人那里得到帮助。2011年,美国有4 350万护理人员为50岁及以上日常生活活动受限的成年人提供护理,1 490万亲属护理人员为患有阿尔兹海默病等痴呆症的老年人提供帮助(阿尔兹海默病协会,2011)。甚至还有数量更大的群体在一年中的某段时间为老年人提供护理。此类服务2009年的估算价值约为4 500亿美元,较2007年的3 750亿美元有大幅增长(Feinberg et al., 2011)。

身体虚弱的老年人所需的巨大护理量约有80%是由亲人等人提供的。因此,“应该由亲人供养老人吗?”这个问题的答案是:我们已经在这样做了。然而随着美国社会老龄化人口的比例和特征不断改变,美国的家庭也随之发生变化(Burton, 1993; Cantor, 1992; Cherlin, 2010)。美国家庭正面临如何提供护理和帮助的新考验,同时还要为老人承担长期护理费用(Brubaker, 1990; 全国老龄化研究所, 2011)。

随着人口状况发生变化,问题也有可能恶化。婴儿潮一代人逐渐退休后,劳动力人口的数量将持续上升到2030年。同一时期,80岁以上的美国人数量——最需要护理的人——将可能增加80%。如图25所示,随着婴儿潮一代人达到80岁高龄,陪护比将持续下降,甚至会迅猛下降(Redfoot, Feinberg, & Houser, 2013)。

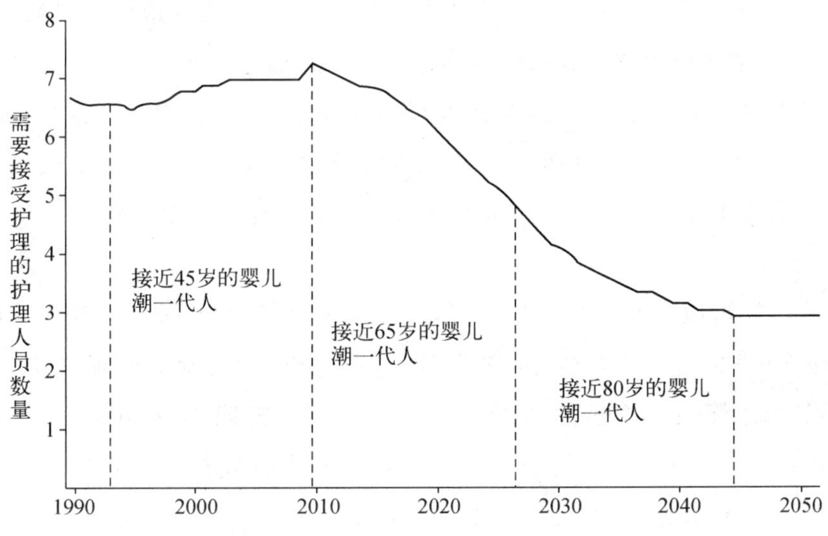

图25 你照顾母亲,谁来照顾你呢?

资料来源:美国退休人员协会。

老龄化与美国家庭

美国老年人多子多孙,有着丰富的家庭生活。2011年美国65岁以上人口中,有72%的男性和45%的女性已婚,其中大多数人的孩子已经成年(老龄化管理局,2012)。几乎同样比例的人至少有一个兄弟或姐妹,还有3/4的人已经当爷爷奶奶了。美国卫生与公共服务部及老龄化管理局的数据显示,非入院护理的老年人有2/3以上都住在家里。这些事实表明,老年人贯常被塑造出的孤苦无依的形象并不准确。

然而高龄往往会产生护理需求。的确,照料老年人始终是美国人一生中最重要、也是可预见性最强的责任(Glick, 1977)。已婚夫妇中,健康的一方就是最基本的护理人员。高龄夫妇面临的一个重大问题是:年龄越大,伴侣患病的可能性也越大。在这种情况下,老年人通常会向子女寻求帮助,对于那些丧偶后未再娶嫁或伴侣无法照料自己的老年人而言,子女就是最主要的护理人员(全国老龄化联盟,美国退休人员协会, 2009)。**老龄化交往理论**(exchange theory of aging)阐释了人一生中的护理模式,其理念是社会群体间的互动以互惠平衡为基础(Dowd, 1975)。因此,父母照顾孩子,伴侣之间相互照顾,是因为他们既被相互义务所激励,也期待在困难时得到这种互惠性帮助(Raschick & Ingersoll-Dayton, 2004)。

亲属可以参与到护理中,但责任依据性别有所不同。为老年亲属提供护理的大多是女性,通常是妻子、女儿或儿媳,她们必须在老人、工作与自己的家庭需求之间进行平衡。**三明治一代**(sandwich generation)一词就描述了异性恋生活的中年女性履行护理责任所产生的影响(Brody, 1985, 2004; Neal & Hammer, 2007)。有趣的是,在最近一项针对亲属护理人员的研究中,参与调研的LGBT① 人士都比其他受试者更愿意在最初六个月为老年亲属或朋友提供护理(MetLife, 2010)。随着老龄化和晚年研究重点多样化发展,我们将会在大多数研究中看到,LGBT亲属护理人员和老年人的体验同其他“正常”家庭并不一样(运动促进计划,GLBT② 老年人服务与倡议组织, 2010)。

20多年前,沃特金斯(Watkins)、门肯(Menken)和邦加茨(Bongaarts)(1987)预计,普通美国女性照顾老人的时间,将超过照顾

①② LGBT和GLBT是英文首字母缩写词,指称女同性恋者(Lesbians)、男同性恋者(Gays)、双性恋者(Bisexuals)与跨性别者(Transgender)。

未成年子女的时间。当然,这种笼统说法忽略了**照顾**也有程度之别,有些人是每周打一个电话,有些人是为阿尔兹海默病患者或从中风中恢复的病人提供24小时不间断护理。不过,许多中年女性无疑要花时间来履行照顾老人的义务。

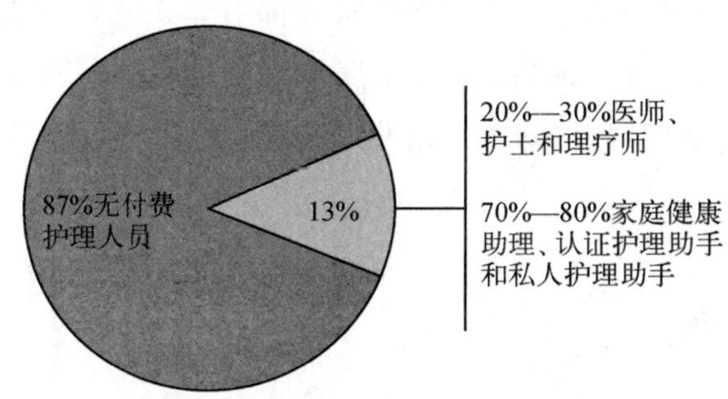

图26　付费式长期医疗机构类型

资料来源:凯撒家庭基金会,"老年人长期护理一览,"JAMA(2013),310(8):786。

在老年人身体严重衰弱或严重依赖他人的情况下,照顾他们可能会让亲人疲惫不堪,甚至垮掉,反过来虐待或无视老年人(Stone, Cafferate, & Sangl, 1987)。阿尔兹海默病和其他类型的痴呆症造成的负担就是例证。随着病症不断恶化,病人行为更加极端,家庭护理变得几乎令人不堪忍受(Corbin & Staruss, 1988; Springer & Brubaker, 1984)。老年病学专家将这种情况下的亲属护理人员称为疾病的潜在受害者(Zarit, Orr, & Zarit, 1985)。除了履行家庭和工作义务外,女性一生中还必须完成照顾老人的义务,此外还要进行个人发展,这是否有益于家庭和社会公正?这个问题有待回答(Wisensale, 2005)。

然而,我们不应夸大对护理人员义务的这种惨淡描述。许多护理人员从事这种工作已经很长时间,从来没有"垮掉"过。家庭护理的常态是,护理人员从不会感到这有什么大不了,夫妻之间尤其如此。

而且,护理人员也得到了大量帮助,缓解了负担。社会支持,特别是来自家人或朋友的非正式支持,对于承受压力的护理人员来说都大有帮助。此外,护理人员也可以从**暂替护理(respite care)**中受益:让无法自理的老年人接受暂时护理,自己得到休息(Klein, 1986)。此类项目可以缓解护理人员的压力,帮助他们延迟送病人或重症亲人进养老院的时间。此外还有类似由阿尔兹海默病协会等出资赞助的互助组织,对护理人员也有帮助。在这些情况下,正式支持服务都对非正式护理提供了补充和支持,而非取代后者。最后,还有亲属护理人员联盟(Family Caregiver Alliance)一类全国性机构和州机构向亲属护理人员提供最新信息与资源。

放弃还是独立?

被子女遗弃是人们对老年人惯有的刻板印象,但这基本上是不准确的。在一项有关晚年家庭扶助的早期重要研究中,约一半的老年人表示,他们离子女住得很近,或将要搬到离他们很近的地方,有2/3的老人离子女住处不到半小时车程(Shanas, 1980)。目前,有40%以上的老年人每天都和子女联系,3/4至少每周都和子女通电话。那些和子女相隔较远的老人并不觉得家庭破碎,也不认为年轻人抛弃了他们。

尽管如此,老年人还是表现出了独居的意向,这一点早已十分明显。1960年,仅有1/5的老年人单独居住,到1984年,这一数字增长到了1/3,而这一趋势在进入21世纪后还在继续。近年来,**多代同堂**的情况大幅减少。1960年,40%的老年人和已成年子女住在一起,但到了1984年,这一数字已经降到22%(美国国会预算办公室,1988),近年来这一趋势仍在继续。21世纪前半叶,受经济危机影响,多代同堂的数量有所上升(Fleck, 2010),而一项新报告发现,自20世纪80年代以来,多代同堂的现象又有复兴趋势,并有可能持续下去(皮尤研究中心,2010)。(见图27。)

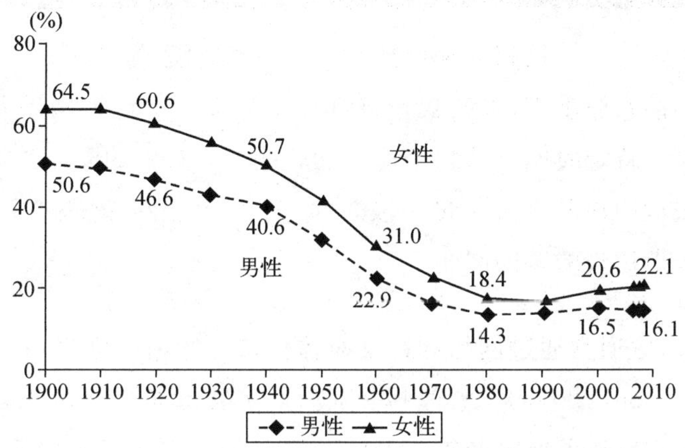

图 27　1900 年—2008 年 65 岁以上老人住在多代同堂家庭的比例(按性别)

资料来源:皮尤研究中心《多代同堂家庭的复兴》,2010。http://www. pewsocialtrends. org/2010/03/18/the-return-of-the-multi-generational-family-household/。来自皮尤研究中心所列美国十年人口普查数据,1900 年—2000 年,及 2006 年、2007 年、2008 年美国社区调研。

即便如此,"美好过去"的那种多代同堂家庭的温馨情景在某些方面并不属实。在欧洲和美国,几代人共同生活在一起的现象并不普遍,即便在几个世纪前的农业社会也是如此(Laslett, 1972)。理想化大家庭即多代同堂家庭只是**"失落世界"的神话**("world-we-have-lost" myth)(Laslett, 1965/1971),我们只是将前工业社会的"黄金时代"理想化了。西方社会长期以来的总体趋势是组建**核心家庭**(nuclear family)——即只有父母和孩子的家庭。对老年人的另一种常见的刻板印象是:他们与世隔绝。然而实际上,大部分老年人都和别人共同居住,一般是和自己的伴侣一起,有 14%是和其他亲人一起,少数人属于其他情况。即便是独居老人,也有住得近或打电话就能过来的亲人。仅有 5%的老年人处于与社会隔绝的状态,之所以如此,是因为他们一辈子都是这么过的。

街谈巷议

“只有4%的老年人住在养老院。”

这句话真假难辨,被鼓吹者有意宣扬。这一著名的“4%谬论”仅适用于某一特定时间。从整个生命历程来看,65岁的老年人有40%或以上去世前在养老院住过一段时间——这又是一个横向片面比较和纵向长期比较的谬误例证。

当代家庭通常通过网络和社交媒体保持着紧密的联系(Hogeboom & Bell-Ellison, 2010),这种模式被称为**虽远亦亲**(intimacy at a distance),它反映了独居老年人希望和成年子女定期联系的普遍愿望。在生病或有需求时,伴侣、成年子女或其他亲人通常最先提供帮助。

我们的确要认识到,如今老年人的居住情况已经和一个世纪前大不相同。造成这一变化的一个原因和人口有关。今时不同往日,为数众多的老年人活到了高龄,因此一直需要帮助,以完成日常生活活动。若是患上了有损健康的慢性疾病,比如中风和阿尔兹海默病,那么老年人很可能要在依赖他人的情况下生活很多年,远远超出亲属护理人员的承受能力。也可能有终生未婚或寿命比亲人长的老年人。因此,我们必须越来越多地依靠政府来提供不能由家庭提供的东西。

家庭责任

老年人社会福利项目的发展(如社会保障和联邦医疗保险),意味着老年人医疗和收入扶持已经变成了社会责任,而非家庭义务。然而美国和其他发达工业国家不同,这里的长期护理大多属于家庭责任(Buchanan, 1984)。政府迟迟不报销长期护理服务,家庭就成了提供手把手护理和经济支持的主要来源。就长期护理需求而言,老年人首先依靠的是配偶或伴侣。**配偶责任**(spousal responsibility)作为一种道德和法律义务,深深植根于我们的文化之中。如果伴侣或配偶无法提供护

大部分独居老年人都同家人和朋友有联系。

理，那么其他亲人（比如子女或兄弟姐妹）就要担起责任。对于和同性伴侣同居、独身或无子女的老年人来说，情况变得更为复杂。我们必须要回答这些问题：谁来照料那些没有亲人的老年人？LGBT 老年人为伴侣提供护理时，在获取支持和资源方面会遇到哪些障碍？

在某些文化，如中国文化中，儒家思想对人灌输了孝顺或尊敬父母的观念，赡养父母甚至重于抚育子女（Cowgill, 1986）。2013 年，中国推行了一项法律，要求亲人必须探望老人（Wong, 2013）。在美国，**孝敬父母的责任**（filial responsibility）仅仅被模糊地当作一种法律、习俗或道德事务（Callahan, 1985; Pillemer & Luscher, 2004; Post, 1989）。事实上，美国有一半的州都有明确的法律条文规定子女必须为年迈父母提供经济帮助，却很少得到实施（Garrett, 1980; Lammers & Klingman, 1986），一部分原因是公众对孝道有着根深蒂固的矛盾情结（Seltzer & Troll, 1982）。相比之下，新加坡早已开始施行严格的孝敬老人义务法，老年人若得不到成年子女赡养，可以将他们告上法庭（Liu & Kendig,

2000)。

然而在美国,孝敬父母的责任在实践中并不被视为一个法律问题,而是一种道德或习俗。老年学专家发现,美国家庭虽然也有着丰富的代际纽带(Pfeifer & Sussman, 1991),但这些纽带及其承载的期待非常复杂(Funk, Chappell, & Liu, 2011)。一个世界各国尚未解决的问题是:政府项目该如何同配偶和子女的护理义务及经济责任相协调(Bengtson & Lowenstein, 2003)?

全球视野

新加坡法律要求赡养老年父母

《圣经》第五诫有云:"当孝敬父母。"至少有一个国家已经通过法律推行了这一义务,它便是新加坡。新加坡是东南亚的一个小城市国家,它规定成年子女有赡养年迈父母的法律义务。其周边国家,比如马来西亚,也对帮助子女照料父母的成人日间护理和其他支持性服务提供了资助。在传统亚洲社会,老年人往往住在多代同堂的大家庭中,大多靠成年子女提供赡养和护理。如今,传统的家庭赡养体系已经不太可行。新加坡 1995 年立法通过的《供养父母法》(Maintenance of Parents Act)则彰显其独特之处。

在实施的前几年里,有 400 多位老年人向法庭提起上诉,强迫子女对其进行奉养。法庭对此类案件的处理较为谨慎,以免忽略了子女曾经未被抚养或被虐待的情况。对赡养做出的判决还要考虑到成年子女照料自己伴侣或子女的义务。法庭管理人员表示,不赡养父母的子女通常没有工作或者工作太忙,常忘了及时付钱。

新加坡的法律反映了许多假设。首先,家庭而非政府或社会应当为老年人提供护理;其次,子女有经济条件赡养年迈父母;其三,老年人实际上希望更多地被亲人直接照料。虽然新加坡在孝敬父母方面的做法很有特色,但其法律并非独立无二。包括印度、以色列和台湾在内的国家或地区都有敦促赡养父母的法律,而英国 1967 年之前也有这样的法律。美国许多州,包括加利福尼亚和伊利诺伊也有类似的法律,却很少被执行。支持新加坡法律的人表示,它促进了传统的家庭和宗教价值,让政府保护成为下策。

资料来源:

Rozario, P. A., and Hong, S. 1., "Doing It 'Right' by Your Parents in Singapore: A Political Economy Examination of the Maintenance of Parents Act of 1995," *Critical Social Policy* (November, 2011) 31(4): 607 - 627.

医疗补助计划和长期护理

美国的医疗体系通过联邦医疗保险几乎为老年人急性病提供了全部报销。很多联邦医疗保险受益者并未意识到,联邦医疗保险实际并没有覆盖程度较深的长期护理。急性病和长期护理的资助是分开的,疗养院长期护理资金有一半来自个别政府部门,主要是医疗补助计划。医疗补助计划是 2/3 养老院病人的主要支付渠道(DeNardi et al., 2011; Hagen, 2004)。

医疗补助计划(Medicaid)是由联邦和州政府共同出资的联合政府项目,于 1965 年建立,旨在为穷人提供医疗。然而多年来,它已经成为老年人和残疾人士长期护理报销的主要政府机制。联邦医疗保险仅承担了 22%的长期护理开支,医疗补助计划则承担了 43%的开支(美国家庭组织;凯撒家庭基金会,2012)。医疗补助计划是一项规模庞大且成本昂贵的项目,其成本仍在迅速增长。随着 85 岁以上高龄老人人数不断上升,长期护理开支可能变得更高。必须强调,养老院等长期护理机构的老年人数量在近几十年有所下降。美国退休人员协会研究人员估计,1984 年到 2004 年,护理机构中的老年人数量下降了 37%。在利用率不变的前提下,医疗补助计划为机构型护理担负的费用将在 2004 年上涨到 240 亿美元以上(Redfoot & Fox-Grage, 2013)。但家庭有能力像过去一样,为亲人承担疗养机构以外的护理费用吗?

医疗补助计划的初衷虽然是为穷人提供医疗,实际却成了中产阶级老年人报销养老院费用的主要手段(Redfoot et al., 2013)。3/4 的医疗补助计划参保人都是有子女的低收入老年人,但这些家庭拿到的补助仅为项目总资金的 1/4。医疗补助计划约有 2/3 的资金都提供给了有身体残疾或精神缺陷及年龄较大的养老院人群。

为长期护理提供资金

中产家庭之所以依靠医疗补助计划,大概是因为他们没有经济能力负担护理费用(Cohen et al., 1987)。老年人长期护理在私人医保领域的开销已经超过其他类型的开销。2012 年,养老院私人病房一年的平均花费是 90 520 美元(大都会人寿保险,2012a)。很少有人或家庭能够长期承担这笔费用。那些"自费"进养老院的病人,一般有 70%会在短短三个月后达到贫困水平,90%会在一年内变得赤贫。

长期护理开支一旦超过积蓄,面临这笔费用的人就没有多少选择了。一个选择是投保医疗补助计划,但这是一项需进行资产审查的福利计划,也就是说,医疗补助计划以收入和资产为根据来决定申请资格。未婚申请者的非豁免资产只能在 2 000 美元或以下,其中不包括房屋价值。已婚夫妇可以利用最近的法律调整,在社区配偶资产津贴制度下拥有 95 000 美元的资产,这笔有限资产被认为足以支付伴侣的长期护理费用(O'Brien, 2005)。

许多没有资格申请医疗补助计划的人没有足够资产来为自己的长期护理买单。他们面临着残忍的抉择:要么在家庭护理中苦苦挣扎,要么尽一切可能申请到医疗补助计划。为了符合申请资质,就要对毕生资产进行**减财**,也即变穷,才能有资格申请补助(Wiener et al., 2013)。在医疗补助计划的法规约束下,这些人的配偶因此也要变穷,才能获得保障,但这样一来,子女和孙子就不能继承他们毕生积蓄了。医疗补助计划资助长期护理的一大问题在于,它对整个家庭、年龄群体和社会阶层都造成了不公(Arlling et al., 1991)。老年人应该把自己变穷,才能和那些穷了一辈子的人有同等待遇吗?那些亲力亲为照料亲属的家庭算是为此作出了贡献吗?

民意调查显示,82%的公众都承认,无论在家还是在养老院,他们都负担不起长期护理费用。他们也知道,自己不能完全依靠家庭。86%的人希望政府能帮助承担长期护理费用,而不是让家庭完全承担。最重要的是,在人们强烈反对税收的时代,大多数成年人仍表示自己愿意多缴税,来为长期护理项目提供资金。

民意如此明显,对长期护理实行全民医保在美国依然行不通。相反,医疗补助计划已经成了公众为报销养老院费用不得已而选择的项目。事实上,它是州预算涨速最快的一个部分,也逐渐变成了一个老年人项目。医疗补助计划40%的资金都用在老年人身上,主要是养老院护理(见图28)。

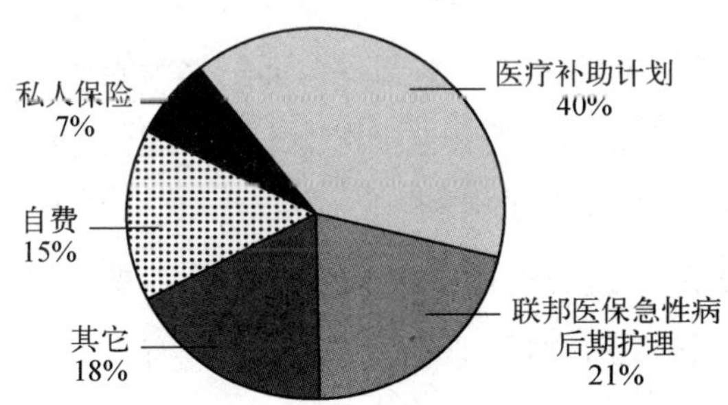

图28　2011年长期护理开支

资料来源:凯撒家庭基金会《老年人长期护理一览》,*JAMA*(2013),310(8):786。

注:不包括专业化医院护理机构。

医疗补助计划施加给政府的沉重负担也迫使人们寻求可行的方案。多年来,老龄化倡议者们一直在向立法者和公众游说家庭护理的观念,称家庭护理更加人性化,家庭可以满足病人的喜好,也更加经济。不幸的是，事实并非如此。国家示范项目等研究表明，家庭护理也许更值得拥有，但不一定能省钱。一个原因是所谓的**木工效应**(woodwork effect)(Caro, 2013; Eiken & Burwell, 2013)：政策制定者担心人们会"突然冒出来"，要求政府提供只有家庭才会提供或从未提供过的服务。一旦政府为此买单，"其他人"也会提这样的要求(Doty, 2000)。一旦我们考虑政府是否应当把本应花掉的钱付给家庭成员，让他们提供护理的问题就会出现许多类似的困境(Simon-Rusinowitz, Mahoney, & Benjamin, 1998)。

街谈巷议

"家庭护理比养老院便宜。"

可能是因为大部分人都倾向于家庭护理，才会这么说吧。几十年来的经济研究显示，事实并非如此。考虑到所有相关成本，比如房租和未支付的护理人员劳动量，全日制护理的成本势必高于养老院。也许人们更喜欢家庭护理，但它不一定更便宜。

人们常说，老年人只有出于自己选择，而不是为家人行方便的前提下，才应当去养老院。但是当家人亲自承担繁重的护理任务时，就没那么容易忽略家庭成员的合法利益(Dill et al., 1987)。现实情况是，几乎没有人自愿选择进养老院。政府通过医疗补助计划为养老院护理提供资金确实形成了某种经济激励，但除非别无选择，很少有人会主动利用这种激励性政策。总的来说，进养老院是一种绝望情况下的行为，老年病人的需求已经超出了家人护理能力，而家人也已经到了别无选择的境地。

联邦医疗补助规划

随着老年人及其家庭越来越关注长期护理的费用问题，中产阶级家庭也设法获得医疗补助申请资格。许多家庭尝试避免严苛的**医疗补助**

减财(Medicaid spend down)要求——即花光所有收入和资产让自己变穷,从而获得医疗补助计划资格。律师和经济规划师已经想出了许多策略,让中产收入家庭有资格获得覆盖养老院费用的医疗补助。这些策略的核心是**减财规划**,即利用法律漏洞让自己显得很穷,从而"规避医疗补助困境"(Budish, 1995)。

如下是专业人士推荐的一些关键策略:

- 在申请医疗补助计划最少 30 个月前转移资产
- 夫妇间相互转移资产
- 通过法院裁决寻求保护
- 以可被医疗补助计划豁免的形式持有资产
- 设立信托基金账户

目前还不确定究竟有多少中产阶级老年人利用了医疗补助计划的法律漏洞来显得贫穷,以保护家庭财富。但其数量之大,足以催生出红火的**老人法**(elder law)律师行业,并成立起自己的协会——全国老人法律师研究会(National Academy of Elder Law Attorneys)。随着联邦医疗补助减财规划越来越普遍,这一做法也引发了批判。有人认为这无异于穷人为获得社会保障而行骗,或有钱人利用法律漏洞来避税。1997年,国会制定了法律,将利用专业咨询进行"减财",以达到联邦医疗补助申请资格的行为定为刑事犯罪。

批评人士认为,无论中产阶级的减财行为在技术上是否合法,这种规划都对社会毫不负责。此种道德批判只是另一种游说广大纳税人不要花钱保护有钱人延续财产的做法(Freedman, Lomasky, & May, 1983)。批评人士表示,当减财成为某种形成的房地产规划,它就成了欺骗政府的一种行为,盘剥了本该用于扶助穷人的公共资金。然而,如果认识不到财产继承和跨代资产转移的重要性,也就很难理解家庭责任所面临的风险(Lee, 2003)。

现在我们很容易看出,老年人被家人遗弃只是一种错误观念,也必须承认,家属付出了时间和精力来照料老人。人们还很难达成共识,亲人是否有义务进一步利用部分资产来支付长期护理,即便这样做会使后代丧失遗产。

我们也知道,当身体虚弱的老年人仅面临着进长期护理机构的选择,是家人提供的护理把他们留在了家里。但政府是否应为亲自护理老人的家属支付费用,人们也无法达成共识。了解事实对展开探讨十分必要。然而,由于探讨的核心是家庭成员关系,涉及情感和价值,事实本身已不足以解决争议。

后面的阅读材料展示了过去几十年中这场论战的大致轮廓。家庭是否应当自己承担照料老人的费用?政府应当在长期护理中扮演什么角色?人们在这些问题上表达了鲜明的个人观点。第一个问题的实质是:人们是否应当利用医保补助计划的适保法律?处于论战一边的是彼得·J. 斯特劳斯(Peter J. Strauss)和南希·M. 莱德曼(Nancy M. Lederman),两人均是老人法律师。他们认为,家庭应当趁早为养老院费用做实际准备,包括申请联邦医疗补助。他们认为,及早让自己达到医疗补助的条件,既不违背道德也不违反法律,不要误以为医疗补助仅针对穷人。

处于论战另一边的是简·布莱恩特·奎因(Jane Bryant Quinn)。她发现,转移资产这种令人不安的做法已经逾越了合法性和社会道德的边界。奎因的观点引起了许多共鸣。有些家庭保存遗产时,有些家庭则被迫砸锅卖铁获得长期护理,这是不对的。斯蒂芬·摩西(Stephen Moses)对养老院开销导致的贫困现象进行了直接研究,敦促我们审慎看待长期护理费用问题。

是否可以直接把钱付给家庭成员,让他们在家里照顾老年人呢? C. 简·布拉泽(C. Jean Blaser)反对让纳税人为亲属护理人员买单的提议。他认为,经验表明,这种方案往往有被利用、诈骗和滥用的风险。如果让亲人通过家庭护理服务获得报酬,如何证明其真正提供了服务?大部分护理已经由亲人提供,如果政府要为他们付钱,就会在未创造任何新服务的情况下使得护理成本猛增。布拉泽的结论是,与其直接付款,不如让政府在日常护理活动中对亲人给予支持。

相反,苏珊娜·R. 昆克尔(Suzanne R. Kunkel)、罗伯特·A. 阿珀鲍姆(Robert A. Applebaum)和伊恩·纳尔逊(Ian M. Nelson)认为,近期研究表明,公众对老年人被忽视、老年人安全和医保诈骗问题的担忧被夸大了。新的证据表明,如果老年人能花钱请亲人而不是陌生人来提供护理,那么他们更乐于待在家里。对有些人来说,这种安排再好不过,大部分需要护理的老年人确实希望有权决定谁来照顾自己。给予他们为亲人付款的权利,是消费者主导式医疗的最好体现,应该得到政府政策支持。

关注实践

长期护理保险

许多中等收入老年人及其家属都对医疗补助计划报销长期护理所引发的争议抱有浓厚兴趣。近年来,私人自费类型的长期服务迅猛增长,特别是协助生活和基于家庭与社区的长期护理(Bonifazi, 1998)。没有足够经济资源支付养老院延期护理的人,以及强烈希望把遗产延续给后代的人,都不得不面对让自己破产来享受医疗补助计划的恐怖前景。然而如今,想提前为长期护理花费做打算的家庭又有了其他选择:购买长期护理私人保险。现在已经有 100 多家保险公司提供这种政策,还有 700 多万条保险政策已经投放市场。不过,目前长期护理私人保险提供的资金只是美国长期护理全部开销的 7%,而私人自费比例则接近 25%。

长期护理私人保险通常覆盖了养老院护理,有时还覆盖了其他社区式服务。最好的政策可以报销从一年到一生等不同时间段的必要医疗服务,但通常都设定了最长报销时限。好的保险有延期保证,也不要求有先前住院历史,这一点和联邦医疗保险相同(见 www.longermcare.gov)。

长期护理保险的购买者主要是55岁以上的人群。目前有一半的投保人是60多岁。首次购买保险的年龄非常重要，因为保费会随年龄而大幅增长，尽管首次购买之后的费用基本持平。例如，同样的保险政策在50岁购买是250美金一年，到70岁就变成了2 000美金一年。随着越来越多的雇主将此类保险纳入福利计划，很可能会有更多年轻人参与进来，集体参保会降低成本。2013年，美国约有3%的成年人购买了长期护理保险(Pickett, 2013)。美国人口普查局的数据显示，到2015年，约有2 170亿美元的资金将被投入到养老院和寄宿式护理。目前，25%的开销是由病人自费支付的。

由于为长期护理买单既昂贵又影响深远，也许有人会问，为什么没有更多人购买长期护理私人保险？一个答案是，老年人及其家人误以为联邦医疗保险涵盖了此类支出。另一个原因是，许多保险政策等到一定年龄购买时，已经非常昂贵了。最乐观的估计是，仅有一小部分老年人能买得起长期护理私人保险。而且，许多消费者和州政府都对市场上的产品缺乏信心(Brown & Finkelstein, 2007, 2011)。

购买长期护理保险划算吗？消费者倡议组织对此提出了质疑。长期护理政策包含了许多排除和限制条件，使产品间的比较异常复杂。例如，保险公司通常都不对先前已有的病况提供保险——这就将许多慢性疾病排除在外。还有一个问题是，长期护理政策通常每天都为投保的护理类型支付一笔固定金额，这是与联邦医疗保险不同之处，后者不考虑通货膨胀，按比例支付一笔习惯性费用或合理费用。没有通货膨胀保护的个人在60岁时购买长期护理保险，很可能在需要保险时(比如说80岁时)，发现钱不够用。

长期护理私人保险如今全部由州政府管理，但每个州的管理制度不尽相同。没有联邦制度管控，许多州似乎无法执行长期护理保险的管理标准，来保护脆弱的消费者，比如防止他们在忘记续费时保险失效。

只要政府的长期护理资金明确以收入或资产审查为根据，就像医疗补助计划一样，那么中产阶级老年人就会寻求它法自给自足。长期护理保险只是选择之一(Brown & Finkelstein, 2009)。2010年推行的《患者保护与平价医疗法案》的确涵盖了社区生活协助服务和支持条款，对政府资助的长期保险提供了支持。精算表明，社区生活协助服务和支持法案并不具备可持续性，于是被废除。有些州还推行了所谓的伙伴项目，将私人保险和医疗补助计划合二为一(Sun & Webb, 2013)。但长期护理私人保险的规模一直很小，而且近年来，大都市人寿保险这样的保险公司都退出了市场，而Genworth和John Hancock等公司则大幅提高了保费。对于那些为长期护理花费做打算的家庭而言，可行选择也不多了。

阅读材料　二十一

医疗补助计划和长期护理①

彼得·J. 斯特劳斯　南希·M. 莱德曼

医疗补助计划是1965年由林登·约翰逊(Lydon B. Johnson)总统和“大社会”(Great Society)福利计划共同签署生效的公共援助特许项目。该项目由联邦政府和州政府共同出资，旨在为3 500万失明、残障或贫穷老年人口提供医疗福利。

虽然其初衷是为各年龄段低收入人口服务，但医疗补助计划已经成了老年人的生命线，为他们提供了联邦医疗保险没有涵盖的必需服务——家庭医疗和养老院长期护理。

对那些无法支付每年4万美元或以上医疗费用(某些项目费用几乎

① Peter J. Strauss and Nancy M. Lederman, “Medicaid and Long-Term Care”, from *The Elder Law Handbook*: *A Legal and Financial Survival Guide for Caregivers and Seniors*, pp. 99 - 102, 112. Copyright 1996 by Peter J. Strauss and Nancy M. Lederman.

要翻倍)的人来说,医疗补助计划是长期护理的主要报销渠道。医疗补助计划涵盖了"非专业化"但极其昂贵的监护服务,它们都不是联邦医疗保险报销项目。美国成千上万的中等收入人士只能通过出售资产或"减财"来获得医疗补助资格。医疗补助负担了全国所有养老院费用的42%,并覆盖了60%以上养老院病人的开支。

州政府管理的医疗补助计划是州预算中涨速最快的部分。州政府大约要支付45%的医疗补助开支,联邦政府支付55%。联邦政府分担的这笔费用占联邦总开支的6%。有近1/3的联邦医疗补助支出花在了家庭医疗和养老院长期护理上。

我们必须切合实际地理解医疗补助规则。削减预算的一个目标是避免中等收入人群浑水摸鱼,他们为了避免高昂的长期护理费用,想方设法获得医疗补助资格并从中受益。严格的规定让受益资格比过去更难获得,服务和项目资金削减也影响了家庭护理、养老院护理,以及成人日间护理等项目。国会和一些州正考虑额外收费并加大限制。这样一来,了解规则及医疗补助计划的报销机制就更加重要了。

在学习如何获得补助资格前,我们首先应了解自己能获得哪些福利。总体而言,医疗补助计划同联邦医疗保险一样,都是报销医生和入院治疗费用。它也对联邦医疗保险未涉及的养老院长期护理提供报销。养老院的运营要符合医疗补助计划的要求,医生须证实患者需要入院治疗,并定期审查继续护理的必要性。

医疗补助计划还涵盖了家庭医疗服务、医疗用品和设备的报销。它通常为未进入报销护理机构但在州项目下接受家庭服务的病人报销费用,同时认证家庭医疗机构提供的兼职专业护理、家庭保健和家庭主妇服务。

为医疗补助计划"减财"

对数百万美国老年人而言,联邦医疗保险补助计划是报销长期监护护理费用的唯一途径。每年约有50万人对资产进行"减财",以获得医疗补助计划长期护理援助的申请资格。有些人实际上在资产耗空前一直自费医疗,还有人通过购买"豁免"产品或转移资产的合法策略,在不丧失毕生积蓄的条件下保持独立自主。

这些策略全都遵循了同一个基本原则:必须花掉某一水平之上**所有的**收入和资产用于医疗保健,才有资格申请医疗补助计划。如下是一些利用法定豁免、配偶保护和资产转移等途径进行的规划策略。

提前计划!提前计划在这一领域尤为重要。根据个人情况减财会花费一定时间,才能满足补助标准——而法律也要求在转移资产的一段时间后,才有资格申请补助。最后一分钟行动是不可取的。

虽然以这种方式支付长期护理花销完全合法,但医疗补助计划已经成了重大政治问题。正因为有很多人被迫设法获得补助资格,其办法也就成了人们攻击的目标。

申请医疗补助计划

申请医疗补助计划既要求具备公民或居民身份,又要求通过经济状况审核。

经济要求非常严格。申请人需要提供银行对账单、退税单和其他能反映收入、资产与支出的经济记录。

越来越多想获得养老院和家庭护理服务的老年人雇佣熟悉流程及规则的律师或社会工作者,通过专业化帮助来获得补助资格。我们强烈建议申请者采用这种办法。无论是否需要利用其他医疗补助规划策略来保障资产,申请人都要保证自己能获得所需的医保项目。

如前文所述,医疗补助计划是一种**资产**审查性项目。为了满足资质,申请者必须通过州政府设定的收入和资产审查,才能符合经济方面的条件。申请人可以选择参与一种或多种医疗补助计划审查项目,但这取决于其所在地:州政府设定的规则对专业人士来说都十分费解。许多州在决定申请人是否有资格获得医疗补助计划时,对养老院护理和家庭及社区式护理作了区分。有些州仅将养老院护理设为"医疗必须"报销项目，不报销一般服务。

不要误以为医疗补助计划资格仅限于贫困人士。医疗补助计划是一个非常复杂却又非常重要的政府项目，它已经成为许多需要报销长期护理、以避免陷入赤贫的中等收入家庭的生命线。

该项目最初是为穷人设计的，现在却成了中等收入人群的无奈之选。国会针对资源和收入的配偶保护政策明确表明，医疗补助计划将继续适用于中等收入的美国人。然而利用医疗补助计划来资助长期护理，特别是养老院护理费用的做法，已经对州政府预算产生了严重影响，导致州政府开始限制申请，甚至停止申请，以限制福利。

州政府刻意进行调整，但联邦政府并未表现出在可预见的未来增加联邦医疗保险福利的迹象，因此医疗补助计划将继续成为应对长期护理的唯一一项政府福利。

不申请医疗补助计划的原因有很多，有个人、家庭和心理原因，还有护理质量问题及税收影响。尽管如此，这仍是一项值得认真考虑的选择。医疗补助计划的申请异常复杂，可能不是人人都适用，也不是人人都适合，但它可能是长期护理一个资金来源——甚至对于那些现在想象不到可以从中受益的人来说，也是如此。

阅读材料　二十二

有钱人的耻辱
——把自己变穷[1]

简·布莱恩特·奎因

人口不断老龄化，医疗补助计划的养老院开销很容易失控。除非把它提供给真正需要的人。

① "Shame of the Rich: Making Themselves Poor" by Jane Bryant Quinn in *The Washington Post*, June 3, 2001.

医疗补助计划本是为穷人提供的,但它越来越被有钱人所利用。他们不购买养老院保险,也不花自己的积蓄,而是让政府来买单。

医疗补助计划是一项联邦政府和州政府的福利项目,旨在为低收入人群提供各类医疗扶持,涵盖了养老院费用的报销。

如果你需要养老院护理,却穷得付不起钱,可以让医疗补助计划报销费用。但如果你有个人积蓄,就要自己掏腰包了。

如果积蓄跌到了某一金额之下,医疗补助计划就会发挥作用。从这一刻起,就由纳税人来为你的后半生买单了。

中产阶级及以上人群越来越讨厌这些规则。

只要身体健康,他们就愿意自给自足。然而,如果到了要进养老院的地步,他们就不这么负责了。他们想办法把钱留给子女,让纳税人来为自己的治疗买单。

我怀疑,有些想方设法混到医疗补助计划的有钱人都是减免税收的怂恿者。他们以为医疗补助计划的钱是从哪儿来的?是天上掉下来的吗?

他们的手段总体上是合法的。州法律对医疗补助申请资质的要求隐藏了许多漏洞,让有钱人钻了空子。

在我看来,利用这些漏洞是不道德的。大多数家庭面临的问题是:是否应当让金钱战胜道德。

在决定申请人是否有医疗补助计划资格时,州政府主要审查的是资产。如果资产过多,申请人就不能享受这一福利项目。而究竟怎样才算"过多",每个州的说法并不一样。

已婚夫妇如果积蓄超过 8.7 万美元,此外还有房子、车子、个人资产、养老金收入和其他收入,就没有资格申请了。(这也意味着如果一方进养老院,另一方就要待在家里。)

单身人士如果积蓄超过 2 000 到 4 000 美金,也没有申请资格。他们即使后半生都要待在养老院里,也可以保留已经还完贷款的房产和其他资产。

如果你实行减财,让资产低于医疗补助的门槛,再等待一段时间,就能获得福利。无论如何,这就是法律所谓的运行方式。

漏洞在所难免。所谓的"医疗补助规划师"可以利用这些漏洞让你立刻"变穷"。申请人无须等待就可以得到纳税人帮助。

这就让医疗补助计划变成了"中产阶层遗产保险计划",华盛顿州贝尔维尤的长期护理财务规划中心(Center for Long-Term Care Financing)的斯蒂芬·摩西(Stephen Moses)如是说。老年人享受福利,还可以把钱留给子女。

最近在温哥华召开了由全国老年法律师协会赞助的老年法研讨会,会上大家提出了这样一些医疗补助规划策略:

- **放弃配偶。**如果配偶进了养老院,那么资产可以转移到健康的一方名下,纽约 Freedman and Fish 律师事务所的律师丹尼尔·费舍(Daniel Fish)如是说。健康配偶随后可以签署声明,拒绝为养老院中的配偶提供赡养。于是这位配偶就可以享受福利(医疗补助计划)。州政府可以起诉健康配偶恢复赡养费,但费舍表示这种情况"不常发生";他认为,纽约每年只有 100 起这样的案件。
- **为子女购买个人终生护理。**你可以用积蓄提前支付子女的护理费用,然后写下书面协议保证交易。现在你已经没钱了,立刻就可以享受医疗补助计划,佛罗里达州博因顿比奇 Solkoff & Zelien 律师事务所的律师斯科特·索尔科夫(Scott Solkoff)如是说。
- **把资产放在小公司或农场。**联邦医疗补助通常都不要求用企业资产来支付养老院费用,只要本人或者配偶仍以某种形式活跃于企业事务。你甚至可以雇用他人来为自己创办一家公司,奥克拉荷马城的律师李·霍姆斯(Lee Holmes)如是说,虽然他表示自己从未这样做过。
- **把资产放在年金里。**收入会用于支付养老院开销,但是你可以安排一位继承人在自己去世后继续享受医疗。

重要的问题是医疗补助计划面临着大麻烦。政府在高品质护理上花费的钱还不够多。滥用体制让别人为自己买单的有钱人越多,每个人得到的护理质量就越差。

阅读材料　二十三

变穷的谬误

斯蒂芬·摩西①

如何解决长期护理财政危机的讨论已经到达了危险的新阶段:僵局。大政府的解决办法已不再受欢迎,私人领域项目也力不从心。当问题变得棘手,就需要明智意见来佐证假设了。长期护理的财政难题是否忽视了什么?是因为错误假设才陷入了僵局吗?

人们通常认为,要获得医疗补助计划这一全国资金最充沛的长期护理报销福利,就必须对资产和收入进行减财,直到变得赤贫。联邦和州的法律法规及政策看似规定个人必须减财到贫困线或贫困线以下,才能获得资格。如果真是如此,老年人及其子女就应积极寻求风险分担的私人保险,但他们并没有这样做。如果并非如此,那么私人领域提供的选择,比如长期护理保险,就有着重大缺陷——人们只会对真正的风险投保。

本文梳理了质疑医疗补助计划要求赤贫这一政策的相关研究,同时探讨了其研究结果造成的社会影响和政策影响。

① Stephen Moses, "The Fallacy of Impoverishment", *The Gerontologits*, vol. 30, no. 1, pp. 21-25, 1990. Copyright The Gerontological Society of America. 本文以卫生和公共服务部督察长办公室所展开的研究为基础,原文刊登于 *Medicaid Estate Recoveries*(OAI-0986-00078),1988年6月,以及 *Transfer of Assets in the Medicaid Program: A Case Study in Washington State* (OAI-09-8801340), 1989年5月。因此本文观点并不代表本书作者观点。督察长办公室与卫生和公共服务部审阅了稿件,但未资助本文。作者是上述研究的项目主管。

背景

虽然医疗补助计划的初衷是保障穷人获得主流医疗，但该计划已经变成了中产阶级养老院护理费用的主要承担者(Rymer, Burwell, Adler, & Madigan, 1984, p. 122)。该项目担负了美国44%的养老院费用(Letsch, Levit, & Waldo, 1988)和63%以上的病人的入院费用(Dean, personal communication, Oct. 20, 1989)。尽管如此，自医疗补助计划在1965年生效到1981年，并不存在遏制资产转移以获得补助资格的联邦法规。需要养老院护理的人可以放弃财产，来满足医疗补助计划的资格。

1981年，国会通过了伯伦—朗修正案(Boren-Long amendment)，首次采取措施对这一做法进行了限制。该法律允许州政府限制以获得医疗补助资格为目的的资产转移。但伯伦—朗法案并不适用于免于审查的财产。因为医疗补助计划豁免了房产，而中等收入老年人70%的净资产都是房产(美国人口普查局，1986)，伯伦—朗法案就把大笔房产价值排除在了资产转移限制之外。

国会在1982年出台的《税收平衡和财政责任法案》(Tax Equity and Fiscal Responsibility Act)纠正了这一缺陷，并设计了一套更为全面的方法。《税收平衡和财政责任法案》批准州政府有权(1)在获得医疗补助计划养老院报销资格的两年内限制资产转移，(2)在受益人在世时对其房产施加留置权，以及(3)在受益人去世后收回其房产。这些条款对于州医疗补助计划而言不是强制性的。尽管如此，国会的明确意愿仍是"保证接受机构化治疗的病人获得的所有资源，包括无须用来供养配偶或子女的房屋资产，都被用于支付机构化治疗的费用"(U. S. Code, 1982, p. 814)。

1985年，医疗保健财政管理局(Health Care Financing Administration)出台的报告草案披露了州政府未严格执行《税收平衡和财政责任法案》的现象(Moses & Duncan, 1985)。例如，资产转移规定充满着各种各样的漏洞，仅有一个州(阿拉巴马)全面执行了留置权，虽然有18个州启动了房屋回收权，大部分都没能成功。该报告就州医疗补助计划进行了电话回访,在爱达荷州提取了有效案例样本后,做出预测称,如果各州都能以俄勒冈为典范,严格执行资产管控政策,那么收回房屋所产生的效益就能从每年3 600万美元跃升到53 500万美元。这份报告并未发表,但在卫生与公共服务部督察长办公室和审计署内部进行了传阅。督察长办公室和审计署均在1986年开始对医疗补助计划的房产收回效益进行全国性调研。

督察长办公室和审计署的房产收回研究

督察长办公室(1988)

督察长办公室向全国50个州的医疗补助项目发送了长达17页的问卷,对其资产转移、留置权和房产收回权政策进行调查。该研究的目的是:

> 确切发现州政府自1982年以来在实施《税收平衡和财政责任法案》资产管理的过程中做了哪些事……弄清医疗补助房产收回项目在全国的开展程度和有效性……汇报典范性做法……[并且]研究医疗补助计划的资产转移及留置权政策,因为如果受益人去世后名下没有可以留置的房产,那么留置权就无从谈起。(督察长办公室, 1988, p. 2)

医疗保健财政管理局与管理和预算办公室(Office of Management and Budget)预先批准了督察长办公室的调查工具。50个州和华盛顿特区都接受了调研。研究团队就医疗补助资格进行了深度电话回访,并对相关项目下从事房产收回工作3/4的员工进行了电话访谈。

督察长办公室发现,资产转移管理限制的执行非常薄弱:"州政府报告称,医疗补助计划的规则允许懂得门道的人以类似避税的方式来转移或保护资产,躲过医疗补助计划的资产限制"(p. ii)。报告引用了长达三页的全国医疗补助政策员工的评价,来支持这一结论。例如:"人们开始用许多花哨的办法来避免损失'家庭财富'"(马里兰州);"许许多多的律师每天都打电话来寻找‘漏洞’;许多福利专家帮助人们规避福利资源限制”(明尼苏达州);“被我们收回房产的人都是不够聪明、不懂得转移房产的人,其他人都逍遥法外了”(加利福尼亚州)。

仅有两个州执行了《税收平衡和财政责任法案》的留置条例,保证资产今后可被收回。大多数州发现,留置权在有效管理开支方面施加了很多限制。“因为联邦法律限制,留置权太难管理了。房产留置办法,比如严格的资产确认、撤销非法资产转移、打击各种规避行为等,都较为有效”(俄勒冈州,p. 20)。督察长办公室在评论资产转移和留置规则无效性时表示:“州政府无法收回根本不存在的东西”(p. 23)。

督察长办公室数据显示,23 个州和华盛顿特区在 1985 年从医疗补助计划受益人手中收回了总价值为 4 200 万美元的房产。但大部分州在收回房产方面都表现得很不得力。督察长办公室的结论是,即使在现有法律法规和政策限制下,“如果各州都像最高效的州(俄勒冈)一样迅速收回房产,那么每年全国的收回效益将达到 58 900 万美元”(p. 46)。

审计署(1989)

审计署的研究则设法“对州政府通过医疗补助养老院受益人及其健在配偶支付部分护理费用,以降低医疗补助开支所采取的措施,进行了程度与有效性评估”(审计署,1989,p. 14)。该机构从俄勒冈等八个州随机选取了 200 个养老院随机案例。俄勒冈州之所以被选中,是“为了找出房产收回项目成功的关键因素,因为其收回养老院病人房产所产生的收益是其他州的两倍之多”(p. 14)。该州“花 1 美元的项目管理费,就能收回 10 美元的收益……”(p. 3)。通过其他州对俄勒冈州政策和程序的采用情况,便可以推测出它们的潜在房产收回收益。

审计署发现,“……医疗补助计划下有房产的养老院受益人护理费用,有 2/3 都可以通过回收其房产或配偶房产来弥补。如果认真实施此计划,房产收回项目便能实现收益,从而为老年人提供更平等、更人性化的治疗”(p. 3)。审计署调查的没有回收项目的六个州,“可以在 1985 财政年收回价值 8 500 万美元的养老院受益人房产”(p. 4)。然而“在审计署调研的 8

个州中,参与医疗补助计划的养老院病人仅14%有房产……”(p.4)。审计署并未解释为何这一数据与全国3/4老年人有房产的数据出入如此之大(Rivlin & Wiener, 1988, p.123)。笔者认为,人们在申请医疗补助计划之前要么卖掉了房产以“减财”,要么有效转移或庇护了房屋价值。

因此,督察长办公室和审计署的研究都确定了这一事实:数额巨大的个人资源(全国为58 900万美元,受调查6个州总计8 500万美元)每年都传给了受益人后代,未被用来弥补长期护理开支或联邦医疗保险报销。此外,鉴于接下来将讨论的原因,督察长办公室和审计署提供的数据预测很可能被严重忽视了。

医疗补助计划资产规避

医疗补助受益人去世时不在其名下的资产显然不能被收回,也不会出现在督察长办公室和审计署的调查结果中。因此,督察长办公室在其资产研究中发现的大量有关资产转移和规避的口头叙述便引发了严重关切。如果人们在申请医疗补助养老院护理之前放弃了资产,我们如何知道有多少钱从私人领域流到了长期护理开支中呢?针对这一问题,督察长办公室又进行了进一步研究(督察长办公室,1989)。研究发现,在华盛顿州,有人一年内先是被拒绝申请,随后获批了补助,而他们在被拒绝时所持有的资产总值是2 750万美元。这些资产必须在获得申请资格之前被处理掉。有80%以上的资产被庇护了:59%转移到了配偶名下,11%转移到了子女名下,还有11%属于豁免范围。仅有8%的资产被用于支付长期护理,剩余资产去向不明。

为了阐释这些数据的严重性,督察长办公室就医疗补助资质采访了32位专业咨询师。这些人报告了私人“老年法”律师网络,法律服务律师、社会工作者甚至是医疗补助计划员工都为家庭提供咨询服务,建议他们如何作为无依无靠的老年人满足申请条件,同时保留收入和资产。这些咨询师提供的规避手段包括:配偶间资产转移或其他方式的合法转移、建立信托基金、购买豁免资产、“有意愿在家”接受护理、购买人寿资产、共享生存权、馈赠和资产规划、永久性授权委托书、监护权、离婚、房屋迁移、护理合约以及发起无能力抚养子女或配偶的诉讼。督察长办公室特别提到了一位足智多谋的律师，他保证以950美元的收费让客户在30天内获得医疗补助计划申请资格……

最终，督察长办公室表明，"根据调查对象反馈，老年人滥用经济手段的行为'实属平常'，'比任何人的想象都要严重'，'十分猖獗'。我们已经听到了许多在没有了收入和资源后被迫申请医疗补助计划的事例"(督察长办公室，1989，p. 11)。

医疗补助计划资产减财

文献中常被提到的一个共识是，有一半或以上获得医疗补助计划的养老院病人在减财到贫困水平之前，都是自费购买长期护理(Branch et al., 1988, p. 649; Burwell, Adams, & Meiners, 1989, p. 2; Davis, 1984, p. 3; DHHS, 1987, p. 19; Dobris, 1989, p. 10; NAIC, 1987, p. 2)。悲剧的是，许多人在获得医疗补助计划资格之前，确实卖掉了房产，将毕生积蓄花在了养老院护理上。然而，越来越多的证据表明，这种严苛手段既没有必要，也没有想象中那么普遍。督察长办公室的研究显示，达到赤贫状态并不是获得医疗补助养老院资格的唯一路径。那些经常和律师、会计及理财师打交道的，有经济头脑的人有办法保护自己的资产，同时获得医疗补助计划资格。而那些不怎么有经济头脑的人往往在掌握该体系运作机制之前，就已经倾家荡产了(督察长办公室，1988, p. ii)。

资产减财的规模有多大，目前还不得而知。例如，布朗奇研究发现，人们如果在养老院减财，很快会变得赤贫(Branch et al., 1988)。他并没有告诉我们，这些人是在以怎样的频率来减财，减到何种程度。近期许多研究也发现，减财规模实际上比之前的想象要小很多(Burwell, Adams, & Meiners, 1989; Liu & Manton, 1989; Liu, Doty, & Manton, 1989; Spence & Wiener, 1989)。然而，同布朗奇的研究一样，这些研究都假设，曾拥有大量资产但最后加入医疗补助计划的人，一定是遭受了大病医保花销。他们没有想到,人们可能会为了获得养老院护理而转移或规避资产。督察长办公室研究发现,转移和规避资产的手段,以及为此提供指点的咨询服务都唾手可得。

让配偶变穷

由于残疾人进入护理机构,而导致配偶在家陷入贫困的现象曾经是一个严重问题。医疗补助计划规定,护理机构的病人每月只有几百元的收入可以转移到没有或只有很少收入的配偶那里(Neuschler, 1987, pp. 48-49)。配偶"最低月度需求津贴"新规的初衷就是以可观的公共开支来解决问题。然而,我们要记住,那些收入和资源都受到保护的人,很可能就住自己家里。他们的问题不是贫穷,而是现金流。

《大病医疗保险法案》

1988年通过的《大病医疗保险法案》(Medicare Catastrophic Coverage Act)在许多方面改变了医疗补助计划的要求,影响了资产庇护和收回房产的可能性。一些调整(比如更宽松的配偶收入和资源政策)让人们更容易获得医疗补助计划的福利。这就意味着,将有更多资产被收回,或者人们将花更长时间寻找保护资产的办法。其他一些调整,比如强制性资产转移或延伸对资产转移的限制,都让获取补助资格变得更加困难,从而导致资产清算和更大程度的减财,或者逼迫人们普遍采取更巧妙的规划和适保手段。过去进行资产庇护或转移的合法手段都没有变化:家庭可以在保证老年人获得医疗补助养老院护理的同时,保留重要财产。如果没有房产收回项目,这些资产将毫无障碍地转移到无贡献的继承人名下,所有长期护理费用(除去强制缴纳的费用)都由医疗补助计划来承担。

启示

医疗补助计划要求申请人达到赤贫状态才有资格。有关长期护理经济问题的学界论文或大众文章很少对此持反对观点,也没有解释其原因。

然而,达到赤贫状态并不是获得医疗补助资格的充要条件。美国有2/3的老年人都没有享受医疗补助计划(Holahan & Cohen, 1986, p. 99)。另一方面,中等收入或中等以上收入的人却往往有资格申请该项目最丰厚的福利(养老院护理),同时把大笔资产留给继承人(Neuschler, 1987, p. 20;督察长办公室,1988;督察长办公室,1989)。

去年关于《大病法案》的争议背后存在一个问题:我们应该对长期护理开支做些什么呢?这一尴尬处境如今已处在风口浪尖。联邦政府就这一问题开展的大部分工作推动了私人领域风险共担项目的发展。然而,这些解决方案的发展速度比预期慢了许多。市场解决方案所面临的大部分障碍都可以化解,这就让我们感到困惑。长期护理经济问题专家认为,最大的障碍可能不是医疗补助计划。

然而,就本文所探讨的发现而言,老年人通常并不了解大病长期护理的风险。他们不承认有个人风险,不提前做打算来防范经济灾难,也不打算依赖公共支持体系,然而一旦他们生病,就只能申请福利。在如今的体制下,他们可以免交保险费(通常最多每月100美元)或风险共担会员费,然后等着看自己是否会长期体弱多病,把资产留给后人的同时还能享受医疗补助计划。老人为获得福利而做出的事会让家人感到羞愧,所以家人通常不了解医疗补助养老院护理的消极面——依赖体制、丧失收入、渠道和质量问题、制度歧视和耻辱等。

因此,老年人既没有购买保险、加入社会/健康维护组织或持续护理社区(Continuing Care Community)、变卖家庭资产的迫切需求,也没有为长期护理费用攒下积蓄。消费者没有了迫切的购买意愿(低需求),服务的销售方就没有足够理由对必要的研发和私人保护营销进行投入(低供给)。这一机制本身就解释了为什么私人领域为长期护理提供的经济选择始终令人失望。

结论

要化解公共和私人领域长期护理经济选择之间的僵局,其实只需要转变观念:让中产阶级老年人在获得长期护理公共资金与保留财产之间做出明确选择——而不是鱼与熊掌兼得。督察长办公室在报告(1988)中明确提出了此类计划的一些基本方案:

- 改变联邦医疗补助规则,允许家人在老人接受长期护理期间保留和管理财产。
- 强化财产转移规则,使人们无法通过转移资产获得补助资格。
- 出台法律工具,规定医疗补助计划的条件,保障申请人和受益人财产以后可收回。
- 加大收回资产执行力度,作为医疗补助计划非税收收入来源,同时稳固保障受益人及其家属的个人和财产权利。(p. ii)

这些建议背后的理念是,我们应当消灭为达到养老院护理资质而产生的耻辱和不公。我们不应让人们产生压力,试图通过离婚、让配偶变穷、清算财产或雇用资产规划师等手段,来获得补助资格。老年人终其一生都保持着经济独立,却要在自己生命最脆弱的几年里,为大病所困,他们不能仅因为暂时的现金流问题,就被迫依赖福利。然而,我们也要努力纠正现行体制的种种缺陷,弥补资产转移限制的漏洞,将法定产权限制作为获得补助的条件之一,让经济上有效的财产收回政策成为联邦经济参与的先决条件。此外,我们还可以为中产老年人提供以资产为保障的信贷额度,让他们购买家庭或养老院护理服务,全方位享受福利。

这些建议一经实施,将大幅增加医疗补助计划的财产收回率。不过,这种新型的非税收收入并不是最重要的建议。我们还为美国的老年公民及其家人传递了一条信息:如果他们没有能力或不能凭一己之力,保障自己免受大病长期护理花费的打击,政府将为其提供必要护理服务。但是,如果他们有资产,就必须明白,当直系亲属不需要维系生存时,资产就有被收回的可能。子女和受益人只能继承报销后的剩余资产,因此,如果他们不想被资产问题拖累,老年人或其子女就应当在私人市场购买保险。

如果我们传递出这一信息,就有望看到人们对私人市场风险共担型产品的需求增加。需求越大，就意味着供应商越多，竞争越激烈，产品越好，价格越优惠，新产业蒸蒸日上，也就促进了就业和税收。

问题的最后一点在于，老年人该如何为私人风险共享项目付款。专家表示，老年人缺乏购买长期护理私人保险的现金流(Rivlin & Wiener, 1988)，但另一方面，65岁以上的人家庭资产总价值已经超过8 000亿美元(Rivlin & Wiener, 1988, p. 131)，老年人"资产多"、"现金少"。为解决这一问题，此前进行了资产转现金的试验，但也以失败告终。然而，这些试验之所以失败，是因为医疗补助计划只报销养老院护理，不报销家庭护理。在需要保险的时候有政府帮忙，且能保住房子，为什么要在不需要保险的时候抛掉房子呢？如果人们知道自己只能在房子和医疗补助之间二选一，就更有可能选择将家庭资产转化为现金流，以购买私人保险。这种变化会使家庭资产转为私人企业的办法具有经济上的可行性。

最后，如果面临丧失遗产的可能，老年人的成年子女将继续自愿支付长期护理保险金，或为父母担负其他形式的经济保障。他们有现金流，而老年父母有资产，而双方都非常希望保留房屋等资产。在现行体制下，如果老年人忽视了大病降临的后果，成年子女反而可能通过医疗补助计划，收获意外之财。

政府应扮演的角色是帮助无法自给自足的人。这并不是要转移纳税人的财富，让后人免担责任。如果我们进一步普及长期护理支持，同时要求以资产形式进行偿还，中产老年人将有更好的护理渠道和更充分的理由来寻求非福利性保护。长此以往，他们将彻底不必为了获得公共扶持而在法律上做文章，让自己颜面扫地。

参考文献

Branch, L. G., Friedman, D., cohen, M., Smith, N., & Socholitzky, E. (1988). Impoverishing the elderly: A case study of the financeial risk of spendown among Massachusetts elderly people. *The Gerontologist*, 28, 648 - 652.

Burwell, B., Adams, E., & Meiners, M. (1989). *Spenddown of assets prior to Medicaid eligibility among nursing home recipients in Michigan* (contract 500 - 86 - 0016). Washington, DC: SysteMetrics/McGraw-Hill for the Health Care Financing Administration.

Davis, C. (1984). *Long-term care financing and delivery systems: Exploring some alternatives* (conference proceedings). Washington, DC: Health Care Financing Administration.

Department of Health and Human Services (DHHS). (1987). *Report of the task force on long-term health care policies*. Washington, DC: U. S. Government Printing Office.

Dobris, J. C. (1989). Medicaid asset planning by the elderly: A policy view of expectations, entitlement, and inheritance. *Real Property, Probate and Trust Journal*, 24, 1 - 32.

General Accounting Office. (1989). *Medicaid, Recoveries from nursing home residents' estates could offset program costs* (GAO/HRD - 89 - 56). Washington, DC: U. S. Government Printing Office.

Holahan, J. F., & Cohen, J. W. (1986). *Medicaid: The trade-off between cost containment and access to care*. Washington, DC: The Urban Institute.

Letsch, S. W., Levit, K. R., & Waldo, D. R. (1988). National health expenditures, 1987. *Health Care Financing Review*, 10, 109 - 122.

Liu, K. doty, R., & Manton, K. (1989). *Medicaid spenddown of disabled elderly persons: In nursing homes or in the community*? (unpublished paper prepared under Cooperative Agreement no. 18 - C - 98641/4 - 02). Washington, DC: Health Care Financing Administration.

Liu, K., & Manton, K. (1989). The effect of nursing home use on Medicaid eligibility. *The Gerontologist*, 29, 59 - 66.

Moses, S. A., & Duncan, J. (1985). *The Medicaid estate recoveries study* (unpublished report). Seattle, WA: Health Care Financing Administration.

National Association of Insurance Commissioners (NAIC). (1987). *Long-term care insurance: An industry perspective on market development and consumer protection*.

Neuschler, E. (1987). *Medicaid eligibility for the elderly in need of long-term care*. Washington, DC: National Governors' Association.

Office of Inspector General. (1988). Medicaid estate recoveries (OAI-09-86-00078).

Office of Inspector General. (1989). *Transfer of assets in the Medicaid program: A case study in Washington State* (OAI09-88-03140).

Rivlin, A. M., & Wiener, J. M. (1988). *Caring for the disabled elderly: Who will pay?* Washington, DC: The Brookings Institution.

Rymer, M., Burwell, B., Adler, G., & Madigan, D. (1984). *Grants and contracts report, short-term evaluation of Medicaid. Selected issues* (contract no. HHS-100-82-0038). Washington, DC: Health Care Financing Administration.

Spence, D. A., & Wiener, J. M. (1989). *Medicaid spenddown in nursing homes: Estimates from the* 1985 *national home survey* (unpublished draft). Washington, DC: The Brookings Institution.

U. S. Bureau of the Census. (1986). *Household wealth and asset ownership*; 1984 (Current Population Reports Series P-70, No. 7). Washington, DC: Author.

U. S. Code. (1982). *Congressional and Administrative News*, 97th Congress—Second Session, Legislative History (Public Laws 97-146 to 97-248, Vol. 2). St. Paul, MN: West.

阅读材料 二十四

拒绝为亲属护理人员支付报酬①
——道德与实践问题

C. 简·布拉泽

付费式家庭护理也许是最好的护理方式，但很不幸，它也可能是最差的护理方式。本文将详述为何付费式家庭护理会成为最差的护理方

① "The Case Against Paying Family Caregivers: Ethical and Practical Issues", by C. Jean Blaser. Reprinted with permission from *Generations*, Fall, 1988, 22:3, pp. 65-69.

式，为何纳税人不应支持这一做法。

笔者观点是基于伊利诺伊州社区护理项目的管理经验，该州每月为3.5万余名老年人提供家庭和社区护理。病人享受项目的资格取决于护理需求，此类需求是由一种称为“需求决定”的标准化工具来衡量的。该工具通过衡量15种日常生活活动和重要活动，来评价病人的身体功能，在每种老年人无法完成的活动旁，都备注了是否有家庭和非正式帮助可供选择。该工具通过衡量申请者无法完成哪些活动，缺乏哪些必需帮助，来决定他们需要哪种护理。项目的初衷是以这种方式来完善和补充家庭支持，而非取代它。

在项目推行的前几年，由于另一家州立机构的政策决定，大量的护理工作都由亲属来承担，他们因此作为个人护理人员获得了报酬。当项目被转交到伊利诺伊州老龄化部门后，该部门怀疑项目被滥用，关停了这一子项目，不再允许客户有个人护理员，并指定了护理承包机构。然而，从那时起，不少护理机构便雇用了亲属来担任病人“喜爱的”护工。结果，该部门在相当长的一段时期内，不得不面对为亲属护理人员支付报酬的问题。

剥削亲属护理人员

支持人士或许会说，为亲属护理人员付费的政策是对基本家庭观念的支持和强化。另一方面，也有人反对，认为这种政策以低于“市场”的价格提供给亲人的服务，是在利用家庭价值观。

在“消费者主导式护理”的大旗下，各州可以为客户提供票券或直接付款让他们自行雇佣工人或定期护理人员，以减少家庭护理和社区式护理的成本，通过避免招募、雇用、培训和监管工人的管理费用，大幅降低每项服务的成本。虽然大多数州都会代表客户支付社会保障税，但由于不必支付失业和工人赔偿等强制性附加福利，费用又进一步下降。此外各州也不用为护理人员提供健康保险、失业补贴、病假或假期。的确，各州除非受到起诉，被迫将这些工人纳为州雇员，为其提供所有国家劳动者的福利,否则它们总会有意避免提供福利。

全国大部分地区对家庭护工的报销严重不足,这一点人尽皆知。在就业充分或接近充分的时期,护理人员可以拿到高工资。因为很少有人愿意接受低工资,也无法接受拿不到福利的事实,这份工作就出现了劳动力严重短缺。

然而,亲属护理人员虽能被算作个人护工类别下的一个工种,却不符合上述情况。家庭常常不得不让家人来照料老人,因为他们无法招募也无法雇用非亲属护理人员。面对即将把亲人送到养老院的可能,家属护理人员宁愿牺牲高工资,在家中照料亲人。

在一次有关为亲属护理人员提供"生活费"的公开庭审中,有一位家属详细描述了这一问题。她表示,自己曾费心寻找能胜任护理工作的可靠工人,最终无果。在经历了多次护理人员旷工,怠工甚至是行窃的事情后,她不得不决定辞掉自己带福利的高薪工作,作为付费式亲属护理人员来陪伴亲人。她拿到的工资只达到最低标准,做出牺牲却拿不到任何福利。而且,在她生病、无法工作、车坏了或需要休息的时候,也很难找人来替班。她觉得自己被这种不重视护理工作,也不提供足额补偿来吸引优质劳动力的体制给困住了。

在一个剥削亲属护理人员的社会中,为家属付费不过是在维持这种剥削,而且事实上不会推动任何改变。如果亲属愿意拿着低于平均水平的工资来提供护理,如果政策继续披着消费者"感觉良好"的外衣来粉饰太平的话,那么所有亲属护理人员会愈发没有要求加薪或提供福利的动力。而且,由于其他潜在工作者能够找到高薪工作和福利,老年人和家属更加别无选择,只能找家人照顾老人。

诈骗与滥用福利的风险

以上讨论关注了付费式亲属护理的积极面,家人总比外人更可靠、更有能力,更照顾有方。但另一方面,也存在亲人诈骗或虐待亲人、滥用福利的事情。

任何一种社会服务项目都存在诈骗或滥用的风险,而亲属接受付费来提供护理的项目更是酝酿了成熟的诈骗环境。滥用福利项目最常见的案例是经济诈骗,老年人和家属串通一气,虚报服务来骗取福利。在某些情况下,双方会分享诈骗收益。有时,老年人还会凭着某种扭曲的代际情感,让家属拿上这笔钱。

最近,病案管理员对一位参与社区护理项目逾5年的老太太进行了年度资格评估,发现她与家属串通造假。评估是在老太太的孙女家进行的,孙女受雇于服务承包机构,对奶奶进行照顾。老太太躺在沙发上,说自己病痛难忍,什么事都做不了。病案管理员和老太太语言不通,就让孙女来做翻译,老太太最终的评估得分是79。就0—100的打分范围而言,她属于身患重病,这种病人仅占被服务人群的4%。于是,病案管理员为她批准了每周50个小时的服务时间,服务提供者是她孙女。

一位警觉的家庭护理监管员时常在老太太本应卧床接受护理的时段联系二人,但总是联系不到,于是进行了突访,却从大楼保安那里得知,病人并不住在这里,而是住在老年高层公寓里。监管员立即将情况告知病案管理员,后者再次上门拜访,又见老人佯装行动不便。经过一番调查后,管理员发现,老人已经在高层公寓里住了5年,完全有独立行动的能力。事实上,这位表面上饱受疾苦、卧床不起、连英语都不会说的老人,竟然学过英语。

本案中,老人和孙女从州政府共诈骗了超过4.8万美元的服务金。此外,项目管理部门还发现了一些老人并不知情,由亲属护理人员独自实施的诈骗案件。通过将服务记录和州死亡记录进行对比,管理部门发现,有些病人已经去世,家属却继续上报服务,并在服务签收记录中伪造病人签名。另一起案件中,病人搬到了另外一个州,亲属护理人员仍然谎报服务,从州政府骗保。不幸的是,这样的事情屡见不鲜。

如果老人受到恐吓,被迫签署服务收据,那就更麻烦了。通常,老人很怕失去家人照顾,怕被送到养老院,因此不得已签署服务收据。在有些情况下,老人还遭遇了肢体虐待,或在经济上被剥削。被忽视是最常见的虐待类型。管理部门员工已经发现了不少亲属护理人员大清早或深夜提供护理的案子，因为他们白天要从事全职工作。有些情况下，孙子孙女是所谓的护工，他们就用这笔钱付大学学费。

一些案例中，亲属则对老人施以经济剥削。这样的亲属不仅盘剥老人的退休金或社会保障金，还利用护理服务拿钱。病案管理员报告了多起这样的案例：老年人病情严重，需要得到比亲属护理人员更深入也更专业的护理，却无法如愿，因为这样一来，亲属就会失去对老年人经济资源的控制。管理员与一位老人进行了谈话，老人哀求着把自己送去养老院，让她远离女儿，也即她的护理员。

不断攀升的管理费用

鉴于潜在的诈骗和虐待老年人风险，家庭护理提供商表示，他们必须采取更多措施保证病人能得到“喜爱的”护工或家属的照顾，且服务质量高。首先，服务承包机构表示，他们要保证护工接受岗前培训，也要保证其参与每季度一次的服务期培训。其次，服务机构不得不加强监督，增加上门拜访或突访的频率。正是这种监管让许多诈骗案件浮出水面，一如上文所述。

然而，培训和监管成功与否，尚无定论。如果亲属护理人员无法参加必须的培训或无法按要求提供护理，那么服务机构通常会遵循相关人事纪律政策对其进行处理，终止其服务。如果出现这种情况，护工就会到另一家护理机构去，保证自己仍然有工作可干。接着，病人会要求转到第二家机构，接受亲属提供的服务。这种“雇主跳槽”现象可以一直持续下去，直到护工找到一家愿意雇用亲属，并且服务监管不那么严格的机构。

支持消费者自由选择的人会反驳说，这种行为仅仅是客户行使自主权，选择亲属而非陌生人做护工的案例。另一种理解较为悲观，认为亲属在剥削病人和服务体系。否则，为什么亲属护理人员不能拿着同样的工资为他人服务，而让外人来给自家人服务呢？

因此，护理机构不仅加大了监管开支，还有可能因拒绝按患者意愿安排护工或打击诈骗时丧失客户。而那些不勤于监管的机构也会丢掉生意,甚至会因服务不到位而承受损失,甚至为虚报的服务买单。

不断攀升的项目成本

除了存在蓄意诈骗、钻体制空子和虐待客户的情况外,为亲属护理人员支付报酬的政策也会增加项目成本。此类政策的经济影响非常深远。如果文献可靠,那么老年人护理有80%都是非正式的,且通常是由亲属来提供。为此类亲属护理人员或非正式护理人员支付报酬的系统性项目会让项目成本提高五倍,却不会让实际护理量提升。

在有些州,公民有权接受家庭护理和社区式护理,比如伊利诺伊州便是如此。如果为亲属护理人员支付报酬的政策正式出台,那么该地区有老年人的家庭就会拥有一项新权利。不难设想,不仅会有大量家庭在得知这一消息后申请福利,并且还会在家庭内部出现谁来“管”老人的纷争。

另一方面,更为普遍的情况是,州政府会为家庭和社区式服务的资金设定上限。在这些州,即便有些病人没有亲属,护理需求更加迫切,也无法优先享受有限资源了。

可行性办法

家庭责任的问题已经让政策制定者困惑了几十年。几年前,伊利诺伊州老龄化管理局回应为家属护理人员支付报酬的做法,委托开展了一项针对服务商网络的问卷调查。调查结果非常有趣,对付钱给亲属来照顾老人这一做法持“强烈反对”、“比较支持”、“比较反对”和“强烈反对”四种态度的人数基本持平。既然无法达成共识,老龄化管理局就采取了中间路线。

管理局的现行政策不允许对提供服务的亲属护理人员直接付费,但为其提供了补偿性或支持性服务,以认可其贡献。申请人是否具备资格,要看其病情和得到了哪些非正式扶持,如果申请人病情中等,但未得到非正式扶持,也能同病情严重但能得到强大家属支持的人一样,获得福利资格。通过这种办法,该项目为家属提供了支持、缓解了他们的负担。如果申请人没有家属,或家属无法提供、不愿提供帮助,州政府就会为病人提供服务。这些政策不仅为家属提供了支持,也避免了对家属直接付费造成的负面结果。

阅读材料 二十五

为了爱,也为了钱
——向亲属护理人员付费[①]

苏珊娜·R.昆克尔 罗伯特·A.阿珀鲍姆 伊恩·纳尔逊

最近,为亲属护理人员提供补偿的做法引发了许多争议。向提供护理的亲属付钱,这种做法使得有关公共体系入侵家庭生活的政策问题;义务与责任的道德和意识形态问题;有关健康、安全和服务质量的实际关切成了重中之重。此外,为提供长期护理的亲属进行补偿,也让持续已久的,对经济、家庭观念和"护理工作"本质的讨论增加了新议题。要理解为亲属护理人员提供报酬所引发的争议,就要对护理和工作的根本前提加以审视。为了爱而工作,与为了钱而工作有什么区别?社会对不谋求金钱的家庭之爱有什么期待和要求?这些期待又有哪些合理的界限呢?支持补偿亲属护理人员的人表示,这是强化、扩大和维持自然赡养模式的一种办法。批判付费式家庭护理的人则表示,这样的工作会腐蚀家庭责任感,对公共体系造成压力,增大老年人被虐待和照顾不周的风险。

为护理人员直接付费的补偿模式让这场争论备受瞩目,但实际上这只是诸多补偿类型之一。广义而言,为护理人员提供经济补偿的办法有直接

① "For Love and Money: Paying Family Caregivers" by Suzanne R. Kunkel, Robert A. Applebaum, and Ian M. Nelson. Reprinted with permission from *Generations*, Winter, 2003 - 2004, 27:4, pp. 74 - 80.

付款、税收抵免、无薪假期和现金补偿等。

在此我们仅关注针对护理工作提供给亲属的直接付款。这一现象过去十年来愈发普及,催生了家庭和社区式长期护理这种消费者主导型运动。在最近进行研究总结时,多蒂(Doty)和弗兰内根(Flanagan)(2002)发现,有139家家庭和社区式服务项目是以消费者为主导。其中一半以老年人为主导。消费者主导既是一种哲学,也是一种实践,它强调消费者有权利、有能力衡量自身护理需求,决定如何使其得到最大程度的满足,并对服务质量进行评价。将消费者主导投入实践的一种最有意义的方式是护理服务。此类服务中,付款方(政府或私人项目)允许个人雇用或管理护理人员。许多自己主导服务的老年人都选择雇用亲属(Doty et al., 1999; Dale et al., 2003)。于是,消费者主导型长期护理就为评价向家庭护工直接付款的问题和证据提供了重点。为方便讨论,我们对问题进行了分类,分别是意识形态、道德、专业、个人和人际这五大类。为了对每一类问题进行论证,我们将大量研究工作放在了俄亥俄州两家消费者主导型项目和全国现金与咨询示范评估项目(National Cash and Counseling Demonstration and Evaluation)上。

意识形态问题与实证现实

美国文化把家庭放在首位。然而,我们的公共护理政策却反映出,立法机构在支持家庭护理工作时有所迟疑。在工业国家中,美国属于较晚通过就业政策来支持家庭护理的。支持家庭护理(针对孩子、老年人或其他人士)的项目数量和公共开支幅度都非常低。因此,为家属护理人员付费就代表着美国政策的一项重大转变:用公共资金来扶持曾经的个人义务活动,并且让政府参与到家庭当中。

付费式家庭护理的批评人士认为,这种做法会破坏社会价值。他们相信,如果非正式护理人员得到报酬,那么护理亲人将不再是一种正常的家庭责任。他们认为,通过这样或那样的方式用金钱取代无偿护理,最终将削弱病人和护理人员的护理体验。由于亲属护理是长期护理的主要形式，这种变化会给公共开支造成巨大负担。批评人士还认为，选择这种灵活福利的家庭护理受益人越多，成本上涨的问题就越复杂。

为解决这些问题，我们从近期对消费者主导型项目的评估研究中寻求了证据，其中为数众多的消费者都选择雇用家属。

在现金与咨询示范性项目和俄亥俄州的项目中，消费者获得了与传统服务体系数额相同的安置金。安置金数额是通过衡量消费者的健康、功能和认知状态来确定的。消费者可以决定护理人员工资，但总费用是确定的。某些情况下，消费者主导型护理的工资比护理机构要多，一些情况下，消费者主导型护理的工资则比护理机构少。

俄亥俄州的项目和现金与咨询项目在决定付费护理人员人选时，有不同政策。有些项目不允许配偶接受报酬，有些项目则可以。所有项目都提供护理人员赔偿、失业保险和社会保障。培训需求由消费者决定。

国家现金与咨询示范评估项目的数据显示，消费者和护理人员的满意度均有大幅提升(Foster et al., 2003a; Foster et al., 2003b)。示范性项目的消费者约有80%都雇用了家属担任护理人员，同随机对照组相比，他们持续表现出较高的满意度(Dale et al., 2003; Foster et al., 2003a)。示范性项目65岁以上的消费者中，90%以上都对自己和付费式护理人员的关系非常满意，而对照组的满意度不足80%(Foster et al., 2003a)。1/4以上的对照组成员表示，他们未受到付费式护理人员照管，而示范性项目仅有11%的消费者感觉被忽视了。对雇用亲属护理人员和非亲属护理人员的消费者进行比较后发现，雇用亲属护理人员的消费者满意度明显更高(99%对91%)(Simon - Rusinowitz et al., 1988)。对护理人员进行访谈的结果同样表明，雇用家庭成员大有好处。示范性项目的护理人员对整体护理安排更加满意，对他们不在时患者是否能得到足够帮助，也表现出了较少担忧(Foster et al., 2003b)。

付费式家属护理人员和消费者之间的总体关系确实看起来有其消极影响。在“护理人员和护理对象是否关系融洽”和“目前关系是否比护理初期更好”等问题上，两组成员的回答并没有什么不同(Foster et al.,

2003b)。参与示范性项目的护理人员明显更愿意同消费者探讨护理需求,而此类消费者也更容易合作。项目护理人员的情绪压力远低于对照组,对生活的满意度远高于对照组。整体而言,这些数据显示,没有证据能表明付款方式给家庭关系造成了负面影响。

在对新泽西州医疗补助计划个人护理客户进行电话访谈后,研究人员发现(Mahoney et al., 2002),约有40%的消费者对现金付款制度感兴趣。但相比年轻客户,老年客户对此服务的热衷度下降了2.7倍。此外,所有消费者主导型示范项目中,甚至自主雇用护工的消费者都不总是雇用家属。综上所述,这些研究表明,此类项目并没有让消费者争先恐后地使用这种服务。

道德问题和实证现实

付费式家庭护理的问题通常与行善避恶的价值观和愿望有关。这些价值观非常注重对公共服务接受者的保护,降低其所承受的风险。批评人士认为,这种服务虽有良好初衷,但家长作风过于明显。在家庭护理早期,有人认为,家庭护理服务的质量可能很低。相较养老院护工,家属护理人员欺诈、虐待和忽视消费者的问题更为严重,因为可对家庭实施的机构监管非常有限。讽刺之处在于,同样的逻辑一经发挥,就出现了家庭和其他非机构护工比机构化护工更加危险的结论。护理机构和家庭护理项目管理者的流言蜚语,也加深了人们对消费者主导型项目欺诈和质量低下问题的担忧(Blaser, 1998)。在对州护理承包机构管理者进行的调研中,林斯科(Linsk)研究小组发现(1992),欺诈和虐待消费者,是付费式亲属护理的最大风险。其他风险包括钻制度空子,剥削消费者,无法提供付费服务等,不一而足。

对上述示范性项目的研究结果,以及对加利福尼亚州家庭支持服务项目(California In-Home Supportive Services Program)的评估结果均未表明,机构护理服务和消费者主导型服务的安全风险存在明显差异。就其他衡量标准而言,消费者主导模式下的消费者更健康也更安全。例如，在现金与咨询示范性项目中，病人的事故率和摔伤率并未有所不同，但主导型护理的消费者患褥疮、被割伤或烫伤的几率更低(Foster et al., 2003a)。项目同时报告称，主导型护理的消费者举报护理人员迟到、旷工、偷窃的情况明显更少。加州项目是全国最大的消费者主导型项目，研究表明，其在虐待、伤害、偷窃、受伤和忽视等方面的健康和安全等级，都与机构护理没有区别(Doty et al., 1999)。

服务质量的数据同样表明，雇用亲属的消费者称自己得到了更好护理。例如，现金和咨询示范性项目报告称，在雇用亲属的消费者中，消费者感到自己被忽视或粗暴对待的情况明显更少。病人对护理服务的满意度也存在巨大差异(Foster et al., 2003a)。对加州项目进行的研究显示，主导型护理的消费者对护理人员及其服务质量更加满意(Doty et al., 1999)。俄亥俄州示范性项目表明，主导自身护理的消费者对所获得的服务有很高评价，与机构式护理服务质量持平(Kunkel and Nelson, 2003)。

最后一个受关注的领域是消费者或亲属诈骗问题。参与现金与咨询示范性项目的三家机构，将可观资源投入到了服务计划发展和开支审查当中。它们利用社会服务专家来对消费者提供帮助，进行监督，同时采用系统化的财务管理系统来协助开支审查，但几乎都未开展审计。

示范性项目明显印证了消费者能对自身护理做出明智决策，哪怕亲属无法提供此类护理。付费式家庭护工并未钻制度的空子，剥削消费者或未能提供良好服务。雇用亲属的消费者更健康、更安全、对服务也更满意。项目资金的花费也是按计划在进行。

基于如上有关消费者主导型护理的论证，我们可以认为，付费式亲属护理检验了“只有公共体系才能从善避恶”这一说法。消费者雇用亲属护理人员的成功经验表明，健康和安全的理念可能已经在此过程中得到重塑，让消费者获得了主动权，让我们从独断走向了参与，既不损失护理质量，也不会造成更多伤害。

个人/人际问题:当护理成为商品

无论提供护理服务的人是否为亲属,他与护理对象的关系都可能交织着种种情感,令人倍感压力与挑战。“护理工作”这一概念在美国文化中本身就充斥着许多问题。“护理”这种明显含有情感和动机的事情怎么只能是“工作”呢?“付费式护理”也同样令人感到不解。如果护理需要人发自内心付出,引入付费办法岂不是使这种关系变质了?如果接受付款的护理人员是亲属,问题就扩大了。

若将这些复杂的哲学问题放在文化语境当中,对其进行更实际的诠释,问题就迎刃而解了。我们发现,导致这场论战是文化价值。美国人很在意为爱工作和为钱工作,在意“护理”和“工作”之间的区别,这一点非常独特。林斯科等(1992)写道,“全世界都在加大力度对护理人员提供支持”,而政府为家庭和其他非正式护理人员提供补偿的政策已经实行了许多年,然而正如前文所说,美国人非常重视政府和家庭的区分,以反映他们赋予家庭的崇高价值与地位。因此将公共资金引入私人家庭领域在美国引起了争议,也是预料之中的事。

我们可以更直接地通过两个特殊又相关的问题来探讨这一争议:付费做法是否改变了护工与消费者的关系?如何改变了这种关系?体弱多病的老年人在担当雇主、雇用亲属来提供护理时,会遇到哪些困难?付费做法会改变护工与病患的关系吗?可能会。然而这些变化势必负面的观点已经被示范性项目推翻了。在焦点小组和电话访谈中,消费者不断重申,他们通过管理护理人员和服务获得了权益感。他们还不断表明,自己雇用护理人员——通常是亲属——让他们感到更有安全感,更能掌控生活。他们更相信,自己的护理人员不会旷工。他们和护理人员彼此熟悉、彼此了解,彼此信任。

作为对信任护理人员所提供服务的回报,消费者也可以为其提供有形回报——金钱。示范性项目通常为护工发放薪水,一般先寄到雇主家里,再由雇主转交给雇员。这种做法将角色与责任划分得非常清楚,有利于平衡护理人员和患者之间的关系。享受权益的消费者看起来在管理护理人员、提供反馈、保证自己获得最好服务方面,做得非常成功。本文开篇的讨论指出,诈骗和虐待问题在消费者—雇员模式中并不严重。这一发现,以及消费者表达出的整体权益感和责任感,都支撑了"消费者即便在年老体弱,甚至家庭格局纷繁复杂的情况下,也可以成功管理护理人员"的结论。

结论

家庭始终是长期护理的基石。所有迹象表明,今后也将如此。然而,长寿模式、员工参与和家庭结构等方面的社会变化均表明,护理的重要性和难度将不断增大。必须继续发展支持家庭护理的社会政策。

精心设计的经验研究表明,付费式家庭护理的接受者对服务更加满意,医疗机构亦如此。现有研究推翻了有关病人被忽视、存在安全隐患及对家庭关系造成负面影响的传言。虽然对亲属付费的政策讨论仍将继续,这种工作进一步证实之前的研究结论——既为爱也为钱工作不仅可能,对有些人来说也是可行的。为亲属护理人员提供补偿,让消费者雇用和管理自己的工人,这对消费者、家属和长期护理制度而言都有益处。

参考文献

Applebaum, R, et al. 2002. "Quality and Consumer Directed Care: Lessons Learned from the New Jersey Preference Program." Oxford, Ohio: Scripps Gerontology Center, Miami University.

Blaser, C. J. 1998. "Case Against Paid Family Caregivers: Ethical and Practical Issues." Generations 22(3): 65 - 9.

Dales, S., et al. 2003. "The Experiences of Workers Hired Under Consumer Direction in Arkansas." New Jersey: Mathematica Policy Research Inc.

Doty, P., et al. 1999. "In - Home Supportive Services for the Elderly and Disabled: A Comparison of Client - Directed and Professional Management Models of Service Delivery." U. S. Department of Health and Human Services. Non - Technical Summary Report or [http://www.aspe.hhs.gov/daltxp/reports/ihss.htm].

Doty，P.，and Flanagan，S. 2002. “Highlights：Inventory of Consumer - directed Support Program.” U. S. Department of Health and Human Services [online：http://aspe. hhs. gov/daltxp/reports/highlight. html].

Foster，L.，et al. 2003a. “Improving the Quality of Medicaid Personal Assistance Through Consumer Direction. Project Hope- the People to People.” *Health Foundation Corporation*. [www. healthaffairs. org/freecontent/vzzn3/53. pdf].

Foster，L.，et al. 2003b. “Easing the Burden of Caregiving：The Impact of Consumer Direction on Primary Informal Caregivers in Arkansas.” New Jersey：Mathematica Policy Research，Inc.

Kunkel，S.，and Nelson，I. 2003. “Consumer Direction in Ohio’s Passport and Elderly Services Program：Preliminary Report.” Internal Report. Oxford，Ohio：Scripps Gerontology Center，Miami University.

Linsk，N. L.，et al. 1992. *Wages for Caring：Compensating Family Care of the Elderly*. New York：Praeger.

Mahoney，K. J.，et al. 2002. “Consumer Preferences for a Cash Option Versus Traditional Services：Telephone Survey Results from New Jersey Elders and Adults.” *Journal of Disability Policy Studies* 13(2)：74 - 86.

Nelson，I.，et al. 2002. “Implementing Consumer Direction in Home Care for Older People in the Elderly Services Program in Southwest Ohio.” Draft Report of Focus Groups with Case/Care Managers. Internal Report. Oxford，Ohio：Scripps Gerontology Center，Miami University.

Simon - Rusinowitz，L.，et al. 1998. “Payments to Families Who Provide Care：An Option That Should Be Available.” *Generations* 22(3)：69 - 75.

展望未来

为阿尔兹海默病做基因筛查?

2022年，早上7点。家里的电脑传来闹铃声。屏幕上灯光闪烁，提醒你晚上有两封邮件。第一条是大姨梅布尔(Mabel)发来的。她刚刚拿到自己的阿尔兹海默病基因检测报告，结果并不好。得知自己患阿尔兹海默病的可能性是 90%，她很沮丧。她不想这样活下去，所以想找一位医生来协助她自杀，但很难找。虽然有很多医生提供这样的帮助，但她需要一位能接受联邦医疗保险报销的医生。她向你寻求建议。

另一封邮件来自健康维护组织：你该去化验血液，看看有没有患高血压和结肠直肠癌的风险。该组织现在要求所有投保人都进行这些新型化验。他们向你保证，基因检测不会引发歧视问题：既然你已经被保，就能得到报销。但他们坚称，得到基因信息后，他们能告诉你该采取怎样的预防性措施，控制患心脏病或癌症的风险。邮件保证将你的最大利益放在首位。但同时警告，如果不配合化验，将受到罚款。看起来，他们已对你了如指掌。你自言自语道，他们把你的利益放在首位也不是什么坏事。现在该给大姨打个电话了。

需要思考的问题

研究人员近期发现了阿尔兹海默病和一种被称为载脂蛋白的特殊基因类型之间的联系。一半阿尔兹海默病患者携带载脂蛋白基因，另一半则不携带。因此，除了这一基因以外，一定还有其他致病因素。即便如此，90%携带双重载脂蛋白基因的人会在 80 岁时患上阿尔兹海默病。携带双重载脂蛋白基因的人仅占全部人口的 1%，但他们患阿尔兹海默病的概率却是载脂蛋白基因分布情况不同的人的 10 倍。

无论载脂蛋白基因情况如何，我们都不能完全预测个体是否会患阿尔兹海默病。美国医学遗传学学会（American College of Medical Genetics）工作小组发布的基因检测官方声明警告称，对阿尔兹海默病的基因检测不应被用于常规临床诊断或预测性化验（Wagner, 1996）。

目前，载脂蛋白血检并不能准确预测阿尔兹海默病，但未来有可能发展出更好的基因筛查测试。阿尔兹海默病基因检测的发展引发了一些棘手的问题，比如：

- 目前没有阿尔兹海默病的治疗方法。我们在治疗手段尚未出现前就做疾病检测,这样做合理吗?
- 谁该接受检测,谁又来为此买单?谁有权利获知检测结果?
- 保险和医疗体系会受到什么影响?有必要立法保障病人不受歧视吗?

阿尔兹海默病基因筛查测试的新发现,引发了个人对检测结果的知情权及**不知情权**的问题。如果有可靠手段能预测阿尔兹海默病,那人们为什么无权知道结果呢?如果这种基因检测并不像人们想的那样可靠,又该怎么办呢?消费者也许不理解,目前测试只能预测患病的可能性。人们也许会误以为这种测试就像妊娠检查或亨廷顿病的筛查一样有明确的诊断结果。是否应对阿尔兹海默病进行基因检测,一直以来都有许多争议。

阿尔兹海默病的测试看起来与胆固醇或高血压筛查有所不同,后两者的基因标记或其他预测性因素可以激励病人改变行为,减少患病风险。就结肠癌的基因标记而言,基因筛查可以让人们采取对策,切实降低患病风险,但针对阿尔兹海默病可采取的预防措施非常有限。前文中,大姨梅布尔认为,基因检测对她有用。她这一生已经活得十分圆满,现在希望终结生命,而不希望面对患老年痴呆的风险。我们也许还记得死在杰克·克沃尔基安(Jack Kevorkian)手中那位名叫珍妮特·阿德金斯(Janet Adkins)的患者,她仅因为一些似是而非的症状,就担心自己患上了阿尔兹海默病,实施安乐死时只有54岁。

对阿尔兹海默病进行基因检测的可行性也在长期护理私人保险界引发了重大问题。前文提到,健康维护组织让人们进行高血压和结肠癌患病风险的基因检测。私人保险商或许有天还会让投保人进行阿尔兹海默病基因检测。我们立法禁止基因检测引发歧视。但仅让个人获得阿尔兹海默病的测试结果，而禁止保险商利用基因风险数据，这样做公平吗？这样一来，那些发现自己患阿尔兹海默病的风险高出平均水平的人会购买长期护理保险，让保险商蒙受巨大代价——这种经典案例被称为**反向选择**。

而且，一旦阿尔兹海默病基因筛查测试变得普及，谋求要职的老年人是否会迫于压力接受测试呢？例如，2008年参加美国总统竞选的约翰·麦凯恩(John McCain)时年已经72岁。他应当做阿尔兹海默病筛查测试吗？思考这一问题时，我们也要记得，罗纳德·里根(Ronald Reagan)卸任后不久就患上了阿尔兹海默病，而他在第二个任期可能已经患病。

关于基因检测对社会可能产生什么影响的讨论才刚开始。而阿尔兹海默病只是论战主要关注的诸多疾病之一。人类基因组计划让我们对人的整套遗传密码有了详细了解，但人类的健康和福祉并不完全是基因决定的。我们已经知道，阿尔兹海默病基因筛查测试只是预测了患病可能——这只是一种可能，不是宿命。如果我们认为自己命该如此，就把这项测试理解错了。有人说，无法预知未来，特别是未来的苦难，这也是一种福分，因为我们每个人承受苦难的能力都比现在想的要强。对遗传学的新认识很可能增强我们预测未来的能力，这将超越我们目前的想象。

供写作、思考和讨论的问题

1. 老年法律师经常反驳称，转移资产是绝对正确的，也是法律允许的。这种论点有说服力吗？假设你是一名老年法律师，突然有一位当地报纸记者站出来质疑你。给报纸写一份详细声明，维护自己的立场。

2. 老年法律师有时会维护资产转移的做法。他们认为，联邦医疗保险对普通疾病的报销与阿尔兹海默病的报销不同。这种说法有说服力吗？如果联邦医疗保险计划被修订，要为阿尔兹海默病等疾病提供全款报销，那么资产转移是否就不再具备合法性了？

3. 简·布莱恩特·奎因等批评人士称，老年人故意转移资产来满足医疗补助计划资格，是一种“中产阶级福利”。这种指责有道理吗？请列出正反两面观点，然后对每个论点分别进行驳斥。

4. 那些支持老年父母将资产转移到子女手上来满足医疗补助计划资格的人认为，老年人“有权为子女留下遗产”。医疗补助计划或税收体系应当鼓励，还是应当遏制这种“权利”？如果我们扩大这种权利，谁会受益，谁又会受害呢？如果我们限制这种权利，谁会受益，谁又会受害呢？

5. 许多人认为，身体虚弱的老年人有权选择包括亲属在内的任何人为其提供服务，政府也应当为这种服务买单。有什么合理原因能禁止雇用亲属提供家庭护理服务吗？写一封信给国会议员，说明自己的立场。

6. 假设你是一位美国参议员的助理，要草拟一份全国医疗保险法案扩大案，将包括社区护理和养老院护理在内的所有长期护理都囊括在保险范围内。撰写“法案”，描述公众在新法案下能获得的保险服务种类，包括所涵盖的病症类型。然后为议员写一份随附备忘录，向他建议可行的新服务报销方式。怎样组合，税收和开销才能覆盖一整套长期护理服务？

7. 郎达·蒙哥马利(Rhonda Montogomery)的文章迅速得到了大多数家庭的认同——也就是说，女性最终要承担老年人护理的大部分工作。从这一点看，政府应当关注性别差异，还是应当让家庭自己解决这个问题？如果要纠正这种明显不公平的护理负担，政府应当怎样做？设立新的政府项日来解决这一公平性问题的风险在哪里？

8. 假设你的一位近亲需要长期护理服务。访问 Leading Age 网站 www. leadingage. org 及 Assisted Living Federation of America 网站 www. alfa. org。这些组织提供的那些服务最具吸引力？它们未能很好地解决哪些问题？

推荐书目

Capezuti, E. A., Malone, M. L., Katz, P. r., and Mezey, M. (Eds.), *The Encyclopedia of Elder Care: The Comprehensive Resource on Geriatric Health and Social Care* (3rd ed.). New York: Springer, 2013.

Kane, r., Kane, R., and Ladd, R., *The Heart of Long-Term Care*, New York: Oxford University Press, 2008.

Linsk, N., and Keigher, S., *Wages for Caring: Compensating Family Care of the Elderly*, New York: Praeger, 1991.

Pratt, J., *Long-Term Care: Managing Across the Continuum* (3rd *ed.*), Sudbury, MA: Jones and Barltett, 2009.

Talley, R. C., and Montgomery, R. J. V., *Caregiving: A Developmental, Life-Long Perspective*. New York: Springer, 2013.

Wiener, J. M., *Sharing the Burden: Strategies fro Public and Private Long-Term Care Insurance*, Washington, DC: Brookings Institution, 1994.

学生学习网站 www.sagepub.com/moody8e

- Flash cards(词语卡)
- Web quizzes(小测试)
- Chapter outlines(章节大纲)
- SAGE journal articles(赛吉出版公司出版的期刊论文)
- Web resources(网络资源)
- Video and audio resources(音像资源)

争议六　应该帮助老年人避免错误决定吗?

博特叔叔的“错误判断”。79 岁的博特丧妻 5 年,他找了一位家政每周来打扫卫生,此后麻烦就开始了。丽莉起初看起来非常勤奋,博特为她的额外工作(如在他眼睛不好时为他读书)付费。很快她开始自然而然地为他打理财务。没过多久,丽莉晚上开始留宿,博特貌似成了她唯一的工作。每次丽莉在家,博特就精神焕发。

好几次,博特的侄子侄女早上来家里探望他,便看到丽莉和博特一起躺在床上。他俩之间肯定有什么,但大家都说不上是怎么回事。侄子们说,他们担心博特叔叔要变成“老混蛋”了。

丽莉的弟弟肖恩也让他们担心,他也掺和到家里来了。肖恩在做多层次营销项目,上门卖维生素和保健品。博特叔叔开始服用大量维生素,据说这样可以逆转糖尿病。他还把大笔积蓄投资到了肖恩的生意里,而他的业务很快就要在博特叔叔的车库里开始了。

丽莉不在的时候,博特叔叔也不待在家里。他一直喜欢在城里散步,有时候晚上会走到危险街区。他常常一路穿过镇子,走到赛狗场,在那里赌上一把,输掉很多钱。侄子和侄女十分担心,于是和他谈了这个问题。

但博特叔叔不以为然。他说,他想怎么花钱就怎么花钱,让他们别管闲事。“我这个年龄想怎么生活就怎么生活，我的生活质量从来没这么好过。”他跟大家这样说。

关于博特叔叔一事的一些疑问。博特的侄子和侄女不喜欢他这样生活。他们觉得，他受了误导，甚至在以危险的方式行事，威胁到了自己的健康甚至生命。但在这种情况下，**威胁**和**危险**究竟是什么呢？的确，博特采取了不正规的治疗方式，还在夜晚到危险街区散步。年轻人不也这样吗？犯错或冒险就是对自己不负责任？有能力的成年人这样做，我们有权干涉吗？

年龄对此类案件有影响吗？和丽莉之间这种不明不白的关系让侄子讽刺叔叔是“老混蛋”。兄妹二人能做些什么呢？博特叔叔有权不受人管制吗？他有权不顾旁人看法，去追求一段爱情吗？博特固执地坚持着自己对**生活质量**的定义。

如果说这些问题令人烦恼，那么随着事情的发展，接下来的问题就更糟糕了：肖恩的维生素和保健品生意显然很红火，但博特的侄子侄女全然看不出这些东西对叔叔有什么帮助。相反，他们还碰巧在桌子上看到了博特叔叔的所得税申报表——是由丽莉填写的。上面显示，他的积蓄都亏空了。侄子侄女对此感到非常失望，从小爸爸就告诉他们，博特叔叔没有孩子，打算把财产留给自己最喜欢的侄子侄女，他们是他唯一的亲人。

更糟糕的是，博特还出现了轻微中风，开始在家里使用助步器。他不能再出去走动了，但仍然坚持吃维生素，不吃降压药。丽莉开始全天候待在家里。每次来拜访，他们会试探着问候，但博特叔叔回答问题时，显得非常困惑和害怕。每当丽莉或肖恩在家，他就表现得很不自然。侄子侄女们注意到，他的背和脖子都有伤。他们问这些伤是怎么回事，丽莉就说博特摔倒了，但伤得不重。她说，这没什么好担心的。

博特叔叔的侄子侄女们决定让医生来看看伤情。检查过程中，博特叔叔的反应让医生相信，肖恩和丽莉可能在虐待他。医生于是将这起案子报告给了当地成年人保护服务机构。几天后,一位社工上门找博特了解情况。博特叔叔和肖恩站在门口,平静地叫社工走开——他不想让别人干涉自己的生活。

老年人的弱点

博特叔叔的案子为我们提出了难题。他坚持自己有作为成年人的自主权,但越来越多的迹象表明,他受到了操纵和虐待。博特也许遭到了自己信任之人的经济剥削,或许还愚蠢地参与了投资诈骗,导致钱财亏空,身上的伤也暗示他可能遭到了肢体虐待。亲属们都为他的财产担心,因为他们也想保护自己可能继承的遗产。他们有足够理由怀疑博特叔叔受到了"不良影响"(Quinn, 2002)。

博特叔叔的生活质量是如何随着事情进展而改变的?博特认为自己的生活质量有所提升,无论在城里闲逛,还是在狗场赌博,他都可以随心所欲,干自己喜欢的事情。在博特看来,他和丽莉的关系在这其中起了作用。然而现在,他只能待在家里,生活质量下降了。他和丽莉以及她弟弟的关系似乎让家里笼罩着一层恐惧。

还有别的问题需要解答。医生把博特可能遭遇成年人虐待的事情举报给当地机构,这样做对吗?博特拒绝外界干涉自己的生活,是在凭自己的意愿发表意见吗?亲属们关心遗产,我们应该对此持什么态度?在这种复杂案例面前,我们能做些什么呢?

做决定不是一件容易的事情。衰老让人们在生理上、社会上,偶尔在情绪上都变得脆弱。然而同样是衰老,不同个体能力不同。我们一贯认为老年人体弱多病,但这种刻板印象并不准确。我们为何要阻止老年人做那些或许能增进生活质量的危险决定呢?

干涉人们的错误决定

这一案例中的困境可以归结为一个简单问题:如果他人的行为威胁

到了其自身,什么时候应该干涉他们?法律规定,我们无权因为一个人没有自主决策的能力,就妨碍其自由。举例来说,四肢瘫痪并不意味着丧失了法律能力——这样的人只是没有能力执行决定罢了。但如果个体完全没有决策能力,比如无法理解事态,那么进行干预就是恰当的。如果大脑处于幻觉或痴呆状态,个体无法理解或评价信息,或许会出现无法理解事态的状况。

随着事态不断发展,博特叔叔似乎会意识到,在危险街区闲逛,吃维生素来控制糖尿病,都会带来风险,只不过他对事情的评判和亲人不同。根本没有证据表明,博特叔叔丧失了心智能力。即便有能力的人有时也会做出糟糕的决定。随着事态的发展,博特开始更加冒险——比如不再服用降压药。而且证据表明还有其他危险:首先,他的毕生积蓄可能已经亏空,其次,他可能遭受了肢体虐待。更令人困惑的是,丽莉和肖恩在场时,他显得很"害怕"。然而在法律上,博特叔叔仍然是自由而有能力的成年人。如果一个人想要拿钱冒险,或生活在危险当中,他有自由这样做,也有自由拒绝外界帮助。

可以进行干预的一个理由是,他看起来很"困惑"。如果博特叔叔确实无法作出决定或判断,这就说明其精神能力有所下降,无论他是否同意,这都为干预提供了条件。我们要注意,虐待老年人及老年人自我忽视,并不同于虐待儿童的情况。成年人和儿童不同,除非我们证明情况特殊,否则我们总是认为他们具有判断能力。博特叔叔也许感到恐惧,可能处于一种难言的被剥削状态,但除非我们有理由质疑其判断能力,否则无法约束他的自由。

博特叔叔做出错误选择的案例引发了许多问题,我们需要借助一些基本概念来理解这一案例(Bonnie & Wallace,2003):

虐待与忽视老年人。老年人与其他成年人一样,有权按照自己的方式生活,即便这在外人看来危险而不妥当。这种行为到了怎样的程度,才可以看做**自我忽视**,才可以合理干涉?如果其他人导致了肢体虐待、心理虐待或经济虐待,该怎么办?如果老年人受到侵害的威胁,我们该如何衡量其做决定的精神能力？自我忽视和被他人忽视或虐待有什么区别吗？

生活质量。是什么构成了**生活质量**——简而言之，怎样的生活才值得过？老年人能够做出让生活质量高于数量的决定吗——即便这样做会危及健康和安全，或者拥有一段在外人看来不正当的关系？

性生活。老年人中最为普遍的性生活模式是怎样的？老年人性生活与精神健康有何关系？什么迹象能够表明老年人遭受了性虐待？

犯罪与老年人安全。老年人更容易成为犯罪受害者吗？他们比其他年龄段的人更惧怕犯罪吗？犯罪和惧怕犯罪对美国老年人的生活质量有何影响？

虐待与忽视老年人问题

街谈巷议

"我们需要加强养老院管理，以防老年人遭到虐待。"

实际上，按照法律规定，美国对养老院产业的管理比除核电外的任何产业都严格。在家庭护理环境中，虐待老年人的现象更容易发生，也更不容易被发现。民间团体当然可以通过加强消费者监督和宣传，贡献一己之力。但强化管理并没有什么帮助，因为我们连现有的管理条例都没有执行。

老年人遭受虐待的现象有多普遍呢？很难获得可靠数据，但证据表明，一部分老年人遭受肢体暴力和语言侮辱，尽管他们为数不多，但意义重大(Jogerst et al.，2003)。一项社区深度研究发现，护理机构外65岁以上老年人被虐待的概率是1.6%(Lachs et al.，1997)，几乎有一半施虐者是成年子女，另有1/4是配偶。早期研究发现，2/3的老年人虐待案件都属于肢体虐待，其余是语言虐待(Pillemer & Finkelhor，1988)。

对虐待老年人问题的研究表明，这一现象非常复杂（全国老年人受虐待问题中心，1998；Quinn & Tomita，1987；Wolf & Pillemer，1989）。受数据搜集方式所限，老年人受虐待的发生率很难衡量（Heller，2000）。深层次原因在于，人们对虐待和忽视老年人的概念的界定与诠释缺乏一致性（Biggs & Goergen，2010）。而且，我们必须仔细考虑受虐者和施虐者，以及虐待的类型。老年人虐待问题有一系列因素，其中包括精神病理成因，特别是酗酒与滥用药物、家庭暴力、家庭成员依赖他人获得经济支持、护理负担、社会隔离，以及近期出现的生活压力等（Bloom，Ansell，& Bloom，1989）。父母或处于主导地位的配偶变得无能时，终生家庭暴力模式通常会有所逆转，此时他们会成为受虐者（Anetzberger，1987）。研究人员近期调查了老年人自我忽视与受虐待两种情况的异同（Dong，Simon，& Evans，2011，2013），分析了为何这些现象成了需要公众和专业人士强烈关注的社会问题（Harbison et al.，2012）。同样，老年人处境问题研究近年来探索了文化差异和背景差异，值得我们关注（Cevirme et al.，2012；Naughton et al.，2012）。事实上，这是一个跨文化的全球老龄化问题（Penhale，2010）。最后，有必要区分老年人受虐待和自我忽视的差别，因为二者可能不属于一类现象，虽然它们都关系到老年人的脆弱。

医生和家庭护工通常可以发现老年人受虐待的早期迹象，立法者也规定人们有义务举报虐待老年人的行为，美国所有州目前都有举报虐待老年人案件的正规流程。如今，42个州的法律都要求，在出现虐待老年人的可疑证据时，进行**强制举报**（Daly et al.，2003）。

有人对强制举报的有效性提出了质疑。举报不一定能引起应对措施，因为家庭服务不能迅速到位（Silva，1992）。而且，正如博特的案例一样，并非所有虐待老年人的案件都那么显而易见。如果我们将问题扩大到自我忽视的范畴，就更难把握明确的界限，如果老年人坚持拒绝外人干涉，要独立生活，就更是如此。

专业人士碰到疑似虐待或忽视老年人的案件时,便面临着巨大的挑战和复杂的问题(Gergeron & Gray, 2003)。如果将案件举报给当局,是否侵犯了个人隐私?虐待的迹象要多严重,才可以违背当事人的个人意愿,进行举报呢?如果指控出错了该怎么办?举报疑似虐待案件是否会让事情更糟?这些问题都让我们关注是否应当保护老年人避免做错误决定的核心问题。

对生活质量的理解

在博特叔叔一家的案例中,医生和社工都怀疑博特在冒险——做不明智的投资,将自己置于犯罪和受虐待的危险当中。博特认为,他有权决定自己的生活质量。79岁高龄的他可能觉得,自己已经活得足够长,因而可以对风险和利益做出自己的判断。在钱的问题上,主观健康与个人对财务生活的控制之间存在重要联系。老年人的生活质量可能依赖于他们对金钱的控制(Cutler, Gregg, & Lawton, 1992),但控制金钱并作出决定,又存在一定的风险。

有关老年人冒险行为和精神健康的争论,通常会回到一个模糊的词上面:**生活质量**(Schulz & Morycz, 2013)。界定生活质量,衡量老年人的健康,都是老年学面临的严肃问题,也给衡量手段和理论阐释制造了麻烦(Kane & Kane, 2000)。广义上讲,**生活满意度(life satisfaction)**可定义为一个人对过去和现在生活的总体态度。相比之下,精神面貌则是一种很特殊的感受,无论积极或消极,它都与未来有关。同"幸福"和"情绪"一样,这些心理学概念既明显也很重要。但要注意,它们关涉老年生活的主观健康问题,最终是个体自身的认知问题。

为了衡量主观健康,老年学家深入采用了一种称为生活满意度指数(Life Satisfaction Index)的工具,它考虑了热情、淡漠、自责、人生目标的完成和情绪等因素(Melendez et al., 2009)。费城老年病学中心精神状况量表(Philadelphia Geriatric Center Morale Scale)也可用来衡量主观健康状况。年龄与健康之间的联系非常小,换句话说,高龄本身不一定会导致精神面貌差或不幸福。然而,身体健康,特别是自我健康评价,则能充分反映主观健康状况。当然,健康问题在老年更加普遍,但个体对健康的主观评价却反映了其应对老年的态度,而不仅仅是客观生理功能的优劣。事实上,对同一个体而言,自我汇报的方法往往比客观的健康检测更积极。我们不能低估个体的适应能力。

人际关系是主观健康的另一个因素。博特叔叔的生活状况——和管家在床上相拥——算得上一种成功老龄化吗?人际关系本身不能说明成功老龄化,更重要的是关系的质量(Adams & Blieszner, 1995)。我们不能仅仅通过分析社会关系的数量或亲密关系的模式,来衡量人的健康。老年人需要与那些能满足自己意愿的帮助者发展关系,包括家人、朋友及外人。对所有正在衰老的人来说,没有哪种个人关系模式是最好的,人在一生中无时不需要亲密关系和爱,老年也如此。

晚年性生活

博特叔叔和丽莉可能有性关系,他的侄子和侄女可能对此深感不安。在他们看来,79岁的男人和一个比自己小很多的女人不结婚就有性生活,这非常不妥。博特叔叔的侄子侄女们很有可能对晚年性生活抱有误解和成见(Butler & Lewis, 1993)。老年人性生活一直以来都是人们取笑的对象,在罗马喜剧和乔叟的诗歌中都是这样。但研究人员对全球106个传统国家进行研究后发现,只有三个国家认为老年人性行为违背了社会风俗。在西方文化中,性行为是生活的一部分,亲密关系也是老年生活的正常部分,但它仍被视为一件不正常的事情,或是取笑的对象,被年轻人横加评判(Kaye, 1993)。

正常的衰老过程、婚姻状况、整体健康状况和老年人对性生活的感受,都不是老年人性生活的决定因素(Hillman, 2000)。完全停止性生活,大多是因为伴侣一方或双方的身体健康衰退了。但性行为远比性交的范围要广。要知道,老年人像年轻人一样,也需要各种形式的亲密关系,才能活得快乐健康,而需求和喜好也因人而异。

事实上,性研究者马斯特斯(Masters)和约翰逊(Johnson)(2010)通过研究发现,女性性行为并没有时间限制,而男性性能力可以持续到 80 岁。然而,晚年性生活大多是由老龄化持续理论(continuity theory of aging)来阐释的。对晚年性生活最好的预测标准是早年性生活。性生活最大的限制因素是没有伴侣,女性尤其如此。

晚年性生活的一个关键特点是多维性:感官快感、亲密、抚摸至少和性交同等重要。不过,瑞士的一项人口健康研究发现,在 70 岁的人中,46%的男性和 16%的女性仍能从性交中获得快感。

男女数据的差异顶多反映了老年性别比例的变化。图 29 显示了目前老年男性和女性的人数差异及未来变化趋势。性别比例不平衡的原因在于,女性通常比男性平均多活六年,也往往会嫁给比她们大两岁的男性。因此,随着年龄增长,守寡现象就变得愈发突出:2010 年,40%的老年女性是寡妇,而只有 13%的老年男性是鳏夫,寡妇的数量几乎是鳏夫数量的四倍(老龄化管理局,2010)。相比老年鳏夫,老年寡妇不容易再婚。2010 年,每 1 000 位老年男性有 12 名再婚,而每 1 000 名老年女性仅有两名再婚(美国人口普查局,2010)。

假设如果有机会,大部分老年男性和女性都能在老年享受到性生活。男人的生育能力可以一直持续到 80 多岁,虽然 70 岁的男人会比中年男人更担心自己的性功能和表现(Panser et al., 1995)。像女人一样,男人衰老过程中荷尔蒙也会产生变化,但他们不会经历丧失生育能力的更年期。老年男性的性反应确实会迟钝,他们和伴侣都需要适应这种变化。正如持续理论所说,男性早期性生活模式是预测晚年性生活的最佳标准。

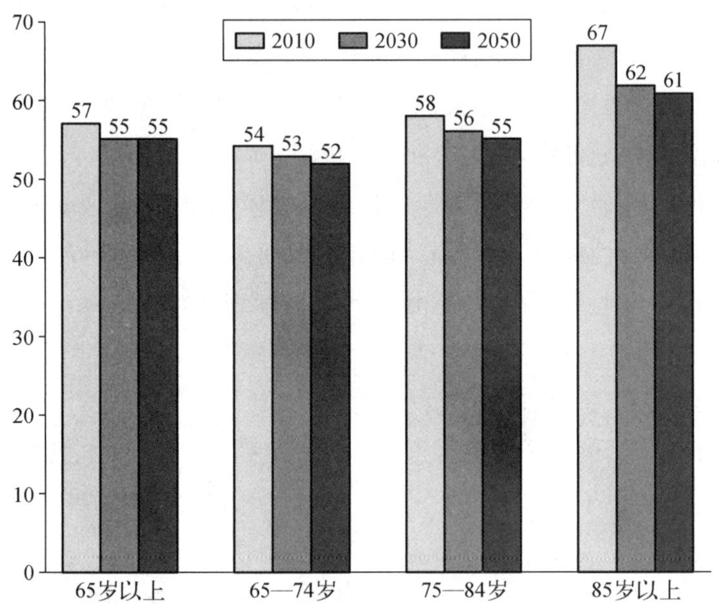

图 29 2010 年、2030 年和 2050 年美国老年女性人口比例(按年龄)

资料来源:美国人口普查局,2008。

两性的主要差异在于,到了中年末期,女性会停经,并丧失生育能力。荷尔蒙水平下降会导致停经,但这通常是渐进的。因此停经并非是一件痛苦的事情。随着寿命延长,停经实际上可以成为第二次成年的机会。然而,停经确实会使身体产生明显变化。比如,雌性激素分泌减少会增大患骨质疏松症的风险(Shapiro, 2003)。对女性晚年性生活的传统印象有时十分悲观(Covey, 1989),但大量文学作品都刻画了停经后仍充满活力的女性形象,比如荷马的《奥德赛》中的佩涅洛普(Penelope),乔叟的巴斯妇,以及莎士比亚作品中的一些女主人公。托尼·莫里森(Tony Morrison)和爱丽丝·沃克(Alice Walker)等当代作家也探讨了晚年生活的积极主题(Banner, 1993),而加布里埃尔·加西亚·马尔克斯(Gabriel Garcia Marquez)在《霍乱时期的爱情》中则通过费米纳这一角色生动描绘了晚年生活的激情。

老年人像年轻人一样,也需要各种形式的亲密关系,才能活得快乐而健康。

犯罪与老年人

在本章开篇的案例中,博特似乎并不知道自己可能遭人算计了,然而侄子侄女们却认为他的态度体现了无能。谁最有资格来决定老年人是否成了犯罪活动的受害者?实际上,数据充分表明,博特叔叔的经历和判断与现实存在出入。或许侄子侄女们都因为媒体高度关注老年人受侵害问题,才感到担心。但现实并非如此。全国犯罪受害人调查(National Crime Victimization Survey)的年度数据显示,65岁以上的老年人成为抢劫、盗窃、骚扰和强奸等严重犯罪行为受害者的几率要**低于**其他年龄组(McCabe & Gregory, 1998)。若按所有犯罪类型总数计算,老年人受害的概率也低于其他人群(Klaus, 2000)。博特叔叔晚上一个人瞎逛,这安全吗?不一定。在特定区域,针对其他年龄段人群的犯罪概率更高。如果老年人成为犯罪受害者,那么其后续影响——例如重伤——将比年轻人持久时间长。

街谈巷议

“老年人更容易成为犯罪对象。”

美国司法部和FBI的数据显示，与其他年龄组相比，老年人成为犯罪受害者的几率较低，但他们更加惧怕犯罪，或许是因为他们看电视的时间比其他年龄组要长。老年人或许应当更加当心摔伤，因为摔伤给老年人带来的伤害要远大于犯罪。

无论犯罪实际发生率怎样，老年人普遍比年轻人更加恐惧犯罪(Oh & Kim, 2009)。由于老年人对犯罪的恐惧被夸大了，人们渐渐形成一种刻板印象，认为老年人是“家里的囚徒”。

老年人面临的最大威胁可能是经济剥削(Jordan, 2002)，他们更容易遭遇诈骗和偷窃，被抢，以及邮箱支票被盗等。此外，高明的骗子和不法顾问的行为也近似于虐待。对加拿大老年人进行的随机抽样研究发现，只有很少的老年人——0.5%——遭到了肢体虐待，但有2.5%的人遭遇了经济剥削，这可能是最常见的虐待形式。另一项研究发现，65岁以上老年人约占所有诈骗案受害者的30%，虽然他们仅占总人口的12%(Davis, 1993)。21世纪，经济剥削和诈骗变得如此猖獗，以至于联邦政府在2009年成立了财务欺诈执法工作组(Financial Fraud Enforcement Task Force)。

人们以为老年人已经为退休攒够了钱，所以他们很容易成为诈骗对象(Sharpe, 2004)。女性最容易被骗，尤其是刚丧夫的女性，因为她们可能从未工作过，没有管过钱，也没有付过账单。她们既孤独又恐惧，会轻易相信那些愿意为她们打点财务的人。很显然，老年女性犯罪受害者不仅限于老年女性——还记得博特投资了肖恩的维生素生意吗？诈骗可能涉及房地产、证券、共同基金或企业投资。肖恩的维生素业务是诈骗，还是风险投资呢？骗子可能是陌生人，但家人也有实施经济剥削的可能。给剥削下定义并不容易。例如，在许多文化中，老年人会把经济资产分给家里的年轻人。但亲属施加的情感压力也会危及老年人的切身利益,这无异于陌生人或熟人的刻意操纵。因为施虐者通常要利用老年受害者来获得钱财,剥削采用了语言和肢体虐待的形式。通过博特的事例,我们看到他是怎样一点点被剥削的。但假定受害者不报告自己受到了经济剥削,又怎能证明犯罪属实呢?我们对一个人的"自身利益"进行干涉,有合法性吗?我们该如何决定他的"自身利益"是什么?这些问题表明,预防对老年人的经济虐待或剥削是多么的困难(Jackson & Hafemeister, 2011)。

全球视野

全球庞氏骗局

庞氏骗局(Ponzi scheme)是一起得名于查尔斯·庞氏(Charles Ponzi)的经济诈骗案。移民旁氏来到波士顿,在上世纪20年代诈骗了成千上万人,向他们许诺提供40%的投资回报。旁氏轻而易举地用前面投资者的钱来回报新受害者,直到资金链断裂。庞氏骗局至今仍是最普遍的消费者欺诈手段之一。由于目前股市震荡,银行利率低,老年人再次成为庞氏骗局和其他金融诈骗的作案目标。老年人既有可能是受害者,也有可能是恶棍:81岁的约翰·希思(John Heath)实施了19 000万美元的庞氏骗局,被判处28年监禁。

庞氏骗局遍布世界各地。旁氏本人是一位意大利移民,在加拿大蒙特利尔对老年人实施经济虐待,展开了诈骗生涯。如今的国际金融诈骗是一项大业务,一些人收到来自尼日利亚的邮件、被允诺能获得丰厚投资回报,他们一定对此不陌生。史上一起大型诈骗案发生在90年代的阿尔巴尼亚,政府官员认可的投资计划吸引了2/3的阿尔巴尼亚人。这项计划最终被发现是一个庞氏骗局,涉案资金高达12亿美元,政府最终出面制止了造成200人丧命的游行和暴乱。

美国邮政督查总局(U. S. Postal Inspectors)的数据显示,老年人是金融诈骗最大的受害群体之一,诈骗形式既有旁氏骗局,又有连锁信、非法竞赌、虚假账单诈骗和外国彩票诈骗。宅在家里的老年人经常会通过邮件或电话营销收到捐款请求。这些可悲的故事再次表明，保护人们不做错误决定是一项挑战。

资料来源：

Zuckoff, M., *Ponzi's Scheme: The True Story of a Financial Legend*, New York: Random House, 2005.

介入脆弱老年人的生活

如果老年人看起来无法保障自身安全，或者被犯罪分子盯上，那么社会和亲友应当如何介入，对他们进行保护呢？显然，人们在这一问题的认识相互冲突(Cramer & Brady,2013)。一种做法是依据法律，为保护其利益而限制其自由(Quinn & Heisler,2002)。

民事关禁这样一套法律程序允许在违背当事人意愿的前提下，将其送入精神病院。民事关禁的依据是，如果有理由相信个体有伤害自己或他人的危险，就可以对其精神状况进行诊断或治疗。民事关禁是剥夺个人自由的一种极端措施。几十年前，精神错乱的老年人常被强迫送到精神病院，但如今，有更多措施来保护他们免受这种对待。以前，"老年"(old age)这个词本身就是没有决策能力的标签。然而现在，除了使用"年迈"这样的模糊词语之外，我们还必须通过正式法庭诉讼，以判定某人是否已经丧失精神能力。

如果个人有独立自主的能力，但无法管理钱财或做决策，另一种办法是委派监护人或管理员来办理其无力办理的事务(Zimny & Grossberg, 1998)。**监护**(guardianship)可以有两种形式：一是对当事人进行监护，监护人有能力决定老人住在哪里，应当接受哪种治疗或服务，二是对财产进行监管，监护人有权力管理资产，接管经济事务(Quinn, 2004)。指定监护人比送病人去精神病院的限制少，但仍然是在限制自由。

相较于其他年龄群体,监护程序正越来越多地被用来帮助老年人。佛罗里达州的一项研究发现,被指定监护人的老人平均年龄是 73 岁,其中近 3/4 都超过了 70 岁(Peters, Schimidt, & Miller, 1985)。被监护者有2/3是女性,且大多住在家里。被监护人往往都比较富裕,有近一半人的资产超过了5万美金。监护主要是一项家庭事务:在70%的情况下,亲属有能力也有意愿担当监护人。所有对个体丧失能力的判决申请都要得到遗嘱法院认可,但在90%的案件中并未依法向法院提供具体行为的相关信息。

在许多批评人士看来,虽然有法律保障,民事关禁和监护流程仍是一种压迫老年人的**新型家长作风**(new paternalism)。也有研究显示,以年龄为依据对人进行描述,是民事关禁流程的一贯特征,却很少遭到反驳。尤其是那些被认为与年龄不符的行为——例如某种性行为——常常被理解为与精神病相关的行为(Holstein, 1990)。试图保护老年人的法律标准模糊不清,对监护人或管理人的问责也很薄弱。民事关禁或许不能给予老年人接受公平判决的机会,法令或许也不要求老年人出席庭审或接受询问。同样,具有累积性劣势的老人可能会在进入法定监护体制后,变得更加脆弱(Rosenberg, 2009)。结果,那些旨在保护老年人的项目最终会忽视老年人的权利,造成更多伤害。

监护人体制的最大错误在于忽视了老年人的权利。法院在判决一个人是否具有行为能力时,往往偏颇而表面化,而法律也模棱两可,允许在证据不充分的情况下,判定一个人丧失了能力。而且,对法院指定监护人的后续监管也非常少。由于监护人和管理员工资都是从被监护人资产中支出的,金钱激励就会让事情变得更糟。指定监护人的工作可能会作为奖励给予那些有关系的律师。一旦指定监护人,监护身份很少会在被监护人去世之前被撤销。改革监护人体制的努力始终令人沮丧,因此倡议者将监护制度推荐给老人,实属无奈之举(Teaster et al., 2010)。

在后面的经典文献中,我们将看到为保护老年人免于伤害所作努力的困境与争议。第一篇文章作者是罗伯特·N. 布朗(Robert N. Brown),他强调个人不受他人限制的基本宪法权利。布朗从公民权利的角度出发,提出了一个基本问题:政府何种情况下介入个人生活才是合理合法的?特利·T.维特尔(Terrie T. Wetle)和特里·T.富尔默(Terry T. Fulmer)的文章则探讨了平衡个人利益与自主权的道德困境。他们并非从抽象角度或社会角度来看待这些问题,而是强调了家庭和那些有义务报告疑似老年人受虐待案件的健康专业人士的社会背景。

我们既有民政服务,又有法律体系。坎迪斯·海斯勒(Candace J. Heisler)和玛丽·乔伊·奎因(Mary Joy Quinn)描述了法律体系的设计,尤其是其对抗性。通过界定自主权(autonomy)、最低限制自主权(least-restrictive autonomy)和精神能力(mental competency)等概念,该法律体系划定了应当保护老年人避免犯错的情况,以避免纠纷。另外,多萝西·法比安(Dorothy R. Fabian)和艾洛伊斯·拉思伯恩-麦奎恩(Eloise Rathbone - McCuan)探讨了老年人自我忽视(elder self-neglect)问题。在这个问题中,外界并没有虐待或剥削老年人,尽管他们身处危险之中,但仍坚持独自居住,因此我们并没有能力来保护他们。

关注实践

成年人保护服务

从博特叔叔的案例中我们看到,老年人做出的可疑判断引发了一个难题:我们该如何尊重老年人的个人决定权,同时保障他们免于遭受虐待、剥削和忽视?要回答这个问题并不容易,老年人工作人员想出了一些切实可行的策略,值得我们关注。其中一个策略是成年人保护服务(adult protective services),这种方案旨在平衡个人权利与安全和福利(Byers & Hendricks, 1993)。

大多数州都有特别的法律和社会服务机构,帮助博特叔叔这样的老年人,他们容易遭受肢体虐待或经济虐待,无法保护自己。保护这些脆弱成年人的法律由当地老龄化部门、社会福利部门和警察部门共同执行。

成年人保护服务的工作人员在开展工作时，首先要界定自己所面临的问题：

> 这是虐待吗？他人有权对老年人实施肢体伤害或心理伤害吗？
>
> 这是利用吗？挪用他人金钱算是经济虐待吗？
>
> 这是忽视吗？护理人员或负责为身体虚弱的老年人提供福利的人员，是否连最低程度的帮助都没有提供？

另一种可能是自我忽视或自我伤害：个体在完全独立的情况下，可能陷入威胁自身生命的情况——例如，衣着单薄在寒冷的天气里外出游荡，没有服用基本药物。博特的案例表明，将某种情况定性为虐待、利用、无视或伤害，是非常困难的。

成年人保护服务的一般机制是，知情者（医生、家庭护工、邻居或朋友）向当局汇报老年人似乎遭到了虐待或忽视，于是成年人保护服务机构迅速展开调查，通常是上门拜访，同涉案人员交流。

进行初步调查后，成年人保护服务机构会撰写一份报告，决定下一步该怎么办。他们或许还需要进一步搜集事实。要立案就必须审查财务记录，测试个体的精神状态和决策能力。如果在事实基础上可以立案，调查机构就会介入案件。

介入的形式有很多，有些较为激进。例如，社会工作者可能会为病人安排家庭健康护理，或与护工一同工作，以确保服务过程顺畅。在博特的案例中，成年人保护服务工作者要确保他身上的伤不是护理人员所为。他们还评估了博特看似危及自身利益的行为，比如在危险街区游荡，参与有害健康的活动等。

这种评估试图在保证客户健康和福祉与衡量其自主权和生命质量间达成平衡。实现这种平衡并不容易，成年人保护服务专家面临着颇具挑战的专业任务。机构必须评估家庭成员与老年人之间的利益冲突，以及社会的整体价值。

在一些更极端的情况下，成年人保护服务机构会让警方介入，或者提起诉讼，以争取法院指定管理人员或监护人。但这种严肃措施也有风险，通常只有客户明确受到了威胁，或看起来没有足够的精神能力对伤害和风险做出判断时，诉诸法庭才是合理的。许多案件模棱两可，有时候个体只是生活方式比较奇特罢了。在这种情况下，成年人保护服务工作者就需要强大的技巧和判断力，才能找到解决办法。不过，成年人保护服务有望妥善处理博特叔叔这样的案例（Ernst et al.，2013）。

阅读材料　二十六

不受束缚的自由①

罗伯特·布朗

我们知道，人，即便是没有精神或身体缺陷的正常人，都有不同能力和不同需求。有时候身体或精神损伤会让人完全丧失管理自己、管理经济事务的能力，但有时这种损伤只是部分影响了自理能力。一个四肢瘫痪的人可能不能自理，但可以指导别人为自己提供护理。一些损伤是暂时性的，比如药物副作用导致的精神混乱；而一些损伤则是永久性的，比如阿尔兹海默病引起的身体和精神方面的渐进性衰退。大部分损伤仅对当事人造成伤害，他们无法满足自身需求。然而，有一些损伤却有可能给他人带来伤害。比如，精神病专家认为，精神病患者会对他人构成肢体侵犯。简而言之，许多类型的身体疾病和精神病症，会不同程度地

---

① "The Right to Freedom From Restraints" in *The American Civil Liberties Handbook*: *The Rights of Older Persons* by Robert N. Brown, pp. 328 - 331. Copyright 1989 by The American Civil Liberties Union.

影响当事人控制自己不伤害自己、不伤害他人的能力,只是影响时间或长或短。

如果一个人无法控制自己不去伤害自己或他人,我们就面临一个问题:法律体系是否应当介入,应当在什么情况下介入?寻求法律介入的手段一般称为“保护性程序”,包括指定监护人或管理员,以及判决民事关禁等。这些程序依法取消当事人的决策权,指定他人代为行使权利,从而全面防止当事人受到伤害。要理解这些程序的影响,就需要理解这其中涉及的“决策制定”。

每个人在生活中都需要持续不断地做决策。大部分决策只关系到一些小事,比如决定早上出门穿什么,读什么报纸,到餐厅吃饭该点鱼还是该点禽类。但有一些决策比较重要,比如是否结婚,在弥留之际是否从家里搬到疗养院去,是否进行痛苦的化疗来对抗晚期癌症。为了理解保护性程序,可以将决策分为两大类:影响经济利益的决策和不影响经济利益的决策。第二类决策即所谓的个人决策。可决策的经济事务包括从自动售卖机里买糖果,给最喜爱的侄女买礼物,变卖家产付学费或医疗费,不一而足。可决策的个人事务则包括读什么书,看什么电视节目,住在哪里,和谁打交道,是否进行器官移植等。

一旦部分或完全丧失了决策能力,人们就有必要寻找他人代为行使法定自主权。如果当事人以前做过法律安排(比如授权律师,开设多方银行账户),授权让他人代为行使权利,那么就无须法律介入,否则就有必要诉诸保护性程序。这种做法的结果是,当事人独立决策权会被削弱或剥夺,决策权被移交给监护人或管理员。

丧失个人决策权,遵循他人决定,这公平公正吗?答案取决于具体情况。对于昏迷中的人来说,让监护人代为做决定或许不会造成太大损失,因为当事人已经意识不到自己丧失了对生活的控制。而如果让法院指定的管理员为一个“无法做出明智的”经济决定的精神病人来做决策,并假定管理员的决定能更好地保护其资产,这就不一定恰当了。没有精神疾病,但“无法做出明智”经济决定的人,不应当受到控制。此外,他人代为决定的实际结果如何,也往往没有肯定的答案。所有的决定都存在风险,精心安排的计划也会失败,而不明智的计划往往也能成功。此外,此事还涉及价值观问题。对个人来说,最好的人生不一定就是最安全和最长久的,而是有机会去做他所认为的最好的、最重要的事情。

监护人和管理员通常忽略,或没有听从被监护人的需要与意愿。保护性程序通常不太重视这些愿望,似乎没有考虑到损伤的性质和程度方面的差别,也没有意识到,有些损伤会影响个体某方面的自理能力,但可能不会影响其他功能。这样一来,这条法律在提供帮助的同时,有时也夺走了某些人的权利,这些人并没有残疾,而只是与他人"不同"而已。另外,这条法律没有考虑到一些人只需要一部分帮助,而不是全面的帮助。

政府介入我们生活的合理性在哪里?

我们的法律体系的一个普遍规则是,人们拥有自主权,有权利和责任来决定自己如何生活,如何花钱,如何度日。大部分时候,人们可以自由思考,自由讲话,自由行事,不受政府干涉。但自由也是有限制的。法律禁止我们对他人造成人身或财产损害,这是对我们自由的一种限制。法律的这种权威即国家的"警察权力",它允许国家规定哪些活动对他人是危险的,这样才能保护社会。触犯法律会被剥夺自由。被"民事关禁"的人,被拘禁在国属精神病院的人,都丧失了自由。警察权力一定程度上为此提供了合理性,因为社会认为他们会危及他人。还有一种对个人自由的限制,国家有权保护因疾病等原因丧失行动能力,不能自理的人。这一权力也被称为"国家之父权"。与警察权力不同,它的目的是保护他人,重点关注丧失能力的个体,并有权宣布国家有义务保护那些无力保护自己的人。根据"国家之父权",国家有权决定个人是否能自理,也有权指派他人(常常称为监护人或管理员)来为其提供照料。

执行警察权力意味着自由的丧失(例如监狱关禁),所以程序性保护手段已经得到实施,以此保证卷入刑事诉讼的个体不被错误地投入监狱,或被判处死刑。他们有权请律师,有权拒绝自证其罪,有权获得陪审团审判,有权盘问证人等。不幸的是,受民事关禁或监护人、管理员制度威胁的个体,并未得到所有程序性保护措施的保护。原因在于,保护性程序大多只是主张"介入对个人有好处",以避免当事人伤害"自己"。这种仁慈的程序似乎不会剥夺无法独立行使权利的个体的自由。然而实际上,这些程序的出发点通常并非慈善,且剥夺了当事人的部分或全部个人权利。这样一来,个人的确丧失了自由,随后丧失了财产,丧失对个人经济的控制,或被监禁在精神病院、疗养院等机构中。这表明,如果保护性程序不提供程序性或实质性的保护,那么它就没有合理性。立法者应当保证采取十分妥当的措施,来介入个人生活。

阅读材料 二十七

虐待老年人问题中的道德困境①

特利·维特尔 特里·富尔默

在虐待老年人的个案中,价值观和道德观的应用常常让人们陷入道德困境,引发两种或多种价值观的冲突。下文探讨了一部分此类道德困境,比如病人做主还是替其做主的问题、隐私与合法举报的问题、举报对护患关系的影响问题、尊重认知能力部分丧失的病人自主权的问题等。

病人自主权与利益最大化之间的平衡

对健康专家而言,或许最大的道德困境是努力尊重病人的意愿(个人自主权)的同时,还要保护病人不受伤害(仁慈)(Wetle et al., 1991)。有些人的行为方式常常给自己带来危险或伤害,还有些人执意要让自己身陷危险与受虐的情形当中。尊重病人的个人意愿,可能会与他们的最大利益产生直接冲突。一方面,如果某项举措与病人所表达的意愿相抵

① "Ethical Dilemmas in Elder Abuse" by Terrie T. Wetle and Terry T. Fulmer, *Journal of Elder Abuse and Neglect*, 7(2/3), pp. 36 - 38. Copyright 1995 by The Haworth Press. Reprinted by permission of the Taylor & Francis Group, http://informaworld.com.

触,如果尊重个体自主权,则会妨碍健康专家出面干预。另一方面,法律还要求健康专家举报疑似虐待老年人案件。而且,专家有义务查明病人拒绝协助是出于个人自愿,还是受到胁迫。老年病人的决断能力并不明确,判断力也有所下降,这让虐待老年人案件愈发复杂。病人不认可健康专家的判断或建议,这并不足以说明他们没有决断能力。当然,我们有道德义务替丧失判断能力的老年人做决定,但介入之前,我们同样有义务确定他们是否真的丧失了能力。做出这样的判定前,需要对病人的决策能力进行正式评估。即使受虐事实得到确认,但只要病人有决策能力,他就也有权利拒绝别人的干预。

隐私与举报要求

尊重病人自主权,还表现为对其隐私的尊重。在特定情况下,虐待老年人举报法优先于隐私保护,但只是在特定情况下才具有优先性,而且处理举报信息时要极其谨慎。只有"确需知情"的人士才能共享后续调查中确认的信息。

举报对护患关系的影响

许多健康专家有理由担心,举报虐待老年人行为以及后续的调查会影响他们与病人(及其家属)的关系。我们的响应机制和调查手段(用以鉴定是否存在虐待行为)以及相应的干预计划,都已经有了很大的改善。尽管如此,无论处理举报多么巧妙,都可能会损害护患关系。一些措施可以降低这些负面影响,比如告知病人可能会有人举报,或描述其过程、分析潜在的积极结果及可行的干预手段,如果有可能,还可以同家属共同合作,分析大家的需求与关注点。

关乎家庭与健康专家的伦理问题

家庭成员通常都在悉心护理身体虚弱的老人。当健康专家在家庭护理环境中护理病人时,就会引发与虐待老年人相关的道德问题或冲突,比如谁才是护理对象、护理人员的责任与家属支持的不足、不断变化的依赖性关系与长期家庭互动模式、与家属进行伦理问题的探讨等。本书其他章节详细讨论过诸多此类问题,在此我们仅从健康专家的视角作简要讨论。

谁是护理对象?

健康专家护理患者时,自然会与整个家庭接触。护理任务可能会很繁重,而当原本热情的护理人员不堪忍受护理任务时,虐待老年人的情况就可能出现。同一家庭中有两个病人需要护理时,有时会出现一个施虐一个受虐的现象,这让健康专家感到非常棘手(Fulmer, 1991)。这引发了谁需要更多的护理、护理专家又该如何平衡的问题。健康专家确实应该给受虐方更多的关注,但给双方都提供信息和服务不失为一个良策。

家庭依赖关系随着护理对象对家庭的依赖程度而变化

健康专家或许并不知道家庭成员长期以来的相互影响。如果家庭中一直存在言语的、身体的虐待,那么家庭护理的压力可能会使家庭关系恶化。有时候,不断变化的依赖性关系可能使情况发生改变,此前的受虐方可能会变成施虐方。理解家庭成员相互影响的模式以及护理人与被护理人之间长期的特定关系,或许有助于解释专家所观察到的现象,为干预策略的制定提供关键信息。

护理人员承担多少任务、配偶与子女分担多少责任,个人与社会看法不一

配偶和成年子女认为什么程度的护理算是合理?社会目前对此尚不清楚。亲属护理人员常常直到心力交瘁才接受帮助。健康专家的责任之一,就是帮助护理人员认识自身健康的极限,宣传推广有效的护理方法,协调全家人的护理工作,帮助护理人员增进身心健康。这实际上能产生双重保护效应。首先,它能防止因护理压力过重而导致虐待、忽视老年人事件的发生。其次,这种介入手段能让护理人员避免承受过多的负担——过多的负担可以理解成“虐待护理人员”。

参考文献

Fulmer, T. (1991). "Elder Mistreatment: Progress in Community Detection and Intervention." Family and Community Health, 2, 26 - 34.

Wetle, T., Crabtree, B., Clemens, E., Dubitzky, D., Eslami, M., and Kerr, M. (1991). "Balancing Safety and Autonomy: Defining and Living with Acceptable Risk." The Gerontologits, 31(11), 237.

阅读材料 二十八①

从法律视角看虐待老年人问题

坎迪斯·海斯勒 玛丽·乔伊·奎因

大多数老年人工作从业者对美国法律体系的经验很有限。因此,在虐待老年人问题的防范和解决上,他们并未充分运用法律手段。

法律体系的目标

民法和刑法在虐待老年人问题的防范和解决上,有着共同的目标和明确的规则。用法律手段解决虐待老年人问题的目标是:(1) 制止施加给受害者的非法行为或剥削行为;(2) 保护受害者和社会不受虐待者侵害,不受更多不当或非法行为侵害;(3) 将虐待者绳之以法,以表明此类行为不可饶恕且逾越社会规范;(4) 若有可能,使虐待者改过自新;(5) 要求虐待者赔偿受害者损失。[1]这两类法律旨在将受害者受到的干扰或侵犯降到最低,考虑个人情况、能力与意愿,防止事态进一步恶化。

① "A Legal Perspective on Elder Abuse" by Candace J. Heisler and Mary Joy Quinn, *Journal of Elder Abuse and Neglect*, 7(2/3), pp. 131 - 140. Copyright 1995 by The Haworth Press. Reprinted by permission of the Taylor & Francis Group, http://informaworld.com.

这一法律体系本质上具有对抗性。在涉案双方发生冲突,寻求真相的过程中,法律体系规定了各方角色。民法中,发起诉讼者被称为原告。原告要获胜,就要承担前文两类法律义务之一。由于案件通常涉及双方或多方关系,各方均对案件有控制权。原告和被告可协商私了,或诉诸其他手段。若牵涉监护人制度,案件发起人则被称为上诉人,传统上此类案件的听审不具备对抗性,并假设上诉人代表着需要帮助的老年人。体制改革正在取代传统观念,人们发现,有人寻求监护人身份是为了谋取私利,并非要帮助老年人。于是,监护人身份的审理变得愈发复杂,有时也有冲突性。被监护人的法律权利比以前得到更多保障。

道德问题

虐待老年人案件的审理凸显出两个道德问题:(1) 推行自主权,(2) 最低限制性替代措施。若老年人丧失精神能力,对这些问题的考量就引发了道德困境。

自主权

美国的法律和道德价值非常重视自主权。重点在于自主:“不受他人行为限制,无视心理或生理局限,做自己的主人。”[7] 宪法和医疗、法律以及护理专业道德准则均高度重视自主权。[8] 然而实际上,老年人在家庭和社区中相互依赖,健康也高度受损,自主权这一概念太过于理想化。[9]

民法和刑法体系都涉及老年人自主权问题。刑法体系中,老年人可获得信息和咨询,了解保障自身安全的种种选择,若尚未对犯罪方下判决,自主权便可发挥作用。受害人没有责任决定罪犯是否应接受刑罚,在许多辖区,受害人也无须“上诉”。上诉律师作为国家代表进行判决,以表明案件已涉及刑法,而非“私人案件”。这样做也是为了保证受害人得到保护,不受操纵、剥削或威胁。

在有监护人的案件中,如果老年人因受虐或忽视,因主观或客观原因而被认定为无自理能力,自主权就是主要因素。在监护人体制中,判决由遗嘱认证法官来做。国家法律不断改变,现有老年医学观念不断推广,法庭如今不仅要衡量自主权,还要认真考虑老年人过去、现在和今后的意愿。无论老年人精神状态如何,法庭都在决策过程中以长远目光审慎考虑老年人的意愿。

道德实践要求法律从业者谨慎避免在保护老年人的过程中犯错。盲目运用自主权的概念,可能无法解决最基本的问题,导致那些拒绝帮助,性格不好或“难缠”的人遭到遗弃或死亡。

最低限制性替代措施

最低限制性替代措施的概念最先出现于精神健康领域,这一法律原则后来在法庭和服务专家中获得广泛认可。它规定了从业者的道德职责,要求其因人而异地定制护理方案,在最大程度上减少对个人自由的侵犯。这一概念可应用到老年人个人护理与环境护理,以及对物质资源的处置当中。它承认老年人具备某些能力,只是丧失了其他能力。理想情况下,护理方案的限制性越大,审理过程的保护性就越强,个体表示反对或表达意愿的机会就越多。[10]该措施基本适用于民事案件,偶尔也用于刑事案件的审理,尤其是对犯罪型精神失常个体的处置。[11]

民法中,法律决策的限制程度从客户自行料理事务开始,逐步按如下顺序升级:当事人本人签名但由他人代为填写账单,指示他人处理银行存款,对某些账单指定付款代表,联权共有银行账户及/或实际资产,信托基金,各类委托书,(针对安置或医疗对待)的保护令,财产监护,以及最后的封闭式精神病院强制关禁。[12]

法律措施如今被广泛用来替代监护人制度,1987年后尤其如此。当年美联社就监护人体制进行了全国大调查,发现老年人得到的保护微乎其微。大多案件中,监护人制度实际剥夺了老人的许多权利,如投票选、遗嘱权、医师选择权或财务控制权,中立者却从不与老人交流或就其法律权利提供建议。这次调查后,大多数州都修订了监护人法。[13]调查的另一结果是,法务从业者有时尚未权衡利弊,就依赖限制性更低的措施。

例如,律师过度依赖授权书,却不清楚其没有约束力、没有亲属通告、没有第三方监管,结果是不打官司就无法收回被挪用或处置不当的资产。也有人利用信托基金,虽然某些情况下有收益,却未对个人理财或受托人滥用资金的做法加以规定。此外,受托人或律师很少了解法务,无意中承担了过多责任。道德实践要求法务从业者提供推荐时,要基本了解各选项的利弊,并与客户详细讨论所有方案。

最低限制性替代措施的概念无法轻易运用到刑法体系中。虽然大多法庭的判决方式都是将犯罪行为与刑罚相对应,力求保护公众,将罪犯绳之以法,保护受害者和社会,但该措施仍不能成为指导性原则。最低限制性替代措施在情节轻微或兼具民事与刑事特征的刑事案件中较为常见。干预可从民事领域开始,若罪犯拒不从判,就将案件提交到刑事法庭审理。例如,罪犯起初可能受到警告,被要求做出改变,随后被劝罚、传唤,最终被逮捕。这一过程多见于公开滋扰或邻里纠纷的解决。最低限制性替代措施也用于对精神病人犯罪的刑事审判中。根据个体所需治疗与受控程度,以及社区所需受保护的程度,将个体投入相应机构。

能力

能力问题在法律语境中十分关键。它决定目击者是否有能力在刑事案件中出庭作证,是否需要强行委派监护人,是否能在受害人所提供指控和证据的基础上,“打赢”一场官司。然而,法律界、精神健康领域和临床老年学领域都没有充分理解这一概念。马林等人(Marin et al.)认为,法律能力和临床能力的区别逐渐得到更多认同。除非法庭否决,所有成年人都具备法律能力。这意味着,他们可以执行法律文件,做出医疗决定,决定住在哪里,对生活有绝对的掌控。临床能力则依赖于健康和社会服务从业者的观察,且受限于特定任务与特定时间。近期监护人改革法试图将临床能力的概念纳入法律,这一点非常有趣。

多年来,衡量能力的几项因素是高龄、决策质量、医疗或精神诊断、铺张浪费造成的贫困风险,以及生理危害。[14]事实上,寻求能力的公认定义难如登天。人们仍在继续努力,但尚无定论,各学科都有自己的定义。例如,法学关注的是老年人**没有能力**做什么,而心理学关注的是老年人**有能力**做什么。[15]

许多州的法律提出,可以对遭受"不当影响"的个体强制委派监护人,但这一概念从未出现在医疗或精神报告中,为刑事检察官和民事律师提供参考。对于法律界以外的人而言,这一概念有些生硬。"不当影响"是指替代他人主观意愿行事,可在老年人有警惕性,有辨识力,有能力从事日常生活活动的情况下发生。该行为常常伴随欺诈和威胁,或对老年人在内的弱势个体施以各种压力。[16]

目前趋势是,不能仅通过衡量老年人的决策质量,来界定"能力"概念。个人能力取决于许多因素。应更多关注老年人为了满足日常生活需求实际做了些什么,包括对物质资产的管理。此外也要考虑老年人过去的决策。例如,他们是一直容易受骗,还是新出现的倾向?医疗和精神诊断可以对精神状况的分析提供参考,也能准确预测现有状况进程。影响精神和生理功能的因素很多,包括营养水平,临床抑郁症等精神疾病、一天中的时间安排、孤独、悲伤、药物摄入、情感状态及自尊等;此外,"能力"也取决于老年人从个人和环境那里得到了怎样的帮助。这两种看法都得到了认同。[17]

这样一来,就很容易理解为什么没有单一办法来界定能力。尽管如此,与受虐或/及被忽视老年人打交道的从业者,必须决定客户是否"有能力",让决策制定不只是为了行善。[18]总体而言,从业者在评估客户能力时要考察两个因素:(1)个体是否有能力整合相关事实?(2)个体是否能根据事实,理性分析自身处境?我们面临的其他问题有:个体是否能做出人生决定,并表达决定?决定的结果"合理"吗?决定是基于"理性"分析吗?个体能意识到这些决定所产生的个人影响吗?[19]

现实情况是,探讨能力的关键不是要对其下一个完美的定义,而是要了解老年个体的不同特点。[20]从业者必须遵循所在领域的法律与原则对能力所下的定义,同时理解"能力"在现实生活中的方方面面。例如,刑事检察官或民事律师或许会意识到，老年受害者在下午的认知能力较差，因此会让其在早上出庭作证。协同民事或刑事法庭工作的人要力图保障，对虐待老年人案件进行听审的法官对这一特殊情况有所了解。如果无法准确有效地衡量能力，我们也一定要集思广益，了解老年人及影响他们的处境，这是伦理实践的最低要求。

注释

1. Modified from Carter, J., Heisler, c., Lemon, N. K., Domestic Violence: the Crucial Role of the Judge in Criminal Court Cases. Family Violence Prevention Fund, San Francisco (1991); Heisler, C., "The role of the Criminal Justice System in elder Abuse Cases,"Journal of Elder Abuse and Neglect 3(1), pp. 5-33 (1991).

7. Beauchamp, T. L., Childress, J. F., Principles of Biomedical Ethics, 2nd ed., Oxford University Press, New York (1983).

8. American Nurses Association, American Nurses Association Code for Nurses (1950); Wood, E. F., "Statement of Recommended Judicial Practice," adopted by the National Conference of the Judiciary on Guardianship Proceedings for the Elderly, Commission on Legal Problems of the National Judicial College (1986); American Medical Association, American Medical Association Principles of Medical Ethics (1980).

9. Caplan, A. L., "Let Wisdom Find a Way,"Generations 10(2), 10-14 (1985); Moody, H. R., "Ethics and Aging," Generations 10(2), 5-9 (1985).

10. Quinn, M. J., "Elder Abuse and Neglect," Generations 10(2), 22-25 (1985); Quinn, M. J., Tomita, S. K., Elder Abuse and Neglect: Causes, Diagnosis, and Intervention Strategies. Springer Publishing, New York (1986).

11. See, e.g., Calif. Penal Code Sections 1026 et seq.

12. Quinn, M. J., Tomita, S. K., Elder Abuse and Neglect: Causes, Diagnosis, and Intervention Strategies, supra.

13. Keith, P. S., Wacker, R. R., "Guardianship Reform: does Revised Legislation Make a Difference in Outcomes for Proposed Wards?"Journal of Aging and Social Policy 4(3/4), 139-155(1992).

14. Quinn, M. J., "Everyday Competencies and Guardianship: Refinements

and Realities," in Snyder, M. a., Kapp, M. B., Schaie, K. W. (Eds), Older Adults' Decision-Making and the Law. Springer Publishing, New York (1996).

15. Willis, S. L., "Assessing Everyday Competence in the Cognitively Challenged Elderly," in Older Adults' Decision-Making and the Law. Ibid.

16. Grant, L. H., Quinn, M. J., "Guardianship and Abuse of Dependent Adults," in Zimny, G. H., Grossberg, G. T. (Eds.), Guardianship of the Elderly: Psychiatric and Judicial Aspects. Springer Publishing, New York (1998).

17. Willis, S. L., supra.

18. Caplan, A. L., supra.

19. Kapp, M. B., Geriatrics and the Law: Patient Rights and Professional Responsibilities, 2nd ed., Springer Publishing, New York (1992); Gutheil, T. G., Applebaum, P. S., Clinical Handbook of Psychiatry and the Law, 2nd ed., Springer Publishing, New York (1991); Roth, L. H., Meisel, A., Lidz, C., "Tests of Competency to Consent to Treatment," American Journal of Psychiatry, 134, 279-283 (1977).

20. Moody, H. R., "Ethics and Aging," Generations, 10(2), 5-9(1985).

阅读材料 二十九①

老年人的自我忽视
——一个模糊的概念

多萝西·法比安 艾洛伊斯·拉思伯恩-麦奎恩

自我忽视是困扰老年人的诸多问题之一,令世人感到悲伤。对于老年人服务从业者、家人和社区来说,这个问题是不安和沮丧的源头,因为忽视自我的老年人会深陷反社会和危及生命的情形中。自我忽视常表现为无视自我需求和环境需求,通常是身体损伤及/或精神损伤降低了

① Fabian, D. R., & Rathbone-McCuan, E. (1992). "Elder Self-Neglect: A Blurred Concept.' In E. Rathbone-McCuan & D. Fabian (Eds.), *Self-neglecting Elders: A Clinical Dilemma*, pp. 3-12, New York: Auburn House.

当事人完成日常生活任务的能力。这种情况谈不上耻辱，但外界帮助却可能遭到当事人的拒绝或恶意破坏……

文献对自我忽视问题的探讨

自我忽视可能不是一个新现象。在西方的社会历史、文学、民间故事和歌剧中，总是不乏隐士、女巫、流浪者和隐居者等人物，他们与世隔绝、生活混乱、性情古怪。我们的文化中也早就有对极度自我忽视者的刻板化描述。这些男男女女常常引起人们的恐惧、不适和恶心。据说，其中一些人能召唤令人恐惧的超自然力量，还有一些人囤积了宝藏。所有这些人都被视为怪人，总是游走在社会边缘，常常遭到当地人的取笑、嘲弄、殴打甚至放逐。关禁、驱逐或暴毙有时会引起当局注意。

大众媒体将自我忽视者描述为无家可归的人口，这种做法进一步加剧了人们对这些人的刻板印象。越来越多的当代医学文献和精神病学文献，都将这种严重的忽视行为描述为个人功能失常。尽管尚未证实自我忽视的情况有所增加，且日益严重。临床病例和小样本研究试图证明，自我忽视者常常和警察发生纠纷，常常进急诊室，令社会服务机构头痛不已。有人发表了一些骇人听闻的报告，使得公众相信，我们为改善这些老人的境况付出高昂开支，并没有长期益处，这些享受社区资源的老人最终还是会悲惨地死去。

为了了解自我忽视，观察人士考察了自我忽视与年龄之间的关系。麦克米兰和肖(Macmillan & Shaw，1996)用“老年精神崩溃综合征”一词，描述了个人不讲卫生，令社区无法容忍的状况：

> 她们通常是独居的老年妇女，尽管男性和已婚夫妇也会有这种情况。她的身体、衣服、物品和房子都肮脏不堪，身上可能生了虱子，屎尿流了一地。邻居们对这种人容忍了多年，终于忍无可忍了，于是向相关部门——如警察局或卫生部门——进行了投诉。(1032 页)

据说四世纪希腊哲学家第欧根尼非常欣赏厚颜无耻、出言不逊、蔑视社会权威的人。克拉克、曼基卡尔和格雷(Clark,Mankikar&Gray,1975)引用第欧根尼的典故,将那些外表邋遢、屋子肮脏、垃圾成堆,却丝毫不为耻的老年人称为"第欧根尼综合征"患者。虽然这些忽视自我的人不一定贫穷,也不一定住在较差的房子里,社会服务机构往往认识他们,为他们提供的帮助也常常遭到拒绝。

人们认为,有些老年人严重忽视自己,不爱护环境,不以为耻,反而蔑视或无视邻居、家人、医疗部门或社区的良苦用心。他们已经被扣上了"第欧根尼综合征"的帽子。在一则关于护理研究(Cornwall, 1981)的报告和一篇关于精神障碍的论文中(Klosterkotter and Peter, 1985),"第欧根尼综合征"一词被用来描述这些病人。一篇研究社区老年人社会障碍综合征的研究也用了这个术语(Radebaugh, Hooper, and Gruenberg, 1987)……

概念模糊

应当如何看待和应对老年人自我忽视问题?在这个问题上各方观点含糊不清,对其成因的解释也千差万别。西布尔斯卡(Cybulska)和卢辛斯基(Rucinski,1986)如是说:

> 令人遗憾的是,个体面临是否接受干预手段的临床决定时,寥寥无几的研究、医学教科书和专业训练几乎毫无用处。如果社区出现危机,就很难辨别自我忽视究竟是因为个体有意识采取自由选择,还是因为深陷某种无意识因素、绝望、精神疾病或身体疾病之中。(25 页)

老年人自我忽视问题概念模糊,充满矛盾,使得进行干预的决定在混乱的道德困境中变得错综复杂。保证客户个人安全的愿望,常常和个体的自主权相互冲突,各阶段往往面临是否进行有责干预的抉择。首先是从业者和客户之间的矛盾,客户虽然目前不需要接受救助,但其健康处于迅速衰退状态,可能导致自我忽视的危险。同样,从业者了解客户需求的努力也会遭遇失败,因为控制资源的机构和组织并未满足客户需求。第三个问题则关系到对客户的管辖权及客户所需要的资源。

从业者处理自我忽视问题时,几乎在每一个转折点都会面临重大道德问题。对他人生活方式和决策的讨论,并未允许社会制定一套政策,强行把人们集体送去改造卫生状况(Roe, 1987)。即便是精神疾病患者,也越来越多地得到了热心人士的保护,他们或隐或显地想要控制其行为,使其能被社会所接受。

针对老年人自我忽视问题,老龄化领域需要采取恰当的介入手段。其中包括帮助医生获取专业知识,使忽视自我的老年人融入尊重客户自决权的过程,即便这种决定有悖于医生判断;此外,还要使客户融入最终决策(而非决策过程),融入有助于逐渐实现健康满足的过程;并在决策制定和实施后,融入促成最佳结果的过程中……

自我忽视有“典型”案例吗?

谈到自我忽视问题,医疗专家总是会想到这种场景:个人和环境被不断忽视,社区援助遭到拒绝,被当事人以反抗行为恶意破坏。他们既没有表现出羞耻,也不理解社区的关切。通常,没有明确的精神病理学分析可以解释这种行为。最终,老年人往往会陷入严重的、危及其生命的危险之中。不过,这种极端的案例很少见。

虽然有些病例表现出这些特点,但大部分病例都有许多成因,也有许多不同的解决办法。个人权利需要得到保护,但必须借助强大的干预手段。此外,精神疾病也会让老年人不注意卫生和营养。另外,生活方式也起了一定作用。酗酒和滥用药物是某些病的关键原因。因此,刻板化的或“典型”的病例实际很少见。要理解老年人自我忽视现象的本质,我们一定要审视所有可能的诱因,审视影响其目前临床情况的社会—医学—法律条件。目前的介入措施无法解决自我忽视问题,如果我们想要有所作为,就要克服冲动,不要用刻板或简单化的方式来处理复杂的问题。

参考文献

Clark, A. N. G., Mankikar, G. D., and Gray, I. (1975). Diogenes Syndrome: A clinical study of gross neglect in old age. The Lancet 1 (790): 366-68.

Cornwall, J. A. (1981). Filth, squalor, and lice. Nursing Mirror 153 (10): 48-49.

Cybulska, E., and Rucinski, J. (1986). Gross self-neglect in old age. British Journal of Hospital Medicine 36 (12): 21-25.

Klosterkotter, J., and Peters, U. H. (1985). Das Diogenes-syndrome. Fortschr. Neurol. Psychiat. 53 (1): 427-34.

Macmillan, D., and Shaw, P. (1966). Senile breakdown in standards of personal and environmental cleanliness. British Medical Journal 2(5521): 1032-37.

Radebaugh. T. S., Hooper, F. J., and Gruenberg, E. M. (1987). The socialbreakdownsyndrome in the elderly population living in the community: The helping study. British Journal of Psychiatry 151: 341-46.

Roe, P. F. (1987). A letter. British Journal of Hospital Medicine 37(1): 83-84.

展望未来

老龄化社会中的遗产问题

遗产有多重要?这个问题不仅关乎每一个家庭,也关乎整个社会中遗产所扮演的角色。此前,只有富人才关心遗产,现在中产阶级也越来越关注这一问题。由于上世纪五六十年代购买的房产已经升值,加上 90 年代股市上涨,许多老年人比自己或自己的孩子想象的更加富有。

遗产可以让继承人有能力送自己的孩子读大学、创业,或为自己的退休生活做准备。法律限制医疗补助计划开支，长期护理私人保险费也有所上涨，于是人们开始关注遗产问题。老年法律师的大部分工作与遗产有关。

遗产在老年人财务规划中也扮演着重要角色，对家庭财富构成重要影响，这正是实施监护人法的原因所在。据估计，资产转移至少占家庭资产净值的 20%(Gale & Scholz, 1994)。如今的婴儿潮一代人是否能从老人那里继承大笔财产？人们对这个问题做出了许多推测。大都会人寿保险公司在 2013 年做了一项调查，在接受采访的婴儿潮一代人中，33%从父母那里继承了遗产。但随着婴儿潮一代人步入老年，未来发展趋势还有待观察。但无论如何，遗产在人口中的分配并不平衡(Gokhale & Kotlikoff, 2000)。

大部分美国人不立遗嘱，立遗嘱的年纪都比较大，70 岁以上的人约 70%立遗嘱。随着家庭收入、资产和受教育水平的提升，立遗嘱的人越来越多(O' Conner, 1996)。有 98%的遗嘱是针对配偶外亲属设立的，也就是说，人们的大部分资产都留给了子女。

老年病学家最近指出了老年人把遗产留给子女的重要性，但他们表示，近年来遗产的意义已经发生了变化(Kanc, 1996)。一些分析人士提到了所谓的遗产革命。父母为孩子支付教育费用，将财富(并非家庭农场之类的资产)转移给他们。结果，子女们并不期待在父母去世时获得遗产。此外，随着寿命的增长，更多资产被用于消费——例如长期护理开支。一些老年人或许会认为，后代无权要求获得遗产。一则非常流行的保险杠贴纸说:“我花的是子女的遗产。”也有人采取金融家沃伦·巴菲特的做法，限制子女获得的遗产数额，因为他们认为遗产会产生副作用。

遗产问题总是关涉广大人群中财富和收入的分配问题。总体而言，美国的财富分配并不平衡，这种不平衡性在近年有所增强。一半以上的财富掌握在收入分配前 1/10 的人手中，而大部分财富掌握在最有钱的1%人手中。旨在消除这种不平衡状态的财产税，占联邦税收1%以下。有一半以上的州征收某种形式的财产税或遗产税，但许多人将资产转移给配偶，以达到避税目的。联邦财产税有100万美元的减免额（夫妻双方加起来是200万），结果，只有2%的财产处于联邦征税的范围内（Mieskiel, 1996）。近年来，免税额再次提高，于是，遗产和跨代资产转移在未来几年的家庭生活中将扮演更为重要的角色。

供写作、思考和讨论的问题

1. 列出能定义生活质量的元素——让你的人生有意义的事情。将这些因素按降序排列。然后把自己想象成一位80岁高龄的独居老人，列出你认为能促进80岁生活质量的元素。你的两份单子相同还是不同？你得出什么结论？

2. 在关乎个人自由的事务上，法律规定要不分年龄、一视同仁地对待成年人，不能以年龄或个人境况为根据区别对待。民事关禁的唯一依据是当事人行为危险，缺乏智力能力。你认为应当修订法律，区别对待那些身体虚弱的，容易遭受虐待的老年人吗？写一篇社论，阐述自己的观点。

3. 假设博特叔叔的侄子侄女每周都花好几个小时来照顾他，为他办理各种事务。这能成为他们继承一部分财产的依据吗？请阐释你的观点。

4. 假设你是福利部门的一名社工，到博特叔叔家拜访，但遭到拒绝。为你的主管写一份备忘录，结合你对老年人遭到虐待情况的了解，说说你打算下一步怎么办。如果上司同意你的方案，你认为这样做的最大风险是什么？

5. 假设你是一名警察，你所在的城市刚发生了一起针对老年人的犯罪事件，在媒体上被广泛报道。你准备为当地共济会做一次演讲，介绍警方为应对这一局面所开展的计划。在演讲中，你会提到哪些有关犯罪和老年人的情况？

6. 访问全国老年人受虐待问题中心（National Center on Elder Abuse）网站：www. aoa. gov/AoARoot/AoA_Programs/Elder_Rights/NCEA/index. aspx。你如何评价网站提供的数据的可靠性？如果遭遇虐待的美国老年人实际数量比这里的数据小得多，可能是什么原因？如果实际人数比这里的数据大得多，又可能是什么原因？

7. 在经济上虐待老年人已经成为一个越来越严重的问题。访问全国消费者联盟诈骗问题中心（National Consumers League Fraud Center）网站 www. fraud. org。鉴于老年人越来越善于使用电脑，未来可能会出现哪些针对老年人的诈骗手段？

推荐书目

Butler, R. N., and Lewis, M. I., Love and Sex After 60, New York: Ballantine Books, 1993.

Dejowski, E. (Ed.), Protecting Judgment - Impaired Adults, New York: Haworth, 1990.

Payne, B. K., Crime and Elder Abuse: An Integrated Perspective (3rd ed.), Springfield, IL: Charles C. Thomas, 2011.

Qualls, S. H., and Smyer, M. A. (Eds.), Changes in Decision - Making Capacity in Older Adults: Assessment and Intervention, New York: Wiley, 2007.

Rothman, M. B., Dunlop, B. D., and Entzel, P. (Eds.), Elders, Crime, and the Criminal Justice System: Myth, Perceptions, and Reality in the 21st Century, New York: Springer, 2000.

学生学习网站 www. sagepub. com/moody8e

- Flash cards(词语卡)
- Web quizzes(小测试)
- Chapter outlines(章节大纲)
- SAGE journal articles(赛吉出版公司出版的期刊论文)
- Web resources(网络资源)
- Video and audio resources(音像资源)

争议七 人有自杀的权利吗?

老年不关心死之目的,正如同年轻时压抑对未来幻想般神经错乱。

——卡尔·荣格(Carl Jung),《灵魂与死亡》

话剧《这到底是谁的生命?》讲述了一个身体残疾、终日卧床不起的病人的故事(Clark, 1978)。该剧中,玛丽·泰勒·摩尔(Mary Tyler Moore)扮演的病人和医生发生了激烈争执,她要求医生帮助她结束生命,她不想继续那样的生活。这部话剧提出了一个问题:该怎么办?

这一问题越来越不再局限于剧中人物,而波及他们现实生活中的祖父母。美国每年2/3的去世者都是65岁以上的老年人。死亡不再是一件自然发生的事情,而是人类做出的决定。

无论我们是否愿意,临终决定正迅速成为我们面临的抉择。医疗进步迫使我们做出几十年前无从预料的决定。例如,过去一个不能自行呼吸的人可能几分钟就死了。如今,机械化的辅助呼吸或人工营养与补水(喂食管)手段可以让生命维持好几年。但对某些人有好处的医疗技术,可能对他人而言是负担。无论如何,必须在这一问题上作出决定。

我们理解决定的方式有利于决定的形成。想想**安乐死**的道德问题,这一名称起源于古希腊,意思是"死得其所"。话剧《这到底是谁的生命?》所提出的问题是:医生是否应当协助病人自杀?换句话说,医生是否应当参与有时被称为**仁慈杀害**的**积极安乐死**?我们在此用**积极安乐死**一词指代有意终结病人生命的介入手段,比如帮其摄入致命剂量的止痛药。相反,**消极安乐死**则意味着什么都不做,放任病人死去,比如停止维持生命的治疗(Dworkin, Frey, & Bok, 1998)。最终,还有**协助自杀**手段,医生或家庭成员通过积极手段让个体终结自己的生命。

人们对这种行为或死亡方式的道德解读有很大分歧。大部分人强烈谴责非自愿安乐死——在未经本人同意的情况下,执行者认为其生不如死,因而将其杀死,但关于自愿安乐死还有更多争议。此外,批评人士怀疑,在积极安乐死和消极安乐死之间是否存在有效的道德区分。也有人质疑,直接杀害和协助某人安乐死是否有区别。

涉及终结维持生命的治疗,这些问题就不再是抽象或虚构的了(Berlinger, Jennings, & Wolf, 2013)。这与我们最初就停止治疗,或在中途停止治疗(如拔掉呼吸机),有什么区别吗?而且,什么才能算作治疗呢?例如,食物和水也是一种治疗吗?

这就是临终决定涉及的一些道德问题。随着死亡时间在晚年逐渐向后推,老年人明显对这些争论产生了强烈兴趣。一方认为,自决权利意味着病人可以自己选择时间终结生命。另一方则警告称,自杀或安乐死的权利有着巨大的道德风险。例如,我们应当鼓励抑郁的老年人终结生命,还是应该改变导致这一问题的境况?

抑郁和自杀

对于那些表达了死亡意愿的人来说,抑郁无疑是需要考虑的一项因素(Steinberg & Youngner, 1998)。心理学家已经发现了预示自杀的一系列普遍因素:难以忍受的心理痛苦和沮丧,无望感,绝望感,以及自杀的意愿(Osgood, 1992)。老年并非对每个人来说都是一段幸福的时光。

全国精神健康研究所(National Institute of Mental Health. 2010)预测,“社区老年人患严重抑郁症的概率为1%到5%,需要家庭护理的老年人[患抑郁症]的概率上升到了13.5%,老年医院病人患抑郁症的概率为11.5%。”为数众多的老年人会阶段性地遭遇抑郁,只是尚未严重到需要接受诊疗的程度。但抑郁究竟是什么意思呢?临床抑郁症(clinical depression)不同于常见的,短暂的,遇到挫折时表现出的“沮丧”状态。丧失亲友后产生的抑郁和疗养院病人的抑郁,或许反映了老年很难“重新开始”的事实。

临床抑郁症是导致老年人自杀的首要因素(Blazer, 2001),但抑郁很少是独居或自闭等独立因素所致。事实上,大部分自杀的老年人要么同家人一起居住,要么和家人朋友有联系。近3/4自杀的老年人此前不久见过基本护理人员,但很少接受心理健康服务,特别是对抑郁的治疗(Ellison & Verma,2003)。

在所有年龄群体中,老年人自杀的风险最大(全国精神健康研究所,2010)。自杀率不会随着女性年龄的增长而增长,却会随着男性年龄的增长而增长。美国自杀问题研究协会(American Association of Suicidology)的数据显示,老年人占美国总人口约13%,但老年人自杀案占自杀案总数的15.7%。流行病学研究预计,65岁以上老年人患严重抑郁症的比例不足1%。但至少1/4的社区老年人表现出了明显的抑郁症状,对日常生活功能产生了严重影响。然而,对于那些与世隔绝的老年人而言,缺乏社会救助会让他们更难以应对和克服抑郁。

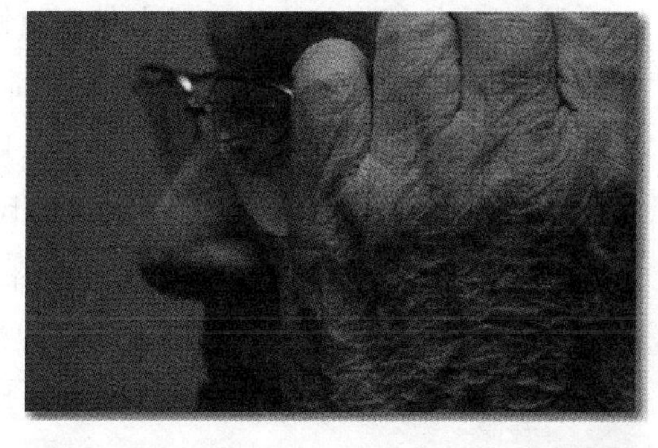

临床抑郁症仍是造成成年人自杀的主要原因。

由于症状繁多,抑郁症很难诊断。老年人可能会出现失眠、疲乏、注意力不集中、焦虑等身体和情绪上的不适。因为症状变化快,且往往伴随着痴呆等并发症，所以很难诊断老年人是否患有抑郁症。此外，老化引发的正常变化（比如不参加活动等）也会被误认为是抑郁症。最后，老年抑郁症同成年早期抑郁症也有所不同（Roose&Scakeim，2004）。

如果患者出现厌食、睡眠障碍等五种或以上症状，心理医生便将其描述为**临床抑郁症**。但老年抑郁或许通过连续体，即一段时期内个体经历的症状数量，才能被更好地衡量（George，2010）。老年人表现出的抑郁症状通常比年轻人严重，临床上却不太容易确诊。年龄本身不一定是抑郁的诱因，而抑郁也不一定在老年人中更普遍。

许多老年人大多时候并不悲伤。参与调查的1/3老年人表示，老年是他们一生中最快乐的一段时光，这完全不同于人们的刻板印象。简而言之，老年人之间的差异巨大，体验也千差万别，认为老年生活很悲惨就大错特错了。

导致抑郁的心理原因在于，老年人失去了很多东西，且主观上认为还会继续失去，因此自尊心受到伤害，健康的心理防御功能遭到削弱（Vaillant，2003）。一旦生病，健康恶化，不得不依赖他人，老年人就很难拒绝别人的帮助了。此时，我们也很难判断老年人拒绝治疗是一种应当得到尊重的理智决定，还是患上了抑郁症，并需要帮助。

只要表面上看起来可怜，那么抑郁老年人和正常老年人接受的医疗介入的总量和类型并没有太大区别。令人费解的是，尽管医疗预后或介入效果不错，抑郁老年人比正常老年人更倾向于拒绝治疗。病人拒绝治疗或是接受治疗，并不取决于是否抑郁，而取决于整体生活质量的优劣，但临床抑郁诊断并不能确定其生活质量（Lee & Ganzini，1992）。

老年人及其家人面临着严重的道德困境。许多医生有强大的使命感，一心要让病人活下去，故而认为拒绝治疗的人都丧失了理智，放弃生命即代表“不理智”。但这种“不惜代价地治疗”的态度，并没有严肃对待有些人在生命晚期希望终结生命的可能性。我们是否未能尊重老年人的决定？

特里萨·莱格里尔(Theresa Leguerrier)一案体现了这种困境。她是一位 80 多岁的病人,住在纽约州北部仁慈的撒马利亚人养老院(Good Samaritan),并没有严重的健康问题。有一天,她拒绝吃饭喝水,打算饿死自己。面对如此情形该怎么做?养老院员工意见不一。管理层认为,病人拒绝吃饭会让他们因协助自杀而遭到法律处罚。一位参与本案的医师和社工则反对称,特里萨·莱格里尔是理智的,有能力自己做决定。养老院最终向法院提出申诉,要求对其实施插管喂食,法庭最终判定,病人有权拒绝治疗。

也有患者因拒绝治疗或行为不当(如拒绝进食),将自己的生命置于危险境地。但这种抑郁症可以治疗,患者只是没有得到足够的"悉心照料"罢了。对养老院病人进行的调研表明,抑郁症在病人中非常普遍。采取放任不管的态度——"好吧,他们爱怎样就怎样",是因为人们没有意识到抑郁症会影响人的判断。如果无法诊断并治疗老年抑郁症,就会有不计其数的老年人以自主权为名,忽视自我,自绝性命;另一方面,如果我们认为拒绝治疗就是有精神病,同样也是对病人自主权的不尊重,这的确很矛盾。

"死亡权"

公众关于死亡和死亡过程道德问题的大讨论始于 60 年代末(Filene, 1998),脑死亡问题引起了这一讨论。脑死亡是大脑关键部分丧失功能的一种病症。维持脑死亡病人生命的呼吸机出现后,各州都设立新法,决定何时对这类病人实施安乐死。但这种决定并不像临终决定的道德困境那样令人烦恼。

首例"死亡权"重大案件的主角是卡伦·安·昆岚(Karen Ann Quinlan)。时年 21 岁的卡伦已经昏迷,家人要求法庭准许他们停止使用呼吸机——一种维持生命的"反常方式"。新泽西州最高法院裁决认为,宪法规定公民有"隐私权",可以选择继续或终止维持生命的治疗。

卡伦·安·昆岚随后拔掉了呼吸机,被送至养老院。她在那里住了9年,靠饮食管和抗生素维持生命,于1985年去世。

昆岚的案子并非绝无仅有,但是它催生了新的立法。首条重大“死亡权”法案是《加州自然死亡法案》(California Natural Death Act, 1976)。其他州也通过立法和法庭判决推动了进步,其影响甚至超过了加州法案。

按照美国广为接受的普通法原则,接受或拒绝医疗救治是人的基本权利。一直以来,自主权都是临终决定的法律及道德基础。许多州政府法院和美国最高法院发现,拒绝治疗的宪法权利可以由他人代表无法律能力者来行使。如果没有亲属,法庭可以指定**诉讼监护人**(guardian ad litem)——代表无法律能力者的权益,向法庭上报的特殊代理人。

决定是否启动程序,让监护人代替无法律能力的病人,决定是否继续维持生命治疗,法院有两个标准:替代判断标准(substituted judgment)(病人在这种情况下会怎么做?)和最佳利益标准(best-interest)(“明智之人”在这种情况下会怎么做?)。证据表明,这两类标准各有其优点(Moore et al., 2003)。

美国医学协会(American Medical Association, 2011)发布声明,准许在恰当情况下终止或继续延长生命的医疗救治。协会认为,如果病情未至晚期,但病人已处于不可逆的昏迷状态,停止一切延长生命的治疗也“并非不道德”。这一观点在一些法庭裁决中已有所反映。

1985年,84岁养老院病人克莱尔·康罗伊(Claire Conroy)一案,是晚年临终决定的经典案例。其侄子被指定为监护人,请求新泽西法院批准拔掉患者的鼻胃管。法庭最初认为康罗伊承受着巨大的生命负担,批准了其请求,但又在审查该案时收回了裁决,采用了一系列将替代判断和最佳利益判断相结合的审理流程。另一个案件是厄尔·斯普林(Earle Spring)一案,时年77岁的他患有痴呆症和肾衰竭。马萨诸塞州最高法院的裁决是,若病人被判定没有自主能力,就无须获得法庭批准以停止治疗。

各州的法庭裁决不尽相同。在玛丽·奥康纳(Mary O'connor)一案中,纽约州上诉法院严格解释替代判断的概念,并坚持认为,除非“有明确且令人信服的证据”表明病人想在特殊情况下拒绝治疗，否则我们有义务维持其生命。纽约州法院担心，如果没有严格的证明标准，身体虚弱的老年人可能遭到有意继承其遗产或无力为其提供照料的护理人员虐待。法院还担心老年人遭到杀害，这是前现代社会出现严重匮乏时十分普遍的做法(Brogden，2001)。

为保证终止维持生命治疗的意愿得到执行，有些患者会立生前遗嘱，但这并不能解决临终决定的所有问题。以佛罗里达州埃斯特尔·布朗宁(Estelle Browning)一案为例。埃斯特尔·布朗宁在86岁时遭遇严重中风，她在生前遗嘱中声明，如果病情无药可救，她希望停止一切包括人工营养在内的医疗救治。但实际情况与她立下的生前遗嘱相符吗?布朗宁夫人并未昏迷，但中风造成的伤害非常严重，且不可逆转。但**不可逆转**和**无药可救**是一回事吗?法庭最终以隐私权为依据，通过代理决策人的替代判断，同意拔掉布朗宁夫人的导食管。

最重要的一个案例是克鲁詹诉密苏里卫生局一案(Cruzan v. Director of Missouri Department of Health，1990)。年轻女士南希·贝思·克鲁詹在车祸后遭遇脑损伤，靠人工营养维持生命。密苏里州拒绝其父母提出停止治疗的请求，坚称没有明确且令人信服的证据表明这是南希的意愿。1990年，美国最高法院以5比4的票数维持了密苏里州法院的原判，但以8比1的票数通过了“有能力个体有权拒绝不必要医疗救治，该权利受宪法保护”的原则。与此同时，法庭做出裁决，国家有维护公民生命的合法权利，谨防终止治疗造成患者被虐待。因此，各州有权以高标准要求诉方提供证据，来决定代理决策者(如南希·克鲁詹的父母)的行为是否反映了病人的真实意愿。

克鲁詹一案是美国最高法院首次对死亡权案件进行裁决的案例。法院支持病人拒绝维持生命的权利，其中包括拒绝人工营养。大部分法官发现，代理人或代理决策者可以像有行为能力的病人一样，在法律上行使拒绝治疗权。重要的一点是，高等法院最终批准了对生前遗嘱和医疗永久性授权委托书等预前指示(advance directives，Doukas& Reichel，

2007),同时把程序要求交给各州自行决定,以保证立法和诉讼能在未来几年持续进行下去。

在许多方面,近期死亡权法和法庭案件方面的进步是对长期文化理念的一种延续,最重要的是自主的理念和通过正当法律手段保护权利的理念。对于有能力的成年人而言,拒绝医疗救治的权利已经在美国普通法中得到广泛认可,尽管这样做有一定的死亡风险。纳坦森诉克莱恩一案(Natanson v. Kline, 1960)则表达了自主的理念:"每个人都可以主宰自己的身体,且如果他神志清醒,便可以表达意愿,终止维持生命的手术或其他医疗救治。"但这些进展并未给予任何人施行积极安乐死的权利,也未给予任何人协助他人死亡的权利。在所有法律案件中,死亡权都包含着某种形式的消极安乐死。

应当让死亡权再迈进一步吗?需要区分消极死亡权和积极的协助自杀或积极安乐死吗?这些问题有待回答。早期的珀尔马特诉佛罗里达医疗中心一案(Perlmutter v. Florida Medical Center, 1978)阐释了这一点。该案中,73岁的老人已经病入膏肓,仍被判定为有自主能力,他要求拔掉呼吸机。佛罗里达州的律师认为,任何人帮助他拔掉呼吸机,都可能因协助自杀而受到刑事指控。但这种说法被佛罗里达州最高法院坚决驳回了。

如今,很少有人会把终结晚期病人的治疗视为自杀。法庭再三总结称,终止维持生命的治疗并不是他杀、自杀或协助自杀,同时,协助自杀在美国大部分法律管辖区仍是一种犯罪。这一事实对于我们理解杰克·克沃尔基安医生(Jack Kevorkian)的行为至关重要,他在90年代研发出了能在体内注射致死剂量毒药的"自杀机器",让病人可自求一死。其题为《最终解脱》的自杀指南在一些老年人和患有晚期疾病的人中仍然很受欢迎(Humphry, 2002)。虽然陪审团最终给克沃尔基安定了罪,但舆论非常支持他。

1997年的华盛顿州诉格拉克斯伯格一案中(Washington v. Glucksberg),最高法院裁决,患有晚期疾病的个体是否享有协助自杀的宪法权利，宪法不作规定。于是各州可就此出台自己的规定，俄勒冈州在同年出台了法规，成为第一个允许医师协助自杀的州；华盛顿州、蒙大拿州和佛蒙特州也相继效仿。立法的最初几年，很少有人利用《尊严死亡法案》(Death With Dignity Act, 1997)。该法案允许医生为患有晚期疾病，想要结束自己生命的病人开具致死药物。利用该法律的人平均年龄是 71 岁，因此俄勒冈州的经验确实对老龄化人口所有启示(Sullivan, Hedberg, & Fleming, 2000)。新法律的一个有趣结果是，在俄勒冈州使用止痛药等临终关怀的情况越来越多。俄勒冈的协助自杀法案至今仍充满争议。

无论公众对协助自杀的讨论结果如何，许多老年人都在自行了结生命。美国自杀问题协会表示，即便老年人尝试自杀的次数比其他年龄组都要少，但其自杀成功率较高。女性在中年的自杀率最高，而老年男性则比其他群体更容易自杀，且通常是用枪自杀。老年自杀是一个复杂的现象(Leenaars et al. , 1992)，例如，少数族裔的晚年自杀率和其他族裔有很大不同。老年人中最易自杀的群体是白人男性，而黑人女性自杀率最低(Baker, 1994)。

即便公众进行了广泛的讨论，美国人也像其他国家的人一样，似乎在“死亡权”的本质问题上缺乏共识(Hendry et al. , 2013)。退一步讲，死得其所意味着有权知道自己的病情，可以选择接受或拒绝延长生命的治疗。与此同时，公众也愈发认为，晚期患者有权选择安乐死或协助自杀。调研显示，2/3 的美国人都希望医师协助自杀合法化。推动民意朝这一方向发展的一个因素是，医院里的晚期患者不能掌控自身命运，即便完成了预前指示，也不一定能真正得到执行。

目前这场论战的特殊之处在于，有批评人士认为老年人自杀并不是一个问题，而是绝望情况下的一种理性选择。倡议组织“同情与选择”(Compassion & Choices)认为，面对引发病人无尽痛苦的晚期疾病，道德和法律都应接受自杀或协助自杀。开明的荷兰人已经将安乐死和医师协助自杀合法化，而协助自杀的倡议人士总想与荷兰看齐(Pierson,

1998)。但也有观察人士从荷兰的经验中看到了有效管理安乐死和自杀的难度(Gomez, 1991)。例如,一项研究显示,在荷兰接受安乐死的大半病人中,死亡程序并不是在他们完全同意的情况下施行的(Butler, 1996)。批评人士表示,应该把关注点放在姑息治疗(palliative care)上,比如采用临终关怀和更好的止痛药(Meier, 2011)。民意调查显示,大部分支持协助自杀合法化的美国人在面对姑息治疗的选择时,又改变了主意(Shelanski, 1998)。

全球视野

欧洲的协助死亡

79 岁的贝蒂娜·沙尔德特(Bettina Schardt)是一名退休 X 光技师,住在德国巴伐利亚维尔茨堡。她虽然老了,但身体并无大恙,不过她希望有人协助她自杀,因为她不想进养老院。于是,一位协助自杀的倡议人士帮助她终结了生命,此事在德国引发舆论哗然。

德国人似乎并不希望他们的国家效仿瑞士,瑞士的安乐死自由化法案催生了猖獗的协助自杀交易。近年来,约有 500 名德国人跨越国境到瑞士去寻求安乐死,这是"医疗旅游"的惊人案例。医疗旅游通常受低价驱动,但协助自杀的动机就不同了。提倡协助自杀的人相信,人们希望有尊严地结束生命。批评人士谈到了贝蒂娜·沙尔德特的案例,认为人们对养老院过度的恐惧导致他们做出了覆水难收的决定。

在协助自杀和安乐死的问题上,欧洲国家的政策不尽相同。协助自杀在比利时和荷兰是合法的,瑞士则睁一只眼闭一只眼,英国则推行了疾病晚期协助自杀的自由化法案。安乐死合法化在荷兰推行的时间最久,但这种做法激起了全世界生物伦理学家的抗议。在荷兰,人们对安乐死的请求并不少见,然而大多数发起这种讨论的病人,最终的结果是自然死亡。法律允许有能力的、遭受晚期疾病之痛的成年人提出死亡请求,并得到医师帮助。寻求安乐死的原因也不仅局限于晚期疾病,个体若丧失了自主权,丧失了对生活的掌控,丧失了独立和生命的乐趣,也可诉诸安乐死。欧洲似乎越来越接受协助自杀,但这一话题仍存在着巨大争议。

资料来源:

Landler, M.,"Assisted Suicide of Healthy 79-Year-Old Renews German Debate on Right to Die," The New York Times (July 3, 2008). Retrieved September 16, 2011 (http://www.nytimes.com/2008/07/03/world/europe/03germany.html).

展望未来

卡伦·安·昆岚(Karen Ann Quinlan)1985年去世时,美国的舆论已发生了巨大变化,法律领域也如此。公众已经开始从一定程度上接纳更好的临终选择(Yankelovich& Vance, 2001)。至少就晚期疾病而言,大多数美国人已经可以接受临终时停止人工呼吸机和心肺复苏仪这样的"壮举"。但大多数医疗保健专家和倡议者仍然反对积极安乐死。

争议始终存在。2003年,特瑞·斯奇阿沃(Terri Schiavo)一案被广泛报道。这位佛罗里达州的女子长期处于植物人状态,只能通过导食管维持生命。其亲属在是否应继续维持其生命的问题上意见不一,诉讼不断升级,引发全民关注,造成民意分化。特瑞·斯奇阿沃最终被拔掉了导食管,于2005年去世。

斯奇阿沃的案例表明,死亡权问题引起了激烈争议。例如,人工营养或补水与其他医疗救治性质相同吗?美国医学协会称,断食断水和停止维持生命的手段在道德上并无区别。大多数医学伦理专家和法庭对此表示认同,但也有许多外界人士和专家存疑。

同样,伦理专家还认为,一开始就不治疗,和治疗一段时间后终止治疗,道德上并无差别。但是,大多数家庭和医疗从业者依然认为,二者在心理上存在重要差异:前者比后者更简单。显然,社会语境和人际语境会影响临终决策人的决定。

随着《患者自主权法案》(Patient Self－Determination Act)在1991年生效,此类案件的解决迈出了重要一步。该法案要求医院、养老院等医疗机构在病人入院时告知他们,他们有权接受或拒绝医疗救治。《患者自主权法案》实际上对医院提出了新要求,却没有为患者创造新权利。按照该法案的规定,患者被有意告知,自己有权在没有康复可能的情况下决定是否维持生命。医疗机构的员工被要求记录和履行患者意愿(LaPuma, Orentlicher, & Moss, 1991)。

即便有这条法律,也很少有病人会真正完成预前指示。民意调查表明,近90%的美国成年人不希望在没有康复希望的情况下维持生命。然而美国医疗协会的调查则表明,实际完成生前遗嘱的公众不到15%,而65岁以上完成生前遗嘱的人更少。

为什么比例如此之低呢?医生总体上似乎都支持预前指示,但他们仍然不愿意和病人就此话题展开讨论。近期研究证实了许多美国人愿意被告知病情的假设,但有大量亚裔美国人和拉美裔老年人不愿意发挥自主权,而从业者在和老年人沟通时,也需要将种族差异考虑在内(Braun, Pietsch, & Blanchette, 2000)。《患者自主权法案》对患者做临终决定的帮助甚小。1997年,美国最高法院公布了一项里程碑式的决定,认为协助自杀不再属于宪法规定的内容,各州立法部门可自由行事。法庭决定和立法行为都不会终结有关死亡权问题的道德讨论,讨论将在未来多年持续下去。在一些欧洲国家(比利时、卢森堡、荷兰和瑞士),医师协助自杀实行了一段时间。多年来,俄勒冈州是唯一一个美国法律允许医师协助自杀的州,现在华盛顿州、佛蒙特州和蒙大拿州也加入此列。与预前指示不同,协助自杀和安乐死仍存在很大争议(Pappas, 2012)。倡导者信奉个人自主权——“有尊严地死去”,而反对人士则担心这是一种倒退,会导致残疾人士和老年人面临危险。

在后面的文章中,我们会读到死亡权争论中的激烈交锋。查尔斯·麦克汉医生(Charles F. McKhann)认为,在某些情况下可允许医师协助自杀。罗伯特·皮尔曼(Robert A. Pearlman)和海伦·斯塔克斯(Helen Starks)通过案例回顾和调查数据,阐释医师协助死亡的合理性。她认为,与其说协助死亡与身体疼痛有关,倒不如说与个人尊严受威胁的感受有关。苏·伍德曼(Sue Woodman)在《最后的权利:姨妈的故事》一文中提供了不同的信息,探讨了个体对自杀和安乐死的态度随时间不断变化的问题,表明这些决定在实践中其实非常复杂。

莱昂·卡斯(Leon Kass)反对协助自杀。他用强有力的论证表明,医生绝不应该进行杀害,医师协助自杀在道德上是错误的。卡斯促使我们认真思考临终决定的一个基本问题:如何让终结生命的决定变成既是个人的事,又是别人的事?终结一个人的生命,是否会因为有医师、亲属等人参与而改变了性质?未来几年随着个体和社会对这一问题的讨论不断深化,我们将重点关注一个问题:个人选择如何同医疗成本和老年人的社会状况等价值发生联系?

关注实践

预前指示

临终决定的道德困境不断引发人们呼吁加强决策控制,一项法律对此做出回应,扩大对所谓的预前指示或书面声明的使用范围。个人可以在重大疾病到来之前,拟定好此类文件,声明在必须做决定的情况下,应该进行怎样的选择。

按照这条法律的规定,每个人都有权在不愿接受治疗时拒绝全部治疗或部分治疗。但某些情况下，由于病情不断恶化，人们无法告知他人自己是否愿意接受特殊治疗，预前指示解决了这一问题。个体可以在病重到无法就医疗表达意愿之前，提前做出特殊指示或委托他人做决定。

预前指示通常有两种类型，二者的目的都是作出指示，保证决定的有效性，即便当事人已经丧失了心智能力。如前所述，预前指示就是针对医疗护理的生前遗嘱和永久性授权委托书。**生前遗嘱**(living will)是表达个人临终意愿的书面声明。它允许医师停止患者无意接受的治疗，即便这样做会导致死亡。当事人会提前起草一份条理清晰的生前遗嘱，让大家都知道患者何种情况下想要停止维持生命的治疗。

第二个指派特殊人员作医疗决定的法律工具是**医疗永久性授权委托书**(durable power of attorney for health care)，丧失能力的个人可以通过它提前委托他人代为做医疗决定。

在患者无法作出指令的紧急情况下(例如"我想要食物和流体，不想做心肺复苏")，生前遗嘱便允许理智的成年人代为做出是否维持生命治疗的决定。这是一份法律文件，要以标准格式准备妥当，简单的意愿声明也同样有效。各州法律对见证人条件及订立生前遗嘱的规则有不同要求。

永久性授权委托书还是一份见证法律文件，但个人无须特别陈述所有治疗细节，只需指定他人——即**代理人**或称**医疗代理**——在其丧失能力时作出决定。代理人可以是亲属、好友，也可以是别的可信之人。同生前遗嘱一样，各州对授权书文件及医疗决定的可接受性也有不同规则和管理办法。

联邦法律要求医院、养老院等护理服务机构为病人提供关于预前指示的信息时，将此类服务包括在联邦医疗保险或医疗补助计划下。虽然填写预前指示不是硬性要求，但根据法律规定，此类机构必须让病人知道自身权利。

预前指示的法律工具仅会在你无法表达意愿时生效,不会妨碍你后来头脑清醒、有行为能力时改变主意。当事人可以随时更改或撤销预前指示。

人们有时会问,生前遗嘱和永久性授权委托书哪个更好?生前遗嘱是一种被广为接受的预前指示,但医疗授权书更加灵活。州法律会对文件类型作出明确要求,这是**克鲁詹**一案中的关键因素。当然,各州之间的区别已经成了问题,因为目前尚不清楚一个州的指示是否在另一州也能通行。

如果没有书面指示但必须做临终决定,终止治疗的决定往往在护理人员的建议下由家人来做,法庭很少做这种决定。书面预前指示可以有效让这种案子远离法律体系,只需患者亲友经手即可。

这种情况下,虽然人们愈发意识到订立预前指示的重要性,但仅有一小部分美国人(不到1/3)订立了书面预前指示。这是为什么呢?研究推广预前指示的教育性干预手段,我们得到了一些答案。通过在完成文件时结合恰当信息与实质帮助,一项审慎的示范性项目获得了成功(High, 1993)。4个多月中,生前遗嘱的制定率从25%上升到了50%,医疗代理人的指定率从14%上升到了30%。这些结果表明,老年人不仅缺乏信息和鼓励,与家人及健康专家沟通时也需要获得帮助。

预前指示并不是唯一的临终决定办法。例如,在对肾透析病人进行的一项研究中,61%的人称他们希望医生或代理决策人有不遵照其先前意愿行事的"余地"。受委托人应当考虑实际情况和病人的最佳利益,而不是一味执行遗嘱。

批评人士认为,推动预前指示最终会导致受委托人为当事人随意作出拒绝治疗的决定。而没有订立相关法律文件的人(如不知情者和文盲)会发现自己在理论上无法获得法律赋予他们的权利。

批评人士反对预前指示的原因还有，人们往往会改变自己有关临终决定的主意。老年人常常会说："我绝不进养老院。"但是在住进退休疗养院或养老院一段时间之后，他们会发现，其实那里的生活很令人满意。慢性疾病也是同样的道理。人们担心自己无法在重度残疾的情况下生存下去，但会慢慢适应和习惯。

也有批评人士甚至认为生前遗嘱的理念都是失败的，他们主张采用更强有力的永久性授权委托书，尽管后者本身也有问题(Fagerlin & Schneider, 2004)。然而，这些问题都不足以否定预前指示的好处。例如，我们应当增进医疗专家和患者之间的沟通，而不仅仅将书面指示理解为一种文件。这意味着，预前指示可以让家人有机会分享价值与期待，帮助老人和他们的家人更好地对待临终决定。近期的《维持生命治疗医师令》(Physician Orders for Life-Sustaining Treatment)表明，预前指示的做法可以更实际，更有效(Fromme et al., 2012)。

街谈巷议

"预前指示本可避免特瑞·斯奇阿沃的惨剧。"

实则不然。她的丈夫迈克尔本可被指定为代理决策人，这一点毫无疑问，因为夫妻双方代理决策的责任为法庭和普通法所承认。经验研究显示，生前遗嘱大多没有被充分利用，因此也没有发挥效果。总而言之，特瑞·斯奇阿沃并非到了疾病晚期，预前指示很可能无法避免她的悲剧。

阅读材料 三十

人们为什么谋求医师协助死亡?①

罗伯特·A.皮尔曼 海伦·斯塔克斯

虽然医师协助自杀在美国是非法的(除俄勒冈州外),但许多基础护理人员和肿瘤学家都被请求协助死亡。[1]协助死亡的一些常见原因包括疼痛等症状缺乏治疗、抑郁、绝望[2]以及社会经济压力,担心过度依赖家人,医疗支出造成经济困难等。[3]

推动人们寻求医师协助死亡的原因充满争议,引发了人们关于协助死亡的合法性及其临床反馈的讨论。迄今为止,探究协助死亡动机的资料主要来自三个方面:护理人员的印象,偶尔考虑医师协助自杀等自杀方案的患者,以及来自俄勒冈州寻求协助自杀患者的被迫选择报告。然而,为何寻求协助死亡?如何寻求协助死亡?患者对这些问题提供的反馈少之又少。

为消弭人们对医师协助死亡存在的一些不解,我们对那些认真寻求协助死亡的患者及其家人进行了历时性定性研究。[4]本研究中的病人从首次提出希望被协助死亡到最终死亡,平均历经10个月。病人利用这段时间创造自杀条件。然而,即使可以用药物轻松自杀,许多人也并未立即采取行动。这些病人不断在生存价值和死亡价值间进行抉择,对自己目前的体验及得失进行衡量。而且,在被研究的个体中,并不是哪项独立因素推动他们寻求医师协助死亡,抑郁症也不在成因中。推动自杀决定的是一系列与疾病有关的体验,缺乏安全感,恐惧未来。

这些患者及其家属的报告让我们发现了可以增进姑息疗法,这或许能降低患者的协助死亡需求。然而,这些报告也表明,为何有些患者会

---

① "Why Do People Seek Physician-Assisted Death?" by Robert A. Pearlman & Helene Starks in *Physician-Assisted Dying: The Case for Palliative Care and Patient Choice*, edited by Timothy Quill, MD, and Margaret P. Battin, PhD, pp. 91-101. Copyright 2004 The Johns Hopkins University Press. Reprinted with permission of The Johns Hopkins University Press.

始终将协助死亡视作理想选择。有些人认为，临终安养院和临终关怀并不适合自己，或者临终关怀管理疼痛的办法会损害认知功能，让他们无法接受。

“我不能再这样下去了”

安娜62岁时被诊断出了转移性卵巢癌。安娜一辈子生活有条理、有活力、热爱运动。她积极参与社区活动，是一位活跃的老年妇女。她这样谈论自己的疾病：“我尽量不去改变自己的生活，不让癌症夺去过多的东西。”她还表达了自己一直以来对控制生与死的看法：“应该由我自己来决定……哪一天我受够了……如果唯一能做的就是躺在床上等死，那样就不算是活着了。”

四年中，安娜接受了多次手术和放射性化疗。许多治疗手段都让她极为不舒服。她说，“每次[化疗]治疗之后我都觉得快死了，甚至没法看书，看电视。每天早晨醒来都恶心，反胃，大小便失禁。只能从床上翻滚下来，才不会把床弄脏。这种感觉非常糟糕。”

安娜和家人谈过后，决定弄来一些协助自杀的药物，以备某时之需。她拿到药后说，“现在感觉自己更有劲对抗癌症了，暂时还能活下去，轻松了好多，不用再担心了。”安娜三年后才用药物结束了自己的生命。

患病期间，安娜出现了痛苦的并发症，包括肠梗阻和脊髓压迫。虽然承受了巨大痛苦，安娜从来没说过这是她选择自杀的原因。她主要担心自己会死在医院里，“远离家人，身边没有熟人，环境陌生，没有隐私，连自己都不能控制”。

接受了所有的抗癌治疗之后，安娜变得非常虚弱，白天大部分时候都在睡觉，无法完成日常生活活动。全腹部辐射的晚期副作用导致她肠部不断出血，唯一的治疗手段就是不停输血。她告诉丈夫：“亲爱的，就这样吧。我不能再这样下去了。”在接下来的36个小时中，安娜把家人叫到身边，向他们道别。在12位亲人的陪伴下，她吞下药物自杀，两小时后便与世长辞。

协助死亡的推动因素

我们与35个家庭进行访谈,询问有关患者病史、寻求协助死亡的原因、影响该决定的因素及死亡方式等问题。通过分析,我们找到了九个共同因素。没有哪一个独立因素能导致患者作出该决定,自杀的意愿通常是多种因素综合作用的结果,这些因素大致可分为三类:疾病体验(症状、功能丧失、止痛药的作用等);个体缺乏安全感(表现为个体想要控制濒死的状况且长期有自杀意愿),以及恐惧未来。我们评估了这些因素在病人决定中出现的频率和重要性,如表30-1所示。

表30-1　寻求加速死亡的动机

刺激因素	所有病人(35名)
与疾病相关的体验	
虚弱、疲惫和不适	24(69%)
丧失功能	23(66%)
止痛药物引起疼痛或难以忍受的副作用	14(40%)
缺乏安全感	
丧失自我	22(63%)
不能获得自我控制	21(60%)
长期以来一直有加速死亡的意愿	5(14%)
对未来感到恐惧	
对未来的生命质量和死亡感到恐惧	21(60%)
过去对死亡有消极体验	17(49%)
担心成为他人负担	3(9%)

资料来源:Data from R. A. Pearlman, C. Hsu, H. Starks, A. L. Back, J. R. Gordon, A. J. Bharucha, B. A. Koeing, and M. P. Battin, "Motivating Factors for the Pursuit of Physician - Assisted Suicide: Patient and Family Voices," unpublishedmanuscript.

注:两位研究人员独立对寻求提前死亡的刺激因素进行了打分,并记录了四类回答:"不存在"、"存在但没有影响"、"有影响"以及"有很大影响"。本表在对手稿进行阅读的基础上,显示了"有影响"或"有很大影响"两类回答。

所有病人均涉及预期案例及回顾性案例。预期案例包括与病人的访谈及病人健在时与其家庭成员的访谈。回顾性案例则仅包括病人去世后研究者与健在家庭成员的访谈。

与疾病相关的体验

虚弱无力和不适是推动患者考虑寻求死亡协助的重要因素。完美的临终关怀常常可以改善这种担忧。然而，重度疾病造成的功能性损失通常没有成功介入的可能，特别是在病危的情况下。本研究中约2/3的患者认为疾病和治疗造成的症状，以及因此造成的功能损失，都是促使他考虑协助死亡的原因。例如，一位卵巢癌患者在谈到化疗的作用时说："当然，我这样，化疗又是这样，再加上别的，[就是]这种可怕的虚弱的感觉，恶心的感觉，觉得自己有些事情做不了……如果再坚持两周就可以出去做事，那就太好了——[但]你还是颤颤巍巍，不知道接下来会怎样，也很害怕做出承诺，因为不知道自己能不能做这些事了。"生理症状通常会导致功能丧失。例如，一位患有慢性肺病的女性提到了自己对类固醇药物的反应：

> 我大腿虚弱，没法从地上站起来，浑身没有力气……胳膊也萎缩了。这太荒谬了。[除了强的松]我还吃了别的药，胃出了毛病，肠也出了毛病——身上没有哪一个功能是正常的。我非常，非常疲惫，老是咳嗽。说话多了，咳得就更严重，大清早时很恐怖。咳出来的都是难闻的黏糊糊的东西，也不能多说话。我特别虚弱，虽然还能开车，但是没有力气把氧气罐搬到车上……所以我不算是活着，只能算存在着。

疼痛和止痛治疗的副作用，是推动本研究中1/3以上患者考虑协助死亡的另一组因素。有研究者认为，可以通过完美的临终关怀更好地管理疼痛。[5]然而，治疗的副作用，特别是对认知功能的影响，始终是一项挑战。有些患者无法接受这种副作用，不得不在止痛和丧失心智间做抉择，于是他们想到了另一种办法——提前死亡。一位女士如是描述她母亲的情况：

> 她非常痛苦……比疼痛更让她害怕的是止痛药的影响……她不想丧失理智，不想丧失个性和能力……当然，[她]也担心疼痛越

来越严重,不得不吃更多的药……直到她对自己的行为失去了意识,流口水,说傻话,像喝醉了一样。

另一起病例中,一位男士的脊椎上患了转移瘤,即便服用了大剂量吗啡,也疼痛至极,难以控制。临终安养院的护士试着为他止痛,最终还是对他使用了镇静剂,平息了24小时。他认为这完全不可接受。他的妻子告诉我们:

疼痛是一个非常重要的因素。他常常走出去劈圆木做引火柴…… 我一直说,"引火柴快要比卡特吃的药多了"。然后他说,"这让我有事做,有事做,就不用去想有多疼了。"疼痛是一个非常极端的因素…… 他不是胆小鬼,绝对不是……[但是]吗啡泵都没用。他还在吃镇痛药……已经有好几个月了,产生了强烈的抗药性……他会晕过去,变成植物人,但他不想这样……如果他丧失了功能,连起码的思维能力都没有了,那活着就没什么意思了。他不想离开我,尽其所能把我安顿好,因为他知道自己快死了…… 没办法不让他这样。他尽其所能让我过得轻松一些,但他已经到了无法忍受的地步。

缺乏安全感

文献表明,抑郁症和绝望会间接推动某些病人寻求提前死亡。[6]然而,对参与我们研究的患者而言,严重抑郁症都不是影响因素。起推动作用的普遍心理问题是丧失控制和丧失自我(2/3的被调查患者都有这种感受)。大部分临终护理专家都承认,让濒死病人恢复自我感觉是一项严峻挑战,很少能成功。这种痛苦非常深重,通常与关系、社会和社群参与功能的丧失有关,[7]这不仅影响了一个人的行事能力,也影响了他/她对自己的认知。一位女士的母亲得了自身免疫性疾病,她描述了母亲不断丧失自我的反应:

母亲生病前是72岁。她以前充满活力,年轻积极,看起来比实际年龄小十岁。她生病以后开始掉头发,皮肤问题也让她变丑

> 了……肌肉无力时甚至感到头晕，好像瘫痪了一样，她非常害怕自己会瘫痪，完全丧失行动能力……[她想要]保持自己的尊严和独立人生。她生命中最有意义的事就是艺术，她的艺术才能，她的朋友，和朋友在一起打发时间、一起做饭，吃饭……她……认为如果连这些事都做不了，人生就没有意义，就不想再活下去了。

另一个案例中，一位男士描述了母亲在无法去亲戚朋友家后的失落：

> 她没了胃口，丧失了食物的乐趣。她没有力气出门，也没有力气……接待客人，她试过了。她讨厌拒绝别人，不想告诉他们不能来……她想让人们到家里来，但是接待客人太麻烦了。她没有力气，没有精力……也没法去别人家……所以可以说，即便有人陪伴，对她来说也是一种压力、一种痛苦，而不是一种享受。她生命中最后的事就是坐在那里，身边有人陪伴，然后……就连那都不可能了。就像她说的，已经受够了疾病和疲惫。

对大多数患者来说，自我感觉与正常功能能力密不可分。而且，自我丧失感会造成明显的焦虑。例如，一位患骨髓转移瘤的女士有可能患脊髓压迫症，导致截瘫和大小便失禁。这种功能丧失带来的焦虑远远大于为适应疾病而造成的焦虑。女儿描述了她对未来的看法：

> 她看到自己的生理能力下降，知道自己迟早会严重丧失能力，不可能恢复了。她丧失了许多能力——不能再去远足……不能长时间散步，最后不能全职工作，总是非常疲惫。她一直在工作，照顾一大家人，所以她付出了很多，但这不是问题，她知道自己有一天会走上下坡路，放弃许多她不愿放弃的事情……没时间去想如果那一天到了该怎么办，她就想在事情恶化之前先走一步。当她的脊椎恶化，最大的威胁就是丧失对肠部的控制，[这一点]明显是无法接受的。

对未来的恐惧

对未来的恐惧,包括对濒死体验的恐惧,也同样会推动病人寻求提前死亡。许多病人表示,他们生病的过程会导致一种比死亡更糟糕的体验,而他们宁愿在此之前结束自己的生命。他们对生命质量低下的判断往往是基于自己的预测,担忧不断丧失能力,变成他人的负担。在我们调查的病人中,约有一半人感到恐惧,是因为他们曾亲眼目睹挚爱之人经历了痛苦而可怕的死亡过程,他们看到毫无意义的医疗技术,和遍布全身的插管。有了更好的姑息治疗和临终关怀,人们看到他人有了更好的死亡体验,这种恐惧会有所缓解。尽管如此,即便是最好的姑息护理也无法避免功能损失和自我丧失感,因此有些人仍然有,这些恐惧,刺激他们去寻求协助死亡。

临终关怀的启示

这些案例报告为广大医生提供了非常重要的启示。首先,有多种因素综合推动病人寻求协助死亡,这为医疗从业者及姑息护理人员制造了挑战,他们需要全方位地了解病人的疾苦和死亡体验。我们的患者表示,生理功能的衰退与生存感受有着复杂和微妙的关系,二者不能被轻易划分开来。护理人员常常得到建议,要估量和理解病人对能力丧失和死亡的关切,根据不断变化的病人体验来提供临终护理,这种做法的有效性在我们的数据中得到了证实。

其次,患者的叙述也表明,自我感觉和对死亡方式的控制非常重要。临床医生需要敏锐捕捉个体深层次的心理和问题,将它们与临床抑郁症区分开来。确保抑郁症是否驱动着病人寻求协同自杀,这一点十分重要,对其他心理过程进行审视,也同样重要。

最后,驱动病人对协助自杀产生兴趣的因素,十分类似于那些推动人们做预前指示或放弃维持生命治疗的因素:控制死亡时间和死亡方案的意愿。[8]许多人将协助死亡看作一种临终选择。表5列出的话题可用作医生与病人的对话指南,就疾病的深远影响包括死亡体验进行交流。医生应当探索病人的恐惧,探索其在目前和未来身体衰退、功能丧失的情况下的自我认识。如果医生们不断将有关协助死亡的讨论束之高阁，就没有机会理解病人对死亡体验的反应。相反，医生应当探索病人对这种选择感兴趣的动机，并找到改善其痛苦体验的方法。[9]然而，对一些病人来说，只有死亡才能改善痛苦，他们可能不愿承受漫长的死亡过程。

我们的研究表明，即便有完美的临终姑息护理，有些濒死病人仍希望提前死亡。有些痛苦并不能得到缓解，相反会继续恶化或进一步恶化。必须要问一个问题：我们的社会是否具备足够的同情，允许患者获得最先进的临终关怀，允许痛苦万分的病危患者选择提前死亡？

参考文献

1. D. J. Doukas, D. Waterhouse, D. W. Gorenflo, and J. Seid, "Attitudes and Behaviors on Physician - Assisted Death: A Study of Michigan Oncologists," *Journal of Clinical Oncology* 13 (1995): 1055 - 61; D. E. Meier, C. A. Emmons, S. Wallenstein, T. E. Quill, R. S. Morrison, and C. K. Cassel, "A National Survey of Physician - Assisted Suicide and Euthanasia in the United States," *New England Journal of Medicine* 338 (1998): 1193 - 1201; E. J. Emanuel, D. L. Fairclough, B. R. Clarridge, D. Blum, E. Breera, W. C. Penley, L. e. Schnipper, and R. J. Mayer, "Attitudes and Practices of U. S. Oncologists Regarding Euthanasia and Physician - Assisted Suicide," *Annals of Internal Medicine* 133 (2000): 527 - 32.

2. E. J. Emanuel, D. L. Fairclough, E. R. Daniels, and B. R. Clarridge, "Euthanasia and Physician - Assisted Suicide: Attitudes and Experiences of Oncology Patients, Oncologists, and the Public," *Lancet* 347 (1996): 1805 - 10; K. M. Foley, "Competent Care for the Dying Instead of Physician - Assisted Suicide," *New England Journal of Medicine* 336 (1997): 54 - 58; T. E. Quill, E. E. Meier, S. D. Block, and J. A. Billings, "The Debate and Convergent Views,' *Annals of Internal Medicine* 128 (1998): 552 - 58; H. M. Chochinov, K. G. Wilson, M. Enns, and S. Lander, "Depression, Hopelessness, and Suicidal Ideation in the

Terminally Ill,'*Psychosomatics* 39 (1998): 366 - 70; L. Ganzini, W. S. Johnston, B. H. McFarland, S. W. Tolle, and M. A. Lee, "Attitudes of Patients with Amyotrophic Lateral Sclerosis and Their Care Givers toward Assisted Suicide,"*New England Journal of Medicine* 339 (1998): 967 - 73; W. Breitbart, B. Rosenfeld, H. Pessin, M. Kaim, j. Funesti - Esch, M. Galietta, C. J. Nelson, and R. Brescia, "Depression, Hopelessness, and Desire for Hastened Death in Terminally Ill Patients with Cancer,"*Journal of the American Medical Association* 284 (2000): 2907 - 11.

3. Emanuel, Fairclough, Clarridge, et al, "Attitudes and Practices of U. S. Oncologists Regarding Euthanasia and Physician - Assisted Suicide"; M. E. Suarez - Almazor, M. Belzile, and E. Bruera, "Euthanasia and Physician - Assisted Suicide: A Comparative Survey of Physicians, Terminally Ill Cancer Patients, and the General Population,"*Journal of Clinical Oncology* 15 (1997): 418 - 27.

4. R. A. Pearlman, C. Hsu, H. Starks, A. L. Back, J. R. Gordon, A. J. Bharucha, B. A. Koenig, and M. P. Battin, "Motivating Factors for the Pursuit of Physician - Assisted Suicide: Patient and Family Voices,"unpublishedmanuscript.

5. M. J. field and C. K. Cassel, eds. ,*Approaching Death : Improving Care at the End of Life* (Washington, D. C. : National Academy Press, 1997); R. S. Morrison, A. L. Siu, R. M. Leipzig, C. K. Cassel, and D. E. Meier, "The Hard Task of Improving the Quality of Care at the End of Life,"*Archives of Internal Medicine* 160 (2000): 743 - 47; D. E. Meier, "United States: Overview of Cancer Pain and Palliative Care,'*Journal of Pain and Symptom Management* 24 (2002): 265 - 69.

6. Emanuel, Fairclough, Daniels, et al. , "Euthanasia and Physician - Assisted Suicide"; Quill et al. , "The Debate over Physician -Assisted Suicide: Empirical Data and Convergent Views"; Chochinov et al. , "Depression, Hopelessness, and Suicidal Ideation in the Terminally Ill"; Ganzini et al. , "Attitudes of Patients with Amyotrophic Lateral Sclerosis and Their Care Givers toward Assisted Suicide"; Breitbart et al. , "Depression, Hopelessness, and Desire for Hastened Death in Terminally Ill Patients with Cancer'; S. D. Block and J. A. Billings, "Patient

Requests to Hasten Death: Evaluation and Management in Terminal Care,"*Archives of Internal Medicine* 154 (1994): 2039 - 47; E. J. Emanuel, D. L. Fairclough, and L. L. Emanuel, "Attitudes and Desires Related to Euthanasia and Physician - Assisted Suicide Among Terminally Ill Patients and their Caregivers,"*Journal of the American Medical Association* 284 (2000): 2460 - 68.

7. J. V. Lavery, J. Boyle, B. M. Dickens, H. Maclean, and P. A. Singer, "Origins of the Desire for Euthanasia and Assisted Suicide in People with HIV1 or AIDS: A Qualitative Study,"*Lancet* 358 (2001): 362 - 67.

8. R. A. Pearlman, K. C. Cain, D. L. Patrick, H. E. Starks, M. Applebaum - Maezel, N. S. Jecker, and R. F. Uhlmann, "Insights Pertaining to Patient Assessments of States Worse Than Death,"*Journal of Clinical Ethics* 4 (1993): 33 - 41.

9. A. L. Back, H. Starks, C. Hsu, J. R. Gordon, A. Bharucha, and R. A. Pearlman, "Clinician - Patient Interactions about Requests for Physician - Assisted Suicide: A Patient and Family View,"*Archives of Internal Medicine* 162 (2002): 1257 - 65.

阅读材料　三十一

死亡时间
——医师协助的现状①

查尔斯·F.麦克汉

我开始关注医师协助死亡问题，并决定写这本书，是由于父亲在全国最好的一家医院去世这件事。父亲本人就是医师，他在1988年死于腹腔癌大面积扩散，享年89岁。这一过程中，他被维持了一个月的生命，直到治愈前景非常渺茫。有一次他问，我是不是觉得他快死了。我说有可能，他回答说，"我也这么觉得，我希望他们能放我走"。他多次向我们抱怨，他已被折腾得够了，不想我们再救他。实际上，我们不知道他

① *A Time to Die: The Place for Physician Assistance* by Charles F. McKhann. Copyright 1999 by Yale University.

向医生说了什么,但我们把他的意愿转达给了医生,也表达了我们的意愿。医生向我们保证,他们会“尽一切可能”。一切可能包括姑息性手术、输血和静脉喂养。他的两个医师儿子,其中一位还在那一家医院供职,也无法影响院方决定,让父亲**被允许**早点死。

那些一辈子把人生都打点得顺顺利利的人,最后要把大部分死亡过程交给别人,这看似很不公平。我们通过遗嘱和托付安顿遗产,但除了“生前遗嘱”提供有限保护外,我们并不能控制自己的死亡过程,而责任医师也许会对我们及家人的恳求充耳不闻。他们的背后是传统,是保守的职业和法律。无论医师有怎样的个人热情,帮助他人自杀在当下氛围中仍然危险重重。但是这种氛围正在改变,我们可以看到,真正关心病人疾苦的医疗行业从业者,看法不同于医疗界的保守人士,许多医生已经开始在合法情况下协助病人自杀。

如果可以选择,大多数人都愿意活到高龄,满足于自己的成就,然后安详地死去,或许还能保持着足够的尊严向人们告别,而不必在漫长的疾病中忍受过度的痛苦。然而,老年会毁于严重的残疾,死亡也不并总是温情脉脉、宁静祥和。50 年前,急性感染会让病人没有痛苦地迅速死去,如今,器官衰竭和慢性疾病让患者缓慢而痛苦地死去。亲朋好友的离世让我们明白,死亡方式有好坏之分,有些死亡方式甚至是可怖的。应该用什么词描述那些一心求死并寻求帮助的病人?对于求死的人和提供帮助的人而言,这种死亡是刻意为之的、合意的。双方都期待着以一种温柔而人道的方式,而非暴力的方式来完成死亡。协助死亡是社会对个体意愿的一种同情性的回应,因此,我将使用医生协助死亡一词,而不是协助自杀一词。说病危之人**死亡**,比说**自杀**更为妥当。更准确地说,协助死亡既包括协助自杀,也包括安乐死。协助自杀指病人通过医生提供的材料来自绝性命,而安乐死指医生直接实施死亡。在道德层面,这两种行为十分相似。而我认为,这两种做法最终都应当合法化。但它们又有着重要的差别,在不远的将来,医疗职业和我们的法律程序仅审理协助自杀案件。然而,任何对协助死亡的考量都要求在一定程度上了解理性自杀(死亡明显好于继续受苦)这一概念。自杀在道德上是否可以接受?这才是争议的核心问题。

协助死亡运动是为回应个体患者的需求而展开的,目前已经扩大到了公共需求的层面。近期问卷调查反映了社会对人们临终承受不必要痛苦的关切,65%的美国人支持立法批准协助死亡。许多人认为,他们自身的需求应当高于医生和医学专业人员。他们觉得,即便只是得到医生帮助的承诺,也会增强他们对医生的信心,从而更享受自己的余生。

公众对协助死亡的关切包括以下话题:延长生命或缩短生命的经济利益的角色;医生出错的可能性,患者受虐待的可能性,以及社会无意的、但不可逆转的道德滑坡。虐待患者的人可能是家人、监护人甚至是医生。造成道德滑坡的原因则可能是医生、医学专家甚至整个社会对生命价值的轻视。结果,安乐死的适用范围可以在法律上不断扩大,最终不仅适用于自愿死亡人士,也适用于丧失能力者,及广大弱势群体——穷人、少数族裔及残障人士。这些考量已经成为大多数人反对协助死亡的依据,我们必须对此进行分析和理解,并加以重视。

有关协助死亡的观点必须最终融入建设性法律,以满足相关患者的需求,同时对他人提供保护。

俄勒冈州是第一个通过法律,允许医生实施协助死亡的州。要让这样的法律获得成功,就必须制定适当的保护措施,但又不能过多限制,从而导致法律失效。各州已经通过立法,发展出了各种模式,其中一些模式有望获得成功。

理智的死亡决定是有行为能力的个体经过深思熟虑,出于人之常情的理由做出的。为避免难以承受的病痛而求死,在许多人看来合乎理智。

让生命质量维持到人生最后,对死亡过程有所控制,这些问题对人人们都有所触动,只要公众有意愿,协助死亡就会变得合法,被人接受。我们必须理解这些问题,承认昨天的法律已经不能适应今天的需求,承认理性可以抵制教条,而未来对病人遭受虐待和社会道德滑坡的假设,也能用今天的社会现实进行检验。协助死亡注定要被认可,成为一种临终选择。几个州实行协助自杀,将成为这种趋势的开端。如果选民和立法者确保其为人所需,对社会无害,将继续将其推广到其他州。一旦许多州对其进行接纳,法庭将再次回到舞台,为国家中的保守人士提供类似的保护。最终,协助死亡的范围将扩大,继而为某些人提供安乐死,而适用病情也将延伸,涵盖造成严重痛苦但非致命的神经性疾病、老年痴呆症,甚至是老年严重衰弱。那些活过了尊严的一生,决意以这种方式死亡的人,必须有权获得协助死亡的选择。

阅读材料　三十二

最后的权利
——姨妈的故事①

苏·伍德曼

引言

早晨接到一通电话,让我赶回故乡伦敦。我要赶到医院,去到 90 岁姨妈的病床边。家人和朋友们都知道,姨妈摔断了腿,医生决定做骨移位手术。我第二天早晨上来到医院,医生告诉我,姨妈虽然挺过了手术,但问题并没有解决。也许是因为骨折的缘故,她摔断的那条腿上有一个血块,血不能流到脚趾和小腿。膝盖以上部分可能要截肢。医生说,如果不这样,姨妈可能会在一星期内死于坏疽。

现在,90 岁的她迎来了另一次恐惧。她大声呼号,不知自己造了什么孽,命运如此悲惨。

我问她害怕死亡吗。“不,不,不害怕,”她再三强调。“我愿意

---

① *Last Rights: The Struggle Over the Right to Die* by Sue Woodman. Copyright 1998 by Sue Woodman. Reprinted by permission of Basic Books, a member of the Perseus Books Group.

死——闭上眼一走了之……”我试着安慰她，她的愿望是有可能实现的，她可以拒绝截肢，让自己那可怜的、饱经风霜又疲惫不堪的身体死掉。护理人员向我们保证，他们会尽可能让手术过程简单而无痛苦；吗啡已经到位。出于对姨妈的爱，我默默祝愿她能够选择死亡这条路。

姨妈在截肢后过了一年半才去世。令人伤心的是，她不仅在生理上丧失了自主能力，也没有能力去做自己热爱的事——旅行、逛公园、为家人做饭，最终也丧失了生存的意愿。

摔倒入院后，她再也没有回过家。她从医院转入了长期康复机构，七个月后又转到了养老院。虽然她在康复医院努力学习控制假肢，但上半身却没有足够的力气。她被困在轮椅上，没有办法照顾自己，感觉失去了尊严，每次都不敢叫护士扶她去洗手间。

姨妈整天坐着，两眼无神，盯着窗外发呆，她时而突然沮丧，时而陷入疯狂的暴怒，她无法接受那种糟糕的生活。圣诞节来临时，她告诉每一个听她说话的人，她想要一死了之。她哀求护士和医生帮助她，当然，他们拒绝了。

她告诉我，如果知道截肢后的生活是这个样子，她绝对不会做手术。但是我在想：当决定摆在她面前时，她是不愿死的；她想象不到自己的生活会变得多么糟糕，也意识不到无法从事自己珍爱的活动意味着什么。即便对于一生正常生活，最后才面临变故的人来说，选择死亡也是难事一件。毕竟，求生的本能非常强大。

我亲眼目睹姨妈在90岁高龄，顽强地坚守着信念，希望自己能再次行走；而尽力了仍无法行走后，她希望用电动轮椅来获得某种自由；后来，她连这个希望都放弃了，这时她准备好了无所畏惧地迎接死亡。在最后陪伴她的日子里，我发现，有时候死亡并不悲惨，也不可怕，它只是一种无可避免的结局，一种解脱和释然。在此之前，我从未体验过这样的死亡：一份完满的人生，平静而自然地抵达终点。

阅读材料 三十三

不为爱也不为钱
——为什么医生不应杀害病人?①

莱昂·卡斯(Leon Kass)

当代伦理学观点

如果有人要求杀死自己,我们会杀死他们,应该杀死他们吗?这个一般性问题的特殊问法是:医生应该杀害病人吗?那些给出肯定答案的人,通常有两个理由。这两个理由反映了当今医学伦理值得一提的两种主要观点。首先是**自由**或**自主权**。这种观点认为,每个人都有权利控制自己的身体及生命,包括生命的终结。有些人进一步主张死亡权,其目的是保障自身安全,捍卫不可剥夺的生命权,这是自由社会中的一种奇怪言论。然而,无论如何,如果身体日渐衰弱,无力抵制医生坚持对自己采取维持生命的技术,病人主张自己有选择权、自主权和自绝权的看法,是可以理解的。在这一点上,医生(或他人)势必不仅默许患者终止治疗的请求,还会配合病人,通过施毒将其蓄意杀害,因为选择权(选择自由的权利)必须得到尊重,这甚至超越了对生命本身的尊重,即便医生不推荐或同意这种做法,也一定要尊重这种权利。如果人们行使权利,选择不再活下去,医生作为生死之门的守卫者,不仅应当停止治疗其身体。在道德上,出于对个体自主选择权的尊重,也有义务积极安排这位病人出院,这是对患者最大的尊重。

支持杀害提出死亡要求的病人的第二个理由与选择权无关。由于某些重大的或"客观的"衡量标准,人们认为病人不再值得活下去,而应当直接、迅速地让他死亡。异常的痛苦、终年的病症、不可逆转的昏迷、高龄和健康的严重衰退,都剥夺了生命的质量,这就要求我们仁慈地终

---

① "Neither for Love nor Money: Why Doctors Must Not Kill" by Leon Kass in *The Public Interest* (Number 94, Winter 1989), pp. 26 - 37, 42 - 45.

结病人的生命。这时,选择权会间接强化这一判断:如果患者**能够**选择,就可以确定他不想在这诸多耻辱中苟活下去;如果病人不能表达,那么医生(或家人或代理人)就应该让病人死去。做这种决定不是因为病人有自主权,而是因为其身体和心灵的悲惨处境,让死亡变得合理。如果没有出现严重的健康衰退现象,那么提出协助死亡的请求就会遭到拒绝。此处,身体状况本身就是一种证明,它要求我们出于同情或悲悯,立即终止生命。做出这种决定,不是因为病人有自主权,而是因为医生对人类苦难的仁慈与同情之爱,使得这种人道行为变得合理。

我认为,这两种将杀害病人合理化的理由,对应着当今医学伦理文献中最典型的两种观点:自主权学派和普遍的悲悯(或怜爱)学派。虽然二者有所不同,但在反对医学的问题上达成了一致——均不认为医学本质上是一种道德职业,而应有其自身的原则和行为标准,来限制医生的职业。医学技术强大但无关道德,二者试图弥补其伦理缺陷。

对第一种伦理观而言,只有病人的意愿得到尊重,道德中立手段才能派上用场。隐藏其中(有时也表现明显)的医患关系是**契约式**的:医生(实际是强势的、被雇用的注射器)只受法律约束,按需求销售自己的服务(如果病人不愿支付或无力支付报酬,他可以拒绝服务)。交易实质是这样的:病人需要自主权和服务,而医生需要钱,并且乐于为病人提供其需要的东西。如果病人想隆鼻或变性、决定未出生孩子的性别,或服用欣快剂,让自己快活一把,只要价格合理,医生就会开始着手工作,并且在合同上明确声明消费者不满意时的处理办法。[2]

在第二种伦理学观点看来,中立手段只有在普遍同情与慈善的宗旨下,才能在道德上得以实施。不是病人的意愿,而是医生(作为人,而不是作为医生)人道而同情的动机,让这一行为符合伦理。在这种情况下,会出现奇怪的请求和更为奇怪的做法,但如果在法律默许的前提下,医疗行为动机是爱,那就没什么错。所有的行为(包括杀害病人)只要是怀着爱意,就是合法的,甚至是值得赞美的。善意而人道的意图可以让任何行为合法化。

在我看来,这两种观点不应成为协助死亡的医学伦理依据,应该被摒弃。首先,它们否定了传统医学伦理界认为不可侵犯的特殊责任和限制(如不得与病人做爱)。难道可以认为,如果病人愿意,价钱也公道,我们就能和她们做爱吗?如果医生既温柔又体贴,床上又有风度,就能和病人做爱吗?我们能够从这种严格的限制中,窥探到它所代表和保护的医学职业,对其有更深入的理解吗?我想说的是,通过规定医生不得杀害病人的禁忌,医学职业有了本身的伦理,一个真正有责任心的医生,无论是出于爱还是为了钱,也绝不会违悖伦理……

评价结果

虽然,长篇论证最终会表明我对治愈这门艺术的独到理解,但我还是先从大家都熟知的伦理分析模式开始谈起,将需求与益处,危险与伤害进行对比评价。这是一项艰巨的任务,我所能做的,是提出一些相关的考虑。然而,对这一话题最到位的讨论,莫过于已成为经典的,耶鲁·卡米萨尔(Yale Kamisar)30 年前撰写的文章。[4]卡米萨尔生动地描述了保证患者的知情权,自由地做出死亡选择的困难,医生出错和虐待病人的可能性,家庭关系和医患关系的麻烦,守护自愿安乐死与非自愿安乐死界限的困难,以及整个社会的呼吁——放松对结束无辜生命进行管制——所导致的风险。在我看来,这些考虑也足以反击任何试图破坏医疗杀害禁忌的尝试,其对公共政策的相对重要性,远远超过了理论的重要性。它们也同样向我们指明医生不应杀害病人的原因。

毫无疑问,在生命末期,命运总是对许多人不公。相信大家都知道,有些人在生命的最后几周,几个月甚至是几年中,被痛苦和不适所折磨:生活依赖他人,丧失自我控制,与世隔绝,失去知觉,生命的质量大大下降;也有人觉得,这样活着很没有尊严,一生都笼罩着阴影,在那些看着他们死去的人眼里尤其如此。所有爱他们的人都希望他们能躲过此劫,而尽早死亡无疑能实现此目的。尽早死亡的明显益处,已经被许多酸楚和令人心碎的真实事例所证明,因而,如果这种观点非常普遍而抽象,我们很难反驳。然而，作为一个整体，这种出于仁慈和怜悯而造成的不利结果（包括真实的痛苦），远远超过了缓解痛苦或长久病痛在整体上带来的好处。

对仁慈杀害的"需要"

我们试图衡量人们对医学协助杀害所谓的"需要"或需求时，会面临重重困难。这一明显的问题是经验性的，只要能够明确界定"可实行安乐死"的人，就能够收集一些证据。当然，很难做这样的界定，且用意不一定真诚。经过仔细审视后我们发现，如果要对这一类病人做出准确的界定，那么，对仁慈杀害的需要就会被无限扩大，如果进行宽泛的界定，那么施毒者就要加班加点地工作了。

主张仁慈杀害的第一类人，是遭受不可治愈的致命性疾病的群体。他们的疼痛难以缓解，所剩时日不多，但还完全保持着清醒。他们提出，要从痛苦中得到解脱。例如，那些患有骨骼转移病，癌细胞大面扩散，化疗已经不起作用的濒死之人，便是如此。但疼痛科专家告诉我们，这种真正有痛苦、无法被治疗的人其实很少。大多数病例中，如果医生和病人都愿意长期使用大剂量的强效的药物，那么病人可能会丧失痛觉。[5]

然而，应当指出，完全丧失痛觉会导致昏厥和迟钝，也可能扭曲病人的意识。理想的治疗结果怎么能是这样呢？绝不是。然而，要求死亡的逻辑，已经从缓解疼痛，转移到终结主体认为已经毫无价值的生命上（其实是旁观者认为毫无价值）。如果这可以成为批准仁慈杀害的充分理由，那么可实施安乐死的这一类人群，就仅限于那些不能治愈、充满痛苦、时日无多的病人了。这样一来，所有身体虚弱、获得没有尊严的人——包括植物人，四肢瘫痪者，严重抑郁症患者，阿尔兹海默病患者——都可以平等地要求以仁慈的方式结束自己的苦难。当然，这其中的麻烦在于，这些人大都不能自己要求毒药，而且，也难以（或不可能）提出必要的方法，以衡量或界定身体的虚弱程度。

从自愿到非自愿

什么样的痛苦、病痛、身体或精神损伤可以成为仁慈杀害的理由?在病情严重到了何种程度,还剩下多少寿命的情况下,可以实施仁慈杀害?这些问题很难准确而“客观”地描述。因此,倡导者修正了行使自由意志的原则(至少目前如此):出于这样或那样的原因,生命所有者无法独自完成自杀,因而自由地做出了死亡的决定,所以协助死亡的要求应当得到尊重。但这同样困难重重:在身体虚弱的情况下,病人做决定时有多大的自由,有多少合理的依据呢?之前达成的协议能够充分适用于未来的特殊情况吗?而且,这样的决定容易被巧妙地操纵,尤其对于虚弱的患者而言,难道不是吗?卡米萨尔在这一问题上有独到的见解:

> 假设这种选择是以固定的、理性的方式做出的,难道就可以成为我们提供给重病患者的选择吗?在这一过程中,我们是否会消灭那些并未真正厌倦生命,但认为自己被人厌倦的人?是否会消灭那些并非真心求死,但在安乐死合法的情况下,感觉自己活下去会显得自私和懦弱的人?是否会有人觉得应该“消灭”自己,以便用于自己长期护理的资金,更好地被家人使用,让家人摆脱情感上的折磨?

即便这些问题可以得到解决,也不能让自愿行为成为合理性的根据。在《宪法第十四条修正案》关于平等保护的法律下,以自愿要求为依据主张仁慈杀害合法化,显然会遇到法庭的反对。毕竟,法律不会让所有普遍意义上的协助自杀合法化,而仅仅会让仁慈杀害合法化。这一变化将不仅成为禁止他杀的刑法的特例,也将成为“人道与尊严死亡权”的一部分内容,形成一种新的“治疗选择。”[6]人们会问,为什么处于昏迷状态或痴呆的人没有这种权利,不能享受这种“治疗”?难道是因为他们无法主动提出要求吗?在昆岚一案后,上述逻辑已经推动法庭在审理终止治疗的案件中,允许替代判断或代理同意(substituted judgment or proxy consent)。卡米萨尔对此评价很到位:这起案例首次“严重地模糊了自决死亡和决定他人死亡之间的区别。”代理人一旦同意,他们就在代替病人做决定,而非根据病人的自主权做决定——即认为出于这样那样的原因,这种生命是没有价值的。的确,大部分案例都属于这种类型的仁慈杀害,因此自愿与非自愿安乐死之间的界限就不是那么清晰了,而一些病人精神受损或处于昏迷状态,故而被他人决定没有意愿继续生存,此类案例将进一步抹杀这种界限。事实上,更坦率的安乐死倡导者已经公开承认,他们希望消除非自愿的安乐死,呼吁自愿安乐死。我们很容易发现,无辜死亡的背后,其实存在一系列虐待事件,其原因尤其在于,我们不能准确而清晰地将无辜死亡其他案例划分开来。

破坏医患关系

撇开虐待和冲突问题不谈,仁慈杀害合法化势必破坏医患关系。病人本来相信医生会全心全意为自己的利益着想,然而一旦医生有了执照并进行杀害,这种信任就难以维系了。试想:你被带到医院,又老又穷,体弱多病,老无所依,多处肋骨骨折,还患有肺炎。夜间,护士或实习生往你的吊瓶里加了一针管黄色液体,你会睡得安稳吗?医生有没有让故意别人死过,这一点不重要;但即便实施死亡的可行性不高,他也有权这样做——这一点造成的影响就有天壤之别。

这也会对有良知的医生产生心理影响。如果总是想着以杀害为“治疗选择”,还可以全心全意护理病人吗?是再打一针青霉素,用一次呼吸机,还是干脆注射过量吗啡呢?医生已经厌倦了那些无法治愈的病人,他们拒绝治疗,放任自流——“傻子”、“老不死的”和“植物人”,这些只是住院医生形容他们的一些比较客气的字眼。让那位再三被养老院“撂下”不管的老太太接受死亡,岂不是最好的疗法吗?

若要尽全力照顾托付给自己的病人,即便最人道、最有良知的医生也有弱点,也想寻求心理保护。我有一位医生朋友在临终养老院工作多年,负责护理病人,他富有说服力地向我解释:“就是因为我知道自己不能杀掉病人,也不会杀掉病人,才能每天满怀热情和耐心,照顾弥留之际的病人。”持有杀害执照造成的心理负担(甚至会让医生杀手变得残忍)

很可能成为医生协助安乐死的一项惨痛代价。为了减轻因杀害患者而产生的愧疚,医生还会进一步变得疏离、冷漠和淡然。

鉴于这种强大的心理结果,抵制仁慈杀害无疑具有道德上的必然性:每想到自己会杀害病人,我的朋友就感到恐惧,还好他不能这样做。这反映了他对医学伦理及其内在限制的深入理解。现在,让我们从评价后果转向医学本身。

医学的本质

治疗病人是医学的内核:医生的职责是救死扶伤,让人痊愈。病人希望通过医生获得康复——或至少保持一定程度的健康,尚且远离死亡。医生的目标同样如此,他们受训的目的就是服务患者。虽然医疗技术和从业实践、疾病的分类与治疗都经历了巨大变化,但医学的内核始终未变:正如希波克拉底的箴言所说,病人永远希望自己完整。完整意味着身体能正常工作,人的感受、思考、感觉、渴望、活动和正常运转的功能不受损伤。医患关系的本质是双方都(心照不宣地)有意愿增进病人的完整性。

追求完整、救死扶伤与蓄意杀害有冲突吗? 医生可以通过杀害病人来实现其完整性吗? 这显然不合逻辑。人不存在,就无所谓完整。"不如死掉"(Better off dead)是一个逻辑谬误——除非死亡并不是真正死亡,而是通向了更好的归宿。但这不远不止是逻辑谬误:为一个人着想的前提是这个人活着,能获得这种好处。

某些看似为病人着想的做法实际无意中构成了杀害。为病人注射恰当剂量的吗啡,目的是缓解疼痛,但前提是他还活着——这应当是讨论的出发点,没有受益人就没有益处可谈。

坦白来讲,死亡与完整不可兼得,人只有活着才能被救治。医者要救死扶伤,就不能置人于死地。极端情况下,"不施以致死药物"的出发点就是"保持病人的完整性"。

说来容易做来难。医学的核心目标是健康,它固然可贵,却总易消逝:病情恶化,死亡到来。医治病人如同教育年轻人,是一件原则上多少会失败的事。这时最大的麻烦就来了:我们该如何面对“医疗失败”呢?在大体上已经没有可能保持完整或“大致”完整时,我们还要追求什么呢?

虽然我深知,明确规定何时为病人停止治疗是不可能的,也是充满危险的,但如果我们为病人着想,一定要决定是否继续治疗或如何积极地进行治疗,这时就要把个体的健康、活动和精神状态纳入考虑范畴。只有(以及如果)当这些条件与主体的意愿足够吻合,才可以停止治疗,等待死亡。

停止医疗干预、等待死亡降临与仁慈杀害有着本质区别。首先,终止治疗不一定会导致死亡。卡伦·安·昆岚在法庭允许医院为其拔掉“维持生命”的呼吸机后,又活了[将近]十年才去世。致命疾病才是真正的死因,但医生不是。从道德上讲,在停止治疗的过程中,医生无意让病人死亡,虽然这种无心也会造成死亡,但他应避免使用有可能增加痛苦的、无用的、有损健康的医疗手段。相反,在主动且直接的仁慈杀害中,医生必须不容置疑地,本着让病人死亡的基本用意,坚决执行死亡。

这50年间,医学取得了巨大成就,使得医生和民众比过去更无法接受生命的有限性。医生表现得好似神一般,能让人焕发活力,这一点无可厚非;民众则期待下一个医学奇迹。正是在这一背景下,晚期疾病和不可治愈的疾病才好似成了医疗失败,使医学成就蒙羞。现在,若医术失败,医生一般不会采取积极治疗。

当然,一定程度上出于这种原因,医生才被迫终结生命——唉,许多人也有这样的意愿。在采取了这么多的技术性治疗之后,在以医学方式结束了这么多的性命之后,医生会由于人类的局限性和本身的技术失败,为病人提供最后的技术解决办法:如果不能治愈病人,那就“杀死”病人。临终入院剥夺了老人和绝症患者的大部分自主权与尊严:他们插着管子和电动设备,身边是奇奇怪怪的病友,他们被严加看护,忧伤绝望。这些曾经骄傲独立的人发现,自己最终变成了消极、服从的孩子,发出了对自主权和尊严的最后呐喊。面对生命末期这种掠夺人性的做法,关注自主权和尊严的人应当试着逆转局面,而不是应允病人求死的做法,让人性的丧失最终占了上风。

注释

[此处仅提供节选文章所含注释。]

2. 当然,如果对此类做法有个人顾虑,医生可以在提供给客户的服务合同中"注明"排除选项。

4. Yale Kamisar, "Some Non-Religious Views Against Proposed 'Mercy-Killing' Legislation," Minnesota Law Review 42: 969 — 1042 (May, 1958). Reprinted, with a new preface by Professor Kamisar, in "The Slide Toward Mercy Killing,"Child and Family Reprint Booklet Series, 1987.

5. 不知何故,许多医生无法提供恰当的或可能的缓解疼痛的办法,这也是如今许多人坚持让医生协助死亡的部分原因。

6. 这种说法是最近加州选民倡议中提出来,它征集了足够多的签名,出现在1988年11月的选票上。它肯定还会被再次提出。

展望未来

社区自杀诊所?

假设现在是2020年。你的堂兄迈克尔过去三年生活在中非偏远的农村,为国际发展机构(Agency for International Development)的一个农村农业项目工作。如今他刚刚回到美国,从机场回来的路上,他注意到了一件新鲜事——当地"自杀诊所"的指示牌,于是向你询问。

"这是什么地方?"迈克尔诧异地问。

"我猜你是有点跟不上时代了,"你回答道,"自杀诊所按人们需求提供协助自杀这项公共服务。"

迈克尔非常震惊。"怎么可能呢? 这是从什么时候开始的?"

"你还记不记得,很久以前,法庭规定人人都依法享有协助自杀的权利,此后法庭又完善了这一理念,并为结束生命的项目划拨了联邦资金,很快就得到了企业家的响应。现在每年有五万起自杀事件。对自杀的需求有增无减,而且协助自杀这项服务是受医疗补助计划资助的。"

"我还以为这种事只会发生在医院的重症监护室!"

"现在这项服务在养老院里已经很普遍了。许多人认为死了就会得到解脱。而养养院外面的人会认为,每个人都有权利选择死亡,也应当获得专业的自杀服务。所以这些自杀诊所的出现对他们来说真是天赐良机。你知道,如果没有好的选择,结束生命或许就是最好的办法。反正人人都有自己做决定的权利。"

"那为什么普通的医保体系不提供这种新服务呢?"

"嗯,其实有些医生提供,保险公司也有相关保险项目,这些项目可以降低成本。但其实医疗机构对安乐死并不太热衷,因为安乐死会使医院的生意受到影响。所以有些专家开始组织做临终服务。你还记得90年代的杰克·克沃尔基安医生吧?他骗人们使用'自杀机器',他是始作俑者。

"那就是说,因为了有很多想自杀的人,才会出现这种新的医疗服务吧?"

"哎,你一定想不到,自从新的《死刑法法典》(Omnibus Capital Punishment Law)生效之后,每年有成千上万的人通过注射致命药物结束了生命。由于大部分医生都不愿意和病人的自杀过程有什么瓜葛,所以就成立了一个专家组织,他们和所谓的死亡公司早期的投资人搭伙,现在这家公司是大部分诊所的赞助商。所以可以说,提供协助自杀服务的就是这些早期投资人。"

"但是如果有人按理说不该结束生命呢?"

"这就是市场里的'买家慎重'原则吧,你懂的。没人逼着谁去自杀。不管怎么说,人们不想让政府插手这种事情,他们希望自己做决定。"

"那精神病人怎么办呢?"

"噢,精神病人会和正常人一样受到同等对待,歧视精神病人是非法的。两年前还因为这件事打了一场大官司。精神病人和其他人一样同样有使用自杀服务的权利。好吧,欢迎回到美国,迈克尔!"

供写作、思考和讨论的问题

1. 80 年代早期,西德尼·胡克(Sidney Hook)临终前让医生放弃维持生命的治疗,但遭到医生的拒绝。后来胡克恢复了健康,晚年创造了大量作品,并发表了自传和一些手稿,于 1989 年去世。这些足够证明医生的拒绝是正确的吗?有什么理由能证明医生的选择是对的呢?

2. 西德尼·胡克赞成自愿安乐死的一个主要观点:不愿给家庭造成负担,因此鼓励虚弱的老年人终结生命。这个理由有说服力吗?假设你是西德尼·胡克的子女,请给"父亲"写一封信,详细解释为什么赞成或反对这种"给家人造成负担"的想法。

3. 麦克汉医生认为"医生应当协助晚期病人死亡"的理由有说服力吗?如果病人没有到疾病晚期,但正在经受慢性病症的折磨(如中风后遗症),生命质量严重下降,那么这些理由是否成立?

4. 赞成"医生可以协助自杀"的人们普遍认为,如果一个人患有抑郁症、丧失了理智,其他人应当帮助他终结生命。但如果一个人对生活极度悲观,但头脑仍然清醒,理智地决定自杀,医生是否应当协助他自杀?假设你收到老朋友的一封来信,他/她在信中表达了想要自杀的悲观情绪。请回信详细阐述自己同意或不同意他/她这样做的理由。

5. 医生满足病人需求为其提供终结生命的服务,与医生主动提供致命药物,二者有区别吗?这与为病人停止营养和水分又有什么不同?

6. 莱昂·卡斯提出了"道德滑坡"的观点,反对医生参与"仁慈"杀害。卡斯认为,一旦有了协助自杀的先例,我们就会习惯这种蓄意杀害的想法，协助自杀这项服务就会发展到无法控制的局面。卡斯的担忧是有理由的吗？还是有些夸张？能够采取什么措施避免这种不可控的局面？

7. 认真思考伍德曼的“姨妈”在每个患病阶段所做的不同决定。她一直改变主意，有时候甚至自相矛盾。在你看来，这一事实是否能说明，提前指示对她这样的案例有一定作用？对于普通人来讲，这个案例又意味着什么？

8. 假设你的雇主是一位疗养院的主管，要求你起草一份政策声明，内容包括医院在患者有死亡意愿时应当采取的措施。政策声明要确保遇到这种状况时，能为医生、护士和社会工作者提供行动指南。

9. 访问安乐死问题研究与指导组织（Euthanasia Research & Guidance Organization）网站 www. assistedsuicide. org。如果你对老年人高居不下的自杀率表示担忧，能否在这个网站上找到相关研究资料？

推荐书目

Annas, G. J. The Rights of Patients: *The Authoritative ACLU Guide to the Rights of Patients*, Totowa: New York University Press, 2004.

Berlinger, N., Jennings, B., and Wolf, S., *The Hastings Center Guidelines for Decisions on Life - Sustaining Treatment and Care Near the End of Life* (Revised and expanded 2nd ed.), New York: Oxford University Press, 2013.

Byock, L., *The Best Care Possible: A Physician's Quest to Transform Care Through the End of Life*, New York: Avery Trade, 2013.

Lynn, J., Handbook for Mortals: *Guidance for People Facing Serious Illness*, New York: Oxford University Press, 2011.

Meier, D. E., Issacs, S. L., and Hughes, R. (Eds.), *Palliative Care: Transforming the Care of Serious Illness*, San Francisco: Jossey - Bass, 2010.

基本概念篇三

老龄化社会展望：社会和经济视角

学习目标

通过基本概念篇三的学习，实现下列目标：

- 认识性别角色、民族和社会经济地位等因素如何造成了人们老龄化经历的差异。
- 理解影响老年人经济状况的因素。
- 理解老龄化政策引起的关键政策问题。

过去几百年中，很少有人能活到老年，因此，社会不必过多考虑为他们规划老年生活。历史上传统社会中的老人比例很小，但如今，越来越多的人寿命长了，人口老龄化引发了老龄化社会中有关角色和责任的新问题。政府已经承担起为老年人提供收入、医疗以及社会服务的角色，因此，分配给老年人的资源比以前多了，这就引发了一系列无法回避的问题。政府开支如何影响了老年人的生活状况？如何影响了其他年龄段人群需要的资源？美国政府为应对老龄化而采取以年龄为标准的政治举措，其效果又怎样呢？

社会保障、联邦医疗保险以及个人养老金显著地改善了美国老年人的经济状况，然而我们不能一概而论地认为，今天所有的美国老年人都能安逸地退休，在其他社会群体的赡养下四处旅游、打高尔夫球。这种概括忽视了老年人口内部的巨大差异。所谓的“老年人”也有社会阶级、民族、性别、性别身份和教育水平的差别，我们应该如何考虑这些差异？政府怎样才能以一种最好的方式，把资源分配给那些最弱势的或最贫困的老年人群体？

随着平均预期寿命的提高，人们的老年时光比以前长了，老年人的收入随之成了一个重要问题。人们应该怎样规划老年生活、为老年生活提供保障呢？在未来几十年里，婴儿潮一代将步入老年，美国人口将迅速老龄化。为了应对人口结构的巨大变化，我们已经开始重新考虑主要社会制度，例如，在今后的 20 年中，将会逐步提高领取社会保障福利金的退休年龄。

在迅速老龄化的社会中,我们面临许多新的问题。关于社会保障是否公正地对待了老龄人口中的各个亚群体,人们尚存争议。但有一点是毫无争议的——社会保障及私人养老金让老龄人能够更加自由地提前退休。那么,这种积极的情况在21世纪还会一直持续下去吗(Generations Policy Initiative,2004)?

随着越来越多的老年人符合领取社会保障和联邦医疗保险的条件,这些社会项目开始占据了联邦财政预算的大头,因此,人们开始质疑福利制度应当以年龄还是需求为根据。这些问题自然而然引发了激烈的争议。

老龄化社会中存在的其他问题也是值得我们注意的,比如工作和休闲对于老年人的意义。为什么社会要鼓励人们在达到某个年龄后就退出生产性角色?虽然近几十年来退休成为美国社会和个人的一种期待,但越来越多的中老年人在退休后继续参与劳动力市场,有些选择延迟退休,有些选择再就业。《公民创投2013》把"再就业"定义为:"在人们的后半生结合了人生意义、继续创收和社会影响的各种工作"。2009年,17.2%的65岁及以上的美国人(共650万)参与劳动力市场,比2002年增加了20%(美国老龄化管理局,2010年)。2008年大都会保险基金会和公民创投的调查显示,在40到70岁的人群中,有530万到840万实现了再就业。当婴儿潮一代人步入晚年后,这种大量再就业的趋势是否会持续还有待观察,但这一现象势必在21世纪里引起一些有趣的老龄化话题,并挑战基本概念篇一中讨论过的老年人"无角色的角色"的观念。

老年人口之间的差异、政府角色、工作以及退休的前景,这些问题引发了激烈的争论。了解一些有关老龄化的基本概念,能帮助我们提出正确的问题、熟悉争论中涉及的关键事实。了解事实并理清我们的价值观,对于构想老龄化社会的前景是至关重要的。

老龄化经历的差异

人们常常认为老龄化是一种人人相同的经历。然而,如果把老龄人口视为一个没有差别的群体，对老龄化的趋势一概而论，就会遮蔽老年人口中不同亚群体之间以及不同个体之间的显著差异。人们的偏见认为，年龄是一个有效的衡量标准，因此，老年人的情况大同小异。然而，事实正好相反。年龄越大，人与人之间的相似的东西就越少，差异越来越大，不均衡现象也越来越突出，这种趋势与年轻时积累的优势和劣势是一致的。（Calasanti，2010；Olshansky et al.，2012）

美国社会的所有人正在经历人口老龄化。我们进入成年后，开始出现细微的衰老迹象，如头发花白，视听能力下降。65岁的人对老龄化的感受可能会更为强烈。随着年龄的增加，人们可能会有所得，比如退休后会有更多的休闲，但同时也会有所失，比如慢性病风险增加、配偶或朋友去世。外人很难去判断他们的得失。我们对健康状况进行的调查显示，健康状况指标相同的两个人，对自身健康的理解和感受可能完全不一样。衰老很大程度上是一种微妙的个人感受，因此，社会并没有任何系统性方法为差异性的老龄化体验构建一种框架。这再次说明，生命历程的视角是非常有效的。

当今社会中，老年被描述成“无角色的角色”，一种没有明确目标和行为规范的状态（Blau，1981；Rosow，1967）。这种描述是十分片面的。有人把退休后的时间定义为“第三年龄”，是开放式的、没有明确界限的时期。有些人觉得这种自由妙不可言，而有些人则认为这是一种角色的丧失。老年人的确会丧失角色——离开重要的工作岗位，孩子们独立后，自己失去了父母的权威，以及失去亲友，等等。在这些情况下，如果不能找到人生意义和满足感的新来源，老年人就会出现很多问题。

面对人生中的损失和变化，老年人在重建身份时面临的一个重要问题是人们对衰老的态度——旁人的态度，常常也是老年人的态度。步入中年后，衰老的迹象并不一定会导致机能的明显下降，但老年人常常会遭遇“年龄歧视”，即人们关于年龄的成见（Butler，1969；Nelson，2002）。人们总是认为65岁以上的人体弱多病，甚至贫穷、无能、老朽、郁郁寡欢（Palmore，1999）。

要改变人们的偏见，我们就必须意识到衰老过程的差异，并找出这些差异与社会阶层、性别、民族方面的不平衡结构的关系。此外,我们还应该用历史的眼光看待当今的老年人。比如,当我们看到一张苍老的脸,可以想象一下是怎样的人生经历导致了这种状况。另外,一切概括性结论,包括老年学所得出的概括性结论,都应该考虑个体差异,采取一种平衡的观点。正如生命历程视角所示,如果将对社会结构与历史和个人的理解结合起来,我们就能够更深入地理解多样性社会中的老龄化经历。一种更有用的方法是完善生命历程视角,关注一生中累积的不利条件如何影响了个人和同生群的衰老过程(Ferraro & Shippee, 2009)。

客观地说,把老年人视为同质性群体是不太可取的。较为合理的做法是把 65 岁以上的人口至少划分为两大群体:过得不好的老人和过得好的老人。第一类老年人大多收入很低,容易得慢性病。第二类老年人的经济状况和健康状况都很好(Cook & Kramek, 1986)。这两个群体被描述为“老龄化的两个世界”(Crystal, 1982, 1986)。但把老年人口这样分类的意义是什么呢?这样的分类是考虑了老年人之间的多样性,指出了老龄化过程的复杂性,还是进一步强化了年龄歧视?

社会阶层、民族、种族、性别等因素加剧了老年人之间的差距。不同性别、民族和种族的老年人在社会中的待遇是不同的(Calasanti, 2010; Ruiz, 1995)。有些老年人在社会经济方面处于劣势地位,有些既有优势又有劣势。杰西卡·坦迪在影片《为戴茜小姐开车》中饰演的老寡妇就是一个很好的例子。和自己的黑人私人司机相比,老寡妇在种族和财富方面占有优势,但作为一名犹太女性,她又受到了歧视。当戴茜小姐年老体衰时,她依然拥有社会阶层方面的优势,但也遭遇了社会对老年人的传统偏见问题。从戴茜小姐这类故事中我们能看到,年龄、性别、民族、社会等级等因素以一种复杂的方式相互交织,影响着个人的经历(Dressel, 1988)。

另外,仅仅从社会经济方面的劣势来判断人们的老年生活经历并不可取。许多经济收入不高的老年人生活还过得去,他们找到了生活的意义,并参与生产活动。比如美国黑人老年人通过参与黑人教会活动,获得了尊重和幸福（黑人教会一直都有重要的民间帮扶体制）（Barer & Johnson，2003）。许多当代老年女性都能独立自强，并找到了真实的自我（Martz，1987；Thone，1992）。要全面认识老年生活，就必须认识到处于劣势的老年人群具有适应能力。

若干年后，老年人口会反映出美国社会日益鲜明的多样性，而社会等级、民族、性别等综合影响所带来的劣势将会成为重要议题。另一个重要问题是能否公平地安置上世纪 90 年代移民到美国的群体（主要为亚洲裔和西班牙裔移民）。这些移民步入老年后，将增加老龄人口的多样性。民族多样性以及老龄人口的增加将使未来几十年的美国受到严峻的考验，需要社会全体成员深入思考老龄化问题（Kolb，2013）。

社会阶层

社会阶层是影响所有社会中老龄化过程的关键因素。社会阶层概念关系到财富、地位、权力分配不均，也往往关系到年轻人的就业。而对于老年人来说，社会阶层的影响往往是一生中累积起来的优势和劣势。

四大因素影响着人们老年时期的社会地位：职业、收入、财富和受教育程度（Streib，1985）。显而易见，积蓄、财产、私人养老金等经济因素影响着老年人的生活，但一些隐形的因素同样会影响社会阶层，如教育水平、家庭关系网会影响老年人对资源的获取。职业地位就是一个很好的例子，政府官员和法官退休后，即使收入减少了，但仍拥有社会声望，比起那些职业地位低、没有关系的人，他们更容易获得医疗保健等特殊待遇。

不过，如今的老年人并不会简单地重复以前的社会阶层模式。试想：一名医生或者著名作家这样的高阶层人士，如果生病或陷入贫困，结果会怎样？在耗尽了经济资源的老年人中，这种由好转坏的情况并不鲜见，例如，丧夫或重病会耗尽一个人的财产。通常情况下，退休是收入的分水岭，85 岁以上的老年人可能是最贫穷的老年人。

然而，把年老等同于贫穷或经济上缺乏保障却是一个错误。在多数社会，老年人成为穷人中的大部分，是近年才有的现象。另一方面，最富有的人往往是老年人,美国最富有的人的年龄中位数是 65 岁。特别值得注意的是,美国的百万富翁约一半是女性,这也许反映出遗产继承的作用以及女性通常比男性长寿这一事实。显而易见,老年人所处的社会阶层对其老年生活具有复杂的影响。

种族与民族

美国目前的老龄人口主要是白人。2010 年的人口普查显示,美国 65 岁以上人口中,非西班牙裔白人约占 80%。在少数裔中,老龄人口最多的依次为黑人(8.4%),西班牙裔(6.9%)和亚洲裔(3.5%)。不过,美国人口普查局估计,到 2050 年,美国的老龄人口的情况将会发生变化,少数民族老龄人口所占百分比,将会从 2010 年的 20%增加到 42%(Vfficent & Vclk, 2010)。西班牙裔将会是人口最多的少数民族,而且,从数量上说,西班牙裔人和亚洲裔人的增长率会是最高的。在未来半个世纪内,少数裔老年人口可能会增加一倍。人口的这些变化将极大影响社会为老年人提供服务的方式,例如《美国老年人法》(Older Americans Act)规定的那些服务。《美国老年人法》设计之初,主要是考虑白人中产阶级群体(Jacobson, 1982),时过境迁,服务提供者越来越需要考虑语言和少数民族的风俗习惯差异(Gelfund, 2003)。

关于种族和少数民族的讨论,在涉及老龄化人口时,都会遇到一些如何界定的问题。一方面,社会并不认为每个少数民族都需要给予特殊照顾,今日的爱尔兰裔美国人就是例子。另一方面,任何一个少数民族群体不一定是界限清晰的,例如,在西班牙裔人中,有许多亚群体,它们有各自的风俗和方言。"少数裔群体"这一术语强调了社会劣势或歧视,因此,在讨论不同亚民族的老龄化经历时,"少数裔群体"(minority group)一词比"少数民族群体"(ethnic group)更恰当。

《哥伦比亚美国种族和民族文献史》一书中列举了许多历史上重要的"民族群体"(Bayor, 2004)。然而,在本书中,我们只集中讨论四个少数裔,因其在美国历史上所处的劣势,它们得到了广泛的研究。

非洲裔美国人

在老龄人口中，非洲裔美国人是人口最多的少数裔，占美国 65 岁以上老龄人口的 8.4%。据估计，到 2050 年，非洲裔美国人将占美国老龄人口的 12%(Vincent& Velkoff, 2010)。同白人相比，非洲裔美国人出生时和各人生阶段的平均预期寿命都较短。美国黑人老年人也常常身患慢性病，身体机能受损，但他们进入养老院的机会却远低于白人。应将这一差异归因为"跨界现象"、还是归因为黑人在长期护理设施方面遭受的歧视、抑或家庭养老模式(Stoller & Gibson)等因素呢？最后一种可能揭示了许多黑人家庭的力量源泉，即广泛的民间援助(Dilworth - Anderson, 1992)。

尽管非洲裔美国人面临许多劣势(Jackson,1988)，但每个人的劣势程度有所不同。比如，有些人在退休时特别富有，尤其是那些受过大学教育、从事过专业性职业的人，这再次说明，有必要通过不同角度去观察一个人的社会地位，如受教育程度、社会阶层、民族、种族及性别。黑人老年人中 90%在领取社会保障福利金，这个比例等于其他所有老年人群体之和。但 25%的人在领取补充社会保障金，这反映出其贫困率较高。

西班牙裔美国人

西班牙裔老龄人口目前占美国老龄人口的 7%，并且其数量还在快速增长(老龄化管理局,2012)。美国人口普查数据显示，65 岁及以上的拉丁裔美国人的比例，到 2050 年有望达到 20%。在宗教方面，西班牙裔美国人(即拉丁裔美国人)中的老年人绝大多数信仰天主教，但在移民身份、社会经济地位，以及受教育程度等方面，他们却显示出巨大的差异。因此，对其一概而论可能是危险的，虽然有些趋势似乎很清楚，例如，人口学家提出了所谓的"西班牙裔人的悖论"——虽然西班牙裔人承受着巨大的社会经济压力，但他们比白人长寿。然而，在同化过程中，拉丁裔美国人面临着残疾的巨大风险，反映了生活条件和医疗保健方面的差异(Angel, Torres - Gil & Markides, 2012)。

毋庸置疑，西班牙裔老人是一个困难群体(Martin & Soldo, 1997)。

例如，由加州大学洛杉矶分校老龄化政策研究中心资助的项目“拉丁裔与社会保障”发现，同其他种族或少数民族相比，65 岁的拉丁裔的平均预期寿命较长，但他们一生的总收入和缴纳社会保障金的年份较少，受教育程度也低于平均水平（Torres - Gil, 2006）。这些因素反映出社会和经济的不平衡、文化方面的具体经历，以及移民问题对一部分拉丁裔人的综合影响，造成了贫困率高，健康水平低、意外率高，以及认知功能障碍发生率高。最后，同非洲裔美国人一样，西班牙裔美国人对民间援助的依赖度高于对官方援助的依赖度。这一趋势可能促使社会服务机构形成一种看法，认为西班牙裔等少数裔能够“自食其力”（Gratton, 1987）。

亚洲裔美国人

像西班牙裔美国人一样，亚洲裔美国人来自不同的国家，因此其语言和风俗习惯也不同。皮尤研究中心最近的一份题为“亚洲裔的兴起”的报告显示，在美国，亚洲裔是成长最快、收入最高、受教育程度也最高的一个群体。亚洲裔移民中最大的亚群体依次是印度裔(18.4%)、华裔(23.2%)、日裔(7.5%)、菲律宾裔(19%)、越南裔(10%)和韩国裔(9.9%)。2011 年，美国 65 岁以上人口中，4%是亚洲裔(老龄化管理局，2012)。像美国其他少数裔群体一样，亚洲裔美国老年人一生中都会遭到歧视。此外，亚洲裔美国老年人很难接受他们的子孙后代已经接受的美国价值观(Cheung,1982)。受孔子思想影响的东亚社会中，尽管已经实现了现代化和工业化，人们依然重视孝道，(Kim, Kim & Hurh, 1991;Palmore, 1975)。美国其他群体对于孝道的态度往往不同于亚洲裔美国人。因此，今天的亚洲裔美国老人必须面对其社会地位和传统角色遭受侵蚀这一事实(Yee,1992)。所以，他们常会遭遇紧张的家庭关系(Kao & Lam, 1997; Koh & Bell, 1987)。

美国土著

美国土著，或美洲印第安人，在美国全体老龄人口所占的比例较小——2011 年时小于 1%(老龄化管理局，2012)。他们也是缺乏广泛研究的老龄群体之一。这一群体的成员来自美国 500 多个不同的部落(Kunitz & Levy, 1991)，因此很难以对他们概而论之。然而，美国老年土著，尤其是那些仍住在偏僻保留地上的人，通常是特别贫困的人口，而且也难以获得所需的服务(Miller, Byers, & Moxleg, 2009)。这些问题有时会因家庭的照顾和社会援助得到某种程度的缓解(John, 1995)。另外，部落里的长者扮演着文化保护者的角色，因保存着古老生活方式的记忆而受到尊敬(Johnson, 1994)。这种角色不仅提高了他们的威望，而且也有利于下一代开创更美好的未来(Jervis, 2010; Weibel - Orlando, 1990)。

小结

尽管今天的少数裔老年人比过去富有多了，但他们也遭受着较为严酷的社会环境中累积起来的不平等。例如，直到 20 世纪五六十年代，民权运动才开始瓦解学校中的种族隔离制度，创造平等的就业机会。因此，黑人老年人时至今日还受到种族偏见的影响，生活贫困和健康状况不良，而这些情况从几十年前起就开始限制了他们的生活机会。此外，所有少数裔移民都曾受鼓励融入主流文化，摈弃古老的风俗，甚至他们的母语。

今天，我们已经逐渐接受民族差异，但在少数裔群体身上，早期社会的歧视性态度和政策的影响至今仍未消失。例如，过去美国土著的孩子常常从保留地被送到寄宿制学校，学校不主张他们保留传统语言或部落的习惯(Stoller & Gibson, 2000)，结果导致了代际文化的断裂。

性别与老龄化

我们应当特别关注性别在老龄化中所扮演的角色，一个最重要的原因是女性比男性活得更久(Coyle, 1997)。65 岁的女性还可以再活近 20 年，而 65 岁的男性仅有 17 年左右的预期寿命。在世界各地，女性都是老年人口中的主力军(Gist & Velkoff, 1997)。的确，人口中的性别比例(或男女比例)在 65 岁之后每 10 年就会发生重大变化。2011

年，美国有 2340 万老年女性和 1790 万老年男性，性别比是 1.31：1。到了 85 岁，性别比就变成了 2.03：1（老龄化管理局，2012）。一般而言，男性去世早，女性则带着慢性疾病活下去。然而，由于男性预期寿命迅速提升，男女之间的差距将在未来 40 年中缩小（美国人口普查局，2010）。

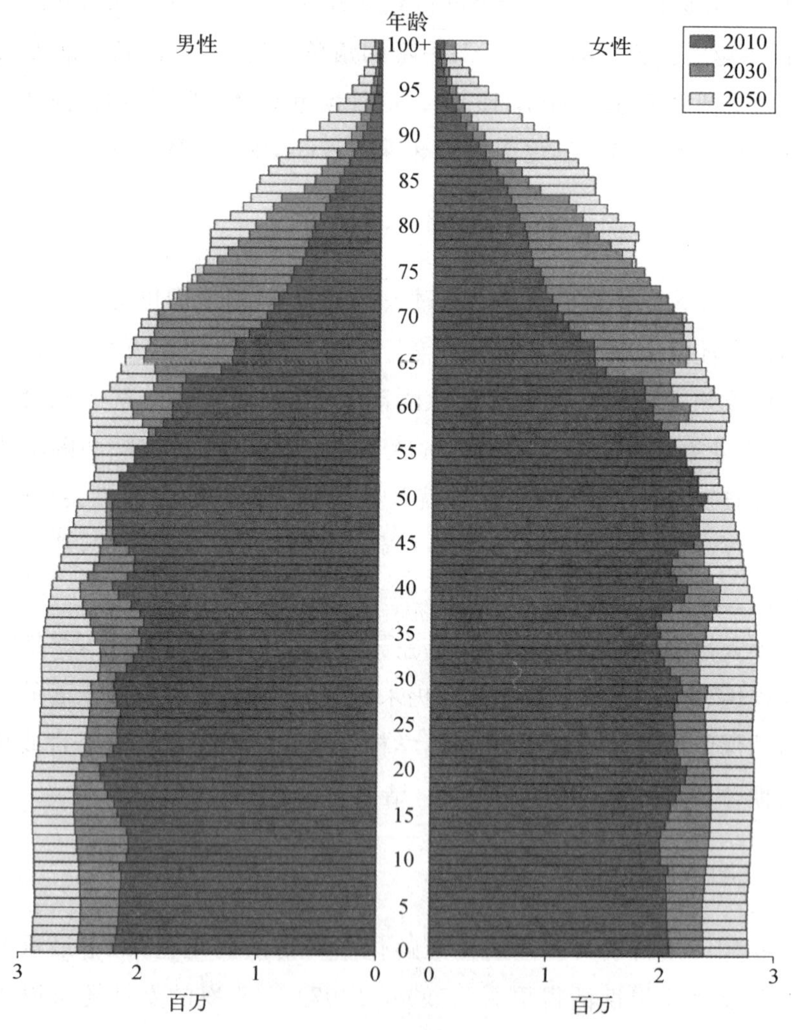

图 30 美国人口年龄和性别结构，2010 年，2030 年，2050 年

资料来源：美国人口普查局（2008）。

在我国，男性和女性老龄化经历的区别有时明显，有时微妙。例如，衰老的生理迹象对女性而言社会影响较为严重(Bell, 1989)。媒体形象总是赞美年轻女性的青春和性感，因此老年女性实际上从大众社会的视野中消失了。在家庭劳动分工中，老年女性常常通过社交和照料亲人扮演关键的“维护关系”的角色(Rosenthal, 1985)。然而，女性承担起照料家人的角色，必须从有偿劳动力大军中退出，最终，她们积累的退休福利金要少于男性。

在性别角色中，我们可以发现与少数族裔相似的一种模式，即，累积性劣势意味着退休后的经济保障有所削减。老年女性退休后的平均收入只有同等条件男性的55%，10.7%的老年女性生活在贫困线以下，而贫困线以下的老年男性仅有6.2%(老龄化管理局，2012)。实际上有许多原因导致了老年女性普遍贫困的状况，包括性别歧视、经济依赖和丧夫等(Estes, 2004; Older Women's League, 1998; Smolensky, Danziger, & Gottschalk, 1988)。

寿命和居住方式对老年女性的生活质量有很大影响。数据显示，女性通常会嫁给比自己大的男性，而女性的寿命也更长。因此，女性比男性更容易丧偶，在晚年独自生活。2012年，美国65岁及以上的人中，72%的男性都已婚且同配偶共同生活，而相应群体中有配偶的女性仅占45%。年龄越大，已婚老年女性的数量就越少。65到74岁寡居女性的比例是36%，到了75岁以上，这一比例就上升到了64%(老龄化管理局，2012)。在非入院护理的1180万独居老年人中，约有2/3是女性(见图31和图32)。

离婚对老年女性居住方式的影响越来越普遍化。2009年，在65岁以上的人中，离婚或分居老年人占11%，但自80年代起，离婚老年人比例的增长速度几乎是老年人口整体增长速度的四倍。离婚女性的经济状况通常会突然下降，而她们再婚的可能性比男性小。因此，如今老年离婚女性数量的飙升，意味着未来几十年将会出现严重的社会经济问题(Uhlenberg, Cooney, & Boyd, 1990)。

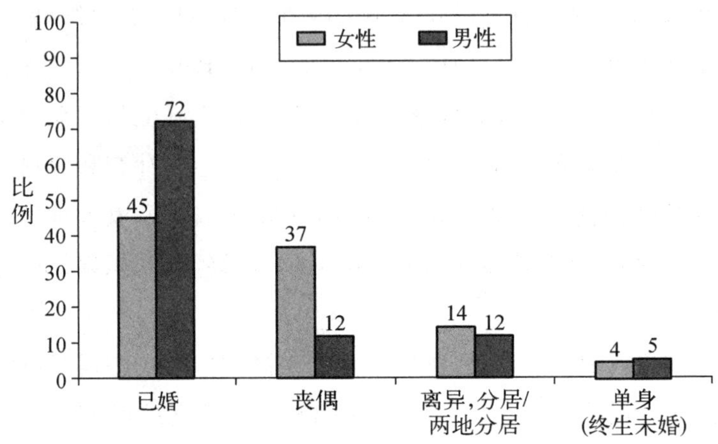

图 31　65 岁及以上人口婚姻状况,2012 年

资料来源:美国老龄化管理局;美国人口普查局美国社区调查网上数据;医疗保险和医疗补助中心的医疗保险当前受益人调查;《年度社会经济副刊》(Annual Social and Economic Supplement)。

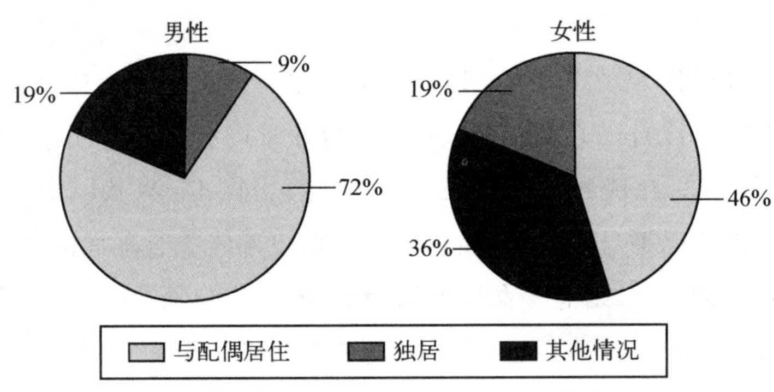

图 32　65 岁及以上人口居住方式,2012 年

资料来源:美国老龄化管理局(2012);美国人口普查局美国社区调查网上数据;医疗保险和医疗补助中心的医疗保险当前受益人调查。

老年女性的问题仍未解决,但我们已经采取了一些积极措施。例如,寡妇互助组织在帮助孤寡老年女性方面卓有成效。“寡妇帮寡妇”(Widow to Widow)是这类组织的杰出代表(Silverman, 1986)。改善老年女性生活的另一种方式是组织性倡议,老年女性联盟已做出了表率(Older Women's League)。该组织成立于 1980 年,致力于解决中老年女性面临的问题。除了女性主义者的倡议之外，还应从生命历程的角度来看待性别、种族、民族、性别取向、残疾和社会阶层等因素带来的影响，而不仅仅是关注老年本身，这一点已经得到了广泛的认可（Grassman et al.，2012；Hatch，2000）。

生命历程对不平衡问题的影响

社会阶层、种族、民族及性别引起的不平衡模式总是相互强化。一位老年人如果同时属于两个（或以上）弱势群体，就面临着所谓的**双重危险**（double jeopardy）（Dowd & Bengtson，1978；Minkler & Stone，1985）甚至多重危险。这一点我们在上文中已有所提及。从累积性劣势的角度看，多重危险的后果不言而喻，如果女性收入比男性少，而少数裔群体成员一生都遭受歧视，那么毫无疑问，少数裔老年女性就将在健康状态、收入、住房等方面面临多重问题。

然而，证实多重危险存在的经验性研究并不具备说服力。有人指出，或许是老年本身而非不断扩大的劣势发挥着作用，换言之，与年轻人相比，老年人在经济和社会处境方面的相似度较高，而且，并非所有的少数裔群体情况都一样。非裔美国老年人和原住民老年人都有严重的健康问题，而亚洲裔在这方面的情况通常较好。或许移民到我国的亚洲裔老年人年轻时的健康状况相对良好，所以能承受这种痛苦的改变。显然，需要进行更多研究来弄清衰老、性别和少数裔群体地位等多重劣势对老年生活的影响。同样确定的是，老年人亚群体的不同劣势仍是老龄化社会公共政策所面临的一项巨大考验（Dannefer，2003；Ferraro & Shippee，2009；Markides & Black，1996）。

经济状况

贫困率是衡量不平衡问题的一项重要标准。图 33 将过去几十年中不同年龄群体的贫困率进行了对比。要注意，2009 年所有年龄群体的整体贫困率是 14.3%，这是 1994 年以来贫困率的最高点。就 65 岁以上的老年人而言，贫困率自21世纪前几年始终处于下降状态，2011年降至8.7%。同一时期，儿童贫困率则上升到了21.9%（卫生与公共服务部公共服务政策发展办公室，2012）。值得注意的是，老年人的贫困线低于其他年龄组。2008年，老年人的官方贫困线相当于年轻人的92%：65岁及以上个体的贫困线是10326美元，而18至64岁群体的贫困线是11201美元（O'Brien，Wu，& Baer，2010）。如果不采用这种与年龄相关的贫困线，那么贫穷老年人的数量就会有所增加。例如在2011年，5.8%（240万）的老年人被认为是"准贫困"，或收入水平位于官方贫困线和贫困线的125%之间（老龄化管理局，2012）。

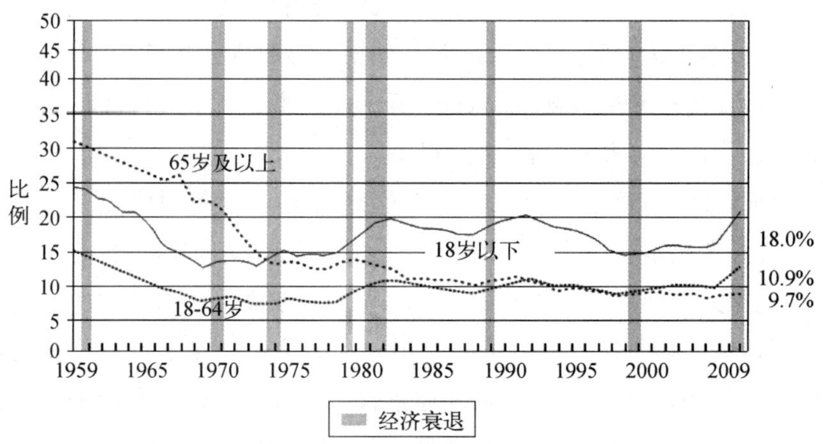

图33　不同年龄段的贫困率

资料来源：美国人口普查局。

注：缺1960—1965年18—64岁及65岁以上两个年龄组的数据。

如图34和图35所示，老年人贫困率根据不同特征而有明显不同。例如，孤寡老年女性的贫困率比孤寡老人的总体贫困率高得多。高龄老人（75岁以上）和孤寡女性的贫困率也超出了平均水平。抛开年龄不谈，少数裔群体贫困率比白人高出两倍以上（Wu，1998）。毫不奇怪，老年女性、少数裔群体和慢性疾病患者的贫困率较高——这些群体可能是最弱势的群体。

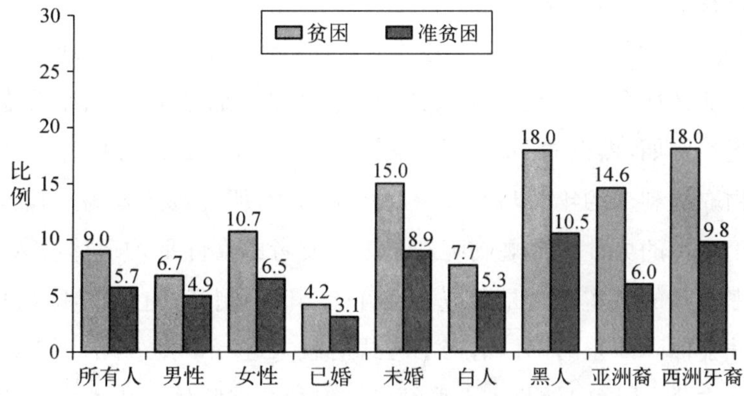

图 34　65 岁及以上贫困线以下人口比例

资料来源：O'Brien, Wu & Baer(2010)；美国退休人员协会估值；2009 年《年度社会经济副刊》。

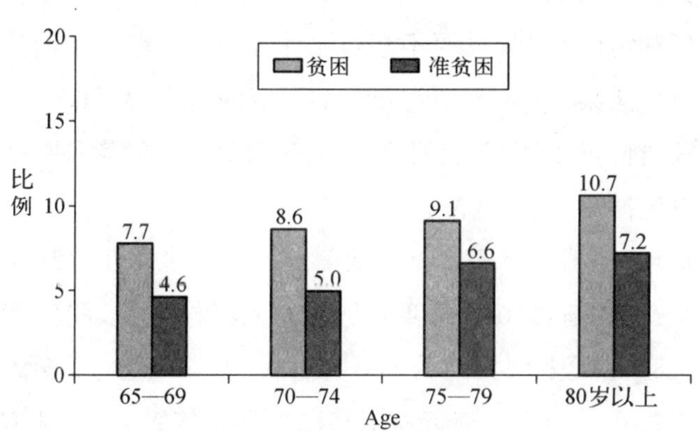

图 35　各年龄段贫困状况，2010 年

资料来源：社会保障管理局，2012 年；老年人收入图集，2010 年。

应该按年龄还是按需求来分配福利和权益？在讨论这个问题时，我们也应当考虑老年人亚群体间经济状况的差异，这一点十分重要。例如，社会保障和联邦医疗保险的伟大力量在于其普惠性和公平性。变老就像出生和死亡一样，是人类普遍经历的一部分，而所谓的老年人，其实就是“未来的我们自己”，因此我们希望，美国人都愿意缴纳社会保障金，因为有朝一日我们都能指望从中获益。

当我们关注异质性与多样性时，一种截然不同的现实便呈现在我们眼前，那就是不平衡模式——男性和女性、白人和少数裔之间存在天壤之别。那么社会保障或《美国老年人法》等普惠性项目该如何考虑这些差异呢？例如，黑人的平均预期寿命比白人短，那么社会保障应当降低黑人领取福利金的年龄吗？如果这样做的话，那是否还要为平均预期寿命短于女性的男性修改规则呢？是否还要考虑女性平均退休收入更低、贫困率更高的事实呢？是否应当修订社会保障制度，向女性倾斜呢？

社会保障体系的确以恰当的方式对收入进行了再分配，不考虑性别与民族之分，适度向低收入人群倾斜。但社会保障体系中有一些因素制约了再分配功能。人们长期以来的争论是，社会保障应当如何看待女性承担的家庭角色，如何体现这些性别角色差异？（Estes，2004）。

这里我们要汲取一个重要经验：面向最需要福利的人群实行某种程度的再分配和定向福利，只要不超过某个范围，就能让人们接受。但关于民族和平权法案（affirmative action）的长期争议表明，一旦我们分配福利金时针对性过于明显，过于偏向某一群体，那么需求原则与普惠性原则就会发生冲突。

未来几年，美国老年人口将反映美国社会的多样性。21 世纪的一大重要问题是：大批新移民的大部分是亚洲人或拉美人，我们能否平等地接纳他们？80 年代来到美国的 800 万移民，与 20 世纪早期跨越大洋来到这里的人数几乎相等。最近一批移民大多是年轻人，但他们在接下来几十年中将不断老龄化，从而进一步增强老年人口的多样性。

贫困线以下的美国人约有 3/4 为女性。

最终，与公民身份和国民身份相关的民族意义仍是未解的难题。在 20 世纪最后十年，我们目睹了一些多民族大国的解体，有代表性的是苏联和南斯拉夫。因此，重要的问题是，美国不同的种族和民族群体能否和谐共处，而不搞分裂和冲突？我们能比别的国家做得好吗？现在还没有肯定的答案。但美国的历史一向是一波接一波的移民创造的，是由法律面前人人平等的政治理念指引的。愈发鲜明的民族多样性和不断壮大的老年人口将对未来构成考验，我们必须关注不同的老龄化经历。

美国老年人的经济地位

我们知道，美国老年人亚群体间的经济状况有很大不同，除了了解他们之间的差异，我们还需要解决一个基本问题：在近几十年里，老年人群体的经济状况是怎么样的？从 80 年代早期开始，美国老年人的收入就比年轻人增长得快（Radner，1987），老年人的贫困率已经大幅下降，他们二三十年前购置的房产等资产的升值，也让资产净值有了大幅提升，至少在最近的经济危机之前是这样。

我们还有必要区分两个不同的经济学概念：收入和财富。收入意味着有足够金钱或等价物，而财富指一切有价值的经济资产，无论它们能否变现。一个人的财富和收入不一定有关系。例如，一位老人可能住在一栋已经大幅升值的房子里，却没有足够的固定收入来维护它。老年人财富往往比年轻人多，享受的政府福利金也更多。然而，美国老年人的平均收入低于其他成年人。

老年人经济状况巨大的多样性使得这一问题变得更为复杂，其资产和收入范围都比其他年龄段群体要广，也就是说，极端富有和极端贫困的状况都存在于老年人中（Quinn，1987）。大多数研究仅关注平均值，但平均值会被两头的数据（极富有或极贫困）扭曲。为了了解典型个体的真实状况，我们应当看中位数（收入数据排序后，中间的那个数值）。中年人家庭的现金收入中位数最高，而年轻人和 85 岁以上老人的现金收入中位数最低。如果计入非现金收入（如联邦医疗保险福利），那么老年人的经济状况中位数就会高一些。这说明，在考虑联邦医疗保险支出与社会保障福利金的情况下，如何衡量老龄人的贫困程度，是一个十分重要的问题(Korenman & Remler，2013)。

退休收入来源

美国的退休收入政策常被比作一只"三脚凳"，其三只脚分别是社会保障、私人养老金、个人积蓄及其他收入性资产(见图 36)。有些老年人还有工作收入，但我们在这里仅关注社会保障、养老金和资产。

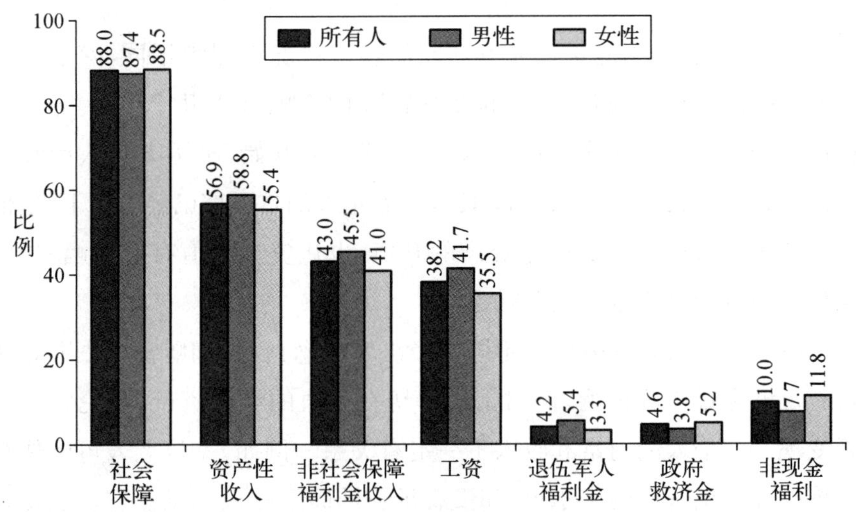

图 36　2010 年各项收入来源比例

资料来源：老年人收入图集(2010 年)，美国社会保障管理局。

注：65 岁及以上老人的家庭收入比 65 岁及以上老年人个体(aged unit)收入高，原因是前者包括所有家庭成员的收入，而后者只包括配偶的收入。此外，每个老年人均视为独立个人而非婚姻中的个体；与个人统计(statistics based on persons)相比，老年人个体统计(statistics based aged unit)更强调未婚人口。

请注意收入来源的发展趋势。随着社会保障在老年人收入当中所占比例增大，就业收入已经急剧下降了。例如，在 60 年代末，工资仍是 65 岁上已婚夫妇的主要收入来源，但到了 1976 年，社会保障收入超过了工资收入，此后一直延续这样的趋势。另一个趋势是，资产和个人养老金的重要性越来越突出。1978 年至 1984 年，储蓄之类的资产性收入出现了大幅增长，从18%上升到了27%，而退休金只有小幅增长，仅从14%上升到了16%。未婚老年人收入来源的趋势与此大同小异，只是社会保障对他们而言更加重要。过去20年中，收入有了稳步增长，而资产性收入则有所下滑。如今，社会保障继续为65岁及以上老年人提供了大部分收入(社会保障管理局，2012)。

总体而言，老年人的退休收入有了显著增长。毋庸置疑，65岁及以上人群的真实人均收入和购买力都有所改善。过去40年间，他们的收入中位数翻了一番，而无论以哪种方法进行计算，贫困老年人的比例都有显著下降(Purcell, 2010)。

2011年，65岁及以上人群中，女性的收入中位数是15362美元，男性是27701美元。所有以老年人为户主的家庭的收入中位数是48538美元(老龄化管理局，2012)。(同时参见图37)。

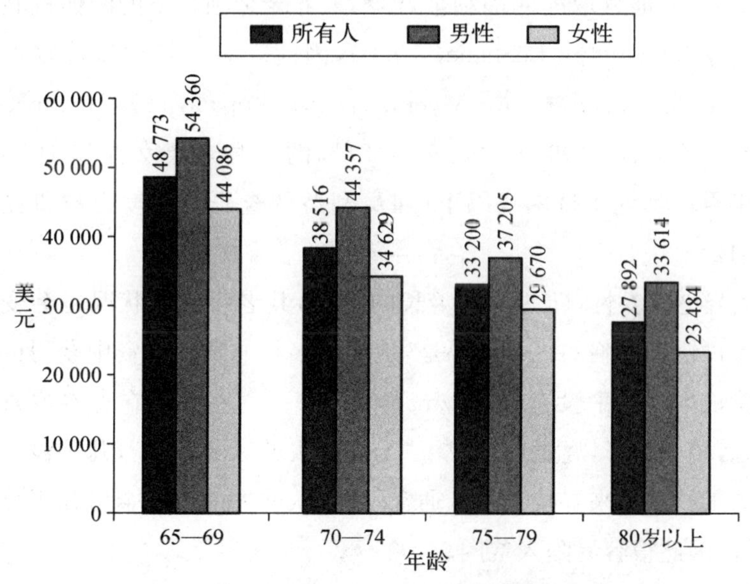

图37　2010年收入中位数(按年龄和性别划分)

注：65岁及以上老人的家庭收入比65岁及以上老年人个体(aged unit)收入高，原因是前者包括所有家庭成员的收入，而后者只包括配偶的收入。此外，每个老年人均视为独立个人而非婚姻单位(marital unit)中的个体；与个人统计(statistics based on persons)相比，老年人个体统计(statistics based aged unit)更强调未婚人口。

然而,老年人并没有同等享受到退休收入的增长。弱势群体——受教育程度低的人、少数族裔和女性——都没有做过符合社会保障全额福利金或私人养老金要求的工作,也没有积累足够的财富。例如,吉布森(Gibson, 1983)发现,非裔美国老年女性通常受到歧视,工作机会遭到限制,只能从事那些较差的工作。前几十年中,黑人女性常被局限于次级劳动力市场,从事家庭女佣一类工作,不仅工资低,几乎没有额外福利,而且也没有工作保障。相比之下,白人男性更容易在一级劳动力市场找到工作,那里的管理岗位或工会岗位有保障,还提供社会福利等资产。

老年女性很可能处于特别弱势的地位,她们的经济状况通常会在丧夫之后发生巨大的变化。事实上,预测女性老年贫困最重要的因素便是丧夫。目前已步入中老年的女性都有可能在某一天守寡。虽然寡妇到了60岁能领取配偶福利金,但私人养老金项目下的配偶福利往往并不丰厚(O'Grady-LeShane, 1990),因此守寡一般意味着收入下降(Holden, Burkhauser, & Myers, 1986; Lopata, 1987; Smeeding, Estes, & Glasse, 1999)。2009年,21%的单身老年女性和16%的单身老年男性都处于贫困线以下(雇员利益调查研究所教育与研究基金会,2012)。

离异老年女性,即便是婚龄长的女性,其老年经济状况也会变得糟糕。无过错方面临的一个结果是,她们从多年的婚姻投资中获得的赡养费赔偿很少或几乎没有(Weitzman, 1985)。一些女性在青春岁月里照顾家庭,相夫教子,离婚后变成了"无处可去的家庭女性",几乎没有可资利用的工作经历来寻找工作。通常,她们从前夫的退休金里几乎分不到什么钱,因此很容易陷入贫困。

职场中的性别差异也会对老年女性造成不公。在65岁的人群中,拥有私人养老金的男性数量是女性的两倍之多。劳动力市场中,越来越多的女性靠自己积累养老金,因此,女性的经济地位在未来会有所改善。女性常常要离开工作岗位照顾小孩或老年亲属,大部分照顾身体虚弱的老年人的也是女性（Lahaie，Earle，& Heymann，2013）。一旦她们辞去工作照顾家人，就丧失了凭工作经历来提升收入的可能，也无法保证获得领取退休金的资格。最终，女性的累积性劣势使得她们处于难以消除的收入不平衡模式中。就这一点而言，她们和其他弱势群体没有差别。丧失了足够的养老金，会迫使中年女性尽可能延迟退休（McNamara & Williamson，2013）。

社会保障

如今，社会保障是美国 65 岁以上人群的主要收入来源，约占他们总收入的 39%。90%老年人的部分收入依靠社会保障，46%的未婚老年人 90%以上的收入依靠社会保障（社会保障管理局，2013）。社会保障对最贫困的老年人来说必不可少。

目前，美国劳动力市场中约有 96%的人拥有社会保障，其发展趋势是全民覆盖。社会保障共覆盖了 3700 万名退休人员（62 岁及以上），620 万名遗属（寡妇和儿童），以及 890 万名各年龄段的残疾人士。2013 年，预计有 5800 万美国人将获得社会保障福利，总金额为 8160 亿美元。

个人必须达到 66 岁，且必须从事过社会保障覆盖的有偿工作，或配偶从事过这样的工作，才有资格领取全额社会保障福利金。也可以在 62 岁时提前退休，享受非全额福利金（www. socialsecurity. gov）。换句话说，年龄和收入记录是获得社会保障福利金资格的必要条件。

个人公平原则认为，人们的社会保障收入应与他们的缴存金额成正比。相反，社会充足性原则为低收入退休人员规定了较高的替代率，因为他们不像有钱人那样，拥有充足的资产或私人养老金。社会保障制度不断发展的过程中，同时采取了公平性原则和充足性原则，在两者之间谋求平衡。许多有关社会保障公平性的讨论，其出发点都是试图平衡这两种相互对立的价值观（见争议九）。

养老金

养老金是一种合同式计划，通常由雇主制定，在雇员离职或退休后为其提供固定收入，因此养老金实际上是一种延迟补偿。养老金在二战后才作为一种附加福利流行起来。近年来，私营公司的工作者投保养老金的比例，从1950年的25%上升到了80年代的50%的历史高点。相比之下，90%的国家和地方政府雇员都有公务员养老金。然而，养老金在美国老年人中并不普及。如今，65岁以上老人家庭中，有私人养老金的仅占45%，而拥有养老金的工作者比例并未增长。对于未来老龄化人口的福祉，这一趋势很是令人担忧(Clark & Whiteside, 2004)。

如今有两种可行的养老金计划。一种是**固定收益计划**(defined-benefit plan)，该计划承诺在参保人的余生中为其提供固定或确定数额的退休金收入，负责该计划的企业因此有责任设立专项基金，提供所承诺的福利。另一种养老金类型是**固定缴存计划**(defined-contribution plan)如**401(k)养老金计划**。根据该计划，雇主、雇员一方或双方缴存资金，但退休金收入的数额取决于缴存年限及投资业绩。过去，享受养老金的工作者大部分是大型企业员工，他们主要参与固定收益计划。目前的趋势是仅提供固定缴存计划，这就意味着，未来退休人员的经济保障会有所下降。此外，还有一种办法是**现金平衡计划**(cash balance plan)，它结合了固定收益计划和固定缴存计划(Gordon, Mitchell, & Twinney)。如今，现金平衡计划或许会让固定收益计划向退休老人承诺的收益有所贬值。许多经济学家担心，固定收益计划被剥离，意味着劳动者必须自行做出积蓄和投资决定。迄今为止的形势表明，这种担忧不无道理(Ghilarducci, 2008)。

美国不要求雇主向员工提供养老金计划，如果要提供，就必须满足特定的法律要求。保护工作者和退休人员的一项重大举措是1974年通过的**《雇员退休收入保障法》**(Employee Retirement Income Security Act)。该法案管理着美国的私人养老金计划，为退休劳动者的福利金提供保障。然而保障并不是绝对的，如果企业破产或合并，养老金计划就有可能终止。此外，有养老金计划的雇主也未被强制要求覆盖周工作量少于20小时的员工，鉴于美国近年来兼职就业的剧增，该制度便显露了重大缺陷。

养老金福利担保公司（Pension Benefit Guaranty Corporation）是在企业不能履行养老金义务的情况下提供养老金保障的联邦机构，其财政前景同样不容乐观。养老金福利担保公司已有110亿美元赤字，还要为破产企业承担500亿美元的养老金义务，而这笔资金目前有很大缺口。2008年开始的经济危机让事态进一步恶化，这笔隐藏的赤字将为未来几代人造成严重问题。

养老金享有权（vesting of pension）对于理解养老金而言至关重要，它指的是雇员必须按照雇主要求工作满一定年限，才有资格领取养老金。如果雇员未达到工作年限，就无权领取福利金。大多数养老金计划都要求雇员至少工作十年才能领取全额养老金。直到近年，继《雇员退休收入保障法》之后的立法才将此年限缩短到了五年。在流动性越来越强的社会中，这一举措对雇员是有利的。批评人士还敦促出台养老金转移制度，允许雇员在换工作后将退休金权利转移到新雇主名下。他们认为，这种转移制度不仅能促进公平，还能提高中老年雇员的灵活性与就业机会，如果跳槽不会导致养老金权利丧失，他们就愿意跳槽。

私人养老金一个越来越重要的特点是可以选择提前退休福利金，也就是说，劳动者在55或60岁退休，都可以享受养老金。如果企业出现裁员的压力，提前退休就势在必行。在这种情况下，可以提高提前退休福利金，鼓励老年员工离开岗位，为年轻人腾出工作岗位。然而，用提前退休换取年轻人就业的做法并非完全属于自愿，其中也存在严重的隐性风险，因此我们需要慎重考虑。例如，提前退休员工以后的联邦医疗保险福利金会遭到削减。

私人养老金通常与社会保障相配合，但有时会让退休人员感到失望和莫名其妙。例如，一旦退休人员领取了社会保障福利金，有些养老金计划就会单方面削减相应数额的养老金，这种做法可能会在今后受到限制，比如规定雇员遭到削减的总额不能超过承诺总额的一半。

社会保障福利金与通货膨胀挂钩，这就意味着如果生活成本上涨，收入也会上涨，但私人养老金并不完全与通胀挂钩。因此，养老金收入在退休早期可能勉强够用，但后面会随着通货膨胀而逐渐贬值，变得不够用了。

雇主不提供养老金的个人和自由职业者，可以通过储蓄积攒养老金。**年金计划**(annuity)是一种已经实施很久的退休储蓄工具，这种由人寿保险公司发售的投资工具允许个人对累计收入延迟缴税。国会也推出了一系列税收激励措施，让人们自己积攒养老金。其中一项措施是个人退休账户(Individual Retirement Account)，个人可将钱存入账户，直到退休。虽然受到一定限制，但可享受减免税收或延迟缴税的优惠。1986 年的《税收改革法》(Tax Reform Act)加强了对个人退休账户适用性的限制，现在仅适用于年收入在 2.5 万元以下(夫妻收入在 4 万元以下)的纳税人。而所谓的基欧计划(Keogh plan)和 401(k)退休计划的基本目标与个人退休账户制度相同，但对收入没有限制。

资产与储蓄

人们终其一生积累资产，人一生当中的境遇会对老年经济状况产生很大影响。房屋等资产是有形资产，股票等资产则是金融性资产。对老年人来说，资产是仅次于社会保障的收入来源，约 1/4 的退休收入都依赖于资产。作为一个群体，老年人家庭比年轻人家庭拥有更多资产，积累了更多财富，至少 80 岁以下老年人家庭如此。

个人或家庭的净资产等于总资产价值(包括房产、积蓄和个人财产)减去债务。表 4 展示以户主年龄为分类依据的家庭净资产中位数。35 岁以下户主有一半的净资产在 5 786 美元以下，而接近 70 岁的群体中，有一半人的净资产超过了 92 500 美元。随着年龄增长，净资产有所下降。但要注意，即便是 85 岁以上的人群，净资产仍高达 77 645 美元。总的来说，美国老年人的总财富水平要远高于年轻人。

表 4　各年龄段人群资产净值中位数，1984 年和 2009 年

	1984	2009	变化
所有人	$ 65 293	$ 71 635	10%
35 岁以下	$ 11 521	$ 3 662	−68%
35—44	$ 71 118	$ 39 601	−44%
45—54	$ 113 511	$ 101 651	−10%
55—64	$ 147 236	$ 162 065	10%
65 岁及以上	$ 120 457	$ 170 494	42%

数据来源：Fry et al.(2011)。

从表 4 可以清楚地看出，35 岁以上人群的主要资产是房屋资产，即减去按揭贷款额的房屋的市场价值。房屋资产价值对老年人来说尤为重要。80%的 65 岁以上老年人都拥有房产，他们中的 2/3 都付清了贷款。老年人家庭 2/5 的资产形式是房屋资产，他们通常在多年前就购置了房产，尽管受 2008 年开始的大萧条的影响，但房产市场价值已经有所上升。

由于这么多的财富都集中在房屋资产上，社会会不断鼓励老年人将房屋累积价值转化成固定收入(Venti & Wise, 2000)。转化房屋资产的一个办法是**反向抵押贷款**(reverse mortgage)，银行每月为老年人提供一笔固定生活费，在户主去世后收回房产。迄今为止，很少有老年人参与反向抵押贷款，因此可以说，房产仍是资产的重要组成部分，却不是老年人收入的主要来源。

从平均数据看，房屋资产的重要性扭曲了老年人家庭的资产净值(见图 38)。相比高收入老年人，中低收入老年人的房屋资产更为重要，因为房屋资产在其总资产中所占比例更高。2008 年经济危机后，房屋价值下跌，房产作为稳定的资产来源的地位有所松动(Munnel, Webb, & Golub-Sass, 2009)。较小的资产包括有利息储蓄和支票账户、股票、债

券及其他不动产。总体而言,房屋资产是当今美国老年人净资产的首要组成部分。

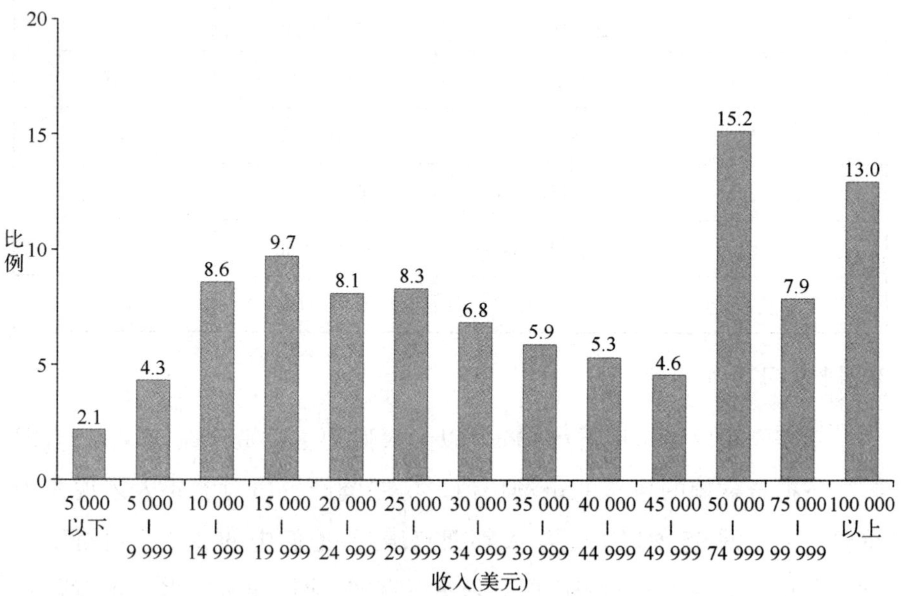

图 38　2010 年不同家庭收入水平的老年人比例

资料来源:老年人收入图集(2010 年);美国社会保障管理局。

注:总比例不一定等于各部分之和。65 岁及以上老人的家庭收入比 65 岁及以上老年人个体(aged unit)收入高,原因是前者包括所有家庭成员的收入,而后者只包括配偶的收入。此外,每个老年人均视为独立个人而非婚姻中的个体;与个人统计(statistics based on persons)相比,老年人个体统计(statistics based aged unit)更强调未婚人口。

社会阶层、性别和民族等方面的差异造成了人们的生活状态和资产分配造成了巨大差异。老年男性和女性的净资产中位数并没有明显差异,但已婚夫妇和所有家庭的平均净资产的差异却很明显,进一步证明了婚姻对老年人经济状况的重要性。种族和民族差异也很明显(见图 39)。白人家庭净资产中位数是黑人老年人家庭的四到五倍。可以看出,平均数的确掩盖了老龄化经历中的一些重要差异。

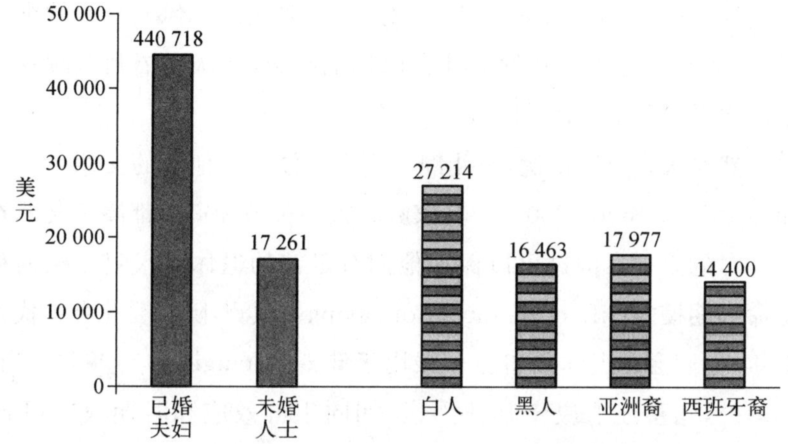

图 39　2010 年 65 岁及以上老年人的家庭收入(按婚姻状况、种族和西班牙裔标准划分)

资料来源：老年人收入图集(2010 年)；美国社会保障管理局。

经济前景的变化

当今老年人的经济状况至少从平均数上看来很不错，他们享受着历史上最高的社会保障和养老金收入，净资产也相对较高。那为什么许多老年人在经济上缺乏安全感呢？

最贫困的老年人有理由缺乏安全感，他们的生活还没有达到小康水平。婴儿潮一代人在 21 世纪头十年开始步入退休年龄，他们的经济状况也出现了很多问题。1995 年美林证券公司(Merrill Lynch)进行的调查表明，45 岁以及上的工作者中，2/3 已经对退休收入产生了焦虑，2008 年经济危机后，他们变得更加焦虑。最近的一项研究表明，一半以上参与调查的老年人对自己维持经济安全的能力感到担忧(美国老龄化理事会，2013)。美林婴儿潮退休指数(Merrill Lynch Baby Boom Retirement Index)预计，婴儿潮家庭的积蓄只达到他们在 65 岁后安度退休生活所需资金的 1/3。但这一指数可能低估了房屋资产作为一种储蓄形式的重要性。如果将房屋资产计算在内，婴儿潮一代的积蓄至少是安度晚年所需金额的84%。另一方面,2011年对65岁婴儿潮一代人开展的全国调研显示,他们中的86%在领取社会保障福利金,并认为福利金改善了退休生活水平(MetLife, 2013b)。

虽然对未来有所担忧,婴儿潮一代人总体上比他们的父辈生活得好(Butrica & Uccello, 2004)。其家庭收入中位数和资产都高于父辈在相同年龄时的水平。但这可以保证他们有足够的退休收入吗?根据**积蓄的生命周期模式**(life cycle model of savings)预测,随着婴儿潮一代人步入老年,他们会在退休前将更多钱用于储蓄(Modigliani, 1985)。当然,除年龄外,储蓄还取决于其他因素,如同生群效应和时期效应(Fry et al., 2011; Zick, Mayer, & Glaubitz, 2012)。

我们还应当关注其他悬而未决的问题。房地产价格会一直居高不下,并让房屋资产保值吗?如果大批婴儿潮一代退休人员将共同基金资产变现,21世纪前几十年的市场价值会受到怎样的影响?房屋资产价值和共同基金的共同问题在于,市场对买卖双方都提出了要求。房地产市场同股票市场一样有周期性:房价有涨也有跌。同时,也没有什么容易的办法来规避风险。2007年开始的次贷危机和房价下跌之前,许多人都把房屋资产当作积蓄来源,这种做法已被证明是有风险的。由于个人必须在退休投资决定方面承担更多的责任,每个人都应当准备好迎接一个截然不同的未来。

导致老年人经济不确定性的主要因素或许是开支会随时间发生变化。过去20年间动荡的美国经济对老年人的生活产生了重大影响。老年人过度依靠退休金和企业年金的固定收入,因此比其他群体更容易遭受通货膨胀的影响。幸运的是,政府政策和经济趋势缓解了通货膨胀对他们购买力的侵蚀。许多联邦项目根据通货膨胀指数和生活成本变化提高了福利金,其中最大的项目是社会保障,它从上世纪70年代起就与通货膨胀进行挂钩。在经济领域,美国目前正在经历一段低通货膨胀期,利率也跌至历史低点,由于老年人对储蓄利息的依赖度高于其他群体,所以他们的收入也已经大幅下跌。

即便如此，美国老年人的整体经济地位已经在过去20年有了巨大改善。养老金覆盖范围及社会保障与通货膨胀的挂钩是收入改善的主要原因，而不断上涨的房价是资产增值的主要原因。随着越来越多的美国老年人离开劳动力市场，他们的工资收入有所下降。

虽然有这样的好消息，但如果认为大部分老年人都很富足，那就错了。平均数字实际上掩盖了两个事实：(1) 就经济状况而言，老年人亚群体之间存在巨大差异；(2) 大批处于贫困线以上的老年人仍然属于准贫困群体。老年贫困的隐形特征在于，与年轻人贫困相比，其持续时间更长，更有可能持续一生。贫困老年人再婚或找到更好工作的机会较少。因此，收入与服务对贫困老年人来说至关重要，如何将福利有针对性地供给最弱势群体也很重要。

美国老年人经济状况的变化，让人们对此类政府项目（特别是社会保障）的成功引以为荣，但同时也为这些项目的未来提出了考验。这些问题已经成为公众争议的话题，很可能持续引发激烈争论。

我们已经看到，房屋资产升值会增加大多数老年人的财富，但房产在人们的生活中不完全是一项经济资产。除非到了需要维修的程度，绝大多数老年人都喜欢住在自己的房子里，住在自己已经习惯了的社区里。如果社区环境稳定，房产被卖给年轻人的可能性很小，最终这些社区都将以老年常住居民为主。

21世纪未来几十年，随着婴儿潮一代人开始步入老年，老年人对住房的需求会急剧攀升。打造廉价老年人住房将成为重要挑战，因为许多婴儿潮出生的一代人的退休资产并不充足，老年人住房的联邦基金已经开始紧缩，如果继续紧缩，上调的可能性就很小。因此，政策制定者正在为老年人住房讨论新的公共和私人领域策略。

老龄化公共政策

我们审视收入项目、住房补贴、联邦医疗保险和长期保健等问题时，会发现政府行动对当下一代老年人的生活状态起决定性作用，这一事实本身是一项重要的历史变化。当前美国的高龄人士出生时，美国政府并没有特别关注老年人问题。然而到了70年代，一位著名政治科学家注意到了"联邦预算的银发现象"，自那以后的预算趋势确认了他的观点(Hudson, 1978)。如今，联邦总预算的30%花在了老年人身上，而且每年都在上升。

20世纪以前，老年人口很少，政府的角色非常有限(Achenbaum, 1978)。30年代经济大萧条时期，随着《社会保障法》出台，情况发生了重大的变化。《社会保障法》至今仍然是美国老龄化政策的基石。社会保障向遗属的扩大(1939)和提前退休福利政策的出台(1956)，引起了法律领域的重要变化。二战后，社会保障覆盖面缓慢而稳定地扩大。1977和1983年两次对《社会保障法》进行了修订，使该计划有了更安全的经济基础，不过人们对其未来的给付能力仍然存在担忧。

正如30年代一样，60年代的十年也充满着社会动荡和政治变革的压力。60年代的"大社会计划"(Great Society legislation)包含了老年人救济体系联邦化等举措，并推行了**联邦医疗保险和医疗补助计划**(1965)等里程碑式的法律。然而，联邦政府在七八十年代，缩减了对所有社会项目的投入(Estes, 1989)。控制联邦医疗保险成本的措施于1983年开始实施，而扩大联邦医疗保险的努力产生了复杂的结果：1988年的法律被废除，但是2003年，国会又扩大了联邦医疗保险，将处方药纳入报销项目中。图40显示，大部分针对老年人的联邦资金流向了社会保障和联邦医疗保险。

联邦立法关注的另一领域是退休。美国劳工部数据显示，如今约有5000万私人领域员工投保了上千种养老金计划。这些计划代表着数百万工作者的退休保障，因此退休基金的安全至关重要。1974年出台的《雇员退休收入保障法》充分体现了养老金的保障举措，该法案在1986年又得到了加强。退休福利金在1984和1990年得到了联邦政府的进一步保护。除此之外，联邦政府还通过公务员退休、军人退休

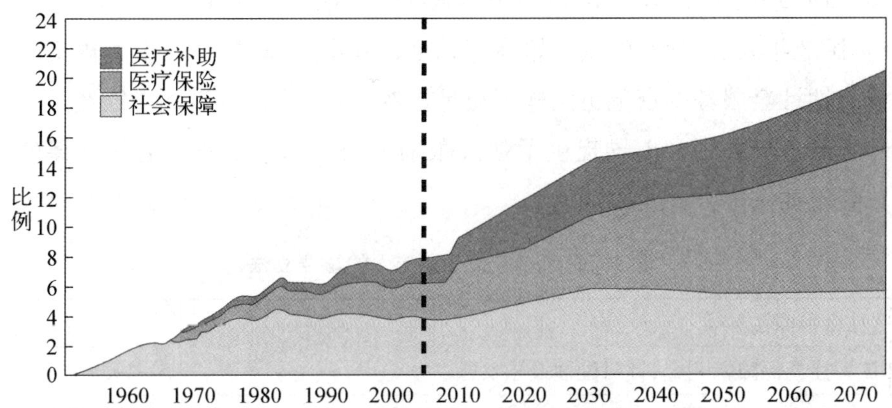

图 40 1950—2075 各财年社会保障、医疗保险及医疗补助占 GDP 比例

资料来源：Penner R G.，and Steuerle，C. E.，*Budget Crisis at the Door*，Washington，DC：Urban Institute，2003.

和铁路职工退休体系，直接参与了养老金收入的供给。

自 2000 年起，参保固定收益计划的美国人数量持续下降，并不断向固定缴存计划转移。虽然各市和各州的情况有所区别，企业退休金计划和公共养老金计划都面临着大笔资金赤字。越来越多的员工转投 401(k)等个人计划，直接受到股市风险的影响，这在 2008 年经济危机开始后房地产价值下跌的现象中已有所反映，从那时起，股市的波动性比以前更大了。

联邦立法对老年雇员和退休人员的反应一直很及时，总体趋势是保障老年工作者的权利，保护他们不因年龄而被随意解雇。一项重大突破是 1967 年的《雇佣年龄歧视法》(Age Discrimination in Employment Act)，法案对老年工作者提供了保护，又在 1978 年进行了显著扩大。1986 年，取消强制退休制度的一项长期运动终于获得成功，员工雇用与留用过程中的年龄歧视得到了禁止。

联邦政府代表老年人采取的另一项举措是直接对社会服务进行规定。1978 年的《集体住房服务法》(Congregate Housing Services Act)为老年人提供了一揽子住房和社会服务，迈出了长期护理政策的重要一步。1965 年的《美国老年人法》为实施综合性社会服务项目创造了条件。《美国老年人法》项目的资金始终不充足,《社会保障法》第二十条规定的综合性社会服务的资金也同样不充足。然而,《美国老年人法》依然为老年人服务的规划和倡导提供了强大激励。表 5 列出了联邦老年法律的一些重要法案。

表 5　联邦政府关于老年人的重要立法

《社会保障法》	1935 年
扩大社会保障福利金(针对配偶及子女)	1939 年
社会保障提前退休福利金(1961 年将男性纳入其中)	1956 年
医疗保险及医疗补助	1965 年
《美国老年人法》	1965 年
《雇佣年龄歧视法》	1967 年
《美国老年人法修正案》(创立全国老年人服务网络)	1973 年
《雇员退休收入保障法》(1986 年修订)	1974 年
《集体住宅服务法案》(Congregate Housing Services Act)	1978 年
《社会保障法修正案》	1983 年
医疗保险预期支付系统	1983 年
《退休权益法》	1984 年
废除强制退休	1986 年
《大病医疗保险法案》(1989 年废止)	1988 年
《医疗保险现代化法案》(处方药)	2003 年

老年人服务网络

政府专门成立了一个部门为老年人提供服务,代表他们提出倡议。《美国老年人法》于 1965 年通过,1973 年修订,为老年人打造了一个**全国老年人服务网络**(aging network),涵盖营养项目、老年公民和老年人社区中心,以及信息与参考服务(Gelfand, 2006)。老年人服务网络的一个重要元素是地方老年人服务机构，通常设于市政府或县政府，为当地老年人提供规划与组织服务。各州也设有老年人服务机构，负责管理《美国老年人法》联邦项目基金的规划和支出。在联邦层面，老龄化管理局负责协调《美国老年人法》项目，提供倡议焦点。

《美国老年人法》规定的关键服务项目是老年活动中心。首个老年活动中心于 1943 年创立，此后逐渐发展壮大。老年活动中心研究所(National Institute of Senior Centers)数据显示，目前全国已有 1.1 万多家老年活动中心。虽然发展势头良好，但《美国老年人法》项目仅覆盖了 65 岁以上人口中的一小部分——最多 5%到 10%。而老年人专业化服务网络则为各级政府提供了规划与倡导工具。

批判老年人专业化服务网络的人提出了相反意见。左派分析人士认为，《美国老年人法》创造的这种公共服务项目几乎无法解决老年人面临的社会问题，对引发问题的根源也无所作为(Minkler & Estes, 1984; Olson, 1982)。这些人主张解决资本主义社会与生俱来的顽疾，如歧视、失业和剥削等。相反，右派保守分析人士认为，目前的老年人服务体系简直在浪费福利国家的社会开支。也有人认为，老年人专业化服务网络通过盘剥年轻人来帮助老年人(Peterson, 2004)，因此坚决反对老年人倡议人士的观点。

老年人利益集团

无可争辩的是，联邦政府在帮助老年人方面所承担的职责有了显著扩大。1930 年时，联邦政府对老龄化问题毫无关注，而如今，每 10 美元就有 3 美元投入在美国老年人身上。预算上涨原因主要有两点：(1) 人口老龄化，即人口中的老年人比例不断上升；(2) 推行一系列项目，保障老年人收入并为他们提供联邦医疗保险。政府为什么要这样做呢？为了理解这个问题，我们需要了解老年人利益集团的影响(Van Tassel & Meyer, 1992)。

从建国时起，美国就自认是一个年轻的国家，因此并不关注老年人。

然而,经济大萧条促使美国人以新的方式来思考政府角色。大萧条发生之前,社会保障制度并不存在,而老年人是美国最贫穷的群体。于是,乘政府扩大社会福利项目之机,老年人便联合起来为自己的利益发声。

最先成立的组织之一是汤森运动(Townsend Movement)。汤森运动成立于1934年,宗旨是消除老年人贫困和刺激经济发展(Holtzman, 1963)。有学者认为,汤森运动影响了1935年《社会保障法》的通过,该法案标志着联邦政府老龄化政策的诞生。另有一家名字非常有趣的老年人利益集团名叫"火腿鸡蛋运动"(Ham and Eggs Movement),其总部设在加州,呼吁为50岁以上的失业群体提供养老金(Putnam, 1970)。《社会保障法》的通过以及经济大萧条的结束,使得这些老年人运动黯然失色。社会保障在四五十年代有所扩大,但原因并非政治压力或社会动荡。

老年人运动于60年代在美国东山再起。如今,最著名的老年人组织是美国退休人员协会,它成立于1958年,前身是全国退休教师联合会(National Retired Teachers Association)。如今这一组织是全国最大的老年人志愿者组织,对所有50岁以上的人开放,并为其会员提供一系列服务与福利,如健康保险和人寿保险、处方药及旅行服务(Lynch, 2011),其会刊是美国读者数量最大的期刊之一。其他重要的**老年人利益集团**包括全国老龄化理事会、美国老年病学协会、美国老龄化协会以及全国社会保障与联邦医疗保险委员会①。

这些全国性利益集团,以及"银发立法会"(Silver - Haired Legislature)之类的州级平行机构,统称为"银发游说团"(Hess & Kerschner, 1978; Pratt, 1976, 1982)。一家位于华盛顿特区名为"老年人组织领袖理事会"(Leadership Council of Aging Organizations)的综合性组织,将许多老年人利益集团联合在了一起。多年来,全国已经发展

① National Council on Aging, the Gerontological Society of America, the American Society on Aging, and the National Committee to Preserve Social Security and Medicare.

出了1000多家老年人利益集团，它们在各级政府进行游说(Day，1990)。老年人专业化服务网络是“利益集团自由主义”(Binstock，1972)的成功案例，利益集团自由主义指代表某一群体(老年人专业化服务网络代表老年人)游说政府扩大干预。

一个重要的问题是，老年人利益集团在多大程度上服务了老年人(Estes，1979)？就社会保障或联邦医疗保险这样的项目而言，老年人利益集团的成就显而易见(Campbell，2003)。但老年人倡议组织应当施压，让老年人比其他年龄段群体获得更多法律保障和福利保障吗？对于65岁以上的残疾人士而言，身患同等残疾的年轻人能从家庭医疗保险中获益。1965年联邦医疗保险制度建立之时，许多人都认为这是实现全国性医疗保险项目的第一步(Oberlander，2003)。《患者保护与平价医疗法案》(Patient Protection and Affordable Care Act，2010)的确扩大了年轻人群体的医疗保险，但并没有按照某些人的要求，为所有人提供联邦医疗保险。

老龄化政治

要理解老龄化公共政策上的激励政治争论，我们必须对老年人的政治态度有所了解。认为老年人年纪越大就越保守的观点是错误的(Cutler，1981)。政治学文献表明，年龄本身对政治态度或政治行为的影响并不显著，政治倾向通常不会随着年龄增长而改变。因此，根据人们的年龄来进行投票的“代际政治”几乎是不可能的(Heclo，1988)。不过，人们对政治的热衷和投票行为显然会随着年龄而有所增进。最积极的选民是65到75岁的年龄群体。但是要记住，虽然美国老年人在选举中声势浩大，但其主张并不一定是一致的。

此外，老年人利益集团的规模和多样性或许会削弱其影响公共政策的能力。例如，美国退休人员协会是美国规模最大的组织，其会员总数有4000万，超过了加拿大的总人口，但退休人员协会所谓的为中老年人群发声的能力通常被高估了。一个案例是1988年通过的《大病医疗保险法案》(Medicare Catastrophic Coverage Act),美国退休人员协会对其给予了支持,但该法案在一年后就被驳回。2003 年,退休人员协会为《联邦联邦医疗保险处方药、完善与现代化法案》(Medicare Prescription Drug, Improvement, and Modernization Act)给予了主要的支持,但该法案仅以非常微弱的优势在国会获得批准,而其通过的主要原因是有布什总统撑腰。2009 年,美国退休人员协会等华盛顿特区的利益集团为《患者保护与平价医疗法案》的通过提供了关键支持,然而该法案在老年选民中引起了很大争议,一部分原因是他们担心联邦医疗保险会缩水。不过,医疗改革表明,老年选民是选区政治中不容忽略的力量,2010 年的大选就说明了这一点。

街谈巷议

"银发游说团束缚了美国的老龄化政策。"

对于反感美国退休人员协会等老年人倡议集团的人而言,这是他们最钟爱的说法。按照砖家们的意见,社会保障都已不再是"政治的第三条腿"了。很显然,乔治·布什在 2005 年并不相信这种说法,2011 年的奥巴马政府也不相信这种说法。相反,奥巴马政府主张将社会保障纳入赤字削减计划。

那么真的存在"银发势力"吗?研究这一问题的政治学家认为,老年人利益集团能够保护社会保障等普惠性项目不遭到削减,除此之外并没有什么作为(Binstock, 1972),投票人数多不一定就会产生政治效果(Binstock, 2006—2007)。有些分析人士则发现,从长期看,政治参与和政府项目实际上相互促进。社会保障也许是最好的例子,它将老年人从一个弱势群体变成了政治上最积极的年龄群体,至少从投票率上看是这样。就这一点而言,公共政策深刻影响着老龄化社会中公民的角色(Campbell, 2003)。

公共政策及老龄化趋势

我们在思考未来时，要谨记老龄化人口的多样性，包括亚群体健康的巨大差异以及累积性劣势的影响，而且也要谨记早期生活经历影响着老年生活。很显然，老年人经济状况的好转推动了人们对老龄化项目的重新评价。无论我们如何看待老年人政治倡议的有效性，越来越多的联邦政府支出无疑流向了老年人。美国老年人支出的上升有以下几种解释：

- 社会保障和联邦医疗保险迅速扩大，因为其适用性仅以年龄为根据，缺少经济状况审查（means test）。这些项目不考察实际需求便为所有老年人提供服务。事实上，这项支出的受益人大多是中产阶级老年人，而非穷人。甚至一些有钱的老年人都可以通过缴存社会保障享受到福利金。
- 另一个原因是，联邦老年人项目具有广泛的政治支持。大多数受益人打心底里认为，他们所得到的福利都是自己应得的，而社会保障的机制就好像企业年金，每一分钱都是逐年积攒下来，在退休后连本带利返还。事实上，这种观念是错误的，社会保障不是银行账户，而是保障。大多数美国人，无论保守派还是自由派，都能得到他们应得的福利。同时，尽管越来越多的年轻人开始怀疑自己退休后是否能得到同样的福利，但许多年轻人依然非常支持这些对自己父母有利的项目。
- 针对美国老年人的项目大多都是一点一滴地成长，因此很难看出多年来它们究竟有什么变化。虽然有时候会有重大突破，比如1935年推行的《社会保障法》，但社会保障项目中一些未得到重视却在逐步扩大的举措也同样重要，因为它们有很大的累积性影响。无可否认，阶段性成长的确可以被紧缩性政策抵消，如1983年《社会保障法》修订过程中，国会首次同意对社会保障福利金征税。但普罗大众往往对这些技术性细节不够了解。

- 老年人权益项目的发展反映了老龄化人口规模的增长。人口老龄化实际上保障了老年人可以分享更多资源。以年龄为依据的福利项目使得这一转变显得自然而必要,并不是特殊政治倡议的结果。

过去20年间,联邦老年人项目的迅速成长引起了困境。以年龄为根据的权益项目所占的预算规模让规划者感到担忧(Torres - Gil, 1992)。婴儿潮一代人的退休将大幅增加社会保障和联邦医疗保险适用人群的数量,同时,工作人口的数量将减少。面临这样的人口压力,我们该如何以合理的财政方式维持福利?1983年出现了一个解决办法,国会决定在21世纪将社会保障福利的资格年龄提高两岁,但社会保障的变革还未就此结束。有人倡议,应采取措施使社会保障对女性更加公平,并将社会保障基金划拨到私人投资中,允许个人自行做出投资决定。联邦老龄化项目总体上不太可能出现大的变化,许多人非常希望看到这些福利项目继续下去,而将其维持下去的政治压力也很大。然而,正是因为老龄化开支庞大,而且我们还有其他的公共需求,故而削减成本的压力将使老年人权益项目不断遭到审视。

公平性

老年人权益项目还存在其他一些重要的问题。其中之一便是平等性或公平性。社会保障等为所有老年人服务的项目是最为成功的联邦老年人项目,它们成功而普遍地改善了老年人的健康状况,让人们惊奇地看到政府如何在一个问题上达成共识,并义无反顾地加以解决(Schwarz, 1983)。但赞美成功的同时,不应该忽视老年女性和少数裔群体贫困率仍然居高不下的事实。

而且,最成功的老龄化项目都是基于对需求或依赖的假设。社会保障和联邦医疗保险的出发点都是一种“纵容性共识”:老年人虚弱无助,需要社会的帮助(Hudson, 1978)。老年人的这一形象被卡利什(Kalish)称为老年人的“失败模式”。既然如今的美国老年人健康而富有，教育程度又高，那么纵容性共识很可能就站不住脚了(Binstock，1985)。

与此相关的是**代际公平**(generational equity)概念。老年人已经获得了大量的联邦预算，随着退休群体的扩大，待遇还有可能上升。但与此同时，儿童和遗属的联邦开支则有所削减。美国年轻人无家可归、贫困、营养不良和健康水平低下的情况有所加剧。继续根据年龄分配福利金是公平而明智的吗？社会保障和联邦医疗保险等项目的力量在于其普惠性和公平性。我们在前面也讨论过，社会保障和《美国老年人法》等普惠性项目该如何化解男女之间，以及白人和少数裔之间经济不平衡的问题，例如，因为女性平均工资和退休收入较低，因此应当获得更多福利吗？

生产力

同其他先进工业化国家一样，美国高退休福利的一个结果是，老年工作者通过提前退休退出了劳动力市场，这一举措受到雇员和雇主的欢迎。实际上，当下的这种政策让许多有活力、有能力的“年轻老人”被迫退出生产性角色。诚然，老年人通常能从休闲娱乐、家庭生活、教会和社区志愿者协会中收获丰富的个人意义，但我们的社会能离开这些人的贡献吗？现在越来越多的婴儿潮一代人步入了65岁，其中越来越多面临退休的人或出于兴趣，或迫于生计希望继续工作。这一点意义重大。

我们在思考工作与退休的未来时，还必须考虑老龄化的种族和民族差异。在老年人口中，退休对于不同亚群体究竟意味着什么(Zembek & Singer，1990)？例如，黑人老年人在面临惨淡的就业前景时，可能会认为自己已经退休了(Gibson，1987)。而有些获得残疾福利但没有养老金的人会退出劳动力市场，但无法被政府认可为退休人员。最后，许多少数裔群体与亲属交换服务，然而这种生产模式并未出现在有关工作和退休的官方数据中。

另一个问题是，包括私人养老金和社会保障在内的退休收入体系，应该如何应对当下老年人寿命延长、更具活力和生产力的情况？私人养老金被理解为延迟性补偿,而社会保障等老年福利项目被理解为公民权益。但权益这一概念,这种认为福利金是我们应享之权利的观念,有别于生产力的概念。生产力意味着,收入和福利的根据是人们贡献的大小。那么,如何才能保持退休收入的公平性,同时又增进老年人口的生产力(Moody, 1990)?社会思考休闲和"生产性老龄化"对未来的启示时,必须进一步探索这些问题(Allen & Chin - Sang, 1990; Butler & Gleason, 1985; Zedlewski & Butrica, 2007)。

小结

美国老年人的整体地位在过去 30 年中有了大幅提升,但如今的状况比以前复杂。出生在婴儿潮时期的老年人生活质量的改善,寿命的增加,慢性病的增多,这些因素相互制衡。2008 年经济危机导致房价暴跌后,老年人早年累积起来的房屋资产价值受到了侵蚀。社会保障与通货膨胀挂钩是收入增长的主要原因,但人们对联邦财政赤字和社会保障未来的争议使未来充满不确定性。

大多数美国老年人并不富裕。2011 年,360 万美国老年人跌到贫困线以下(老龄化管理局,2012 年)。我们在本篇中谈到,老年人亚群体之间存在巨大差异,较大群体的老年人虽被提高到了官方贫困线以上,但仍然属于准贫困群体。

老年人的经济状况,特别是近年来平均经济水平的提升,对美国的老龄化政治有很深的影响。情绪的转变表明今非昔比,并引起了值得关注的新争议。我们思考未来时,要谨记本章中的重要观点:(1) 老龄化人口的多样性,不同亚群体的生活状态存在巨大差异;(2) 累积性劣势的影响,早年生活经历对老年生活产生影响;(3) 社会对老年抱有的一致期待,包括对退休的态度。

人口老龄化是一个重要且不争的事实,但人口老龄化本身并不能决定未来格局,我们也不必对老龄化社会的到来感到悲观。对个人和社会而言，最重要的一点是：一个人年轻时的生活将影响他老年的状况。因此，我们不仅需要预测老龄化的社会经济前景，而且需要建设它。我们要审慎思考影响未来老龄化社会的争议，并据此做出当下的决定(Steckenrider & Parrot，1998)。

推荐书目

Altman，S. H.，and Shactman，D.（Eds.），*Policies for an Aging Society*，Baltimore：Johns Hopkins University Press，2002.

Burkhauser，R.，and Clark，Robert L.，*The Economics of an Aging Society*，Oxford，UK：Blackwell，2004.

Coyle，J. M.，*Handbook on Women and Aging*，Westport，CT：Praeger，2001.

Hudson，R.（Ed.），*The New Politics of Old Age Policy*，Baltimore：Johns Hopkins University Press，2010.

Schulz，J. H.，and Binstock，R. H.，*Aging Nation：The Economics and Politics of Growing Older in America*，Baltimore：Johns Hopkins University Press，2008.

Kotlikoff，L. J.，and Burns，S.，*The Coming Generational Storm：What You Need to Know About America's Economic Future*，Cambridge，MA：MIT Press，2005.

Williamson，J.，and Kingson，E.（Eds.），*The Generational Equity Debate*，New York：Columbia University Press，1999.

争议八　权益的依据：年龄还是需求？

以前，人们一致认为老年人群体是贫穷而脆弱的，但想象与现实有天壤之别。事实上，如果以收入、健康状态和受教育水平来衡量，美国老年人的普遍处境在近几十年有了显著提升。媒体常常将老年人描绘成通过牺牲年轻人尤其是儿童而过着富足生活的形象。这种新形象引发了代际待遇公平的问题。

两代人的故事

从沃尔顿一家的故事中，我们可以对代际公平问题略窥一二。我们在基本概念篇二中读到过这家人的故事。乔治和玛莎是二战一代人，他们对自己取得的成就感到骄傲，属于汤姆·布罗克(Tom Brokaw)所说的“最伟大的一代人”。乔治退伍后，和玛莎一起用退伍军人贷款买了一套房，乔治利用《退伍军人权利法》(GI Bill)的政策上了大学。上世纪五六十年代，沃尔顿一家非常富裕。退休时，夫妻二人发现，他们可以卖了房子，靠部分资产性收益，乔治的养老金及社会保障福利安享退休生活。沃尔顿一家人一直都不富有，但他们很知足。

沃尔顿的儿女们的生活截然不同。卡罗尔和罗伯特都是出生于 50

年代的婴儿潮一代人,童年生活衣食无忧,高中毕业后就大有前途。他俩都上了大学,结了婚,但总是存不到钱。90 年代,他们感到供孩子念书很吃力,因为大学学费已经大幅上涨。不幸的是,罗伯特因为企业裁员丢了工作,他的大儿子毕业后找不到工作,不得不搬回家来住。卡罗尔觉得自己需要工作,但父亲乔治生病后,她不得不减少工作时间来照顾他,现在她给母亲玛莎帮了不少忙。如今已步入中年的卡罗尔和罗伯特深陷债务,根本存不到钱,接着 2008 年的经济危机又给了他们一记重创,股市下跌,房产价值缩水。他们对未来无比担忧。

生活似乎对沃尔顿的孩子们非常不公。沃尔顿一家两代人的遭遇都与经济环境有关,例如房价上涨和失业,也与国家政策有关,例如《退伍军人权利法》和《社会保障法》的影响。无论社会是否有意酿成这样的结果,经济环境和政策的确对不同世代造成了不同影响。那么,我们该如何理清代际公平争论中的关键问题呢?

代际公平

在思考不同年龄群体间的公平或平等问题时,应明确区分“一代人”(generation)一词的两种不同含义:首先它可以指特殊年龄群体,如老年人(65 岁以上)或 18 岁以下的儿童。其次,它指出生于同一年或同一时期的同生群(Ryder, 1965)。如前所述,同生群指经历了特殊历史事件的群体(Mannheim, 1952),例如二战一代,60 后,X 一代,以及“千禧年”一代(出生于 80 年代至 21 世纪早期的一代人)。

与两种意义相对应的是对根据年龄分配福利金制度公正性的两种考虑。首先,相较于儿童,如今的老年人群体是否获得了过多的社会资源?其次,如今的劳动者及其后辈将来能否获得经济保障(如社会保障福利)?

沃尔顿家这样的故事已经是司空见惯。首次发现这种趋势时,著名老年学家伯尼斯·内加藤(Bernice Neugarten, 1983)出版了著作《年龄还是需求?》,提出了一个富有争议性的问题:老年人的政府福利项目应该以需求还是年龄为根据?

多年来,美国人一直将老年人看做“理应获得援助的穷人”:出于无法控制自身的原因,他们在经济上不能自立,因此理应得到援助。这种假设成为许多重要的政府项目的根据,从社会保障到大社会计划,不一而足。诚然,并非所有的老年人都与这种刻板印象相吻合,但其穷困潦倒、不堪一击的形象已经深入人心,有人把这种成见称为“同情性年龄偏见”(Binstock, 1985)。随着老年人政府项目的开支越来越高昂,出现了另一种缺乏同情心的观点。批评人士开始将老年人描述为社会负担,他们对现在和未来人口老龄化的负面影响感到担忧。这种担忧已经变成了代际公平讨论的一个话题。

与其他年龄群体相比,老年人是否获得了过多的政府有限性资源,这一争议是讨论代际公平(generational equity)问题的出发点。代际公平这一题旨至少包含了四个问题(Kohli, 2005; Wisensale, 1999)。首先是老年人和儿童之间资源分配的问题——老年人得到了过多的福利吗?其次是政府大笔赤字的问题,2008年经济危机让赤字问题雪上加霜。其三是在本书争议四中讨论过的资源配给问题:许多年轻人怀疑,他们今后是否还能领取社会保障福利金。于是就出现了第四个问题:社会保障对年轻人真的公平吗(Moody, 2009),这个制度如何公平对待所有世代的人(Diamond & Orszag, 2005)?

为了理解代际公平讨论的诸多因素,我们需要考察一些因素,包括老年人和年轻人的贫困率,赡养老龄化人口产生的相对负担,以及税收和其他公共政策对不同年龄群体产生的影响。最终,我们需要考虑一个问题:哪些才是老年人口中最需要帮助的人?

老年人贫困问题

不论以何种标准衡量,美国老年人过去30年来的贫困率都有了明显下降。我们在基本概念篇三中谈到,截至2011年,有360万(或

8.7%)老年人口位于贫困线以下，这一数字标志着一个重大进步(老龄化管理局，2012)。值得注意的是，老年人收入增长主要发生在1960到1974年，很久之后我们才听到人们抱怨老年人福利太高。1959年，美国的老年人贫困率是35%。如今，儿童的经济状况则大不一样，18岁以下的儿童中有22%生活贫困，数量是老年人的两倍以上。然而，还有另外一种衡量贫困水平的方法，即补充贫困线(Supplemental Poverty Measure)①，这种方法发布于2011年，是一种以收入为根据的实验性计算方法，比官方贫困水平计算方法涵盖了更多因素(退休人员协会，2010)。采用补充贫困线，我们有了截然不同的发现：老年人的贫困率上升到了15.1%，儿童的贫困率则下降到了18%(老龄化管理局，2012)。除此之外，我们还需要理解"准贫困"(near poor)的概念，它指的是收入高出官方贫困线50%以下。老年人贫困率的增长是由自费医疗费用所导致(老龄化管理局，2012)。无论年轻人还是老年人，贫困都是一种不幸的艰难处境。需要说明的是，近年来官方衡量贫困的传统计算方法受到了挑战，贫困有不同定义，取决于采用的标准。

街谈巷议

"老年人贫困问题仍然很严重。"

这种说法放在1959年是对的，但放在今天就不对了，儿童贫困率有明显上升，但与其他成年人群体相比，老年人的贫困问题较轻。不过准贫困老年人的确面临着严重问题，少数裔等亚群体中老年人贫困率也很高。最重要的是，社会保障在老年人扶贫方面非常有效，尽管它未能真正消除贫困。

① 也译为"附加贫困衡量"、"附加贫困测算"等。——译者注。

还可以用许多方法考察老年贫困率问题。如果将联邦医疗保险计算在内，那么“贫困”老年人的比例会下降到区区6%。这再次体现了老年人权益项目的影响。如果我们忽略所有的政府现金转移项目（如社会保障），那么美国65岁以上的人群有44%会跌到贫困线以下。

显然，官方的贫困线并不能反映所有情况。若要进一步求证，我们首先要看到，87%的65岁及以上老人都获得了社会保障，而53%的已婚夫妇和74%的未婚老年人领取的社会保障占各自总收入的一半以上（社会保障管理局，2013）。其次，当我们关注“准贫困”老年人（收入不超过贫困线1.5倍），发现每四个老年人当中，就有一位面临着经济困难。图41显示了老年人的收入来源对社会保障的依赖程度。

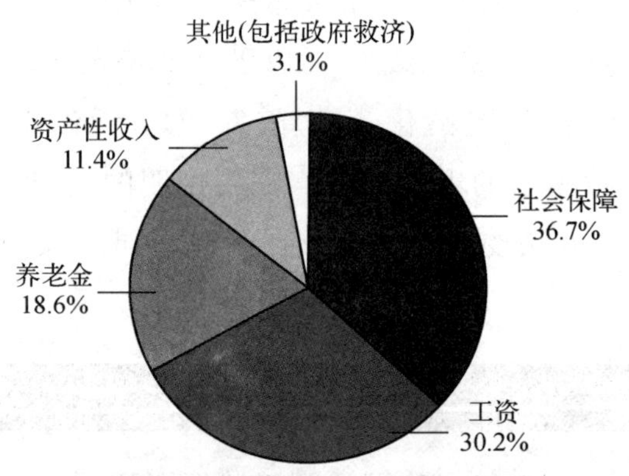

图41 不同收入来源占总收入比重，2010年

资料来源：老年人收入图集，2010年，社会保障管理局（2012年）。

注：整体不一定等于部分之和。

另一个老年群体称为“中间人”，其收入位于“中间地带”，是没有经济保障的中下层老年人。中间人在经济上并不富裕，但其贫穷程度未达到补充性保障收入（Supplemental Security Income）的条件，这项由社会保障管理局实施的现金福利项目专门针对贫困、失明或有残疾的老年人。如同食品救济券（美国补充性营养救济计划，Supplemental Nutrition Assistance Program）及社会福利（贫困家庭临时救济，

Temporary Assistance for Needy Families)，补充性保障收入是一种**经济状况审查性项目**(means-tested program)，也就是说，只有收入和资产低于某一水平，才有资格申请。

但中间人并不符合资格，因为他们略微超出了贫困线。一旦遇到意外困难，例如房租上涨、配偶去世或患上了需要长期护理的大病等，就会变得不堪一击。

因此，认为老年人都很富裕的刻板印象是不对的。许多老年人或许脱离了贫困，但仍然徘徊在"准贫困"的境地。事实上，老年人的准贫困率自70年代开始就几乎没有改观。而且，贫困和老龄化的平均数据也掩盖了老年人亚群体间的重要差异，实际上，他们都面临着社会不平衡与累积性劣势。对代际公正的讨论大多都围绕着平均数展开，但平均数具有误导性。

儿童与年轻人贫困问题

当代儿童明显缺乏保障——缺乏父母照顾，得不到专业的护理，不能接受良好的教育等，不一而足。他们被称为"危机中的一代"。与其他国家进行对比后发现，美国儿童贫困率比全世界所有工业化国家都要高(Rainwater & Smeeding，2005)。1996年通过的严格福利改革立法表明，政府在不远的未来不太可能加大对贫困儿童援助力度。

年轻人的贫困率一直在攀升，而老年人的贫困率则一直在下降。那么，应当归咎于扶持老年人的政府项目吗？的确，福利券和食品券等援助贫困年轻人家庭的政府项目很不受欢迎，也两次遭到削减，一次是在80年代，另一次是1996年通过的"终结当前福利"的联邦立法。公众对贫困儿童的救济近年来大幅下降，家庭经济状况审查式项目也被削减。相反，让退休人员受益的社会权益项目，如社会保障和联邦医疗保险，虽然遭到许多批评，但依然安然无恙。

尽管如此，儿童贫困率不断上升的基本原因似乎与政府权益性项目关系不大。老年人项目支持者指出,年轻一代贫困率居高不下的原因是家庭结构、失业和工资下降。在大多数国家,单亲家庭儿童的贫困率是双亲家庭儿童的两倍以上。和老年人的情形一样,儿童贫困的重要因素还包括种族和民族。如果依据种族和民族对儿童贫困率进行分析(图42),我们会发现,2011 年黑人儿童贫困率是白人儿童的三倍,拉美裔儿童贫困率和黑人儿童一样高(卫生与公共服务部公共服务政策发展办公室, 2012)。这些数据表明,在分析不同人生阶段贫困的成因及解决办法时,非常有必要考虑年龄、民族等因素的交叉作用。

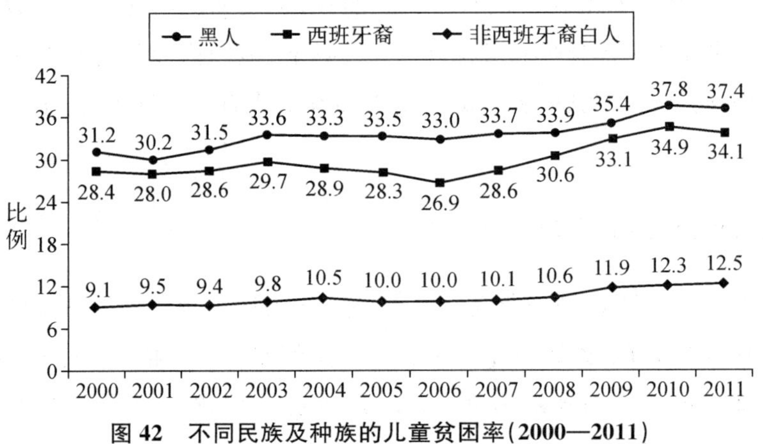

图 42　不同民族及种族的儿童贫困率(2000—2011)

资料来源:卫生与公共服务部—规划与评价助理秘书处—公共服务政策发展办公室(2012 年)。

注:西班牙裔包括所有种族的儿童;白人及非西班牙裔人不包括西班牙裔儿童;黑人(非裔美国人)包括西班牙裔儿童;从 2002 年起,黑人(非裔美国人)包括不同种族的黑人(非裔美国)儿童。

然而,也有评论人士将儿童生活状况的下降归咎于老年人的投票权。人口统计学家塞缪尔·普雷斯顿(Samuel Preston, 1984)是最先对老年人的庞大规模和政治权利表示担忧的人之一,他认为这对美国儿童的福祉构成了威胁。流行媒体中有许多文章都涉及了这一主题,但很少有证据表明,老年人群体通过投票的方式从儿童那里夺走了资源(Rosenbaum & Button, 1989)。

不过，事实上，如今有孩子的家庭在选民中所占比例比过去有所下降。如图 43 所示，儿童占总人口比例随着人口老龄化有所下降。即便是面向所有年龄段贫困人口的医疗补助计划，也只是增加了老年群体的福利，而儿童和家庭福利则毫无改观。医疗补助方面，老年人人均开支上涨的主要原因是，该项目是一项长期护理（特别是养老院护理服务）支出。也就是说，老年人福利增加的原因在于，有更多人带着虚弱之躯活到了老年。

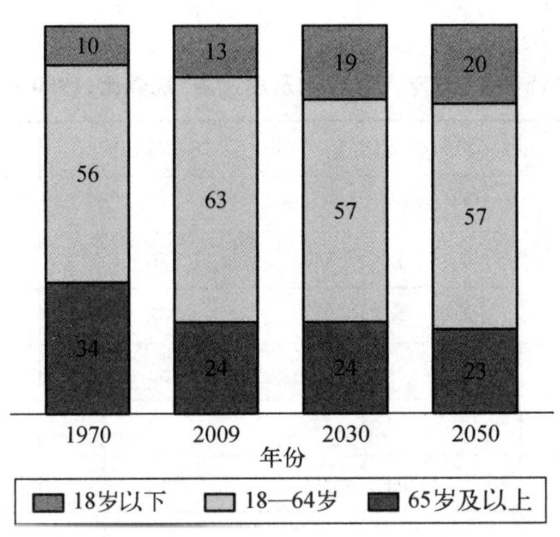

图 43　各年龄段占总人口比例，1970 年—2050 年

资料来源：Jacobsen et al. (2011)；美国人口咨询局对美国人口普查局数据的分析。

赡养比/抚养比(Dependency Ratio)

儿童和老年人口比例的不断变化引起了另一个问题：社会今后还有能力赡养这么多老年人吗？赡养比/抚养比是对就业人口赡养/抚养非就业人口所承受经济负担的一种测量标准（Mirkin & Weinberger, 2000）。比如，老年人赡养比等于 65 岁以上老人数量除以在职劳动者数量（18—64 岁），儿童抚养比等于 18 岁以下儿童数量除以在职劳动者数量。

表 6 显示了赡养比/抚养比随时间而发生的变化及其在 21 世纪的发展趋势预测。对老龄化人口负担表示忧虑的人士指出，社会保障在 30 年代创建时，每一位受益人由 50 位在职劳动者赡养，而如今，每三名劳动者就要赡养一位受益人。本世纪 20 年代末，人口老龄化将达到高峰，赡养老人的劳动者比例将越来越小（图 44）。随着婴儿潮一代人老去，预计赡养比将从 2010 年的 22∶100 上升到 2030 年的 35∶100（Vincent & Velkoff，2010）。因此，不断缩小的就业人口要赡养更多的老年人，将承担更大的压力。

表 6　儿童抚养比，老年人赡养比及总赡养/抚养比，1900 年—2050 年

年份	65 岁及以上	18 岁以下	总赡养/抚养比
估值			
1900	7	76	84
1920	8	68	76
1940	11	52	63
1960	17	65	82
1980	19	46	65
预测			
1990	20	41	62
2000	21	39	60
2010	22	35	57
2020	29	35	64
2030	38	36	74
2040	39	35	74
2050	40	35	75

资料来源：美国人口普查局（1988 年，1989 年）。

注：表中数字指 100 个 18—64 岁劳动者赡养/抚养的人数。

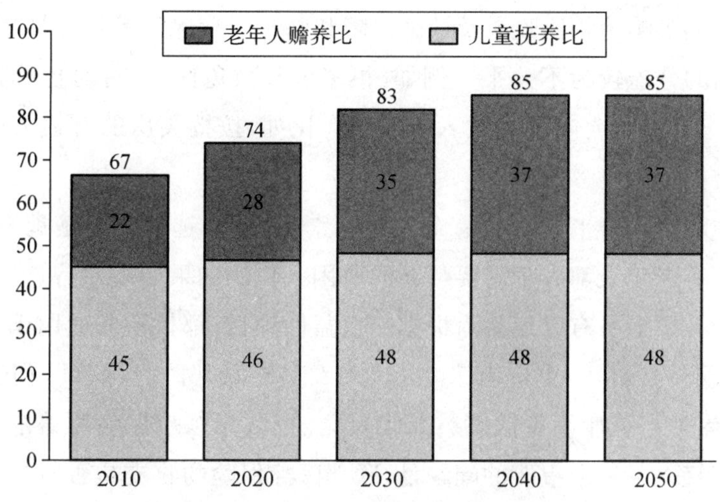

图 44　2010 年—2050 年美国赡养/抚养比

资料来源:美国人口普查局(2008)。

注:总抚养比=[(20 岁以下人口总数+65 岁以上人口总数)÷(20 至 64 岁人口总数)]×100%。
老年人赡养比=(65 岁以上人口总数÷20 至 64 岁人口总数)×100%。
儿童抚养比=(20 岁以下人口总数÷20 至 64 岁人口总数)×100%。

我们应当注意,因为家庭规模变小,对上述情况形成抵消效应,儿童抚养比自 1960 年起有了明显下降的趋势。如果我们合并抚养比和赡养比,就会发现整体下降趋势将一直持续到 2010 年,然后又将重拾升势,从 67∶100一直上升到 2050 年的 85∶100(Vincent & Velkoff, 2010)。

关键一点在于,由于儿童抚养比下降,包括老年人赡养比在内的整体负担目前不算太高,尽管未来趋势还有待观察,但应该也不会过高。虽然联邦医疗保险等特殊项目的支出会造成一些问题,我们还是应当重点考虑这些项目的资金来源和控制方式,而不是依据抽象的整体赡养比/抚养比来做决定。

税收与代际核算

在代际公平的讨论中,人们往往只关注政府在老年人身上的开支。实际上,税收体系的作用也同样重要,它对不同年龄群体和不同同生群有着深远影响。相比收入及社会保障和联邦医疗保险等权益性项目,税收支出的分配较为不公平。例如,很多税收减免优惠(有时也称税收支出)都不合理地流向了高收入老年人。比如,按揭买房的有钱人会比租房的穷人得到更多的免税。

推动代际公平讨论的一个主要因素是,人们越来越清楚地意识到,并非所有老年人都属于需要帮助的贫困人口。如果严肃对待这一问题,就意味着要把所有以年龄为根据的权益性项目,都替换成适用于所有年龄段人群的项目。也许有人主张"人人享有联邦医疗保险",但实际上《患者保护与医疗平价法案》(2010)已经把联邦医疗保险覆盖范围扩大到了年轻人。一个重要的问题是,联邦医疗保险的收支是否应当实行累进税率制,将老年人口的异质性考虑在内?事实上,自从《患者保护与医疗平价法案》实施后,联邦医疗保险就已经有所改变,规定高收入受益人要缴存更高比例的工资税。

一种富有启发性的代际公平分析方法源于经济学,称为**代际核算**(generational accounting),其提出者是经济学家劳伦斯·科特利科夫(Lawrence Kotlikoff)(1992)。这一方法的目的是分析政府的征税方式及支出政策对不同同生群的影响,具体算法是用人们一生中向联邦政府、州政府和地方政府缴纳的总税款,减掉他们所获得的福利,如社会保障、联邦医疗保险和教育。计算结果发现,出生于1950年的婴儿潮一代人一生中的平均缴税率比其父辈高出1/3(分别是31%和24%)。这种差异意味着,前者每个人一生中缴纳的总税款比领得的总福利多出了20万美元(Nasar, 1993)。随着2001年联邦预算出现巨额赤字,这一问题进一步加剧,一直持续到近年。

代际核算为我们思考当下预算决策的长远影响提供了一种角度,有关社会保障的许多争议也可以通过代际核算来进行分析。但代际核算和代际公平框架的批评人士认为,未来人口和经济动向具有不确定性,因此有人提出所谓的"人口灾难"论,认为不断攀升的老龄化人口势必加重社会负担。这种想象来源于人们对老年群体竞争的恐惧(Robertson, 1997)。但实际上,美国人口虽然已经严重老化,但尚未造成可怕的后果。决定未来的因素不仅有人口状况,还有经济发展和国家政策。

权力与稀缺资源竞争

关于代际公平的争论是否意味着,老年人和年轻人一定会产生冲突?我们必须把代际冲突和对公共项目的竞争这两个概念区分开来,冲突和竞争并不是一回事。代际冲突在某些社会的确存在,比如那种由长辈控制财产的家庭(Foner, 1984)。在美国,并没有充分证据表明不同年龄群体之间产生了冲突或两极分化。相反,公众对社会保障等老年人福利项目的支持度一直很高。事实上,全国社会保障研究院(National Academy of Social Insurance)近期发布的一项调查显示,18 到 64 岁所有年龄段的成年人一致认为,一定要为子孙后代保住社会保障制度。不过确实会出现不同群体竞争有限资源的情况,而政治进程也会对不同年龄群体产生不同影响,例如学校债券可能被投票否决,或对社会保障福利实行征税。然而,这些税收和支出变化并不是年轻人群体的敌意所引发,让不同年龄群体相互竞争的做法是错误的。社会保障周期性变化表明,竞争、选择和权衡总是政治生活的一部分,忽略这一点也是不明智的。

参与联邦医疗保险游行的老年女士。

最弱势的老年人

从 80 年代开始,不仅出现了如何给付美国老年人福利金的问题,还产生了应该让哪些人享受福利的问题(Binstock, 1994)。政府出资提供的服务真的对弱势老年人有帮助吗?政府该如何有针对性地把资源提供给那些最贫困的人？我们又该如何达成共识，决定哪些人才是最弱势的老年人（Harel, Ehrlich, & Hubbard, 1990）？

对最后一个问题可能有如下看法：

- 整个老年人群体
- 达到一定高龄的老年人
- 少数裔老年人
- 老年女性
- 农村老年人和城市平民区老年人
- 身体或精神虚弱者
- 易遭虐待或忽视的老年人
- 贫困老年人

在"哪些才是最弱势的老年人"这一问题上，最早的看法是：所有老年人都应当被视为弱势群体。换句话说，年龄不应当成为判断需求的标准，这种观念促成了《美国老年人法》的诞生。有人认为，老年人群体容易遭受偏见或歧视，其遭遇堪比少数裔。虽然没有种族主义问题，但人们会对老年人产生年龄歧视或偏见（Butler, 1969）。老年人口的多样性如此鲜明，将他们与少数裔相提并论有意义吗？实际上人们在这一问题上一直存在着很大争议（Streib, 1965），在21世纪都将如此。

自从40年前《美国老年人法》开始推行以来，老年人口的特点已经发生了显著变化。如今，许多人到了六七十岁依然健康而充满活力，他们即所谓的"过得好的老年人"。相反，人们寿命长了，通常能活到80多岁，一些人会成为"过得不好的老年人"。这就充分说明，获得服务的根据应当是残疾和虚弱，而不是年龄（Fried et al., 2004）。

也有人提议，应当提高老年人享受权益的年龄（Torres - Gil, 1992）。例如，将联邦医疗保险资格年龄从65岁提高到67岁，将在几年内节省数十亿美元，从而避免联邦医疗保险体系破产。实际上，联邦医疗保险资格年龄已经提高到了66岁，且几年后将进一步提高到67岁。

但提高资格年龄会对少数裔群体产生负面影响，因为他们的平均预期寿命要比其他群体低。

另一个说法是，最弱势的老年人才是老年人中的穷人（Clark，Pelham，& Clark，1988；Crystal，1986）。的确，无论性别或民族如何，老年人的多重劣势往往归因于低收入所导致的贫困（Nelson，1982）。从生命历程角度来看待劣势，就突出了**社会经济地位**（socioeconomic status）的重要性，这一社会学术语实际上就是我们通常说的社会阶层（Salas，2002）。与其简单地将老年人描述为有钱人、穷人或中产阶级，倒不如用社会经济状况标准对其进行排序，确定职业、收入和教育背景在人一生中的相互联系。

社会经济地位是思考老年人阶层化，即权力、威望、财富分配过程中结构性不平衡的一种方式（Pampel & Williamson，1989）。人一生中社会经济地位低，就会导致**累积性劣势**（cumulative disadvantage），并持续到老年时期。社会经济地位高则意味着更长寿、更健康，收入也更多（Streib，1984）。性别、种族和阶层的综合因素导致了相互关联的优势与劣势的等级体系，使得我们更难以用某一种特点来概括最弱势的老年人。我们越来越清楚地看到，老年人的境遇反映了他们在一生中累积的优势和劣势（Dannefer，2003）。

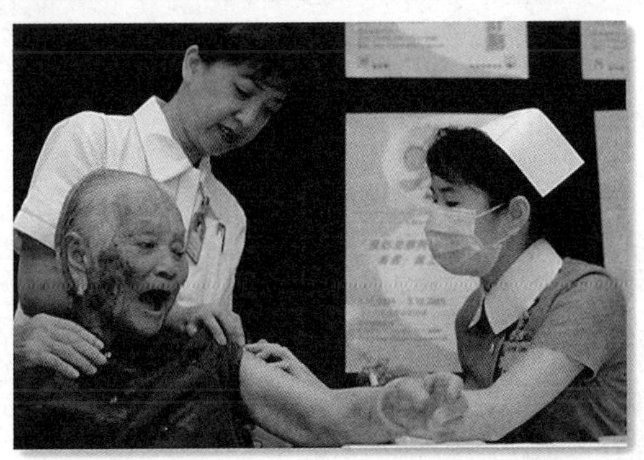

一位护士在养老院为老人注射免费疫苗。

全球视野

中国的弱势老年人群体

中国传统深受儒家观念的影响,儒教推崇孝道,即尊重老人。这种传统已经持续了上千年。近年来,中国市场经济对老年人的社会地位产生了深远的影响。另外,独生子女政策也意味着可以照顾父母的子女变少了。城市里多代同堂的情况越来越少,农村贫困问题严重,很少有能人为退休攒钱,女性尤其面临着老来贫困的风险。

和世界上其他国家一样,中国正面临着老龄化人口转变。预计到2050年,将有一亿中国人能活到80岁以上,然而目前中国大多数工作者没有足够的退休金。独生子女政策和出生率的不断下降意味着,未来可以照顾老人的成年子女会变少。按照中国传统,家庭是让老年人免于贫困与疾苦的首道屏障。中国政府的政策一直倾向于快速的经济增长和国际贸易。然而未来中国将需要寻找新的办法,保证其健全的人口生活标准也涵盖了老年人。

资料来源:

Jackson, R., and Howe, N., *Graying of the Middle Kingdom: The Demographics and Economics of Retirement Policy in China*, Washington, DC: Center for Strategic and International Studies, 2004.

帮助最需要帮助的人

如果我们将需求而非年龄作为分配福利或服务的依据,那应该如何衡量人们的实际需求呢?一种常见的办法是经济状况审查——如果个人收入或资产低于规定的水平,就有资格申请福利。例如,医疗补助计划、补充性保障收入和食品券都是采用经济状况审查的形式。相反,联邦医疗保险和社会保障则不审查经济状况。

反对经济状况审查项目的一种常见观点是,受益人会感到屈辱,也就是说，出于生活所迫接受此项目的人会感到尴尬。许多老年人即便符合资格，也不愿意申请补充性保障收入，因为对他们来说，这是一种被救济的标志。过去，地方政府常常通过救济所或救济院来解决老年贫困问题，这种美国人生活中常见的机构最早可追溯到殖民地时期(Achenbaum, 1978)。陷入贫困或没有家人照顾的老年人，会被迫陷入"室外"救济的屈辱中，而这正是当今福利制度的前身。

援助最弱势群体的其他方式则不那么令人屈辱，且考虑了不同层次的需求。收入所得税制度就反映了累进税或支付能力原则：收入越高，缴税比例就越高。在地方层面，财产税很重要，许多地方政府都设有"断路器"规定(circuit breake)和宅地豁免法，为低收入老年房产所有人实行减税或免税。自1983年起，富裕参保人的社会保障福利一半需要缴纳联邦税。经济状况审查税制和累进税制都认可老年人口缴纳能力有差别的事实。

最后，**成本分摊**(cost sharing)是一种结合了经济状况审查和税收因素的办法。《美国老年人法》不允许收取服务费，但国会的拨款仅仅够一小部分人的开支。因此，有些项目管理者认为，为了扩大服务，应当根据受益人的支付能力向其收取服务费。例如，收入超过贫困线两倍以上的老年人，可以按比例收取一部分服务费。反对成本分摊的人担心，这会阻止支付能力最低的人享受服务，并影响公众对普惠性项目的支持(Kassner, 1992)。

针对性之辩

哪些人才是最弱势的老年人？人们在这一问题上众说纷纭。例如，《美国老年人法》明确指出，老年人服务网络应面向"经济需求或社会需求最大的人，特别关注低收入的少数个人。"这种强制性规定引发了有关福利针对性的激烈讨论。联邦法院的一场大官司(米克诉马丁内斯案，Meek v. Martinez)就在应该采用什么标准，有针对性地向"最需要的人群”分配资源的问题上产生了争议。

《美国老年人法》等普惠性项目应如何适当照顾某些贫困群体？人们在这一问题上产生了很大分歧(Jacobs，1990)。这一争论类似于关于社会保障筹资和分配的争论。一方面，有人认为社会保障项目只有对所有人普适和公开，才谈得上公平。另一方面，也有人认为必须对最弱势群体给予特别关照，才谈得上公平。这两派观点让人想起了关于美国平权项目的讨论。在公共开支有限的情况下，随着老龄化人口变得更加多元化，应将年龄还是需求作为权益分配的依据？关于这个问题的争论不会停止。

就联邦医疗保险权益项目而言，年龄 vs. 需求的讨论则呈现了不同形式。我们已经看到，对于那些满足资格年龄要求的人来说，联邦医疗保险做到了普惠性。而医疗补助计划针对的则是穷人，包括贫困老年人，因此是“针对性”的。但“普惠性”项目和“针对性”项目之间的区别并没有那么简单(Grogan & Patashnik，2003)。2003 年，国会通过了《联邦医疗保险处方药、完善与现代化法案》，规定对联邦医疗保险资格进行经济状况审查，以保证贫困老年人群体和承担高昂医药费的群体能够在新法下获得更多福利。自 1983 年起，社会保障增加了对高收入受益人征税的条款，目的也是将资源有针对性地分配给最需要的人。总而言之，即便是社会保障和联邦医疗保险这种以年龄为根据的“普惠性”项目，也具有“针对性”特征。

后面的阅读材料展现了人们在老年人权益项目公平性问题上尖锐对立的观点。彼得·彼得森(Peter G. Peterson)针对美国老龄化政治问题展开讨论，他把人口老龄化问题比作一个大冰川，将国家比作一艘大船。他认为，如果我们不改变航道，大船就有沉没的风险。由于老年人政治权力之故，社会增加了在他们身上的开支，但在儿童身上的开支却远远不够。他还认为政府帮助人民的根据应该是需求，而非年龄。彼得森指出，以年龄为根据的普惠性权益项目是个大问题。

经济学家莱斯特·瑟罗(Lester Thurow)从历史角度探索了老人权

益问题，呼应了彼得森的观点。瑟罗认为，美国对老年人承诺得太多，但实际上老年人已经不再是一个贫困群体了。与彼得森一样，他认为老年人拥有的政治权力过大，有可能投票否决其他年龄群体的利益。为说明这一点，瑟罗使用了老年选民拒绝支持公立学校开支的例子。

相反，梅雷迪斯·明克勒(Meredith Minkler)认为，代际公平的整个讨论具有误导性。她认为，“贪婪的家伙”之说实际是一种新型的责备受害者倾向，转移了人们的注意力，使他们不再关注导致不公平问题的真正因素，如社会阶层、种族以及性别方面的不平衡。实际上，老年人的福利项目对所有年龄群体都有所裨益，缓解了中年人赡养父母的压力。

最后一篇文章中，约翰·威廉姆森(John B. Williamson)、黛安·瓦茨—雷(Diane M. Watts-Ray)和埃里克·金森(Eric R. Kingson)支持明克勒，对代际公平的争论表示怀疑，同时提出了有助于我们理解这场争论中价值冲突的框架。代际公平支持者只关注一种平等或公平，而主张代际依赖的人士则从更为宽广的角度理解公平问题，认为各年龄群体应该在社会保障体系中分担风险。

如何为那些最需要社会服务和经济援助的人分配福利？在这个问题上，政策制定者和社会服务机构都面临着艰难抉择。关于哪些人才是老年人中最弱势群体的讨论，仍将是未来的一大难题。

关注实践

代际项目

当前人们对代际项目的关注反映了社会不同年龄群体之间的关系。过去，家庭或社区通常提供非正式活动，让各年龄群体——特别是老年人和年轻人——相互接触。但现代化导致了一个结果：以年龄分级和分组的做法开始兴起。例如，教育体系就实行了行政式分级，将孩子按照年龄进行划分(Aries, 1962)。此外，年轻人文化、流行媒体、以及技术革新的快速发展，也加剧了老年人和年轻人间的文化隔离。

另一个重要趋势是年龄隔离，即不同年龄人群居住区域的隔离。年龄隔离受迁居、城市化和社会保障等收入转移项目推动，它让老年人能与子女分开居住。然而，年龄隔离也许会造成年轻人与老年人竞争有限公共资源的社会问题。

代际公平讨论所带来的挑战，是推动年轻人和老年人共同参与某些项目的重要因素(Wilson, 1992)。由于当今的儿童没有和祖父母频繁亲密接触的机会，这种有意为之的项目就显得更加有必要，因为它可以满足年龄融合的需求(Haber & Short - DeGraff, 1990)。

代际项目的一个成功案例是“寄养祖父母”(Foster Grandparents)，这一受联邦资助的项目专门招募老年志愿者在学校、日间护理中心、医院和残疾儿童疗养院工作，对需要关爱和照料的孩子提供一对一服务。“祖父母”通常来自低收入群体，因此只能获得数目不大但对他们而言非常重要的现金补贴，以及交通补贴和工作餐。评估性研究表明，尽管近年的研究发现了寄养祖父母项目的复杂性(福利和挑战)，以及影响这一体验的社会多元性(Hayslip & Goodman, 2007)，但“寄养祖父母”能够让老年人再次融入社会，让他们在帮助年轻一代的过程中扮演有意义的、被感激的角色(Ziegler & King, 1982)。

代际项目在养老院等许多环境中得到了成功的示范。在某些情况下，养老院也为儿童护理项目提供了场地，激发了代际日间护理的理念(Kopac, 1987)。喜健步(Stride Rite)等著名企业对现场代际日间护理项目提供赞助(Leibold, 1989)。全国老龄化理事会也赞助了家庭老友(Family Friends)，一家招募老年人照顾流浪者的全国性收容所项目。学校则被证明是代际项目的理想场所(Aday, Rice, & Evans, 1991)，全国学校志愿者项目(National School Volunteer Program)已经招募了上千名老年人在学校为儿童辅导功课(Tierce & Seelbach, 1987)。

代际项目的好处体现在两方面：一方面，允许年轻人和老年人为其他世代的弱势群体直接提供服务，另一方面是促进态度转变，即克服老年人和年轻人之间的文化障碍。就直接服务而言，上白班的老年人为挂钥匙儿童和困难青年提供了社会交往（Ventura - Merkel & Friedman, 1988），而且年轻人同样是老年人服务网络服务组织重要的志愿者来源（Firman, Gelfand, & Ventura, 1983）。

在促进态度转变方面，有证据表明，老年人和年轻人积极接触有助于消除年轻人的年龄歧视和偏见（Dellman - Jenkins, 1986; Dobrosky & Bishop, 1986; Peacock & Talley, 1984）。例如，在口述史项目中，老年人可以成为增进年轻人教育和文化知识的一种关键资源。最成功的代际交流项目是加州奥克兰的斯塔齐布里奇老年戏剧公司（Stagebridge Senior Theatre Company）和纽约的根支剧场（Roots & Branches Theater），他们招募老年演员和年轻演员来演绎代际问题、代际关系和代际态度。除了直接服务和促进态度转变以外，代际项目还延续了不同世代之间的纽带，为社会保障和公共教育等重要公共政策提供必要支持。

重要的是，退休人员协会等老年人倡议组织也站到了前线，积极支持政府扩大儿童项目开支。此外，退休人员协会和老龄化管理局也代表代际项目，全国性协调机构"世代联合"（Generations United），与儿童保护基金（Children's Defense Fund）达成了联盟（Thursz, Liederman, & Schorr, 1989）。人们对代际项目的兴趣促进了老年人与年轻人的持续对话，其中包括对代际公平问题的讨论。通过克服偏见和误解，不同年龄群体之间的纽带有可能得到加强，促成既照顾老年人也照顾年轻人的开明政策。

阅读材料　三十四

论老龄化[①]

莱斯特·瑟罗

人口学引爆的一个问题……便是全球人口老龄化问题。人类正在形成一个新的阶层。我们的社会将出现一群数量庞大的，没有经济活力的老年人。这些富足的选民要求获得联邦医疗保险等昂贵的社会服务，依靠政府为其提供大部分收入，这种现象是史无前例的。他们正在压垮社会福利制度，毁灭政府财政，使社会为实现成功未来所进行的全部投入付之一炬……

为老年人花钱的问题并不是一个公正或剥夺的问题。1970年，贫困老年人的比例高于其他群体。如今，老年人中的穷人数量已经低于其他群体中的穷人。对许多美国人来说，退休实际上让生活水平提高了……

显然，老年人并不希望这种福利遭到削减。除了削减福利金，另一种选择是增税，但增税同样不受人待见。目前的社会保障税率是 15%，在 2029 年上调到 40%，才可能让政府有能力提供其承诺的福利。再将时间往后推，假设法律维持现状，一旦联邦医疗保险开支失控，未来的工资税税率有可能上调至 94%。所谓的代际核算会让未来的税率高得离谱，税收体系将会崩溃……

从技术角度看，美国老年人可以认为其福利组合中的养老金部分并未增加政府债务，因为养老金一直有盈余，也就是说，专项税收的收入超过了开支。但这只是一种假象。要衡量政府预算的影响，有必要从整体上看待总收入和总开支。如果政府总预算处于赤字状态，一部分预算产生盈余的原因就是，不合理的核算制度的预拨（earmark）专项税收超过了实际需求。无论如何预拨，政府都会进行“负储蓄”，正是这一点对经济产

① Pp. 96, 98 – 105 from *The Future of Capitalism* by Lester Thurow.

生了影响。有必要弄清是谁在推动预算开支的上涨。正是老年人……

虽然并不是所有的经济资源都提供给了老年人（一部分也流向了财政支持的项目，如警察和消防部门），没人知道民主国家如何制衡老年人权益性福利的增长。尽管老年人仅占人口的13%，但他们的权力如此之大，以至于没有哪个政党想和他们纠缠……

老年人成为实力上的多数派之前，就会在政治上势不可挡，因为18岁以下的人没有投票权，而18到30岁之间的人不喜欢投票。面对老年人的经济需求，民主将会受到终级考验。民主政府会削减这个准多数派选民群体的福利吗？……

政治问题并不完全是老年人的政治影响力所致。经济状况审查性福利（福利随着收入和财富的上涨而下降）将大幅节约成本，但受损的并不仅仅是收入和财富超过一定标准的老年人。我们所有人终将变老，而我们所有人，特别是即将步入老年的人，用自己的钱来购买生活奢侈品，却让政府为我们的必需品买单。原本丰厚的政府项目将一再缩减，不仅针对他们，也针对我们。

即便对于还未对退休感到担忧的年轻人来说，让老年人为自己买单的转变也并非没有负面影响。这一转变意味着，因为父母没有妥善管理好自己的钱袋，年轻人也许需要承担他们的赡养费，如果没有为父母付钱，他们便会感到愧疚。更糟糕的是，对于那些父母有资产的年轻人来说，让父母自己花钱养老，就意味着自己获得的遗产将减少。如果父母卖掉房产或债券组合，以支付医疗费或换取每月的养老金，那么子女也就丧失了继承遗产的机会。年轻人并不愿意丧失自己的遗产。

这其中的政治意义很简单——将福利有针对性地提供给低收入老年家庭，可以降低成本，提高经济效率（把资源提供给最需要的人），但这一提议很快就丧失了政治支持……

如果非要找出一个有需求的群体，那也不是老年人。目前贫困率最高的群体是18岁以下的儿童，然而政府对老年人（投票人）的人均投入却是儿童(非投票人)的九倍。如果我们希望美国经济继续繁荣,那么最需要对其进行投资的人恰恰是现在获得帮助最少的儿童。如果他们没有工作赚钱的技能,以后怎么能缴税来赡养老年人?

未来,阶级战争将被重新定义,它将不再是穷人和富人之间的战争,而是年轻人和老年人之间的战争……

近期社会冲突的典型案例发生在密歇根州的卡尔卡斯卡。在这个退休者颐养天年的地方,老年选民实际上抢劫了学校预算,把钱花在了扫雪等项目上,并且还拒绝投票为学校拨款以维持一学年的运转开支,从而导致学校提前几个月关门,使学龄儿童错过了一学年的很大一部分教育。也许这些老年人还关心自己的孙子孙女,但已经不和他们住在同一个社区了。因此,卡尔卡斯卡的每一位老年选民都可以投票反对让别人的孙子孙女接受教育,却自欺欺人地认为,其他地方的选民一定会善待他们自己的孙子孙女。

二战后社会契约默认父母会照顾孩子,但社会和纳税人要照顾父母。这一契约的两部分内容现在都在崩溃。越来越多的父母不照顾孩子,而纳税人也要收回自己的承诺,不再照顾老年人。

阅读材料　三十五

美国人在变老之前能先长大吗?①

彼得·彼得森

婴儿潮一代人漫长的退休浪潮或许会导致一场吞噬一切的经济危机,除非我们平衡预算,控制老年人权益性福利,延迟退休,并促进个人储蓄和养老金储蓄。然而,两党政治家都表示,这些最急需的改革都“不予讨论”。

① “Will America Grow Up Before It Grows Old?” by P. G. Peterson in *The Atlantic Monthly*, 277(5), May 1996, pp. 55-86.

一个处处是佛罗里达现象的国家

最近去佛罗里达了吗?或许你还没意识到,但实际上你已经看到了美国20年后的样子。佛罗里达大街小巷、海滩、公园、宾馆、商场、医院、社会保障办公室和老年活动中心,到处都是人山人海的老年人。这是一种反常现象,其原因在于到佛罗里达安度退休生活的传统。近1/5的佛罗里达人超过了65岁。到下世纪初,这种情况将不再是佛罗里达独有的现象。到2025年,老年人在整个美国人口中所占比例将会达到佛罗里达目前的水平。实际上,美国将变成一个到处是佛罗里达现象的国家。到2040年,1/4的美国人将超过65岁……

如果要赡养历史上人数最多的老年人群体,同时对21世纪年轻人的教育和机遇进行投资,我们就必须放弃现行的"权益伦理"(entitlement ethics),回到以前的"投入伦理"(endowment ethics),正是后者造就了美国高储蓄、高增长和不断提高的生活水平。投入就意味着"管理"——机构若要发展,就要承担管理责任。但鉴于我们目前对个体自我实现的重视,除了对国家的未来及其机构进行投入之外,我们还必须对个人的未来和孩子的未来进行投入,因为我们只能靠自己。我这里讲的就是自我投入。

本质问题是,美国能在衰老之前先长大吗?我们是趁早明智而善意地做出必须的转型,还是执迷不悟,直到那些最无力承担的人们付出巨大代价,并导致经济和政治危机,不再有双赢的解决办法?……

1900年时,美国只有5%的人口超过65岁,其中绝大多数是完全自立或由家庭赡养。而到2040年时,1/4到1/5的美国人将成为65岁以上的老年人。而且,他们绝大多数在一定程度上将依靠政府提供的社会福利……

1970年时,5岁以下儿童数量超过85岁以上老年人的数量,二者比率是12∶1。预计到2040年,85岁以上老年人的数量将与学龄前儿童持平……

当然,美国并不是唯一面临"老龄化浪潮"的国家。其实,多数工业化国家的老龄化浪潮比我们来得快，而且，按官方预测，老龄化将对那些国家的经济和公共预算产生更为糟糕的影响。但实际上那些国家拥有我们所缺乏的长期防火墙，他们能够把公共医疗开支纳入预算，更好地控制老年人可能剧增的依赖性，美国则不然；那些国家不仅对普通收入征税，而且也对公共福利收入征税，但美国并不是这样。……

最重要的是，那些国家不像美国一样错误地认为，其子民有某种不可剥夺的权利，应当依靠政府资助安度晚年。在那些国家，政府给予的福利是可以收回的，只要人们认为这样做符合公众的长期利益。……

老年人游说团主张，无论经济好坏，未来的美国工作者都有义务履行他们应该履行的"代际契约"，但实际上这个契约的界限十分模糊。一个群体"争来的福利权利"，却是另一个群体"不争而来的纳税义务"。我们的儿孙辈正是后一个群体。可以理解的是，他们从未接受过任何约束性契约，相反，他们质疑其合理性……

我们私人储蓄的水池本来就不充沛，但结构性赤字却将它抽干了，并挤压了私人投资。一旦赤字进一步扩大，我们就不得不削减联邦可自由支配支出，公共投资将会遭到挤压。目前政府用于民用领域的每一美元中，只有五美分用于建造有形资产(一个财年结束后仍然存在的资产)。美国审计署最近的一项研究表明，为了使学校的设施建设恢复到可以接受的水平，我们必须投入 1120 亿美元。但既然老年人福利和历史债务挤掉了其他事务，我们上哪里找这么一大笔钱呢？……

在老龄化的美国，一切事业都得依靠年轻人的劳动技能、教育、生产力及公民善意，是他们的劳动养活了老年人。我们不断向他们施加压力，但他们的能力显然受到了限制。他们的相对数量将会下降。巨额的国债和持续增加的工资税负担将落到他们肩上。更糟糕的是，这些未来的成年人比今天的成年人，更有可能来自经济困难和未得到社会援助的家庭、社区和学校。

自 1973 年以来，65 岁及以上老年人为户主的家庭的收入中位数已经增长了 25%以上，而 35 岁以下户主家庭的收入中位数却下降了 10%

以上。以所有收入来源计算，贫困对美国年轻人的影响，可能是对老年人影响的三倍。从85岁老年人的预期寿命方面看，美国是全球的佼佼者，但在其他许多方面，如婴儿死亡率、离婚率、儿童贫困率、儿童自杀率、学校作业时数，以及功能性文盲等，美国几乎落到了工业化国家排名的末位。与此同时，联邦政府的老年人人均福利支出，相对于儿童人均福利支出，比例上升到了11∶1。对于愤怒者的反应理应是愤怒，然而，对于这一有害的比例失调，我们似乎视而不见。

我国有1/3的非婚生儿童，没有几个父亲愿意承担法律、经济和道德上的责任，在此情况下，我们怎么能保持超级经济大国地位呢？在所有工业化国家中，美国儿童的失学率和功能性文盲率最高，既然如此，在以信息和技术为基础的全球经济竞争中，美国如何保持繁荣呢？参议员丹尼尔·帕特里克·莫伊年(Daniel Patrick Moynian)提出了一个发人深省的问题："我们会成为忘记如何抚养儿童的第一个物种吗？"我们如何回答这个问题？套用丘吉尔的话说："我们是否对人数不多的他们要求太多，而在培养他们以承担未来责任方面做得太少？"

我们这里讨论的不是物质资本，而是人力资本和社会资本：完整的家庭、工作习惯和科学技术等，这些资本是提高生产力的希望所在。社会保障管理局预测，未来将依靠1.6个到2个在职劳动者养活1个退休人员。果真如此，我们就应该让今天的孩子们接受最好的教育，培养最棒的技能，成为最富有生产力的公民。然而，我们今天迫不及待地削减可支配支出，削减启智计划(Head Start)和职业学校的拨款，这岂不是倒行逆施吗？当前经济已经不堪重负，我们上哪里获取资金和政治支持，为我们的孩子提供教育？怎样才能使21世纪成为孩子们的时代？

政治转型

今天的老年人拥有强大的游说团，选民数量远远超过年轻人，已经成为一股强大的政治力量。随着老年人数量的快速增长，老年人游说团会一跃成为战无不胜的政治巨人吗？承担未来老年人福利开支的年轻人,是否应当趁早谋求自己政治上的声音?要避免破坏性的代际冲突,政治转型是必须的。但应当如何鼓励年轻人积极参与这个政治进程?应该怎样整合年轻人和老年人的公共利益,并让双方明白,互相为敌是一件极其危险的事情?……

想实现长期的预算平衡,而不改革老年人福利制度,就好比想清扫车库,而不挪走温尼贝格房车。本文提出的综合性改革,将使福利计划在整个21世纪长期处于可持续平衡状态。

所有的联邦福利都应进行"财富审核"(affluence test)。要实现长期预算平衡,明智的做法首先是堵住福利补助,使其不流向那些不需要福利的人。为此,我建议实施一次全面的"财富审核",逐步减少福利权益,削减所有年收入高于40 000美元(即年收入比1996年美国家庭收入中位数高5 000美元)以上家庭的福利金,而低收入家庭将继续享有政府提供的所有福利。"财富审核"将每年进行一次,以保护老年人免受意外损失。高收入家庭的福利将被削减10%,因为福利使得他们的年收入超过了40 000美元。同时,收入每增加10 000美元,福利被削减10%。比如,总收入为50 000美元,福利收入为10 000美元的家庭,会被砍掉1 000美元,即总福利金的10%;总收入为100 000美元,福利收入为10 000美元的家庭,砍掉6 000美元,即60%的福利金;年收入120 000美元以上的家庭会被砍掉8 500美元即85%的福利金,这是最大的福利金扣除率,但剩余的15%部分也将保证最富有的参保人持续享受一笔不错的免税回报。另外,所有收入档次都将与通货膨胀挂钩。

因为财富审核会规范所有福利,使其惠及低收入家庭,所以几乎所有联邦福利项目能继续体现其"最低保障"的初衷,因为如此大额的福利流向中高等收入参保人(近40%的社会保障支出流向了平均水平以上的受益人),所以储蓄会变得很庞大。而且,随着人口老龄化和受益人数增长,还会产生复利(compound)。据估计,到2040年,每年的储蓄额将达到5 500亿以上。最后,由于财富审核是全面审核,不仅涉及社会保障和联邦医疗保险,还涉及农场补助、联邦养老金及退伍军人福利等,所以,这个计划并不会使不同利益群体之间产生对立……

约翰·肯尼迪曾尖锐地指出:"不要问国家能为我们做什么,而要问我们能为国家做什么。"今天的年轻人发现,我们的政治体制里存在一个明显的利益集团,整日忙于要求政府为他们做这做那。那么,究竟谁能代表我们的未来和普遍利益呢?唉,年轻人是新的沉默的大多数。关于老年人权益的无限制增长,人口学家塞缪尔·普雷斯顿(Samuel Preston)说得很中肯:如果人们被迫降低生活水平——就是说,如果他们以减轻年轻人的负担为己任,那么,我们的政治制度的运作方式将会有很大的改观。

结论

那么,你我这样的另类人士能扮演什么特别的角色吗?悲观派说:"拉倒吧!"除非发生严重危机,美国政府不会改革老年人福利制度,而是仍将坚持将其视为契约性义务,而顾名思义,契约总是应当遵守的。毕竟,一个承认其能力有限的美国是一个已经失去梦想的美国,而正是这个梦想使得美国成为一个独一无二的、富有创造力的国家。按照这一观点,美国一直是一个一意孤行的国家,绝不会轻易收回任何承诺或期待,无论它有多么奢侈。悲观派说,正因为如此,美国的投票人才喜欢这样的领导人:他们承诺高福利、低税收,刺激经济增长,并拥有神奇的武器对付所有社会问题,实际上却并不关心如何整合这些目标。

不过,笔者的看法比较乐观……德国神学家迪特里希·朋霍费尔(Dietrich Bonhoeffer)在二战期间说的一句话特别适用于我们的情况,他说:"评价社会道德最终的标准,是看它给后代留下了一个什么样的世界。"……

我们必须平衡公共预算,削减那些最不需要福利的人的福利,增加家庭储蓄,提高退休年龄,研究节约医疗资源的创新手段,加强对儿童福利的重视,给年轻一代以坚实的保证:我们愿意为了他们的利益而做出牺牲!如果趁早行动,我们还来得及规划渐进式的、人性化的转型。如果我们行动迟缓，一旦发生经济危机、政治危机或家庭危机，我们就将被迫做出突然的、痛苦的转型，也难以把握最终的结果。

阅读材料　三十六

代际公平①
——“代际公平”和新型责备受害者现象

梅雷迪思·明克勒

> 这一种尊敬老年人的政策，使我们在年轻时候不能享受生命的欢乐，我们的财产不能由我们处分，等到老了，这些财产对我们也失去了用处。我开始觉得老年人的专制，实在是一种荒谬愚蠢的束缚，他们没有权力压迫我们，是我们自己容忍他们的压迫。
>
> ——《李尔王》第1幕，第2场

以前，美国人对老年人的成见是：这是一个贫穷、无能，应当得到帮助的少数派群体。如今这种旧的成见已经让位于一种新的成见：老年人是一个影响力巨大的富人投票群体[1]。大众媒体和全国性新组织美国代际公平协会(Americans for Generational Equity)利用并推动着观念的改变，并预言美国将会爆发一场“年龄战争”，战场就是社会保障和联邦医疗保险[2]。正如《李尔王》里葛罗斯特的儿子一样，他们认为当前的老年人权益计划“把我们孩子的未来都抵押了”，因而会加重年轻人的贫困率。

在代际冲突问题上，复杂公共政策的框架，往往会掩盖导致社会不公平问题的更重要的因素。用宾斯托克(Binstock)的话说：

> 要描述我们藉以判断公平问题的轴心，就必须限定我们在主持

① “‘Generational Equity’ and the New Victim Blaming” by Meredith Minkler in Critical Perspectives on Aging (pp. 67－79), edited by Meredith Minkler and Carroll Estes. Amityville, NY: Baywood, 1991.

公正过程中具有的主要选项。当代人对代际公平的过度关注，遮蔽了不同年龄群体之间的不公及全社会范围内的不公。

本文考察代际公平概念所隐含的各种观念，特别关注公平观念及共同利益中不同群体的不同利益。决策者、学者和大众媒体往往根据数据，认为老年人是同质性群体，因而使用不全面的、有缺陷的标准来衡量贫困。我们将进一步考察这些问题，并指出上述看法加深了一种错误认识，即老年人是一个经济上有保障的同质性群体。老年人和年轻人利益的二元对立是错误的，这正好说明存在一种新型的责备受害者倾向（new victim blaming）。如果采取这种责备的态度，对老年人和全社会都是不利的。

社会问题的形成

奥康纳（O'Conner）对社会问题的周期性进行了入木三分的研究，他注意到，如果从稀缺性角度考察经济问题，社会问题就可以得到重新界定，并以合约式的低成本方案加以解决[3]。20 世纪 60 年代的经济繁荣暴露了贫困问题，并促使我们向贫困宣战，同样，1973 年的经济衰退及其后果，则促使人们重新界定贫困问题，于是产生了低成本的"解决方案"。

20 世纪 60 年代到 70 年代初期，经济发展强劲，但却暴露了老年人贫困率居高不下和缺乏医疗卫生资源等问题，于是政府推出了一系列改善型项目和政策，包括联邦医疗保险和社会保障生活费补助（Social Security cost of living increases）。然而，到了 20 世纪 70 年代中期，通货膨胀率和失业率高企，社会保障和联邦医疗保险本身也变成了问题。媒体常常含沙射影地将老年受益人塑造成某种特殊仇恨的目标。20 世纪 30 年代至 70 年代初，人们对老年人抱有一种"同情性的年龄偏见"，将老年人看作一个虚弱、贫穷、不能自食其力的群体[1]。如今，这种成见已经让位于一种新印象——老年人是一个开支庞大的富人群体，他们所钟爱的福利计划正在"毁灭联邦预算"。

20世纪80年代中期，一个新见解进入这个社会问题的范畴。当时人们认为，激增的老年人口，以及社会保障和联邦医疗保险等社会福利项目的庞大开支，是造成年轻一代特别是儿童经济困境的直接原因。时任美国人口协会(Population Association of America)主席塞缪尔·普雷斯顿发表在《科学美国人》的文章认为，目前老年人的生活状况比儿童好得多[4]：1970至1983年的12年间，贫困儿童和贫困老年人的情况完全发生了颠倒，14岁以下贫困儿童的比例从16%上升到了23%，而贫困老年人的比例从24%下降到了15%，但是自1979年以来，政府对这两个群体的公共支出基本未变。而且，许多儿童社会福利计划在80年代被砍掉，与此同时，政治上得势的老年人的社会福利计划却增加了。普雷斯顿这篇被广泛引用的论文，还通过自杀率等许多参数比较了老年人和儿童的状况。在结论部分，他呼吁人们平衡工作重点，在资源分配上适当照顾儿童。

大众传媒和美国代际公平协会等机构主张用代际冲突框架来考量美国当前的经济问题。美国社会老龄化过程中发生的某些生活事实得到了人们的密切关切，这种情绪被上述机构成功地利用了。这些事实包括：

- 联邦赤字巨大。
- 儿童贫困率上升令人吃惊，目前1/5的美国儿童处于贫困之中[7]。
- 7 600万婴儿潮一代人的实际收入在过去15年里下降了19%。

常常与这些数据同时出现的下列事实和数字表明，不断增长的老年人口本身已经成为了一个问题：

- 占人口比例仅12%的老年人，消耗着国民预算的29%以及政府购买社会服务支出的51%[8]。
- 自20世纪70年代以来，老年人社会保障福利实际增长了

46%,而其他群体扣除通胀后的工资却下降了7%[9]。

老年人福利制度不考虑经济状况,给予他们过度的支持,已经造成了很多困难,上面讲到的只是其中一部分。

代际公平框架的几个算法背后的逻辑是有缺陷的,我们将在下文一一分析。除了这些缺陷,我们还将看到,代际公平框架对政策的理解还存在一个更严重的问题——它将所有的问题都解释为不同世代对稀缺性资源的竞争。下面我们分别讨论这些问题。

"同质性老年人"

"代际公平"学说的基本观念是:美国老年人群体在经济上都有保障。持这种观点的人借用白宫经济顾问委员会(President's Council of Economic Advisors)的数据,指出1984年老年人贫困率仅为12.4%,儿童贫困率为14.4%,如果计入联邦医疗保险等福利收入,那么老年人的贫困率仅为4%[5]。

虽然近年来老年人的整体经济条件已得到显著改善,但是这些乐观的数字掩盖了一些重要的事实。首先,老年人中存在着巨大的收入差异,而且仍然存在极度贫困的现象。例如,近1/3的黑人老年人属于贫困人口,24%的西班牙裔老年人以及20%的85岁及以上老年妇女,也属于贫困人口。[10]

少数裔老年人和"高龄老年人"(85岁及以上)的贫困率极高,而且,他们是老年人口中增长最快的群体。白人人口中65岁及以上的老年人占13%,黑人人口中65岁及以上的老年人占近8%,但是,黑人老年人数量增长速度是白人老年人的两倍,同时也是黑人年轻人增速的两倍[1]。与此相似,到世纪之交,美国的"高龄老年人"数量有望增加一倍,即从1985年的250万,增加到2000年的500万左右[12]。当前的这一代人中"老老年人"贫困率极高,在一定程度上反映了大萧条时代同生群效应。另一方面,85岁及以上同生群中女性高度集中,离婚率居高不下,而工资及养老金又存在不平等问题，这表明，随着人口持续老龄化，社会中还将继续存在大量贫困人口。

简而言之，认为“老年人情况都一样、在经济上都有保障”，这是一个不实之说。一旦我们分析数据，并考虑到老年人口的多样性，那种说法便不攻自破。

贫困测算方法的缺陷

强调老年人贫困率低的分析，其计算方法具有误导性。首先，波拉克(Pollack)注意到，这种比较方法强调老年人比年轻人经济状况好，其实忽略了美国两条不同的贫困线标准。一个标准适用于65岁及以上老人，另一个适用于其他所有年龄群体[14]。1987年，65岁以下个人贫困线是5 905美元——比适用于独居老人贫困线的5 447美元足足高出8%[15]。如果对两个年龄群体使用同一个贫困线标准，那么15.4%的老年人将跌到贫困线以下，使得老年贫困率高于除儿童外的所有其他年龄群体。

贫困指数(Poverty Index)的缺陷也值得我们注意。贫困指数的提出者莫莉・奥尔珊克西(Mollie Orshanksy)多年前便认为这个指数未能准确反映通胀，于是弃之不用了。这件事很能说明问题。按照她修正后的估计，处于贫困线上或接近贫困线的老年人数量几乎增加了一倍[16]。

社会保障等致力于消除老年人贫困的收入转移政策扮演了什么角色？关于这个问题的许多阐释也是有问题的。因此，布劳施泰因(Blaustein)认为，虽然社会保障等收入转移项目成功地帮助数百万人脱贫，但它们的主要作用在于把贫困者从低于贫困线数百美元提高到高于贫困线数百美元[17]。实际上，约1 130万老年人(42.6%)生活水平低于贫困线200%，而独居老人的贫困线标准是年收入10 000美元[15]。

近年来，政府通过重新界定贫困以实现脱贫的努力，也表明政府看到了这些问题，并竭力了解老年人及其他年龄群体经济状况的真相。如果把联邦医疗保险等收入转移项目计入在内，老年人贫困率就会跌到

4%以下,这种看法也具有很大的误导性。按照这样的逻辑,一个年收入不足5 000美元的老年妇女,如果遭遇车祸并获得3 000美元的住院补助,那么便可以认为她处于贫困线以上。实际上,她根本看不到这3 000美元的影子,而且在处方药等不能报销的项目上,她很可能要自己掏腰包,而这些事实在欺骗性的计算中被忽视了[14]。

老年人高居不下的医疗费用,本身就会引起人们对准确评估老年人收入水平是否充足这一问题的关注。目前,老年人每年自付医疗费用约为2 400美元,比其他年龄群体高3.5倍,而且比20年前,也就是联邦医疗保险和医疗补助政策颁布之前的花费比例还要高[18]。与人们普遍的想象正好相反,实际上医疗保险只负担了老年医疗费用的45%,而且在里根执政时期,受益人的成本分摊比例已被大幅提高[14]。医疗领域的通货膨胀率大约是消费者物价指数的两倍。这进一步表明,许多老年人实际收入的充足率可能远远低于那些粗略的数字。

老年人权益中的道德经济和跨代共同利益

人们还批评了代际公平背后的逻辑,认为只有老年人享受了社会保障、联邦医疗保险等政府计划,即这些计划只为老年人服务。持这种观点的人认为,国家的未来"已经被出卖给了压力集团和特殊利益集团中的出价最高者"[6],因此,呼吁代际公平的大众传媒和美国人会用狭隘而简单的眼光看待社会保障等收入转移项目。姑且不说非老年人群体获得的直接社会保障福利(例如,面向数量高达百万的65岁以下遗属发放的福利金),仅仅是这些计划的间接跨代福利数额也很大。社会保障为老年人提供了经济支持就等于解放了他们的子女,子女们就不用直接承担医疗费用。同样,根据金森(Kingson)等人的观点,这种方式可以减少家庭成员之间的矛盾,并且让领取福利金的老人更有尊严[19]。本特生(Bengtson)等人的研究表明,美国所有主要民族的人们都认为,满足老年人基本物质需求的主要责任不在家庭[20]。相反,家庭之所以能够提供这种支持,部分原因是政府实行了某些权益计划,如社会保障计划。如果这些计划遭到削减，家庭很可能不堪重负，这对年轻人和老年人都不利[21]。

社会保障制度固然有严重缺陷，然而迄今为止，年轻纳税人并未因为这些问题，对社会保障和联邦医疗保险的高昂开支表示抗议，这与媒体近来所宣扬的恰恰相反。事实上，泰勒(Taylor)分析了近两年路易斯·哈里斯(Louis Harris)研究小组进行的 20 次全国调查，发现并没有任何证据支持代际冲突假说[22]。虽然老年人比年轻人更支持有益于自己的计划，而且年轻人也比老年人更支持适用于自己的计划，但综合来看，双方其实坚定地站在了同一立场。大多数老年人以及 30 岁以下的年轻人反对增加联邦医疗保险的保费，反对提高联邦医疗保险免赔额，反对冻结提高社会保障生活津贴。同样，老年人和年轻人都反对削减联邦教育支出和学生贷款额度，绝大多数人都反对削减联邦妇女和儿童保健计划[22]。简言之，虽然年轻人和老年人的价值观和生活方式存在很大不同，但政府支出方案和影响不同年龄段群体的立法问题，似乎唤起了代际**共识**而非代际**冲突**。

最近有一种广为流传的说法：或许等不到目前的年轻一代领取福利金，社会保障计划就已经破产，尽管如此，年轻人依然支持社会保障和联邦医疗保险，这个现象发人深省。媒体的批评虽证据不足，却产生了一定的影响。调查数据显示，现在的年轻工作者对退休后能否享受社会保障和联邦医疗保险表示悲观。鉴于这种情况，我们该如何解释，他们对老年人权益计划依然保持很高的支持度呢？

这种现象一定程度上反映出，劳动者中的年轻人宁愿通过权益计划给予父母间接支持，而不愿意给予直接支持。

从本质上看，年轻人对老年人权益计划的支持反映了亨德里克斯(Hendricks)和利德汉姆(Leedham)的观点，即基于使用价值，旨在“建设一个能最大程度上保障人人都享有体面生活的社会”的道德经济。他们表示，道德经济将公共利益视为协商规则，尽管它“可能违背自身的短期愿望，但人们依然坚持为之，因为这一原则能增加所有人获得满意生活的机会”。此外，基于使用价值、个人效用或社会效用的道德经济认为，公民“不是公共政策的被动接受者或消费者，而是积极的道德能动者”。在道德经济框架中，资源分配不会被视为代际竞争，而是适合我们自己人生各阶段的合理分配[23]。

代际公平倡议者丹尼尔·卡拉汉（Daniel Callahan）认为，这种生命历程观的缺点，在于未能完全应对近年来因前所未有的老年人口数量引起的巨大需求，从而“可能打乱资源从这一代向下一代的稳定流动。”（24，p. 207）。然而，他和其他代际公平倡导者也用道德经济观念来支撑以下观点：国家应该重新定位老年，主要服务于年轻人和我们的未来。最重要的是，政府要认识到，有必要限制花钱医救一定年龄以上病危老人。

卡拉汉甚至建议转变现有道德经济，并对其基本设想提出质疑。他认为，我们应该看到原本稀缺的公共医疗资源在年轻人和老年人之间日益严重的分配不公，重新考虑现行道德经济的基本原则——年龄不应该作为配给医疗资源的依据[24]。

公众强烈反对根据年龄配给资源，而且大量证据表明，社会保障和联邦医疗保险仍然得到了年轻人和老年人共同的支持，这说明在有关正义和“正当”的观念中，旧的道德经济的地位依然不可撼动。对于年轻人和老年人来说，社会保障等老年人权益计划似乎不仅仅是现实情况，而且本来就是天经地义的。简而言之，这一事实与那些声称社会保障是“将年轻人的大量财富转移给老年人，让许多老人生活舒适，让许多年轻人艰苦度日”的宣扬判若云泥[25]。相反，扎根于美国道德经济中的老年人权益计划似乎是美国人世世代代支持的计划，并且所有人都坚信他们会从中直接或间接受益。

年龄/种族分层和民族平等

一些分析人士认为，一旦牵涉民族问题，认为年轻人和老年人都会受益于社会保障和联邦医疗保险的论点就会不攻自破。

实际上，海耶斯-鲍蒂斯塔(Hayes - Bautista)等人认为，在加利福尼亚等实行年龄/种族分层的州，30 到 50 年后，人们可能会对这些老年人权益计划十分不满[26]。在这些州，大部分白人老年人的社会保障负担，预计将主要落到由拉美裔和其他少数族裔组成的年轻劳动力的肩上。

海耶斯-鲍蒂斯塔等人以加利福尼亚的人口预测为例指出，除非在生育和移民模式及教育和就业政策等方面重大转变，否则未来的工作年龄人口将不仅包括少数族裔，还将包括总工资基数较低的人群，就必然要求他们将较大比例的收入用于维持当代白人老年人，也就是婴儿潮一代人的现行社会保障福利金。在这种情况下，我国发生"年龄、种族冲突"的条件可能就成熟了。

虽然这些研究者紧接着提出了避免灾难的措施，但他们和另一些分析人士[27、28]所描述的"最糟糕情况"，却比其建议的政策方案更受媒体关注。正是由于这些"年龄战争"的预言广泛传播，我们才需要更深入地了解当前的现实情况。当然，不能像预测人口变化那样预测人们态度的转变，但目前对拉丁裔等少数族裔对待老年人权益计划态度的民意调查数据具有启发意义。

今后，大量少数裔工人阶级群体会对社会保障和医疗保险非常不满，因为社会福利制度产生的负担得由他们来承受。如果这样的假设成立，那么现在就极有可能出现不满情绪的征兆。然而，与这种预期恰好相反，民意测验数据显示，西班牙裔、黑人等少数裔非常支持社会保障和医疗保险，且他们往往比白人更倾向于反对削减这类计划的预算[22]。

另外，也可以从人口角度驳斥少数裔反对老年人权利待遇计划的假说。当下少数裔老年人口只占老年人口总数的 10%左右，但预计到 2025 年，这一数字将增加 75%，相比之下，白人老年人的同比增长率只有 62%左右[29]。西班牙裔老年人已经成为当下老年人中数量增长最快的亚群体，而且其增长速度会进一步加快，预计到 2020 年，这个亚群体人数将达到目前的四倍[30]。2025 年到 2050 年，大量婴儿潮时期出生的一代人将迈入老年阶段,非白人人口中老年人口比例会再增加29%,而白人老年人只会增加10%。在整个老年人群体中,少数裔老年人口数量仍将维持在较低水平,但越来越多的拉丁裔、黑人等少数裔的父母及祖父母都即将步入老年,这将成为一个阻止年龄—种族冲假说成为现实的重要社会现象。

最后,一个可能减轻少数族裔对老年人权益计划不满的因素是,对白人、黑人和西班牙裔的经济状况而言,社会保障等计划的重要程度并不相同。例如,黑人老年人和西班牙裔与白人相比,处于经济上的弱势地位,他们中以社会保障为唯一收入来源的比例更高,享有个人保险等非政府资源支付医疗保健的人数则少得多。在这种情况下,这些经济上处于弱势地位的少数裔群体,对老年人权益制度的支持度可能会上升,而不是下降,这实际上与调查数据相符。

枪 vs. 拐杖

代际公平运动的一个常见论调是,老年人不仅人数众多,而且所需开支庞大:社会保障的高昂开支约占联邦预算的20%,相当于2万亿美元国债和巨额联邦赤字。这种论调或明或暗地传达出一则信息:巨额的老年社会保障支出是造成经济危机的核心原因。但是,正如波拉克所指出的,上述等式具有误导性[14]。实际上,社会保障筹到的钱多于支出,并不会造成财政赤字。在20世纪90年代,当出生于经济大萧条时代为数不多的人群步入老年时,社会保障筹集到的资金的确比其支出多出数千亿美元[14]。

具有讽刺意味的是,军事预算才是造成美国财政赤字的主要原因,但很多分析师在讨论如何实现收支平衡时,却将其排除在考查范围之外。事实上,代际公平协会主席保罗·休伊特(Paul Hcwitt)曾经反对国会在老年人利益集团压力下做出的一项决议,认为它"削弱了我们的国防力量,到最后将不得不降低老年人的生活津贴。"[6]

宾斯托克曾讨论过一种传统现象:在探讨老年人社会保障计划成本时,大众媒体和政府部门往往忽视国防开支。他指出,人们会计算养一个老人需要多少在职劳动者，却从来没人关心养一艘航空母舰需要多少在职劳动者。宾斯托克引用美国行政管理和预算局（Office of Management and Budget）财务分析师的话说，由于赡养老年人成本高企，经典政治经济权衡从"枪 vs. 黄油"变成了如今的"枪 vs. 拐杖"。在宾斯托克做出初步分析的几年之后，"拐杖 vs. 儿童"成为了新的政治经济权衡。

金森等研究者[19]指出，这种分析误认为政府如何花钱是一种零和游戏，只能存在一种选择，而其他选择（如增加税收或减少军费开支）是完全不可接受的[19]。值得注意的是，美国企业研究所（American Enterprise Institute）[31]一贯保守的分析师迈耶（Meyer）和莱温（Lewin）已经开始主张削减国防开支，而不是削减必需的社会保障计划，以平衡联邦预算。尽管美国企业研究所的分析师们支持增加社会保障税，并开征医疗保险福利税，但他们似乎更坚定地认为，假如美国想停止"保护圣牛，屠杀羔羊"，就有必要大幅度减少军费开支[31,P.1]。

还有一些分析人士极力主张堵住企业和富人逃税漏洞，以解决巨额国家赤字的问题。波拉克注意到，企业税从1960年占国民生产总值的4.2%，降到了20世纪80年代的1.6%；仅在1980年到1986年期间，国库由于税收漏洞造成的损失就由400亿美元增加到了1200亿美元。因此，波拉克认为，当前经济危机的真正罪魁祸首是富人的税收问题，而非老年人社会保障生活津贴[14]。

最后，全国民意调查数据显示，面对国家经济困难的现状，绝大多数公民支持减少军费开支和堵住税收漏洞，但不支持削减老年人和其他人群的福利计划。[32]

总而言之，"手杖 vs. 儿童"的分析框架，似乎没有得到美国社会的广泛认可，而在"枪 vs. 拐杖"的权衡中，绝大多数美国公民支持后者。

再论新型责备受害者现象

新型责备受害者现象中最典型的例子是用市场理论确定不同年龄

群体资源的合理分配问题，人口学家塞缪尔·普雷斯顿认为，“老年人的开支主要是消费，而年轻人的开支则是消费和投资的结合”(4，P. 49；着重号是笔者所加)。虽然这种说法从工人生产力的狭碍角度出发，存在不准确性，但考虑到许多老人继续做全职或兼职工作，这种方法提出的道德伦理问题是具有重要意义的。老年人确实“消费”了美国约 1/3 的医疗服务，但如果利用这些数字宣扬老年人的差异“成本”说，且主张应当按照年龄定额配给物品和服务[1]，那么这些数据就会变得耸人听闻。

社会保障和联邦医疗保险制度成为财政危机的替罪羔羊，其主要原因是为了转移公众的注意力，使他们看不到当前经济危机的更加可信的深层次根源。同时，由于近年来大众传媒和代际公平协会等团体的推动，上述做法也被用作一种政治手段，激起人们对老年人的怨恨，促使公众形成老年人与年轻人被迫相互争夺有限资源的看法。正如金森等人所说[(19，P. 4)]：

> 看似中立的代际公平概念极具吸引力，毕竟，谁会反对公平呢？但无论是精心设计还是无心之举，其主张者都对老龄化社会的意义抱着非常悲观的态度，会导向特定的政策目标和方案。

我们已经看到，这些“政策目标和方案”反映了“新型责备受害者”的心理，认为我们必须削减老年人占用的公共资源，借此帮助年轻人，减少代际矛盾。在另一篇文章里我们指出，将 20 世纪六七十年代的旧方式换成 20 世纪 80 年代谴责受害者的新方式，并不能从根本上解决社会经济和政治权力分配不均的问题[33]。最终，如波拉克所说，核心问题不是代际公平问题，而是收入不公平问题[14]。从这个角度说，对有未成年子女家庭补助计划给付不足和削减社会保障生活津贴等问题，将使数百万老年人陷入贫困境地，这也属于一种收入不公。老年人项目和政策就像年轻人的教育、卫生与社会服务计划一样，必须重新加以界定，从为特定亚群体服务转向真正为整个社会服务。相反，以促进代际公平之名，行削减老年人社会保障项目之实，这种做法一定是鼓吹简单化的、虚假的和责备受害者的“解决”问题的方案，另外，一定要从社会结构中探究这些问题的根本原因。

结论

代际公平说自形成以来，很快成为分析当代经济问题及其解决方案的流行框架。然而，这一概念的基础是对老年人相对于其他群体的财务福利的错误计算，其关于共同利益中公平和差别利益等问题的假设是可疑的。代际公平学说预测年轻人特别是少数裔年轻人可能会对老年权益计划越来越不满，可是全国调查数据显示，这种预测是毫无事实依据的，年轻人仍持续支持这些跨代、跨种族的方案。尽管“拐杖 vs. 儿童”这一新型政治经济权衡在大众媒体中得到广泛传播，也受到越来越多的学者、政策制定者和自称为年轻人支持者人群的欢迎，但它实际上似乎仍未能得到公众的广泛认可。

代际公平政策的支持者积极呼吁公众关注美国较高的儿童贫困率，主张政府大幅增加对儿童的社会投资，同时试图将美国儿童正在经受的经济困难归咎于老年人。这样的做法有误导性，是很危险的。代际公平的主张掩盖了美国社会不公平现象的深层原因根源，转移了人们对根本问题的注意力，并在年轻人和老年人之间建立起错误的二元对立。显而易见，代际公平框架的倡导者为政治分析帮了一个大大的倒忙。

参考文献

1. Binstock, R. H., “The oldest old: A fresh perspective or compassionate ageism revisited?”, *Milbank Mem. Fund Q.* 63:520 - 541, 1983.

2. Longman, P., “Age wars: The coming battle between young and old”. *The Futurist* 20:8 - 11, 1986.

3. O'Connor, J. *The Fiscal Crisis of the State*. St. Martin's, New York, 1973.

4. Preston, S., “Children and the elderly in the U. S.”, *Scient. Am.* 251:44 -

49, 1984.

5. Annual Report of the President's Council of Economic Advisors. U. S. Government Printing Office, Washington, D. C., 1985.

6. Hewitt, P., "A Broken Promise, Brochure of Americans for Generational Equity". AGE, Washington, D. C., 1986.

7. Edelman, M. W. Meeting the needs of families and children: Structural changes that require newsocial arrangements. (Statement before the Consumer Federation of America.) Children's Defense Fund, New York, March 15, 1990.

8. Longman, P. Justice between generations. *Atlantic Monthly*, pp. 73 – 81, June 1985.

9. Taylor, P. The coming conflict as we soak the young to enrich the rich. *Washington Post*, January 5, 1986.

10. Villers Foundation, On the Other Side of Easy Street: Myths and Facts about the Economics of Old Age. The Villers Foundation, Washington, D. C., 1987.

11. U. S. Bureau of the Census. Current reports: Poverty in the U. S. Series P 60, No. 163. U. S. Government Printing Office, Washington, D. C., 1989.

12. Bould, S., Sanborn, B., and Reif, L. *Eighty Five Plus: The Oldest Old*. Wadsworth Publishing Company, Belmont, California, 1989.

13. Minkler, M., and Stone, R. The feminization of poverty and older women. *Gerontologist* 25:351 – 357, 1985.

14. Pollack, R. F. Generational equity: The current debate. Presentation before the 32nd Annual Meeting of the American Society on Aging, San Francisco, March 24, 1986.

15. U. S. Bureau of the Census, *Statistical Abstract of the U. S.* (109th edition), U. S. Government Printing Office, Washington, D. C., 1989.

16. Binstock, R. The aged as scapegoat. *Gerontologist* 23:136 – 143, 1983.

17. Blaustein, A. I. (ed.). *The American Promise: Equal Justice and Economic Opportunity*. Transaction Books, New Brunswick, New Jersey, 1982.

18. Margolis, R. J. *Risking Old Age in America*. Westview Press, Boulder,

Colorado, 1990.

19. Kingson, E., Cornman, J., and Hirschorn, B. *Ties That Bind: The Interdependence of Generations in an Aging Society*. Seven Locks Press, Cabin John, Maryland, 1986.

20. Bengtson, V., Burton, L., and Mangen, D. Family support systems and attributions of responsibility: Contrasts among elderly blacks, Mexican-Americans, and whites. Paper presented at the Annual Meeting of the Gerontological Society of America, Toronto, Canada, November 1981.

21. Pilisuk, M., and Minkler, M. Social support: Economic and political considerations. *Social Policy* 15:6-11, 1985.

22. Taylor, H. Testimony before the House Committee on Aging, Washington, D.C., April 8, 1986.

23. Rawls, J. *A Theory of Justice*. Belknap Press, Cambridge, Massachusetts, 1971.

24. Callahan, D. *Setting Limits: Medical Goals in an Aging Society*. Simon and Schuster, New York, 1987.

25. Schiffres. M. The Editor's Page, "Next: Young vs. old?" *U.S. News and World Report*, p. 94, November 5, 1984.

26. Hayes-Bautista, D., Schinck, W. O., and Chapa J. *The Burden of Support: The Young Latino Population in an Aging Society*. Stanford University Press, Palo Alto, California, 1988.

27. Longman, P. The youth machine vs. the baby boomers: A scenario. *The Futurist* 20:9, 1986.

28. Lamm, R. D. *Mega-Traumas, America at the Year 2000*. Houghton Mifflin Company, Boston, Massachusetts, 1985.

29. U.S. Senate Special Commission on Aging. *Aging America: Trends and Projections, 1985-86*. U.S. Department of Health and Human Services, Washington, D.C., 1986.

30. Andrews, J. Poverty and poor health among elderly Hispanic Americans. Commonwealth Fund Commission on Elderly People Living Alone, Washington, D.

C., 1989.

31. Meyer, J. A., and Lewin, M. E. Poverty and social welfare: Some new approaches. Report prepared for the Joint Economic Committee. American Enterprise Institute, Washington, D.C., 1986.

32. Ryan W. *Blaming the Victim* (1st edition). Random House, New York, 1972.

33. Minkler, M. Blaming the aged victim: The politics of retrenchment in times of fiscal conservatism. In *Readings in the Political Economy of Aging*, edited by M. Minkler and C. L. Estes, pp. 254 - 269. Baywood Publishing, Amityville, New York, 1984.

阅读材料 三十七

代际公平之辩①

约翰·威廉姆森 黛安·沃茨-雷 埃里克·金森

两大群体(加姆森(Gamson)和斯图尔特(Stuart)(1992)准确地称之为"倡议网络")一直在竞相提出不同的理论框架,参与老年人公共政策辩论。20世纪80年代中期以来,这场辩论被称为"代际公平"之辩,这一名称反映了辩论中一方及其阐释策略的象征性胜利和修辞优势。"代际公平"一词开始指涉两大对立阵营中保守派的假设、论据、价值观和信念。另一个比较开明的倡议者阵营成员比较松散,没有统一的口号来表达他们的阐释策略及假设、论据、价值观和信仰。不过他们经常使用诸如"代内公平"(intragenerational equity)和"代际依赖"(generational interdependence)这样的术语(Kingson et al. 1986)。下文将从代际公平学说开始谈起,简要总结两种主张的阐释性方案的主要论点。

---

① Introduction from The Generational Equity Debate by John B. Williamson, Diane M. Watts-Ray, and Eric R. Kingson. Copyright 1999 Columbia University Press.

代际公平框架

代际公平学说的倡导者认为,社会保障和联邦医疗保险政策制定者需要进一步重视不同世代之间的公平问题(Longman 1987; Peterson 1996)。过多的公共资金花在了退休老人身上,却牺牲了其他人的利益,特别是儿童和年轻人的利益。现在的年轻人支付了老年人享有的丰厚社会保障和联邦医疗保险福利,而他们自己退休后却不能得到相同的福利,于是,事情就变得更加不公平了。

婴儿潮一代人退休之后将给社会保障和联邦医疗保险计划带来非常沉重的负担,因为相对于将要领取福利金的退休工作者,为信托基金掏腰包,支撑这些计划的在职工作者数量非常之少。这种负担造成的一个后果就是,婴儿潮一代人退休之后,不可能享受到现在的退休人员所享有的福利水平。

目前的社会保障受益人消耗的社会资源远远超过他们应得的份额。近几十年来,这个群体的经济状况得到了巨大改善,与此同时,儿童的经济状况却在急剧下降。老年人贫困率下降了,但儿童的贫困率却在急剧上升。多年来,联邦政府在老年人身上的开支大幅增加,现在,这项支出占联邦预算的25%以上。如果我们不在老年人身上花费那么多资金,就可以在儿童和年轻人身上多花点,这一政策将有助于降低极为严重的儿童贫困率。

代际公平学说的倡导者坚信每一代人都应该自己养活自己。如果一代人为另一代提供的支持超过了他们力所能及的范围,那么提供这样的支持显然是很不公平的。现行的以保障为基础的社会保障制度,即现收现付制度假定,每一代人都应该赡养目前退休的人员,并在自己退休后反过来得到年轻人的赡养。相比之下,私有化的社会保障计划更符合“每一代人都应当自己养自己”的精神。

代际公平倡导者经常会指出,老年人是非常强大的选民团体。他们和代表他们的美国退休人员协会等利益集团对公共政策有很大的影响力。老年人及其利益集团经常利用其政治影响力,以自私自利的方式,支持有利于自己、排斥他人的方案。代际公平倡导者有时提到的例子是,一些社区中的老人会投票否决学校债券提案,他们常常不会投票支持那些建议大幅度削减社会保障或联邦医疗保险,从而平衡联邦预算的政客。

如果我们希望在婴儿潮一代人退休时为其提供养老支持,同时又不对在职劳动者造成沉重负担,那么我们现在就需要竭尽全力发展经济。经济增长越快,蛋糕就会越大,赡养大量退休人口也就越容易。要做到这一点,我们需要提高储蓄率,储蓄率提高会促进投资率,最终提高经济增长率。为了提高储蓄率,我们需要削减目前的消费,包括各种政府公共计划。我们也需要制定新的政策举措,例如,将社会保障计划部分私有化。

就整个社会而言,我们应该少强调权益伦理,多强调工作伦理。我们需要强调节俭、自力更生、独立、个人自由和限制政府权力等价值观。简而言之,代际公平学说倡导者竭力将他们的看法与美国社会中的个人主义价值观进行挂钩。

代际依赖

代际依赖学说倡导者认为,社会保障和联邦医疗保险的决策者在制定和改变政策时,需要考虑两代人之间相互依赖的问题。他们反对每一代人能够而且应该自己解决养老问题的观点。想让每一代人的退休生活水平至少与其父辈持平是不可能的,部分原因是人口波动,部分原因是大萧条或二战等特殊历史事件。如果人口、经济或其他因素导致某一代人退休后的生活难以为继,他们的负担应由两代人(退休人员和在职工作人员)共同承担。在这种情况下,期待某一代人承担全部负担是不合理的。

这个观点的倡导者指出,大幅削减退休人员或面临退休的人员的福利,也将对他们的成年子女产生不利影响。由于家庭层面存在代际依赖关系,削减福利将对子女造成压力,他们不得不收留年老的家人,或补充其社会保障和联邦医疗保险福利。代际公平观点强调每一代人都应当自己养自己，而代际依赖观点认为，两代人之间一直相互扶持，而且应该继续保持这种相互扶持的关系，在家庭和社会层面都应如此。代际依赖的倡导者认为应当全力规划婴儿潮一代人的退休生活，但他们强调，需要平衡代际公平和代际依赖之间的关系。

代际依赖观点的一个独特之处在于，它强调不同世代相互帮助，而不是牺牲一代人的利益，去满足另一代人现在的或者以后的消费。更明确地说，它更强调家庭和社会中的代际转移。在个人家庭层面，代际依赖包括收入转移、照料儿童、心理支持和建议等。1994 年，以祖父母为户主的家庭养育着 370 万名孙子孙女（Saluter，1996 年），许多老人花大量的时间去帮助身患残疾的家庭成员。此外，老年人在艺术、知识和领导领域为社会作出巨大贡献，这种情况更为普遍了。

老年人的经济状况有很大的差异。如果我们根据领取平均工资的工作者或富人的最大利益做决策，那么就可能损害一些弱势群体，如低收入工作者、少数裔以及老年人，特别是老年妇女的利益。近几十年来，老年人的平均收入和收入中位数都有所提高，但仍有数百万老年人生活在贫困线或准贫困线上。从代际公平角度看，如果出于政策目的，将老年人视为一个同质性群体，那么上面提到的弱势群体的特殊需求往往会遭到忽视（Binstock，1992）。

近几十年来，儿童贫困现象一直有增无减，与此同时，老年人贫困率则在下降。代内公平观点的支持者认为这两个事件之间没有因果关系，造成儿童贫困率上升的因素有很多，包括美国经济变化，单亲家庭的增多，以及公众接济穷人意愿度的变化。即使社会保障和联邦医疗保险目前的支出水平是造成儿童贫困的原因（这个观点还未被证明），它也很有可能只是一个微不足道的原因。

代际依赖和代内公平的支持者认为，我们需要仔细研究决策过程中的价值观。与代际公平学说强调的个人主义价值观相反，代际依赖观点强调团结的价值观，如社区有义务扶助穷人，所有公民都有权享有充足的医疗服务、食物和住所。代际依赖观点还强调:应当努力减少贫困和不平等现象,进行收入再分配,以弥补美国经济发展过程中产生的收入不公等趋势。

评价某种学说在社会资源分配公平问题上的观念,是很有益处的。代际公平理论阵营往往强调不同世代之间的公平,强调政策一定要一碗水端平。这个阵营中的一些人主张个人层面的公平,例如,多年来养老金一直与实际工资税上缴额挂钩,但与再分配几乎完全脱节。

相反,代际依赖阵营通常会支持另一种公平观念:公平就是要承认社会有必要进行收入再分配,照顾那些低收入的老年人群。这个阵营的分析家和评论家呼吁,我们要努力消除市场经济常常在老年人中造成的不公平现象,特别是与种族、阶级和性别相关的不公平现象。他们也强调,在某些情况下(如婴儿潮一代人退休),两代人必须努力分担赡养责任。

参考文献

Binstock, Robert H. 1992. "The Oldest Old and Intergenerational Equity." Pp. 394 - 417 in *The Oldest Old*, edited by Richard M. Suzman, David P. Willis, and Kenneth Manton. New York: Oxford University Press.

Gamson, William A., and David Stuart. 1992. "Media Discourse as a Symbolic Contest: The Bomb in Political Cartoons." *Sociological Forum* 7:55 - 86.

Kingson, Eric R., Barbara A. Hirshorn, and John M. Cornman. 1986. *Ties That Bind*. Washington, DC: Seven Locks Press.

Longman, Phillip. 1987. Born to Pay: *The New Politics of Aging in America*. Boston: Houghton Mifflin.

Peterson, Peter G. 1996. *Will America Grow Up Before It Grows Old*? New York: Random House.

Saluter, Arlene F. 1996. "Marital Status and Living Arrangements: March 1994." *Current Population Reports*, Series P - 20, No. 484. Washington, D. C.: U. S. Department of Commerce, Bureau of the Census.

展望未来

封闭式退休村?

老年人和年轻人分开生活,长期以来一直是西方社会核心家庭的一个特征(Laslett,1972)。但故意分隔老年人居住区,则是近年来出现的一种模式。全国退休后居住地调查经常会提到加利福尼亚的休闲世界和亚利桑那的太阳城,这两个地方是最受退休人员青睐的居住地。这些社区提供按年龄分隔的、以娱乐为导向的生活方式,受到许多老年人的欢迎。

以加州拉古纳山区的休闲世界为例,它现在称为拉古纳伍兹村(Laguna Woods Village),是一个有 21 000 居民的私人退休社区。其中大多是保守的白人中产阶级退休人员,年龄在 75 岁以上,妇女人数超过男性。休闲世界的安保十分严密,活动场地和娱乐设施非常漂亮,设有近 200 个社会组织或慈善组织,当地社区大学为居民提供各类课程。

新泽西州海洋县的休闲村也是一个分隔社区。它的人口已经接近县城人口的三倍。如今,这个社区进一步分隔,以适应人们新的居住偏好,并吸引较为年轻和活跃的退休人士。佛罗里达州中部一座名为“村庄”的、有严格年龄限制的退休社区,将分隔居住的创意提升到了一个全新的水平(Blechman,2009),村庄的居民从 2000 年的8 000 名退休人员增加到 2010 年的 5 万多人,美国人口普查局将其列为美国发展最快的大都市地区。美国年龄限制社区的原型是 1960 年开始运营的太阳城(Blechman,2009)。经过几个阶段的发展,太阳城已经能够满足越来越富裕的退休人员的需求,为成千上万积极健康的富裕居民,以及患病的或由富转贫的居民提供了一个舒适的家园。太阳城还拥有庞大的志愿者网络,提升了政府和正规组织的服务能力。娱乐中心和高尔夫球场总是人满为患。然而,在以娱乐为导向的生活方式下,所有年龄分隔社区都面临一些悬而未决的问题。

其中一个问题是退休村如何保持活跃的生活方式。毫无疑问，新居民往往都是年轻老年人（65—74 岁之间）。但随着时间的推移，退休社区的人口会进一步“老龄化”，导致长期护理等支持性服务方面的问题。退休社区居民一般没有孩子，而且就算有，他们往往住得很远，无法帮忙处理繁杂的家务或在老人生病时给予照顾。朋友和邻居可以给予有限的短期帮助（Sullivan，1986），但倘若长期生病就成了一大难题。一些综合性退休社区已成为全面终生照料社区，其服务范围覆盖独居老人的家庭设施维护，为需要长期护理和照顾的人们提供养老服务，等等。

社会评论家刘易斯·曼福德（Lewis Mumford）是最早反对分隔模式的人之一。但专门的分隔社区的居民是自愿选择住在那里的。这是为什么呢？人们经常征求亲戚有关退休社区的意见，但在选择居住地问题上，只有一小部分人会将某个社区离亲友较近作为选择的原因。气候、休闲设施、医疗、卫生和年龄段居民分隔等，通常是人们迁往太阳城的原因（Gober&Zonn，1983）。

然而，90%以上的退休人员不会搬走，而是继续留在他们终生生活的地方。在大多数情况下，老年人仍然可以融入所有年龄段居民聚居的社区，但一些老年人会生活在按年龄分隔居民的社区。例如，许多住宅区如今成为自然形成的退休社区（Naturally Occuring Retirement Community），这些住宅区本来不是专门为老年人规划的，但随着时间推移，它们逐渐向这一方向发展。离购物中心、家人或朋友近，是自然形成的退休社区最大的优点。在农村地区，因其便利的设施和远离大城市的自然环境，或者离亲戚近，这种社区获得了一些居民的喜爱（Hunt，Merrill，&Gilker，1994）。

年龄融合与年龄分隔孰优孰劣？关于这个问题的争论长期以来一直存在。支持年龄融合的观点认为，它减少了对老年人的歧视，提高了服务效率。但一些证据表明，老年人更喜欢与同龄人共处，从中受益更大。在年龄融合社区，老年人的需求很容易被忽略（Lowy，1987）。

一些研究表明，依据年龄分隔生活实际上可能促进了社会融合和社区意识（Osgood，1982）。

无论是在太阳城还是在自然形成的退休社区，非正式关系都扮演着很重要的角色。年龄分隔模式确实带来了许多好处：自我表达的机会，安全感和帮助人们应对老龄化问题的同龄人关系网（Jerrome，1992）。

年龄分隔的隐性成本

一个问题是高密度退休村对周围社区产生的影响。一项研究发现，以 60 岁以上老人为主的公寓往往排斥或限制有孩子的家庭。与有小孩和青少年的家庭居住在同一幢楼上的老年人，在调查中表达了他们对居处环境的担忧。结果，有孩子的家庭有时会遇到一房难求的情况（Margulis & Benson，1982）。

代际紧张关系的一个不祥之兆是亚利桑那州兴起的“仅限成年人居住运动”。对于一些老年人来说，年龄分隔社区的优点在于没有学校，没有挤满了大声播放音乐的青少年娱乐场所。如果带小孩的家庭想要搬进这些社区，结果会怎样呢？1973 年，亚利桑那州的法庭审理了一件案子，一群邻居对有一名未成年人的父母提出诉讼，他们在阿帕奇威尔斯镇（Apache Wells）上购买了一块土地，这里有禁止 21 岁以下人员居住的约束性规定。“年龄排斥政治事件”导致各个年龄段人群相互对立，令人不安（Anderson&Anderson，1978）。

当人们被迫做出艰难的选择，就会有代际对立的危险。例如，一项研究发现，佛罗里达州的退休人员往往比年轻人更强烈地反对公立学校的债券，但在其他地区的研究却没有发现这种相关性。产生这种差异的一个原因可能是佛罗里达州有很多新移民，而其他地区的常住居民在学校和没有孩子的新居民之间，更同情前者。这一假设得到了老年人投票模式研究的印证（Button，1992）。佛罗里达州的另一项研究发现，老年居民和年轻居民在诸多问题上（如社区发展、禁止养老院的分区规定以及老年司机问题）存在差异。然而，并不是所有年龄段人群都认为老年人的形象是负面的,事实上,人们常常将老年人视为一股积极的经济影响力(Rosenbaum&Button,1992)。

人口老龄化对地方经济的影响存在着显著的代际差异。通过吸引服务需求较少的高收入长者居住,一时大发横财,最后可能必须为他们提供必需的公共服务,特别是医疗和长期护理,从而付出极高的代价。而且,针对分隔居住的老年群体的服务项目也可能会出现问题。民意调查显示,年轻人更倾向于认为同县或同市的老年人会制造分裂,是自私的投票群体(Rosenbaum,1993)。由于对当地日益萎缩的公共预算的竞争,年轻人与老人之间的紧张关系会进一步恶化。相反,提高代际沟通可以克服其中一些问题。

加州是美国人口最多的州,从这里可以瞥见一些未来的景象。加州的老年人口绝大多数(3/4)是盎格鲁人,但 17 岁以下的儿童中,盎格鲁人口不到总数的一半。未来,如果受过良好教育的白人老年人必须由贫穷的拉丁裔年轻人来赡养,就可能会出现种族冲突和代际冲突。老年人的福祉将与少数族裔的经济成败发生联系,这表明我们需要建立代际同盟。

建立代际同盟的一种途径是避免"封闭式退休村",鼓励能融合不同世代的社区模式。还有一种理想的选择是合作居住(cohousing),这是一种规划社区,居民在共有的空间上建造独立住宅。合作居住在北欧大受欢迎,也得到了喜欢独立生活的老年人的青睐。美国的著名合作居住项目有芝加哥的希望世代/希望牧场(Hope Meadows),以及俄勒冈州波特兰近期新建的布里奇牧场(Bridge Meadows)。这些多世代社区主要针对寄养儿童和低收入老年人。在多代环境中,老年人可以成为年轻人的导师、朋友或代养祖父母。大学周边的退休居民小区也有类似的优势。混合式退休社区也体现了合作居住的理念,在这种社区中,服务由广大公众分担和分享,老年人不会孤立地生活,或者住在距离社区较远的地方。

供写作、思考和讨论的问题

1. 彼得·彼得森等人担心代际公平问题,有人批评他们对美国社会未来的看法太过悲观。这样的批评站得住脚吗?彼得森会如何回应这种指责呢?

2. 如果一个政治上的保守主义者同意彼得森的看法,他会怎样回答上面的问题?如果一个政治上的开明人士同意彼得森的观点,他又会怎样回答这个问题?

3. 莱斯特·瑟罗认为,老年人正在迅速成为一个令政府无法拒绝其要求的投票集团。你能举出一些支持这个观点的新例子吗?能举出推翻瑟罗的例子吗?

4. 老年人倡议者经常说,老年人和年轻人有可资克服代际差异的“共同利益”。为当地社区报纸写一篇短文,概述支持“共同利益”观的论点和例子。

5. 梅雷迪思·明克勒认为,公众普遍不同意代际公平的观点。舆论认为梅雷迪思的说法是正确的。对于公众意见,对于政府官员应该为儿童和老年人实施的方案,上述事实有什么启示?请设计一份关于代际公平问题的民意调查问卷,并以两种方式重新表述“代际公平”思想。向未选修老年学课程的人们发放调查问卷,检验两种表述方式。

6. 思考一个棘手的工作:假设你是上门送餐服务项目的负责人,专门为你社区中的老年人服务。你的机构刚刚被削减50%的预算,现在你必须确定应该让哪些老人继续享受服务。撰写一份详细的备忘录,说明你如何决定谁是最困难的、最应该继续享受服务的老年人。

7. 如果不使用种族标准和收入标准,有没有办法把福利金准确发放给那些最需要社会服务和经济救助的人?种族标准会导致分裂,收入标准会令人感到屈辱,那么有哪些可行的标准呢?

8. 假设你是老年人选民比例较高的学区新任校长,你希望选民投票决议一项新的学校债券,这意味着将会提高税收。向社区的老年人写一封信,说服他们投赞成票。

9. 访问一些反映代际竞争的网站。可以先访问协和联盟(Concord Coalition)网站,这是一个专注于未来预算赤字问题的全国性团体(www.concordcoalition.org)。关注此类问题的另一个团体是彼特·彼得森基金会(www.pgpf.org)。这些网站最关心什么问题?忽视了什么问题?最后请访问世代联合网(www.gu.org)。该网站最关心什么问题?忽视了什么问题?

推荐书目

Estes, C., Rogne, L., Hollister, B., Grossman, B., and Solway, E. (Eds.), *Social Insurance and Social Justice*, New York: Springer, 2009.

Hacker, J. S., *The Great Risk Shift: The New Economic Insecurity and the Decline of the American Dream*, New York: Oxford University Press, 2008.

Hudson, R. B. (Ed.), *The New Politics of Old Age Policy*, Baltimore: Johns Hopkins University Press, 2010.

Kotlikoff, L. J., and Burns, S., *The Coming Generational Storm: What You Need to Know About America's Economic Future*, Cambridge, MA: MIT Press, 2005.

Williamson, J., and Kingson, E. (Eds.), *The Generational Equity Debate*, New York: Columbia University Press, 1999.

学生学习网站 www.sagepub.com/moody8e

- Flash cards(词语卡)
- Web quizzes(小测试)
- Chapter outlines(章节大纲)
- SAGE journal articles(赛吉出版公司出版的期刊论文)
- Web resources(网络资源)
- Video and audio resources(音像资源)

争议九　社会保障未来会怎样?

社会保障是由联邦政府管理的公共退休养老金制度,也是目前美国最大的国内政府项目。除了一些州政府和地方政府的公务员,社会保障覆盖了所有登记在册的美国工作者。社会保障最大的争议是这一核心退休计划引起的,其基本组成部分是工作期间的工资税,加上退休后的工资补贴。

2012 年,单身一族人均社会保障福利金约为 14 760 美元(每月1 230 美元)(通常情况下,一对夫妻的福利金比这个数字高 50%);大多数老年人至少一半的收入要依靠社会保障(Face the Facts USA, 2012; Office of Retirement and Disability Policy, 2013; Powell, 2013)。然而,社会保障的初衷并不是要成为退休人员的唯一收入来源。实际上,大多数社会保障受益人还有养老金、储蓄或继续做兼职所得收入。社会保障的退休年金是大多数退休人员最重要的收入来源和退休收入的基础。大多数美国人都熟悉社会保障的大框架,该计划仍然受到所有年龄段成年人的广泛欢迎和支持。

但是,现在很多人担忧,社会保障到了 21 世纪后期是否还存在。《新闻周刊》的调查(Longley,2005)显示,61%的美国成年人对社会保障能否一直存在表示“不确定”。但另一方面,最近全国社会保障学会的一份报告表明,18 至 64 岁的成年人及各政党都广泛支持社会保障(Reno, Lamme, & Walker, 2011)。这些相互矛盾的观点说明了这个问题十分复杂。除民意调查外,随着婴儿潮一代步入退休期,联邦政府将面临十分艰难的抉择。社会保障受益人的数量将会增加,但缴纳社会保障金的在职劳动者比例会下降。未来的福利金可能会降低,政府可以提高领取全额福利金的年龄,或再次减少年度生活津贴。目前,由于征收社会保障税,联邦预算处于盈余状态。从严格意义上讲,目前联邦预算赤字并不是由社会保障造成的,因为社会保障是通过工资税专门筹集资金。尽管如此,随着年老的婴儿潮一代人开始领取福利金,社会保障信托基金在逐渐减少。随着围绕预算赤字的政治辩论持续进行,这种情形在未来几年会变得更为复杂,虽然社会保障的成本仍然相对可以预测,但大多数分析师预测,联邦医疗保险将是赤字辩论中更重要的因素。

1983 年社会保障改革是对此前社会上存在的焦虑做出的回应,改革成功地夯实了社会保障制度的基础(Light, 1985),但公众对“危机”的议论仍在继续,信心遭到削弱。部分原因在于,社会保障是 75 年前建立的,当时的历史条件不同于现在。1935 年的《社会保障法》是新政的核心部分,是应对大萧条的政策,当时美国只有 5%的人口超过 65 岁。这个法案很了不起,因为它确定了政府有义务为退出劳动力市场的个人提供补贴。社会保障从一开始就被认为是一种社会保障,有助于弥补收入损失,从而为劳动

1935 年富兰克林·罗斯福总统签署《社会保障法》。

者离开劳动力市场提供了缓冲或动机(Myers,1985);同时,法案也规定65岁为法定退休年龄,65岁是当时可预测的人们离开劳动力市场的年龄,也符合惯例。

社会保障的主要特点

社会保障实际上不仅仅是一项退休收入计划,它的一些内容对年轻人也很有利。例如,残疾保险政策涵盖了所有参与社会保障的雇用劳动者,其价值相当于一份20万美元的个人保险。98%的美国儿童有孤儿保险,对于一个养育两个孩子的普通劳动者,社会保障相当于提供了50万美元的人寿保险。不过,说起"社会保障",大多数人都会想到其中的退休年金部分,这正是我们要研究的问题。

社会保障的资金来自于专项工资税,几乎所有挣工资的人(包括个体经营者)都强制缴纳工资税。其他收入(如利息和股息,合伙经营收入等)则不属此列。个人工资税率为6.2%,雇主须配付等额附加税,因此工资总税率为12.4%,其中包含医疗保险A部分的附加税(也称为住院保险)。2011年,个人工资税率暂时降至4.2%,这个"工资税假日"旨在刺激经济,该"假日"于2012年底结束,2013年,工资税率恢复至6.2%。

批评者经常指出,社会保障工资税是一种累退税。也就是说,一个年收入为2万美元的人,和另一个年收入106 800美元的人,同样都得缴纳6.2%的工资税。在2013年,即使是年收入为100万美元的劳动者,也只需缴纳113 700美元的6.2%,超过部分就不用交税了(社会保障管理局,2013)。相反,在累进税收制度(如联邦所得税)下,收入越高,税率也会相应上升,使富人至少在原则上缴纳的税率更高,绝对数额也更大。然而,社会保障实行统一税率,导致穷人比高收入人群负担更重(见图45)。

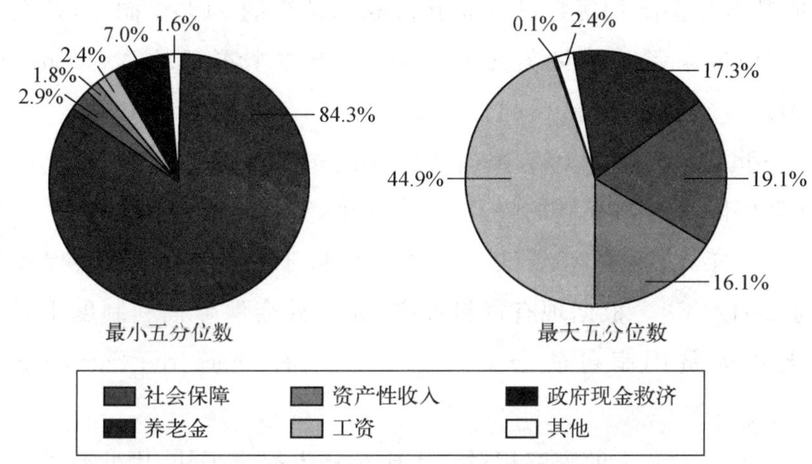

图 45　总收入份额的最小五分位数和最大五分位数(按收入来源),2010 年

资料来源:《老年人收入图表集》,2010 年;美国社会保障管理局。

注:2008 年老年人五分位数界值为 12 554 美元、20 145 美元、32 602 美元和 57 957 美元。总数不一定等于各部分之和。

然而,由于替代率(退休后社会保障替代工资的比例)的原因,社会保障在福利金分配方面具有一定的累进性。例如,根据全国社会保障学会的说法,2013 年退休的终生"中等"收入者(2012 年约为 43 720 美元)每年将领取约 18 230 美元的福利金,替代率为 42%左右。相比之下,2012 年,收入约为 19 670 美元的"低"收入者每年能领取 11 070 美元左右,替代率约为 56%,而收入一直达到"最高"应税额(2012 年为 110 100 美元)的工作者,其社会保障替代率约为 26%。虽然高薪工作者的收入替代率较低,但领取的绝对数额高。

社会保障的另一个好处是,在 20 多年的时间里,福利金已经纳入了消费者物价指数,因此会随着通货膨胀自动提高。目前社会保障和医疗保险拥有许多抗通胀特性,私人保险很难做到,前者的一些功能(包括抗通胀)也是私人保险中所少有,或根本没有的。

但这些收益是有代价的。1960 年,只有不到 15%的联邦预算用于老年人口,到了 90 年代,这一比例上升到 30%以上,2011 年,社会保障、联邦医疗保险和医疗补助总共占联邦预算的41%。同年,社会保障工资税带来了950亿美元的盈余,大于整个军事预算(Johnston,2012)。

20世纪60年代以来,美国老年人的贫困率大幅下降,部分原因是社会保障等社会福利的提高。2010年,53%的老年夫妇和74.1%的未婚老年人,至少50%的生活收入来自于社会保障(社会保障管理局,2012年)。根据现有资料推测,如果社会保障福利制度不复存在,老年人贫困率可能会上升到45%左右(Face the Facts USA,2012)。

65岁以上老人的家庭相对收入比年轻人提高得快,因此政府已经开始转变政策了。1993年政府修订了《社会保障法》,对收入超过25 000美元的个人和超过32 000美元的夫妇征收高达85%的社会保障福利税。但目前社会保障福利税只针对约1/4的老年人,这表明其余3/4的老年人实际上收入并不高。正如我们在"基本概念篇三"中所说,老年人群体不可能人人一样富裕,有34.7%的白人老年人、49.4%的黑人老年人、41.7%的亚裔老年人和51.5%的西班牙裔老年人接受社会保障,他们的收入90%以上依赖社会保障(退休和残疾人政策办公室,2010)。

成功与怀疑

社会保障建立79年后,依然是美国最成功、最受欢迎的政府国内计划。社会保障一直被认为是一种有效的制度,大多数美国人认同这一积极的判断。

尽管如此,社会保障一直饱受争议(Achenbaum,1986)。关于其目的的一个根本问题是:社会保障到底是防止老年人陷入贫困的福利计划,还是一个所有参保人都能按比例领取福利金的退休年金计划?社会保障的实际情况体现了两个目的。一方面,它为几乎所有美国老年人提供了一份最低保障收入,实现了收入再分配。社会保障可以帮助那些可能瘫痪的人,也能帮助单职工家庭。另一方面,社会保障是一种普惠性制度,对贫穷和富裕的老年人都有利,几乎所有人都从中受益。

任何一个计划如果试图完成多个性质不同的目标,就必定遭受挑战和批评,有人质疑社会保障制度的公平性和正义性。例如,代际公平说的支持者认为,社会保障对子孙后代是不公平的。他们认为,后来人能领到的福利金将少于目前体制下的退休老人。他们指出:比起社会保障这样的强制制度,私人养老金制度可能对公民更为有利。

有一些提案建议人们退出社会保障,注册一个个人储蓄账户,以期收益超过社会保障。但社会保障的捍卫者指出,私人市场无法保证更好的收益。

一则相关的批评是社会保障不稳定,因为其支出将失去控制,现在缴纳社会保障金的人今后可能见不到社会保障的影子。关于赡养率问题的讨论也一直不绝于耳。80 年代中期以来的民意调查一再表明,公众(特别是年轻人)很担心社会保障制度的未来,无论这种担心是否有理(Shaw&Mysiewicz,2004; Upston,1998)。

现收现付制

社会保障通过工资税筹集资金,工资税存入被称为社会保障信托基金(实际上是好几个基金)的大型账户。尽管名称如此,信托基金实际上并不是一个为未来存钱的银行大型账户。事实上,社会保障最初的运作方式是改进后的**现收现付制度**,也就是说,每年筹集的资金大部分支付给了当年领取福利金的人。年轻人实际上并不是为自己"储蓄"社会保障福利,而是在为现在领取福利金的老人买单。如果通过工资税筹集的资金超出当年的给付,那么信托基金就会出现**社会保障盈余**。

街谈巷议

“社会保障即将破产，几十年后，政府根本没有资金来支付社会保障承诺的福利金。”

人们常常认为，“破产”就意味着社会保障信托基金没有钱支付福利金。然而事实并非如此。即使我们什么也不做，到2036年，社会保障仍然能够支付75%以上的福利金，“破产”无从谈起。只要适当做一些改变，社会保障就可以在数十年后依旧保持给付能力。政策制定者可以像1983年一样，通过适度调整福利金或税收来解决给付问题，保持社会保障的可持续性。

社会保障实际上是不同世代之间达成的契约或协议：今天的工作者为今天的退休人员福利金买单，未来的工作者在他们退休时为他们买单。按照现收现付制，社会保障的“经费”实际上来源于税收，而不是投资。保守派经济学家马丁·费尔德斯坦(Martin Feldstein)指出，这一制度造成的一个结果是，人们会感觉自己比实际上更富有。如果将来还存在社会保障福利，也许人们会更少地为退休存钱。

社会保障采取现收现付制，在未来可能引起一些严重问题。例如，婴儿潮一代比之前或之后出生的人口数量都要多得多，这一现象人口学家称为“蛇吞猪”模式——一条瘦成皮包骨的蛇肚子上鼓着一个大包，这个大包即年龄分布高峰，随着婴儿潮一代步入老年而出现的一个高峰(参见本书争议十一的图51)。

问题是，婴儿潮一代的保费，现在正用于为比他们年长的退休人员支付丰厚的福利金，但是“生育低谷”出生的人(1964年以后出生的一代人)没有足够数量的工作者为现收现付制缴纳工资税。今天，有近3名工作者养一名退休人员，但到了2050年，只有大约2名工作者养一名退休人员(见图46)。在纯粹的现收现付制下，这个比率的下降是一个很大的问题，如果现在不解决，可能会导致福利金减少或税收急剧上升。那么应该怎么办呢? 一种办法是允许更多移民来美国,以增加劳动力规模。另一个办法是提高工作者的生产力,让较少的工作者能够创造足够的资金以支付福利金。还有一种途径是继续提高退休年龄,迫使老年人继续留在劳动市场。然而,任何一种方案都会产生重大的影响。

人们经常会提到一个问题:社会保障的回报率是不是太低了? 回报"低"的一个原因是,社会保障实际上包括了几个不同的计划:人寿保险、残疾保险和退休收入。就退休收入计划而言,今天和今后的工作者必须为过去积累的承诺买单。但将社会保障看成一种和股票或债券一样的投资策略,可能具有误导性,是有问题的。

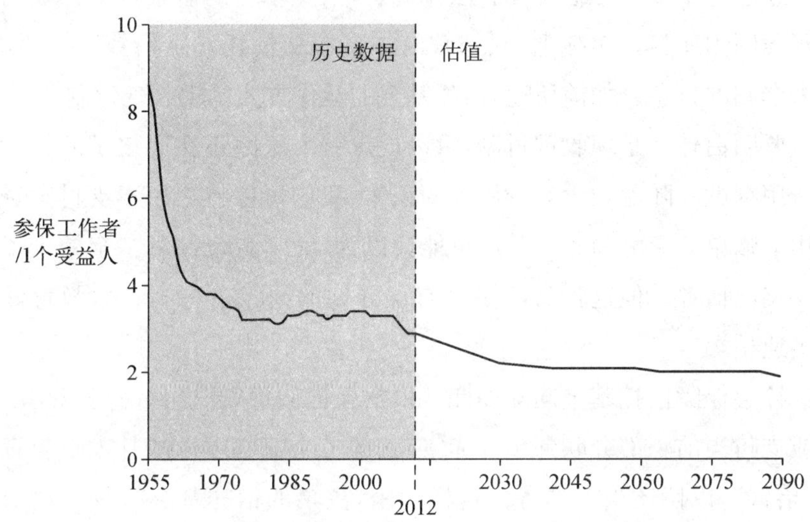

图 46　参保工作者和社会保障受益人数量之比,1995—2075

资料来源:退休和残疾人政策办公室(2010)。

注:2009 年后的数据为估值。

社会保障私有化的倡导者认为,最好的办法是让人们能更多地控制自己的退休储蓄。但是仅有个人账户并不能兑现过去积累的承诺,即历史债务。要兑现这些承诺,可能必须将一部分社会保障信托基金投入股市,这个方案早就有人提出了,另一种办法是将普通税收用于弥补资金短缺。

20 世纪 80 年代早期,人们就已经意识到了这个问题。当时国会预测,30 年后社会保障体系将不能继续完全按现收现付制运行了。1983 年,国会将社会保障工资税率提高了两个百分点,目的是用增加的资金来充盈储备基金,因而推迟社会保障金用完之日的到来。增加税收加上 20 世纪 90 年代美国经济急剧增长,极大地改善了社会保障的财务状况。

社会保障信托基金

社会保障管理局预计,社会保障信托基金资产将继续增长,2012 年就已经超过了 2.5 万亿美元。法律规定,信托基金的盈余资金必须用于购买美国国库券。实际上,联邦政府一直在从信托基金借钱,并且承诺将来会归本付息。如前所述,信托基金的运作方式是现收现付制。

要明白什么是现收现付制,可以设想一个家庭正在为孩子的大学教育费用存款。随着大学教育储蓄的积累,我们可以将之用于支付车贷和信用卡账单等家庭债务。我们可能会以为,大学教育储蓄基金减少了家庭的突出债务。但这种看法是具有误导性的,在不久的将来,教育储蓄会迅速枯竭。

社会保障信托基金同样如此。根据会计假设,社会保障可以用于减少或支付当前一部分联邦预算赤字,就像一个家庭可以从其大学教育储蓄"借钱",以偿还当前债务。这样一来,盈余的信托基金减少了政府从其他地方借钱的需要,但是实际赤字并不会减少。

关于应当如何看待社会保障信托基金,人们存在很大的争议:它应该是减少联邦财政赤字的一部分预算,还是独立的专项资金?社会保障的捍卫者指出,这一计划不会增加联邦预算赤字,相反,社会保障收入实际上减少了联邦预算赤字,因为每年筹集的工资税额超过了支出。

如果工资税是负担,我们可能会问,为什么需要盈余?《圣经》中约瑟的故事能够给我们一点启示。故事讲到,古埃及人在丰收的 7 年里储存粮食,为欠收的 7 年做准备。所以,今天的社会保障盈余事实上是为应对婴儿潮一代人大量退休所需要的“欠条”而已。届时,盈余将开始下降,问题会开始出现。

那么,社会保障会不会“破产”? 破产一词看起来很极端,但该系统的确存在严重的不平衡。社会保障受托人最近的报告显示,预计2033年之前,该体系能够全额支付福利金,但此后只能支付75%(社会保障管理局,2013b)。从2023年起,福利金支出将开始超过收入,这时就需要将信托基金的储备金取出来支付福利金,直到信托基金用尽。这种情况不到20年就会出现,确实是一个很严重的问题。人们已经提出了各种方案来解决缺口。

例如,布鲁金斯学会(Brookings Institution)自由派经济学家彼得·奥尔萨格(Peter Orszag)将社会保障比作一辆破了轮胎的汽车。他认为没有必要扔掉车子,只需修好轮胎便可。在一本详细介绍社会保障的书中,戴蒙德(Diamond)和奥尔萨格(2004)提出了一项修复轮胎的建议——“分担痛苦”。他们认为,可以通过削减未来的福利金,适度提高税率和工资税的最高应税额,以弥补社会保障资金短缺。削减福利金可以采取渐进的形式,以保护穷人。

可能因为与信托基金盈余毫不相关的两个原因,婴儿潮一代领取的福利金减少,或者要缴纳较高的工资税。首先,社会保障税起征点2.5万美元并没有考虑通货膨胀因素,所以今后缴纳社会保障福利税的人数比例可能会大大上升。第二,1983年国会决定,2002年至2007年期间,符合领取全额社会保障福利金资格的年龄将会提高——从65岁提高到66岁,然后再提高到67岁。如果一对夫妇在提高资格年龄政策生效之前退休,那么他们用4.5年时间就可以收回他们所交的社会保障税。但是对于那些在2010年以后退休的人来说,则需要7.5年的时间,总之回报率没有那么可观了。换句话说,领取全额福利的年龄延迟后,退休人员的替代率下降了。

另一个问题是,这一代和下一代的福利金是否存在严重差异呢? 人类预期寿命的增长和财富水平差异,使得我们很难对两代人进行比较。

例如,城市研究所(Urban Institute)最近的一份报告揭示了代际财富差异:因为学生债务、缺乏就业机会、近年经济衰退等因素,X一代和Y一代的平均净财富低于其父母在相同年龄时的水平(Steuerle et al., 2013)。

然而,社会保障建立半个多世纪以来的民调,以及国会投票结果显示,这些关于公平的论调都没有影响美国公众欢迎社会保障的基本态度。立法支持反映了广泛的公众支持。例如2010年,在社会保障制度建立75周年之际,罗珀民意研究中心(Roper Center for Public Opinion Research)的全国调查显示,民众对社会保障的支持度仍然非常高(参见2011年罗珀民意研究中心的数据)。数据与1995年和1985年的早期调查一致:大多数18岁及以上的成年人认为,社会保障是"最重要的政府计划之一",能够帮助美国老年人保持生活上的独立,尽管最近的一次民意调查显示,90%的受访者认为下一代人可能享受不到社会保障了(Reno&Lavery,2009)。

虽然有着广泛的支持,但社会保障近年来在一些方面出现的问题依然十分严峻,以下是关于其未来争议的核心问题:

- 社会保障的资格是否应该仅限于那些最需要的人?
- 社会保障是否应该做出改变,至少部分转变为私有化退休制度,以确保其未来的完整性?
- 社会保障是否应该更加公平地对待女性?
- 需要社会保障的子孙后代能享有社会保障吗?

领取资格

领取全额社会保障福利金的条件是:1937年前(含)出生、年满65岁(62岁提前退休者福利金会被削减),并且在工作岗位上连续十年缴纳社会保障。1937年之后出生的人,有资格领取全额福利金的年龄有所提高,上限是67周岁(www.socialsecurity.gov)。降低社会保障给付和改善其财务状况的一种途径是提高领取社会保障的年龄。这一转变已经开始,而且即将生效。未来几年,资格年龄将从65岁逐渐提高到67岁,也有些人提议提高到69岁或70岁。

一些人以平均寿命上升这一事实为依据,主张提高资格年龄。1940年,21岁的男子活到领取社会保障的年龄的几率是54%,而20世纪90年代,21岁男子活到65岁的几率是72%,21岁女子的几率为83%。

退休后人的寿命有多长呢?1940年,人类65岁后的平均预期寿命,男性为12.7年,女性为14.7年。然而,如今,65岁的男性预计还能活17.8年,而女性还能活20.4年(老龄化管理局,2012)。领取社会保障的年龄提高2到3年,将使该计划恢复到其建立时的预期覆盖年份。不过,提高资格年龄可能给少数族裔造成特殊困难,因为他们的人均预期寿命比白人短。而低收入人士可能还要在艰苦的工作岗位上坚守更长时间,但其死亡率却比其他美国人高,所以提高资格年龄实际上等于削减了他们的福利金。为了避免这种情况,有人建议提高最低社会保障福利金水平,以保证低收入工作者免于晚年陷入贫困(国家社会保障学会,2011)。

正在考虑中的另一种方案是削减社会保障福利金,使其反映实际通货膨胀率。1996年,一个官方委员会在考察通货膨胀过程中发现,多年以来,根据消费者物价指数测算的生活成本上涨额,比实际高出了1.1%。该委员会估计,如果将消费者物价指数降至与实际通货膨胀相当的水平,那么联邦政府将在12年时间里节省1万亿美元的社会保障福利金(福利金与消费者物价指数相关),社会保障将持续稳固到21世纪中叶。然而,全面削减福利金会给最贫穷的老年人带来最大的困难。

另一种方案是,仿照美国补充性保障收入计划(Supplemental Security Income)的做法,实行经济状况审查制度,将领取资格限于收入低于某一边际的人群。不过,我们应该注意到,2008年统一支出的补充性社会保障收入,平均每人每月只有475美元,很难维持生计。这种方法的另一个版本是**财富审核制度**,对于超过某个阈值的人,取消其社会保障福利金。在某种程度上，这种办法与向高收入人群征收福利税的做法如出一辙。

这里讲的所有方案，要么是减少费用，要么是增加税收，但都可以夯实社会保障的基础，使社会保障成为公共资助的，以年龄为依据的权益计划，但也都会改变福利金的领取资格，以某些不可预测的方式让最弱势群体承担风险。

私有化

私有化一词意味着目前的公共社会保障系统应该做出一些调整。其一是提高预拨资金(advance funding)水平，也就是说，从现在的现收现付制转移到一种真正能够增加国民储蓄的**积累制**。可以将部分或者全部信托基金以个人储蓄工具进行投资，例如投资股市。其二是在鼓励私人投资的同时增加个人退休储蓄的选择，例如股票与债券。其三是消除社会保障福利金从一代到另一代、从高收入者到低工资收入者悄无声息的再分配。

1997年，国家社会保障咨询委员会(Social Security Advisory Council)提出了一些涉及私有化的计划，即将社会保障盈余资金以个人形式投入股市。近年来，扣除通货膨胀后，股票平均回报率为6%至6.8%，高于国债3%的回报率。个人投资的潜在收益更大，这是许多人青睐私有化的原因。如果私有化倡导者是正确的，那么未来就有可能降低社会保障福利金，因为人们可以从股票投资中得到更高的回报。

一些私有化计划可能一方面要保持传统制度的完整性，另一方面要将信托基金投资于股市。其他计划包括允许个人决定自己的投资组合，例如，准许他们将社会保障金用于投资一小批政府批准的共同基金。一些私有化社会保障的倡导者主张“切割”(carve-outs)，将一部分工资税收转移到个人账户。有的人则赞成“追加”(add-ons)，即创建政府补贴的个人账户，账户不会扣除工资税，进入现行的社会保障计划。无论私有化采取何种形式,投资股票市场并非没有成本,因为联邦政府必须直接从公众那里举债,间接增加税收。

私有化的另一个问题是,如何从现有制度过渡到私有化程度更高的社会保障形式?为了资助这一方案,联邦政府将不得不举债来弥补资金缺口,向现在的退休人员或接近退休年龄的人员支付其承诺的福利金。这些“过渡成本”意味着政府需要向当前的参保人员加税。在最大胆的私有化计划中,过渡成本可能需要政府在 70 年间增加 6.5 万亿美元的税收。正如经济学家巴里·博斯沃思(Barry Bosworth,1996)所指出的那样,转向积累制意味着“过渡一代”必须出两次钱:一次是为了保障自己未来的退休生活,一次是为了现行制度得到有效执行。

将社会保障基金投资股市的一大问题是信托基金的规模问题。估计到 2015 年,联邦社会保障信托基金将拥有 8 000 亿美元的股份,占股票市场总市值的 10%,这意味着国家对资本市场将产生巨大影响力。批评该计划的人士指出,尽管投资众多的股指遵循多元化和安全性原则,但将社会保障基金置于股市风险之下,未必是明智之举。的确,股市自 1926 年以来有了大幅上涨,但在 2008 年暴跌,此后一直不稳定。

经济学家马丁·费尔德斯坦等保守的社会保障批评者长期以来一直认为,公共养老金计划削弱了个人储蓄和资本形成。他们经常将智利引为成功私有化的例子。其他国家如芬兰、巴西和澳大利亚,都尝试过将公共养老金转为股市投资,以提高国民储蓄。但是,对于社会保障基金投资股市,人们也提出了一些疑问:强制储蓄计划对自愿储蓄和资本形成有什么影响?联邦政府持股是否会导致对市场的干预,例如禁止用社会保障购买烟草股票?如果遇到经济崩溃,比如 20 世纪 30 年代的大萧条或 2008 年开始的经济大衰退,会发生什么情况?

允许劳动者将部分社会保障金放到个人退休账户进行投资会怎么样?好处是,这个计划将给予个人决定退休投资的自由,例如可以投资

401(k)计划。但雇员福利金研究所(Employee Benefit Research Institute)的研究表明,低收入人士投资时往往过于谨慎,所以他们的储蓄不会增值太多。但如果进行高风险投资,就会很容易亏损。另一个问题是,如何帮助投资者安然度过股市的周期性波动。如果股市长时间低迷,个人账户的持有人能做些什么呢?

将社会保障变为个人退休账户,会导致整个系统运作过程中更强调公平性而非充足性。社会保障一直体现了两种截然不同的、有时甚至相互矛盾的原则:**公平性**和**充足性**。公平性意味着根据缴纳保险金的多少给予公平的回报,充足性意味着维持每个人的最低保障收入。一定程度的私有化可能增强美国人对社会保障的信心,但如果强调公平性甚于强调充足性,那么私有化可能导致这个大半个世纪以来受欢迎的成功制度被废除。

如果人们认为自己可以储蓄和投资社会保障福利金,从而获得更好的回报,那么就会出现公平性与充足性的争议。这一观点使我们意识到,社会保障实际上将财富从年轻人那里转移到了老年人那里。高收入劳动者的福利金高于低收入劳动者,但不如自己投资收益高。实际上,社会保障涉及适度的财富再分配,让低收入者能领到较为充足的福利金。当我们研究现行制度下不同世代和不同工资收入者的情况时,公平性与充足性之间的冲突就会冒出来。

全球视野

瑞典新养老金制度

应该由政府支付退休养老金,还是应该由个人自己储蓄养老?2000年瑞典颁布的新养老金制度为这一问题提供了答案。瑞典养老金制度实行个人固定缴存计划,是强制性公共项目。瑞典的社会保障规定雇员和雇主共同缴费,员工有650种共同基金可供选择,这些基金代表他们进行集体投资。瑞典政府也提供两个股票型基金,收取的佣金很低。所有参保者在支付方式上也拥有相当大的选择空间。因此,新的国家养老金制度既规定了强制参保,又提供了自愿选择储蓄养老方案。

瑞典的新养老金制度是一个独特的制度。该国有着强大的资本主义传统和强大的公共部门调节的自由市场,瑞典公民习惯于缴纳高额税款,也希望为自己的退休金寻找更多途径。瑞典是一个长期致力于社会福利的国家,公共养老金十分丰厚,而新的公私合营系统锦上添花,兼具社会保障和个人选择的特点。但是,目前的形势并不乐观。与任何一种股票投资计划一样,这一方案也存在不可避免的风险。例如,瑞典投资者在 2001 年后的熊市中遭遇亏损。也许是由于这次教训,近年的参保者 90%选择了瑞典政府自有资金的"默认"选项。但是,公民确实有选择权,瑞典国家养老金新体系继续吸引着全球的目光。

资料来源:

Weaver, R. K., "Design and Implementation Issues in Swedish Individual Pension Accounts," *Social Security Bulletin* (2003-2004), 65(4): 38-56.

妇女和社会保障

关于社会保障私有化的辩论也引出了其他一些问题,例如,社会保障应该如何对待男性和女性的生命历程?如今,由于社会环境的改变(如妇女角色的转变),一些问题已经变得非常突出(MacDonald, 1998)。例如,已婚妇女有权享有其退休配偶 50%的社会保障福利金,如果丈夫去世,则数额更高。但如果妇女凭自己的工资记录领取社会保障福利金,又以婚姻为条件领取了遗孀福利金,她就无权再领取配偶福利金。因此,目前构建的社会保障往往偏向于寡妇,但却令"二等"受益人十分沮丧。如果单从性别角度考虑平均社会保障福利金,就能发现男女之间存在差距:65 岁及以上妇女的平均社会保障福利金约为每年 12 700 美元,而 65 岁及以上男性则为每年 16 700 美元。但实际上,老年妇女比老年男子更依赖社会保障(国家妇女法律中心[National Women's Law Center],2012)。

20 世纪 30 年代社会保障刚开始实施时,它将传统的家庭结构视为理所当然的事情:男性在外赚钱养家,而妇女在家做全职太太。社会保障计划最初是为单职工家庭制定的计划,但如今,超过 70%的 20 岁至 44 岁的妇女在外面上班。社会保障力求公平对待男女,但涉及育儿、离婚和双职工家庭等因素时,公平问题变得非常棘手(Estes,2004; Johnson,1987)。

前面谈到,老年妇女的贫困率和准贫困率高得惊人(Munnel,2004)。生活贫困的老年人口中,妇女占了将近 3/4。妇女的福祉一个明显的威胁是丧夫,生活贫困的寡妇数量几乎是有伴侣的同龄妇女的四倍(Karamcheva&Munnell,2007)。

妇女的工资只有男性的 3/4,退休后差距还会扩大。她们要花时间育儿或者照顾老年亲属,因此减少了社会保障制度认可的原保险金额(primary insurance)。无论是在职业生涯早期还是后期,离开劳动力市场去照顾别人,对于低收入和一般收入的妇女来说,代价最高。妇女在工作时可能无法挣得足够的养老钱。一个基本问题是,社会保障制度在确定福利金时,只承认有偿工作。妇女照顾家庭成员的免费工作得不到承认。鉴于这些事实,一些观察家建议分享社会保障收入,或者干脆认可妇女牺牲工资、照料家人的年限。

另一个公平问题与高离婚率有关。婚龄不足 10 年,处于劳动力市场之外的妇女,不能获得社会保障的认可,这意味着其退休后的福利金会很低。由于过去所做的改革,婚龄 10 年以上的妇女有资格获得配偶的福利金。然而,离婚妇女领到的福利金,只有未离婚情况下的 1/3。

另一个问题是社会保障对待已婚夫妇的方式。妇女退休时,她会自动获得配偶福利金,其数额相当于丈夫应得福利金的一半。除非已婚妇女已经赚了很多钱,否则她们的配偶福利金一般都高于自己凭工作经历取得的福利金。只有职业女性的累积福利金高于丈夫的情况下，社会保障才会给她们发放福利金。通常，老年妇女对社会保障的经济贡献被完全忽视了，在现行制度下，双职工夫妇家庭的福利金可能低于单职工家庭。一些批评家认为这很不公平。

这里的讨论涉及社会保障的公平和充足问题。有资格获得社会保障的妇女凭自己的收入记录领取福利金。如果她们已婚，也有权获得配偶收入记录决定的福利金。换句话说，已婚妇女(丧偶或离婚)可以享有双重社会保障福利。近几十年来，越来越多的妇女有资格获得双重福利金，因此，妇女退出劳动力市场，去照顾儿童或其他需要人照顾的家属后，其损失可以被配偶福利金所抵消(Munnell，2004)。

有人提出了一些社会保障制度改革建议，将妇女的生命周期考虑在内(Morgan，2000)。一些批评者呼吁，社会保障应承认妇女照顾家人所花的时间，而国家社会保障学会则建议将育儿期计入社会保障福利金，以提高妇女福利金充足水平。2011 年的《社会保障看护人认可法案》(Social Security Caregiver Credit Act)提议将照顾家属五年的时间计入社会保障福利，可惜该法案并未得到通过。

有这样一个问题，因育儿退出劳动力市场可能对经济状况良好的妇女较为有利，比起生活贫困的妇女，她们可以花更多的时间抚养小孩。许多欧洲国家也有类似的制度，通过儿童津贴直接补贴育儿工作。另一个旨在帮助妇女的建议是“双层制”(double-decker system)，在这种制度下，退休人员除了可以获得最低保障，还可以凭工作经历和以前缴纳的社会保障金领取福利金(Burkhauser，1984)。

最后，一些女性支持者敦促实施**收入分享**计划，将夫妻的总收入一分为二，分别放入双方的社会保障账户(Iams，Reznik&Tamborini，2009)。收入分享之所以有吸引力，是因为它将婚姻视为平等的伙伴关系，同时有助于提高可能因离婚或丧偶而陷入贫穷的妇女的退休收入。但这种构想又让我们回到了社会保障原则的根本问题上：社会保障计划应该是一种替代收入的手段，还是一种以公平性和回报率为标准的投资？社会保障完全私有化对妇女有利吗（Estes，2004；Williamson，1997）？人们对公平性和充足性有不同的理解，基本的社会价值观正面临威胁。无论这些争议将如何解决，社会保障仍然将是妇女的头等大事。

社会保障私有化对妇女的社会保障有什么影响？在这个问题上，人们的分歧很大。有人认为，社会保障私有化对妇女来说绝对是好事，因为家庭结构的变化，妇女有了更多控制自己收入的机会。私有化鼓励个人选择的扩大，符合当代女性主义的价值观（Tanner，2004）。然而，最近的一项研究得出结论，私有化可能会对两类老年妇女产生特别严重的影响。一类老年妇女的生命历程不符合男性养家的“传统”家庭模式，另一类老年妇女在民族、种族和社会阶层等方面处于弱势地位。

社会保障之辩

在后面的阅读材料中，我们看到一些有关未来社会保障体系的不同观点。在《拯救社会保障：一种平衡的方法》一文中，彼得·戴蒙德和彼得·奥尔萨格否定了私有化。他们也承认社会保障信托基金面临长期赤字，但反对将工资税转入私人账户。他们认为，适度的累积性调整可以削减福利金并增加财政收入，同时保持基本制度的完整性。他们认为社会保障应该保持集体性质，而不应成为一种个人投资的工具。

相反，在《社会保障改革的必要性和合意性》一文中，拉梅什·庞努如（Ramesh Ponnuru）给出了有力例证，说明为什么目前的现收现付制度无法长久维持。他认为，大力发展个人储蓄账户的机会来了，这是一种实现社会保障计划之目标更为可取的方法。庞努如的方法是部分私有化，类似于小布什在2005年社会保障大辩论中提出的方案。

2005年关于个人账户的辩论，使得人们熟悉的社会保障公平性和充足性之争，成为一个最为突出的问题。即使这一制度没有进一步的变化，1983 年的改革已经将领取全额福利金的资格年龄从 65 岁提高到 66 岁，而且在未来几十年里，会进一步提高到 67 岁，有人甚至呼吁进一步提高资格年龄。但劳伦斯·汤普森(Lawrence H. Thompson)在《社会保障改革和福利金充足性》一文中指出，推迟退休年龄意味着全面削减最低福利金，这将严重损害那些最为最贫困的人群。他总结说，要改革社会保障，我们必须面对十分艰难的抉择。

家庭和性别关系的作用是社会保障讨论中另一个值得关注的问题，人们应该比 2005 年辩论时更为重视这一问题。尤金·史特尔(Eugene Steuerle)和梅利莎·法夫罗(Melissa Favreault)提出了一些有关如何为已婚人士和单身人士支付福利金的关键问题。他们认为，现行的社会保障对待受益人的方式是不平等和不公平的，因为它不符合 21 世纪的家庭生活现状。他们呼吁，除了讨论私人账户问题，人们也应该关注社会保障制度中其他种种不公平的现象。最后，美国退休人员协会的一篇无党派性质的文章，讨论了解决社会保障"危机"的各种现有方案的"优点"和"缺点"。

支持社会保障制度的公民在国家广场集会，企图游说国会。

关注实践

退休收入的投资决策

“为退休生活投资？嗨，退休还早着呢！我现在要操心更要紧的事情。”这句话是不是有些耳熟？它可能总结了年轻人对待养老投资的态度。年纪稍大一些的人想法会不一样，但同样不切合实际：“为退休投资？哦，我已经有养老金了，而且我还有社会保障呢。”

觉得退休还早，或者认为“万事大吉”，而忽略退休后的收入问题，这非常不明智。近年来，雇主支付养老金计划所覆盖的美国工作者的比例一直没有增长。随着越来越多的雇员参与固定缴存计划，其退休收入越来越不可预测，所以个人需要更加仔细地进行规划。

简言之，在养老金问题上，越来越多的工作者只能靠自己。21 世纪初期发生了一些变化，退休计划由“他人代管”，转变成了个人制定退休投资决策。事实上，在 2010 年，只有 39.7%的 65 岁以上的老人领取雇主提供的养老金(社会保障管理局，2012 年)。

至于社会保障，我们知道很大一部分美国年轻人对未来缺乏信心，尽管他们目前仍支持社会保障。即使他们是杞人忧天，社会保障也只能提供一部分退休收入。社会保障福利金和个人养老金一起构成了老年人的重要资产。关于退休的决策(如分配养老金遗属权利，以及是否提前退休)是人生中最重要的财务决定。

如果我们考虑了所有这些因素，得出的结论可以用罗伯特·巴特勒(Robert Butler)和纪伊国健三(Kenzo Kiikuni)合著的经典著作之书名来概括：谁该为我的老年生活负责？答案是：“自己为自己负责”，现在比过去更需要详细规划我们将来的财务。

投资计划的一个关键是，要从生命历程的角度考虑投资，也就是说，要考虑年龄和风险承受能力。心理学研究表明，随着年龄的增长，人们越来越厌恶冒险，某种程度的厌恶是很合理的。年龄越大，冒险造成的不良后果就越严重。如果你在滑雪时发生事故,骨头需要更长的时间才能愈合,如果你丧偶或离婚,再婚的可能性会变得非常低,如果你投资失误,要恢复元气会更加困难。

风险厌恶给了投资养老什么样的启示呢?一种应对措施是将储蓄从波动性和风险高的资产(如股票)转移到能保证安全和固定收益的投资,如储蓄、定存和购买美国国库券。

但是这条建议可行吗?60 岁退休的人可能还有 20 至 25 年的预期寿命。62 岁时拥有 60 万美元的"鸡蛋"能支撑 20 年到 25 年吗?假设你把鸡蛋全部放在"安全的"投资项目(如国库券或公司债券)上,以每年5.5%的历史收益率计算,年收益为 33 000 美元。如果你认定自己需要的全部家庭收入为 5 万美元,何不支取利息,然后每年从存款账户中额外支取 1.7 万美元?每年取 1.7 万美元,25 年后本金还有 17.5 万美元,不是吗?而且你的本金一直都是安全的。

实际上,这个例子正好证明了退休规划的一个难点。首先,每从本金中提取一些资金,剩下的钱产生的利息就会变少。其次,上述计算方法没有考虑通货膨胀。假设通货膨胀率为 3.14%(通货膨胀率的历史平均值),本金为 60 万美元,每年取出 1.7 千万美元,那么 14 年就会取完所有的钱。换句话说,如果你 62 岁退休,那么 76 岁就完全破产了。

另一个问题是这种"安全"投资的回报率。人们快退休时常犯的错误是,把过多的钱放到"安全"投资中,却忽视了自己可能还会活 20 年或 25 年的事实。更可取的策略是既有现金收入投资,又有资本收益投资。固定收入投资是该策略的一部分,但不应占投资组合的大头。我们再来看看 60 万美元的养老金投资方案。现在,假设我们把钱投资到股票和债券的混合资产组合中,产生的税前收益率为7.5%。那么下图是你每年可以从该投资组合中取出的钱(同样假设年通货膨胀率为 3.14%):

每年取出的资金	账户可取年限
30 000 美元	>40 年
40 000 美元	23.7 年
50 000 美元	16.7 年
60 000 美元	12.9 年

但是，即将退休的人员投资股市不是风险太大了吗？不管在什么时候投资都会存在风险。但几十年后，股市的波动会被整体平均收益慢慢消化，风险就会降低。从历史的角度来看，自 1920 年以来，股票年回报率约为 8%。当然，历史平均值必须考虑股市大跌的情况，如 1929 年和 2008 年金融危机后的股市暴跌。但总的来说，接受程度更大的短期风险以获得更多的抗通胀收益，从长远来看或许更为明智。

这个练习的目的是强调一个简单的观点——投资有几种的风险：亏掉本金、通货膨胀以及不能在需要时将资产变现，等等。投资中想要规避所有类型的风险是绝对不可能的，唯一需要考虑的问题是在投资项目上愿意承担多少风险，愿意承担哪种风险。要做出合理的风险投资决策，需要考虑许多因素，年龄当然也是其中之一。

除了会高估自己的养老金和社会保障福利金之外，大多数人还会低估退休后的花费。如今人们的寿命长了，退休后的寿命可能和工龄一样长。他们可能会一边供孩子上大学，一边照顾年迈的父母。在计算退休所需花费时必须考虑目前的开支、未来生活费用、预期寿命、税收和通货膨胀等因素。

金融顾问一般会建议所有年龄段的人将股票纳入投资计划。他们还建议实行多样化的投资组合和定期投资，以减少市场价格波动的影响。一个很受欢迎的方案是美元成本平均法，即无论美元的价格是高是低，每个月都投资同样多的钱。另一种降低风险的方法是资产配置——根据年龄和其他因素,将投资分散在股票、债券和固定利率投资中。

老年人财务专业的学生提醒我们,关于退休储蓄的决策会受到多种因素的影响。一些经济学家青睐于生命周期储蓄模型,该模型预测,由于40多岁的人将面临退休,所以会开始将更多的钱用于储蓄。但储蓄和投资也取决于同生群特征和历史时期(经济环境),更何况个人对未来计划态度上还存在差异。由于人们对自己的退休投资决策承担的责任越来越大,未来对更合理规划的实际需求会更大。

阅读材料 三十八

拯救社会保障
——一种平衡的方法①

彼得·戴蒙德 彼得·奥尔萨格

社会保障是美国最成功的政府项目之一,它使得成千上万的美国老年人如果不幸残疾,或家中的劳动力去世,能够免于陷入贫困。尽管这个制度取得了成功,但它依然面临着两个主要问题。

首先,社会保障面临长期的赤字问题,尽管目前呈现短期的现金盈余状态。解决长期赤字问题将夯实这项计划和国民预算的基础。

第二,社会保障最近一次作出重大调整已经是20年前的事了。从那时起,随着经济和社会的不断发展,该方案的某些内容已经越来越不合时宜。社会保障的历史就是不断适应变化的历史,现在到了再次做出调整的时候了。

恢复长期平衡对社会保障来说大有必要,但没有必要为拯救这一计

① Saving Social Security: A Balanced Approach by Peter A. Diamond and Peter R. Orszag. Copyright © 2004 Brookings Institution.

划而推倒它。可以肯定的是,一些分析师认为社会保障的财务问题尚未严重到必须立即做出改变的地步。相反,一些人则夸大拯救社会保障的难度,企图证明一些体现了这一示范性计划最重要价值的提案是合理的。我们的观点是,社会保障计划的财政困难确实存在,及早解决这些困难将使合乎情理的改革变得更加容易、更有可能。社会保障的前景并未悲观到需要削弱该系统的基本结构的地步。换言之,我们的目的是从财政问题中和一些"改革者"的手中拯救社会保障。

我们的方案承认和维护了社会保障的价值:它为工作者及其家庭提供基本的福利金,保护他们不因股市崩盘或通货膨胀而遭受灭顶之灾,并持续为受益人终生提供支持。我们的计划是改革社会保障,使其反映劳动力市场和预期寿命的变化,夯实这项计划和国家预算的基础,而不利用财务花招解决长期赤字问题。

我们恢复社会保障长期给付能力的计划共有三块,分别解决社会保障长期赤字的难题:预期寿命的增加,收入越来越不平衡,以及该计划早期福利金过于丰厚造成的遗留债务问题。我们的改革计划涉及调整福利金和税收,以弥补长期的赤字。

首先要解决预期寿命引起的问题。自 1940 年以来,65 岁男性的预期寿命增长了四岁,而女性增长了五岁,而且未来还会继续增长。预期寿命的增长使社会保障福利金对受益人而言更为重要,因为支付的年份比以前长。然而预期寿命增长也提高了社会保障的成本。

许多观察家已经认识到,根据预期寿命增长带来的影响调整社会保障,是合理的。然而,以前的提案认为只能通过减少福利金进行调整,过于极端。相反,我们提出了一种平衡的方法,一方面是调整福利金,另一方面则是调整工资税。

我们方案的第二块要解决的是收入不平衡引起的问题,过去 20 年来,收入差距大幅扩大。在职劳动者收入不平衡状态从几个方面影响了社会保障。例如,应税收入有一个上限(2003 年,最高应税收入基数为 87 000美元)。在过去 20 年中,每年约有 6%的工作者收入很高,一些人的收入超过最大应税收入基数,超出部分不交工资税。这些高收入工作者收入极快地增长,因此超过应税额的收入部分大幅上升。1983 年社会保障进行改革时,有 10%的工作者总收入超过了最高应税收入基数。到 2002 年,这个数字已经上升到了 15%左右。

除了免税收入增加外,高收入工作者相对于其他工作者的预期寿命也在不断增长。平均寿命不断扩大的差异削弱了社会保障以人的一生为依据的累进性(为低收入工作者提供较为丰厚的福利金)。我们方案的第一块涉及的调整,是针对整个人口平均预期寿命增加的情况。由于高收入者的预期寿命比普通人增长快,所以对高收入者作出额外调整是理所当然的。

为了解决收入不平衡对社会保障的影响,我们的方案纳入了税收平衡和福利金调整。首先,我们建议逐步提高应税所得基数,直到超过该基数的收入部分(免税部分)大致恢复到过去 20 年的平均水平。这将逐渐减少免税收入额,使其 2063 年底下降到总收入的 13%,大约是目前水平和 1983 年水平的平均值。其次,要提高社会保障制度的累进性,抵消高收入人群预期寿命快速增长的影响,我们提议只针对高收入者减少福利金。目前,刚开始领取社会保障福利金的工作者中,大约有 15%的人收入很高,一部分原因是他们居于社会保障福利金中的最高级别。我们对收入不平衡所做的福利金调整是一种渐进的、适度减少的调整,只会影响收入最高的那群人。

我们计划的第三块尝试解决社会保障的历史遗留债务问题。第一代受益人得到的福利金远远超过他们缴纳的工资税。在该计划实施的最初几年里,受益者只交了几年社会保障,就可以在整个退休期间领取全额福利金。给早期受益者优厚的待遇是可以理解的:他们中的大多数人在大萧条时期经历过苦难,许多人曾参加过一战或二战,而且这一代人中老年人的贫困率曾高得离谱。但这些好处并不是没有代价:既然那一代人得到的福利金比他们缴纳的要多,那么后面几代人领取的退休金就一定会少,这是财务铁律。换句话说,由于该制度对早期受益人的慷慨，产生了一种隐性债务，我们在本书中称之为社会保障的遗留债务。该债务可定义为过去和当前的受益人福利金和税收之间累计的差额(以市场利率累计)。遗留债务给参保者造成了持续的支付压力，我们称之为遗留成本。

我们所有人都继承了社会保障的遗留成本。即使我们想拿回社会保障发给早期受益者的福利金，现在也无计可施。另外，大多数人都不愿意降低那些已经开始领取福利金或即将退休的人的福利金。这两种现实情况决定了社会保障的遗留债务。一旦债务确定，其成本就无法避免，唯一的问题是，我们该如何为不同世代人的花费筹集资金。

社会保障的遗留问题并不是什么新鲜事物。自从社会保障计划开始实施起，债务就一直伴随我们。但明确认识到需要分担社会保障的遗留成本，则是一种新理念。我们建议通过三种措施来改革遗留债务融资：

首先，逐步进入社会保障全民覆盖的阶段，以确保所有员工公平承担国家对上几代人支付慷慨福利金的成本。目前，大约有四百万名工作者，其中大部分人在州政府和地方政府任职，社会保障并未覆盖这些人。不参与社会保障就意味着这部分工作者在逃避对社会保障遗留债务的责任。

第二，我们提议，对收入超过最高应税所得基数的人征收社会保障遗留债务税，从而确保高收入者能按其全部收入的比例资助遗留债务。基数以上的社会保障遗留债务税率将从3%起步，逐步提高到2080年的3.5%。

第三，我们提议，对未来的工作者和受益人全面征收社会保障遗留债务费。征收形式为：从2023年起开始领取福利金的人员，从其福利金中扣除债务费，其余人员，从2023年起适度提高工资税。

社会保障遗留债务的这种筹资方式体现了现在的人和以前的人、低收入者和高收入者之间的合理平衡，以及目前该计划覆盖的工作者和没有覆盖的工作者之间的平衡。

我们的三合一提案能够恢复社会保障的长期平衡,即通常意义上的平衡——未来75年保持精算平衡。我们的计划不仅能消除社会保障75年的赤字,而且会使社会保障信托基金与年度成本之比在75年后略微升高。这一点很重要,因为这将使得社会保障在未来很长一段时间内不再面临75年的赤字。

我们的计划结合了增加收入和减少福利两种方案——上一次社会保障大改革时,也就是20世纪80年代初,也采取了同样的方法。当时主持两党社会保障委员会工作的是艾伦·格林斯潘。该委员会促进了包括福利金和税收调整在内的改革。罗纳德·里根总统领导的共和党和众议院议长托马斯·奥尼尔领导的民主党之所以能够达成共识,正是由于这种平衡方案法奠定了基础。

除了上述为了恢复社会保障的长期平衡而设计的三合一计划之外,我们还建议加强对某些特别贫困的参保者的财政保护。我们专注于四个方面的工作:终身低收入工作者的福利金;寡妇和鳏夫福利金;残疾人和儿童监护人的福利金;所有受益人应对突发性通胀的进一步保护。这些改革将大大提高社会保障提供合算的社会保障的能力,同时维持长期的财政平衡。

对于个体劳动者可以领取的福利金和他们必须支付的税收,上述各种调整意味着什么?2004年后,55岁及以上的工作者福利金将维持不变。对于那些收入水平在平均线上的年轻工作者,我们的建议是:根据现行法律,按同生群递进式地、逐渐地、适度地减少福利金。例如,一名45岁普通收入者的福利金的削减不到1%,一名35岁普通收入者的福利金削减不到5%,25岁的普通收入者削减不到9%(图1),收入较高者的削减比例比普通人稍高,而低收入者的削减比例较低。适度减少福利金的方案也符合1983年的传统模式。1983年改革中,25岁的人的福利金减少了10%,略高于我们计划的2004年25岁平均收入者的福利金削减比例。

这里需要强调的是,刚才所说的削减计划是针对现行的福利金而言的,这些数字并不代表目前退休人员的福利金的削减额。虽然以后的工作者退休时福利金下降比例大于现在的退休人员,但即使算上通货膨胀率，他们的福利金仍高于现在的老年人。例如，2004 年一名 25 岁的平均收入者，退休后的福利金（算上每年的通货膨胀率）比 2004 年 55 岁的平均收入者高出 25%以上。

表 38－1 拟议改革计划中普通工薪阶层的福利金削减情况

2004 年末年龄	现行福利金基线上所作调整	调整后的全额福利金（2003 年，美元）
55	0.0	15 408
45	－0.6	17 100
35	－4.5	18 200
25	－8.6	19 400

资料来源：本书作者的计算。

我们的计划平衡了适度和渐进的福利金削减方式，并逐步提高了工资税税率。如表 2 所示，按照我们的计划，工资税的雇员部分税率将从 2005 年的 6.2%逐渐提高到 2055 年的 7.1%。由于雇员和雇主各自支付一半的工资税，雇主—雇员总税率将从今天的 12.4%提高到 2015 年的 12.45%，2035 年达到 13.2%，2055 年达到 14.2%。工资税率逐步提高有利于确保社会保障持续提供足够的福利金，以抵御通货膨胀和金融市场波动，而且只要受益人活着就得支付福利金。

表 38－2 拟议改革后工资税税率

年份	雇员税率	雇主—雇员总税率
2005	6.20	12.40
2015	6.22	12.45
2025	6.35	12.69
2035	6.59	13.18
2045	6.84	13.68
2055	7.09	14.18

资料来源：作者根据总精算师办公室的备忘录计算得出。

总之,我们的议案与最近提出的其他大多数改革议案不同,我们认为它是所有方案中可行性最强的,原因如下:

- 该方案平衡了福利金和税收调整。
- 该方案恢复了社会保障的长期平衡和可持续的给付能力。
- 该方案不会转移政府的一般性税收收入。
- 该方案不通过大幅减少残疾人津贴和年轻遗属的津贴来帮助恢复长期平衡。
- 该方案加强了对低收入者和寡妇的保护。
- 该方案不会将社会保障收入转移到个人账户。
- 该方案保住了社会保障的核心角色,在金融市场波动和非预期通货膨胀的情况下,提供了最低保障。

尽管对该方案的实质性优点信心十足,我们仍然十分清楚,要实施这一计划,必将遇到很多政治上的困难。社会保障改革具有争议性,也应该具有争议性。毕竟,社会保障在千百万美国人的生活中以及联邦预算中都扮演着至关重要的角色。这样一个重要项目的改革,也应该引起政治家的兴趣和辩论。尽管如此,我们仍然相信,这个三合一的方案的简单可行和平衡性特征会证明,社会保障的改善可以不诉诸其他一些议案中提出的最具争议的、问题非常大的因素。

阅读材料 三十九

社会保障改革的必要性和合意性[①]

拉梅什·庞努如

社会保障一直以来基本采取现收现付制,今天的工作者以工资税形式为退休的老年公民提供养老金。年轻人老了后,他们会反过来依靠从

① "The Necessity and Desirability of Social Security Reform" by Ramesh Ponnuru.

他们孩子身上征得的税收。但人类寿命增长和生育减少已经使得这一契约难以维持。1950 年,每位退休人员有 16 名工作者赡养,今天只有 3.3 名,到 2040 年,将只有 2.1 名工作者赡养一位退休工作者。

福利金的计算公式十分复杂。如果工资很高,就得向该系统支付更多的工资税,也就会得到更高的福利金。但福利金的上涨与工资不成正比:一部分会(偶然地)再分配给穷人。育儿者也能领取福利金,可以说,这一制度承认她们通过培育下一代纳税人为社会保障做出了贡献。退休后,福利金每年随通货膨胀上调。

这里一万亿,那里一万亿

年收入只达到美国平均水平的工作者,如果现在退休,今年能从社会保障中领取 14 854 美元。工资会随着时间而上涨,福利金亦如此。到 2050 年,普通工作者的退休福利金有望达到 23 811 美元(扣除通货膨胀后)。比今天的数额高出 60%。

这种增长速度就是造成财政问题的原因。2018 年,该计划预计支付的福利金将超出其筹集的资金。在接下来的五年里,该制度预计将产生 2 830亿美元的缺口。到 2045 年,预计每年将亏损 3 940 亿美元。衡量财政缺口的一个方法是,估算政府要为社会保障额外投入多少资金,才能维持该项目的给付能力。运用不同的计算方法,缺口可达 10 万亿到 11 万亿。这比我们整个经济体还要大。

诚然,我们不需要立即解决这一问题。但是,每多等一年,我们的选择就会越糟。如果想立即着手,我们可以逐步削减福利金。如果不这样,我们将来就不得不突然大幅削减福利金(或提高工资税)。现任社会保障管理局专员安德鲁·比格斯(Andrew Biggs)估计,推迟改革一年会造成 6 千亿美元的成本——这一成本每年都在上涨。泰坦尼克号在撞上冰山之前没有遇到过危机,如果提前温和地转向,也许能够避免灾难。

自由派认为,我所描绘的以上场景不过是危言耸听。他们说,社会保障在 2042 年之前是根本不会破产的,可以通过一些细微调整维持下去。只要取消布什的减税政策，就可以筹集到必要的资金。如果经济增长好于预期，社会保障就有足够的税收来兑现承诺。

这些说法都不正确。2042 年前不会出问题，这种想法纯属忽悠。几十年来，因预料到婴儿潮一代即将退休，社会保障计划已经早早开始筹钱，使收入大于支出，将盈余资金存入了社会保障信托基金。自由派的观点是，如果支出超过收入，到 2018 年，社会保障只能从信托基金中支取资金，一直取到 2042 年信托资金耗尽为止。

2018 年一过，政府将不得不去找钱来付清那些欠条，不得不提高税收，或削减开支，或从其他地方举债。

否定形式

另一方面，"细微调整"其实并不是那么细微。社会保障的主要自由计划是由经济学家彼得·戴蒙德和彼得·奥尔萨格提出的。其支持者，如《新共和报》的乔纳森·科恩(Jonathan Cohn)，喜欢把它描述为"包括提高税收和削减福利等一系列的微调"。因此《华盛顿邮报》将彼得·戴蒙德和彼得·奥尔萨格称为"平衡者"，他们提议将削减福利金和增加税收视为同等重要的措施。事实上，他们计划改善支付能力，85%要靠提高税收(他们也提议增加福利金)。他们提议提高工资税率，提高应征税工资额度，并向高收入者征收"附加税"。

国会预算办公室(Congressional Budget Office)估计，戴蒙德—奥尔萨格计划意味着社会保障税占经济份额之比上升 1/3 以上(社会保障税总额相当于现在的经济总量的 4.9%，按照该计划，2080 年该比例将上升到6.6%)。他们的计划在未来 75 年的成本几乎与目前的制度持平。国会预算办公室还估计，戴蒙德—奥尔萨格计划将抑制经济增长，影响资本存量和工作积极性。

废除布什的减税政策就能兑现社会保障做出的承诺，这一想法具有误导性。这种观点忽视了在信托基金中支付借据的问题。(也就是说，他们假设信托基金可以毫不费力地支付社会保障金。)还有另一个问题，如果实行累进税制，其负担会随着时间推移而加重。随着工资上升，人们交的税会升高，平均税率(政府声称通过税收达到的经济份额)会因此上涨。

最后，人们可能会有一种错觉，认为我们能够通过经济增长解决社会保障的缺口问题。毋庸置疑，更高的增长率会带来更多税收，但更高的增长率也会带动工资的增长，而且因为福利金与工资挂钩，因此福利金也要增加。增长固然是一件好事，但并不意味着我们不需要根据收入协调该计划的福利金结构。否则，即使经济增长一倍，社会保障仍将失去偿付能力。

考查指数

从“工资指数”转向“价格指数”并不是一个无足轻重的变化。到2050年，中等收入工作者每年领取的福利金，比在工资指数下所得少37.5％。价格指数能够完全消灭社会保障缺口。但如此削减福利金是不是太过？如果工资随时间而增长，工作者们将把更多的税款投入社会保障。难道他们不应该因此得到更多福利金吗？

这个认识忽略的问题是，社会保障不能将工作者缴纳的工资税转变为丰富的福利金。工作者能得到高福利金的唯一方法就是在工作期间多交税(并且同意继续在由每个人负担高税收导致的经济萎缩的环境中工作)。如果不增加税收，该系统就无法支付更大规模的福利金，那么工作者理应拥有的和想拥有的任何东西，都会被剥夺。如果工作者想在退休后有更多的钱，他肯定愿意自己用更多的钱去投资，而不是等着政府来提高他的税收。

在关于社会保障改革的辩论中，即使是知识渊博的改革者，也都在使用诸如“承诺的福利金”和“现行法定福利金”等字眼，来描述中等收入者在工资指数下可能增加的60％的福利金。最高法院裁定，任何人都无权决定自己的福利金水平，并规定，如果2042年“信托基金”耗尽，那么就自动削减福利金。目前预测可能会削减27％，而且不是逐步削减，而是在一年之内一下子削减，之后还要进一步削减。

个人账户问题

给付能力不是目前社会保障制度的唯一问题。社会保障从年轻人那里拿走了很多钱,却没有给他们多少回报。在这项计划下,25 岁中等收入的年轻人工作期间付出一美元,退休后只能得到 91 美分。价格指数认识到了这一现实情况,但未采取任何措施加以改进。个人账户是减轻这种伤害的一种途径,人们能够用自己的账户中积累的财富补充缩水的社会保障福利金。

第二种看法是,个人账户夯实了社会保障的基础。有了个人账户,我们将从"现收现付模式"转向"预筹累积模式"(Pre-funding model)。在"现收现付"制度下,一代人为上一代人的养老金提供资助,而在"预筹累积"制度下,每一代人都提前为自己的退休做好储蓄工作。如果政府实行预筹累积制,而不让我们在个人账户上存储资金,那么这些资金就有可能被转移到其他项目。如果政府把所有的资金用于投资,那么它对经济的影响会变得过大。

第三种观点是,让数以百万计的美国人通过个人账户购买部分经济份额,这本身是一件好事,他们可以把财产留给他们的继承人,也可能成为资本家,并对健全的经济政策产生直接兴趣。2004 年诺贝尔经济学奖获得者爱德华·普雷斯科特(Edward Prescott)认为,允许人们用工资税投资会刺激他们的工作积极性,进而发展经济。国会预算办公室发现,一种包括价格指数和个人账户在内的计划能够扩大经济规模。这完全不同于戴蒙德—奥尔萨格认为个人账户会毁灭财富的说法。

自由主义政治家们和记者们坚定地认为资本市场投资是"投机"或"轮盘赌"。但我们并不是要让 64 岁的人把他们所有的社会保障资金全部投到科技股上,只是建议大家将一部分社会保障资金用于长期投资。有很多降低风险的方法——买股票组合时要注意多样性,可以购买指数基金,可以购买股票,也可以购买债券。人们完全可以利用这些方法(关于个人账户的法律也可能会要求他们这样做)。1999 年底至 2002 年底,大盘指数下跌了将近 40%。但是由雇员福利研究所和投资公司研究所

(Employee Benefit Research Institute; Investment Company Institute)联合发布的一份报告揭示,401(k)计划只下跌了10%。长期来看,股票的波动性会变小,这是不争的事实:美国股市从没有出现过20年一直下跌的情况。另外,股票的平均年回报率比通货膨胀率高6.7%。

然而,设立个人账户需要增加联邦短期债务。认为债务的增加是向个人账户转移成本,是一种严重的误解。既然我们实行的是现收现付制度,现在大部分的工资税都付给现在的退休人员了,按道理,剩下的资金应该流向信托基金,但实际上却用在了其他政府项目上(这等于从信托基金借钱)。如果人们把工资税存入个人账户,政府就必须去寻找其他资金来兑现其他的承诺。结果是,在接下来的十年中,政府可能要举债1万亿美元甚至是2万亿美元。

也许这些数字看起来令人担忧。但是必须记住,它们不构成新的成本。政府已经做出保证,会为现在和以后的老年人支付退休金。以后退休金的预筹部分不会增加政府的总债务,只是将一部分债务提前了而已。如果这些账户是降低社会保障成本长期协议的一部分——就像布什的价格指数计划那样——那么暂时的债务增长就不会阻碍我们。市场清楚地认识到,未来社会保障福利金将成为政府的巨额预算外债务。只要他们对改革计划的长期轨迹有信心,预算债务增加,即使增量巨大,也不会吓到他们。

决策,决策!

政府应该允许人们把多少钱投资到个人账户中呢?应不应该根据收入的不同而有所变化,好让穷人能够把更高比例的工资用于投资?政府监管投资的力度应该有多大?是否应该要求人们在退休后,将个人账户里的钱全部转到年金账户呢?

每一个选择都需要权衡。大型账户会给工作者一个参与的理由,但也意味着会产生更高的转移费用。

另一方面,如果整个账户都必须转成年金,那么个人账户就会失去吸引力。改革者们不能认为,该账户是一种可以世代相传的财富积累方式。

有一种政治理论可以指导改革者作出选择,该理论可以称为“新型投资者阶级”,其主要观点是,参与资本市场改变了人们的政治态度和行为。说得更恰当一点,它认为之前投资者的策略会逐渐自我完善。例如,对退休储蓄实行适当的退税,将使选民希望在医疗、教育以及退休储蓄方面享有更大的退税优惠。

出于同样的原因,小型个人账户会导致扩大账户的需求。如果今年没有获得大型账户,改革者也不必失望。401(k)s 计划持有者已经有了越来越多的投资选择,个人账户的规定也可能会更加宽松。

尽管这一理论本身并不能取代我们在做重大选择时所需的政治判断,但它能够告诉保守主义者,建立个人账户有助于重塑有利于他们的美国政治前景。个人账户的优势大于某些政策的优势,然而其政治风险也更大,这一理论无法说明改革的历史时机是否已经成熟。

阅读材料　四十

社会保障改革和福利充足性①

劳伦斯·汤普森

超过 1/3 的退休人员,包括一半以上的退休妇女,每月领取的社会保障福利金低于单身老人的贫困线。尽管许多人工龄超过 30 年,并且年年都缴纳社会保障金,但他们的社会保障福利金也只有这么多。一旦这些人的社会福利金大幅下降,那么老年人的收入是否充足、政府是否能够兑现 1935 年对参保人员提供最低退休生活保障的承诺,这些问题都会受到严重影响。

这篇简报重点关注低收入工人能够领取的社会保障福利金,关注目

① “Social Security Reform and Benefit Adequacy” by Lawrence H. Thompson from *The Retirement Project*, Brief Series, No. 17, March 2004. pp. 1 - 7. Copyright 2004 Urban Institute.

前退休年龄的变化，以及今后可能实行的成本压缩改革将如何影响他们的福利金。我们首先根据2001年发放福利金的实际数据，将当前福利金的平均水平和分配情况与福利金充足性的几个标准进行了比较，然后利用密歇根大学关于健康与退休研究(Health and Retirement Study)的成果，模拟了延迟退休以及进一步削减福利金对其充足性的影响，二者也许是恢复社会保障计划财政平衡必不可少的政策[1]。最后，这篇简报结论部分评价了未来社会保障计划的意义。

社会保障是基于社会契约的收入转移计划。为回报劳动者在职期间所缴的工薪税，政府承诺劳动者退休或伤残后为其提供收入支持。福利金的多少与在职期间缴纳的社会保障费数额有关，但并不完全成正比。一般而言，在职期间缴费社会保障金越多、工作年限越长，退休后的福利金就越高。不过，为了与该计划的各社会内容相协调，低收入者退休后获得的福利金替代率会适当提高。该计划的结构特征源于一种认识：低收入者退休后不太可能有其他收入来源，而主要依靠社会保障福利金来保障基本生活需求。事实上，收入分配中垫底的1/5老年人家庭，其收入的80%以上来源于社会保障福利金。

现实 vs. 设想

平均退休福利金实际上远远低于大多数社会保障政策讨论中设想的福利金。设想中的福利金通常假定一个劳动者连续工作35年以上，每年领取的工资与当年在职参保劳动者的平均工资(2002年约为33 000美元)持平，并在正常退休年龄退休。这样，2002年1月退休的劳动者将有资格每月领取1 127美元的福利金，相当于他(她)前一年工资的40%(社会保障管理局，2002年，表Ⅵ. E11)[2]。

但是，实际退休福利金状况却没这么乐观。2001年退休人员人均每月领取的福利金为894美元，其中男性平均为1 033美元，女性为694美元。实际平均福利金远不到设想的80%，仅相当于平均工资的32%，而不是设想的40%。显然，社会保障政策中通常设想的平均福利金与退休人员的真实状况并不相符。

表40－1是2001年退休人员社会保障福利金的实际分配情况，分类依据是2002年1月份的工资额。第一列是按绝对数量计算得出的每个类别的月福利金范围，第二列是该类别的福利金与当前在职人员的平均工资之比。如表所示，2001年52%的人员月福利金不足900美元，1/3以上的人员月福利金不足700美元。

福利金充足性的标准

社会保障计划中一些工作多年的人工资并不高，社会保障应该为他们提供怎样的保障水平呢?

表40－1　2001年退休工人福利金累积分布

月福利金	与平均工资之比(%)	男性受益人比例(%)	女性受益人比例(%)	领取该段福利金的总人数比例(%)
450美元以下	16.1	8	18	12
500美元以下	17.9	10	24	16
700美元以下	25.1	19	58	36
900美元以下	32.3	31	77	52
1 000美元以下	35.8	40	84	59
1 200美元以下	43.0	60	94	75

表40－2显示了一些可以确定这些劳动者最低福利金的潜在基准。

与大多数发达国家相比，除了一条比较模糊的规定，即所谓的特许最低福利金(special minimum benefit)，美国并没有关于最低养老金保障的官方政策。特许最低福利金根据退休人员的工作年限发放，年限达到规定即可领取。具体而言，工人至少须工作20年，才能领取这项福利金，但工作30年并没有什么特殊照顾。表40－2显示，2002年特许最低福利金的最高标准是每月617美元，相当于平均社会保障收入的22%左右[3]。目前，约12万退休劳动者符合特许最低福利金领取条件，其中大部分为妇女。

表40－2第二行表示2002年领取这项福利的人群，这些人在65岁退休之前一直连续工作，收入为联邦的最低工资（社会保障管理局，2002年，表2A26）。表40－2第二行表示2002年65岁，工资处于联邦最低工资水平，从未失业过的劳动者（社会保障管理局，2002年，表2A26）所领取的福利金情况。这些劳动者每月可领到729美元福利金，相当于平均社会保障收入的26%。第三行显示了补充性保障收入计划通过经济状况审查形式，为参加社会保障但没有其他福利来源的老年人和残疾人提供的最低收入保障。2002年，补充性保障收入计划和食品券计划的结合，保证每人每月可以领取575美元福利金，这一数额相当于平均社会保障福利金的21%左右[4]。在那些发放补充性保障收入的州，居民会领得更多福利。

接下来两行显示的其他两个参数与社会保障计划无直接关系，但它们有助于确定福利充足性的标准。2002年，单身老人贫困线相当于社会保障平均收入的26%左右，而全职最低工资劳动者的收入相当于社会保障平均收入的32%[5]。

表40－2　社会保障充足性的可能基准：月收入及月收入与社会保障平均收入之比

充足性基准	月收入（美元）	月收入与社会保障平均收入之比（%）
特许最低福利金（正常年龄退休）	617	22
行业中最低工资退休人员	729	26
单身人士补充性保障收入	575	21
单身老年人贫困线	719	26
最低工资	893	32
社会保障平均收入	2 790	

资料来源：美国社会保障管理局（2002年、2003年），人口普查局。

这些参数表明，最低充足福利金的合理标准为平均收入的21%至25%。最低工资全职劳动者退休后领取的全额福利金，以及单身人士的贫困线刚好在这个范围之上。老年人特许最低福利金中的最高福利金，以及经济审查援助项目（means-tested assistance program）中的最低收入保障,都处于充足福利金合理标准的底部。表 40－3 显示,退休人员福利金分别低于平均收入的 21%和 25%。

表 40－3　未达到福利金充足水平的工作者比例(估计);低于合理基准的月福利金;福利金削减的不同情况(百分比)

	福利金低于合理基准 21%的劳动者			福利金低于合理基准 25%的劳动者		
	男性	女性	总数	男性	女性	总数
所有享受福利金的劳动者						
上世纪 90 年代后期的实际福利金	14	46	27	21	61	37
延迟退休的影响	20	58	35	24	70	42
——若工作量增加	19	57	34	22	69	40
福利金进一步削减 25%的影响	28	76	47	36	86	55
工龄 20 年以上的劳动者						
上世纪 90 年代后期的实际福利金	12	39	22	19	54	32
延迟退休的影响	18	51	30	22	64	37
——若工作量增加	18	49	29	20	63	36
福利金进一步削减 25%的影响	26	71	42	34	84	52
工龄 30 年以上的劳动者						
上世纪 90 年代后期的实际福利金	7	22	11	13	37	19
延迟退休的影响	12	33	20	15	48	24
——若工作量增加	12	32	19	14	47	23
福利金进一步削减 25%的影响	18	57	33	25	75	39

资料来源:城市研究所“健康与退休研究”。

注:数据不包括 1934 年以后出生者、在职期间领取过伤残保险福利金者、因某种原因在 60 岁前就开始领取福利金者、尚未退休或未确定预期退休日期者。该比值等于退休年份(或计划退休年份)的初始福利金除以该年度的社会保障平均收入。

现在实行的延迟退休政策将导致更多人的福利金低于福利金充足性基准。大多数人在正常退休年龄之前就开始领取福利金。事实上,我们所设想的退休福利金与实际领取的福利金之间存在差距,其中一个原因是有人提前退休,福利金有所调整[6]。

当前的改革是将正常退休年龄推迟到67岁,但仍将62岁定为领取退休金的起始年龄。很久以来,62岁退休的人一直都少领了20%的福利金。今后,62岁退休的人的福利金会遭到进一步削减,2022年后,降幅将达到30%。

利用“健康与退休研究”的数据进行计算后发现,根据人们退休后还要继续工作两个月的习惯做出调整后,由于人们提前退休造成福利金大幅度减少,所以福利金低于社会保障平均收入21%的长期在职人员的人数增加了,其中男性将从7%上升到12%,女性则从22%上升到32%。福利金低于较高充足性基准的长期在职妇女的比例将从37%上升到47%。

可以肯定,为了维持该计划的资金平衡,如果唯一的途径是降低福利金,那么这将进一步削减低水平福利金,导致约一半退休人员的福利金低于当地现行的最低标准,即便是工龄超过30年的人员也状况堪忧。进一步减少福利金将导致很多工龄长的人员(1/4的男性和3/4的女性)的福利金低于社会保障平均收入的25%。一半以上工龄长的妇女的福利金将无法达到两个充足基准中任一标准。

结论及意义

略超过1/3的退休人员社会保障福利金低于社会保障平均收入的25%,也低于目前单身老年人的贫困线。超过1/4的人领取的福利金低于社会保障平均收入的21%。

正在逐步实施的延迟退休方案将使更多人的社会保障福利金降到低水平。完全靠减少福利金来解决未来的资金困境,只会使问题更加严重。这两大变化的合力将导致一半以上的新退休人员(包括85%的女性)福利金收入低于平均收入的25%,他们中有许多人在退休前已经工作多年并缴纳了社会保障金。该计划中工龄超过30年的人中,3/4的女性和 1/4 的男性的福利金将低于社会保障平均收入的 25%。

这些发现表明,全面削减福利金可能不是解决目前预算资金不足的可行方法。延迟退休已经立法,因此削减福利金将削弱社会保障计划的社会功能,加剧延迟退休的影响。即使工龄很长的劳动者,一半以上人员的福利金也将低于合理的福利金充足基准。

这一分析得出了两条基本结论。第一,延迟退休需要同时延迟(甚至进一步延迟)领取福利金的起始年龄,否则,提前退休导致福利金进一步减少,将导致实际退休福利金与社会保障平均收入之比持续下降。第二,如果不大幅延迟领取福利金的起始年龄,在没有额外资金来源的情况下,目前预测的社会保障资金缺口可能无法弥补。若通过减少福利金来彻底弥补资金缺口,那么平均福利金将越来越少,无法起到社会保障本该起到的作用。

注释

1. 密歇根大学“健康与退休研究”每两年会调查 22 000 多名 50 岁以上的美国人。该研究由全国老龄化研究所资助,涉及美国老龄化人群的身心健康、保险、财务状况、家庭赡养体系、劳动力市场状况及退休规划。

2. 计算涉及的平均收入来源于前一年的社会保障福利金数据。

3. 特许最低福利金是用 10—30 年的可靠收入(Credible earnings)年份乘以美元因数(dollar factor)计算得来。2001 年,美元因数为30.90,全额退休福利最高为 20 乘以 30.90 美元,即 617 美元。美元因数与物价水平挂钩。1990 年,可靠收入年份被定义为 1973 年后年收入超过最高应税收入 15%的年份(没有其他特殊增长的情况下)。2001 年可靠收入为 9450 美元,相当于平均社会保障收入的 31%。1990 年前,可靠收入为最高应税收入的 25%(美国社会保障管理局,2002 年,表 2A12、表 5A8)。

4. 补充性保障基本福利金为 545 美元。社会保障福利受益人的补充性保障收入为 565 美元,因为补充性保障忽略了社会保障福利金起始的 20 美元。获得补充性保障福利金的人员每月还可领取 10 美元的食品券。

5. 假设个人每月工作 173 小时(4 又 1/3 周),每小时工资为 5.15 美元。

6. 理论福利金与实际平均福利金之间存在差距的另一个原因是最高应税收入。

设想的平均收入根据总收入计算得来,而实际福利金根据应税收入计算得来。

7. 上世纪90年代末,62岁的退休人员一直都少领了20%的退休福利金(相对于正常年龄退休情况)。全面实施延迟退休政策后,62岁退休意味着福利金将减少30%。

8. 这些数据基于这样的假设:未来的收入水平和工龄与20世纪90年代后期的退休人员相同。事实上,未来的退休女性可能会比上世纪90年代后期退休的女性工作年限长、平均收入高,一定程度上减少了女性福利金不足的情况。为了反映社会保障收入平均水平的变化,计算社会保障福利金的主要参数每年都在调整,而女性地位的相对提升将导致男性地位相对下降,从而增加男性福利金不足的概率。

参考文献

Fields, Gary S., and Olivia Mitchell. 1985. "Estimating the Effects of Changes in Social Security Benefit Formulas." *Monthly Labor Review* 108(7): 44 - 45.

U. S. Social Security Administration(SSA). 2002. *Social Security Bulletin, Annual Statistical Supplement*, 2002. Washington, DC: Government Printing Office.

——2003. *Annual Report of the Board of Trustees of the Old - Age and Survivors Insurance and Disability Insurance Trust Funds*, 2003. Washington, DC: Government Printing Office.

阅读材料　四十一

昔日的家庭社会保障?①

尤金·史特尔　梅利莎·法夫罗

想一想,有一个退休计划将大部分资源用于预期寿命超过15年的人,而只将很小一部分用于体弱多病的贫困老人,再想想这个计划的其

① "Social Security for Yesterday's Family?" by C. Eugene Steuerle and Melissa Favreault. Number 35 in series Straight Talk on Social Security and Retirement Policy. Copyright © 2004 Urban Institute.

他情况:

- 对总收入相同的不同夫妻给予区别对待,给双方收入分配较为均等的夫妻以较少的福利金;
- 为已婚夫妇提供额外福利金(仅仅因为他们已婚),但对单身人士、离异者以及子女更多、工龄更长、纳税更多的夫妻,却不提供额外福利;
- 给结婚9年零11个月后离婚的夫妇的福利金,比多等一个月才离婚的夫妇少几十万美元;
- 给共同生活10多年后离婚的人领取福利金设置了一个附加条件——前配偶去世;
- 给供养家庭的高收入者增加福利,却不给同样在养家糊口、同样在缴纳附加税的低收入群体以同等待遇;
- 老来得子、嫁娶年纪小得多的配偶、多次离婚再婚等情况,享有更多的福利金机会及数额。

现在想想,在任官员和倡导者之间无休止地争吵,目的似乎是更好地保证这些不平衡状况永久持续下去。

你可能已经猜到了我们所说的制度就是社会保障制度。在任官员认为社会保障辩论的主要论题是:退休金是否应被纳入个人账户,具体来说,即社会保障收入的1/7(远低于用于老年人计划开支的1/10)应由个人直接持有,还是应当进入政府信托基金。

糟糕的是,社会保障收入其余6/7部分中存在的不平等现象在很大程度上被忽视了(不管是否纳入了个人账户)。更糟糕的是,个人账户问题争论双方中的许多改革者都只讨论上述分歧,只要存在分歧,双方就可以对那1/7部分永远争论下去。

如果争论一直不跳出个人账户与信托基金孰优孰劣的问题,提供福利金或扣除福利金的矛盾措施怎么能形成制度呢?

首先,一些改革者试图营造一种没人会吃亏的错觉,他们设法保证福利水平接近现行法律的规定。如果遵守这一承诺，将会使现有的不平等现象永远存在。其次，大多数改革者的目标是让总福利金和总税收维持平衡。但是，如果改革者急于调和资金的问题，而忽视了该制度存在的巨大不平等，那么这些不平等问题还将在数年内继续存在。在进行了轰轰烈烈的重大改革后，国会可不能对公众说："哎呀不好，尽管我们搞了一次平衡，但是又错了。"

事实上，社会保障是在20世纪30年代设计出来的，那时候的家庭模式一般都是男性在外工作，妻子做全职家庭主妇。在接下来的几十年中，社会保障增加福利金时未充分考虑家庭生活的变化。例如，增加了颇为丰厚的遗属福利金，以帮助那些变得贫穷的遗孀。但是，这种变化完全忽视了许多单身女性及婚后几年离婚的女性(以及男性)。

让社会保障跟上当代家庭生活的变化，还来得及吗？来得及！除维持财政平衡和增加储蓄外，改革应该还有两大主要目标：制定贫困线以上的最低收入水平、消除明显的不平等，例如，消除单身人士以及婚龄不足10年的离婚人士受到的不平等待遇。

这里指出的大多数不平等现象都是私人养老金制度不允许的，但仍然没有促使社会保障管理局走出改革的第一步：制定措施以评估不同改革方案在减少不平等、消除老年人贫困等方面的可能性。

一些机构和国会议案开始尝试寻找正确的出路。但是不单独评估，就无法确定这些努力是否成功、哪种方法最为有效。如果不清楚什么是当务之急，我们实施的可能只是一些表面上的改革。

立法者面临的真正选择将考验他们的政治勇气。要想在改革中保证人人都是赢家，这是违背现实的。试图消除不平等，结果往往是有人缴得多了，有人领得少了。要想提供最低水平的福利金并消除明显的不公平现象，任何再分配方式都不应以性别或婚姻状况为依据。相反，补充性福利金应该更直接地针对终生低收入人群。根据这一标准，许多已婚人士仍然有资格获得补充性福利金，他们比贫穷的单身人士更有资格获得福利金，但并不是因为婚姻的缘故。

除需求外,家庭情况的变化(如结婚、离婚)也应被视为精算的依据,避免使这些人蒙受损失:离婚人士、双方收入相近的夫妇、双方年龄相近的夫妇以及单身人士。

目前的争论能解决当代家庭在退休之后的各种需求吗?能,但条件是争论的焦点转移到该制度中的那6/7(甚至更多)如何满足人们的需求,而不是只关注有人想把小额现金存入个人账户,而有人则不愿意,会产生什么样的影响。

阅读材料　四十二

社会保障的未来①
——您不能不了解的提案

美国退休人员协会

提高完全退休年龄

1983年美国国会规定人们享受全额社会保障福利金的年龄(即完全退休年龄)为65岁,这一年龄一直在提高。1960年后出生的人完全退休年龄现已提高到66岁,并将逐渐提高到67岁。进一步提高完全退休年龄有助于填补社会保障资金缺口。领取非全额福利金的最低年龄可能维持62岁不变,但提前领取会导致月福利金进一步减少。有人建议将完全退休年龄提高到68岁——从2023年起,每年延迟两个月,到2028年延迟至68岁。据估计,这样能弥补18%的资金缺口。还有人建议将完全退休年龄提高到70岁——从2023年起,每年延迟两个月,到2040年延迟至70岁。这估计能填补44%的资金缺口。

支持者:现在人均寿命比以往任何时候都要长,所以应该提高完全退休年龄。否则,人们退休之后领福利金的时间延长,我们根本负担不

① http://www. aarp. org/content/dam/aarp/work-and-retirement/social-security/2012 - 06/The-Future-Of-Social-Security. pdf

起。1935年社会保障制度开始实施时,65岁的退休男性大约还有13年的预期寿命,而将来退休男性大约会有20年的预期寿命。1935年,退休女性平均还有15年预期寿命。今后,退休女性约有20年的预期寿命。(遗产基金会　大卫·约翰[David John, Heritage Foundation])

反对者:无论多少岁开始领取福利金,延迟退休就等于减少福利金。法定退休年龄从65岁提高到67岁,将使福利金减少13%。低收入劳动者的寿命增长很少甚至没有增长。仅仅因为富人的寿命延长就提高所有人的退休年龄,这是变相地克扣福利金,既无必要也有违公正。我们仍有能力改善和给付社会保障,而不是削减福利金。(全国社会保险研究院　弗吉尼亚·里诺[Virginia Reno, National Academy of Social Insurance])

提高工资税最高应税额

目前社会保障工资税最高应税额为年薪110 100美元,超出部分不缴税。随着平均工资的增长,最高应税额每年都应提高。目前,最高应税额覆盖国民总收入的84%。进一步提高最高应税额有助于弥补社会保障资金缺口。不过能弥补多少,取决于最高应税额的高低及提高的速度。如果最高应税额覆盖总收入的90%,那么2012年最高应税额为215 000美元左右,这意味着收入超过目前的110 100美元最高应税额的雇员(及其雇主)将支付更多的工资税,年收入超过215 000美元的劳动者每年须支付6 500美元的工资税。将最高应税额提高到覆盖总收入的90%,估计能弥补36%的资金缺口。

支持者:将最高应税额提高到覆盖总收入的90%,是明智而公平的。只有6%的劳动者的收入超过目前110 100美元的最高应税额。让高收入者缴纳更多的社会保障费是公平的,再说他们也能获得更多的福利金。提高最高应税额体现了1977年国会改革的意图,当时最高应税额覆盖了总收入的90%。国会还规定,最高应税额要根据平均工资的增长自动调整,使其一直覆盖国民总收入的90%。但是,当今的高收入者比其他群体收入高很多,而最高应税额只覆盖了国民总收入的84%。这一

提案以及其他一些举措,可以充实社会保障,提高其给付能力。(全国社会保险研究院　弗吉尼亚·里诺)

反对者:加税的后果往往很严重,会压缩家庭在吃穿住用及教育等方面的开支。这个馊主意会使中等收入纳税人的税金大幅上涨,却丝毫不能影响富人,对个体经营者和一些小企业主的伤害也特别大。更糟糕的是,加税提案只不过将社会保障问题推迟了八年,并不能解决根本问题。(遗产基金会　大卫·约翰)

减少高收入者的福利金

社会保障福利金的计算依据是劳动者缴纳的社会保障工资税。虽然高收入者领取的福利金总额比低收入者多,但他们的福利金替代率比后者低。填补社会保障资金缺口的一个办法就是减少高收入者的福利金,要达到这一目的,可以通过多种方式修改社会保障福利公式,这取决于如何划分高收入人群,以及应该扣除多少福利金。大多数方案提出使用浮动制(sliding scale)来大幅削减高收入者的福利金,小幅调整中等收入者的福利金,而低收入者则保持不变。这些方案包括:

- 逐步降低最高收入人群中前25%者的福利金,按照浮动制最高削减15%。这可以弥补7%的资金缺口。
- 逐步降低最高收入人群中前50%者的福利金,按照浮动制最高削减28%。这可弥补31%的资金缺口。

支持者:未来几年社会保障没有足够的工资税收入为所有人支付全额福利金,这种情况下,公平的做法可能是为低收入者支付全额福利金、为高收入者支付非全额福利金。富人退休后有其他收入来源,如养老金和存款,他们不需要全额福利金。以后每个人都能领福利金,但收入较高的退休人员福利金应比现在低。(遗产基金会　大卫·约翰)

反对者:这种提议实际上会减少中产阶层的福利金,他们每年只能领取35 000美元,他们并非“高收入者”,目前的福利金已经不高了。退休人员的医疗费用正在不断增加,而其他退休金来源——如房产、养老金、积蓄等,随时都可能减少,而且大多数美国人根本没有这些收入来源。社会保障是多数老年人的主要收入,减少福利金并不能解决问题。我们负担得起社会保障承诺的福利金。(全国社会保险研究院　弗吉尼亚·里诺)

提高工资税率

目前,雇主和员工都需分别缴纳职工收入的6.2%作为工资税,最高应税额为110 100美元。个体经营者需同时支付两份税,总税率为12.4%。可以通过提高工资税率来缩小社会保障资金缺口。例如,若年薪为50 000美元,工资税率提高到6.45%,那么每位雇员和雇主一年的社会保障缴款额将增加125美元;工资税率提高到7.2%,人均社会保障缴款额将增加500美元。可以慢慢提高工资税,也可以一步到位。工资税率如果从6.2%直接提高到6.45%,预计能弥补22%的资金缺口。用20年时间将工资税率从6.2%逐渐提高到7.2%,预计能弥补64%的资金缺口。

支持者:用20年时间将社会保障税率从6.2%逐渐提高到7.2%,这是非常有意义的。大多数美国人说,他们宁可多交点钱也不愿意看到福利金减少。平均每人每周只需要多交50美分,就能弥补一半以上的资金缺口。再加上最高应税额被取消,社会保障将能获得更多的资金,长期保持强劲的态势。(国家社会保险研究院　弗吉尼亚·里诺)

反对者:增加社会保障工资税率不可取,因为它会增加个人税收,而不顾及纳税人收入水平。经济学家几十年前就明白了一个道理,如果员工成本过高,雇主就会用机器代替人工,或者搬到税率较低的地方。不幸的是,这对雇员的影响是不同的,机器最有可能替换年轻劳动者和技能水平较低的劳动者。(遗产基金会　大卫·约翰)

根据经济状况审查情况确定社会保障福利

社会保障福利金一直都是发放给在职缴纳社会保障金、满足工作年限和年龄要求的人,而不考虑投资、养老金、储蓄等社会保障福利之外的收入。不过如果总收入超过一定水平,社会保障福利也会部分征税。经济状况审查是缩小社会保障金缺口的又一方案。根据经济状况审查结果来决定福利金,高收入者的福利金会减少,最高收入者甚至会没有福利金。通过职业平均收入标准来减少高收入者的福利金,和经济状况审查举措是不一样的,经济状况审查涉及了所有个人收入。谁会受到影响、又会受到多大影响,取决于收入阈值的规定。根据经济状况审查决定福利金,估计能弥补11%的资金缺口。

支持者:在资源稀缺的时代,社会保障不能继续无视其他退休收入的情况,为所有退休人员发放福利金。而该方案只向非社会保障收入低于一定数额的退休人员提供福利金。社会保障将一如既往地保障退休人员基本生活,但重点是把福利金发放给真正有需要的人。(遗产基金会　大卫·约翰)

反对者:根据经济状况审查结果决定福利金,会把社会保障从争取来的权利变成一种福利。要是你有一笔存款或养老金的话就倒霉了,因为这部分收入会减少你的社会保障金。同时,这个方案会使管理成本上升。政府需要定期核查个人收入和资产,以调整人们的福利金。美国人已经形成了年年交保险、退休领福利的观念,根据收入调查来决定福利金,会严重冲击美国人的这种观念。(全国社会保险研究院　弗吉尼亚·里诺)

展望未来

未来社会保障的两种可能

第一种可能:陷入泥沼。现在是2025年,婴儿潮一代人中年龄最大的已经70多岁了。社会现状和他们以前的预期完全不一样。

回顾历史,很容易发现当今问题的迹象。首先是2018年联邦医疗保险出现赤字,3年后,医疗保险和医疗补助合并。如今医疗保健费用已占国民生产总值的20%，但还有数百万阿尔茨海默病(老年痴呆)患者和依然在维持生命的植物人。当然，最大的冲击是2008年股市下跌，然后是2015年婴儿潮一代人开始兑现共同基金，引发了大崩盘，道琼斯工业指数下跌至5 000点，至今还处在这一低位。很多人在这次崩盘中赔光了社会保障储蓄。

婴儿潮一代人为社会保障问题在华盛顿举行大规模游行。副总统切尔西·克林顿奉命领导一个特别委员会，试图恢复社会保障机构的给付能力。特别委员会实施大幅削减社会保障福利金政策，但结果让所有人都不满意。当今，大多数人工作到70岁，为的是能领取全额福利金。因为政府停止上调生活补贴，很多人70岁以后还在拼命找兼职工作。中年人面对社会保障危机百感交集。他们起初并没有想过领取福利金，但是他们赋税太重，也没有能力依照现行法律的规定赡养年老的父母。

大洪灾以后，经济一直摇摆不定。由于全球变暖，20年来海平面一直在上升。最近，南极罗斯冰架倒塌，人们纷纷撤离曼哈顿、离开荷兰。这些事件使工业国家遭遇了本世纪以来最严重的经济萧条，因此，除了社会保障之外，人们还有很多事情要操心，于是老年人只得自力更生。

第二种可能：前景乐观。在2025年回头看本世纪初盛行的悲观预言，发现它们是多么的滑稽。那时的人们竟然害怕老龄化社会的到来!

我们确实遇到过一些危机，但大家都处变不惊。2015年联邦医疗保险差点崩溃，最终还是回归正常。通过结果分析和健康教育的整合，联邦医疗保险制度成本得以削减，受益人数有所增加。社会保障金经历了2008年的萧条之后开始反弹，不久股市上扬，而且指数基金中部分信托基金也开始上涨，因此社会保障开始盈余。目前道琼斯指数是3万点，而且还在继续攀升。

另外一个重要因素是就业人数的增加，其中包括来自亚洲、拉丁美洲的勤劳移民以及越来越多的黑人大学毕业生。如今,人们70岁之后往往还在工作,接受再培训后走上了新的工作岗位,还有些人在家中通过网络远程工作。时下,五六十岁上大学的人和年轻人几乎持平,所以很多人都有第二、第三职业。

回顾世纪之交的阴霾,我们不禁会想起20世纪70年代后期,人们对石油等自然资源会耗尽产生过类似的恐惧。有时,我们最害怕发生的事情最后根本就没有发生。

供写作、思考和辩论的问题

1. 美国目前的人口状况与社会保障制度建立时的1935年关键差异是什么?这些差异是否会促使未来的社会保障制度发生变化?

2. 就社会保障"私有化"问题至少给出3种解释,并分别给出支持或反对"私有化"的理由。

3. 如果社会保障信托基金大量投资股票市场,什么原因可能会增强人们对社会保障的未来的信心?什么原因可能导致人们信心下降?

4. 社会保障制度批评者认为,该计划不足以帮助老年人口中最困难的人群。有人呼吁进行经济状况审查,让社会保障能帮助最贫穷的人。假设你是美国社会保障管理局的助理,需要就这一问题拟一份备忘录,请考察支持和反对收入审查方案的证据。

5. 认为社会保障信托基金不该有大量盈余的人说,他们反对将信托基金的资金用于投资国债。他们认为,盈余其实是在为联邦预算赤字出资。这种说法是否正确?投资股市可能会有什么积极的和消极的结果?

6. 假设你是美国纳税人联合会(Taxpayers United of America)主席,你的组织支持调整社会保障工资税率。草拟一份文件说服协会会员,说明调整工资税率对纳税人有利。

7. 为了让女性能更公平地领取社会保障,有人提议应当认可家庭主妇和家人看护者的工作。这一提议对于在劳动力市场工作的妇女来说公平吗？对同性恋夫妻、全职奶爸公平吗？

8. 假设你是全国妇女组织(National Organization for Women)地方分会的主席，准备发起一次公众请愿活动，为女性在社会保障福利方面争取更公平的待遇。准备一份详细的声明作为请愿的基本纲领，要突出一些重要论据，以说服大家在请愿书上签名。

推荐书目

Achenbaum, W. A., *Social Security: Visions and Revisions*, New York: Cambridge University Press, 1986.

Altman, N. J., *The Battle for Social Security: From FDR's Vision to Bush's Gamble*, New York: Wiley, 2005.

Clark, R. L., Burkhauser, R. V., Moon, M., Quinn, J. F., and Smeeding, T. M., *Economics of an Aging Society*, Malden, MA: Blackwell, 2004.

Diamond, P. A., and Orszag, P. R., *Saving Social Security: A Balanced Approach*, Washington, DC: Brookings Institution Press, 2005.

Kingson, E., and Schulz, J. (Eds.), *Social Security in the 21st Century*, New York: Oxford University Press, 1997.

学生学习网站 www.sagepub.com/moody8e

- Flash cards(词语卡)
- Web quizzes(小测试)
- Chapter outlines(章节大纲)
- SAGE journal articles(赛吉出版公司出版的期刊论文)
- Web resources(网络资源)
- Video and audio resources(音像资源)

争议十　退休过时了吗？

20世纪堪称退休时代。有史以来，退休第一次成为一种普遍的、几乎人人如此的行为模式。1950年，美国人的平均退休年龄为67岁，到了1980年，就已经降到了63岁，并且在20世纪90年代继续下调。二战后，各工业化国家劳动参与率随着公民年龄的增长而持续下降。但是，退休制度化究竟是进步的象征，还是即将出现问题的征兆呢？21世纪，该模式是否会继续实行，还是说退休早已经过时了？20世纪90年代，提前退休的趋势已经停止并开始反转。2008年经济大衰退之后，越来越多五六十岁的人开始斟酌自己是应该在“传统”退休年龄（65岁左右）退休，还是应该继续工作。事实上，2007年至2012年期间，55岁及以上成年人的劳动力参与量已经从2 710万增加到3 310万了（Hayutin, Beals & Borges, 2013）。

对于整个社会而言，老年人劳动参与率下降意味着生产力下降。现在的老年人平均寿命长，受教育程度高，健康状况比以前好。退出劳动力市场的人经常会在很多年里，没有明确的社会目标（Sheppard, 1990）。由于社会保障费用和个人养老金的成本持续上涨，人们有理由问：退休还有意义吗？

但是，“退休是否过时了？”这个问题实际上包含两个问题。第一，退休是不是具体个人(例如,一位正在考虑提前退休的人)的明智之选?所谓提前退休指在正常退休年龄之前退休。第二,在美国,系统性的退休制度是否算得上好制度,也就是说,该制度对经济甚至整个社会是否有益?

罗索(Rosow)(1967)在几十年前说过,退休对某些人来说,可能意味着进入没有角色的角色。然而,近年来出现的工作和退休模式表明,退休不仅仅意味着退出工作。无论人们是逐渐减少工作量还是突然停止工作,退休通常都会给他们的老年生活带来新的选择:休闲消遣、志愿者服务、做礼拜、再就业或创业(美国教育委员会,2008)。此外,传统的退休模式,是在65岁左右从全职工作一次性过渡到退休,在美国,大概只有一半的劳动者会这么做(Gonyea& Hudson,2011)。这一传统也受到"过渡性工作"的挑战,老年人可以先从事"过渡性工作",然后逐渐退出全职劳动力市场(Cahill,Glandrea & Quinn,2012)。

通常情况下,退休后的主要收入来源是社会保障和养老金而非薪水。在之前讨论投资和退休前计划时,我们强调了个人决策的重要性。但是,强调个人规划,往往会忽略一个重要因素:只有在不工作但有足够收入维持退休生活的情况下,人们才会做出关于退休的个人选择。当然,那些买彩票中大奖或在股市挣了大钱的人,在年纪不是很大时,也许就可以做出退休的选择,但大多数人只能等到年纪很大了才能退休。只有当社会或体制政策能为中年以上的劳动者退休买单时,他们才可以选择退休。在这方面,退休仍然是公共政策辩论的一个重要议题(Munnell& Sass,2009)。我们在有关社会保障未来的诸多辩论中看到,21世纪的美国社会是否可以,是否应该一如既往地维持退休政策,批评人士在这一议题上提出了许多质疑(Clark,Pelham,& Clark,1988),从而导致了一些重大变革。例如,在1986年,强制退休这一旧体制被依法废除。

如今,人们往往视退休为理所当然的事情,并认为这是人到老年就应该过上的一种自然且恰当的生活模式。但事实上,退休成为一种社会惯例或社会制度的历史并不长。我们需要了解退休制度的起源,并更充分地认识美国经济和个人生活的变化如何改变工作和退休的面貌。我们需要想一想能决定21世纪工作和退休意义的当前趋势是怎样的,而不是将退休生活视为理所当然的人生阶段。

退休制度的历史

19世纪工业革命后,普遍实行工人退休制度才成为可能(Costa,1998)。首先将65岁定为养老金领取年龄的,是普鲁士首相奥托·冯·俾斯麦。到了20世纪初,许多欧洲国家开始通过政府养老金制度将退休制度化。美国在1935年也紧随其后,制定了社会保障制度,这一进步使得离开劳动力市场对人们更具吸引力。1890年,68%的65岁以上男性仍然在工作,但到了1930年,这一数字就下降到了54%。1950年,社会保障福利金提高后,劳动力市场中的老年男性数量进一步下降到了46%,1989年,下降至不足17%。图47是1990年至2006年期间的主要趋势图。

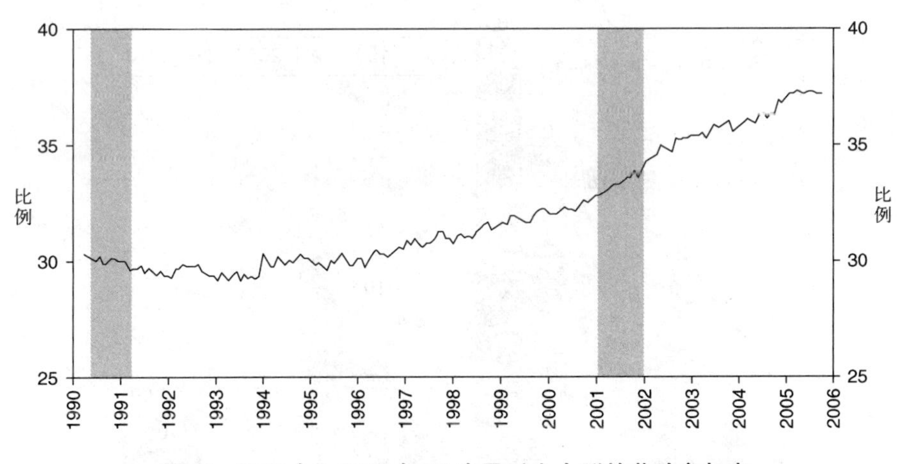

图47　1990年—2006年55岁及以上人群的劳动参与率

资料来源:《劳工评论月刊》,2006年10月,劳工部,劳工统计局。

这些数据清楚地反映了几点信息。第一点,65岁以后,不论男女绝大多数人都退休了,虽然小部分人处于劳动力市场,但影响不大。第二点，在老年男性中，选择退休而不是继续工作的趋势已经非常明显，50多岁的人群劳动参与率也同样下降了。提前退休本身已经成为一个重要现象，但自20世纪90年代以来，由于各种原因，提前退休现象又逐渐减少(见图48)。20年以来，65岁及以上成年人的劳动参与率上升，主

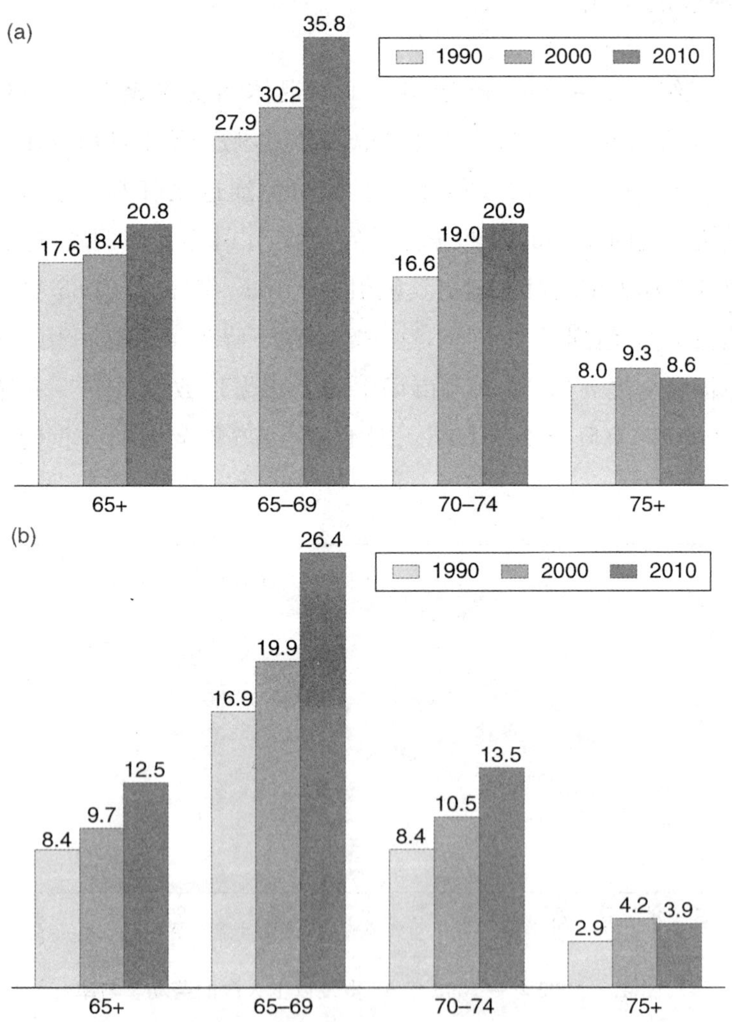

图48　65岁及以上男女劳动参与率，1990年、2000年、2010年

资料来源：Kromer&Howard(2013)；美国人口普查局，1990年及2000年十年人口普查；2010年美国社区调查。

要原因是女性劳动参与率上升了(Kromer&Howard,2013)。事实上,55至64岁年龄段的妇女已经大量进入劳动力市场,抵消了男性劳动参与率下降的趋势。前面关于性别和老龄化的讨论揭示了这些相反趋势的某些原因:男性的退休金和社会保障福利金一般都比女性高,而女性虽然寿命更长,平均收入却较低。此外,21世纪早期出现的一种最新趋势表明,老年男性正重返全职劳动力市场(Gendell,2008)。

康奈尔大学1952年至1962年进行的职业退休纵向研究对这些趋势做了深入分析(Streib&Schneider,1971),质疑了人们普遍接受的错误观念,例如,退休对人的健康有负面影响,会导致无用感。康奈尔大学的研究发现,并没有证据证明退休会导致健康问题,但这种观念依然存在(Ekerdt,1987)。康奈尔大学的研究报告称人们退休后收入有所下降,但大多数退休人员仍然回应说,自己的收入是充足的,1/4的人甚至觉得自己的生活水平比以前高了。总之,退休不一定是坏事。后来的研究证明了康奈尔大学研究的主要成果。

近年来,65岁以上的妇女劳动参与率一直在增加。

街谈巷议

“退休有害健康。”

纵向退休研究(如戈登·斯特雷布,Gordon Streib,1956)等人的研究)早已证明了“退休有害健康”的观点是错误的。当然也会有这种情况发生——身体不好的人刚退休不久就去世了,但这种结果并不是退休造成的。人们延迟退休也许还有别的原因,但不会因为害怕退休对身体不好。

虽然向退休生活过渡的过程中会有一些压力,但是退休后,人们通常会很庆幸自己有了更多的休闲时光(Pillemer et al. ,2000)。因为残疾而退休的人群平均健康水平似乎较低,但退休本身并不会增加身心健康问题的风险。有人甚至认为,退休对大多数人的健康和幸福是有益的(Ekerdt, 2007)。今时不同往日,提前退休的长期趋势似乎已经停止甚至开始扭转:2000 年,65 岁以上人口的劳动参与率高于 1979 年以来的任何时候,这种趋势一直持续到 21 世纪。由于受到 2008 年经济大衰退的影响,越来越多的工人表达了延迟退休的意愿。就个人选择而言,提前退休的人越来越少。

老年人休闲的来源

退休意味着休闲时间的增多,大部分休闲时间都是在退休之后才有的。专注于公共政策预测的未来主义者格雷厄姆·莫里托(Graham Molitor)估计,2030 年后,美国人将会把睡觉之外一半以上的时间用于休闲,而相比之下,现在的休闲时间只有 41%。但休闲有许多不同的定义。可以消极地将休闲时间看作非工作时间,也可以看作积极意义上的自由时间,包含了娱乐、放松、个人发展和为他人服务等内容。

只有积累了一定财富之后,人们才有可能在退休后尽情享受闲暇。

从历史的角度来看,当工业经济有足够的生产力供养数量庞大的不工作的成年人时,普遍退休才开始成为可能。与此同时,在新的经济形势下,劳动力市场不再需要那么多的工人,而且企业认为老年人不如年轻人敏捷和高效。政府、企业、工会和老年劳动者都认为退休是一种深得人心的政策,因此退休很快成为了一种常态(Graebner,1980)。

自 1900 年以来,美国人的平均预期寿命从 47 岁上升到近 79 岁(2011 年)。寿命变长,人们在接受教育、工作和退休等方面就有了更多的时间。但如果我们回顾 20 世纪的人们一生利用时间方面的差异,会发现最显著的趋势是休闲时间增多了。

自 1900 年以来,美国人的平均预期寿命增加了 50%以上,但最为显著的是退休后这段时间的增多。如今,工作时间在男性一生中所占比例小于 1900 年。相比之下,女性最大的变化是工作年限大幅增加。但是无论男女,退休生活在人们一生中所占比例都越来越大了。

这对开着露营车在公路上奔驰的老年夫妇是退休的永恒象征。

这种趋势是怎么形成的?空闲时间多,工资高,一直是工业化和经济进步的潜在副产品。空闲时间和高工资之间的取舍一直存在。从

1900 年到 20 世纪 30 年代，各工业化国家的工作周和工作日逐渐变短，空闲时间也随后增加了，但并不是因为减少了工作周。相反，空闲时间在人生中有着不同的表现形式，例如，休假时间增多，年轻人晚一点进入劳动力市场，而老年人可以早点退休（Hunnicutt，1982）。

20 世纪 20 年代，出现过一次"缩短工作时间运动"，该运动至今依然是 20 世纪自由改革运动中未经探索的话题。紧接着，大萧条时期出现了"分享工作"计划。改革者将缩短工作时间、增加休闲时间当做自我发展的途径。自我发展的目标与后来弗瑞德·贝斯特（Fred Best）、威拉德·沃茨（Willard Wirtz）、古斯塔·雷恩（Gösta Rehn）和马克斯·卡普兰（Max Kaplan）等人提出的主张有很多相通之处，他们主张在工作和休闲之间应该有更灵活的界限。"当前的退休制度合理吗？"这个问题的实质是：成人自由发展的人本主义目标是否依然可以实现？

过去，经济力量会快速终结关于这个问题的争论。20 世纪 20 年代，美国商业巨头目睹了生产过剩以及娱乐时间增多对经济繁荣构成的双重威胁。他们担心消费市场会变得过度饱和，工人会要求拥有更多空闲时间而不愿继续工作。工作时间减少，生产力下降，会导致利润下滑，经济增速放缓。反对这一观点的"乐观派"认为可以通过广告和营销手段刺激新的购买力，增加消费需求。

事实上，消费者视角最终取得了胜利，因为二战后富裕社会的出现证明了其观点的正确性。而且，需求不断上升和工作时间稳定的消费社会，也得到了政府行动的支持。促使政府采取行动刺激经济的原因当然就是大萧条。随着新政的实施和二战的到来，美国政府肩负起了新的经济管理责任，调节经济周期，确保消费需求总量。

1935 年通过的《社会保障法》以及随后普及的私人养老金制度，确定了固定退休年龄通常为 65 岁。公共政策支持将休闲娱乐放在退休之后，延长年轻人接受教育、为工作做准备的时间。商品和服务的购买力将通过退休之后的转移支付——社会保障——得以维持，这种形式保证老年人可以离开劳动力市场，职业生涯逐渐被压缩到人们的中年时期。

到了1945年,随着40小时标准工作周制度的确立,呼吁进一步缩短工作周的运动逐渐失去了人气。增长的生产力转化成了更高的工资报酬和额外福利,空闲时间增多使得假期变得更长,最重要的是,退休时间提前了。20世纪,老年人的空闲时间平均增加了大约5年,主要原因有预期寿命增加及提前退休。21世纪的趋势会怎样,我们拭目以待。

一些批评者认为,社会保障总是想把人从劳动力市场中挤出去,因此退休是强加于人的,而非人们主动要求的休闲时间(Hunnicutt,1982)。这种观点反映了一个很有争议的假设——大多数人都想要工作,认为工作是有意义的,但事实恰恰相反(Terkel,1985)。大多数人都极想早日离开工作岗位。而且与普遍的偏见相反,退休对人的健康没有危害。除了下岗工人或精英阶层不愿离职外,通常,如果人们的财力有保障,有条件退休的话,大家都宁愿退休,而不愿意继续从事差强人意的工作(Boaz,1987)。退休的问题不在于工作比退休好,而在于人们无法将老年生活中充裕的空闲时间加以安排,用于实现更大的社会目标或从事更有意义的事情。例如,根据劳工统计局的美国人时间利用情况调查,退休人员会花一半以上的空闲时间看电视(Robinson&Godbey,1999)。

总的来说,20世纪大多数人都支持工作周缩短、假期增多、休闲时间增加,但当我们继续在21世纪向前迈进时,这一令人欣喜的态势上空却乌云笼罩。

第一个问题是出现了有时称为"过度工作的美国人"的现象。越来越多的已婚妇女进入了劳动力市场,越来越多的工人需要做兼职才能够维持自己的生活水平(Schor,1991)。这样一来,中年人做志愿者的时间变得越来越少,休闲时间也越来越少。

第二个问题是,自20世纪80年代以来,养老金覆盖的工人比例仍然停滞在全部劳动力的50%左右。如果所有工人中有一半人没有养老保险,那么很可能未来美国老人不能继续享受到与当前水平相当的提前退休待遇。事实上,劳动力数据显示,提前退休的长期趋势似乎已经停止,并且开始出现逆转(Rix,2013),上述情况如图49所示。

第三个问题是，对于经济生产力基础能否保证人数众多的老年人享受休闲娱乐，人们有一些担心：如未来社会保障的财政预算是否充足，美国经济国际竞争力的强弱，以及现在和未来劳动者才能的高低。

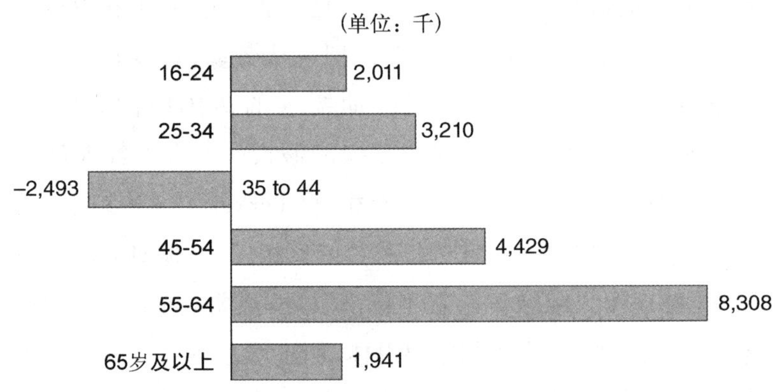

图 49　2002 年—2012 年预计劳动力变化（按年龄划分）

资料来源：美国劳工部，劳工统计局（2003—2004）。

美国经济的变化

美国经济正经历着深远的变化，未来将会影响人们的退休。以信息技术和全球竞争为导向的新型后工业经济重塑了美国社会。大公司经常裁员（通过解雇和提前退休激励计划），雇主鼓励提前退休，将其作为重构劳动力市场的一种方式，以便吸纳成本更低、技术更先进、更年轻的工人。2008 年经济大衰退之后，IBM、通用汽车、西尔斯等蓝筹公司在经济衰退加剧的情况下都裁过员。

大公司越来越不能根据以往的模式，保证就业或可预期的职业生活了。处于新的竞争环境中的小公司甚至更缺乏安全感。劳动市场安全性和可预见性的丧失，对老年职工影响很大。首先，老年职工在职业生涯早期面临着很大压力，因为可供他们竞聘的好工作越来越少。当企业开始裁剪和淘汰中层管理人员时，老年职工便首当其冲。许多人会为了避免失业而选择提前退休。

对于企业而言,裁员通常意味着失去经验和技能丰富的老年员工。具有讽刺意味的是,那些试图通过逼走老年员工来降低经营成本的公司,已经发现自己面临着始料未及的技术断层问题。大行会组织美国谘商会 U. S. Conference Board 报告说,很少有公司在制定裁员政策时会考虑年龄问题。但一些开明的公司,如康涅狄格州哈特福德的旅行保险公司(Travelers Insurance Company of Hartford, Connecticut),已经研究出一套方案:通过工作分享、灵活工作时间制、临时工作和聘请老年职工提供咨询等方式,安排老年职工继续工作(Shea&Haasen,2005)。一些公司和企业也开始承认,人口老龄化和劳动力老龄化不仅带来了挑战,也带来了机遇(Pitt - Catsouphes,2007)。

就个人而言,提前退休可好可坏。促使人们做出退休决定的一般是"推拉"因素(Pitt - Catsouphes,2007)。对人们的退休决定产生影响的因素有很多,如健康状况、已知退休收入、配偶的财务计划、同龄人退休压力,职场吸引力和家庭纽带的强度(Adams&Beehr,2003)。提前退休的一系列激励也可能会对其产生影响。老年职工比年轻职工更难应对当前的劳动力市场波动。据统计,老年工人的失业率实际上比年轻工人低,但老年工人一旦下岗,则需要更长时间才能再找到工作。此外,衡量失业率的统计数字可能具有欺骗性。许多老年人会放弃找工作的希望,成为"丧志工人",也就是说,他们甚至不会被算在官方统计的失业人口之中。还有一些人会声称自己"退休"了,这就使得退休成了一种变相的失业。事实上,在大萧条时期,美国通过社会保障制度的主要目的之一,是想把老年人"拉"出劳动力市场,为年轻人提供就业机会,从而降低官方的失业率。

总体而言,劳动力大军的长期变化是清晰可见的(见图 50)。1979 年,制造业提供的工作岗位占劳动力岗位总数的 23%,但 2006 年,这一比例缩小到了 10%以上(Lee&Mather,2008)。但是,服务行业从业者的平均工资一般较低,且福利低于制造业中的老年员工。此外,提供工作岗位越来越多的是灵活性强、发展迅速的小公司，而非大企业。通常，新出现的工作不太可能会提供全额额外福利或养老金。

近年来，养老金收入模式一直在变化。20世纪五六十年代，最常见的退休计划类型是确保退休人员在退休期间享有规定水平收入的固定收益计划。20世纪90年代，这种方式有了两点变化。首先，提供养老金这一额外福利的雇主越来越少。其次，各大产业部门以及所有提供养老金的企业，都趋向于实施固定养老金缴款计划，从而减少了老年工人的流动就业障碍，降低了劳动力老龄化的影响。下岗职工或跳槽者不会因此而失去养老金。逐渐转向固定缴款养老金计划有助于减少流动性限制。

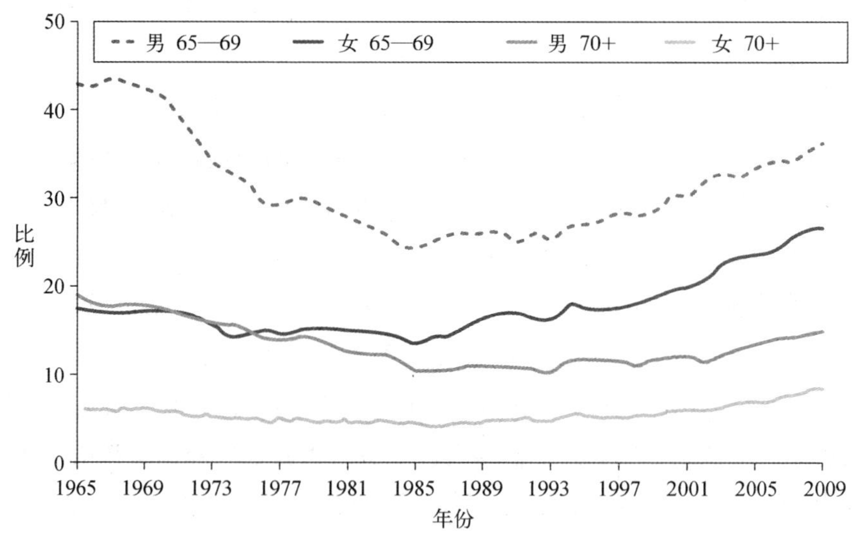

图50　1965年—2009年65岁及以上男女劳动参与率

资料来源：Jacobsen et al. (2011)；劳工统计局，当前人口调查。

注：根据人口调查预测，有抽样误差和非抽样误差。

退休金在某些方面的变化是巨大的，例如，个人账户计划[如401(k)退休方案]的迅速流行。约有一半美国劳动者有资格获得401(k)或其他形式的固定收益计划，86%的劳动者实际上参与了某一项计划——这一比例高得惊人。1984年，401(k)计划发行总额为920亿美元。到了

2011年,该计划的资产已经超过3万亿美元,大多数劳动者都参加了某种定投退休金计划。

从政府的政策中,我们发现政府通过激励措施使老年职工退出劳动力市场,但这种情况能否保证未来财政的可持续性,这是个严肃的问题。一个显著的例子是军人服役20年后便可复员,以后每月还可领取一半的工资。军队退休金占近一半联邦政府退休金债务,而且五角大楼还想把更多的钱投在这项退休金上。据估计,该项花费将从1992年的110多亿美元,增加到2041年的2 960亿美元。

类似的提前退休模式在各州政府及地方政府中非常普遍,警察部门和消防部门尤其如此。为解决预算问题,各州政府及地方政府已经开始将提前退休当作一种裁员手段。从短期看,提前退休可能会节省开支,但从长期看,却是一种相当烧钱的做法。

由于各州政府和市政府的养老金计划缺乏资金补充,现在和以后的开支都很大。美国联邦养老金福利担保公司(Pension Benefit Guaranty Corporation)现在要承担3 300万名私营单位劳动者的个人养老金,在未来会负债累累。至于公共养老金和退休人员的医疗保健,情况可能会更糟,部分原因是公共养老金的精算具有误导性。尽管各州政府和各地方政府之间的差异较大,但政府会计准则委员会(Government Accounting Standards Board)2012年采用的规则表明了情况非常糟糕。无论如何,有些公共养老金计划明显没有足够的缴存额,无法偿付未来的债务。

退休制度新观

21世纪,退休已经出现了新的形式。过去,雇主觉得让员工退休是管理劳动力的一种便捷手段(Schulz, 1995)。从积极的角度来看,退休意味着那些有足够收入、身体健康的人能够在老年中享受更多的休闲休闲,并且有了更多实现自我价值的机会。从消极方面看,退休包含巨大的隐性成本,既需要资金来投资退休金制度,又得设法雇人替代积累了技能和才干的老年员工。正如我们在前面所讨论过的,由于生活轨迹不同,人们老年生活会有许多差异,退休也是如此。

退休制度的批评者将矛头直指当前制度的僵化问题。退休现在成了典型的"要么全有,要么全无"的命题,采取某种形式的灵活退休制度,或渐进式退休,让员工慢慢减少工作时间或延长休假时间,会不会更好?有人认为,这种做法能够使老年员工更好地适应退休,并让雇主逐步应对变化,而不是去应对成熟员工的突然离职。要想建立渐进式退休制度,未来就需要彻底重新定义退休。此外,老年员工需要在新技能再培训方面得到支持,与此同时,也可利用自己积累的丰富经验来指导年轻员工。一些开明的雇主其实已经采取了这样的政策,但依然任重而道远(Gonyea,2009)。

早期人们对固定年龄强制退休制度的批判,导致该制度在1986年被法律废除。然而对于私人企业的高管,以及那些年龄和职业资格挂钩的工作,目前还是可以实行强退制度的。1967年《雇佣年龄歧视法》规定,禁止限制老年工作者及任何可能损害其就业机会的行为。尽管如此,大多数观察家发现,职场中的年龄歧视现象依然广泛存在,尽管实证研究并未发现老年工作者的工作表现逊色于年轻人(Shea & Haasen,2005)。

20世纪,美国的平均退休年龄呈下降趋势,在全球范围也是如此。1965年至1995年期间,大多数发达国家的男性和女性退休年龄均呈下降趋势((Gendell, 1998)),这意味着人们的退休生活越来越长了。

不过未来这一趋势不一定会持续。有证据表明,二战后便长期存在的趋势即将结束。举个例子,自20世纪80年代中期以来,劳动参与率一直保持平稳趋势,甚至在21世纪初期有所上升。目前参与劳动的老年人数量超过了过去的预测。许多调查表明,人们将用新的态度去理解退休后的工作。2011年美国退休人员协会的一项调查表明,80%的婴儿潮一代人有望到了正常退休年龄后还继续工作或做兼职。2008年进行的类似研究也证明了这一趋势,而且由于当年的经济衰退,使得这一趋势更加明显(美国教育委员会,2008;美国大都会人寿基金会及公民创投,2008)。

工作和退休的相对吸引力的转变,或将促成延退政策的产生。过去的一个问题是:政策鼓励提前退休,而不提倡老年工作者继续工作。然而,近几年发生了一些可喜的变化。强制退休制度被取消,而且2000年出台了另一个鼓励退休人员继续工作的重要措施,即废除了所谓的收入税,让66岁以上的老年人在继续赚钱的同时,保障其社会保障福利不受到损害。以前的社会保障固定收益计划挫伤了人们的工作积极性,现在,固定缴存计划的推广减少了这种消极因素,因为即使工作时间有所减少,员工依然可以积累资产,从而避免了固定收益计划所倡导的"要么全有要么全无的"理念。

全球视野

日本的老年员工

二战后的几十年间,日本的资方一般要求工人一直在同一家单位工作,才能享受一定程度的工作保障,退休后人们工资和福利降低,工作地位也降低。日本成为世界上老龄化最严重的国家,因此近年来,日本采取一系列举措延长工作年限,如提高退休金资格年龄,对雇佣或保留老年员工的单位实行补贴。与美国不同的是,年龄歧视在日本并不违法,强制退休现象也很普遍。日本的雇主延续了以前的做法,重新挑聘一些被强制退休的员工,但是会减少他们的薪水。日本延长工作年限的原因有以下几点:(1)维持生活水平;(2)创业水平高;(3)人们对退休后继续工作持积极的文化态度;(4)政府倡导,包括补贴企业以促进延长工作年限;(5)日本老人健康状况良好。由于这些趋势和动机,日本老年人的劳动参与率位居工业大国前列。

日本最显著的创新之举是由中央政府和地方政府共同资助的银发人才中心(Silver Human Resource Centers)。中心办事处为60岁以上的老人提供社区工作，既有长期工作，又有短期工作，符合老年人的意愿。银发中心下属的一个协会还与商业团体及政府部门联合提供再培训、咨询及工作中介服务。激励措施、机遇以及机构领导制度多管齐下，使得日本在充分利用有工作意愿的老年人方面走在了世界前列。

资料来源：

Williamson, J. B., and Higo, M., *Older Workers: Lessons from Japan*, Boston College: Center for Retirement Research, 2007.

这些趋势为未来带来了希望。如果雇主愿意改善潜在老年员工的待遇，调整工作结构，以满足他们的需求，那么未来他们会吸引到大批经验丰富且工作意愿强的员工。面对科技和市场带来的新挑战，企业通常会青睐年轻人。因此，无论那些经验丰富的老员工是走是留，企业都终将失去忠诚的、经验丰富的重要老员工（Segrist，2007）。管理老员工和管理多代员工一样，在未来都是一个不小的挑战（Saavreda，2012）。随着年轻员工数量减少，劳动力短缺问题开始出现，刺激了企业对老员工的需求，从而扭转了提前退休的趋势。长期以来，人们一直支持延长工作年限，修改退休制度或雇佣制度，使老年人可以继续参加劳动。这或许还可以让他们在新的岗位上继续利用自己数十年的经验。人们之所以支持这个观点，是因为劳动力老龄化现象日益严重：1980 年，雇员年龄中位数为 35 岁，2010 年就超过了41.7 岁，预计到 2020 年，这一数字将达到 43 岁。

一位 86 岁的日本老太太用香蕉树纤维纺纱，制作传统和服。

与此同时，我们见证了工业经济向后工业经济的过渡。在65岁以上的员工中，3/4是服务业里的白领，服务业对体力的要求比农业和制造业少。实际上，50岁及以上的再就业人群，大都集中在教育、医疗、政府、非赢利组织及赢利性公共服务等五个领域（美国大都会人寿基金会及公民创投，2008）。因此，现在老年人的职业生涯要比过去长。然而，随着信息系统和电子通讯技术的发展，人们的生产方式在迅速变化。那些几十年前离开学校的老员工，很可能因此沦为技能淘汰的受害者。如果不接受再培训，老员工们便难适应未来的工作。不过，21世纪初期出现的趋势表明，老年人越来越需要接受高等教育，他们不仅愿意终身学习，而且必须学习新技能和新知识，以成为有竞争力的员工。

此外，还存在一个更根本的问题，即延长工作年限是不是一个合理的目标？试想，我们为何不利用生产力提高带来的经济剩余，在人生早期或退休后享受闲暇？社会学家马克斯·韦伯曾在其经典著作《新教伦理与资本主义精神》中提到，老年人不工作就不满足的说法，是对资本主义意识形态中工作伦理的一种不加批判的阐释。尽管那些热爱工作的老年人也许会坚守这种工作伦理，但大多数老年人的劳动参与率持续下降，这表明，上述工作伦理并不是对所有人都具有吸引力。老年的休闲具有重要意义，其本身就是一种值得关注的活动（Dorfman，2012；Leitner &Leitner，2004）。

生产性老龄化(Productive Aging)

我们已经看到，“退休有意义吗？”是个复杂的问题。对于个人和社会来说，从很多方面看，工作还是退休都是一个伪命题。真正的问题是如何让老年人无论工作还是退休都更加有所作为。近年来，生产性老龄化的提法颇受人们的关注（Bass & Caro，1993；Morrow-Howell，Hinterlong，& Sherraden，2001；Morrow-Howell & Mui，2012）。那么我们所说的“生产性”到底是什么意思呢？

首先，我们应当认识到，65岁以上的老人们在许多方面是具有生产性的。如果生产包括无报酬的工作如家务、照顾家人和义工,那么实际上75%的老年人都在从事生产。1991年,路易斯·哈里斯(Louis Harris)研究小组在英联邦基金会的资助下,对这个问题做了最全面的调查(Bass, Caro, & Chen, 1993)。时隔20年,这个研究今天依然可以为这一问题提供一个重要的视角,其主要结论也适用于不同时代和文化背景(Morrow - Howell & Mui, 2013)。其中的一项全国性调查询问了3 000位55岁以上的成年人所参与的生产活动,如工作、义工及照顾生病或残疾亲友、家人和邻居。调查显示,55岁以上的人中,有27%在工作,26%从事义工,42%的人照看儿童或孙子,29%的人在帮助生病或残疾的亲属。这样的调查结果完全推翻了美国老年人抑郁、孤僻和不能自立的传言。

这项英联邦研究还发现,55岁以上的美国人构成了被忽视的国家资源。他们对社会贡献的总价值将近等于1 200万名全职员工的贡献,光是他们照顾家人所作的贡献,就相当于700多万名全职员工的贡献。这项调查发现,男性当志愿者和保姆的作用比人们通常认为的更大。对于其他生产活动,照顾他人的工作可能是一种妨碍,但实际上这种工作也是一种重要的生产形式。一些批评人士指出,退出职场的妇女在维护社会关系和照顾他人方面做出了贡献,因为这些活动丰富了整个社会,然而生产性老龄化的理想可能会贬低她们的贡献(Holstein,1992)。

另一个重要趋势是老年人(包括75岁以上)更加有活力了。老年人群体的健康问题的确有所增加,一些活动也受到限制,但即使在耄耋老人中,超过一半的人"健康状况优良",而近1/4的人仍然参加组织性志愿者服务,或照顾家人或邻居。从当前的生产性角色来看,老年人渴望更积极地参与其中,志愿者服务出现了相似的情形,再次证明了早期研究中发现的老年志愿者活动的重要性(Wei, Donthu & Bernhardt, 2012)。能干的老人数量增加有积极的意义,值得我们去思考(美国教育委员会,2008)。

政府出资的公共服务就业项目中,具有为生产性老龄化服务的组织性渠道。其中之一是根据《美国老年人法》创建的长者社区服务就业计划(Senior Community Service Employment Program)。另一条渠道是志愿者活动,政府也在这方面发挥了重要作用。长者志愿队(Senior Corps)就是联邦政府组织的55岁志愿者团队,他们从事各种志愿服务活动,如启导、慰问等。长者志愿队开展的活动还有长者陪伴计划(Senior Companion Program),类似于寄养祖父母项目(Foster Grandparents),但其服务对象是需要上门服务的残障人士。长者志愿队发起的规模最大的活动是退休人员和长者志愿者项目(Retired and Senior Volunteer Program),在日托中心、敬老院、图书馆和成人教育项目中提供社区志愿者服务机会。

现在老年志愿者的比例较以前有所上升,而随着婴儿潮一代人教育水平的提高,这种趋势会持续。显而易见,个人理想,如利他主义和帮助他人的意愿是志愿者服务的关键。研究也一再揭示,志愿者精神与生活满意度的提高具有相关性,但是志愿者健康状况的改善和经济状况之间的因果关系却很难下定论。一些观察家呼吁关注传统形式的民间社团志愿者服务的衰落(Putnam,2001)。如果我们不重新构想新型的志愿者活动,那么"第三年龄"的生产潜力可能无法挖掘出来,在不久的未来,这将成为老年学的一个重要考验(Carr & Komp, 2011)。

生产性老龄化面临的另一个困难在于职场。大多数老年工作者和年轻人表现相当,这是一个可喜的消息,因为现在美国1/3的劳动力年龄在40岁以上,但这并不意味着职场就没有年龄歧视。美国的劳动力老龄化趋势逐渐对经济构成挑战。过去,公司依靠年轻工作者带来技能和新知识,这是提高生产力的关键。如果美国经济今后要蓬勃发展,管理者必须更加重视利用老年工作者。在资本主义全球化和技术变革加速的时代,老年工作者作为新员工和临时工,在各行各业劳动力中的比例将会越来越大(Fogg & Harrington, 2011)。最近的一项研究表明,工作年限较长的老年人往往具有较高的教育水平,这对于保留老年工作者的雇主而言是好事(Burtless, 2013)。不过,这种模式也再次揭示了老年人在种族、性别、教育程度等因素综合层面上的积累性优势和劣势。

产业界多年的经验表明，随着技能和知识的老化，中老年工作者可以接受培训或再培训以获得新技能(Cappelli & Novelli, 2010)。这种潜力与人的可塑性有关。老年工作者再培训的积极经验推翻了一个日常偏见："老狗学不了新把戏。"实验室测试确实说明了老年人的表现会下降，但在现实世界中，速度或精确度的下降是可以补偿的。此外，老年工作者还有其他优点，如出勤率高、职业周转率低、事故率低。获取新信息的过程中，老年人的运动表现和理解速度有所下降，这种影响有时会让老年工作者气馁，他们可能会相信"老狗学不了新把戏"的成见。但是，教学方法的适当调整可以减轻大部分这类问题。

退休政策之辩

美国经济的波动和劳动力老龄化造成了预测的难度，但今天老龄化人口的活力对未来已经形成积极信号，如果对生产性老龄化的潜力给予更多的关注，那么将可以产生更积极的信号。社区服务就业、再就业、志愿者服务、高等教育和老年工人再培训可能在不久的将来形成气候。

后面的阅读材料显示，人们在关于退休前景的辩论中表达了不同的意见。弗朗西斯・卡罗(Francis G. Caro)、斯科特・巴斯(Scott A. Bass)和陈永平(Yung-ping Chen)从历史视角出发，认为20世纪后半叶的情况为当下趋势创造了条件，我们需要重新思考退休的意义，尤其要为生产性老龄化设计出可以开启无限可能的新制度。更好地利用老年人的才能，是美国社会政策的新目标。

马克・弗雷德曼(Marc Freedman)《黄金时期》一书的节选，让我们关注如今退休一代人的悖论。老年人是社会的巨大资源，但也是未得到充分利用的资源。按照大多数标准，如今65岁以上的人健康状态比以前的人好，也是最具有公民意识的群体，同时他们比其他年龄段的成年人有更多的空闲时间。但是一直以来,这个群体的劳动参与率有所下降,志愿者活动参与率也没有增加。弗雷德曼同意卡罗、巴斯及陈永平的观点,也认为我们不能忽视老年人的生产贡献。他推测,婴儿潮一代人日益老龄化,他们的行为方式将会使以前的退休观念显得不合时宜。从这一点上说,未来公民参与也将成为一种新的退休角色(Kaskie et al., 2008)。

工作和退休辩论中的一个重要假设是,如果人们继续保持积极和生产性的生活方式,他们的生活将会更加美好。事实上,这种对工作和生产的伦理评价深深植根于美国文化中的新教工作伦理中,即努力工作本身就是一种美德。大卫·厄克德特(David J. Ekerdt)的文章强调了所谓"忙碌的伦理观",并表明,对许多美国人而言,无论工作还是退休,无论从事有偿劳动,还是义务劳动,都应该坚持活跃和生产性的参与。

但这种"忙碌的伦理观"并不是人类完善自我的唯一理想。罗纳德·曼海默(Ronald J. Manheimer)的文章阐释了如何让退休成为生命中的一个创造性时期。有偿工作并不是生产性的唯一形式,同理,消遣和娱乐也不是休闲的唯一形式。"创造性退休"的观点认为,老年的自由让我们可以利用想象力,成为我们一直梦想成为的人,这与艺术家的创造活动如出一辙。

自古以来,哲学家和社会思想家们一直在思索,如果人类没有了工作的负担,社会将会是什么样子。今天,许多人都实现了这个梦想。20世纪,随着大规模退休成为正常的社会制度,许多人在老年有了闲暇,我们看到了这个现象的结果。退休制度一直持续到21世纪,出现了新的转变,老年人在高等教育和劳动方面的参与度都有所增加,但其结果却不明朗,一度颇受争议。事实上,关于工作和休闲的争论表明,既然我们讨论"退休是否过时",那就说明我们尚未在关键的社会价值观问题上达成共识。

关注实践

退休与生活规划

在20世纪，退休已成为生命历程中时间更长、更为重要的一部分。1900年，退休生活平均占人一生时间的3%，但到了1980年，这一比例已增至20%，或者说退休生活在10年至30年之间。对于那些提前退休的人来说，退休生活甚至接近他们的工龄。我们通过接受教育为以后的工作做准备，但几乎没有人足够重视提前退休计划或为之做准备。此外，近年来退休时间和机制也发生了根本性的变化：

- 美国劳工统计局数据显示，美国65岁及以上工作者连续就业率在增加，而65岁以下的工作者就业率却持续下降。
- 2010年，65岁及以上的美国人有16.1%仍在工作，这是1971年以来的最高就业率，也是自1985年10.4%低点后的一次上升。
- 2007年，65岁及以上的老人56%以上依然在做全职工作，创历史新高。2002年前，老年兼职工作者数量持续领先于老年全职工作者。
- 在过去的30年里，工作者总量增加了59%，而65岁及以上的工作者数量增加了101%，75岁及以上的工作者增加了172%。

这些只是最近几十年的趋势，那么未来会怎样呢？美国劳工统计局(2012)预测，2015年老年工作者数量会增加到总劳动力的20%。换句话说，预计在2010年到2020年期间，55岁及以上劳动力比例将从19.5%增加到25.2%，增长率高于劳动力中其他所有年龄段的群体。美国退休人员协会多次调查显示，在老龄化大潮中，超过70%的工作者表示希望在传统的65岁退休年龄之后继续工作，至少希望做兼职工作。如果大多数人将退休视为继续工作的时期，这将意味着什么?为什么将退休视为纯粹休闲时间的传统观念开始改变了呢?

以前人们推行提前退休计划。例如,20世纪80年代,商业部门和产业部门提出的提前退休计划项目大规模扩张。约1/3的企业为他们的雇员推出各种正式的退休前规划项目(Morrison & Jedriewski, 1988),其中大部分是世界500强公司。传统的提前退休计划项目涉及理财、房产、休闲以及角色调整等(Giordano & Giordano, 1983)。提前退休计划包括以下内容:

- 个人化指导和咨询。
- 使用教育技术如计算机软件来模仿理财决策。
- 关注退休女性的特殊需求。
- 确定积极成长和生产性老龄化的选择,如第二职业和志愿者服务。

2000年以来,尤其是2008年的经济衰退以后,退休观念已经开始改变,提前退休计划已经今日不同往昔了。婴儿潮一代表示希望退休后继续工作,做全职或兼职工作均可。提前退休已不再受人青睐,工作者的在岗工作时间持续增加。那些确实想退休的人开始学习新技能,搞兼职,做咨询或自己创业。这些趋势的出现有许多原因,最重要的原因是人们对于是否有足够财力保证舒适的退休生活的信心急剧下降,充满信心的工作者比例从2007年的27%下降到2008年的18%,是有史以来同比最大降幅。信心下降的情况遍及所有年龄段和所有收入水平的群体,一大原因是医疗成本的增加(Helman, VanDerhei, & Copeland, 2008)。

事实上,提前退休的没落和工作年限的延长对经济也许是一件好事。例如,大卫·德隆(David Delong)发表的《流失的知识:应对劳动力老龄化的威胁》(2004)一书提出了一个严峻的问题:如果越来越多的老龄化劳动力离开职场,那么智力资本就会流失。这一问题绝不是空穴来风。如果美国人想像1969年登月那样向月球发射运载火箭，这绝非易事，因为美国宇航局已经销毁了土星号运载火箭的设计图，而且大多数参与登月飞行计划的熟练工程师已经退休了。

现在很多书都坚称："我们还年轻，还不至于退休"，我们应该在"黄金时期再就业，而不是退休"。其中最鼓舞人心的是马克·弗雷德曼的《再就业：后半生就业的重要性》(2007)。弗雷德曼组建了一个体验团，一个由55岁以上志愿者组成的网络，他们在美国的19个大城市活动，如波士顿、旧金山、明尼阿波利斯市和华盛顿特区。大约20 000人的体验团成员做老师或顾问，在城市公立学校工作，教孩子们读书，并负责课后辅导项目，除了传授孩子们基本的技能，还帮助他们树立成才的信心。

商界也开始关注这种称为"退休+工作"的新生活方式。例如，RetirementJobs.com已经成为50岁以上群体的主要求职网站，网站发布20 000—30 000个公开职位，每周都会更新几次。大多数工作岗位都是零售业，也有金融服务业。找工作的老年人可以直接浏览该网站，一般都能找到雇用老年工作者的工作。此外，Workforce50.com和RetiredBrains.com也是著名的求职网站，它们会核实雇主发布的信息的真实性，网站上不仅有低门槛的工作(例如在麦当劳翻汉堡)，也有一些门槛较高的工作。另一家求职网站ExecSearches.com主要针对政府、医疗部门、非盈利机构和教育部门的一些明显缺人的中级行政职位。YourEncore.com是一家富有特色的网站，主要针对有经验的、只能抽时间工作的科学家、工程师和产品开发师。还有另一个网站名为DinosaurExchange.com，之所以取这个名字，是因为他们青睐"恐龙"——经验扎实的退休人员。

总之，提前退休计划正让位于长远生活规划的新思维。例如，国民生活规划网(national Life Planning Network)目前提出了"第三年龄生活计划"，一种与传统规划(如行政能力培训、个人理财计划及提前退休计划)截然不同的生活计划。如灵性生活、终生学习和家庭关系等话题,已经成为人生规划当事人必须考虑的一部分。退休可能不会完全从美国人的生活中消失,但比起上个世纪,退休的形式已经不一样了。

阅读材料 四十三

实现生产性老龄化社会①

弗兰西斯·卡罗 斯科特·巴斯 陈永平

老年人面临着一段被延长的生活,他们健康状况不错且充满活力,但在社会经济和社会生活中丧失了被认可的角色。尽管我们鼓励老年人(尤其是老年女性)帮助自己的家人,但他们通常在老年时期缺乏一个有意义的角色。这种退休后不明确的地位和明确的贬值,也许还会持续二三十年,在某些情况下,这种状态会像工作生涯那样长……

所谓的生产性老龄化,就是将老年人视为一种重要的、有价值的资源。在美国和其他一些国家,都存在各种庞大的老年人群体,许多人开始渐渐厌倦以休闲为主的退休生活了。然而,即便如此,他们在追寻有意义的社会角色时,也经常遇到阻碍。

大多数老年人在进入六七十岁时还身强体壮,甚至有些人到了八九十岁依然如此。尽管这个群体容易得老年病,但他们还保持着大部分的智力,也能参加 50 多岁时参加的体育活动。

生产性老龄化的定义

在过去的几十年中,一些老年人的拥护者、老年人事务决策者以及

---

① "Introduction: Achieving a Productive Aging Society" by Francis G. Caro, Scott A. Bass, and Yung－Ping Chen in *Achieving a Productive Aging Society*, edited by Scott A. Bass, Francis G. Caro, and Yung－Ping Chen.

老年学学者开始批评那种认为老年人虚弱而不能自立的成见,“生产性老龄化”成了他们的战斗口号。

这种看待老龄化的积极态度,旨在确定老龄化过程中的变化,充分挖掘人类生命历程中的潜能。生产性老龄化的一个核心论据是,在许多活动中,即便到了高龄,年龄也不一定是衡量老年人表现的有效指标。有力的证据表明,老龄化进程是高度个体化的,不同个体老龄化的过程中,其身体表现和心理表现存在巨大的个体差异。有些人在七八十岁时可能很活跃,并做出了他们最重要的贡献,而有些人在五六十岁时,也许就不能充分履行其社会职能,只得退出生产性活动了。将年龄视为判断表现的唯一指标,是一种粗劣的方法,不能反映老年人的实际能力。

生产性老龄化与成功老龄化或标准老龄化(normative aging)等提法不同,它反映了一种智力的方向或主旨,从各种角度启发人们去思考……

雷古拉·赫尔佐格(A. Regula Herzog,1989)将生产性老龄化定义为:“老年人进行的所有生产产品或服务的活动,无论是有偿的还是免费的,家务、照顾孩子、志愿者工作、帮助家人和朋友,都可以算作生产性活动。”

这些定义的主要差别在于它们对为生产性活动范围的认定。最宽泛的定义包括老年人的所有活动,最狭窄的定义仅包括有偿工作和正式的志愿者工作。

我们认同如下定义:生产性老龄化是指老年个人进行的、生产产品或服务或者发展这种能力的活动,无论他们是否从中得到报酬。这一定义是从赫尔佐格的观点中发展而来,但它只包括免费或有偿的服务或生产产品的活动,而不包括个人成长性质的活动;这一定义拓展了赫尔佐格的定义,认为提供培训或技能,以提高个人从事免费或有偿服务能力的活动也是生产性活动,但以个人成长为目的的教育活动则不是,因为它无助于提高从事免费或有偿服务能力的技能。

尽管我们认可生产性老龄化概念的许多看法,但我们尤其强调有偿工作和志愿者工作,因为这些是老年人遇到重要阻碍的领域。在其他领域,老年人的生产性活动通常是人们所欢迎的,老年人长期照料身患残疾的配偶就是个很好的例子……社会总是希望身体健康的老人照顾他们行动不便的配偶。事实上,公共政策关注的是如何通过公共干预促成这种责任的履行。然而在就业领域,问题在于如何扭转人们对老年人工作能力的质疑甚至是信心的丧失,如何纠正一系列鼓励提前退休的体制的影响。至于志愿者工作领域,关键在于如何提高志愿者工作的吸引力,扩大老年人的参与度。

我们的定义充分排除了老年人力所能及的许多重要的或建设性的活动,如做礼拜、冥想、思考、回忆、趣味性阅读、写信、拜访家人和朋友,以及旅行等。并不是说这些活动没有价值,不是健康充实的老龄化经历中的一部分……只是我们定义的生产性活动不包括这些活动。生产性活动必须可以汇总、计算并分配经济价值。因此,生产性老龄化并不适用于所有老年人,而只适用于那些对此有兴趣的老年人,而兴趣会随时间、年龄甚至季节而变。我们寻找可以代表老龄化意义的词汇,生产性老龄化可能只是其中一种表述……

历史渊源

非生产性老龄化的表现是退休和丧失角色,它是美国最近几十年才出现的现象。在其他发达国家,这一概念可以追溯到 19 世纪晚期,从古代到那个时代,老年人会做一些工作,直到无法继续劳作。在那段漫长的时期里,老年人只有在身染重病或丧失劳动能力的情况下才会出去工作或乞讨,靠家人、邻居或济贫院照料,或者无人照料(Axinn & Stern, 1988)……

第一个有记载的社会保障体系出现在 19 世纪 90 年代俾斯麦统治的德国。到了 1913 年,澳大利亚、比利时、英国、丹麦、法国、新西兰及瑞典也为老年人提供了公共养老金制度。美国属于最后一批建立养老金制度、为老年人提供经济保障的工业国家……但在 1935 年建立社会保障制度之前,大多数老年人只能工作或进济贫院,或者由家人照料……

在19世纪后期到20世纪初期的美国,老年人不工作通常不会获得人们的好感。事实上,大卫·哈克特·费希尔(David Hackett Fisher,1977)指出,在19世纪,人们对不工作的贫困老人的反感持续增长。那时的看法是,所有具有工作能力的人都可以找到工作,那些没有工作能力的人会成为家庭和社会的负担。这些人,以及体弱多病的老人,除了家人的接济以外什么都得不到。

在社会保障建立后短短的50年里,发生了翻天覆地的变化。此前,老年人除了继续工作或依赖于他人之外别无选择,此后,我们迎来了一个新时代,退休成为一种制度,而不是一种奢侈(美国国会,1990)。

以前的情况是疾呼所有老年人都要工作,而现在的情况是几乎所有人都要退休,前后反差十分鲜明。鉴于老年人口持续增加,而退休生活又十分漫长,当代老年人不工作的模式显得十分惊人。许多老年人能依靠退休金和储蓄过上舒适的退休生活,这反映了经济的力量(Schulz, Borowski, & Crown,1991)。

历史经验

我们的劳动力充足程度如何?自20世纪60年代,经济部门吸纳了大量女性工作者,但20世纪70年代至80年代出生率低,最近几十年又实行移民限制政策,因此经济增长所需要的新劳动力受到了限制(Schulz, Borowski, & Crown,1991)。如果国家的经济增长不足,我们从哪里获得劳动力支撑呢?

老年人是一个可以考虑的非传统群体(McNaught, Barth & Henderson,1989)。大部分老年人有着良好的工作习惯和丰富的工作经验。随着老年人健康状况持续改善,难道他们不能成为国家重要的经济资源吗(Bass & Barth,1992)?进一步讲,既然存在各种各样的社会需求,而公众对社会服务项目交税的意愿下降,难道不能培训一些有兴趣的老年人,来满足一些重要的而当前又未能满足的社会需求吗?如果可以这样做，能够做到什么程度呢？我们不赞成老年志愿者取代有偿工作者，但我们认为，受过培训的老年志愿者或有偿工作者可以履行一些社会职能……

这种构想并非毫无缺陷，老年人有自己的家庭和社会义务。对于60岁或65退休想再就业的老人们来说，社会还没有提供职业咨询服务。人们认为退休是工作经历的终点，但事实上，退休可能是一个过渡期。针对老年人有偿工作和志愿者服务的职业指导还不普遍，许多老人都想做兼职或时间灵活的工作，但这些工作很难找，也被认为是不合常规的。培训项目和高等教育机会多为年轻人设计，还没有考虑到退休老年人谋职的需求。

生产性老龄化的障碍

如何解释老年人被限制参与有偿工作和志愿者服务的问题？老年人不愿工作、不愿参与志愿者服务的程度有多大？老年人无法得到重要工作和志愿者工作机会的可能性有多大？老年人是否被人们以微妙的歧视手段排斥在主流角色之外？

一种假说认为，限制老年人参与有偿工作和志愿者服务是“制度性年龄歧视”的结果——社会机构设置了认可某些文化标准的结构和奖罚制度。这些理想化却又心照不宣的价值观和文化传统认可某些行为和群体，并排斥其他行为和群体。诚然，有个别人会克服这些障碍，但也只是个例而非普遍规律。

不看能力、对老年人一概排斥的力量很普遍，有的已经成为明文规定，比如招聘中的年龄歧视。我们的社会制度中年龄歧视无处不在，以至于我们熟视无睹。事实上，很多老年人本人就已经认可了年龄歧视，他们常常看轻自己的能力，并且接受“老年人应该在规定的年龄离开生产性角色”的观念。

制度性年龄歧视的根本原因是老年人与年轻人的利益存在冲突。在现有的制度安排中，资方希望将年龄大的员工调离薪酬高的工作或者领导岗位,以便给年轻人腾出位置。冲突理论认为,这种调动的原因是年轻人和老年人之间存在经济竞争,认为排斥老年人的压力是劳动力市场的情况所使然。经济萧条时期,工作岗位稀缺,于是解雇老年人的压力会增加。经济繁荣时期,劳动力出现短缺,老年人的情况会变得有利,老年人就业会受到积极鼓励。

限制老年人参与有偿工作的第二种解释是文化落后说。文化落后说与冲突说的区别在于前者关于制度性模式的基础结构的阐释。文化落后说认为,面对不断变化的情况,我们在调节制度方面动作迟缓。例如,在从劳务过剩到劳务稀缺的转变中,我们在退休政策调整上很迟缓。此外,社会需要很长时间才会意识到,如今老年人的健康状况改善了,而且现在的工作对体力要求相对低,所以老年人比以前具有更高的生产能力。

第三种解释是制度缺陷说,即认为就业和志愿者服务都是有严重缺陷的选择,人们会尽可能早地退休,并避免承担各种各样的志愿者义务。其中的一个因素是工作环境。在许多领域,我国各个年龄段的工作者都在抱怨他们的工作环境和补偿。此外,很多志愿者工作毫无吸引力,工作内容令人讨厌,缺乏挑战,要求苛刻,得不到足够的培训和支持。

第四种解释称为选择偏好假说,即许多老人根据个人偏好而不是根据工作伦理来安排他们的生活。这个假说认为,老年人不考虑哪些价值观能为自己带来就业和志愿者服务的机会,他们看重的是活动中的个人表达。面临选择时,他们并不关心工作是有偿的,还是义务性的。基于这个假设,有人认为生产性老龄化其实高估了当前愿意工作和从事志愿者服务的老人的数量……

冲突假说和文化落后假说都能解释选择偏好假说。两种假说均认为,选择偏好通过流行文化习得,或是在直接体验工作环境及志愿者机会的消极因素过程中习得。两种假说都认为,倘若提升工作环境的吸引力,老年人会偏好有偿工作。此外,向社会成员灌输老年人就业的积极观念,会增加公众对老年人就业的支持度。

我们认为冲突理论和文化落后理论可能不能解释当前的制度设计,即不鼓励老年人参与有偿工作和有意义的志愿者工作。我们认为,面对问题并开展公共教育,有利于有针对性地解决问题。政治行动有助于瓦解歧视性政策,并为老年人创造更多的就业选择。公共教育有利于鼓励老年人积极参与有偿工作和志愿者服务,刺激雇主和志愿者组织发挥创造力,将老年人视为一种资源,并能引导教育机构开发有吸引力的再培训项目。

老年人的偏好会促使他们将自己的兴趣和精力集中于有偿工作和志愿者服务之外的活动。我们的假设是,如果工作和志愿者服务的吸引力得到了提高,那么就会吸引更多的老年人参与进来。

与其他改革运动一样,生产性老龄化会对预期受益人产生不利影响。我们强调增加老年人参与有偿工作和志愿服务的机会……并不赞同无节制地增加老年人的工作责任,也不赞成减少他们的退休金。

同理,我们主张增加老年人参与志愿者工作的机会,以解决目前大量社会需求得不到满足的问题。但另一方面,我们并不主张用老年志愿者替代有偿工作者。如果雇佣和保留老年志愿者的工作在一些部门取得引人注目的成功,那么就会有人认为,这些部门不需要那么多有偿工作者。我们倒是愿意看到老年志愿者真正威胁到有偿工作者,好开展一场关于他们优点的辩论。

参考文献

Axinn, J., & Stern, M. J. (1988). *Dependency and poverty: Old problems in a new world*. Lexington, MA: Lexington Books.

Bass, S. A., & Barth, M. (1992). *The next educationalopportunity: Career training for older adults*. Draft for the Commonwealth Fund. New York: The Commonwealth Fund.

Fisher, D. H. (1977). *Growing old in America*. NewYork: Oxford University Press.

Herzog, A. R. (1989). Age differences in productiveactivity. *Journal of Gerontology: Social Sciences*, 44, S129 - S138.

McNaught, W., Barth, M., & Henderson, P. (1989, Winter). The human resource potential of Americans over 50. *Human Resources Management*, 28(4), 455 - 473.

Schulz, J., Borowski, A., and Crown, W. H. (1991). *Economics of population aging*. New York: Auburn House.

U. S. Senate, Special Committee on Aging. (1990). *Aging America*. Washington, DC: U. S. Govern-ment Printing Office.

街谈巷议

"继普鲁士之后,美国开始实行 65 岁退休制。俾斯麦之所以将退休年龄定为 65 岁,是因为他当时 65 岁。"

的确,德国的社会保障制度堪称世界的典范。不过,事实是,俾斯麦在 74 岁时将德国的退休年龄定为 70 岁。27 年后,即俾斯麦去世 18 年后,德国的退休年龄才降为 65 岁。

阅读材料 四十四

黄金时期①

马克·弗雷德曼

美国唯一增长的自然资源

与流行的成见相反,美国现在的老年人口不仅是有史以来数量最多的、老龄化速度最快的,而且也是最健康的、最有活力的、受教育程度最高的老年人。他们中只有 5%的人住在养老院,绝大多数行动自如……

---

① *Prime Time: How Baby Boomers Will Revolutionize Retirement and Transform America*, by Marc Freedman, founder and CEO of Civic Ventures.

也许最重要的一点是,美国的老年人拥有其他所有人极度缺乏的东西——时间。第一,美国老年人有时间去照顾他人。英国历史学家彼得·拉斯利特(Peter Laslett)说,拥有闲暇时间曾经是贵族的特权,如今,它成了成千上万普通老年人一律享有的财产。马里兰大学调查研究中心的时间日志研究显示,美国男性退休人员每周的空闲时间是 25 小时,女性是 18 小时……

第二,老年人活过的时间比年轻人长。他们具备实用性知识和智慧,这是他们人生阅历的成果。他们有自己的工作,自己的社交网络,还养家糊口。他们也热衷于公民事业:比起其他年龄段群体,美国老年人的投票率最高。而且由于老年人通常了解年轻人所不了解的世界,他们有充分的理由成为最大的"社会资本"宝库。然而,如今许多观察家担心这种"社会资本"正在慢慢消失。

第三,老年人剩下的时间不多,这一特别的原因促使他们参加社会活动,既可以实现个人价值,又对他人产生重要的影响。当意识到死亡之神正悄悄逼近,很多人会反思和行动——用他们留在身后的遗产。已故心理学家埃里克·埃里克森认为,老年生活成功的标志在于他们的繁衍能力,即将自己的人生经验传授给后人的能力。埃里克森用一句话概括了他的认识:"我存在于自己的精神遗产中。"

基于上述理由,美国老年人很可能是美国唯一增加的自然资源。不过,这种资源并不是供过于求的。当下,美国蕴藏着时间充裕、富有才干和经验的老年人资源。而另一方面,我们正经历一场十分严重的人力资源危机,其严重性超过硅谷软件工程师的缺口。

1996 年为独立部门所做的一项盖洛普调查显示,1989 到 1995 年,成人志愿者的比例从 54%下降到了 49%,就绝对数量而言,下降了 500 万。绝大多数的参与者也只是每周贡献几小时而已。

当时正值饥荒,许多成年人生活艰难,因此,出现上述情况不足为奇。根据哈佛经济学家朱丽叶·肖尔(Juliet Schorr)的记述,如今,美国人每年平均比 20 年前多工作 162 个小时,相当于每年多工作一个月时间。美国人试图在12个月完成13个月的工作量,势必要付出一些代价……

妇女角色的变化无疑是导致社会全面危机的关键因素之一。在20世纪的大部分时间里,大多数妇女从事各种无报酬、被人看不起、甚至无人注意的差事,反而成为美国社会的黏合剂。现在,61.7%的学前儿童的母亲(和50%的婴幼儿的母亲)从事有薪水的工作,较1960年的19%有了很大提升。其中有2/3的职业女性从事全职工作。伯克利分校社会学家阿利·霍赫斯柴尔德(Arlie Hochschild)指出,女性既要工作,又要养育孩子和做家务,每周的工作时间要比男性多15个小时,相当于每年多工作一个月,这一个月中每天工作24小时。一周工作80个小时,甚至100个小时,谁还有时间和精力为了社会利益做其他事情呢?

老龄化机遇

在女性角色发生变化的背景下,迅速增长的美国老年人口必将成为美国公民生活新的依托。这些老年人有时间去照顾别人,具备社会需要的各种技能和经验,他们个人也希望以新的方式为社会作贡献,社会迫切需要他们。与此同时,我们有充分的理由相信,美国老年人也能够从中获益良多,中年妇女也再不用像以前那样白白奉献了。未开发的美国老年资源和美国社会需要之间若能得到匹配,将为美国的老龄化社会带来巨大的机遇。

既然有这么多诱人的因素,人们可能会不遗余力地呼吁让美国老年人投身新角色,更多地参与社会活动。正如灰豹运动已故创始人麦琪·库恩(Maggie Kuhn)所说,“我们不会浪费任何人”,更不会浪费那些最有经验、最稳定和时间最充裕的人。然而,实际上并没有人呼吁让老年人参与社会活动,他们退休后的社区贡献也急剧下降。虽然自20世纪60年代初以来,美国老年人参与社会活动的比例有了大幅提升,但是他们的参与度仍低于其他年龄段的人群,甚至低于那些整日奔波的中年人……

鉴于以下三点,美国老年人不参加公民生活的情况更加令人困惑。

第一,多年的研究表明,许多老年人其实希望更多地参与……

第二,老年人对民意调查的回应可能反映了他们理性的利己主义态度。研究者对老年人的生活做了跟踪研究后发现,社会关系和社会生活参与度与身心健康的改善密切相关……

第三,老年人在其他方面的公民意识很强,他们的投票率高于其他所有年龄段群体,他们捐款时最为慷慨……

调整社会责任

目前,美国社会的责任分配很不均衡:中产阶级过度工作,而老年人却未得到充分利用。一些人苦于没有时间,而另一些人则徜徉在自由时间的海洋里(坚持"忙碌的伦理观"是消灭持续的衰老感的途径)。第三年龄本质的转变可能会纠正这种不平衡现象,使中年人得到他们急需的喘息时间,同时老年人的生活也有了目的和意义。

重新分配责任的主要受益者可能是年轻一代。老年人承担更多责任,照顾年轻人,使他们得到发展,不仅为年轻人提供了更多支持,而且老人自己也能过上更加健康、更加平衡的生活。

阅读材料 四十五

忙碌的伦理观
——工作与退休之间的道德延续①

大卫·厄克德特

人们在谈论退休时会强调忙碌的重要性。有一种工作伦理观将勤

① "The Busy Ethic: Moral Continuity Between Work and Retirement" by David J. Ekerdt in *The Gerontologist*, 26(3), pp. 239-244, 1986.

劳和自立视为美德，对于退休，同样有一种“忙碌的伦理观”，它崇尚积极的生活，代表人们用一贯坚持的信念和价值观为退休正名的种种努力。

现代退休制度要求我们的社会做很多配套工作。首先是为社会保障、私人养老金和其他退休财务制定各种经济计划和经济机制。

除了配套工作外，我们还需要做一些伦理方面的设计，为退休生活正名和张目。毕竟，美国社会传统上将工作和生产力视为美德之源，因此也需要一些理由为带薪退休的生活辩护。退休人员和观察家们怎样才能坦然接受“退休”呢？在本文中，我们建议在日常生活中用一种伦理观从道德上管理退休，使其具有合理性，这种伦理观即“忙碌的伦理观”，它主张休闲应是一件严肃的、忙碌的、充满各种活动的事情。本文的观点是标准老龄化研究（the Normative Aging Study）中退休问题研究的成果，标准老龄化研究是一项针对社区居民的前瞻性研究（Bosse et al.，1984）。

实践中的工作伦理

工作伦理是一系列区分好与坏、确认行为理想的信念和价值观，它提供了评价行为和行动的标准。历史上的工作伦理观认为工作乃是一种美德，推崇五花八门的行为、行动的特征和习惯，如勤奋、主动、节制、勤劳、能干、自立以及推迟享受的素质。然而，工作伦理在西方文化中从来没有一个前后一致的表达，也没有统一的认识。

还有十分重要的一点，那就是历史上的工作伦理实际上已经脱离了具体的历史语境，变得抽象，因此将使用范围也扩大了（Rodgers，1978）。加尔文主义的工作伦理观说，工作会得到上天的奖赏，于是信徒们为上帝的荣光辛勤劳作。19世纪的道德家们将上天的奖赏变成了现世的奖赏，鼓动中产阶级辛勤劳作，于自己、于集体都有用。然而，现代工厂制度来临后，其令人痛苦的工作条件，对自立的工人的轻视，在伦理上造成了人们对工作高贵性和有用性的怀疑。罗杰斯（1978）指出，劳动者可以用工作伦理为武器，夺回地位和自尊，换取劳动的尊严和自豪。雄辩的政客们可以诉诸工作伦理,将政策问题变成勤奋与懒惰的语言游戏。于是,即使工作伦理失去了精神和工具上的有效性,它也可以继续存在于强大的抽象理解中。因此,我们今天存而不灭的抽象工作伦理观,其实已经脱离了其具体的历史语境。

调查显示,人们即将退休时,其责任感和对工作价值观的坚持并不会下降(Hanlon,1983)。这样一来,我们的问题就变成了:既然人们不工作了,工作伦理有什么用呢?

信念与价值的延续

忙碌的伦理观的出现绝非偶然,相反,这是人们努力从工作平稳过渡到退休过程的合理一环。生命历程的理论家已经确定有助于人们从一种状态过渡到另一种状态的条件。例如,如果新位置具有明确的角色,或提供获取有价值的社会目标的机会,或包含正式的社会化项目,那么人们就容易实现过渡(Burr,1973;Rosow,1974)。伦理上的延续性对于转折期的个人和社会群体来说都是有益的。

再社会化过程并没有抛弃工作伦理,它只是发生了改变,通过两种手段保障了工作和退休生活之间伦理上的延续。其一,忙碌的伦理观使得退休后的日常行为具有合理性。其二,养老金的理念使得退休人员有收入而不需工作具有合法性。就后者而言,人们逐渐形成了一种说法:因为人们退休前参加了生产,所以退休后就有资格领取养老金。退休人员不同于其他人,如靠福利生活的人,他们没有参加过生产,他们的懒惰招致道德责难,只能得到一点点可怜的救济。相反,人们认为,退休人员无需工作,这是他们通过退休前参加生产而获得的权益。退伍军人待遇(Nelson, 1982)充分反映了有收入而不需工作的合法性,保持了退伍人员的自尊,使退休符合社会的主流荣誉制度。

忙碌的伦理观:功能及参与者

有人秉持不劳而获的工作观,也有人主张生活毋庸工作的伦理观。

“忙碌的伦理观”是一种价值主张,也是退休员工的期望(在职劳动者亦如此)——期望自己活得积极,活得认真。(退休人员的实际活跃水平另当别论,此处重点讨论人们在生活行为上的共同价值观。)如果你问达到退休年龄的人:“你(打算)如何保持忙碌的生活?”他们通常会说:“我可以做很多事情使自己忙起来”,或者“我像以前一样忙”。这样的问题和回答表达了忙碌的伦理观;他们也可以从反面表达,如:“如果无所事事,我肯定会发霉。”忙碌的内涵指参与和投入,而不是漫无目的地忙碌。

忙碌的伦理观有以下几个作用:它使退休的休闲生活合法化,保护退休人员免于被别人批判为“无所事事”,它界定了退休角色,并且“驯服”了退休,使其适应社会主流标准。在讨论忙碌的伦理观的功能之前,有必要强调,社会生活需要得到多方的赞同和管理,才具有正常特征。忙碌的伦理观涉及三个方面。

首先当然是忙碌伦理观的主体——老年员工和退休人员,这是他们的身份所决定的。他们严格遵守忙碌的伦理观,认为积极而忙碌的生活方式是合意的。谈及退休生活时,他们会声称自己“做很多事情”;如果仍在职,他们会声称自己打算“做很多事情”。为证明自己的忙碌程度,退休人员一般会说:“我有许多事要做,我比工作时还要忙”;或者,他们已经在脑中想好了一张详细的活动清单(可能是夸大其词,甚至是无中生有),以显示自己的参与度很高。这些事情大部分是日常活动(如家务和购物),或与后代相处。显然,兼职、志愿者活动及重要的生活计划(比如“我想学钢琴”),都可以证明主体的生活方式是活跃的。非正式的娱乐活动(爱好、消遣、交际)也有助于构建忙碌生活的景象,只要这些活动具备参与和消耗时间的特征。准确地讲,在遵守忙碌的伦理观的过程中,做什么事情以保持忙碌并不重要,重要的是看起来忙碌。

忙碌的伦理观还涉及别的参与者——朋友、亲戚和同事,他们不时和老年工作者及退休人员谈论退休生活的安排,其主要角色是始终围绕活跃问题探讨别人的退休生活,而自身则无须树立忙碌的理想。与退休人员的谈话,也能使这一类人确信,退休并不意味着生活的结束。实际上,除了金钱问题,退休生活的谈话主要话题,是人们退休后的活动以及安排时间的方式。人们询问退休人员的生活方式("你正在做什么?"),或许是出于兴趣,或许只是礼貌性的寒暄。这类询问也有可能用意卑鄙,或看不起对方,或心怀嫉妒。无论讨论的原因是什么,过程如何,往往是为了证明保持忙碌是一件好事。

第三类人是主张忙碌的伦理观的机构人员,他们的角色的规范性更为明显。在"退休生活应该是什么样子"这个问题上,这类人能或明确或含糊地给出一个模式,以表明活跃和参与的重要性。"忙碌的伦理观"主要机构人员通常是向老年人、老年人行业和大众传媒提供产品和服务的营销人员,关于他们,后面还有详细的介绍。

现在我们回过头来讨论忙碌的伦理观的功能。忙碌的伦理观的主要功能是使退休后的休闲合法化。没有工作义务的闲暇是成年生活的一种反常状态,除了那些无所事事的富人和失去工作能力的人,很少有成年人会逃避工作的义务。然而,退休和养老金政策设计的初衷是将老年人排除在劳动力之外。此外,年龄偏见也阻塞了他们再就业的机会。我们的价值体系为那些工作和努力工作的人授予荣誉,既然如此,我们如何解释退休的情况呢?答案在于那种认为休闲和工作并不冲突的伦理观。休闲活动可以是做正经事,也可以是纵情享乐,这些都是成人的实际生活方式,因为它们符合工作生活的形式——劳逸结合。忙碌的伦理观将退休从逃避和无所事事的污名中解救出来,并将其定义为:"接收新的参与点"。忙碌的伦理观在工作义务方面调和了退休人员和其他社会成员的关系,保障了工作到退休自尊的延续。

忙碌的伦理观对于忙碌者的第二个作用,是从象征意义上防止老年人衰老。秉着"活力能够留住幸福"的信念,坚持忙碌的原则,可以重塑退休生活,恢复中年状态。坚持忙碌的伦理观可以成为一种保护——免于被人认为老朽无用。有一串贬义词可以揭示充满活力的老人和老态龙钟的老人之间鲜明的对比:摇椅、呆坐和无所事事。我在当地报纸读到一篇关于为老年人提供就业服务的文章,其中引用了一个项目参与者的话说:“我不为收入而工作,我是为了治疗而工作,为了忙起来。整天呆坐,什么也不做,什么都不想,这对老人的危害是最大的。”不过有必要指出,忙碌的伦理观并不适用于所有的退休人员,一般是针对刚步入老年的退休人员,或者至少不是体弱多病的退休人员。

忙碌的伦理观的第三个作用,是界定退休的角色,从而允许退休人员拥有一些真正的闲暇。正如在职的成年人可以劳逸结合,退休人员也会有“假期”,忙碌的伦理观让自由时间有了合理性,所以平衡自己的时间就是天经地义的。例如,你早晨可以处理杂事或照顾孙子,下午就坦然地睡个午觉或看看电视。因为你可以实现别人的期望,所以可以在工作与放松之间进行平衡——可以离开退休的角色,也可以从工作舞台上开个小差。忙碌,就像工作,可以“买来”休息和放松。

忙碌的伦理观的第四个作用是“驯服”退休,使其适应社会主流标准。除了忙碌的伦理观,我们也有其他的选择。既然社会政策认为老年人过时了,无用了,那么为什么不把享乐主义、随心所欲和毫无顾忌的放纵视为老年人的合理反应呢?没有了成年人的日常工作限制,退休人员可能会成为离经叛道的辍学生。既然老年人因动作迟钝而感到尴尬,那么何不采取一种彻底休息的伦理观,以个人的方式享受休闲呢?退休人员常常把退休视为纯粹的享受。在关于退休好处的标准老龄化研究问卷调查中,针对开放式问题,绝大多数男性强调:退休的好处是有了自由,可以去做自己喜欢的事,再也没有工作任务,可以想干什么就干什么,放松、享受生活,这就够了。然而,这样的情绪并不常常导致逃避责任或冥想式的生活方式,因为受调查的退休人员会接着表明其实自己是闲中有忙。忙碌的伦理观会“驯服”人们退休生活中不受限制的享乐,使人们向主流的参与式价值观靠拢。这样一来,对在职人员来说,他们也能对退休报以理解,将其视为与其他生活阶段相一致的东西。此外,忙碌的伦理观认为退休人员可以而且应该参与社会活动,这样可能会缓和老年人担心被不公平地束之高阁的情绪。

权威的来源

因此,忙碌的伦理观是有益的,因为它使休闲合法化,避免了人们在老龄化问题上的焦虑,它允许退休人员休息和放松,使退休适应关于退休的社会主流规范。然而,这些对主体的功能性益处只是理论上的。在日常生活中,没有人会赞成忙碌的退休生活,因为这种认可是“功能性的”。因此,我们有必要追问:为什么人们最终会同意“忙碌”的提法是有用的。

忙碌的伦理观具有道德感召力,因为它呼应了人类的两大价值情结,而伦理本身使得这种工作伦理具有了公理的性质。其中的一个情结当然就是工作伦理,它认为,人们在世界上发挥自己的作用是高贵的。忙碌的伦理观权威性的另一处来源是,人们极度重视健康和充满活力的生活方式。维护健康是一种历史悠久的传统,一直具有道德意义和医学意义。哈利(Haley,1978)指出,维多利亚时代的思想家宣扬健康而富有活力的生活方式,认为它有滋补身体的作用。保持健康被认为是一种责任,因为结实的身体反映了健全的心智,身心和谐意味着健康的灵魂和卓越的品质。相反,疾病、邋遢和懒惰的状态可能昭示着道德的失败。如今时代改变了,但推崇健康的风气仍然暗示着健康有力的生活有医疗上的益处,并能证明一个人的意志和品格。因此,奉劝老年人要“保持忙碌”和“继续活跃”是有权威性的,因为他们主张接受身体和灵魂的治疗。

与行为的一致性

一个关键问题是,忙碌的伦理观与实际行为之间具有一致性。有必要指出,关于忙碌的退休生活的自我报告中,并非所有当事人都自觉地遵守了忙碌的伦理观。无论从什么意义上讲,一些退休人员都是非常活跃的,但更普遍的情况是,既然人们认为保持忙碌是重要的,那么难道他们不会援引这样或那样的标准,认为自己是忙碌的吗?

本文主张忙碌的伦理观,同时说明了信念不等于行为。一方面,忙碌的伦理观(任何伦理观都如此)鼓励退休人员将时间用于建设性的或参与性的事业,离开不健康的摇椅,远离喝啤酒看电视的生活方式。另一方面,人们完全有可能援引关于活跃的各种理念,阐释自己的生活方式。他们可能将分散的甚至是有限的活动拼在一起,制造忙碌生活的表象。从经验的角度说,很难反驳这种思维方式。参与是一种主观的、质量上的时间概念,简单地累加活动,或将严肃事务和工具性事务进行分类,并不能衡量这种时间概念。因此,在关于休闲、活动频率和退休体验的调查中,老年学家应该警惕,这种忙碌的伦理观可能在一定程度上影响参与者的回答。

结论

忙碌的伦理观是人们对一种退休生活方式是否恰当的认识,它解决了道德延续性的问题:如何将现有的信念和价值观整合到退出工作后的新状态。忙碌的伦理观学说从社会学角度考察了人们对日常生活行为的价值和义务的判断——对别人和对自己的期待。

可以肯定的是,关于社会对退休人员的期待问题,还有其他的看法。阿奇利(Atchley,1976)指出,社会对退休人员的期待包括:行为的稳定性、自立和生活自理能力。这种规范性的偏好是相当模糊和开放式的。罗索(1974)对老年社会化的前景进行了调查,发现老年人的行为方式是开放性的、灵活的,而规范是局限性的、无力的和模糊的。即使社会奉劝退休人员参与活动,也几乎没有指导他们应该参与哪些活动,也许这样也是好事。斯特莱布和施耐德(Streib,Schneider,1971)总结了康奈尔大学职业退休研究的结果,指出退休人员角色期待的模糊性也许会保护退休人员不受一些要求的束缚,他们可能不愿履行这些要求,或者由于健康状况和经济能力下降,而无法履行这些要求。

忙碌的伦理观也包含着对退休人员行为的模糊的期待。这是一种温和的规定,与其说是强制要求遵守,倒不如说是自然而然地将前半生的价值观延续到退休后的境遇中。社会的反对才会构成这种伦理观的破产,并不是所有的退休人员都同意这种构想,也不必如此。然而,从其流行程度来看,大多数人可能认可忙碌的伦理观。和退休人员谈话,你一定能听到他们说自己很忙。忙碌的伦理观也使退休生活的日常行为合法化,尽管没有达到一些老年学家宣称的那种程度,他们认为替代性工作和工具性活动对于保障退休而言是必不可少的。虽然有些退休人员确实需要再就业,从心理上重获工作提供的那种社会效用(Hooker & Ventis,1984),但对于大多数人来说,只要能够采取一种活跃的生活方式,使自己忙碌起来,获得一种抽象的尊严,他们也就满足了。

综上所述,作为退休生活的理想和期待,忙碌的伦理观说明了社会是如何从政治上、经济上以及道德上管理退休的——其方式包括日常谈话和正式制度。忙碌的伦理观的权威性来源于工作伦理,以及传统对活跃生活之疗效的推崇,它主张持续参与的习惯,因为持续参与延续了成年人生活的普遍文化规范,使退休的闲暇时间合法化,使退休人员免于被批评为老而无用,并限定了退休的角色。总而言之,忙碌的伦理观有助于个人适应退休生活,又反过来使退休生活适应了普遍的社会规范。

参考文献

Atchley, R. C. (1971). Retirement and leisure participation: Continuity or crisis? *The Gerontologist*, 11, 13－17.

Atchley, R. C. (1976). *The sociology of retirement*. New York: Halsted.

Beck, B. (1967). Welfare as a moral category. *Social Problems*, 14, 258－277.

Bosse, R., Ekerdt, D. J., & Silbert, J. E. (1984). The Veterans Administration Normative Aging Study. In S. A. Mednick, M. Harway, & K. M. Finello (Eds.), *Handbook of longitudinal research. Vol. 2, Teenage and adult cohorts*. New York: Praeger.

Burr, W. R. (1973). *Theory construction and thesociology of the family*. New York: John Wiley.

Calhoun, R. B. (1978). *In search of the new old: Redefining old age in America*, 1945－1970. New York: Elsevier.

Cole, T. R. (1983). The "enlightened" view of aging: Victorian morality in a new key. *Hastings Center Report*, 13, 34 - 40.

Cumming, E., & Henry, W. H. (1961). *Growing old: The process of disengagement*. New York: Basic Books.

Fitzgerald, F. (1983, April 25). Interlude (Sun City Center). *New Yorker*, pp. 54 - 109.

Gubrium, J. F. (1973). *The myth of the goldenyears: A socioenvironmental theory of aging*. Springfield, IL: Charles C Thomas.

Haley, B. (1978). *The healthy body and Victorian culture*. Cambridge, MA: Harvard University Press.

Hanlon, M. D. (1983). Age and the commitment towork. Flushing, NY: Queens College, City University of New York, Department of Urban Studies (ERIC Document Reproduction Service No. ED 243 003).

Havighurst, R. J., Neugarten, B. L., & Tobin, S. S. (1968). Disengagement and patterns of aging. In B. L. Neugarten (Ed.), *Middle age and aging: Areader in social psychology*. Chicago: University of Chicago Press.

Hooker, K., & Ventis, D. G. (1984). Work ethic, daily activities, and retirement satisfaction. *Journal of Gerontology*, 39, 478 - 484.

Keniston, K. (1974). Youth and its ideology. InS. Arieti (Ed.), *American handbook of psychiatry. Vol. 1, The foundations of psychiatry*. 2nd ed. New York: Basic Books.

Kvasnicka, B., Beymer, B., & Perloff, R. M. (1982). Portrayals of the elderly in magazine advertisements. *Journalism Quarterly*, 59,656 - 658.

Lewis, L. S. (1982). Working at leisure. *Society*, 19 (July/August), 27 - 32.

MacIntyre, A. (1981). *After virtue: A study in moraltheory*. Notre Dame, IN: University of Notre Dame Press.

Miller, S. J. (1965). The social dilemma of the aging leisure participant. In A. M. Rose & W. Peterson (Eds.), *Older people and their social worlds*. Philadelphia: F. A. Davis.

Nelson, D. W. (1982). Alternate images of old age as the bases for policy. In

B. L. Neugarten (Ed.), *Age or need? Public policies for older people*. Beverly Hills, CA: Sage.

Rodgers, D. T. (1978). *The work ethic in industrial America*: 1850 - 1920. Chicago: University of Chicago Press.

Rosow, I. (1974). *Socialization to old age*. Berkeley: University of California Press.

Streib, G. F., & Schneider, C. J. (1971). *Retirement in American society: Impact and process*. Ithaca, NY: Cornell University Press.

Wallechinsky, D., Wallace, I., & Wallace, A. (1977). *The People's Almanac presents the book of lists*. New York: William Morrow.

White House Conference on Aging. (1971). *Toward a national policy on aging: Proceedings of the 1971 White House Conference on Aging, Vol. II*. Washington, DC: U. S. Government Printing Office.

Yankelovich, D., & Immerwhar, J. (1984). Putting the work ethic to work. *Society*, 21 (January/February), 58 - 76.

阅读材料　四十六

转向创造性退休①

罗纳德·曼海默

盖尔·阿内森(Gale Arneson)的声音十分急促，我明白，那天下午我需要专门为这位外地访客腾出时间。她在电话里说："我们一直在竭力寻找实现创造性退休的方法，您应该能为我们找到答案。"

盖尔和她的丈夫克里夫·爱德华兹(Cliff Edwards)是当天下午来到我办公室的。两个人都是50出头，十分般配。他们从教30年，现在刚刚退休，拿着全额养老金。他们看到了同龄人退休后几年的生活，对

① "Moving Toward a Creative Retirement" by Ronald J. Manheimer is reprinted with permission from *Where to Retire*, Fall 2000. Tel: 713 - 974 - 6903, www.WhereToRetire.com

那样的生活方式产生了怀疑,于是打算另辟蹊径……

我了解人们对退休的种种质疑,也了解他们创新生活的种种方式。但是面对人生的挑战,盖尔和克里夫显得更为情绪激烈、态度鲜明,但其实所有人的目的都是一样的。延长寿命、收入有保障,新的工作模式以及全新的老龄化观点,足以使退休成为一种多姿多彩的事物,里面的东西简直太多了,不能想当然。

无论是否确定我能帮助他们,盖尔夫妇都在等待答案。更复杂的是,这对加拿大夫妇在考虑移民,他们很可能会去美国的阳光地带。不过,温和的气候却不是他们的唯一目标。克里夫说:“在阳光明媚的天气里,你也有可能像在乌云密布、凉气袭人的天气里一样,烦躁不安。”

接下来的谈话让我理清了自己的思路,并总结了创造性退休的基本层面。首先,创造性的定义是:拥有透过世界看到种种创造新事物可能性的能力。画家、作家、作曲家、科学家及商人一直在创造。通常,创造需要回顾前辈(500 年前和近代的前辈)的理论、技巧或发明,并提出质疑:“还有没有别的可能性呢?”例如,亚历山大·格雷厄姆·贝尔很崇拜古列尔莫·马可尼的发明,但他认为电话将会成为比电报更厉害的东西。大多数创新者都是改造过去的成就,从旧事物中发现新事物。

创造性退休与此大同小异,指的是我们利用年轻时不曾有过的闲暇时光,以新的方式运用自己的阅历、积累的知识以及专业经验。这好比回到青春时代,我们发现自己不得不去思考工作之外的“我们是谁”的问题。与青年时代不同,面对“我们是谁”的问题,我们现在拥有大量的信息和来之不易的新视角。

并不是每个人都想重新塑造自己,但是很多人与盖尔和克里夫一样有这种愿望。由于没有现成的途径或确定的角色模型,所以他们是开拓者。盖尔和克里夫说,他们以前读过前总统吉米·卡特的《老龄化的美德》,他们欣赏卡特夫妇,卡特夫妇热情地为他人服务,将其视为重建生活目标的途径。卡特夫妇并非无中生有,而是从已经知道的和已经做过的事情中找到新出口。摆脱了总统职责和民意调查的束缚,他们有更大的自由去寻找自我,做那些他们认为最为重要的事情。

卡特家族实现了创造性退休生活的梦想,是因为他们有特权吗? 某种程度上讲,是的。但是上百万美国人,不论贫穷还是富有,都享有较为普通但相似的优势。我们可以自主选择,而且我们的生活不是由“必须”而是由“能够”定义。意识到各种可能性,并思考“如果如何会怎样”,勇于重新衡量生活,同时珍视自己的现状和过去,这些都是使退休生活成为一场有创意的冒险的关键。

创造性退休提醒着我们,我们的毕生事业——我们在宇宙中的用武之地——远没有结束。创造性退休意味着可以环游世界,返回学校,或者成为一名社会活动者。做什么不重要,关键是从和世界互动的方式中体会、感觉和思考事物。打发时间、避免无聊或者保持忙碌并不是通向创造性退休生活的道路。如果不去寻找真正让自己满意的活动,我们就只能逃避寻找生命新意义的挑战。

新工作

上百万人退休之后,过了几个月或者一年又返回职场,做全职或者兼职工作。有些人之所以如此是为了赚更多钱,以便在更长的预期寿命里维持消费。有些人重返职场是因为他们热爱工作,工作肯定了他们的自我价值和身份,他们热爱社会契约,也就是工作构建人生的方式。

一种继续有偿工作的创造性方式应该符合你自己的价值观。这意味着听从自己的心意,追求适合自己的事物,同时思考:“我想要做的事情能够为世界带来积极的改变吗?”这不完全是一个利他主义的问题。

我们为别人的生命增加了价值,这种感受丰富了我们自己的生命。谁有权决定什么是有价值的? 你要去追问,什么能够给予你满足感,是真正属于你的? 适合你个性的东西,其本质是什么? 这样你才会与大千世界产生特殊的联系,包括你的邻居、社区、同事、动物、大自然和地球……

现有的关于退休的智慧之谈指出,我们退休后必须保持退休前

75%—85%的收入水平,才能维持我们习惯的生活方式。但是有些人发现退休后收入越少越好。比如说,我的两位朋友,克莱弗・马修和玛丽安・马修退休后搬进了一栋较小但更有品位的房子,把他们的许多传家宝赠送给了已经成年的孩子,在庭院拍卖会中卖掉了不需要的东西。

他们参加各种不花钱的活动,如远足,到大学听免费讲座,还在剧院和音乐厅当引座员,从中获得了极大的快乐。"我们要从消费跑步机上下来了,"克莱弗说,"极简是福,"玛丽安补充道。

精神复兴

随着年龄的增长,我们愈加意识到自己在这个星球上的时间有限。我们可能会对生命之谜有更深的认识,更加心怀敬畏。有些人可能满足于以前的宗教实践,但是有些人发现自己已经渐渐不再热心于以前的家庭宗教活动,或者因为孩子们不再和他们一道参与宗教教育、活动和庆典,因而变得慵懒。但是,他们仍然渴望丰富的内心生活。

展望未来

美国智慧队?

2021 年,华盛顿特区,美国合众国际社。

今天,记者们齐聚白宫草坪,参加美国智慧队成立十周年庆典。总统宣布典礼开始,同为 75 岁的前总统比尔・克林顿和乔治・W. 布什,因对美国智慧队成立所做出的贡献,亲临现场领取奖章。美国智慧队旨在招收退休人员中的有识之士,在 21 世纪引导国家的进步。

前总统比尔・克林顿在致辞中说,60 年前,总统约翰・肯尼迪创建了和平队,吸引了众多有理想的青年才俊;他之所以产生建立智慧队的想法,乃是希望效仿肯尼迪总统,不过这次招募对象是老年人。

克林顿回忆了自己离开白宫后的艰难历程,令听众动容。

“我离任时只有 54 岁。不得不承认，离开白宫时，事情不是我原本想的那样。我依然忙碌，依然在努力寻找自己的角色。以前的一些总统退休后，活动范围仅限于高尔夫球场，我不想像他们那样。所以我开始寻找一种有组织的方式，利用所有离任行政长官的才华。我和前总统布什通力合作，游说国会成立美国智慧队。

“刚开始我们遭受了大量的批评——你们知道的，人们说这种想法是离任官员多管闲事，无聊的首席执行官做的无用之事，诸如此类的批评。但是最后人们开始聆听，特别是当大量婴儿潮一代人开始退休时。渐渐地，我们把游说范围扩大到退休法官、退休部长以及各个部门的领导。社会上有大把有才华的人，但是他们对传统志愿者角色不感兴趣。我们需要为他们创造新的角色，以发挥他们毕生的智慧。

“美国宪法没有规定离任总统的职责。但是我们的历史上有不少有趣的例子。我最喜欢的是约翰·昆西·亚当斯总统，他卸任后成为一名国会议员。但我觉得那种选择不适合我，而且我不能去竞选当地学校的董事——不过有时候我也有这种想法！事后证明，成立智慧队是我离开白宫后做的最令人激动的事情。”

克林顿在演讲中举了一些例子，说明智慧队如何发挥了退休领导人一生的经验。

矛盾调解。在 21 世纪头几年，美国人越来越厌倦法律诉讼和不健全的司法体系。他们在一个发源于科罗拉多州博尔德市的项目中找到了解决矛盾的替代性方法。在这个项目中，老年公民经过培训，成为调解人，负责调解租客—房东矛盾、土地纠纷、商业纠纷及其他可以通过评理化解的争端。

代理决策。越来越多的老年人丧失了心智能力，又没有人代表他们做出医疗保健决定。新墨西哥州的一个项目培训退休社工和退休教师成为代理决策人，为心智能力日愈衰弱且没有家庭成员替自己做主的老人们做决定。生命末期的抉择十分困难，需要一切可能用得着的智慧。

口述历史。保留着二战记忆的耄耋老人屈指可数。在“不必诉诸战争”这一项目中,智慧队致力于用录像带记录老人们的历史证言,启迪后世寻找解决人类问题的非暴力途径。

社区领导者角色。智慧队有一张名单,列有可以为图书馆、学校、社会服务机构和各种非盈利组织提供服务的轮值成员。项目尤为成功的地方是,智慧队为需要临时首席执行官的机构派遣经验丰富的无薪酬主管。这些机构寻求无意长期任职的能人,退休的领导人物正是他们需要的。

美国智慧队是不是异想天开?不一定,它已经有先例了。SCORE(前称为退休主管服务团队)是美国小企业管理局创立的一个项目,招募退休的企业主管为小型企业主充当志愿者,为其提供免费咨询和建议。SCORE 目前在全国有 750 个办事处和 13000 名老年志愿者,他们依据毕生经验提供各种商业建议:撰写商业计划,制定营销策略,避免扩张陷阱等。通过开设免费咨询讲座和低成本工作室,SCORE 志愿者现在每年为超过 250 万名企业家担任导师。在这种成功模式的基础上,SCORE 志愿者进一步为社区新需求提供服务,包括农村社区建设,协助企业归档破产文件,向企业主提供灾后咨询。

供写作、思考和讨论的问题

1. 法国诗人波德莱尔说过,“娱乐比工作更乏味”。波德莱尔说的对吗?就这个见解写一篇小短文,谈谈你认为老年人应该工作还是应该消遣的观点,举出你认识的退休人员的例子。

2. 假设佛罗里达的“退休之城”有一家价值 1 亿美元的楼盘,你担任该楼盘的营销总监,请描述退休后在这种独特环境中生活的好处。

3. 用于描述同一行为的词语,会深刻影响我们对这一行为的看法。比如休闲、空闲时间和娱乐,这些词真正的区别是什么?难道只是叫法不一样吗?

4. 想象一名单身的中年人整天宅在家中。说这个人休假、度假、失业或提前退休,其区别是什么? 这个人的年纪会影响用来描述他的字眼吗?

5. 假设你在当地报纸上读了一篇呼吁"老年公民"避免"摇椅"式退休生活的长篇社论,十分受警醒。请给报社的编辑写一封长信,给出你认为退休在今天和将来都有意义的理由。

6. 根据你对家庭成员或者职场中劳动者的观察,你认为中老年职员如果被迫改变工作,进入全新的工作领域,他们面临的最大问题是什么? 有什么方法让他们比较容易地适应这种变化?

7. 有人认为,如果不能让每个人都有工作,那么就应当鼓励老人退休"让位",为年轻人腾出就业空间。对劳动力市场中的老年人而言,支持和反对这种观点的理由各有哪些? 鼓励和反对提前退休的成本和好处分别有哪些?

推荐书目

Bolles, R., and Nelson, J. E., *What Color Is Your Parachute? for Retirement: Planning Now for the Life You Want*, Berkeley, CA: Ten Speed Press, 2007.

De Grazia, S., *Of Time, Work and Leisure*, New York: Doubleday, 1964.

DeLong, D. W., *Lost Knowledge: Confronting the Threat of an Aging Workforce*, Oxford, UK: Oxford University Press, 2004.

Morrow - Howell, N., Hinterlong, J., and Sherraden, M., *Productive Aging: Concepts and Challenges*, Baltimore: Johns Hopkins University Press, 2001.

Weiss, R. S., and Ekerdt, D. J., *The Experience of Retirement*, Ithaca, NY: ILR Press, 2005.

学生学习网站 www. sagepub. com/moody8e

- Flash cards(词语卡)
- Web quizzes(小测试)
- Chapter outlines(章节大纲)
- SAGE journal articles(赛吉出版公司出版的期刊论文)
- Web resources(网络资源)
- Video and audio resources(音像资源)

争议十一　婴儿潮一代的老龄化：是繁荣还是毁灭？

婴儿潮一代指哪些人？

谈到“婴儿潮一代”这个词，你会想到什么？到底它指的是哪些人？这两个问题都很重要。一方面，我们要考虑这个词能引起的主观联想；另一方面，我们要考虑各种确凿的事实。这个词容易引起刻板印象，反映在这些年来给婴儿潮贴的各种标签上，如“可乐一代”、“自我一代”、“60后”等。这些标签传达了消费主义、自恋情结、叛逆以及对变化的开放态度。“婴儿潮一代”这个术语本身并不准确，因为这一代人已经不是婴儿了。婴儿潮一代中最年长的人早已开始领取社会保障福利，还有很多人正在认真考虑退休，或者开创全新的职业。

有一些事实很清楚。美国有7 700万人出生在1946到1964年间，这群人就是广义上的婴儿潮一代。我们观察到，这群人在图51的人口金字塔中的分布呈凸字形。

随着婴儿潮一代渐渐变老，上述人口情况将会在接下来的几十年受到重大的影响。不过让我们先停下来考虑一下几个互相联系的问题。“一代人”这个词到底是什么意思？是不是人口统计群体中的所有个人加起来就是一代人?他们有共同点吗?反过来说,婴儿潮一代人有差别吗?我们需要考虑的问题很多,这一连串问题仅仅是其中的几个。

我们还需要考虑一代人变老意味着什么——影响这一进程的因素有哪些?可能产生哪些个人的、经济的、社会的后果?最后,我们需要考虑媒体、商业团体和社会科学家对婴儿潮一代的看法,以及婴儿潮一代对自己的看法。例如,有论者批评婴儿潮群体,说他们很自私,相反,一些评论家认为他们是理想主义者。由于对婴儿潮群体的看法不同,所以我们在"步入老年对这个巨大的群体而言意味着什么"这个问题上,会得出不同的结论。所以我们需要反复审视第一个问题:婴儿潮一代到底指哪些人?

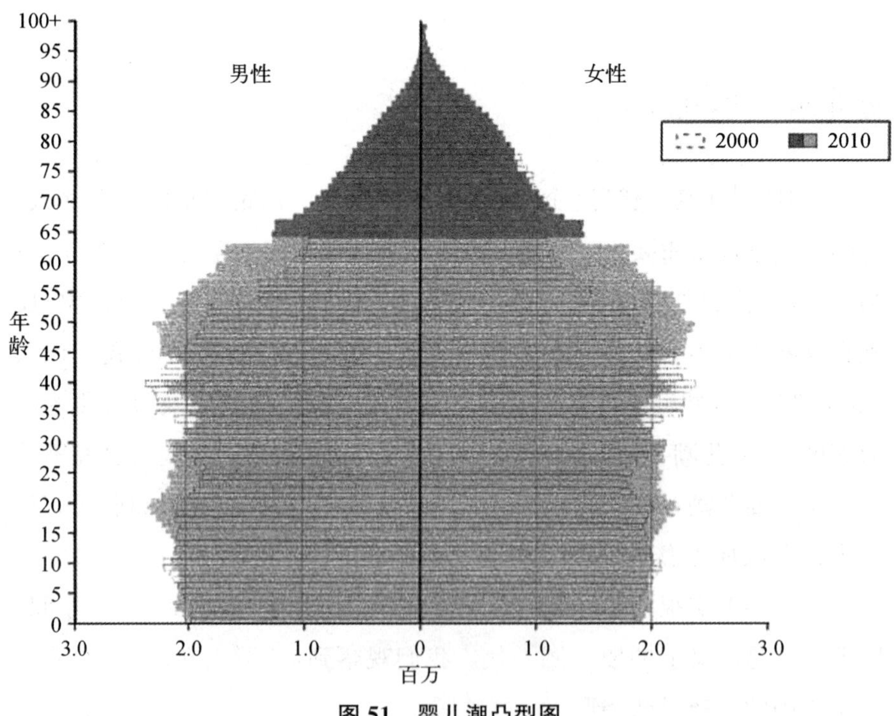

图 51　婴儿潮凸型图

资料来源:Werner(2011);美国人口普查局,2000 年人口普查总结报告Ⅰ,2010 年人口普查总结报告Ⅱ。

注:图中浅色阴影部分代表 2010 年人口普查中 0 岁到 64 岁之间的美国人,深色阴影部分代表 2010 年人口普查中 65 岁及以上的美国人。

“一代人”的含义：年龄—时期—同生群的模型分析

“一代人”一词有几个不同的含义：它可以指在某一特定的时间段出生的一群人（比如大萧条一代和军人一代）。一代人也可以指一个时间点上特定年龄的人（如老一代和当今的年轻一代）。我们用“同生群”这个术语表示出生在特定时间段的人（比如1946年到1964年出生的人）。

为了得出婴儿潮一代到底包括哪些人的客观结论，我们利用流行病学和人口统计学研究中使用的年龄—时期—同生群模型。作为一个群体的婴儿潮一代会受到以下因素的影响：年龄、时期和同生群。

滚石乐队2007年在拉斯维加斯的演出。

在前面几章，尤其是争议二中，我们描述了**老化效应**。我们大家都熟悉年龄效应，这种效应既是老化的生理过程引起的，也与他人对这种过程的社会反应有关。比如，人老了头发会变白，人体储备能力下降，视

图中的人物生活在同一个历史时期,由于时期效应,她们有共同经历。同时,每一个人又代表了不同的出生组和不同的民族,因而有独特的经历。

力下降,听力受损或许也与老化有关,而且旁人也会对这些变化做出反应。**时期效应**(period effects)是影响社会中所有同时期年龄群体的效应,比如20世纪90年代互联网和电子邮件引起的通信方式的变化。1995年这个时期很可能对5岁的孩子和80岁的老人产生不同的影响,5岁的孩子的一生都会把互联网看作习以为常的事物,而对80岁的老人而言,电子邮件是新事物,学习起来有挑战。

最后,**同生群效应**(Cohort effects)是影响同一年代年龄群体的事件。比如所谓的军人一代,他们的青年时代受到了第二次世界大战的巨大影响,而且他们的一生都会受到这场战争的影响,例如,《退伍军人法》为退伍老兵上大学提供了优惠。同生群效应的另一个经典例子出现在格伦·埃尔德(Glen Elder)的《大萧条时期的儿童》一书中,这本书是最早应用生命历程视角的典范之作,作者发现,童年时期的贫苦经历会影响人一生对待金钱和储蓄的态度。

婴儿潮同生群有什么特点吗?我们能说出一些。首先婴儿潮一代与众不同的特点是规模庞大。由于出生率很高,婴儿潮同生群的人数比它前面的两个同生群(沉默的一代和军人一代)和后一个同生群(所谓的X一代)要多得多。婴儿潮一代大约占美国总人口的1/4。从童年到老年,婴儿潮一代的庞大数量导致了相应的后果。他们使学校人满为患,成为市场推销的目标,有了投票权,每个时刻都会受到公众更多的关注。

婴儿潮一代的第二个特点是,他们平均受教育水平比前几代人高。婴儿潮一代是美国有史以来一半人以上取得高等教育学历的一代人。第三个特点是,他们童年时(20世纪50年代到60年代)经历了长时期的战后富裕和经济繁荣。他们的童年经历和他们的父辈有所不同,父辈中的大部分人受到了经济大萧条的影响。婴儿潮一代的童年经历与X一代也不一样,后者的童年正是20世纪70年代经济波动的时期。

最后,20世纪六七十年代是社会剧烈动荡时期,反越战抗议、民权运动、女权运动和环保运动如火如荼。因此,莱纳德·斯坦荷恩(Leonard Steinhorn,2006)等评论家称赞婴儿潮一代是"伟大的一代",因为他们主张争取权利,实行宽容,与保守的20世纪50年代崛起的二战一代形成对比。但并不是所有的婴儿潮一代人都反对越战,相反,很多人参加了越战,反对越战抗议者。1960至1964年间出生的人当时年纪太小,根本没有受到战争的影响。尽管婴儿潮一代由于时期效应有许多共同经历,他们也占总人口的很大一部分,但这个同生群内部的差异也非常大。

婴儿潮一代的异质性有助于我们进一步划分这个庞大的群体。举例说,评论家经常把婴儿潮一代细分为婴儿潮前期(出生在1946至1954年间)和婴儿潮晚期(出生在1955至1964年间),第二个群体也称为琼斯一代。对于婴儿潮前期出生的人而言,重大的事件包括肯尼迪总统和马丁·路德·金的遇刺事件及越南战争。另一方面,婴儿潮晚期出生者经历的重大事件有水门丑闻和20世纪70年代的石油禁运。婴儿潮前期出生的人乐观而敢于尝试,而琼斯一代则比较多疑。

我们可以利用年龄—时期—同生群的模型分析老龄化的婴儿潮一代。他们对房地产的态度也许是一个恰当的例子。婴儿潮前期出生的人是在战后的繁荣中长大的，成年后见证了房产长期的增值，但到了2008年，房价由于次贷问题大幅下跌。那么即将退休的婴儿潮一代如何看待房地产问题呢？

最后，除了年龄—时期—同生群效应，我们还需谨记社会阶级、民族和性别的强大影响，尤其是这些因素如何综合作用，导致人一生中的累积性优势和劣势。在本书中，我们一直强调在分析一个同生群内部的差异时，必须考虑不平衡模式。我们思考庞大的婴儿潮一代的不同组成部分时，也必须记住这些原则。累积性优劣模式可以用来阐释婴儿潮同生群成员一生经历的差异（Villa et al.，2012）。因此，从同生群层面上考虑，一名贫穷的黑人女子、一名墨西哥移民和一名有钱的白种人可能都属于婴儿潮一代，但他们在职业、收入、健康状况、教育和每一个人生阶段（青年、中年和老年）的经历等方面很可能截然不同（Yan，Silverstein&Wiber，2011）。

总之，“婴儿潮一代到底指哪些人”这个问题看似简单，回答起来很复杂。婴儿潮一代可以细分为不同的亚群体，老龄化对他们的影响表现为三个因素的影响，即年龄、同生群特点和历史时期效应，其他影响因素包括性别、民族和社会阶级（以及教育、职业和性别身份）。

婴儿潮现象的社会建构

在考虑婴儿潮一代的老龄化问题时，可以借用社会学家伯格尔（Berger）和卢克曼（Luckmann，1966）提出“社会建构”概念。我们可以通过日常生活中的熟悉事物，理解社会建构的概念。举个例子，美国最高的山是惠特尼峰，不管有没有人居住在北美它都存在。但是人造物如一张20美金的纸币，只有在一群人就其意义达成共识的条件下（群体成员同意一张纸是具有特定价值的货币），它才具有它所具有的那种意义。比如，美国内战前发行的纸钞就不是货币（尽管它仍然具有价值）。社会建构的其他例子说明，我们必须认识到这个世界的很多事实并不是完全“自然的”。

如何用社会建构的概念理解婴儿潮一代呢？社会建构不代表婴儿潮的概念是虚构的或想象的。1946年到1964年间确实存在出生率骤增的现象。但是对于这个人口学事实，观察家们的结论是不一样的，这有点像盲人摸象的典故。其中一个分歧是关于婴儿潮的细分，比如，有些人用“婴儿潮一代”，而有的人用“琼斯一代”。涉及价值判断，社会建构的作用会变得尤其明朗。例如，如果婴儿潮一代是以自我为导向的，那么有些评论家会认为他们追求自我成长和本真状态，但有些人则认为那是彻底的自私自利。

从国际视野看待这个现象，我们就能够理解从社会结构看婴儿潮的重要性。人们通常认为婴儿潮只是美国现象，但实际上英国、澳大利亚、芬兰等国也有类似的出生率剧增的现象。导致研究者产生分歧的因素有政治背景和文化语境差异，以及人们对婴儿潮一代的反应。就此而言，婴儿潮一代的国际多样性就是一个活生生的实验室，我们能够从中研究年龄、时期和同生群在不同条件下所造成的影响。每个民族构建的婴儿潮一代的含义反映了特定的历史和文化。

街谈巷议

“婴儿潮一代是受教育水平最高的、最健康的一代。”

诚然，他们是受教育水平最高的，但未必是最健康的。肯尼思·曼顿(Kenneth Manton)记录了不断下降的残疾率（不过只记录了过去的数据）。流行病学家现在正在研究不断上升的肥胖病和糖尿病发病率，因此有理由怀疑疾病发病率的下降趋势是否会保持到将来。肥胖病发病率就是未来关节炎和心血管的不祥之兆。

一个令人好奇且意义重大的事实是，婴儿潮一代展现在美国公众面前的形象是矛盾的：一方面，公众认为他们是自私和消极的，另一方面，又有人认为他们是理想主义者。例如,大卫·布鲁克斯(David Brooks)在《天堂中的波波族》(2000)一书中,把婴儿潮一代描绘成已经过时的嬉皮士和崇拜物质的雅皮士。无独有偶,乔·奎南(Joe Queenan)的《香脂梦》(2001)也对婴儿潮一代做出了犀利的批评。这种批评不仅仅限于图书,网络上也有关于婴儿潮临终看护的博客(Boomer Deathwatch)。我们快速浏览博客便能确定其要点:越来越多的婴儿潮一代人越来越老,他们享有太多的政治权力,所以将会让我们付出巨大代价。婴儿潮一代为人称道的理想主义似乎是贪婪和自恋的面具,《时代》杂志上有一篇名为《婴儿潮一代的暮光》的文章,不出意料地批评了这种贪婪和自恋(Okrent et al,2000),并描绘了婴儿潮一代那种身心俱衰的典型形象。年龄歧视似乎是一种无法消除的歧视。

许多分析人士反对这种对婴儿潮老人的刻板化描述。例如,布兰特·格林(Brent Green)在《婴儿潮前期一代的市场营销》(2003)一书中警告说,评论家强加了针对婴儿潮一代的年龄歧视,把自私自利、不爱国的形象与老龄化的传统负面形象勾连在一起。莱纳德·斯坦荷恩在《伟大的一代》(2006)一书中回应了这些批评家,把婴儿潮一代和军人一代(著名的最伟大的一代)相提并论。斯坦荷恩反对那种认为婴儿潮一代是自私鬼的观点,相反,他坚决肯定婴儿潮的精神遗产和对社会的贡献(如民权运动和女权运动)。他秉持自由主义的政治观点,认为婴儿潮一代推动了积极的社会变化,因此他对步入老年的婴儿潮一代持乐观的态度。另一个乐观主义者是马克·弗雷德曼(Marc Freedman),他的《黄金时期》(2000)一书的副标题,表达了对婴儿潮一代的希望。弗雷德曼支持老年人再就业,将理想主义精神融入延长的职业生涯中。

如同盲人摸象,公众对年老的婴儿潮一代的描述大相径庭。婴儿潮一代的社会构建有几十年的历史。婴儿潮一代步入老年时,媒体就推出我们熟悉的刻板形象(如60后),但是他们往往没有考虑到这个现象的复杂性。尽管婴儿潮一代人是众多期刊文章和流行作品的焦点,但直到近年,他们才成为学术讨论的关注点。例如,《老年学家》和《世代》这两本影响力最大的老年学期刊，最近几期优先发表婴儿潮研究方面的文章(参见 Frey，2010；Pruchno，2012)。人们对婴儿潮一代的表述截然相反，而阶级、性别和民族因素又凸显了累积性优势和劣势的影响力。年龄—时期—同生群模型之类的分析工具能帮助我们理清其中的关键问题，我们的概括也通常需要考虑个体差异。

全球视野

老去的婴儿潮一代

二战结束后，西欧和美国都出现了出生率上涨的现象，这个国际现象随后被称为婴儿潮，这一称呼沿用至今。但其实这个趋势在不同国家的情况各不相同。例如，芬兰等国的高出生率在 20 世纪 50 年代早期迅速下降，美国的高出生率持续到 1964 年，加拿大和澳大利亚的情况和美国相似，而英国分别在 1947 年和 1964 年出现了两个生育高峰，一些分析家怀疑这是不是真正的婴儿潮。在这段时期，德国的出生率有小幅增长。简而言之，纯粹从人口统计学角度看，婴儿潮在不同国家的表现形式是不同的。

不同国家对婴儿潮的理解也不一样。例如，法国人常常说的“68 年的人”，指的是参加 1968 年革命的婴儿潮一代人。但是人们对集体形象的描述又不同于对集体身份的真实感受。以芬兰为例，该国的婴儿潮群体较小，因此他们有强烈的集体身份认同感，反映了独特的人口和文化的影响。相反，在英国，婴儿潮一代对这个标签的认同十分淡薄，而更认同“60 后”这一概念。同美国人一样，英国人关注能促进活动和成长的新型积极老龄化。

资料来源：

Phillipson，C.，“Understanding the Baby Boom Generation：Comparative Perspectives，” *International Journal of Ageing and Later Life* (2007)，2(2)：7 - 11.

未来几年的婴儿潮一代

老年学家罗伯特·巴特勒借用电影《金色池塘》的片名，提出一个问题：婴儿潮一代“到达金色池塘”后会发生什么？我们能不能预测，随着婴儿潮一代步入老年，未来（如2010到2020年）会发生什么情况？这个特殊的时间框架十分合适，因为到了2011年，婴儿潮时期最早出生的那一批人就65岁了，已经符合医疗保险的资格。可以预见的是，到了21世纪第二个十年末期，一批婴儿潮一代人将步入老年。除了预测这一人口学上的“年龄潮”外，我们不太可能做出其他确凿的预测了。例如，超过4/5的婴儿潮一代人反复说他们计划退休后继续工作。但是从最近几年情况来看，实际数字并没有那么高。最近美国大都会人寿保险公司做了一项研究，跟踪了一批62岁到65岁之间的婴儿潮一代人，结果发现在三年期间有45%的人完全退休（美国大都会人寿保险，2012b）。还有一个需要考虑的问题是婴儿潮一代的健康状况。接受调查的大部分婴儿潮一代人说，他们对自己的健康很自信。本书前面说过，一些慢性疾病的发病率在过去的20年间已经有所下降，导致了养老院人数减少。这个趋势是否会持续呢？或者，困扰诸多美国人（包括婴儿潮一代）的肥胖症高发病率，将会导致糖尿病和心血管疾病等疾病的发病率上升？很遗憾，大部分针对婴儿潮一代人的大规模调查并没有考虑到同生群的民族多样性，因而这些概括性的发现对少数裔来说是误导性的，掩盖了他们的健康状况（Villa et al.，2012）。婴儿潮一代不同亚群体如何度过老年生活？各种项目、服务和政策如何做出调整，以满足不同群体的具体需求？

除了考虑婴儿潮一代的个体特点外，我们还要考虑他们老龄化的环境。由于医疗保险和社会保障的巨大责任，加上过去遗留下来的预算赤字，美国政府似乎在2010年到2020年期间将面临巨大财政压力。一方面，如果大量的婴儿潮一代人一直工作到60多岁，这种不利形势就会得到巨大改善。但另一方面，我们在争议十中讨论过，婴儿潮时期最早出生的一代人中有不少在做兼职或者全职工作，并且领取社会保障福利金（美国大都会人寿保险，2013b）。依据人口统计学，我们预测到了经济压力的趋势，但是我们无法预测这种趋势在未来会如何发展。为了更加全面地描述情况，我们还要考虑全球能源价格上升及气候变化等环境趋势，这些因素很可能成为21世纪第二个十年的问题。

步入老年的婴儿潮一代未来具有不确定性，为研究者提供了各抒己见的空间，后面的几篇阅读材料展现了他们不同的见解。

第一篇阅读材料选自克里斯托弗·巴克利（Christopher Buckley）的政治讽喻小说《婴儿潮末日》。书中描绘了退休的婴儿潮一代人造成国家破产和激起年轻一代反抗的未来世界。在那个世界里，年通货膨胀率常年保持在30%，美国与许多国家交战。婴儿潮一代人领取社会保障金，但是政府却没有钱支付其承诺的所有福利金。结果，30岁以下的年轻人开始反抗高税收。在这种背景下，小说的女主人公卡桑德拉·德瓦恩（Cassandra Devine）出场了，她是一名29岁的博主，搞了一部新法，主张“过渡”（transitioning），所谓“过渡”就是让人们在75岁自杀。这个提案听起来极端，但是卡桑德拉希望它能引起讨论。因此，《婴儿潮末日》实际上囊括了本书争议七和争议九提出的问题：“人有自杀的权利吗？”“社会保障未来会怎样？”

像巴克利一样，梅甘·麦克阿德尔（Megan McArdle）在《没有祖国的年轻人》一文中也表达了对未来的担忧。麦克阿德尔认为，随着婴儿潮一代变老，劳动力会逐渐萎缩，未来经济增长会变缓，并指出，尽管婴儿潮一代十分乐观，但实际上他们的退休储蓄很少，因此，他们很可能需要继续工作，但是可能找不到与他们才能和期待相匹配的工作。在这两种情况下，如果遭遇疾病或残疾，他们可以赖以照料自己的孩子会更少，这个问题在前面的“应该实行家庭养老吗？”一章中已经讨论过。

西奥多·罗萨克（Theodore Roszak）在《长寿革命》一书中描绘了较

为美好的未来。他认为婴儿潮一代是20世纪60年代理想主义的代表,这种观点在他的早期作品《反文化的形成》中也得到了生动的阐述。罗萨克认为"银发文化"会蓬勃发展,步入老年的婴儿潮群体将自我价值融入了利他主义与社会活动。他希望60多岁的婴儿潮一代人能够复兴20世纪60年代的思想。

杰夫·哥德史密斯(Jeff Goldsmith)《漫长的婴儿潮时代》一书的节选也表达了这种乐观态度,但作者更关注经济学和政治学,而不是文化。他预测,步入老年的婴儿潮群体会继续工作,避免为社会增加经济负担。但是他认为,如果我们不采取措施鼓励储蓄,促进个人健康和责任感,坚持提供社会保障的各种项目,那么这种乐观的情况也不能轻易实现。哥德史密斯认为,步入老年的婴儿潮一代的美好未来,取决于能否立即行动,使美梦成真。

关注实践

职场中的老年婴儿潮一代

2011年的哈里斯民意调查(Harris Poll)显示,婴儿潮一代计划延迟几年退休,这一结果与美国退休人员协会的调查结果不谋而合:老年劳动者受到2008年经济萧条的重大打击,他们延迟退休是因为觉得自己别无选择。

延迟退休对这些老年劳动者和经济都有助益,但也意味着年轻人面临就业挑战,因为婴儿潮一代将继续占着岗位,年轻人的升职将被拖延。随着婴儿潮群体在职场工作的时间越来越长,不同年代的劳动者将会并肩工作。

多代同堂的职场

老年同事年纪大到能做他们父母或者祖父母,20多岁的年轻人怎么能够与他们共处呢?管理咨询师和劳工专家正在关注这种发展趋势。一些分析师(美国强生公司,2010)就年轻劳动者如何应对与婴儿潮一代共事提出了一些实用建议，其中有一些常识性建议，例如“不要忽视老龄员工”，“不要放弃他们”。换句话说，抛弃对老年的成见。应鼓励年轻员工请求老年员工继续作贡献，例如，让他们成为年轻人的导师。

有些分析师认为，如果不同年代的员工有矛盾，那么就会给工作带来问题(Lancaster & Stillman, 2003)。成功的关键是员工的生产力，这意味着要同时保证年轻员工和老年员工的生产力。随着婴儿潮一代延迟退休，理解同生群差异将成为组织生活的重要因素。

对雇主的调查显示，机构重视老年劳动者的素质，如经验丰富，可靠，具备工作伦理，忠诚度高等。但是雇主对他们也有疑虑，特别是怀疑他们是否还有创造力、灵活性以及学习新事物的意愿(Mermin, Johnson, & Toder, 2008)。从积极的一面看，老年工作者由于经验更丰富，所以具有很强的生产力。但是在日新月异的职场，他们的技能可能过时了。他们的缺勤率较低，但是健康问题又比年轻人多。实现终生生产能力的关键，在于雇主能否利用老年劳动者的积极特点，并为他们提供培训，保证他们的技能和知识能够与时俱进。

老年人创业

我们一想到职场中的婴儿潮一代老人，就容易把他们想象成员工，尤其是大企业的员工。但是未来职场的状况可能和现在大相径庭。许多劳动者，不管是年轻人还是中老年人，都渴望自己当老板，开辟自己的事业。一些分析师称之为“自由工作者的国度”，而美国又一直是奖掖创业的国家。婴儿潮一代老人有机会成为创业者吗？

答案似乎是肯定的。根据堪萨斯城的马里恩·考夫曼基金会(Marion Kauffman Foundation)的研究(2011)，55 岁到 64 岁的婴儿潮一代人正在带动一轮新的创业潮。从 1996 年到 2010 年，婴儿潮群体的创业活动比例高于 20 岁至 34 岁的成年人。出人意料的是，高科技公司创始人的平均年龄接近40岁,50岁以上的创始人数量比25岁以下的高出一倍。

2008年的金融危机导致了大萧条以来最高的失业率。年轻劳动者受到经济下行的巨大冲击,同样,一旦老年劳动者失业,再就业便是困难重重。于是,许多婴儿潮一代人加入了"二次机会革命"(自己创业)的大军 (Rogoff & Carroll, 2009)。

2010年,《福布斯》杂志注意到,增长最快的两家科技公司新秀之一,First Solar的创立者,是一位68岁的老人。一位老年企业家大获成功,这并非首例。麦当劳的创始人雷·克洛克(Roy Kroc)在60岁时接手一家小型汉堡餐厅,利用自己的商业才能把这家小餐馆经营成有史以来最成功的快餐连锁店。事实上,大部分新工作的提供者是小公司而不是大企业,因此,在成年期的任何一个阶段,企业家才能都是经济增长和创造就业机会的关键,没有理由认为婴儿潮一代人不能在将来成为中老年创业的积极力量。

阅读材料　四十七

婴儿潮末日[①]

克里斯托弗·巴克利

今天,在佛罗里达,一群年轻人攻击了一个安装有门控的社区,抗议近期社会保障上调工资税。

清晨,几百名二十多岁的年轻人猛烈袭击了一个退休社区。老年居民在打高尔夫球时受到了袭击。抗议者们夺过高尔夫球场的推车,将它们推入水塘和沙坑,有些人用彩弹枪和园艺工具在草地上写标语。

---

① *Boomsday* by Christopher Buckley.

其中一条凿在十八区草坪上的标语写着："婴儿潮末日来了！"婴儿潮末日是一个经济学术语，表示今年的一个日期，在那天，这个国家7 700万婴儿潮一代人中的第一个人退休了，开始享受国家社会保障福利。这样的局势对社会保障系统带来巨大的压力，并进一步冲击整个美国经济。

高尔夫球场的一个维修人员说，业主们想要打高尔夫球，要等好几个星期。

"东京银行有史以来第一次婉拒购买新发行的美国国债。你知道这意味着什么吗？"

"东京银行已经买了我们很多国债了吗？"

"确实如此。你明白这件事情的意义吗？美国国债的最大购买者拒绝再出资，也不愿意为我们还债。恰恰在这个时候，你们这一辈人中开始有人退休了。你知道人们是怎么说的吗？"

"快乐时光？"

"婴儿潮末日。"

"这个说法不错。"

"债台高筑，经济下滑，还有 7 700 万人即将退休。好一场完美的经济风暴。"

出人意料的是，美国公众现在有 38%的人支持自主选择合法安乐死，以便换取丰厚的退税和补助金。人们张贴的海报上写着：美国就想干掉你！

"有请白宫经济顾问委员会主席福戈·法加(Foggo Farquar)。"

"法加先生，早上好。委员会是否要求您研究变形提案对美国财政部的经济影响？"

"是的。"

"那么您的调查结果是什么？"

法加先生拿出一个很大的文件夹，文件内容被投影在听证室的一个屏幕上。

他说道,“所谓的婴儿潮同生群,指的是出生在1946年至1964年间的人,其总数约7 700万。按照他们现在退休领取社会保障和联邦医疗保险的速度,我们估计,”下一张PPT显示了一系列饼状图,所有图的颜色都是深红色,“从现在开始,大约两个半月后,社会保障就会山穷水尽”。

“从今天开始?”

“从今天中午开始,没错。”

“情况不妙啊,是吧?”

“我觉得相当不妙,参议员先生。但是数据就是数据,他们不会骗人。”……

卡桑德拉正在和志愿者们激烈地争论。

她设法找到几十个60岁左右的婴儿潮一代人,他们愿意充当过渡计划的志愿者,但要求活到75岁。另外,他们要求,作为对他们无私行为的回报,不仅要给予他们超出卡丝[①]过渡计划标准外的税收优惠,给他们丧葬费和墓地费用,为他们的孩子提供全额大学学费,还要补发他们从21岁起的医疗补助。卡丝估计,过渡计划对美国财政的经济影响总计为负650亿美元……

反对社会保障的游行于周六在商场举行,就在南卡莱罗纳州举行初选之前。让30岁以下的年轻人参加政治集会就像是赶一群猫。他们宁愿去听音乐会也不愿参加游行。但他们还是来了,而且人数不少。公园管理处估计有75 000人,阵仗不小。小贩们卖金枪鱼卷和维生素水的生意十分火爆。许多示威者举着标语。急救人员严阵以待,准备好随时抢救因为过度愤慨而倒下的人。好奇的婴儿潮人士在一旁观看,说这就跟反越战抗议一样,但又完全不一样。“那时候,”骑着一辆赛格威车的老家伙说道:“那时可没有这么多种类的矿泉水。老天,那时候可真疯狂啊。”

---

① 即卡桑德拉。——译者注。

阅读材料　四十八

没有祖国的年轻人①

梅甘·麦克阿德尔

婴儿潮一代人的退休将彻底改变我们的社会结构。那么它究竟会怎样改变我们的经济、文化和政治呢?当一切落幕,美国会变得更好、更糟,还是仅仅变得不同而已?……

随着婴儿潮一代变老,他们消耗的高产效物品变少,低产效物品增加。众所周知,生产效率非常难以预测,但是随着婴儿潮一代变老,多方力量将会推进生产效率的提高。

因为服务行业是劳动力密集型产业,而消费服务的老年人数量快速增长,所以我们需要更多的劳动者。当然,我们未来需要的各种服务业劳动者和今日并不相同。事实上,接下来的20年,育儿服务从业人员将会相对减少,大量的资源和劳动力会转向老年人护理领域。

经济增长有一个非常简单的公式——经济增长约等于劳动力的增长。

现在婴儿潮一代中,8 000万人正愉悦地规划着退休生活。从人口统计图上看,这个群体从童年步入成年,再进入老年,就好像一头猪穿过一条巨蟒的肚子。多亏了婴儿潮一代人的退休,就算移民大致维持目前的速度,2020年的劳动力市场也只会比今天扩大一点点。假如移民率骤降,其他条件不变,2020年的劳动力将比今天少大约一百万。

尽管我们的讨论将婴儿潮一代人的退休看作将来的事情,但实际上它已经开始。劳动参与率通常在40岁至44岁之间达到高峰,10年后缓慢降低,然后直线下降。数以百万计的婴儿潮人士早已退出劳动力市场,而且越来越多的人到了领取社会保障金的年纪,而且这个过程将会加快。

---

① "No Country for Young Men" by Megan McArdle in *Atlantic Monthly*, January/February, 2008. Copyright 2008 by *The Atlantic Monthly*.

生产率增长速度放缓(最好的情况)和劳动力增长的速度放缓,意味着经济疲软,而经济疲软会导致一系列后果,包括地缘政治方面的影响(增速减缓会加快美国相对于中国、印度等大国的经济衰退)和社会影响(经济历史学家本杰明·弗雷德曼(Benjamin Frideman)在《经济增长的道德后果》一书中提到,19世纪至今的经济疲软尤其加深了种族歧视、缺乏宽容等不良倾向)。但是最显著的后果很可能反映在股票市场上。

许多分析师都在争论,婴儿潮一代是否为退休准备了足够的储蓄。乐观派倾向于认为,与他们的父母在同样的年纪时相比,婴儿潮一代的积蓄和收入成正比。然而,婴儿潮一代的寿命更长,所以他们需要的钱比他们的父母更多。就算现在有了新的处方药福利,他们还是会在联邦医疗保险上花费更多钱。

或许最关键的是,婴儿潮一代的下一代更少。我的外祖母有三个女儿,一个住在她附近帮她购买物品,一个(我妈妈)监管她的财务情况,还有一个住在别的城市,但有飞机直达。我的外祖父临终之前,我妈妈每次开车去纽瓦克市一呆就是几周。我父母的赡养网就薄弱些:他们离了婚,住在不同的城市,但两个女儿都要照顾父母。鉴于现代经济的变迁,需要帮助的时候可能没有一个孩子住在附近。这是人口学上的典型情况,意味着婴儿潮一代不仅要付钱雇人照顾父母,而且寻求经济援助的对象也减少了。

尽管如此,婴儿潮一代对自身未来前景很乐观。美国退休人员协会2004年的一项调查显示,大部分人对自己的退休财务准备很有信心,也许是这个原因,69%的人说他们对未来相当乐观或是非常乐观。超出七成认为自己至少会做兼职,但只有1/4的人的动机是钱,更多人是为了实现创业梦想,或者利用工作来调节照看孙子孙女、旅行和玩宾果游戏的常规生活。

但是婴儿潮一代在经济上的自信很难证实,他们似乎依靠的是炼金术一般神奇的强势股收益、房地产升值以及政府的慷慨解囊。

如果大量婴儿潮一代人选择工作,许多困难就迎刃而解了。与社会成见相反，老年人是很有价值的劳动者。尽管研究显示，记忆和计算等认知能力会随着年龄增加而下降，但老年人的经验一般会赋予他们其他能力，尤其是“软能力”，比如客户服务和管理。一些劳动者选择了延迟退休，这将会增加经济蛋糕的份额，减轻为退休人员提供福利的负担……

所以，至关重要的问题是，婴儿潮群体到了传统的退休年龄时，是否会大批量地继续工作？不管他们退休前怎么说，65 岁以上的人实际上极少会选择工作。老年人的劳动参与率与 1950 年相比低得多——1950 年，65 以上的老人将近一半仍然在工作。现在，这个比例低于 20%……

我国面临的最大考验之一是为老年人创造就业机会，这些工作最好与他们的技能和知识对口，能最大限度地发挥他们的生产力，而不是在史泰博公司或家得宝公司当保洁员。没有哪一个国家机构能制造这种变化，它是自然生成的。一方面，企业必须学会吸纳老年工作者，另一方面，要发掘创造性方法，来掩盖或减少减薪对老年员工情绪的影响，还要改变 60 岁以上的员工对职业道路和等级结构的观点。

在实现这种状况之前（甚至实现之后），我们的政策可能备受争议，因为对很多人而言，似乎没有足够的资金来保持运转。我们无法回避的事实是：1945 年，即婴儿潮一代诞生的前一年，美国的每一个退休人员有 42 个劳动者赡养，而现在每个退休人员只有 3 个劳动者赡养。婴儿潮一代真的退休那一天，他们中的每一个人只有 2 个劳动者赡养。

如果乐观的婴儿潮一代最终需要面对自己储蓄不够的现实，又会怎样呢？他们会不会向政府提更多要求？至少，老年人的财务状况已经十分艰难，且又不适应减少福利。我们承诺的福利重担，将会落在需要赡养婴儿潮一代的劳动者身上……

老龄化会拖慢经济增速，这种阻碍作用超过我们的接受程度。社会保障和医疗保险几乎一定会通过削减福利、增加税收和延迟退休的组合政策来维护财政状况，这就意味着我们所有人都将比我们希望的工作得更久，缴纳比以前更高的工资税。

阅读材料 四十九

长寿革命

——婴儿潮的老龄化①

西奥多·罗萨克

我们生活在一个由婴儿潮一代主宰的世界,他们一天天变老。然而婴儿潮一代还是继续戴着青春的光环,这主要归功于大众媒体的编造,其市场营销手段成型于20世纪60年代,同时期婴儿潮一代登上了历史舞台……

婴儿潮一代谈起自己时,总是表现出一定的防范意识,仿佛历史赋予了他们某种名声,倘若不竭力维护,就会轰然倒塌。他们十分清楚人们关于他们的刻薄言论。这一代人小时候就被人无端指责为被宠坏的小混蛋和叛逆者,长大后,又得到了一些糟糕的称呼:"贪得无厌的婴儿潮一代""一流伪君子""我国有史以来最自私最不负责的一代人",等等。2000年人口普查后,《芝加哥论坛报》刊登一篇了社论,幸灾乐祸地说婴儿潮一代死掉的速度加快了。对那些"厌恶婴儿潮的集体影响和自私性"的人来说,这真是好消息。《芝加哥论坛报》提醒读者说,婴儿潮一代的大多数人,"幼儿和青少年时期既聒噪又吹毛求疵,成年后还是既聒噪又吹毛求疵,现在,他们又成了既聒噪又吹毛求疵的老不死!"婴儿潮一代甚至自贬形象。快到50岁的时候,幽默作家戴夫·巴瑞(Dave Barry)宣称:"我们这一代身材肥胖,自我陶醉,是喋喋不休的大嘴巴。"

抨击的人或许有理有据,他们心怀怨恨地记着某件事、某种潮流、某一两个人、某些标语或者涂鸦。但我们评判一代人这种庞大且无形的事物时,就像盲人摸象一样。每个人掌握了真相的一部分,但只掌握一部

① *The Longevity Revolution*: *As Boomers Become Elders*, 2nd ed., by Theodore Roszak. Copyright 2001 Berkeley Hills Books.

分，每个人都说对了一点，但说错了很多。

在描述任何社会群体，尤其是数量多、难以定义的“一代人”时，务必避免随意一概而论。婴儿潮一代步入老年以后，他们延续了年轻时代的社会多样性和文化多样性，并不是每个20世纪60年代的大学生都参加了示威抗议，事实上大部分人都没有参加。20世纪60年代在美国和其他国家的反文化青年群体，只是少数大学生中的少数。这样说来，美国当代保守主义（包括福音派）可以追溯到那个时代对异见分子感到不满的婴儿潮一代人。

婴儿潮一代人退休后，其多样性还会继续。若如果认为65岁以上人群是同质性投票群体的人，那一定是陷入了政治幻想——要么是散播利己性老人政治的可怕，要么是夸大老年投票群体及其组织领导力的重要性。两种动机都是老人政治炒作的话题，都夸大了老年人的团结度……

最后，这一代人的形象中还有一个元素、一个独有的特征：从来没有哪一代老年人像婴儿潮一代一样熟稔如此多样的观点和异见。他们毕竟十几岁和二十几岁时就经历了有关原则的抗议，似乎要以批判性思考去观察社会中的每一个正统、每一个机构和每一种被灌输的观点。这一代人的文化储备融合了西方政治意识形态和亚洲宗教，融合了本土民间知识和高科技、心理治疗和致幻药物。因为拥有西方社会前无古人的资源和灼见，他们质疑权威。我有时怀疑，众多权威之所以尽力弱化那个时期的重要性，根源在于，年轻时的婴儿潮一代是一股难以预知的力量，他们害怕这种力量带来翻天覆地的变化……

20世纪60年代处于青少年时期的数量庞大的婴儿潮一代人，即使不再是“年轻的反对派”，也注定不会消失。如果会经过一个“大寒期”，他们也有足够的时间等待寒冰消融。他们会活到50岁、60岁、70岁，依旧站在历史的舞台上，或许经历了岁月沧桑，但是比起高中和大学岁月，他们更有能力改变世界。而且，因为必须捍卫并且扩大国家福利计划，他们或许更有变革社会的迫切需求……

我们时代的老年人口不仅人数众多,也形成了一个**完全不同**的老人群体。我们过去有关年龄的看法都不适用于这些人,正因为如此,我们难以为他们找到一个合适的称呼……

如今迈入50岁和62岁、63岁的婴儿潮一代最明显的特征是,他们根本不觉得自己老了,其外表和行为都不像老人。一种更加详尽的分析把婴儿潮分为“前期”(出生于1946至1954年)和“后期”(出生于1955至1964年)。但两组人在不服老方面完全一致。《纽约时报杂志》1997年3月7日刊的封面上,一群年龄在50岁到70岁之间的美国人说:“有趣的是,我们并不觉得自己老了。”他们的个人故事展示了永不退色的抱负和毫不倦怠的活力,体现了“生产性老龄化”的理想。

不管是充满激情还是心怀畏惧,每个人都认为婴儿潮一代会成为举足轻重的老年一代。对有些人来说,将近8 000万的婴儿潮一代是财政噩梦。但是给他们贴上一个简单的标签,并不能完全阐明问题。这些人是美国文化史上巨大变革时期的产物,他们父母身上有20世纪30年代经济大萧条的印记,同理,他们身上也有战后数十年繁荣昌盛的印记。他们从那段非凡的历史时期中理解了什么是富足和紧缺,什么是匮乏和需求,他们的经验将会影响我们关于老年人权益的争辩。

因为生活期待比父辈多,他们不太可能出于内疚感而放弃自己可以分享的国民财富。如果政客们觉得老年人抓住自己的权利不放,那就等着看看他们如何对待下一代老年人吧……

除了我们所了解的社会活动,婴儿潮一代还可以做很多事情。老年人追求生命的高级价值,越来越关注关于国民财富的讨论。我们的政治可能会变得更加深邃和富有哲理,超越商业价值至上的时代。这将是长寿革命与众不同的特质,我们将不由自主地思考关于命运和使命的重大问题,并且将它们融入政治领域。

阅读材料　五十

漫长的婴儿潮时代
——对银发一代的乐观展望①

杰夫·哥德史密斯

唱衰论者认为，婴儿潮一代必将成为阻碍社会发展的厄运。他们预计美国接下来的几十年将会是一个变革期，婴儿潮一代将要退休，搬到佛罗里达州，领着社会保障福利金，厚颜无耻地投票要求提高他们的孩子辈和孙子辈的税收，好让他们好好享受，这简直是在绑架国家的未来。

像往常一样，"砖家"们这一次又错了，他们所说的时间、影响和解决办法都是错的。我们把这类"砖家"称作"唱衰论者"，其中包括经济学家、政客及记者，他们继承了那种傲慢的受虐狂传统观念，认为美国未来将不可避免地走向冲突和倒退。对于即将到来的老年人退休潮，唱衰论者构建了一个社会政策的末日情景，认为必须将"痛苦但必须"的变革提上社会项目日程，以避免财政崩溃。

唱衰论者想当然地认为，婴儿潮一代会追随他们父母和祖父母的生活轨迹，效仿他们的政治立场。他们认定，老年人的寿命长了，意味着他们不参与生产的寄生虫式生活变长了。唱衰论者将这种生活模式扣在现有的社会福利体系上，认为这个体系将不堪重负，遭到损害。

这种预测的问题在哪里？

将婴儿潮一代视为巨大的社会厄运，这种正在蔓延的观点并没有根据。唱衰论者对未来 20 年的预测是错误的，他们为美国社会问题开出的药方也是错误的。经济和社会是动态的、增长的和充满创造力的，但

---

① *The Long Baby Boom: An Optimistic Vision for a Graying Generation* by Jeff Goldsmith, pp. xii - xiv, 179, 180.

唱衰论者却做出了静态的和无增长的预测。他们设想的危机明显是可以避免的,但他们提出的政治措施经不起推敲。要解决那种危机,必须聆听婴儿潮一代人的意见,并帮助他们达成他们的愿望。

美国社会确实面临危机,但不是唱衰论者设想的那种危机,这是一场美国新一代老年人的意义危机:他们觉得退休既没有经济意义也没有人文意义。将退休打造成"黄金岁月",一场加长的陆地版豪华邮轮航行,这是一场失败的社会实验。见证了父母和祖父母生命晚期漫长而无目的的生活,婴儿潮一代做出了完全不同的生活计划。

婴儿潮一代大部分人很可能不会进行传统意义的退休。美国退休人员协会的多项调查显示,大部分婴儿潮不打算像他们的父母那样在65岁停止工作。大约80%的人表示65岁后还会继续工作,超过半数表示,这样做的原因是喜欢工作,而不是需要这份收入。

对婴儿潮一代中的一些人而言,继续工作是不得已而为之,因为他们中有数百万人现在没有私人养老保险或储蓄,一旦停止工作将无力养活自己。但对其他数百万婴儿潮一代人而言,退休并不是一条令人满意的人生道路。45岁以上的劳动者中的84%"哪怕一生衣食无忧",也打算继续工作。婴儿潮一代人作为纳税人参与经济活动的时间,远比经济学家预计的要长。很可能数百万婴儿潮一代人70岁以后在社会资产负债表上,产生的都是资产,而不是债务。

而且,就算婴儿潮一代人真的打算退休,我们也无法取代他们的地位。美国面临迫在眉睫的熟练工人短缺状况,它很可能非常严重,从而影响重要的基础设施——学校、联邦医疗保险体系、各级政府部门,甚至制造业等。1975年生育低谷导致现在美国中年熟练工人市场出现了一个巨大的缺口。据预测,在接下来的十年,将会出现严重的熟练工人短缺,并且情况会继续恶化。知识密集型企业尤其将难以找到新的劳动力,代替他们原有的老职工。

虽然婴儿潮一代不能填补所有缺口,但是在未来几年中,我们经济体系中强迫老年劳动者离开岗位的劳动政策,也将被认真地考量。在劳动力市场的某些部门，代替有经验的老年工作者的成本，会超过留住他们的成本。因此，与其鼓励婴儿潮一代人退休，不如修订我们的税收和养老金政策，以及社会保障和医疗保险计划，以激励婴儿潮一代人继续成为参与生产活动的纳税人……

改变关于婴儿潮一代人及其未来的对话刻不容缓。为婴儿潮一代未来20年所撰写的昂贵剧本，就像为其他代人所写的生命剧本一样，注定要被扔进垃圾堆。婴儿潮一代人，就算是不太富裕的那些人，对自己的未来都充满信心。大部分婴儿潮一代人时刻都在思考社会保障和联邦医疗保险对自己的影响，原因很明显：他们并不觉得自己“老了”。他们对待这些问题的态度在未来20年会受到个人经历的影响，但不会受传统逻辑或长辈价值观的影响……

唱衰论者以一种单一的、缺乏想象力的、消极的方式看待婴儿潮一代人，认为他们将重复他们父母或者祖父母的老路，无一例外地在65岁退休，然后搬去佛罗里达或者内华达打高尔夫球，玩桥牌……

实际上，一大部分的婴儿潮一代人别有打算，他们清清楚楚地表达了自己的愿望，指引我们重新思考关于美国老年人的社会政策。那些清楚表达的愿望可能对社会，对他们自己都大有裨益。我们应该开始调整社会期待，以鼓励他们以更健康、更有活力的方式度过生命的最后一个阶段，改变公众对老年人的态度，积极支持他们的抱负。

我们有很多问题都需要解决。婴儿潮一代中的很多人缺乏足够的个人储蓄，个人健康习惯也不是很好。这两种情况的根源在于他们那种令人遗憾的方式，即今朝有酒今朝醉，不顾未来的健康和保障。如果不能解决这些问题，那么未来的代价将转嫁到今日的社会，转嫁到年轻一代的头上，造成高昂的医疗保健开支和过度的收入保障需求，而这一切本是可以避免的。现在婴儿潮一代人越健康，偿还账单的能力越强，他们在未来20年给社会带来的负担就越小。

灾难并非不可避免，人口情况不是命定。我们还有充足的余地，做出明智的社会决策和个人决策，以创造一个更幸福和更繁荣的社会。美国老年人更好的健康状况，全新的工作环境，以及继续工作的意愿，都表明我们的近期结果好于观察家的看法。鼓励在职美国老年人继续参与生产性活动，或为社区工作，将推迟改变人生的重疾的到来，这将为美国社会产生巨大的收获。

展望未来

伍德斯托克音乐节 60 周年纪念

现在是 2029 年，伍德斯托克音乐节成立 60 周年。这个音乐节始于 1969 年的一场摇滚音乐会，那时数千人聚在纽约上州的一个农场上，听詹尼斯·乔普林(Janis Joplin)和“感恩而死”乐队(Grateful Dead)等摇滚音乐代表人物的演唱。今年，数千名婴儿潮一代人返回伍德斯托克参加音乐节，纪念他们年轻时的那场盛事。许多健在者聚集在一起记念“过去的美好时光”。因为一个特别的原因，2029 年成为辉煌的一年。正是在这一年，切尔西·克林顿当选为美国总统。然而，她执政首年恰逢社会动荡，华盛顿街头爆发了大规模的抗议活动，一些老年人聚集在伍德斯托克，一些人则在华盛顿游行，抗议克林顿总统批准削减社会保障福利金的议案。切尔西·克林顿总统 82 岁高龄的母亲，即前参议员希拉里·克林顿，2008 年参加总统竞选。如今，她谴责这些同辈的抗议者，坚持认为切尔西的削减计划本意是要拯救社会保障金体系，而不是毁灭它。在遥远的越南战争中，我们也听到过同样的论调。

60 周年庆典时听到的重磅消息无关社会保障，而是涉及能源和环境，至少这是 2029 年口述历史访谈取得的成果。来自纽约阿尔巴尼附近一所大学的学生聚集在伍德斯托克音乐会的原址，借用这次婴儿潮老年人聚会的机会，进行口述历史访谈，他们也曾经这样采访过自己的曾祖父母。他们向这些婴儿潮时期出生的老人问了一个问题：1969 年以来世界最大的变化是什么？

老人们给出的答案不外乎能源,包括汽车用油价格高企。“我年轻时,想开车去哪就去哪,有时候开着车在高速路上瞎溜达。但是现在一升汽油 25 美元,不能那样做了,毫无疑问。”还有一些老人说起了郊区,回忆说,当时人们居住地远离工作单位,有时一天开车要花一两个小时在路上。21 世纪早期,他们远郊的许多房子被国家收回、弃置,最终被用作仓库。他们记得,20 世纪 70 年代石油价格上升,后来又下跌。在 21 世纪的头十年末期,能源价格飙升,此后再也没有下来过,这彻底改变了人们的生活。

还有一些老人说起了气候变化。他们想起 21 世纪早期,一些美国人质疑气候变化的真实性。后来多场飓风来袭,摧毁了墨西哥湾沿岸和美国东南部沿海地区,同时洪水、森林火灾等严重威胁着人们的生活。2020 年,格陵兰岛的冰盖大面积融化。再也没有人否认环境问题的存在了。结果,一些婴儿潮一代人成为环境保护倡导者,为后代的生活忧心忡忡。

学生们采访了参加伍德斯托克音乐节 60 周年庆典的婴儿潮老人,他们发现许多人都有这种情绪。有些人自嘲为“白发嬉皮士”。一些人成为军国主义者,敦促美国政府采取行动,保护中东不断萎缩的石油供应。人们早就认可了“石油峰值理论”,认为保护我们现有的能源供应十分重要。2029 年,婴儿潮时期出生的老人们政治意见不统一,在 1969 年同样如此。

供写作、思考和讨论的问题

1. 请采访一位出生在婴儿潮时期的老人(比如一位亲戚),询问他对 20 世纪六七十年代印象最深的是什么。婴儿潮群体的生活经历和你本人的生活经历,最大区别有哪些?

2. 许多出生在婴儿潮时期的老人退休后,原本对股票和房产寄予厚望,但他们似乎很容易遭受亏损。有人认为他们应该为退休多存钱,或者改变存钱途径。这样的建议是否有理?老年人应该如何解决潜在问题?

3. 克里斯托弗·巴克利在《婴儿潮末日》一书中认为,未来公众舆论会支持用合法安乐死换取减免税收和其他福利。将临终选择和经济利益挂钩,利弊各有哪些?

4. 在《漫长的婴儿潮时代》一书中,哥德史密斯认为,只要婴儿潮一代继续工作(比如,把平均退休年龄从 63 岁提高到 68 岁),老龄化的许多问题就可以迎刃而解。能促进这种变革的因素有哪些?阻碍因素有哪些?

5. 许多婴儿潮一代人说"并不觉得自己老了"。不服老的婴儿潮同生群有哪些特点?这种感觉大多是真实还是虚构的?如果你自己是婴儿潮群体中的一员,请从自己的立场出发作出回答。

6. 回想两例改变历史的意外事件:比如 20 世纪 90 年代互联网的崛起和 9·11 事件。然后想象一下,接下来的 10 年或者 15 年,世界局势的何种变化(经济、环境、技术等方面的变化)会使婴儿潮一代的未来彻底变好/变坏呢?

7. 西奥多·罗萨克描绘的婴儿潮一代人年轻时离经叛道、反抗权威。你能举例说明一些婴儿潮群体并非如此吗?

8. 假设你负责推出一款新产品或者一项新服务,目的是吸引出生在婴儿潮时期的老年人。你计划为这个活动创立的网站要考虑哪些因素?请用谷歌搜索"出生在婴儿潮时期的老年人(aging boomers)",访问检索到的 20 个网站,在创建自己网站的过程中,评价这些网站。

推荐书目

Freedman, M., *Prime Time: How Baby Boomers Will Revolutionize Retirement and Transform America*, New York: Public Affairs, 2002.

Gillon, S. M., *Boomer Nation: The Largest and Richest Generation Ever, and*

How It Changed America, New York: Free Press, 2004.

Hudson, R. B. (Ed.), *Boomer Bust? Economic and Political Issues of the Graying Society* (Vols. 1 & 2), Westport, CT: Praeger, 2009.

Russell, C., *Baby Boom: Americans Born 1946 to 1964*, Ithaca, NY: New Strategist, 2004.

Steinhorn, L., *The Greater Generation: In Defense of the Baby Boom Legacy*, New York: St. Martin's Press, 2006.

学生学习网站 www.sagepub.com/moody8e

- Flash cards(词语卡)
- Web quizzes(小测试)
- Chapter outlines(章节大纲)
- SAGE journal articles(赛吉出版公司出版的期刊论文)
- Web resources(网络资源)
- Video and audio resources(音像资源)

争议十二　新型老年人市场：是希望还是炒作？

新型主要消费者

2011 年，婴儿潮中第一批出生的人满 65 岁的消息占据了媒体的头条，但这仅是重塑消费市场的“老龄化浪潮”的开始。每天有 8 000 名婴儿潮满 65 岁，45 岁以上的消费者早就已经构成大卫·沃尔夫(Daivd Wolfe)所称的“新型主要消费者”(Wolfe & Snyder, 2003)。新型主要消费者变得日益重要，忽视它的公司是要付出代价的。有迹象显示，越来越多的公司逐渐意识到了新型老年人市场的潜力(Nielsen, 2012)。

除了规模庞大，婴儿潮一代不可小觑的购买力也值得我们注意。美国人口调查数据显示，美国人口中 50 岁以上的群体控制着整个国家 3/4 的净资产和金融资源，价值超过七万亿美元。这个市场分众占有的可支配收入占全国总额的 50%以上。他们在所谓的银发产业(医疗护理、旅游和金融服务等)的花销远远超过年轻消费者。毋庸置疑，医疗保健是这个成年人市场的大头，55 岁以上的老人在这方面的消费占 1/3。55 至 64 岁的成年人家庭在房产、家居装饰、娱乐和汽车方面的消费高于平均水平(Sterns & Sterns, 2006)。例如，在豪华汽车消费者中，成年人消费几乎占了一半，在商务假期旅行的消费者中，成年人消费者占 3/4。超过一半的图书和杂志订阅者是 50 岁以上的群体（Purcell，2008）。《美国退休人员协会杂志》的发行量高于《电视指南》和《读者文摘》。

55 至 64 岁的群体通常还在岗，年轻老年人可能把钱花在休闲娱乐和退休房产上，中年老年人更关心财务安全和健康问题，高龄老年人群体是持续护理退休社区和生活协助机构的主要消费者。美国商务部报告显示，85%的 50 岁以上的消费者通过邮购方式购买物品，而随着网络购物的普及，这一趋势只增不减（Sterns &Sterns，2006）。邮购和网购使待在家里的老年群体受益匪浅。

尽管我们可以用年龄细分成年人市场，但其他细分方法可能更加有效，比如，可以根据健康状况、社会经济地位和心理特征来细分。

街谈巷议

“年龄歧视是广告业导致的结果。”

事实上，希腊人是年龄歧视的始作俑者，这一点可以从他们以青春为主要题材的艺术作品中窥见一斑。文艺复兴重新发掘了青春文化，因为多种原因，这种文化在 20 世纪得以张扬。广告和媒体只不过利用了早已为社会所广泛接受的刻板印象。

一个可能增长的市场部门

随着未来新型老年人市场的扩张，一些市场部门可能发展更为迅速。这些部门可称为银发产业，主要包括：

- 金融服务。我们在前面提到，老年消费群体控制着绝大部分金融资产。银行业、经纪业务、投资及保险业在未来几年都可能实现增长。
- 医疗保健。慢性疾病发病率随着年龄增长而上升，而医疗保健开支也随年龄而上升。出生在婴儿潮时期的老人可能对维生素和保健品格外感兴趣，因为这些东西声称可以治病。

- 旅行接待。游轮旅游业一直以来就清楚，退休人员是他们的重要客源。旅游业的其他部门也在积极开辟这个新市场。
- 退休房产。传统的退休社区如亚利桑那州的太阳城，正在被快速发展的“活跃型成年人社区”所取代。只有少数人退休之后会搬家，但是新的退休人员会在我国一些地区形成不可小觑的市场份额（Wolf & Longino, 2005）。不搬家的人员，则可能成为家居自适应产品和服务的客户群（Lawlor & Thomas, 2008）。

随着美国人口老龄化，风险投资家早已蓄势待发，准备从这场重要的人口转变中分一杯羹。北城伙伴（North Castle Partner）是一个重要的风投基金会，其掌握的十亿五千万美元的投资基金，基本集中在健康生活与老龄化领域的新兴公司。以北城伙伴为代表的投资组合公司有大探险队旅行集团（Grand Expeditions）（豪华旅行服务）、百事公司旗下纯果汁产业、阿瓦隆（Avalon）个人护理产品、世界健康集团的健身中心等等，不一而足。总之，虽然一些广告商和老年人服务集团还没有意识到人口老龄化现象，但私人投资者已经意识到了。

老年消费者的需求是什么？

随着25至44岁人口的萎缩，企业为了发展，亟需打开老年人市场，因此银发产业有新的发展机会。但是过去的市场策略都是以40岁以下的消费者的行为为主导，换句话说，以前商业常常是看到过去，而看不到未来。不仅如此，在广告业中，创造力充沛的版权作者通常是二十几岁的年轻人，他们通常对老年消费者的需求一无所知（Coming of Age, 2010; Nyren, 2007）。

人们对老年消费者仍然存在根深蒂固的成见，这些成见不一定是对的。比如，有人认为老年人“固执己见”，不愿意购买新产品。但实际上，55 岁以上的群体却是脸书用户中增长最快的，要知道，他们年轻时可没有脸书。最新的一份尼尔森婴儿潮营销报告显示，33%的社交媒体用户是婴儿潮一代人。而且，接受调查的大部分成年人最近表示，他们重视高科技产品（全国老龄化理事会，2013）。有证据表明，如果老年人清楚地看到商品或服务的优点，他们会主动购买并使用。

研究表明，老年人反感广告将他们进行刻板化的呈现，一个原因是，他们的心理年龄比实足年龄小（Bradley & Longino，2001）。明白老年人对自我认知态度的广告商，会使用比目标消费者年轻的模特。此外，广告商需要理解他们的生活方式，提供真正满足他们需求的产品。最后，个体差异至关重要。消费者的需求绝不可以根据年龄、同生群简单划分，大卫・沃尔夫强调过，逐渐变老的过程中，我们变得越来越“自我”，也就是说，个人特点更鲜明。沃尔夫和辛德（2003）指出，市场营销因为没有意识到个体差异这一重要维度，常常错失老年消费群体。另外，老年消费者营销常常忽视重要亚群体持续消费能力的局限——他们收入有限，不敢奢望随心所欲地购买。

关于老年消费者的另一个成见是，认为他们忠于自己熟悉的品牌，绝不会考虑新品牌。但近期更多的品牌忠诚度研究表明，年龄并不是唯一的关键因素。如果老年消费者确信新产品真的能满足他们的需求，他们就愿意换一个新品牌，甚至是更贵的品牌（Karani & Fraccastoro，2010）。

人口老龄化肯定会改变消费者市场的总体走向，也会增加老年消费者对具体商品和服务的需求。市场分析师劳里・奥尔洛夫（Laurie Orlov，2011）举了一个大家都熟悉的例子——低调的腕表。惠普打算上市这款新型无线腕表，为什么公司要考虑这种产品呢？答案是：在 2008 年到 2010 年期间，腕表在年轻消费群体（18 至 24 岁）的销售量下降了将近 30%，但在 35—44 岁消费群体中增长了 33%，在 65 及以上的消费群体更是令人吃惊地增长了 104%。如果传统腕表生产商只关注年轻群体，他们可能要关门停业了，因为到2030年，65岁及以上人口比例将从13%上升到将近20%。忽视老年消费群体，手表生产商将与财富失之交臂。

全球视野

英国的消费市场

伊恩·琼斯(Ian Jones)研究小组详细考察了英国的消费者市场和老龄化问题。他们在《消费社会中的老龄化》一书中指出，在英国，“成年后的每一个阶段，如今的老年人都见证了经济增长和大众消费社会的崛起，并为其作出了贡献。从这些变化中积累的经验和物质条件一直伴随他们进入老年和退休生活”。20世纪最后几十年，英国在汽车、度假和餐饮等领域的消费急剧增长。此前几十年，人们主要消费的是电视机和洗衣机等耐用品，近年又转向录像机和个人电脑等新型耐用品。今天的老年群体生活在这样的消费社会中：战后的年轻消费者已经变老，然而在一个追求生活方式和身份与购物挂钩的社会，他们依然是一群活跃的玩家。从这个角度看，老年群体和其他英国人没什么分别。英国和美国一样，老龄群体的贫困率已经大幅下降，但收入不平衡现象仍然存在，但无论如何，我们不再用“贫困”来描述老年人群体。相反，英国“第三年龄”群体的特点是多样化的消费风格，这反映出消费主义的主导地位一直持续到老年。

资料来源：

Jones, I. R., Hyde, M., Victor, C. R., Wiggins, R. D., Gilleard, C., & Higgs, P., *Ageing in a Consumer Society: From Passive to Active Consumption in Britain*, Bristol, UK: The Policy Press, 2008.

市场模式的缺陷

“满足顾客的一切需求”是个十分动听的口号，但是这种市场模式可能有很严重的问题和缺陷。以所谓的“抗衰老药物”的兴起为例，我们在这个词上加了引号，是因为科学地讲，抗衰老药物并不存在——事实上并没有任何干预措施可以延长最高寿命，或延缓人体老化的生物进程。尽管如此，抗衰老药物依然大行其道。美国抗衰老药物研究院(American Academy of Anti-Aging Medicine)的医生会员人数超过美国老年学协会的成员。正如本章一篇阅读材料所说，抗衰老药物不仅浪费金钱，而且可能危害人体健康。抗衰老药物的宣传都是基于年龄否定论，会加深社会中流行的年龄歧视。

能不能发展实事求是的营销信息，避免强化年龄歧视？一种方法是应用罗和卡恩提出的成功老龄化的概念(1997)。杰出生活组织(Masterpiece Living)是一个持续关怀的退休人员群体，它所有的营销策略都围绕成功老龄化概念展开。但仔细阅读罗和卡恩的文章，我们会发现这个理念有两种截然不同的版本。一种定义是“最佳老龄化”(optimal aging)，它指健康的身体、稳固的社会关系和人生意义，因而优于一般老龄化。第二种概念是“减量补偿”(decrement with compensation)，意思是承认我们衰老的同时，用符合实际的干预手段来适应老化。最佳老龄化可以应用于老年游学营(Elderhostel，也叫学者之路)之类的机构，而减量补偿理论则可用于生活辅助机构，为生活受限的老年人提供安全而充实的生活。成功老龄化的两种版本都是有道理的。

市场模型的一个优势是，它允许个人选择，并且可以通过竞争提高效率，这就是自由企业制度的优势。哈瑞·穆迪和桑贾伊·苏德指出，在老年人市场中，不同的品牌能够满足老年消费群的不同消费心态，那么为什么不能在逐渐老龄化的社会中允许多种养老品牌百花齐放呢？一个答案是，我们的社会很早之前就得出结论：需要某种程度的规范，来保护消费者免受危险产品的伤害。自由选择绝对是一件好事，但是很多人认为，自由选择必须与其他重要因素(如个人安全和风险防护)相平衡。很多同样的问题在争议六中已经讨论过，并没有确切的答案。

除了在自由选择和保护之间进行平衡，新型老年人市场也需要考虑老龄化经济的其他重要维度。累积性优势和劣势模式意味着，在我们慢慢变老的过程中，不平衡程度会越来越大。近几十年来，美国的不平衡现象总体上在迅速增加，而随着人口老龄化，不平衡问题将伴随他们进入老年。富裕老年人的可支配收入增加，但贫困老人的收入会减少。显然，市场会把重点放在有钱的消费群体，而不是一贫如洗的人。不管市场模式的力量几何，随着美国人口的老龄化，我们要考虑到不平衡问题。

此外，我们也观察到，消费市场经常因为其他一些原因，无法满足老龄人群体的需求。一个典型的例子就是广告业，由于错误观点和成见之故，它长久以来忽视了老年人的购买力。市场失败的另一个原因是，大众营销习惯于忽视残疾人这样的亚群体，实际上市场完全可以从为他们量身设计的产品中获益。通用设计（Universal design）的出现是一个积极的信号，这种设计可用于家用电器等消费产品及室内装修（Steinfeld & Maisel, 2012）。方便残障人士使用的产品也会更加方便地为所有人使用。随着老年消费者人数的增长，新型老年人市场可以成为商业增长的促进因素，同时满足老年人的需求。

本章摘录的阅读材料从各个角度讨论了新兴老年人市场营销。在《婴儿潮一代消费者市场一览》一文中，玛丽·弗隆（Mary Furlong）认为，出生于婴儿潮时期的老年人是一个前景广阔的市场分众。她提醒我们，婴儿潮一代不是一个同质性群体，他们的每个人生阶段都和别人不同，并且长寿似乎会在将来影响这个市场。在《老年人产品品牌》一文中，穆迪和苏德分析了购买老年产品或服务的不同动机。像弗隆一样，他们呼吁对市场进行细分，并且指出，针对老年消费者的营销需要深度理解潜在客户的购买动机，一些人购买产品是为了显得年轻，而一些人是为了解决老年生活中的实际问题。

在《销售不老泉》中，阿琳·温特劳布（Arlene Weintraub）介绍了抗衰老药物产业，这不仅是医疗保健领域，也是老年学领域一个饱受争议的话题。她指出，美容科医生通常会开各种据说可以延缓衰老的激素药。抗衰老药物已经成为一个庞大的并且不断增长的产业，而温特劳布则严厉谴责其虚假承诺。

在《记忆力产品市场》一文中,丹尼尔·乔治和彼得·怀特豪斯(Daniel R. George,Peter J. Whitehouse)描述了人们对"健脑"产品与日俱增的需求。和温特劳布一样,乔治和怀特豪斯担心,健脑产品宣传的功效超出了科学(如医学)能够证明的范围。但是人们对老年痴呆和失忆症的恐惧如此严重,以至于未来相关产品的市场可能会持续增长。

关注实践

银发产业的工作机会

1967年电影《毕业生》中有一个精彩的场景,达斯汀·霍夫曼饰演的角色和一位老人谈话,老人给了一条有关他前途的建议。是什么建议呢?老人在他耳边轻声说了一个词:"塑料"。他说,塑料行业将是未来的增长领域。同样,今天我们可以预测,美国经济将越来越多地由老年人群拉动。对当今的学生和毕业生而言,我们可能会在他们耳边轻声说:"老龄化"就是新时代的"塑料"。

据美国劳工部预测,老龄化相关职业将是下一个十年高速增长的领域。为老人和残障人士提供的服务预计在2006年至2016年将增长74%。美国劳工统计局预测,与家庭护理相关的新职业在此期间将增长55%,意味着需要新增大约50万名劳动者。社区设施建设及社会和公共服务助理领域,应该也会出现类似的增长("2016年就业预测,"2007年)。

就业增长最快的一个领域是医疗保健行业,该行业将需要大量的护士、社工、药剂师和医疗技术人员。而且其他保健相关领域(如健身和养生)的就业机会也会增加。我们可以预见,老年人对瑜伽教练及专业老年护理专家(帮助家庭照顾老人的劳动者)的需求量也会增长。

在所谓的银发产业中,与老龄化相关的房地产业,金融服务业及旅游服务业将会增长。房地产业不仅包括个人住宅建设,还包括退休社区、旧房改造等与房地产相关的业务。现在我们有"老年人置业专家"职业认证,他们为50岁以上群体提供房屋买卖方面的服务。在金融服务业,哈特福德保险公司(Hartford Insurance Company)有自己的老年学研究小组。个人传记作家协会为老年人传记编撰从业者提供指导。甚至在消费品方面,老年人群体需要不断推出新的数码产品和电子产品。

阅读材料 五十一

婴儿潮一代消费者市场一览①

玛丽·弗隆

如今,全世界的婴儿潮一代都在重新规划自己的生活。他们一直在寻找新的工作、新的旅游地点、新的生活方式、新时尚、新的储蓄项目、和后代相处的新模式以及保持活跃和社交的新方式。老年人的每一个新选择都蕴含着无限商机。企业家、公司品牌经理、策略分析师,投资商以及非盈利机构行政官员,都希望开发新产品和新服务,以满足婴儿潮一代人不断变化的需求……

婴儿潮一代消费者市场的巨大规模(2006年,42岁到60岁的人群占美国总人口的25%)意味着巨大的商机。但是很多企业误以为所有的婴儿潮一代人有着一样的品味和爱好,将彼时"60后"等同于此时"60后"。事实上,婴儿潮一代人包括数百个市场分众。打进这些市场的关键是,理解人口数据、趋势、婴儿潮一代人心态及与目标群体沟通的策略,以开发相应的服务与产品。

这些领域包括健康与养生,金融与投资,娱乐、休闲和旅游,家庭服务(如照顾老年人),创业与科技,时尚与美容,婚恋与性,宗教和灵修,慈善活动,以及社区建设。婴儿潮一代人的新观念和新态度已经改变了他

---

① "Overview of the Boomer Market" by Mary Furlong, from *Turning Silver Into Gold: How to Profit in the New Boomer Marketplace* (FT Press, 2007).

们在每个生命阶段的消费行为,也即将改变下一个阶段的消费行为。目前,45%的美国人口属于40岁及以上群体,他们是美国有史以来受教育程度最高、最健康、最富裕的中老年人。在接下来几十年中,婴儿潮一代人将会从中年步入老年,这是一股不可小觑、必须重视的力量……

在这个市场获得成功的关键是根据人生阶段进行营销,因为婴儿潮一代人在五六十岁经历的转变是一生中最多的。每一个阶段的转变都会带来新的商机,包括家庭服务(空巢老人,丧亲,照顾孙子孙女);保健服务(更年期,心脏病,视听毛病,关节炎);房产(缩小房屋规模,精简房屋,改造房屋,置业);财务、就业、退休和日常活动(休闲娱乐),以及人生观辅导(寻找人生意义)。

婴儿潮一代不是同质性群体。许多50多岁的人如今面临着退休、空巢、做祖父母和照顾年迈父母等问题,他们有些人还有年轻子女,有些人更是刚刚结婚。当今,数以百万计的婴儿潮末期一代人(1956到1964年出生者)还在追求事业,供子女上学。另外,这一代人的民族和经济情况也各不相同……

规模庞大、身体健康、受教育程度高的60多岁消费者群体,带来了史无前例的社会革命和商业革命。45岁及以上的成年人拥有美国77%的金融资产,掌控了国民总财富的70%,占整个民族可自由支配消费的一半以上。

长寿早已为市场带来巨大影响,医疗行业尤其如此。传统公司已经重新定位。英特尔公司不再是一个单纯的芯片公司,它已经转型为一家高科技和医疗保健公司。飞利浦公司推出家用心脏除颤器,在市场上大获成功,现在又收购了Lifeline,打进家用报警领域。许多消费品公司现在打算进军利润丰厚的家用水疗产品和服务领域。抗衰老产业已经起飞,为老年人活动和爱好提供服务的企业也已经起飞。老龄化带来的困难(视听问题、心脏病、糖尿病,癌症等)也是商机,许多婴儿潮一代人有胆固醇高等问题,引起了立普妥和可定等药物销量的暴涨。

如果我们明白中老年人面临的问题是什么,就可以为这个群体设计出一系列新产品和新服务。这个市场的大赢家将会是那些能够理解老年人的恐惧的企业家。这些恐惧包括孤独、被边缘化、没有足够的支持、缺钱、身体健康问题,以及被年轻人厌弃。最重要的是,婴儿潮一代消费者市场中的大赢家将会是看着镜子能够笑出来的人,他们的财富取决于能否提供改善人们生活品质的产品和服务。

阅读材料 五十二

老年人产品品牌[①]

哈瑞·穆迪 桑贾伊·苏德

引言

老年人产品品牌指针对老年消费者创立的品牌,如美国退休人员协会和太阳城。鉴于美国人口结构发生的变化,打造老年人产品品牌是一个越来越重要的市场策略。2000 年,65 岁及以上的美国人有 3 500 万,约占美国总人口的 13%。预计这个数字到 2010 年会上升到 5 000 万,2030 年上升到 7 000 万,相当于美国总人口的 20%(联邦机构内老龄化统计论坛,2000 年)。不唯美国如此,欧洲发达工业国和日本也出现了明显的趋势。老年人控制着美国房地产 70%的净资产,相当于 7 万亿美元。不仅如此,市场调研显示,50 岁到 65 以上年龄群体对老年人产品的需求量非常大,因此,我们所说的老年人产品品牌,将是打入这个巨大市场的关键。

在本文中,我们把老年人产品分为四个"科",它们反应了不同的老龄化文化。老年人产品在诸多方面获得的成功,归因于每个科符合了某一个老年消费群体的特殊需求。这四个科分别是(1) 否认老龄的品牌("我不会老");(2) 老年人适应性品牌("老年会产生问题,但是我能搞定");(3) 不在意老龄的品牌("不在意就没关系");(4) 肯定老龄的品牌("以后会更好")。在下文中,我们将会说明每种品牌的策略,梳理相

① "Age Branding" by H. R. Moody and Sanjay Sood, from *The Aging Consumer: Perspectives from Psychology and Economics*, edited by Aimee Drolet, Norbert Schwarz, and Carolyn Yoon (Routledge, 2009).

关学术研究，并介绍老年人产品市场中的一些典型实践案例。

否认老龄的品牌

一个古老的歌舞杂耍表演中的笑话说："否认可不仅仅是埃及一条河的名字。"①但是，否认老龄的品牌不是玩笑，而是个巨大的产业，并有可能随着婴儿潮一代慢慢步入"金色池塘"而获得更快的发展。每种否认老龄的品牌直接或间接地利用了彼得·潘(Peter Pan)式的幻想——永远长不大，永远不会老。一个例子是肉毒素这种帮助老年人变年轻的产品，成功的品牌看到了到此类产品的消费需求，它们包含了信息加工策略，让老年消费者觉得自己还年轻。

关于否认老龄的品牌潜在效果的有趣案例，是肉毒素的成功和巨力多(Geritol)的失败。自面世以来，肉毒素成为广为人知甚至家喻户晓的产品(Kane, 2002)，和整容手术一样，日益成为美国主流生活的一部分。在当今美国，加入美国抗衰老药物研究院的医师人数超过了老年病认证专家。肉毒素的一个成功要素是使用效果的个人及社会性比较。和其他药物一样，肉毒素通过使用前后皱纹情况的对比，来展示产品效果。此外，产品使用者可以将自己的使用效果和同龄人做对比。这种社会性比较帮助肉毒素使用者提高了自信，让他们感觉自己年轻了许多。

巨力多的失败表明，如果忽视社会性比较会发生严重的后果。巨力多通过赞助一个名为"21点"的电视问答节目，在20世纪50年代后期风靡一时，但是随着时间的流逝，巨力多逐渐失去了市场。巨力多品牌热衷于消极的社会性比较，以刻板态度对待老年人群体。

老年人适应性品牌

第二种品牌类型即老年人适应性品牌。适应性品牌从本质来说功

---

① 原文为"Denial is not just the name of a river in Egypt"，这个笑话利用了"denial"和"the Nile"的双关。

能性更强,能够帮助老年人认识与老年相关的问题,并未雨绸缪地适应变化。有必要指出,个体因素会影响个人对这类产品的接受度。一个典型的例子是旨在弥补老年人感官缺陷的眼镜和助听器等辅助产品。由于这类缺陷初期症状不明显,且通常发展缓慢,所以当事人可能长期否认自己有这些缺陷。我们的一些家人、朋友或同事视听能力随年龄增长出现了衰退,但是却坚持认为自己的视力和听力“和以前一样好”。这是一种怀疑主义态度,会导致当事人不愿意接受老年人适应性品牌。

拒绝购买老年人适应性品牌的心态,与否认年龄品牌消费者的心态不一样。事实上,老年人否认变老的态度刺激了化妆品、整容手术和抗衰老药物的消费。只要人们坚持否认自己老了,他们就不愿意考虑助听器、房屋监控、长期护理保险和持续护理养老社区等老年人适应性品牌。

老年人适应性品牌指的是承认衰老的消极因素,但努力通过提供商品或服务来改善生活、弥补衰老的品牌。简言之,老年人适应性品牌将“成功老龄化”定义为“减量补偿”(Rowe & Kahn, 1997)。与否认老龄的品牌不同,老年人适应性品牌承认衰老的问题,并实事求是地采取措施加以解决,从而吸引消费者。老年人适应性品牌通过提供满足功能性需求的产品解决问题,而不是强调自我改善。

从本质上说,老年人适应性品牌是解决问题的品牌。精明的公司如万艾可把适应老年的信息植入参照系中,向老年消费者传达了积极的信息。万艾可是辉瑞制药公司出品的用于治疗勃起功能障碍的药物,于1996年获得专利,1990年首次在美国出售,很快大获成功,为辉瑞公司带来了巨大利润。英特尔和无声关怀(QuietCare)公司推出的家庭监控产品品牌,也可以说明恰当参照系的效果。家庭监控技术利用电子设备记录家庭成员的动态,收集他们的健康数据,提供紧急情况下的干预措施(Sixsmith et al., 2007)。美国家庭监测技术的潜在市场不仅巨大,而且不断增长。

顾名思义,“无声关怀”表明了这个品牌的核心功能,但严格说来,它并不限于监视客户的生活状态。无声关怀类似警报系统,但是不像警报系统那样对紧急事件,比如说摔倒作出反应,而是安静地监测对象的动作,使用人工智能了解个人行为模式。例如,这个系统可以分析活动传感器收集的数据,从而报告可能发生的浴室滑倒事件。如果客户待在浴室的时间超过一个小时,亲属护理人员或检测中心就会收到信号,提示客户可能在浴室摔倒。

像英特尔公司一样,无声关怀声称其产品既能检测到危险,又能防止不良后果的发生。然而,它也提倡生活自理和安全意识,但两者通常很难兼而得之。无声关怀宣称可以保护隐私和尊严,因为它不使用摄像头或者麦克风,而是应用人工智能来识别潜在的健康危险。这些不同参照点和价值突出了老年人适应性品牌的复杂性。

不在意老龄的品牌

如果老年人消费市场持续增长,还有什么比直接向老人推销产品更自然呢?可事实上,直接与老年挂钩的产品可能会一败涂地,许多例子都证实了这一点。比如,著名食品巨头亨氏食品公司尝试推出一种打着老年食品标签的新款易消化产品,就栽了一个跟头。市场巨擘强生公司甚至也后悔推出一款适合“老年人发质”的亲和洗发水。强生好不容易从泰诺中毒事件中恢复元气,但是却并未能从老年人洗发水事件中挺过来,这款产品很快就销声匿迹了。这样的事例不胜枚举。这些失败案例自然而然引出了一个问题:怎么会这么多营销专家和蓝筹公司没能理解有利可图的老年人市场呢?

荷美邮轮公司的案例说明,一家公司可以定位成年人市场,但不能采取直接的、露骨的方式。因为客源大多为老年人,所以老龄品牌塑造对旅游业尤其重要。50岁以上的美国人(50岁是美国退休者协会的入会年龄门槛)占全美休闲旅游客源的45%,65岁以上老人占近1/3(31%)。消费者开支调查报告表明,65到74岁是游轮消费的高峰期,而50岁以上的美国人占了所有年龄段邮轮乘客总数的70%。

中老年人家庭在酒店和机票上的花费也高于平均值。但是,别认为荷美邮轮公司这样的休闲旅游公司会宣传“老奶奶邮轮旅行”。如果他们真打这种广告,大概不会有几个客户找上门来。委婉的方式更有效。我们也能推测,以前针对老年人的折扣出于很多原因将会越来越少。一个原因是老年人同生群受教育水平越来越高。如前所述,婴儿潮一代人上大学的比例高于前面的几代人,而度假花销会随着受教育程度的上升而增加。但是,直截了当的推销很可能遭遇失败。

肯定老龄的品牌

肯定老龄的品牌赋予老年以积极的意义。这种品牌对老龄既不忽视也不否认,而是关注值得欢迎和肯定的元素,传达希望和积极老龄化的信息。在人口结构发生巨变的时代,一些营销者开始意识到这是一个机会。

实现这个目标的一种方法是细心建构品牌特性,反映出消费者的个性。

为了使老年消费者成为自己的长期客户,肯定老龄的品牌需要强调老龄化的积极元素,并且用一种值得信赖的口吻与老年消费者对话。

肯定老龄的品牌一个成功的例子是太阳城养老社区。它位于亚利桑那州,1960年新年启动,是第一个现代化养老社区,也是有史以来最为成功的退休社区,为打造肯定老龄的品牌提供了许多经验。太阳城刚开放的时候共有五个模块,包括购物中心,休闲中心和高尔夫球场。在首次开放的那个周末,它吸引了十万人之众,是预计数字的十倍,造成交通堵塞延绵数英里,太阳城创始人戴尔·韦伯(Del Webb)也成为《时代》杂志的封面人物。太阳城迅速成为一个金字招牌,而且具有明显的肯定老龄的品牌特征。它的市场定位就是把退休看做一件好事。太阳城被宣传为人们老来的休闲胜地,让公众为这个理念买单。自那之后,太阳城的模式被不断复制,并且已经成为一个经久不衰的品牌,一直保持着肯定老龄的理念。

另一个非常成功的例子是多芬公司,它提出“老龄万岁”的理念,重点打造一系列个人洗护产品。2007 年,多芬公司在全球范围内开展题为“美丽来自年龄”的研究,调查人们对外形和年龄的态度。这项调查在九个国家开展(巴西、加拿大、德国、意大利、日本、墨西哥、法国、英国和美国),调查了 1 450 名 50 到 64 岁之间的女性。多芬启动了一场全球广告计划,质疑年轻貌美的理想特征依然重要。广告活动中的女性外表与传统审美大相径庭,最令人惊讶的当属艾琳·辛克莱尔(Irene Sinclair)。95 岁,一脸皱纹的她问道:“社会能不能认为老也是一种美?”她的问题让我们想到年华已逝的意大利电影女演员安娜·玛格纳妮,当化妆师想为她遮住脸上的皱纹时,她说:“一条皱纹也不要动,我为它们付出了代价的”(Hillman,1999)。

总而言之,“老龄万岁”是一场标新立异的广告活动,它勇敢而大胆,采取了肯定老龄的品牌策略(Milner, 2007)。典型的“抗衰老”广告传达了人们对衰老的恐惧,是一种负面信息,而多芬强调的是肯定和希望。其中一张广告图片上甚至写着:“老得上不了抗衰老广告!”平面广告中的模特全都是 50 岁以上的女性,她们的姿势十分自然。这场活动传达的信息是:不管女性有多老,她们都可以展示“真实的美”,超越年龄的美。总的来说,多芬的这场活动,其意义绝不仅仅是销售个人洗护产品。从更重要的意义上说,它挑战了社会中普遍存在的年龄歧视,并且用肯定老龄的品牌代替否定和回避的态度。

老年游学营(也叫“学者之路”)或许是老龄肯定品牌的典范。笔者担任学者之路全国董事会主席期间,经常会听到年轻人说:“我真希望自己现在就老了,这样就可以加入老年游学营!”老年游学营是一个为 55 岁以上老年人提供自由教育和旅行的项目(Mills, 1993),是世界上最大的教育性旅游机构,每年吸引将近 20 万名参与者。老年游学营目前每年在全美 50 个州和全球 90 个国家提供 10 000 个项目,有时自认为“做了大学应该做的事情”。

老年游学营的老龄肯定品牌塑造为营销者们提供了有趣的借鉴。我们常常以为年轻人才是探索家、冒险家,但是,老年游学营打破了这种观念，认为冒险的热情在任何年龄段都有。因此，老年游学营品牌的特性最接近目标消费者的个性。

结论:老年人产品品牌的未来

我们认识了四种成功用于多个品牌的老年人产品品牌策略。否认老龄的品牌以青春为定位，提高消费者的自信。老年人适应性品牌努力提供具有各种可能性的参考框架，为解决老年人问题的产品创造了机会。不在意老龄的品牌创造一个根本不关注年龄的恰当品牌形象，以此发展品牌概念。相反，肯定老龄的品牌赞美年龄，并利用年龄作为发展品牌个性的核心理念。

这些案例说明，打造成功的老年人产品品牌，关键是在消费者头脑中“定位”品牌，未来的老年人产品品牌必须从成功的服务创新公司历史中学习这些宝贵经验。老龄化社会是史无前例的，而老年人产品品牌将会是未来市场创新的关键。

参考文献

Federal Interagency Forum on Aging - Related Statistics. (2000). Retrieved Feb. 12, 2010 from http://www.agingstats.gov/

Hillman, J. (1999). *The force of character: And the lasting life*. New York: Random House.

Kane, M. (2002). *The Botox book*. New York: St. Martin's Press.

Mills, E. S. (1993). *The story of Elderhostel*. Hanover, NH: University of New Hampshire Press.

Milner, C. (2007). Marketing effectively to baby boomers. *Journal on Active Aging*, 6(2), 46 - 47.

Rowe, J. W., & Kahn, R. L. (1997). Successful aging. *Gerontologist*, 37, 433 - 440.

Sixsmith, A., Hine, N., Neild, I., Clarke, N., Brown, S., and Garner, P. (2007). Monitoring the well-being of older people. *Topics in Geriatric*

Rehabilitation, 23, 9 - 23.

Wolfe, D. B., & Snyder, R. E. (2003). *Ageless marketing: Strategies for reaching the hearts and minds of the new consumer majority*. Chicago: Dearborn Trade.

阅读材料　五十三

销售不老泉①
——抗衰老产业将衰老宣传成一种疾病，赚得盆满钵满

阿琳·温特劳布

一些人向老年男性打包票说，只要每天摄入一点睾丸酮和生长激素，他们准能重振雄风，变成20几岁的小伙子。还有一些人认为，中草药和巴西莓果是重焕青春的灵丹妙药，以此欺骗数百万病人购买昂贵的药物，并提供上门服务。

当然，所有这些营销手段都是为了治疗一种实际上并不存在的疾病——衰老。美国食品和药物管理局从来没有批准过任何治疗衰老的药物。主流医学机构发布了许多预防老年病(如心脏病和癌症)的指导，但没有哪一项可以支持抗衰老产业所声称的养生疗法。

婴儿潮一代中有数百万人白天服用美达什纤维素，晚上吃万艾可。现在，抗衰老医生说，他们现在可以结束这种漫长的苦难生活了。这些资本家利用人们对衰老的根深蒂固的恐惧，创造了一个规模庞大的新兴行业。美国文化通过电视、报刊和杂志展示漂亮的年轻人形象，使得这个产业生意兴隆。婴儿潮一代中有7 700万人正大踏步迈向领取社会保障福利金的年龄，而他们害怕变老。商人们说，有安全方便的药物可以治愈衰老，于是婴儿潮一代人变成了理想的销售对象。

锻炼可能是唯一奏效的抗衰老方法。历时十年的麦克阿瑟基金会

---

① *Selling the Fountain of Youth: How the Anti-Aging Industry Made a Disease Out of Getting Old—and MadeBillions*, by Arlene Weintraub (Basic Books, 2010).

全美老龄化研究(MacArthur Foundation Study of Aging in America)的研究结果清楚地表明了这一点。约翰·沃利斯·罗和罗伯特·卡恩1998年出版的《成功老龄化》一书分析了这项研究。研究包含几十个个体研究子项目,目的是探究"什么因素导致一个八十多岁的老人可以滑雪,而另一个只能坐轮椅?"其中一个子项目跟踪调查了一千多名身体健康的成年人,时间跨度长达八年。另一个子项目详细考察了数百位瑞典双胞胎,以探寻遗传和生活方式对年老人的影响。负责项目的两位科学家写道:"关于运动和健康的一个简单的基本事实是:健康至少降低了死亡风险。"

研究者们拆穿了脱氢表雄酮、人体生长激素、睾酮等备受青睐的抗衰老药物的谎言,同时列出了一系列铁证,说明体育运动的好处。运动可以减少许多疾病(如冠心病、糖尿病和直肠癌)的风险,使高血压患病率减少了一半。另外,其实老年人也没有必要进行高强度训练,或者花上百美元咨询运动生理学家。研究者说:"适度锻炼身体,如散步或者做园艺,效果和高强度锻炼一样。"

另外一些研究也表明,无论老年人什么时候开始适量运动,都可以从中获益。

主流医学协会一直警告病人们远离抗衰老产业及其推销的生长激素产品。美国医学协会(American Medical Association)2009年年会上,通过了一项抗衰老生长激素使用新规。基于数十项科学研究的结果,美国医学协会的科学与公共卫生理事会在为成员单位发布的一项报告中总结道:"盈利性网站、抗衰老诊所、药店都在鼓吹生长激素的抗衰老作用,但并没有科学证据支持这些说法。"报告指出:"现有证据无法证明人体生长激素的效果,相反,一些反面的事件却不容忽视……没有可信的科学证据证实所谓'生物同源激素'的价值,相反,这种药物并没有得到食物和药品管理局的批准,其纯度、药效及质量令人担忧。"

阅读材料　五十四

记忆力产品市场①

——益智科技产业反映了我们的现状，并告诉我们如何才能做得更好

丹尼尔·乔治　彼得·怀特豪斯

“益智”科技产品市场正在崛起，它致力于帮助现代人克服对大脑老化的恐惧，提高认知能力。这些产品是社会文化学的产物，浸润了当代价值观和思想。本文梳理了这些产品的演变过程，并考察了它们在认知健康方面的局限性。最后，文章提出一种内涵更宽广、更复杂的“益智”的观念，它不同于“益智”商业市场制造的噱头和简单化论调，相反，它说明社区在维持人一生的认知健康和心理健康方面起到了积极的作用。

益智产业：产品、价值观和思想

据估计，广义上的“益智”科技产业占据了大约三亿美元的市场。乐观估计，到2015年，这个产业的总收入将达到20亿至80亿美元，婴儿潮一代——许多产品明确的营销对象——即将步入60岁（Fernandez，2010）。市场规模估算取决于产品类型，是计算专业服务，还是只计算供非专业人士使用的产品。“聪明药”市场为我们提供了改善大脑功能的生物制品，而新兴市场主要销售大量电子产品，如电子游戏、电脑软件、手机应用等，他们宣称这些产品能够维持或改善个人用户的记忆力、专注力，视觉空间能力、语言回忆能力及执行能力。

在探索这个市场的广告语时，我们注意到“神经”这个词使用的频率很高，最常见的是“改善神经”或者“促进神经”等字眼，它们把消费者的注意力吸引到大脑可以获得的明显益处。通常，有些产品宣称经过“临床验证”，可提高各年龄段人群的认知能力，而一些品牌商则吹嘘自己的

① “The Marketplace of Memory” by Daniel R. George and Peter J. Whitehouse（The Gerontologist，May 2011）.

产品由“神经科学家研制”,并得到了医学专家的认可(如日本的川岛隆太医生认可任天堂出品的畅销游戏“魔鬼脑训练”)。还有更玄乎的说法,承诺健脑科技能够预防、减缓或逆转老年痴呆。

现代益智科技产品受到了市场新自由主义的影响。虽然有些产品强调和推崇多人互动的功能,但许多产品以个人为单位进行销售,其市场定位是个人电脑、电子游戏机、个人掌上电脑和手机。尽管一些长期护理机构及医院、学校等组织已经购买了多人合用程序,并开始通过同龄人合作和互动,设计一些以网络为基础的新产品,从而促进社交,但益智产品却言之凿凿地说,在家中独自静思比群体互动更有利于大脑健康。营销部门传达的信息是:如果自觉地使用某一种产品,个人就能改善神经系统,由内向外改善自己的状况,减缓或预防神经退化。

益智产品市场的局限性

目前,益智科技产业遇到了越来越多的科学而非文化的审视(Fernandez, 2010)。事实上,并无充分的实证证据表明,益智训练项目具有改善认知功能的效果。只有少量产品经过了严格科学手段的评估,或被正规期刊报道,而现有的大多数研究通常评估低强度干预。社区成年居民每周参与三个小时以下的干预,接受评估后,他们在某些任务上的表现很容易被证明。研究者有时还报告了受试者的普遍认知状况,但几乎没有涉及日常生活中的表现。如果大部分的干预持续时间如此之短,我们就有理由质疑,它们是否真的改善了人们日常生活活动的表现。

事实上,人类在任何任务中的表现毫无疑问都会随着时间而改善。研究者几十年来试图弄明白的关键问题是,这种改善是否会延伸到其他思维领域,是否会改善日常生活活动(Ball, Wadley, & Edwards, 2002; Detterman & Sternberg, 1982)。未来应持续投入益智产品方面的研究,尤其是研究把益智活动应用到日常活动的“剂量”问题。不过,如果证据不足,这个产业的宣传就只是市场炒作,而非通过全面科学研究得到的真正希望。

更好的途径——社区

要想更全面地理解大脑健康,就要摆脱目前主导市场的那种简单化观点,并追问我们的亲友和社区可以在认知健康和心理健康方面发挥怎样的作用。

传统研究方法是让受试者吃一片药,然后将效果同外表相似实则无效的药物(安慰剂)进行比较。但测评社区复杂活动的效果要困难得多。测评复杂的社会干预,也比测评益智游戏或电脑程序困难得多。

社区干预评价充满挑战,不过我们通过研究现有的关于长寿和健康的资料发现,产生百岁老人人数最多的社会有如下特征:亲密的家庭纽带和社区关系;明确的人生目标,参与社区活动,对社会有贡献;有管理和释放压力的体系;有便利的生活区域;少吸烟;可以进行日常散步和自然运动(如散步、园艺和娱乐);尊敬老人;少食用肉类,饮食以果蔬为主,等等(Buettner, 2009; Poulain et al., 2004)。如果进行评价,并不明确益智科技是否符合这些条件。

结论

最后,益智科技在复杂的认知健康领域发挥了作用,而且可能有利于中风和创伤性脑损伤的有效恢复。然而,姑且不提过度推销的问题,这些产品现有的缺陷(尤其是对婴儿潮一代人的缺陷),必须被深入研究,并接纳相反的意见,形成平衡,拓宽大脑健康理念的内涵,增进人际互动,促使我们在社区背景下思考认知健康问题。毫无疑问,益智科技在提高我们的思维水平、互相评价及自然评价等方面具有重要的潜在作用,可能远远超过生物产品的效果。但是,当代社会改善大脑健康的方法有限,我们不希望人们抱有不切实际的期待,那样只会削弱益智科技的力量。

参考文献

Ball, K., Wadley, V. G., & Edwards, J. D. (2002). Advances in technology used to assess and retrain older drivers. *Gerontechnology*, 1, 251 - 261.

Buettner, D. (2009). *The blue zones: Lessons for liv-ing longer from the people who've lived the longest* (first paperback ed.). Washington, DC: National Geographic.

Detterman, D. K., & Sternberg, R. J. (Eds.). (1982). *How and how much can intelligence be increased?* Norwood, NJ: Albex. Ellin, A. (1999, October 3). Can "neurobics" do for the brain what aerobics do for lungs? *The New York Times*. Retrieved from http://query. nytimes . com/gst/fullpage. html? res = 9A01E3DC103EF9 30A35753C1A96F958260&sec=&spon= &pagewanted=all

Fernandez, A. (2010, July). *Transforming brain health with digital tools to assess, enhance and treat cognition across the lifespan: The state of the brain health market*. Retrieved from http:// www. sharpbrains. com/executive-summary

Kelly, C. (2006). *Neurobics: A way to exercise your brain*. Retrieved from http://media. www. conyc ampus. com/media/storage/paper832/news/ 2006/03/06/ Healthhealth/Neurobics. A. Way . To. Exercise. Your. Brain - 1638823. shtml

Poulain, M., Pes, G. M., Grasland, C., Carru, C., Ferucci, L., Baggio, G., et al. (2004). Identifi-cation of a geographic area characterized by extreme longevity in the Sardinia Island: The AKEA study. *Experimental Gerontology*, 39, 1423 - 1429.

展望未来

金钱万能的时代

我们预测,在未来的2030年,老年护理行业将全面转向盈利性,医疗保险也将私有化,每种东西都需要用钱买。一些人怀念"旧日时光"。在那个未来社会,市场已经扩展到了日常生活的方方面面,因此,我们必须区分什么可以拿来卖,什么应该拿来卖。

* * * * *

现在是2030年,哈利爷爷正在和他20岁的孙女卡洛琳谈话,卡洛琳在州立大学主修老年学和商学。

“今天过得怎样，爷爷？”卡洛琳问道。

“不错，”哈利回答，“昨天我收到了社会保障金支票。我今年已经85岁了，一直都收到支票。知道每个月都能稳拿一笔钱的感觉挺好。但话又说回来，我还是属于老的社会保障体系。据我所知，你就不一样了。”

“是的，爷爷。在我这个年龄，不会太多考虑社会保障的事儿。反正，我属于新的社会保障体系，这点我很满意。自从在学校做兼职，我已经开始缴纳社会保障金了。在新的社会保障体系下，你永远不确定自己会得到什么回报。但因为那全是自己交的钱，所以知道至少会有所获。这挺好。”

哈利爷爷回答说：“很好。我小时候，没人会想到社会保障会私有化，联邦医疗保险也是如此。当然，我还属于旧的联邦医疗保险体系，但是比我小十岁的人都进入了新的联邦医疗保险。他们会获得票券来购买私人保险。我抓住了以前的社会保障和联邦医疗保险的尾巴，挺幸运的。当然也有问题——我的福利金在逐年减少。”

卡洛琳答道：“对了，新社会保障体系的好处还在于选择面宽。近年来金融服务业发展迅速。我面试了一家投资公司的实习生，这家公司专做退休市场。我还在考虑一些人寿保险公司，他们喜欢招有老年学和商学背景的人。”

哈利爷爷问：“你刚刚说你在大学里工作。你在做什么？”

“噢，我做各种各样的工作，这样可以不用借高利率的学生贷款。我还每两个月卖一次血，所得的钱减轻了负担。因为我血型特殊，大学的血库付给我的钱比较可观。班上一些女同学在暑假或者休课时从事性工作。那可是个挣钱的活儿，自从自由党上台后，德克萨斯州的性产业就合法化了，现在我们州也合法了。”

“你是说咱们这儿卖淫合法了？我好像还没有听说。”

“噢,去年才开始的。”卡洛琳答道,“我不会去干那种事情,但对许多女大学生而言,那是个赚钱的生意。我还知道一些男生卖肾,那才真正挣钱。当然也还是有国外的竞争。”

“这年头似乎什么都可以卖,”哈利爷爷说,“和我小时候完全不一样!”

“嗯,因为什么都可以卖,这年头的老年产业商机遍地,”卡洛琳说,“听说我出生前,老年活动中心是由政府运营的,现在不是了。我其实对国有的老年业特许经营组织和私营的家庭老年护理产业很有兴趣。随着婴儿潮一代步入老年,这些行业十分火爆。上周,老年业特许经营集团(Senior Franchise Group)公开发行新股,现在的股价几乎翻番了。我们的学生投资俱乐部应该买那只股票的。”

哈利爷爷叹息道:“我真是不懂了。这种什么都可以卖的时代让我百感交集。现在的私人老年活动中心确实比以前多了许多,但很多都不叫‘老年活动中心’了。我有一些朋友,他们以前不愿去什么老年活动中心,但是现在也加入了学者之路的旅行项目。这种项目在我们那会儿叫做‘老年游学营’,现在已经改名了。”

卡洛琳又说道:“是啊,爷爷,您说的对。我还在观望另一个很好的商机,叫做晚年陪伴(Elder Companions)。他们向孤寡老人销售社交网络服务,有电话销售,也有当面销售。人们为了获得陪伴愿意付一大笔钱,就像性交易一样。这可是个巨大的商机。”

哈利爷爷评价道:“看来你选对了专业。”

卡洛琳十分赞成:“当然。老年学本来就是一个很棒的专业,现在又把它和商业管理结合起来。双学位是一个优势。婴儿潮一代中,许多人已经同您一样步入老年了。我的工作前途很好。”

注:如果想了解更多信息,参见 *Satz, D., Why Some Things Should Not Be for Sale: The Moral Limits of Markets*, New York: Oxford University Press, 2010.

供写作、思考和讨论的问题

1. 老年人什么时候开始经常使用“老年失忆症”一词，这和他们购买特定产品及服务的倾向有何联系？

2. 随着年龄增长，人们可能会认为“老年”遥遥无期。例如，婴儿潮一代中的长者表示，80 岁才算老年。市场营销者在打入老年消费群体时，应该如何认识人们的这一态度？

3. 请采访一位老年消费者(60 多岁)，问问他/她最近一次买车时考虑最多的因素是什么。然后再采访几位 20 多岁的年轻人，问他们同样的问题。比较两组回答，你能得出什么结论？

4. 在《记忆力产品市场》中，乔治和怀特豪斯提出，大多数防止认知衰退的干预手段都没用，或者未被证实有用。一些消费者正在寻找能预防认知衰退的产品，你能给他们什么建议？

5. 弗隆关于婴儿潮一代消费者市场的文章认为，出生于婴儿潮时期的老人并非一个同质性群体。从市场营销的目的出发，有什么方法把这一群体划细分为不同的市场分众？

6. 穆迪和苏德认为，针对老年群体的市场营销中，品牌推广很重要。请采访一位老人(如你的家人)，问他/她是否买过老年人产品。该产品吸引他/她的特点有哪些？

7. 假设你是美国食品和药品管理局的一位官员，负责规范抗衰老产品的市场。为维护抗衰老产品消费者的权益，你能想出哪些观点？反对政府管制的观点又有哪些？

8. 假设一种抗衰老药片突然上市，你有兴趣服用这种药物吗？你想从中获得什么好处？关于服药你会有哪些顾虑？

推荐书目

Smith, J. W., and Clurman, A. S., *Rocking the Ages: The Yankelovich Report on GenerationalMarketing*, New York: HarperBusiness, 1997.

Stroud, D. , and Walker, K. , *Marketing to the Ageing Consumer*, New York: Palgrave Macmillan,2013.

Thornhill, M. , and Martin, J. , Boomer Consumer: *Ten New Rules for Marketing to America's Largest, Wealthiest and Most Influential Group*, GreatFalls, VA: Linx, 2007.

Wolfe, D. , and Snyder, R. , *Ageless Marketing: Strategies for Reaching the Hearts and Minds of the New Customer Majority*, Chicago: DearbornTrade, 2003.

学生学习网站 www. sagepub. com/moody8e

- Flash cards(词语卡)
- Web quizzes(小测试)
- Chapter outlines(章节大纲)
- SAGE journal articles(赛吉出版公司出版的期刊论文)
- Web resources(网络资源)
- Video and audio resources(音像资源)

结语　找准自己在老龄化社会中的位置

你无须改变，生存非强制。

——爱德华兹·戴明(Edwards Deming)

未来预测

大多数学生把教育视为对未来的一种投资。看过这本书后，读者很可能会问，“这本书怎样帮助我为未来做准备呢?”结语尝试为这个问题提供一些答案。

在作出回答之前，我们要先问另一个问题：我们想看到多远的未来?是下一个时代吗——比如2040年? 或者往前推十年，即2030年? 预测未来趋势很困难，但即便是遥远的未来，也可以做出某些推测。比如，人口老龄化是可以预见的：婴儿潮一代中每天有一万余人满65岁，他们会继续变老。20年后，美国的情况就会像今天的佛罗里达州一样：几乎1/5的人口超过65岁。这种趋势将会持续到2030年甚至2040年。

但是除了能够预测到人口老龄化之外，就很难预测别的情况了，预测具体的经济、政治或科技趋势都困难重重。有多少分析师预测到了冷战是怎样结束的? 有时，我们最好对未来情况做出一种以上的预测(de

Jouvenal，1967；Moody，2010）。另外，短期预测是可能的，比如预测现在到2020年的情况，在结语中我们提供的就是一个短期预测——“2020年前瞻”。

2020年前瞻

即使是短期预测也存在局限。没人说得准2020年的美国总统是谁，就如同2004年没有人敢断定巴拉克·奥巴马四年后会当选美国总统。我们现在也无法预测以后的股票市场和美国经济整体情况。2007年时，没几个人预测到2008年的经济萧条，而这场经济危机后来被证实是自大萧条后规模最大的经济崩溃。经济就像政治秩序一样，总是受到“黑天鹅事件”的影响，“黑天鹅事件”指的是那些概论极小的事件（Taleb，2010）。

不过，有些事我们是可以预测的，而且，人口统计学靠的就是预测。首先，婴儿潮一代将会继续老龄化，2020年，美国65岁以上人口将达到总人口的1/6。并不是所有婴儿潮一代人都是富人，但其中的一些老人有强大的消费能力：他们控制了美国2/3的金融资产。另一方面，他们也有健康问题：尽管预期寿命更长了，但这代人患慢性疾病和残疾的概率更高，而且与之前的几代人在同年龄时相比，他们自我评估的健康状况更差（King et al.，2013）。婴儿潮一代需要有房可居，而考虑到慢性疾病患病率的上升，他们也需要医疗护理服务。到2020年，护理服务供需比（caregiver support ratio，护理人员数量除以需要看护的老人数量）据估计会从7∶1的高点下降到6∶1；2030年会下降到4∶1。

未来的毕业生

我们还可以很确定地预测另一个情况：这本书的大部分读者在2020年将会完成他们的正规教育，进入或者重返劳动力市场。这些毕业生们可能背负着学生贷款的重担，很少能快速偿还。到2014年，美国学生贷款欠款总额将超过信用卡欠款总额。不仅如此，2008年经济萧条之后的几年，大学毕业生面临着历史新高的失业率。结果，许多毕业生的工作和他们的大学专业方向并不对口。

这些是不利的趋势，但是也有将其抵消的有利趋势。到2020年，毕业生面临的就业市场将会受到婴儿潮一代人退休的影响。这一代人中的一些老人将会继续留在职场，担任毕业生们的老板或同事，因此职场中会有几代人一道共事（DelCampo et al.，2011）。本书的一部分读者或许就是婴儿潮一代人，他们重返大学接受新领域的再培训。只要领悟了老龄化的内涵，不同年龄、不同时代的学生就能充分利用那些可能在全球老龄化时代成长和繁荣的产业。

银发产业

据估计，到2015年，50岁及以上人口将占到美国总人口的45%，这是相关产品和服务的巨大市场。老龄化社会意味着医疗护理、金融服务、旅游接待和养老房产等产业部门会得到发展（Moody，2004—2005）。人口老龄化对医疗护理消费的重要影响众所周知，但其实它对金融服务业的影响也不小。根据美联储的研究，截至2001年，7 800万50岁以上的美国人掌控着美国总财富的2/3，而且这个趋势会持续下去。全美住宅建筑商协会（National Association of Home Builders）预计，房屋改造（home remodeling）市场将会达到200亿至250亿美元之间，大约占整个房屋修缮产业（home improvement industry）的10%。大部分房屋改造的客户都是打算“原地养老”的婴儿潮一代人。餐饮接待业也是未来有可能得到发展的“银发产业”之一。当今55岁以上的人们一半左右的支出都花在了度假旅游上。人们慢慢退出工作生涯并退休后，休闲旅行的机会将会增加。

50岁以上的美国人年收入总额达到2.4万亿美元。美国消费者开支调查报告显示,这一水平占了美国人税后收入总额的40%以上。简而言之,老年人市场甚至比"银发产业"还要大。这项调查还显示,人口老龄化为消费市场带来了巨大改变。55岁到65岁的美国人几乎在每一个类别的花销(如餐饮、家居装饰、休闲娱乐及礼品消费)都比平均消费水平高出很多。

VUCA

2001年9·11事件后的十五年是充满戏剧性的十五年(Schwartz, 2004)。未来学家将现在到2020年世界的特征,概括为VUCA:VUCA是波动性、不确定性、复杂性和模糊性的英文缩写(Johansen, 2007)①。

这是否意味着,世界本质上是不可预测、不可理解的?完全不是。这意味着,为了适应VUCA世界并获得成功,我们需要具备对抗波动性的认知缓冲机制,应对不确定性的启发式方法,认识复杂性的抽象理解力,和对付模糊性的平衡视野。这些认知能力正是本书一再提倡的批判性思维的要素。我们可以肯定,本书讨论的12个话题依然是2020年人们争论的焦点。这些问题的呈现方式和提供的解决措施可能有所变化,但是在一个充满波动性、不确定性、复杂性和模糊性的世界中,关注并且批判性地去思考这些反复出现的重要话题,不失为明智之举。

专业化与证书

在老龄化快速发生的2020年,了解老龄化的好处之多无需赘述(Carr & Komp, 2011; Perkinson,2013; Williams, 2002)。一些人预测,2020年至少会有"101种与老年学有关的职业"(Grabinski, 2007),只是这些职业可能不会打上"老年学"的标签。这意味着,研究老龄化的大学毕业生不仅可以成为"老年学家",还可以从事与这个学科无关的工

① volatility, uncertainty, complexity, ambiguity.

作。现有的养老服务网络会继续存在(Niles - Yokum & Wagner, 2010),但由于公共支出的限制,从现在到 2020 年,尽管对相关服务的需求会有所增长,但不会很明显。通常来说,为了在求职过程中占领先机,人们需要各种门类的认证和证书。因此,我们将会发现,老年人事务方面的律师、私人老年护理中心经理、老年人社工,以及老年认证咨询师等职业,如果经过专业培训,可信度将得到提高。

个人老龄化:我们的未来

本书关注的问题是,老龄化学习如何帮助作为劳动者和市民的读者响应世界的需要,并为其作出贡献。就此而言,关于老龄化的教育是未来一项有价值的投资。此外,它也可以成为一项个人投资,也就是说,老龄化不仅仅是发生在"别人"身上的事情,也是我们自己未来将要面对的情况(Masters & Holley, 2009)。本书由始至终都反复强调累积性优势和劣势对老年生活的重要影响。只有懂得换位思考,把老年生活看作"未来我们的生活",我们才更有可能有动力为未来储蓄、投资,思考健康行为的长期影响(Hershfield et al., 2011),并对已经开始老年生活的人抱有更多的同理心。我们只有自己活到老年,才能理解老人的感受,但是想象和规划我们未来的老年生活,永远都不嫌早。

附录　如何撰写老年学学期论文

许多同学对做研究和写文章望而生畏，老年学领域的同学尤其如此，因为对大多数人而言，老年学是一门新兴学科。实际上，我们不必害怕做研究和写论文。研究方法是写好文章的关键，而好奇心和认真思考则是两者的基础。

完成一篇老年学期末论文的背景调查，就相当于完成了写作任务的一大半。如果前期调查做得到位，就等于别人帮你做了工作。当然，这绝不意味着可以剽窃或者不加注释地抄袭别人的文章。如果找到了合适的文献，你必须自己的语言去表述。做研究和写文章的诀窍在于，不必另起炉灶。有时，你绞尽脑汁发现了某种事实，或有了某种想法，最后却发现已经有人先你一步，完成了相关研究，这种情况是我们必须要尽力避免的，完全没必要这样浪费时间。事实上，这偏离了研究和写作的工作方向，我们要做的是：思考别人写过的东西，然后借鉴吸收，融入自己的文章中。

我们不能苦干，事半功倍才是写论文的关键。把论文建立在别人的研究成果之上，注明引文的出处，等于给自己省下了时间，可以全身心地去表达自己的想法。这个过程和科学研究一样，所有的科研和学术成就都建立在前人成果的基础上。无论是刚起步的学生，还是经验丰富的学者，道理都是如此。伟大的物理学家艾萨克·牛顿曾经说过："如果我比别人看得更远，那是因为我站在巨人的肩膀上。"

如何将这个方法应用到学期论文写作上呢？为学期论文而翻阅图书馆文献，有点像寻找埋藏的珍宝。如果对宝藏的埋藏地点毫无头绪，你最终会漫无目标的挖来挖去，浪费大把时间。如果不确定自己在找什么，应该上哪里去找，猜想是个关键的方法。一旦有了灵感，真正的挖掘工作几乎不费时间。调研也是如此。网络检索会使整个挖掘过程更加容易，但也有一个陷阱：你可能会得到太多线索而不知所措。为了避免这个陷阱，需要清楚地定义并改进搜索过程。一旦改进了检索技巧（藏宝图），你通过指尖获得的信息源会快速指导你找到宝藏的埋藏地点。剩下的工作（包括写出你的发现）所花费的时间比你原本预计的要少得多，因为你已经打好了构建自己思想的地基。

确定主题

在研究过程的每一个阶段，都必须考虑：我要解决什么问题？我需要什么信息？随着了解的增多，你需要不止一次地问自己这些问题。举个例子，你想了解 60 到 70 岁退休人员的人口比例。这个问题看似简单——找几个数字有什么难的？但是随着研究深入，你会发现因为失业人员或者残障人士之故，退休人数难以得到准确计算。观察数据你会发现，这些实在的数字是在不同的假设下得出的。事实上，浏览参考文献时，你会一次次地对自己的基本问题进行追问，也会一遍遍地提炼自己的问题。或许你会根据"退休"的不同定义得到"退休"人群的几组不同数据。

在确定期末论文的主题过程中，自由联想或发散性思维会有所帮助。你不仅需要思考一些与自己主题相关的论点，还需要思考一些与话题相关的词和概念。发散性思维是研究和创造的重要元素。也许你有志于写一篇关于退休的论文，但退休是个很大的题目，太宽泛，不适合写一篇论文。许多社会科学家已经就这个话题写了整整一本书,有些人一生都致力研究这个问题。但是先别放下这个话题,想想一些与退休相关的关键词——工作、休闲、养老金以及社会保障等。每个词都可以成为学期论文的主题,甚至可以写一本书。

阅览所有关键词的过程中,找一找那些你感兴趣的联系,比如养老金和退休之间的关联,或者某一个群体(如西班牙女性)的退休经历。这时,你或许可以提出一个假说或者主题,如养老金和退休行为之间的关系。思考这些研究问题时,有必要把一些可能的答案记录下来,这是为你的工作制定框架或者计划的第一步。做研究有点像盖房子,盖房子之前需要花时间进行规划和思考,建造过程中才开始设计蓝图实不可取。写学期论文同样需要制定计划,做头脑风暴,然后把想法写下来,不用担心计划是否充分或完整,反正以后还可以修改。接下来,开始查阅参考资料。

开始研究

构建有效的检索策略时,你会遇到一个问题:在深入挖掘研究课题之前,你没办法缩小研究问题的范围;但如果不把研究课题缩小,就没法确定研究课题。假设没有意识到养老金水平和退休行为之间的联系,研究过程将会困难重重。做老年学研究和做其他领域的研究一样,你无法掌握该领域所有相关的知识。更困难的是,老年学研究是一门跨学科的领域,涉及经济学、生物学和心理学等。如果没有清晰的研究计划,你一定会茫然无措。

研究的秘诀在于扩展研究过程的同时缩小研究范围。比如,你选定的主题有两个关键词:养老金和退休。你对手上的一些参考文献涉及的研究方向并没有兴趣,如养老金基金投资或强制退休。但一些参考文献正与你的研究主题相契合,有助于进一步提炼研究话题。这才是思考的真正过程:把自己的想法放在整个领域的知识“地图”中。人们在一开始的构思环节犯的错误，往往是搜索范围过大或过小。

梳理研究资料时，你会发现概念之间的联系。可以把它们打印出来，或写在摘要总结中，但必须培养第六感，并凭此寻找线索。这个过程的结果能为你的研究课题提供一个更完整的交叉参考。事实上，你正在勾画一个密实的概念网，它紧扣主题，帮助你为论文撰写做好准备。

可以借助手边大量的资源构建概念网络。一是图书馆自有的分类系统；二是图书管理员。国会图书馆的标目显示了统一的文献分类方法，从这里入手会非常有效。但只有仔细阅览书籍和期刊时，真正的线索才会出现。不要直接去图书馆查找目录或者浏览与研究主题相关的最新期刊，这样做只会浪费时间，除非你已经做好了初期计划。求助图书管理员当然可以，但是不能依赖他们，他们不可能精通所有的主题，只有当你对想探究的问题做了一定的思考，图书管理员才能最大限度地帮助你，引导你找到所需的资料。

另一种有效的资源是网上数据库。但是因为检索和二次检索并不全是一个自动化过程，所以计算机检索并不能解决你所有的问题，甚至可能会使你误以为已经全面搜索了资料。电脑检索对学生来说也有一些误区，通常包括以下两种：第一种是电脑专家老生常谈的一个口号：无用输入，导致无用输出。意思是你只能得到所问问题的答案；如果输入的问题或者假设结构混乱——比如说太模糊——那你就得不到有用的信息。第二个误区是得到的信息太多，其中包括很多不相关或无用的参考文献。就两种误区而言，解决的手段都一样：运用合理策略去检索，并排除多余的东西。关键一点是，你不能只是寻找术语或者检索索引、编目或者数据库，这是因为老年学领域有许多相互关联但截然不同的术语，如老人、老年人、老龄成年人、长者、老年公民(aged, older persons, older adults, elderly, senior citizens)等。但如果你构建了一个研究问题，并留心遇到的术语，你就能找到合适的资料来解决问题。一旦找到了正确地点，宝藏就触手可及了。

图书馆研究九步法

第一步。查阅《老龄化百科全书》和《老年学百科全书》，或者同类文献，寻找与研究问题相关的重要文章。一定要用笔记下这些文献引用的相关参考文献。

第二步。查阅一本关于老龄化的指南（生物学、社会科学、人文学科等方面的）或者一本现在使用的教科书，查阅与课题相关的章节或者其中部分内容。指南的索引能帮助你快速找到所需内容。（同时也请查看本附录后列出的参考资料。）

第三步。梳理找到的参考文献，然后按照由近到远的日期顺序进行整理。查找与研究课题直接相关，但从宽广角度进行讨论的标题。从文献综述入手是个不错的选择。许多文章开头都会有文献综述，或对于一个话题的精炼概述。

第四步。在 AgeLine 数据库中检索与课题相关的关键词。AgeLine 数据库现在由 EBSCO 运营，可以通过高校或者本地图书馆免费进入 AgeLine，阅读出版物的摘要，寻找与课题相关的最新文献。查看摘要是一种快速便捷的方法，不用阅读整篇文章，就可以知道其大概内容。标题不仅本身有信息，而且可以帮助你迅速判断这篇文章对你是否有价值。

第五步。还可以通过谷歌或者谷歌学术来搜索文献。但是总会弹出来很多无关的结果。你一定要仔细，确保检索词尽可能与课题有很强的相关性。使用不同的检索词来搜寻文献，根据你认为可靠、客观的资料来源（网站，期刊等）来评估搜索结果。用谷歌学术寻找更多学术资源，不过最好首先把检索限制到最近两年，重点关注最新的资料。如果有需要，再扩大范围。

第六步（可选项）。为了做到真正地全面查找最新文献，你可以向热心的图书管理员寻求帮助，在合适的文献数据库中进行相关的计算机检索。经过前期的文献工作,你应该收集到了一系列关键词和作者名,这些都能让图书管理员尽可能精确地集中在你的主题上。不要忽视图书管理员的作用。

第七步。你应该通过网络找到了大部分所需内容,下面就要把用于学期论文的引用来源、摘要及其他有用信息保存下来。你或许还想去图书馆藏库搜寻相关书籍和文章。但是记住,如同网络检索,不要"以貌取书",或者仅看标题就将其纳入参考文献。记得浏览你找到的所有引用文献:仔细阅读目录、索引、前言、结论等章节。如果亚马逊提供整本书的内容就容易了。不要通读全书,即使它看起来完全符合你的课题,这有可能是浪费时间。你要做的与此相反:快速瞄准关键问题,不理会其他内容。如果以后需要,可以随时回过头来查阅,了解与话题相关的其他观点也会有所帮助。

第八步。浏览书籍和文章时,记得看看它们的参考文献列表,找找你感兴趣的题目。可以参考这些书籍和文章的观点,记好笔记,将其吸纳到自己的论文中。

第九步。一般说来,可以在本地的大学图书馆找到你需要资料的完整内容。图书馆提供一些途径,让你获取所需文章的全文。如果可以,要积极申请馆际互借服务,但是不要没完没了地一直检索,不找到"完美"的参考文献誓不罢休。在大多数情况下,需要的资源往往在离家不远的地方就能找到。学期论文要在截止日期前交稿。

结束查资料的工作

现在可以停止查资料了。在这个过程中,你很可能一次又一次地看到同样的书籍、文章和作者名。不要气馁。这并不意味着失败,也并不意味着你在"原地打转"。恰恰相反,这有可能是成功的标志。如果查资料的工作足够深入,这就意味着你挖到金矿了。一旦非常深入地研究一个课题,你肯定会一次又一次地看到同一个作者。

在这种情况下,你就该看看收集到的参考资料哪些含金量比较高,哪些与你提炼后的话题有关。挑选出最有用的资料,然后收集主要观点,用自己的话重述他们的观点,适当进行直接引用,并注明出处。找到你寻觅的宝藏后,回家去,开始写作。

术语表

按人头付费制度(Capitation):医疗保障的报销按照人头计算而不按照服务种类计算。

补充性保障收入(Supplemental Security Income):联邦社会保障福利项目,保障老年人、盲人和残障人士等低收入人群的最低收入。

财富审核(Affluence test):一种旨在削减富裕人群或者收入超过一定值的人群社会保障福利金超额部分的方法。

成本分摊(Cost sharing):服务的受益者应该承担部分服务成本的原则。

成本效率分析(Cost-effectiveness analysis):比较各种疗法的效果,来确认哪种花费最少。

成本效益分析(Cost-benefit analysis):分析病人治疗成本和治愈病人的收益,如产生更大的生产力。

成功老龄化(Successful aging):最佳的老龄化方式,其相对常规老龄化的优点包括,良好的健康状况、稳定的社会交际、人生意义和"减量补偿"——承认失去的现实,并采取符合实际的干预手段去适应新的状况。

成人保护服务机构(Adult protective services):负责调查虐待老人

的举报，在需要保护老人免受伤害时进行干预的地方政府部门，

持续护理退休社区(Continuing-care retirement community)：为住户提供住宅、医疗和支持一体化服务的居住社区。

充足性(Adequacy)：社会保障中的原则，指无论个人对社会的贡献大小，都要维持其最低生活保障。

储备能力(Reserve capacity)：身体从伤害中恢复或承受器官组织最大负荷的能力。

储蓄的生命周期模式(Life cycle model of savings)：一种经济学方法，认为人们因为面临退休，故而在中年晚期增加储蓄。

大家庭(Extended family)：不同于只有父母和子女的核心家庭，大家庭指所有的亲属(包括祖父母、叔婶和表兄弟姐妹等)组成的家庭。

代际公平(Generational equity)：在整个生命历程中的福利金方面，不同同生群应该得到同等对待的理念。

代际核算(Generational accounting)：政府税收和支出政策对不同历史同生群所造成影响的比较分析。

替代判断(Substituted judgment)：为丧失行为能力的人做出联邦医疗保险决定的行为，决策以当事人意愿为依据。

第 202 节和第 8 节住房计划(Section 202 and Section 8 housing programs)：为老年人提供住房补助的联邦法律。

典型老化模式(Classic aging pattern)：智商测试中的一种持续性表现，言语测试部分表现相对稳定，但操作测试部分的表现随年龄增大而下降。

多维功能评估(Multidimensional functional assessment)：对老年人的身体、心理及社会情况(包括日常生活活动能力)的检测。

发病(Morbidity)：疾病或者身体不适。

反向抵押(Reverse mortgage)：银行保证在房屋所有人余生内，按月提供一定收入，在其去世后收回房屋所有权，或要求房屋所有人的子女偿清抵押权债务。

废物累积老化理论(Accumulative waste theory of aging):一种关于老化的生物学理论,认为细胞废物的累积有可能妨碍新陈代谢。

高龄老人(Oldest-old):85 岁及以上的老人。

公平性(Equity):社会保障制度中根据受益人缴纳的资金数额给予其相应回报的原则。

功能年龄(Functional age):测试力气、运动能力、心智能力等表现能力后得出来的年龄,不同于实足年龄。

共享住宅(Shared housing):一种集体居住方式,包含共享公共区域或租用空房。

贡培茨法则(Gompertz law):死亡率统计学趋势,年龄每增加八岁,死亡率翻番。

固定缴款计划(Defined-contribution plan):一种退休计划。养老金的多少取决于雇主、雇员或双方为计划缴纳资金的状况,以及基金投资的盈利状况。

固定收益计划(Defined-benefit plan):一种退休计划。公司承诺员工服务一定年限之后为其提供一定数额的养老金。

管理式护理(Managed care):保险、护工和养老院一体化的医疗服务方式,目的是降低成本。

过渡仪式(Rites of passage):纪念生活中重大事件的仪式,有利于巩固年龄分级的共同规范。

海弗利克极限(Hayflick limit):用标准方法在实验皿上测量出的正常细胞分裂的最大次数。

合作居住(Cohousing):代际居住计划,规划社区在公用区域上提供独立住房。

核心家庭(Nuclear family):从一代人繁衍到另一代人所需要的最小家庭规模结构,即父亲、母亲和子女。

横断面研究方法(Cross-sectional methodology):将不同年龄段的人群放在同一时间点上进行研究的方法。

护理连续体(Continuum of care):一系列满足不同个体需求的护理选择,护理强度不一,可以选择在家中,也可以选择在养老机构接受护理。

积累制(Funded system):一种公共养老金或私人养老金的制度,预先缴纳税款积累未来退休福利金。

疾病压缩理论(Compression of morbidity):将疾病推迟到老年继而推迟到高龄的学说。

集体住宅(Congregate housing):提供营养供给、家政服务和看护服务的一种居住方式。

家居护理机构和寄宿院(Domiciliary care facilities and board-and-care homes):为不需要接受养老院重度护理的老人提供监护护理的小型机构。

监护权(Guardianship):法定的负责他人福利的责任。

交联物老化理论 (Cross-linkage theory of aging):此观点认为阻碍正常细胞功能的交联化合物不断累积,从而导致老化。

胶原蛋白(Collagen):皮肤、骨骼、肌腱中组成缔结组织的一种蛋白质。

角色丧失(Role loss):放弃或失去原有角色的过程,如丧偶或失去生产性角色(退休)。

拮抗性多效(Antagonistic pleiotropy):认为由基因决定的某种特征早期有益而后期有害的理论。

经济状况审查(Means testing):要求个人收入或资产必须低于一定水平,才能享受政府福利项目。

晶体智力(Crystallized intelligence):应用过去经验完成任务或解决问题的智力能力。

精神健康(Spiritual well-being):宗教对个人精神健康产生积极影响的程度。

抗氧化剂(Antioxidant):一种破坏自由基,从而阻止细胞结构遭到损害的物质。

可塑性(Plasticity):接受再培训和学习新技能的潜力。

控制点(Locus of control):在环境中自我管理的一系列自主感知能力。

跨界现象(Crossover phenomenon):近80岁的非裔美国人预期寿命比白人短,80岁后非裔美国人的预期寿命比白人长。

老化效应(Aging effects):生理老化带来的影响,以及其他人对这些影响的社会态度。

老龄化持续理论(Continuity theory of aging):这种观点认为逐步走向衰老的人们会尽可能保持他们早年的生活习惯、个性和生活方式。

老龄化活跃理论(Activity theory of aging):这种观点认为人们越积极参与活动,就越可能获得生活满足感。

老龄化交换理论(Exchange theory of aging):认为社会群体的交际基于互惠性的回报,而回报取决于行为。

老龄化脱离理论(Disengagement theory of aging):认为老年人减少社会活动是正常且恰当的,对社会和个人都有益处。

老龄化现代化理论(Modernization theory of aging):一种老龄化理论,认为自从工业化和科技进步以来,老年人的地位有所下降。

老年病科(Geriatrics):专门治疗老年疾病的医院科室。

老年法(Elder law):一个法律实践领域,重点关注家庭房产规划和医疗方面的决策,以及其他对老年人意义重大的法律问题。

老年人服务网络(Aging network):帮助美国老年人的国家服务项目,包括老年公民中心、老龄化管理机构,以及联邦政府提供的项目。

老年人利益集团(Aging interest groups):代表老年人力图影响政府政策的协会或组织。

累积性劣势(Cumulative disadvantage):生活中负面事件对生命历程造成多方面持续影响的趋势。

累退税(Regressive tax):税收的一种,使穷人的税收负担大于富人。

与累进税相反。

医疗补助保险(Medigap insurance):可用于支付联邦医疗保险承担费用和实际治疗费用之间差价的保险政策。

联邦医疗保险(Medicare):帮助老年人支付急性病医疗费用的联邦政府项目。

临床抑郁症(Clinical depression):一种精神性疾病,症状包括食欲下降、睡眠障碍及过度悲伤。

暂替护理(Respite care):暂时照顾无行为能力的老人,为监护人省出时间。

流体智力(Fluid intelligence):解决新任务或新问题的智力能力。

流行病学(Epidemiology):用数学方法研究疾病在人群中的分布问题的学科。

慢性病(Chronic conditions):长时间持续的疾病或功能障碍,通常会妨碍日常生活活动。

木工效应(Woodwork effect):医疗政策方面的一种看法,认为不需要为老年人的潜在护理需求提供服务,或者应由家庭负责。

年龄分层(Age stratification):社会学家把社会分为不同年龄群体(如青少年、中年人)的方法,不同群体特征截然不同。

年龄分化(Age differentiation):人们年龄不同,社会化行为方式则不同的过程。

年龄分级(Age grading):根据年龄将人们划分成不同的类别,例如公立学校体系中的划分方法。

年龄歧视(Ageism):因年龄原因对他人产生的偏见或负面刻板印象。

年龄中位数(Median age):一半人口和另一半人口中间的年龄。

年轻老年人(Young-old):65 岁至 74 岁的老人。

配偶责任(Spousal responsibility):夫妻一方承担对方医疗或者长期看护费用的法律规定。

强制举报(Mandatory reporting):法律规定从业人员如果观察到虐待老年人的迹象,必须向当局举报。

强制退休(Mandatory retirement):强制劳动者在统一固定年龄退休的政策。

人口老龄化(Population aging):人口平均年龄增长,或65岁以上年龄群体占总人口比例增加的现象。

人口转变理论(Demographic transition theory):认为人口老龄化是由于工业化后出生率和死亡率的同时下降所引起的理论。

人生大事(Life events):个人生命中发生的独一无二或意义重大的事件。

认知储备能力(Cognitive reserve capacity):在特定时间将未使用的学习能力发挥出来的能力。

认知老龄化理论(Cognitive theory of aging):一种老龄化学说,强调个体主观感知而非实际客观变化决定了老年行为。

日常生活活动(Activities of daily living):人们自主生活所需要完成的日常任务,比如自主进食、入厕、洗澡和起床的能力。

三明治一代(Sandwich generation):指既要抚养孩子又要赡养老人的一代人,通常指女性。

赡养比/抚养比(Dependency ratio):在职劳动者赡养/抚养非工作人群带来的经济负担的数值。

社会保障盈余(Social Security surplus):社会保障工资税超出社会保障福利金支出的盈余,包括过去年份累积的资金盈余。

社会经济地位(Socioeconomic status):人们在社会等级中所处的地位,反映了财富、权利和威望的不平衡状况。

社会时钟(Social clock):确定的社会共同期待,规定了每一个符合特定年龄群体的合理行为。

协助生活机构(Assisted-living facilities):老年人居住机构,提供一定程度的支持性护理,允许高度独立。

生活满意度(Life satisfaction):个体将过去和现在的生活视为整体来接纳的态度。

生命回顾(Life review):个人回忆过去生活,整理各种矛盾的情感。

生命历程视角(Life course perspective):这种视角认为衰老是人类生命历程的一部分,而生命历程包括了婴儿期到老年期的一连串人生阶段。

生命速率论(Rate-of-living concept):认为新陈代谢水平和平均寿命相关的理论。

生前遗嘱(Living will):当事人说明在不可治愈的情况下该如何进行医治的指示文件。

生物标记(Biomarkers):随着年龄而改变的特定生理过程或功能过程。

生物钟老化理论(Aging-clock theory of aging):指老化是由身体预设程序引起的,就像钟表一样,在身体的神经系统和内分泌系统中运行。

时期效应(Period effects):同时影响社会所有年龄群体的事件或问题。

收入共享(Earnings sharing):一种退休计划。把已婚夫妇的财产总收入分别存入双方的社会保障账户。

双重危险(Double jeopardy):指一位老人同属于两个(或多个)弱势群体的情况。

糖基化(Glycosylation):通常称为焦糖化,指蛋白质和糖融合的现象,食物烹制后变成棕褐色,就是一种糖基化现象。

体细胞突变老化理论(Somatic mutation theory of aging):一种生物学理论,认为老化是机体细胞基因完整性受损所致。

替代率(Replacement rate):返还给受益人的社会保障福利金与工作期间缴纳工资税总额的比率。

通用设计(Universal design):方便残障人士使用的产品,也方便其他人使用。

同生群(Cohort):在同一段时间内出生的群体,如婴儿潮一代(生于1946—1964年间)。

同生群效应(Cohort effects):影响相同年龄组人群的事件。

魏氏成人智力量表(Wechsler Adult Intelligence Scale):目前使用最广泛、最有影响力的智力测试,包括言语量表和操作量表,综合两方面的表现得出智商值。

习得性无助(Learned helplessness):强化负面感受的社会环境导致的依赖、抑郁模式。

习惯化(Habituation):老化过程中对环境的反应越来越机械化,该过程可能在生命早期就开始了。

细胞老化理论(Cellular theory of aging):这种观点认为老化很大程度上可以由生物体细胞的结构及功能变化来进行解释。

现金余额计划(Cash balance plan):一种退休计划,雇主每年缴纳一定金额到雇员账上,账上余额以一定的收益率增加。

现收现付制(Pay-as-you-go system):缴纳社会保障金的一种方式。在职劳动者缴纳的资金用于支付退休人员福利金,也就是说,当前劳动者支付当前费用,而不是为未来福利金进行储蓄。

孝道(Filial responsibility):成年子女赡养年迈父母的义务。

养老金享有权(Vesting of pension):给予员工领取养老金的资格,通常是工作满一定年限后才享有。

医疗护理永久性授权委托书(Durable power of attorney for health care):一种允许失去行为能力的当事人提前委托他人为当事人做出医疗决定的合法行为。

医疗补助计划(Medicaid):为贫困线以下的群体支付联邦医疗保险费用的联邦项目和各州项目。

医疗补助减财规划(Medicaid spend down):人们把所有资产减少到极低水平,以符合养老院的医疗补助条件。

以需求为依据的福利(Needs-based benefits):根据个人需求而不是

年龄等标准提供服务，如家庭保健护理服务。

婴儿潮一代(Baby boom generation)：出生于1946年至1964年的美国人。

虽远亦亲(Intimacy at a distance)：许多几世同堂的家庭，即使家庭成员散居各地，仍然保持密切联系的情况。

预期支付制度(Prospective payment system)：一种预期定价制度，即预先规定向医疗机构报销治疗联邦医疗保险病人费用的报销水平。

预期寿命(Life expectancy)：通常从一个特定时间点(如出生)开始，预测的生命长度。

预前指示(Advanced directive)：授权他人代做决定的法律文件，通常会说明假如发生当事人失能的情况，可以代为拒绝抢救治疗。

诊断相关组(Diagnosis-related groups)：将疾病分为不同组别，作为医疗保障制度中向医院进行财政报销的依据。

正常老化(Normal aging)：每个物种随时间推移而发生的基本生物过程，表现为功能丧失或患病率升高，但正常老化本身不是疾病。

质量调整生命年(Quality-adjusted life years)：通过推算未来生活质量得出的剩余寿命年数。

中年老年人(Old-old)：75—84岁的老人。

自费医疗费用(Out-of-pocket medical expense)：由个人承担的医疗开支，属于保险不能报销或没有覆盖的部分。

自然磨损老化理论(Wear-and-tear theory of aging)：该理论认为衰老变化是身体偶然损伤长期累积造成的结果。

自然形成的退休社区(Naturally occurring retirement community)：自然形成的、有一半居民超过退休年龄的公寓或社区。

自身免疫老化理论(Autoimmune theory of aging)：该理论认为老化是身体自身免疫系统逐渐衰弱的结果。

自由基(Free radicals)：多余电子导致的电离化氧分子。

自由基老化学说(Free-radical theory of aging)：认为自由基(不稳定

且易发生反应的有机分子)造成的损害导致了老化。

纵向研究(Longitudinal research):对同一研究对象在一段时期内情况进行的研究。

最高寿命(Life span):可能寿命的假定最大值,即特定物种的最长寿成员的寿命。

最佳利益(Best interest):指为他人做出医疗护理决定的依据,即是否能为他人提供最大利益。

401(k)养老金计划[401(k) pension plan]:个人养老金计划,允许个人在延期纳税的优惠政策下存储一部分收入。

“失落的世界”论(“World-we-have-lost” myth):认为前工业化社会是一个黄金时期,大家庭同住一个屋檐下(或者应当如此),然而,如今的家庭生活已经分崩离析。

《雇员退休收入保障法》(Employee Retirement Income Security Act):1974年通过的法案,规定了美国的私人养老金计划,保障了退休雇员的福利金。

凤凰文库书目

一、马克思主义研究系列

《走进马克思》 孙伯鍨 张一兵 主编
《回到马克思:经济学语境中的哲学话语》(第三版) 张一兵 著
《当代视野中的马克思》 任平 著
《回到列宁:关于"哲学笔记"的一种后文本学解读》 张一兵 著
《回到恩格斯:文本、理论和解读政治学》 胡大平 著
《国外毛泽东学研究》 尚庆飞 著
《重释历史唯物主义》 段忠桥 著
《资本主义理解史》(6卷) 张一兵 主编
《阶级、文化与民族传统:爱德华·P. 汤普森的历史唯物主义思想研究》 张亮 著
《形而上学的批判与拯救》 谢永康 著
《21世纪的马克思主义哲学创新:马克思主义哲学中国化与中国化马克思主义哲学》 李景源 主编
《科学发展观与和谐社会建设》 李景源 吴元梁 主编
《科学发展观:现代性与哲学视域》 姜建成 著
《西方左翼论当代西方社会结构的演变》 周穗明 王玫 等著
《历史唯物主义的政治哲学向度》 张文喜 著
《信息时代的社会历史观》 孙伟平 著
《从斯密到马克思:经济哲学方法的历史性诠释》 唐正东 著
《构建和谐社会的政治哲学阐释》 欧阳英 著
《正义之后:马克思恩格斯正义观研究》 王广 著
《后马克思主义思想史》 [英]斯图亚特·西姆 著 吕增奎 陈红 译
《后马克思主义与文化研究:理论、政治与介入》 [英]保罗·鲍曼 著 黄晓武 译
《市民社会的乌托邦:马克思主义的社会历史哲学阐释》 王浩斌 著
《唯物史观与人的发展理论》 陈新夏 著
《西方马克思主义与苏联:1917年以来的批评理论和争论概览》 [荷]马歇尔·范·林登 著 周穗明 译 翁寒松 校
《物与无:物化逻辑与虚无主义》 刘森林 著
《拜物教的幽灵:当代西方马克思主义社会批判的隐性逻辑》 夏莹 著
《新中国社会形态研究》 吴波 著
《"崩溃的逻辑"的历史建构:阿多诺早中期哲学思想的文本学解读》 张亮 著
《"超越政治"还是"回归政治":马克思与阿伦特政治哲学比较》 白刚 张荣艳 著
《无调式的辩证想象:阿多诺〈否定的辩证法〉的文本学解读》(第二版) 张一兵 著
《马克思再生产理论及其哲学效应研究》 孙乐强 著
《希望的源泉:文化、民主、社会主义》 [英]雷蒙·威廉斯 著 祁阿红 吴晓妹 译
《后工业乌托邦》 [澳]鲍里斯·弗兰克尔 著 李元来 译
《未来考古学:乌托邦欲望和其他科幻小说》 [美]弗里德里克·詹姆逊 著 吴静 译

二、政治学前沿系列

《公共性的再生产:多中心治理的合作机制建构》 孔繁斌 著
《合法性的争夺:政治记忆的多重刻写》 王海洲 著

《民主的不满:美国在寻求一种公共哲学》 [美]迈克尔·桑德尔 著 曾纪茂 译
《权力:一种激进的观点》 [英]斯蒂芬·卢克斯 著 彭斌 译
《正义与非正义战争:通过历史实例的道德论证》 [美]迈克尔·沃尔泽 著 任辉献 译
《自由主义与现代社会》 [英]理查德·贝拉米 著 毛兴贵 等译
《左与右:政治区分的意义》 [意]诺贝托·博比奥 著 陈高华 译
《自由主义中立性及其批评者》 [美]布鲁斯·阿克曼 等著 应奇 编
《公民身份与社会阶级》 [英]T. H. 马歇尔 等著 郭忠华 刘训练 编
《当代社会契约论》 [美]约翰·罗尔斯 等著 包利民 编
《马克思与诺齐克之间》 [英]G. A. 柯亨 等著 吕增奎 编
《美德伦理与道德要求》 [英]欧若拉·奥尼尔 等著 徐向东 编
《宪政与民主》 [英]约瑟夫·拉兹 等著 佟德志 编
《自由多元主义的实践》 [美]威廉·盖尔斯敦 著 佟德志 苏宝俊 译
《国家与市场:全球经济的兴起》 [美]赫尔曼·M. 施瓦茨 著 徐佳 译
《税收政治学:一种比较的视角》 [美]盖伊·彼得斯 著 郭为桂 黄宁莺 译
《控制国家:从古雅典至今的宪政史》 [美]斯科特·戈登 著 应奇 陈丽微 孟军 李勇 译
《社会正义原则》 [英]戴维·米勒 著 应奇 译
《现代政治意识形态》 [澳]安德鲁·文森特 著 袁久红 译
《新社会主义》 [加拿大]艾伦·伍德 著 尚庆飞 译
《政治的回归》 [英]尚塔尔·墨菲 著 王恒 臧佩洪 译
《自由多元主义》 [美]威廉·盖尔斯敦 著 佟德志 庞金友 译
《政治哲学导论》 [英]亚当·斯威夫特 著 佘江涛 译
《重新思考自由主义》 [英]理查德·贝拉米 著 王萍 傅广生 周春鹏 译
《自由主义的两张面孔》 [英]约翰·格雷 著 顾爱彬 李瑞华 译
《自由主义与价值多元论》 [英]乔治·克劳德 著 应奇 译
《帝国:全球化的政治秩序》 [美]麦克尔·哈特 [意]安东尼奥·奈格里 著 杨建国 范一亭 译
《反对自由主义》 [美]约翰·凯克斯 著 应奇 译
《政治思想导读》 [英]彼得·斯特克 大卫·韦戈尔 著 舒小昀 李霞 赵勇 译
《现代欧洲的战争与社会变迁:大转型再探》 [英]桑德拉·哈尔珀琳 著 唐皇凤 武小凯 译
《道德原则与政治义务》 [美]约翰·西蒙斯 著 郭为桂 李艳丽 译
《政治经济学理论》 [美]詹姆斯·卡波拉索 戴维·莱文著 刘骥 等译
《民主国家的自主性》 [英]埃里克·A. 诺德林格 著 孙荣飞 等译
《强社会与弱国家:第三世界的国家社会关系及国家能力》 [英]乔·米格德尔 著 张长东 译
《驾驭经济:英国与法国国家干预的政治学》[美]彼得·霍尔 著 刘骥 刘娟凤 叶静 译
《社会契约论》 [英]迈克尔·莱斯诺夫 著 刘训练 等译
《共和主义:一种关于自由与政府的理论》 [澳]菲利普·佩蒂特 著 刘训练 译
《至上的美德:平等的理论与实践》 [美]罗纳德·德沃金 著 冯克利 译
《原则问题》 [美]罗纳德·德沃金 著 张国清 译
《社会正义论》 [英]布莱恩·巴利 著 曹海军 译
《马克思与西方政治思想传统》 [美]汉娜·阿伦特 著 孙传钊 译
《作为公道的正义》 [英]布莱恩·巴利 著 曹海军 允春喜 译
《古今自由主义》 [美]列奥·施特劳斯 著 马志娟 译
《公平原则与政治义务》 [美]乔治·格劳斯科 著 毛兴贵 译
《谁统治:一个美国城市的民主和权力》 [美]罗伯特·A. 达尔 著 范春辉 等译

《论伦理精神》 张康之 著
《人权与帝国:世界主义的政治哲学》 [英]科斯塔斯·杜兹纳 著 辛亨复 译
《阐释和社会批判》 [美]迈克尔·沃尔泽 著 任辉献 段鸣玉 译
《全球时代的民族国家:吉登斯讲演录》 [英]安东尼·吉登斯 著 郭忠华 编
《当代政治哲学名著导读》 应奇 主编
《拉克劳与墨菲:激进民主想象》 [美]安娜·M. 史密斯 著 付琼 译
《英国新左派思想家》 张亮 编
《第一代英国新左派》 [英]迈克尔·肯尼 著 李永新 陈剑 译
《转向帝国:英法帝国自由主义的兴起》 [美]珍妮弗·皮茨 著 金毅 许鸿艳 译
《论战争》 [美]迈克尔·沃尔泽 著 任辉献 段鸣玉 译
《现代性的谱系》 张凤阳 著
《近代中国民主观念之生成与流变:一项观念史的考察》 闾小波 著
《阿伦特与现代性的挑战》 [美]塞瑞娜·潘琳 著 张云龙 译
《政治人:政治的社会基础》 [美]西摩·马丁·李普塞特 著 郭为桂 林娜 译
《社会中的国家:国家与社会如何相互改变与相互构成》 [美]乔尔·S. 米格代尔 著 李杨 郭一聪 译张长东 校
《伦理、文化与社会主义:英国新左派早期思想读本》 张亮 熊婴 编
《仪式、政治与权力》 [美]大卫·科泽 著 王海洲 译
《政治仪式:权力生产和再生产的政治文化分析》 王海洲 著
《论政治的本性》 [英]尚塔尔·墨菲 著 周凡 译

三、纯粹哲学系列

《哲学作为创造性的智慧:叶秀山西方哲学论集(1998—2002)》 叶秀山 著
《真理与自由:康德哲学的存在论阐释》 黄裕生 著
《走向精神科学之路:狄尔泰哲学思想研究》 谢地坤 著
《从胡塞尔到德里达》 尚杰 著
《海德格尔与存在论历史的解构:〈现象学的基本问题〉引论》 宋继杰 著
《康德的信仰:康德的自由、自然和上帝理念批判》 赵广明 著
《宗教与哲学的相遇:奥古斯丁与托马斯·阿奎那的基督教哲学研究》 黄裕生 著
《理念与神:柏拉图的理念思想及其神学意义》 赵广明 著
《时间性:自身与他者——从胡塞尔、海德格尔到列维纳斯》 王恒 著
《意志及其解脱之路:叔本华哲学思想研究》 黄文前 著
《真理之光:费希特与海德格尔论 SEIN》 李文堂 著
《归隐之路:20 世纪法国哲学的踪迹》 尚杰 著
《胡塞尔直观概念的起源:以意向性为线索的早期文本研究》 陈志远 著
《幽灵之舞:德里达与现象学》 方向红 著
《形而上学与社会希望:罗蒂哲学研究》 陈亚军 著
《福柯的主体解构之旅:从知识考古学到"人之死"》 刘永谋 著
《中西智慧的贯通:叶秀山中国哲学文化论集》 叶秀山 著
《学与思的轮回:叶秀山 2003—2007 年最新论文集》 叶秀山 著
《返回爱与自由的生活世界:纯粹民间文学关键词的哲学阐释》 户晓辉 著
《心的秩序:一种现象学心学研究的可能性》 倪梁康 著
《生命与信仰:克尔凯郭尔假名写作时期基督教哲学思想研究》 王齐 著

《时间与永恒:论海德格尔哲学中的时间问题》 黄裕生 著
《道路之思:海德格尔的"存在论差异"思想》 张柯 著
《启蒙与自由:叶秀山论康德》 叶秀山 著
《自由、心灵与时间:奥古斯丁心灵转向问题的文本学研究》 张荣 著
《回归原创之思:"象思维"视野下的中国智慧》 王树人 著
《从语言到心灵:一种生活整体主义的研究》 蒉益民 著
《身体、空间与科学:梅洛-庞蒂的空间现象学研究》 刘胜利 著
《超越经验主义与理性主义:实用主义叙事的当代转换及效应》 陈亚军 著

四、宗教研究系列

《汉译佛教经典哲学研究》(上下卷) 杜继文 著
《中国佛教通史》(15卷) 赖永海 主编
《中国禅宗通史》 杜继文 魏道儒 著
《佛教史》 杜继文 主编
《道教史》 卿希泰 唐大潮 著
《基督教史》 王美秀 段琦 等著
《伊斯兰教史》 金宜久 主编
《中国律宗通史》 王建光 著
《中国唯识宗通史》 杨维中 著
《中国净土宗通史》 陈扬炯 著
《中国天台宗通史》 潘桂明 吴忠伟 著
《中国三论宗通史》 董群 著
《中国华严宗通史》 魏道儒 著
《中国佛教思想史稿》(3卷) 潘桂明 著
《禅与老庄》 徐小跃 著
《中国佛性论》 赖永海 著
《禅宗早期思想的形成与发展》 洪修平 著
《基督教思想史》 [美]胡斯都·L. 冈察雷斯 著 陈泽民 孙汉书 司徒桐 莫如喜 陆俊杰 译
《圣经历史哲学》(上下卷) 赵敦华 著
《如来藏经典与中国佛教》 杨维中 著
《儒佛道思想家与中国思想文化》 洪修平 主编
《基督教神学发展史》(一)、(二)、(三) 林荣洪 著

五、人文与社会系列

《环境与历史:美国和南非驯化自然的比较》 [美]威廉·贝纳特 彼得·科茨 著 包茂红 译
《阿伦特为什么重要》 [美]伊丽莎白·扬—布鲁尔 著 刘北成 刘小鸥 译
《现代性的哲学话语》 [德]于尔根·哈贝马斯 著 曹卫东 等译
《追寻美德:伦理理论研究》 [美]A. 麦金太尔 著 宋继杰 译
《现代社会中的法律》 [美]R. M. 昂格尔 著 吴玉章 周汉华 译
《知识分子与大众:文学知识界的傲慢与偏见,1880—1939》 [英]约翰·凯里 著 吴庆宏 译
《自我的根源:现代认同的形成》 [加拿大]查尔斯·泰勒 著 韩震 等译
《社会行动的结构》 [美]塔尔科特·帕森斯 著 张明德 夏遇南 彭刚 译
《文化的解释》 [美]克利福德·格尔茨 著 韩莉 译

《以色列与启示:秩序与历史(卷1)》 [美]埃里克·沃格林 著 霍伟岸 叶颖 译
《城邦的世界:秩序与历史(卷2)》 [美]埃里克·沃格林 著 陈周旺 译
《战争与和平的权利:从格劳秀斯到康德的政治思想与国际秩序》 [美]理查德· 塔克 著 罗炯 等译
《人类与自然世界:1500—1800年间英国观念的变化》 [英]基思·托马斯 著 宋丽丽 译
《男性气概》 [美]哈维·C. 曼斯菲尔德 著 刘玮 译
《黑格尔》 [加拿大]查尔斯·泰勒 著 张国清 朱进东 译
《社会理论和社会结构》 [美]罗伯特·K. 默顿 著 唐少杰 齐心 等译
《个体的社会》 [德]诺贝特·埃利亚斯 著 翟三江 陆兴华 译
《象征交换与死亡》 [法]让·波德里亚 著 车槿山 译
《实践感》 [法]皮埃尔·布迪厄 著 蒋梓骅 译
《关于马基雅维里的思考》 [美]利奥·施特劳斯 著 申彤 译
《正义诸领域:为多元主义与平等一辩》 [美]迈克尔·沃尔泽 著 褚松燕 译
《传统的发明》 [英]E. 霍布斯鲍姆 T. 兰格 著 顾杭 庞冠群 译
《元史学:十九世纪欧洲的历史想象》 [美]海登·怀特 著 陈新 译
《卢梭问题》 [德]恩斯特·卡西勒 著 王春华 译
《自足语义学:为语义最简论和言语行为多元论辩护》 [挪威]赫尔曼·开普兰
[美]厄尼·利珀尔 著 周允程 译
《历史主义的兴起》 [德]弗里德里希·梅尼克 著 陆月宏 译
《权威的概念》 [法]亚历山大·科耶夫 著 姜志辉 译
《无国界移民》 [瑞士]安托万·佩库 [荷兰]保罗·德·古赫特奈尔 编 武云 译
《语言的未来》 [法]皮埃尔·朱代·德·拉孔布 海因茨·维斯曼 著 梁爽 译
《全球化的关键概念》 [挪]托马斯·许兰德·埃里克森 著 周云水 等译
《房地产阶级社会》 [韩]孙洛龟 著 芦恒 译
《政治创新与概念变革》 [美]特伦斯·鲍尔詹姆斯·法尔拉塞尔·L. 汉森 编 朱进东 译
《依赖性的理性动物:人类为什么需要德性》 [美]阿拉斯戴尔·麦金太尔 著 刘玮 译
《理解俄国:俄国文化中的圣愚》 [美]埃娃·汤普逊 著 杨德友 译
《留恋人世:长生不老的奇妙科学》 [美]乔纳森·韦纳 著 杨朗 卢文超 译

六、海外中国研究系列

《帝国的隐喻:中国民间宗教》 [英]王斯福 著 赵旭东 译
《王弼〈老子注〉研究》 [德]瓦格纳 著 杨立华 译
《章学诚思想与生平研究》 [美]倪德卫 著 杨立华 译
《中国与达尔文》 [美]詹姆斯·里夫 著 钟永强 译
《千年末世之乱:1813年八卦教起义》 [美]韩书瑞 著 陈仲丹 译
《中华帝国后期的欲望与小说叙述》 黄卫总 著 张蕴爽 译
《私人领域的变形:唐宋诗词中的园林与玩好》 [美]王晓山 著 文韬 译
《六朝精神史研究》 [日]吉川忠夫 著 王启发 译
《中国社会史》 [法]谢和耐 著 黄建华 黄迅余 译
《大分流:欧洲、中国及现代世界经济的发展》 [美]彭慕兰 著 史建云 译
《近代中国的知识分子与文明》 [日]佐藤慎一 著 刘岳兵 译
《转变的中国:历史变迁与欧洲经验的局限》 [美]王国斌 著 李伯重 连玲玲 译
《中国近代思维的挫折》 [日]岛田虔次 著 甘万萍 译

《为权力祈祷》 [加拿大]卜正民 著 张华 译
《洪业:清朝开国史》 [美]魏斐德 著 陈苏镇 薄小莹 译
《儒教与道教》 [德]马克斯·韦伯 著 洪天富 译
《革命与历史:中国马克思主义历史学的起源,1919—1937》 [美]德里克 著 翁贺凯 译
《中华帝国的法律》 [美]D. 布朗 等著 朱勇 译
《文化、权力与国家》 [美]杜赞奇 著 王福明 译
《中国的亚洲内陆边疆》 [美]拉铁摩尔 著 唐晓峰 译
《古代中国的思想世界》 [美]史华兹 著 程钢 译刘东 校
《中国近代经济史研究:明末海关财政与通商口岸市场圈》 [日]滨下武志 著 高淑娟 孙彬 译
《中国美学问题》 [美]苏源熙 著 卞东波 译 张强强 朱霞欢 校
《翻译的传说:构建中国新女性形象》 胡缨 著 龙瑜宬 彭珊珊 译
《〈诗经〉原意研究》 [日]家井真 著 陆越 译
《缠足:"金莲崇拜"盛极而衰的演变》 [美]高彦颐 著 苗延威 译
《从民族国家中拯救历史:民族主义话语与中国现代史研究》 [美]杜赞奇 著 王宪明 高继美 李海燕 李点 译
《传统中国日常生活中的协商:中古契约研究》 [美]韩森 著 鲁西奇 译
《欧几里得在中国:汉译〈几何原本〉的源流与影响》 [荷]安国风 著 纪志刚 郑诚 郑方磊 译
《毁灭的种子:战争与革命中的国民党中国(1937-1949)》 [美]易劳逸 著 王建朗 王贤知 贾维 译
《理解农民中国:社会科学哲学的案例研究》 [美]李丹 著 张天虹 张胜波 译
《18 世纪的中国社会》 [美]韩书瑞 罗有枝 著 陈仲丹 译
《开放的帝国:1600 年的中国历史》 [美]韩森 著 梁侃 邹劲风 译
《中国人的幸福观》 [德]鲍吾刚 著 严蓓雯 韩雪临 伍德祖 译
《明代乡村纠纷与秩序》 [日]中岛乐章 著 郭万平 高飞 译
《朱熹的思维世界》 [美]田浩 著
《礼物、关系学与国家:中国人际关系与主体建构》 杨美慧 著 赵旭东 孙珉 译张跃宏 校
《美国的中国形象:1931—1949》 [美]克里斯托弗·杰斯普森 著 姜智芹 译
《清代内河水运史研究》 [日]松浦章 著 董科 译
《中国的经济革命:20 世纪的乡村工业》 [日]顾琳 著 王玉茹 张玮 李进霞 译
《明清时代东亚海域的文化交流》 [日]松浦章 著 郑洁西 译
《皇帝和祖宗:华南的国家与宗族》 科大卫 著 卜永坚 译
《中国善书研究》 [日]酒井忠夫 著 刘岳兵 何英莺 孙雪梅 译
《大萧条时期的中国:市场、国家与世界经济》 [日]城山智子 著 孟凡礼 尚国敏 译
《虎、米、丝、泥:帝制晚期华南的环境与经济》 [美]马立博 著 王玉茹 译
《矢志不渝:明清时期的贞女现象》 [美]卢苇菁 著 秦立彦 译
《山东叛乱:1774 年的王伦起义》 [美]韩书瑞 著 刘平 唐雁超 译
《一江黑水:中国未来的环境挑战》 [美]易明 著 姜智芹 译
《施剑翘复仇案:民国时期公众同情的兴起与影响》 [美]林郁沁 著 陈湘静 译
《工程国家:民国时期(1927-1937)的淮河治理及国家建设》 [美]戴维·艾伦·佩兹 著 姜智芹 译
《西学东渐与中国事情》 [日]增田涉 著 周启乾 译
《铁泪图:19 世纪中国对于饥馑的文化反应》 [美]艾志端 著 曹曦 译
《危险的边疆:游牧帝国与中国》 [美]巴菲尔德 著 袁剑 译

《华北的暴力与恐慌:义和团运动前夕基督教传播和社会冲突》 [德]狄德满 著 崔华杰 译
《历史宝筏:过去、西方与中国的妇女问题》 [美]季家珍 著 杨可 译
《姐妹们与陌生人:上海棉纱厂女工,1919—1949》 [美]艾米莉·洪尼格 著 韩慈 译
《银线:19 世纪的世界与中国》 林满红 著 詹庆华 林满红 译
《寻求中国民主》 [澳]冯兆基 著 刘悦斌 徐硙 译
《中国乡村的基督教:1860—1900 江西省的冲突与适应》 [美]史维东 著 吴薇 译
《认知变异:反思人类心智的统一性与多样性》 [英]G. E. R. 劳埃德 著 池志培 译
《假想的"满大人":同情、现代性与中国疼痛》 [美]韩瑞 著 袁剑 译
《男性特质论:中国的社会与性别》 [澳]雷金庆 著 [澳]刘婷 译
《中国的捐纳制度与社会》 伍跃 著
《文书行政的汉帝国》 [日]富谷至 著 刘恒武 孔李波 译
《城市里的陌生人:中国流动人口的空间、权力与社会网络的重构》 [美]张骊 著 袁长庚 译
《重读中国女性生命故事》 游鉴明 胡缨 季家珍 主编
《跨太平洋位移:20 世纪美国文学中的民族志、翻译和文本间旅行》 黄运特 著 陈倩 译
《近代日本的中国认识》 [日]野村浩一 著 张学锋 译
《性别、政治与民主:近代中国的妇女参政》 [澳]李木兰 著 方小平 译
《狮龙共舞:一个英国人眼中的威海卫与中国文化》 [英]庄士敦 著 刘本森 译
《中国社会中的宗教与仪式》 [美]武雅士 著 彭泽安 邵铁峰 译 郭潇威 校
《大象的退却:一部中国环境史》 [英]伊懋可 著 梅雪芹 毛利霞 王玉山 译
《自贡商人:早期近代中国的企业家》 [美]曾小萍 著 董建中 译
《人物、角色与心灵:〈牡丹亭〉与〈桃花扇〉中的身份认同》 [美]吕立亭 著 白华山 译
《明代江南土地制度研究》 [日]森正夫 著 伍跃 张学锋 等译 范金民 夏维中 审校
《儒学与女性》 [美]罗莎莉 著 丁佳伟 曹秀娟 译
《权力关系:宋代中国的家族、地位与国家》 [美]柏文莉 著 刘云军 译
《行善的艺术:晚明中国的慈善事业》 [美]韩德林 著 吴士勇 王桐 史桢豪 译
《近代中国的渔业战争和环境变化》 [美]穆盛博 著 胡文亮 译
《工开万物:17 世纪中国的知识与技术》 [德]薛凤 著 吴秀杰 白岚玲 译
《权力源自地位:北京大学、知识分子与中国政治文化,1898—1929》 [美]魏定熙 著 张蒙 译
《忠贞不贰? ——辽代的越境之举》 [英]史怀梅 著 曹流 译
《两访中国茶乡》 [英]罗伯特·福琼 著 敖雪岗 译
《古代中国的动物与灵异》 [英]胡司德 著 蓝旭 译
《内藤湖南:政治与汉学(1866—1934)》 [美]傅佛果 著 陶德民 何英莺 译

七、历史研究系列

《中国近代通史》(10 卷) 张海鹏 主编
《极端的年代》 [英]艾瑞克·霍布斯鲍姆 著 马凡 等译
《漫长的 20 世纪》 [意]杰奥瓦尼·阿瑞基 著 姚乃强 译
《在传统与变革之间:英国文化模式溯源》 钱乘旦 陈晓律 著
《世界现代化历程》(10 卷) 钱乘旦 主编
《近代以来日本的中国观》(6 卷) 杨栋梁 主编
《中华民族凝聚力的形成与发展》 卢勋 杨保隆 等著
《明治维新》 [英]威廉·G. 比斯利 著 张光 汤金旭 译
《在垂死皇帝的王国:世纪末的日本》 [美]诺玛·菲尔德 著 曾霞 译

《美国的艺伎盟友》 [美]涩泽尚子 著 油小丽 牟学苑 译
《戊戌政变的台前幕后》 马勇 著
《战后东北亚主要国家间领土纠纷与国际关系研究》 李凡 著
《战后西亚国家领土纠纷与国际关系》 黄民兴 谢立忱 著
《民国首都南京的营造政治与现代想象(1927－1937)》 董佳 著
《战后日本史》 王新生 著
《衣被天下:明清江南丝绸史研究》 范金民 著

八、当代思想前沿系列

《世纪末的维也纳》 [美]卡尔・休斯克 著 李锋 译
《莎士比亚的政治》 [美]阿兰・布鲁姆 哈瑞・雅法 著 潘望 译
《邪恶》 [英]玛丽・米奇利 著 陆月宏 译
《知识分子都到哪里去了:对抗 21 世纪的庸人主义》 [英]弗兰克・富里迪 著 戴从容 译
《资本主义文化矛盾》 [美]丹尼尔・贝尔 著 严蓓雯 译
《流动的恐惧》 [英]齐格蒙特・鲍曼 著 谷蕾 杨超 等译
《流动的生活》 [英]齐格蒙特・鲍曼 著 徐朝友 译
《流动的时代:生活于充满不确定性的年代》 [英]齐格蒙特・鲍曼 著 谷蕾 武媛媛 译
《未来的形而上学》 [美]爱莲心 著 余日昌 译
《感受与形式》 [美]苏珊・朗格 著 高艳萍 译
《资本主义及其经济学:一种批判的历史》 [美]道格拉斯・多德 著 熊婴 译 刘思云 校
《异端人物》 [英]特里・伊格尔顿 著 刘超 陈叶 译
《哲学俱乐部:美国观念的故事》 [美]路易斯・梅南德 著 肖凡 鲁帆 译
《文化理论关键词》 [英]丹尼・卡瓦拉罗 著 张卫东 张生 赵顺宏 译
《齐格蒙特・鲍曼:后现代性的预言家》 [英]丹尼斯・史密斯 著 萧江涛 译
《公共领域中的伦理学》 [英]约瑟夫・拉兹 著 葛四友 主译
《文化模式批判》 崔平 著
《谁是罗兰・巴特》 汪民安 著
《身体、空间与后现代性》 汪民安 著
《时间、空间与伦理学基础》 [美]爱莲心 著 高永旺 李孟国 译

九、教育理论研究系列

《教育研究方法导论》 [美]梅雷迪斯・D. 高尔等 著 许庆豫 等译
《教育基础》 [美]阿伦・奥恩斯坦 著 杨树兵 等译
《教育伦理学》 贾馥茗 著
《认知心理学》 [美]罗伯特・L. 索尔索 著 何华 等译
《现代心理学史》 [美]杜安・P. 舒尔茨 著 叶浩生 等译
《学校法学》 [美]米歇尔・W. 拉莫特 著 许庆豫 等译

十、艺术理论研究系列

《弗莱艺术批评文选》 [英]罗杰・弗莱 著 沈语冰 译
《另类准则:直面 20 世纪艺术》 [美]列奥・施坦伯格 著 沈语冰 刘凡 谷光曙 译
《当代艺术的主题:1980 年以后的视觉艺术》 [美]简・罗伯森 克雷格・迈克丹尼尔 著 匡骁 译
《艺术与物性:论文与评论集》 [美]迈克尔・弗雷德 著 张晓剑 沈语冰 译

《现代生活的画像:马奈及其追随者艺术中的巴黎》 [英]T. J. 克拉克 著 沈语冰 诸葛沂 译
《自我与图像》 [英]艾美利亚·琼斯 著 刘凡 谷光曙 译
《博物馆怀疑论:公共美术馆中的艺术展览史》 [美][大卫·卡里尔 著 丁宁 译
《艺术社会学》 [英]维多利亚·D. 亚历山大 著 章浩 沈杨 译
《云的理论:为了建立一种新的绘画史》 [法]于贝尔·达米施 著 董强 译
《杜尚之后的康德》 [比]蒂埃利·德·迪弗 著 沈语冰 张晓剑 陶铮 译
《蒂耶波洛的图画智力》 [美]斯维特拉娜·阿尔珀斯 [英]迈克尔·巴克森德尔 著 王玉冬 译
《伦勃朗的企业:工作室与艺术市场》 [美]斯维特拉娜·阿尔珀斯 著 冯白帆 译
《新前卫与文化工业》 [美]本雅明·布赫洛 著 何卫华 史岩林 桂宏军 钱纪芳 译
《现代艺术:19 与 20 世纪》 [美]迈耶·夏皮罗 著 沈语冰 何海 译
《重构抽象表现主义:20 世纪 40 年代的主体性与绘画》 [美]迈克尔·莱雅 著 毛秋月 译
《神经元艺术史》 [英]约翰·奥尼恩斯 著 梅娜芳 译
《实在的回归:世纪末的前卫艺术》 [美]哈尔·福斯特 著 杨娟娟 译
《德国文艺复兴时期的椴木雕刻家》 [德]巴克森德尔 著 殷树喜 译
《艺术的理论与哲学:风格、艺术家和社会》 [美]迈耶·夏皮罗 著 沈语冰 王玉冬 译

十一、中国经济问题研究系列

《中国经济的现代化:制度变革与结构转型》 肖耿 著
《世界经济复苏与中国的作用》 [英]傅晓岚 编 蔡悦 等译
《中国未来十年的改革之路》《比较》研究室 编
《大失衡:贸易、冲突和世界经济的危险前路》 [美]迈克尔·佩蒂斯 著 王璟 译
《中国经济新转型》 [日]青木昌彦 吴敬琏 编 姚志敏 等译
《经济全球化与中国产业发展》 刘志彪 著

十二、艺术与社会系列

《艺术界》 [美]霍华德·S. 贝克尔 著 卢文超 译
《寻找如画美:英国的风景美学与旅游,1760—1800》 [英]马尔科姆·安德鲁斯 著 张箭飞 韦照周 译

十三、公共管理系列

《更快 更好 更省?》 [美]达尔·W. 福赛斯 著 范春辉 译
《公共行政的行动主义》 张康之 著
《美国能源政策:变革中的政治、挑战与前景》 [美]劳任斯·R. 格里戴维·E. 麦克纳布 著 付满 译
《老龄化》 [美]哈瑞·穆迪 詹妮弗·萨瑟 著 陈玉洪 李筱媛 译

十四、智库系列

《经营智库:成熟组织的实务指南》 [美]雷蒙德·J. 斯特鲁伊克 著 李刚 等译 陆扬 校